ACCESO GRATIS a la Lectura en la Nube

Para visualizar el libro electrónico en la nube de lectura envíe junto a su nombre y apellidos una fotografía del código de barras situado en la contraportada del libro y otra del ticket de compra a la dirección:

ebooktirant@tirant.com

En un máximo de 72 horas laborales le enviaremos el código de acceso con sus instrucciones.

LA REGLA DE INTERPRETACIÓN CONTRACTUAL *CONTRA PROFERENTEM* EN EL CÓDIGO CIVIL CHILENO

HISTORIA, DOGMÁTICA Y DERECHO COMPARADO

LA REGLA DE INTERPRETACIÓN CONTRACTUAL *CONTRA PROFERENTEM* EN EL CÓDIGO CIVIL CHILENO

HISTORIA, DOGMÁTICA Y DERECHO COMPARADO

FRANCISCO RUBIO VARAS
Doctor en Derecho
Pontificia Universidad Católica de Chile
Profesor de Derecho Civil,
Universidad de los Andes, Chile

tirant lo blanch
Valencia, 2024

© Francisco Rubio Varas

© TIRANT LO BLANCH
  EDITA: TIRANT LO BLANCH
  C/ Artes Gráficas, 14 - 46010 - Valencia
  TELFS.: 96/361 00 48 - 50
  FAX: 96/369 41 51
  Email: tlb@tirant.com
  www.tirant.com
  Librería virtual: www.tirant.es
  ISBN: 978-84-1071-261-4

Si tiene alguna queja o sugerencia, envíenos un mail a: *atencioncliente@tirant. com*. En caso de no ser atendida su sugerencia, por favor, lea en *www.tirant. net/index.php/empresa/politicas-de-empresa* nuestro procedimiento de quejas.

Responsabilidad Social Corporativa: http://www.tirant.net/Docs/RSCTirant.pdf

En memoria de mi padre

"La máxima «conócete a ti mismo» ha bajado del
cielo; debemos grabarla en nuestro corazón
y meditarla continuamente..."

JUVENAL[1]

[1]   Iuv., *Saturae*, IV. 11. 27-28: *e caelo descendit* γνῶθι σεαυτόν / *figendum et
memori tractandum pectore.* Trad. BALASCH (2008).

Índice

Abreviaturas utilizadas*

AC	*Law Reports, Appeal Cases (Third Series)*
ADHGB	*Allgemeines Deutsches Handelsgesetzbuch*
AGBG	*Gesetz zur Regelung des Rechts der Allgemeinen Geschäftsbedingungen*
All ER	*All England Law Reports*
All ER (Comm)	*All England Law Reports (Commercial Cases)*
art.	artículo
BCC	*British Company Law Cases*
BGB	*Bürgerliches Gesetzbuch*
BGH	*Bundesgerichtshof*
BGHZ	*Entscheidungen des Bundesgerichtshofes in Zivilsachen*
BPJUD	Base Jurisprudencial del Poder Judicial de Chile. https://www.pjud.cl/portal-jurisprudencia.
BT-Drucks.	*Deutscher Bundestag Drucksache*
BW	*Burgerlijk Wetboek*
Cap.	Capítulo
CCCh	Código Civil chileno
CCom	Código de Comercio chileno
CCE	Código Civil español
C. cons.	*Code de la consommation*
Ch D	*Law Reports, Chancery Division* 1865-

---

* Las abreviaturas de algunas fuentes se identifican en la sección "Bibliografía citada. Fuentes", al final de este trabajo.

Code	*Code civil* (Código Civil francés de 1804)
Codice	*Codice civile* (Código Civil italiano de 1942)
col.	columna
cons.	considerando de la sentencia chilena citada
CCCh	Código Civil chileno (1855)
CRA	*Consumer Rights Act* (2015)
CMF	Comisión para el Mercado Financiero de Chile
C.	Codex de Justiniano
D.	Digesto de Justiniano
Dall.	*Recueil Dalloz*
DCFR	*Draft Common Frame of Reference*
ed., eds.	editor, editores
ER	*English Reports* 1210-1865
EWCA Civ	*Court of Appeal (Civil Division)*
EWHC	*England & Wales High Court*
EWHC (Comm)	*England & Wales High Court (Commercial Court)*
EWHC (TCC)	*England & Wales High Court (Technology and Construction Court)*
F	*Federal Reports (USA)*
Gai.	Instituciones de Gayo
GAJC	*Les grands arrêts de la jurisprudence civile*
HL	Historia de la ley chilena cuyo número se indica
I.	Instituciones de Justiniano
KB	*Law Reports, King's Bench*
Lég.	*Légifrance.gouv.fr.*
LEDC	*L'essentiel Droit des contrats*
Lloyd's Rep.	*Lloyd's Law Reports*

LPDC	DFL N° 3 de 31 de mayo de 2021. Fija texto refundido, coordinado y sistematizado de la Ley N° 19.496, que establece normas sobre protección de los derechos de los consumidores
LR	*Law Reports 1865-1875 (1st series)*
nm.	número marginal
NJW-RR	*Neue Juristische Wochenschrift. Rechtsprechungs-Report Zivilrecht*
NSWSC	*New South Wales Supreme Court*
OLGZ	*Entscheidungen der Oberlandesgerichte in Zivilsachen*
P.	Partida
párr.	párrafo
PECL	Principios del Derecho Europeo de Contratos
PICC	Principios Unidroit sobre contratos comerciales internacionales
PLDC	Principios Latinoamericanos de Derecho de los Contratos
PJUD	Portal de consulta unificada de causas del Poder Judicial de Chile. https://oficinajudicialvirtual.pjud.cl/indexN.php.
QB	*Law Reports, Queen's Bench (3rd Series)*
QBD	*Law Reports, Queen's Bench Division*
reg.	*regulation*
RG	*Reichtsgericht*
RGZ	*Entscheidungen des Reichsgerichts in Zivilsachen*
ROHG	*Reichsoberhandelsgericht*
ROHGE	*Entscheidungen des Reichsoberhandelsgerichts*
s.	*section*

S.	*Sirey. Recueil général des lois et des arrêts en matière civile, criminelle, commerciale et de droit public par J.-B. Sirey*
ss.	siguientes
SVS	Superintendencia de Valores y Seguros de Chile
Tab.	Ley de las XII Tablas
trad.	traducción
UCTA	*Unfair Contract Terms Act* (1977)
UKSC	*United Kingdom Supreme Court*
UTCCR	*Unfair Terms in Consumer Contracts Regulations* (1997 y 1999)
WL	Westlaw Chile
WLR	*Weekly Law Reports*

Agradecimientos

El presente trabajo tiene su origen en la tesis doctoral dirigida por los profesores Carlos Amunátegui Perelló y Adolfo Wegmann Stockebrand, la que fue defendida el 12 de enero de 2024 en la Pontificia Universidad Católica de Chile ante el tribunal compuesto por la Prof.ª Dra. Isabel Zuloaga Ríos (Universidad de los Andes), el prof. Dr. Marcelo Barrientos Zamorano (Pontificia Universidad Católica de Chile), la Prof.ª Dra. Lilian San Martín Neira (Universidad del Desarrollo), el prof. Dr. Patricio-Ignacio Carvajal Ramírez (Pontificia Universidad Católica de Chile) y el prof. Dr. Patricio Lazo González (Pontificia Universidad Católica de Valparaíso). La tesis fue calificada con distinción máxima.

Al tribunal evaluador quisiera agradecer sus agudas observaciones y comentarios que enriquecieron este trabajo desde el momento de la candidatura doctoral —salvando al doctorando de ciertos precipicios metodológicos—, y tras la defensa de tesis, inspirando enmiendas que he tratado de incorporar en este trabajo final, sin perjuicio de lo que se avanzará en obras posteriores.

A continuación, dejo testimonio de mi gratitud con varias personas e instituciones que han hecho posible el desarrollo de esta obra.

A los profesores directores de esta tesis. Cada uno desde sus grandes conocimientos y habilidades fueron una inspiración para mi desarrollo académico y personal, además de prestar su contribución decisiva para darle forma a este trabajo. Gracias a Carlos, por transmitirme su pasión por el mundo clásico, además de enseñarme el valor del método histórico y su actualidad para el estudio del derecho vigente. Gracias a Adolfo, por darme a conocer y motivarme al estudio de la dogmática alemana, con rigor y confianza en mi trabajo. Errores y omisiones sólo pueden atribuirse al doctorando.

Al profesor Christian Baldus, por su cálida y generosa acogida en la estancia de investigación realizada durante siete meses en el Instituto de Ciencia del Derecho Histórico de la Universidad de Heidelberg. Calidez y generosidad que se sintió pese al invierno alemán durante la pandemia. Fue una experiencia que atesoraré en mi memoria.

A la ANID (antes CONICYT) por financiar mis estudios doctorales con la beca de doctorado nacional en el período 2018-2022. Al Servicio Alemán de Intercambio Académico (DAAD), por otorgarme el financiamiento y facilidades para realizar la estancia de investigación en Alemania.

A la Facultad de Derecho de la Pontificia Universidad Católica de Chile, especialmente a los profesores que marcaron mi proceso de formación. De manera muy especial, agradezco a la profesora Carmen Domínguez Hidalgo, por ser quien ha estimulado mi vocación académica desde la primera clase que tuve con ella y hasta hoy me inspira a la excelencia que cultiva.

Al Programa de Doctorado en Derecho UC, a sus directivos y funcionarios, por contribuir al desarrollo constante de un espacio privilegiado para la investigación: Magdalena Ossandón, Javier Infante, Anita Rivera y Roberto Gutiérrez. Agradezco a mis compañeros de doctorado, pues cada uno desde su propia disciplina enriqueció mi formación en el sentido más amplio. Menciono especialmente a Paulina González, Mar Guridi, Nathalie Walker, Rodrigo de la Vega, Juan Esteban Villarroel, Beatriz López, Constanza Richards, Erick Chávez, Adriana Villamizar, Paula Bagioli, Nicolás Ibáñez, Edmundo Borel, Nicolás Enteiche, Paula Godoy, Francisca Quintana, Bruno Rodríguez, Nicole Urzúa, además de la generación que compartí con Catalina Salem, José Luis Cortés y Benjamín Musso. Gracias a todos por su apoyo, cariño y amistad.

A mis amigos y a mi familia: mi madre, hermanos y a María Ignacia, por sostener este empeño. Sin ellos, difícilmente hubiera sido posible.

Prólogo

La presente investigación constituye un ejercicio histórico-dogmático y comparado de primer nivel. El autor se propone el análisis de una de tantas reglas poco estudiadas de nuestro Código Civil, aquélla que ordena que las disposiciones oscuramente redactadas por una parte, se interpreten en su contra, también conocida como *contra proferentem*. Lo que el autor intenta en este ejercicio es navegar contracorriente por los torrentes del tiempo, a fin de remontarse hasta su origen más remoto en el Derecho romano, para, una vez establecido el mismo, deslizarse por los devenires temporales que lo conducen, a través de esteros medievales y remansos temprano modernos, hasta la desembocadura de nuestro Código Civil, por donde continúa su aventura dogmática hasta descubrir nuevos continentes en el derecho comparado, en los proyectos de armonización jurídica, en el derecho de seguros y en el derecho de consumo.

La obra comienza con la historia del barco de Teseo, una nave que los atenienses sostenían que había pertenecido al mítico rey, pero cuyas partes, a lo largo del tiempo, habían sido sistemáticamente reemplazadas por otras, de manera que ninguna de las que entonces exhibía la nave había formado parte de la embarcación original. El sentido de esta investigación está en observar el devenir temporal, con las variaciones, alteraciones y modificaciones que la institución experimentó, hasta conducir a las instituciones contemporáneas que de una forma u otra moldean el Derecho del tiempo futuro. Y es que la norma en cuestión es tan acertada, que apenas se enuncia, pareciera ser de sentido común, lo que tiende a oscurecer su origen histórico y el difícil proceso a través del cual llegó a fraguarse, como también del largo desarrollo histórico que esta sencilla disposición esconde. En la regulación de materias tan actuales como plataformas digitales y posibles metaversos, la regla, mutada en sus velas y maderos, también encontrará cabida, como elemento hermenéutico indispensable en la construcción de futuros más justos y humanos. Sin ir más lejos, el actual proyecto de ley sobre Plataformas Digitales (Boletín 14561-19) establece en su artículo 13° una variante de este mismo principio interpretativo a fin de solucionar los conflictos surgidos entre éstas y los consumidores.

El libro está dividido en tres capítulos, el primero de los cuales se dedica a los orígenes romanos de la regla, específicamente en materia de *stipulatio, emptio venditio* y *locatio conductio,* para luego proseguir su estudio en la *glossa,* en los comentaristas, en los humanistas, en la escuela de Salamanca y la jurisprudencia racionalista, todo con análisis detallado y estudio pormenorizado de los diversos autores de la tradición temprano-moderna. Incluso, en una *aria di bravura,* torna sobre la tradición del *Common Law,* a fin de preparar la vía comparativa en los capítulos posteriores. Por último, y todo en este primer capítulo, explora la tradición codificadora tanto del siglo XVIII como del *Code Napoléon,* hasta llegar finalmente en la obra de Bello y la formación del art. 1566.

El segundo capítulo es igualmente rico, puesto que el autor explora la tradición que llevará desde el pandectismo al BGB, la jurisprudencia francesa e incluso el derecho inglés, con detalle y erudición, que le permite finalmente volcarse en los instrumentos de armonización del derecho que se encuentran en pleno desarrollo.

El tercer y final capítulo es un trabajo donde el material histórico y comparado confluye hacia el análisis del derecho civil vigente en Chile, donde se realiza un análisis propiamente dogmático, aunque sin perder de vista la perspectiva histórica y comparada en la que se centraron los capítulos anteriores, recorriendo cada uno de los requisitos y funciones de los diversos elementos que integran la regla, tanto en el Derecho común como en el derecho de seguros y de consumo, para hacer un *excursus* final por el Derecho Administrativo y el Derecho del trabajo.

En definitiva, esta es una obra donde, como no podía ser de otra manera, el autor sigue la estela metodológica de ese gran navío que fue don Alejandro Guzmán Brito, que nos enseñó a todos nosotros a recorrer los mares de la Historia jurídica.

Carlos Amunátegui Perelló
Adolfo Wegmann Stockebrand

Introducción

"El barco en que navegó con los jóvenes y regresó a salvo, la triakóntoros, la conservaron los atenienses hasta la época de Demetrio Falereo, arrancándole los maderos viejos y poniéndole otros fuertes y tan bien ajustados que hasta a los filósofos les servía de ejemplo la nave para el discutido tema del crecimiento, ya que unos decían que seguía siendo la misma y otros que no la misma"[2].

De la misma forma en que el barco de Teseo fue conservado reemplazando periódicamente la madera de la cual estaba compuesto, la regla de interpretación contractual denominada *contra proferentem* ha reclamado su lugar en el derecho contemporáneo a través de transformaciones derivadas de las necesidades de cada época. De esta forma, no es extraño que se encuentre en diversas fuentes romanas, pero también en los más modernos instrumentos de armonización contractual, además de reformas legislativas recientes. En ese sentido, pareciera ser correcto el aserto de que el criterio interpretativo "es un viejo aventurero"[3] o que "recurre a una antigua sabiduría enseñada en todos los países con una cultura jurídica desarrollada"[4].

---

[2]   Plut. *Thes.* 23.1: τὸ δὲ πλοῖον ἐν ᾧ μετὰ τῶν ἠϊθέων ἔπλευσε καὶ πάλιν ἐσώθη, τὴν τριακόντορον, ἄχρι τῶν Δημητρίου τοῦ Φαληρέως χρόνων διεφύλαττον οἱ Ἀθηναῖοι, τὰ μὲν παλαιὰ τῶν ξύλων ὑφαιροῦντες, ἄλλα δὲ ἐμβάλλοντες ἰσχυρὰ καὶ συμπηγνύντες οὕτως ὥστε καὶ τοῖς· φιλοσόφοις εἰς τὸν αὐξόμενον λόγον ἀμφιδοξούμενον παράδειγμα τὸ πλοῖον εἶναι, τῶν μὲν ὡς τὸ αὐτό, τῶν δὲ ὡς οὐ τὸ αὐτὸ διαμένοι λεγόντων. Trad. Pérez Jiménez (1985) p. 183.

[3]   Royo Martínez (1949) p. 67.

[4]   Raiser (1961) p. 262.

Con todo, tal como el barco del mito, es legítimo preguntarse si dichos cambios han mutado realmente su estructura inicial o si acaso la regla continúa siendo la misma de siempre. El objetivo principal de esta investigación será responder a dicha pregunta, identificando la estructura de este dispositivo interpretativo, además de cuestionar cuál es su **fundamento** (*ratio*, fin objetivo de las prescripciones de la ley[5]) y **función** (operatividad) en el Derecho actual. A dichos efectos, tratándose de una regla prácticamente universal[6], es necesario fijar la vista en una disposición legal particular que reconozca este criterio interpretativo y que cuente con ciertas particularidades dignas de analizar en razón de dicho objetivo.

En nuestro concepto, el artículo 1566 del Código civil chileno[7] ofrece interés para este propósito. Dicho precepto con-

---

[5] En el sentido clásico, como lo define Guzmán Brito (2011b) p. 46.

[6] Con sus matices, puede encontrarse en las más diversas codificaciones civiles. En los códigos civiles latinoamericanos: Argentina, arts. 987 y 1371. Bolivia, art. 518. Brasil, art. 423. Guatemala, arts. 1600, 1602, 1603. Haití, art. 952. Honduras, arts. 1583 y 1585. Nicaragua, art. 2505. Panamá, arts. 1139 y 1140. Paraguay, art. 714. Perú, art. 1401. Puerto Rico, art. 358. México, art. 1857. República Dominicana, art. 1162 y los países en que aún se encuentra vigente el código de Bello: Ecuador, Colombia, El Salvador. En la Unión Europea: Alemania, § 305c párr. 2. Austria, § 915. Bélgica, art. 5.66. España, arts. 1288 y 1289. Francia, art. 1190. Italia, arts. 1370 y 1371. Países Bajos, art. 6:238 (2). Polonia, art. 385 § 2. Portugal, art. 237. En otras lejanas latitudes: Filipinas, arts. 1377 y 1378. Tailandia, s. 11. Etiopía, arts. 1738 y 1739. República Popular china, art. 498.

[7] En adelante, CCCh. La norma dispone: "Art. 1566. No pudiendo aplicarse ninguna de las reglas precedentes de interpretación, se interpretarán las cláusulas ambiguas a favor del deudor.
Pero las cláusulas ambiguas que hayan sido extendidas o dictadas por una de las partes, sea acreedora o deudora, se interpretarán contra ella, siempre que la ambigüedad provenga de la falta de una explicación que haya debido darse por ella".

tiene una formulación particular, fruto del compromiso entre diversas influencias, que, como veremos, reconocen una tradición histórica de larga data frecuentemente pasada en silencio.

La regla ha sido escasamente estudiada en nuestro medio —a la par que la mayoría de las reglas del título XIII del libro IV de la codificación nacional—, pese al interés dogmático que presenta y a que el criterio ha sido reproducido en reformas legislativas recientes[8]. Ilustrativo al respecto, es que se haya afirmado que "Esta disposición es original, pues el Código francés no contiene nada semejante"[9], "[…] ni en los tópicos interpretativos formulados por Domat y Pothier"[10] o en forma categórica, señalándose en una obra que es referencia obligada en materia contractual, que la regla sería una "[g]ran novedad del Código Civil chileno, si se considera que en la época de su promulgación una norma semejante no era conocida en parte alguna"[11].

Estos asertos nos llevaron a profundizar en el origen de esta como punto de partida del análisis. Las reglas jurídicas adquieren su estructura a través del tiempo, por lo que incluso para analizar la estructura de reglas modernas, el análisis histórico es necesario[12]. Por lo demás, la historia jurídica constituye una forma de relativizar las pretensiones de absolutismo del dere-

---

[8] Así, últimamente, en reforma de la ley N° 21.398 de 2021, que introduce un art. 16 C a la Ley N° 19.496.

[9] DUCCI CLARO (1977) p. 218.

[10] TRONCOSO LARRONDE y ÁLVAREZ CID (2006) p. 62.

[11] LÓPEZ SANTA MARÍA y ELORRIAGA DE BONIS (2017) p. 518. Debe reconocerse que en LÓPEZ SANTA MARÍA (1996) p. 425, el autor matizaba su opinión inicial, señalando que, si bien los precedentes de esta regla estarían en el Derecho Romano y en el Proyecto de García Goyena, la redacción de la norma sería "original de Bello y, como casi siempre, muy superior a sus fuentes". Dicha opinión no fue recogida en las actualizaciones de su obra de contratos.

[12] GORDLEY (2019) p. 770.

cho vigente, proporcionando al jurista una visión más fiable de sus posibilidades y límites, considerando de forma planificada el estado actual del derecho[13]. Así se operará a lo largo del trabajo, considerando cada norma en un contexto diacrónico que la dote de sentido.

El análisis permitirá resolver varias interrogantes que se han dado en la aplicación práctica de la regla, pese a no se haya reflexionado lo suficiente acerca de ello. En efecto, a veces se utiliza esta regla de interpretación para desentrañar el sentido de alguna cláusula sin mayor reflexión sobre su procedencia, motivado por un fundamento que estaría centrado en la protección de una de las partes[14], las más de las veces se rechaza su aplicación por no reunirse sus requisitos, pero que son extraídos simplemente de la literalidad de su texto[15]. Se

---

[13]   BALDUS (2019) p. 634 y p. 636. En sentido análogo, en nuestro medio, BARROS BOURIE (2008) p. 428, indicaba, a propósito de la revisión crítica que ha estado experimentando el derecho contractual chileno, que "Los cambios interpretativos y los desarrollos legislativos sólo son posibles a la luz de una mirada al valor intrínseco y funcional de la práctica contractual y de un discernimiento sereno y abierto de la historia del Derecho privado y del Derecho comparado".

[14]   Por ejemplo, una sentencia en que el tribunal, fundado en el inciso primero del art. 1566 CCCh (que dispone interpretar las cláusulas ambiguas a favor del deudor) interpreta una cláusula de un contrato colectivo de trabajo a favor del acreedor, en este caso el trabajador respecto a su derecho a determinada indemnización por años de servicio. Además, el tribunal indica que debe aplicarse conjuntamente el principio "*pro operario*". No se reflexiona mayormente acerca de requisitos, fundamento o función, que podrían haber dado una solución equivalente, pero mucho mejor argumentada. *GÁLVEZ CON SUPERMERCADOS SAN FRANCISCO BUIN* (2010) cons. 8°, analizada en Cap. 3, III. 3.5.

[15]   Así, un caso en que la regla no se aplicó porque el tribunal —sin mayor fundamentación— estimó que la cláusula a interpretar era clara, siendo que su sentido había sido disputado por las partes, además de haber sido redactada por la Administración del Estado

suma a que se ha reformado nuestra legislación de consumo para insertar una regla *contra proferentem* especial, sin haberse reflexionado mayormente por el legislador acerca de su necesidad de cara a la existencia del art. 1566 CCCh[16]. Abordar entonces el fundamento y la función permite arrojar luz en algunas de esas discusiones.

En el primer capítulo, se abordará un primer objetivo específico: identificar el origen y desenvolvimiento histórico de la regla. La tarea se realizará con auxilio del método histórico-crítico en las *sedes materiae* pertinentes del *Corpus Iuris Civilis,* sumando la contribución de glosadores, comentaristas, además de las principales corrientes de juristas posteriores, como el humanismo, la neoescolástica española, la escuela de la jurisprudencia elegante, el iusnaturalismo racionalista, el *Usus modernus pandectarum* hasta llegar a las principales codificaciones modelo de la tradición continental, con énfasis en aquellas que influenciaron el pensamiento de Bello y el BGB. En este apartado también se analizará el desarrollo temprano del *case law* y la literatura legal inglesa sobre la regla, para el posterior análisis contemporáneo de esta familia jurídica.

En el segundo capítulo, con los hallazgos históricos que han configurado el origen de la que al final de esta parte se denominará *contra proferentem* —pero antes *contra stipulatorem/venditorem/locatorem* o *quod minus*—, por ser la nomenclatura más extendida sobre este dispositivo interpretativo, se realizará un análisis comparativo, correspondiendo al segundo objetivo específico.

---

en forma unilateral (eran las bases de un concurso de becas). Una reflexión profunda sobre fundamento y función podría haber cambiado el resultado. COMISIÓN NACIONAL DE INVESTIGACIÓN CIENTÍFICA CON BENVIN (2019) y sus sentencias de instancias previas. Analizada en Cap. 3, III. 3.1 a).

[16]   Sobre esta nueva regla Cap. 3, IV. 2.

El propósito de esta clase de análisis es hacer avanzar al Derecho chileno. Mediante la abstracción, se buscarán conceptos e ideas útiles al entendimiento del art. 1566 CCCh, cuyo tratamiento se reservará al último capítulo. Ello, bajo la premisa de que el derecho comparado, paradójicamente, ayuda a entender el propio sistema legal, incrementando las posibilidades de desarrollarlo, aumentando su conocimiento, mediante una nueva luz o en un diferente espejo[17]. Se busca enriquecer las perspectivas del Derecho interno mediante el conocimiento de otros derechos, así como construir nuevas teorías o criticar los puntos de vista epistémicos o teóricos del Derecho interno[18].

En cuanto a la metodología del análisis comparado, pese a ser cuestión sumamente debatida[19], la orientación de este trabajo tendrá varias influencias. Seguiremos en cierto modo la recomendación de Zweigert y Kötz respecto a la elaboración de informes respecto de los diferentes sistemas legales analizados, realizando, sin embargo, evaluaciones críticas allí donde parezca indispensable a la luz de lo que el análisis vaya determinando. Ello permitirá constatar similitudes y diferencias entre los ordenamientos estudiados[20]. Con ello trataremos de cons-

---

[17] Husa (2015) p. 63.

[18] Coendet (2016) pp. 494-495.

[19] Kern (2017) pp. 430-433.

[20] Zweigert y Kötz (1998) p. 43. Los autores (pp. 34-35) señalan que la metodología básica del derecho comparado es el funcionalismo (*functionality*) que implica la constatación de un problema a ser resuelto sin referirse a los conceptos del propio sistema legal. Al respecto, nos parece, con Baldus (2019) p. 1111, que no es necesariamente malo ocuparse de las normas y la dogmática de cada país: ésta última es una reflexión ordenada que va del problema a la solución, esto es, íntimamente ligada al método, pues quienes quieran conocer la realidad de una experiencia nacional, debe tomarse en serio la forma concreta en que se leen y aplican las normas que podrían ofrecer una solución. Es lo que se hará.

truir nuevos conceptos y aproximaciones, en definitiva, nuevas teorías, más que de la identificación del "mejor" concepto o regla dentro de los ordenamientos estudiados. De esta forma, en esta visión enfrentaremos una interacción dialéctica entre conceptos legales, reglas, principios e instituciones en contextos históricos y socio-económicos diversos[21].

Tres pasos sucesivos se podrán apreciar en este análisis, según la metodología comparativa de Löhnig: describir, explicar y generalizar. Así, se procederá a la conceptualización de las soluciones normativas de cada ordenamiento, poniendo de manifiesto sus peculiaridades; luego contrastaremos las notas distintivas de cada sistema para construir una explicación plausible de sus diferencias, para finalmente identificar la lógica interna del fenómeno estudiado en las diferentes legislaciones[22].

De la multiplicidad de ordenamientos jurídicos posibles de estudiar, tres jurisdicciones se han elegido por compartir una tradición histórica, la posibilidad de mostrar un cuadro suficientemente descriptivo de la situación en el derecho continental y el *Common Law*, además de contar todos con reformas más o menos recientes de la regla: Alemania, Francia e Inglaterra. Los dos primeros como jurisdicciones representativas de la familia romano-germánica[23], el último, como país representante de una tradición distinta, pero que ostenta un desarrollo

---

21 Van Hoecke (2017) p. 294.
22 Löhnig (2014) pp. 117-119.
23 Husa (2015) p. 214. Pese a que el análisis de ordenamientos que comparten una situación similar y han tenido influencia en Chile como el español o el italiano también hubiera revestido sumo interés, nos parece que los aspectos más nucleares del derecho continental sobre esta regla pueden apreciarse en los dos países elegidos. Sin perjuicio de ello, en el último capítulo se referirán ciertas ideas sobre esas dos codificaciones, pero sin realizar un análisis exhaustivo. Sobre el *Common Law,* el marco jurídico federal y por ello fragmentado del derecho estadounidense hace que para nuestros fines

en esta materia que guarda más similitudes que diferencias con sus pares europeos de lo que pareciera, lo cual parece ser fruto de la influencia de la tradición histórica continental en el derecho contractual inglés. Para cerrar el análisis se incorpora el tratamiento breve de los principales instrumentos de armonización del derecho contractual, para contrastar su examen con los países elegidos y por su influencia en el desarrollo del derecho actual.

De esta forma, seguiremos las palabras de Baldus, cuando indica que la metodología del derecho comparado debe contar con dos "anclas" —lo que permite continuar la metáfora de nuestro barco—: la realidad actual y, puesto que esta realidad no puede entenderse sin su devenir, a la histórica[24]. Es decir, el trabajo que se realizará en los primeros dos capítulos de este trabajo. La realidad histórica constituye una forma de interconectar los ordenamientos jurídicos comparados estudiados, puesto que, en la argumentación comparada, el derecho interno y el derecho extranjero deben tener conexiones epistémicas[25].

En el tercer capítulo, anclado el barco de la regla *contra proferentem* a la historia y a la realidad actual del derecho comparado, pudiendo ya apreciarse en plenitud la "lógica interna del fenómeno estudiado"[26], se utilizará la metodología dogmática para terminar de contestar la pregunta inicial sobre el fundamento y la función de la regla, ahora en su versión chilena, último objetivo específico. De esta forma, se analizarán las disposiciones legislativas que, además del art. 1566 CCCh, reconocen el dispositivo interpretativo que se analizará. Todo ello a la luz

---

—y también por una tradición histórica compartida de la regla—, el derecho inglés sirva mejor.

[24] Baldus (2019) p. 1112.

[25] Coendet (2016) p. 502.

[26] Löhnig (2014) p. 119

de las conclusiones de la primera parte, es decir, considerando las ideas y teorías fruto de los resultados históricos y comparativos obtenidos.

La hipótesis del presente trabajo es que la recepción de la norma de interpretación que consagra el art. 1566 CCCh, obedeció a la conjugación de dos principios interpretativos que fueron forjando su estructura a lo largo de la historia: *in ambiguitas contra proferentem* y *quod minus*. Se propone que el fundamento del art. 1566 CCCh y con él las disposiciones legislativas especiales que reproducen su finalidad, es la consagración de una carga de claridad del contratante que se encuentra en una situación de diseño unilateral del contenido contractual ante una ambigüedad insuperable del tenor del acuerdo. Su función es distribuir riesgos: de las ambigüedades unilateralmente generadas por una de las partes, de la falta de prueba de las obligaciones, además de conservar el negocio jurídico celebrado por los contratantes antes de anularlo por falta de consentimiento. Dicha función se despliega ante el incumplimiento de la carga de claridad, sufriendo el contratante que la omite un gravamen que se traducirá en una interpretación del contrato en su contra.

De esta manera, el análisis realizado nos permitirá concluir que la regla continúa siendo prácticamente la misma que aquella contenida en el *dictum* de Juvencio Celso en D. 34, 5, 26, al indicar que en las estipulaciones la ambigüedad debe interpretarse contra el estipulante. Por mucho que se le hayan añadido maderos a esta embarcación, solo han logrado modificar su aspecto externo. Las razones de este aserto podrán encontrarse en las páginas que siguen.

Capítulo 1.

Antecedentes históricos de la regla contra proferentem. *Desde el derecho romano a las codificaciones*

En este capítulo se abordará el desarrollo histórico de la regla que aparece en las legislaciones civiles objeto de estudio, especialmente a la luz de la tradición histórica del artículo 1566 del CCCh, en tres momentos cronológicos distintos: el Derecho romano, el Derecho medieval y el Derecho moderno.

I. EL SURGIMIENTO DE LA REGLA *CONTRA PROFERENTEM* COMO *CONTRA STIPULATOREM/ VENDITOREM/LOCATOREM* EN EL DERECHO ROMANO

1. Aspectos generales de la interpretación del negocio jurídico en Derecho romano

Las distintas soluciones casuísticas que entregaban los juristas romanos en materia de interpretación de lo que en la actualidad denominamos negocios jurídicos (contratos y testamentos, principalmente)[27] serían luego establecidas como reglas.

---

[27] El concepto de negocio jurídico es una categoría no desarrollada por los romanos. Existían términos técnicos para designar realidades más amplias o estrechas que negocio jurídico como *negotium, contrahere, contractus, conventio* o *pactum*. KASER (1971) p. 227. En este sentido, sobre "el vocabulario de la negocialidad jurídica en el Derecho romano", GUZMÁN BRITO (2005) p. 17 y ss. Sobre la histo-

La tradición romanística se ha formado a base de generalizar soluciones romanas a casos concretos y ello hace que debamos referirnos a los textos que sirvieron de pauta a los juristas del Derecho común para su teoría, bien se refieran estos textos a los contratos o a los testamentos[28].

Debe tenerse presente en este análisis que los *prudentes,* lejos de desarrollar una teoría de la interpretación de la ley o del contrato cerrada y general[29], actuaban en esta materia de forma casuística y tópica, dando preferencia a las circunstancias cambiantes del caso concreto[30]. El método casuístico-jurisprudencial le permitió al Derecho romano adecuarse continuamente a las exigencias de la práctica y las profundas mutaciones políticas, sociales y culturales, en un proceso que, aun con ello, respetó su propia coherencia y continuidad[31]. Pese a este casuismo, en el centro de la toma de decisiones de los juristas romanos se encontraban las normas del derecho

---

ria ulterior del concepto de negocio jurídico, de raigambre alemana, Schermaier (2003) p. 354 y ss. En este sentido, Corbino indica que el uso de "actividad negocial" referido a la experiencia romana, no es científicamente impropio, pese a la inexistencia de dicha abstracción conceptual, pues los propios juristas romanos operaban a menudo a través de generalizaciones y conexiones conceptuales impropias de su sistema jurídico, además de que aquí se opera como historiador y no como anticuario, y por tanto alimentado por curiosidades que surgen de nuestra experiencia presente y que, por tanto, sólo pueden describirse adecuadamente con la terminología actual. Corbino (2006) p. 1.

[28]   Miquel (1981) p. 795.
[29]   En este sentido, sobre el concepto de negocio jurídico y la abstracción en Roma, Kaser (1971) p. 227.
[30]   Kaser (2013) p. 19 y ss.; Berger (1953) p. 513; Burdese (1993) p. 2. Una teoría de la interpretación jurisprudencial romana no se conocerá jamás, señala Fuhrmann (1970) p. 97.
[31]   Vacca (2017) p. 6.

jurisprudencial, que formaba una densa red de proposiciones subsumibles[32].

Referirse a una "interpretación de los contratos" en Roma es complejo desde varias aristas: por una parte, porque los juristas jamás llegaron a formarse una idea unitaria de *contractus*, al menos durante el período clásico[33], por lo que es necesario tener en cuenta, caso a caso, la situación de intereses que se presente; y, por otra parte, porque se trata de un *ius controversum*, es decir, que el tema era discutido entre los propios juristas romanos y que hay varias líneas de evolución al respecto[34]. Con ello, no puede hablarse en este período de unos principios y menos de unas reglas de interpretación comunes a todos los contratos e inmutables en todo tiempo, tal cual existen en varias codificaciones civiles en la actualidad, como la chilena, en el título XIII del libro IV del Código Civil.

Pese a ello, de la resolución de problemas concretos en el conjunto de fuentes, la romanística ha logrado identificar ciertos principios comunes o lo que hoy, solo por aproximación, podemos denominar "reglas"[35]. En este sentido, Gandolfi ha señalado que en este tópico los juristas construyeron soluciones que se iban repitiendo en el transcurso de sus opiniones, generando con ello una nítida, aunque fragmentaria enunciación de principios[36], o como señala Kaser, que son ideas laten-

---

32   HARKE (2021) p. 21.
33   WEGMANN STOCKEBRAND (2017) p. 335.
34   MIQUEL (1981) p. 793.
35   GANDOLFI (1972) p. 30, estima que algunas asumen el carácter de verdaderas y propias reglas.
36   GANDOLFI (1966) p. 6. La jurisprudencia no elabora, en este campo, *regulae,* sino singulares decisiones normativas, de las cuales no es difícil ver la multiplicidad, la similitud y la divergencia. En las respuestas de los prudentes se transmiten elecciones valorativas y criterios de preferencia. BRUTTI (2018) p. 42.

temente contenidas en la aplicación de la ley y que pueden
ayudar a hacer que la peculiaridad del pensamiento jurídico
romano sea más claramente visible[37]. Es decir, criterios que,
aunque oscilantes, sirvieron de fuente a muchos de los posteriores razonamientos acerca de cómo y hasta dónde podría
llegar el intérprete para determinar el alcance del negocio celebrado por las partes[38].

Uno de los principios que resalta es aquel que en las fuentes
impone observar el *id quod actum est,* traducible como "lo actuado" o "aquello de lo que se trató" en el negocio.

Esta frase se utiliza en textos en que, en el contexto de una
relación negocial, los juristas tratan de decidir una cuestión
jurídica que no está regulada expresamente por las partes en la
redacción del acuerdo, en cuyo caso, se resuelve centrándose
en el *id quod inter contrahentes actum est,* planteando con ello la
cuestión del sentido y finalidad del acuerdo[39].

En una completa revisión de las fuentes, Pringsheim plantea
que la historia de esta frase sería sencilla, encontrando paula-
tina aceptación a medida que avanza el tiempo y comenzando
por un fragmento de Labeón en que se cita al jurista republica-
no Servio Sulpicio Rufo[40].

> D. 18, 1, 80, 2 (Lab. 5 post. a Iav. epit.)
>
> *Silva caedua in quinquennium venierat: quaerebatur, cum
> glans decidisset, utrius esset. scio Servium respondisse, primum
> sequendum esse quod appareret actum esse: quod si in obscu-
> ro esset, quaecumque glans ex his arboribus quae caesae non
> essent cecidisset, venditoris esse, eam autem, quae in arboribus
> fuisset eo tempore cum haec caederentur, emptoris* [Se había

---

[37] Kaser (1954) p. 228.
[38] Burdese (1993) p. 10. Rodríguez Olmos (2013) p. 472.
[39] Wünner (1964) p. 179.
[40] Pringsheim (1961) pp. 17-18.

> vendido por un quinquenio un bosque tallar; se preguntaba, cuando cayese la bellota, ¿de quién sería? Sé que Servio respondió, que primeramente se había de estar a lo que apareciese que se trató; pero que, si estuviese obscuro, la bellota que hubiese caído de los árboles, que no se hubiesen cortado, era del vendedor, pero del comprador, la que hubiese estado en los árboles al tiempo en que estos fuesen cortados][41].

Como puede verse, la decisión de Servio prioriza ante todo lo que aparece que las partes han querido hacer (*quod appareret actum esse*), pero solo cuando ello sea determinable (si *apparet*). Hay una exigencia de prueba que es constante en las fuentes, a partir de todas las circunstancias del caso: tanto las cosas como las personas, la situación de la que surgió el negocio, a veces también lo que le siguió permiten identificar el *quod actum*[42].

Pringsheim reconoce en las fuentes cuatro posibilidades de aplicación del *quod actum*. Primero, se puede decir que si el *actum* es (a), se aplica (1); si el *actum* es (b) se aplica (2) y si el *actum* no se puede captar, es oscuro, no aparente (c), se aplica (3). Esta primera manera es la forma más detallada de análisis. Así se expresa Servio en el fragmento recién citado: a la pregunta de a quién corresponderían las bellotas cuando cayesen, cabe la posibilidad de que el *actum* (lo que parezca haberse querido hacer) indique una posibilidad (1) o (2), o toda la bellota para el comprador o toda para el vendedor y finalmente, como indica el fragmento, si ello no puede ser determinado, la

---

[41]   Trad. García del Corral (1889), pero se añaden tildes y se mueve el signo de interrogación desde antes de "cuando" a "de quién". Las traducciones, salvo que se indique expresamente lo contrario mediante referencia al traductor, referencia de cuya obra se encuentra en la bibliografía final, como en este caso, son nuestras.

[42]   Pringsheim (1961) p. 17. Sobre este fragmento, Brutti (2017) p. 71, señala que subyace al razonamiento expuesto una atribución de significado a las palabras según los hábitos lingüísticos, más que las singulares opiniones de las partes intervinientes.

que cae en los árboles del vendedor y la adherida a los árboles al momento en que se cortaron, del comprador.

Segundo, es posible que se comprueben los sentidos (1) y (2), pero no (3), en cuyo caso se pregunta exclusivamente por el significado individual que las partes asocian a su transacción, más que al significado típico de la convención. Así puede apreciarse, por ejemplo, en el fragmento de Juliano D. 7, 1, 36, 1, en que se pregunta únicamente por la intención individual en una estipulación para determinar su sentido[43]. Con todo, pareciera ser un camino característico de este jurista, que encontró menos seguidores de lo habitual.

Tercero, los juristas a veces deciden según *id quod actum* sin preguntarse primero por (a) o (b). Esto significa que, de alguna manera, creen saber qué es lo actuado, bien porque esto siempre, es decir, típicamente, corresponde a la opinión de las partes en tales casos, bien porque esto corresponde a la situación particular del caso. Así, Servio, en una cláusula de venta de un fundo en que el agua iba comprendida, para determinar si también se añadía el paso correspondiente a la misma res-

---

[43]   D. 7, 1, 36, 1 (Afr. 5 quaest.) *Stipulatus sum de Titio fundum Cornelianum detracto usu fructu: Titius decessit: quaesitum est, quid mihi heredem eius praestare oportet. respondit referre, qua mente usus fructus exceptus sit: nam si quidem hoc actum est, ut in cuiuslibet persona usus fructus constitueretur, solam proprietatem heredem debiturum: sin autem id actum sit, ut promissori dumtaxat usus fructus reciperetur, plenam proprietatem heredem eius debiturum* [Estipulé de Ticio el fundo Corneliano, deducido el usufructo. Ticio murió. Se planteó la cuestión de qué debía entregarme su heredero. Respondió <Juliano>: **importa conocer con qué intención** se haya deducido el usufructo, pues si se dedujo con la **evidente intención** de que se constituyese el usufructo a favor de cualquiera, el heredero deberá la nuda propiedad, pero si se dedujo con la intención de que el usufructo pasase sólo al promitente, el heredero deberá la plena propiedad [...]] Trad. D'ors y otros (1968). Los ennegrecidos, salvo que se indique lo contrario, son nuestros.

pondió directamente que *videri **id actum esse**, et ideo iter quoque venditorem tradere oportere* (parecía que así se había convenido y por ello se debía entregar el paso al vendedor)[44].

Cuarto, no es infrecuente que los juristas se limiten a decir que debe respetarse el *id quod actum* sin entrar en más detalles, lo que tendría que ver con una inclinación individual del jurista hacia esa solución. Pomponio, en la entrega de un esclavo con el fin de manumitirlo después de un quinquenio, para determinar el momento en que comienza la exigibilidad del negocio, dice que debe indagarse *quid acti sit* (qué se ha querido hacer)[45], sin otra consideración[46].

Por otra parte, importante es un fragmento en que se vincula la formulación a la *bona fides,* aspecto vinculado a nuestra regla por su especial procedencia en contratos de buena fe en Roma (como veremos, en la compraventa y en el arrendamiento). Así, en D. 19, 1, 11, 1, Ulpiano indica:

> *Et in primis sciendum est in hoc iudicio id demum deduci, quod praestari conventi: cum enim sit bonae fidei iu dicium nihil magis bonae fidei congruit quam id praestari, quod inter contrahentes actum est. quod si nihil conventi, tune ea praestabuntur, quae naturaliter insunt huius iudicii potestate* [Y ante todo se ha de saber, que se comprende en este juicio [de acción de compra] solamente lo que se convino que se entregue; porque siendo juicio de buena fe, nada es más conforme a la

---

[44]   Trad. D'ors y otros (1968). D. 18, 1, 40, 1 (Paul. 4 epit. Alf. dig.) *In lege fundi aquam accessuram dixit: quaerebatur, an etiam iter aquae accessisset. respondit sibi **videri id actum esse**, et ideo iter quoque venditorem tradere oportere.*

[45]   D. 39, 5, 18, 1.

[46]   Pringheim (1961) pp. 83-86, citando las fuentes, juristas y períodos en que puede apreciarse estas distintas maneras de comprender el término. Sobre la voluntad verosímil en relación al *quod actum*, véase Brutti (2017) pp. 73-77. Sobre su relación con la *bona fides*, Stolfi (2004) p. 83 y ss.

buena fe, que el que se cumpla lo que se convino entre los
contratantes; pero si nada se convino, entonces se harán las
prestaciones que naturalmente se contienen en la naturaleza
de este contrato][47]

En este caso, *inter contrahentes actum est* es vinculado directamente a la buena fe. Como indica Stolfi, ésta orientaba la
interpretación en el sentido de determinar el contenido de
la obligación lo más cerca posible del acuerdo celebrado. Y si
todo ello, por una parte, se dirigía expresamente a considerar
sólo eventualmente el recurso a lo naturalmente (y no con-
vencionalmente) implícito en la estructura del contrato, por
otra tendía ciertamente a privilegiar la sustancia de la *conventio*
respecto del tenor de la declaración. De esta forma, la *bona fides* intervenía para sancionar la máxima incidencia de lo real y
concordantemente perseguido por las partes (el *id quod actum*)
respecto de la valoración y ejecución del negocio celebrado
por ellas, de tal manera que incluso respecto del contenido
formal de tal negocio, prevalecía la búsqueda y apreciación del
fondo del acuerdo entre los contratantes[48]. De esta forma, la
fides bona se manifiesta especialmente en el proceso: la sinceridad de los compromisos adoptados por las partes en la *conventio,* la ausencia en ellos de mala fe o engaño son elementos
decisivos para fijar el contenido y la extensión de los vínculos
nacidos del acuerdo en orden al fiel cumplimiento de los mismos, permitiendo concretar la medida de responsabilidad de
los contratantes, de tal manera que el *iudex* tendrá que exigir
todo lo que entre ellos se haya llevado a cabo sinceramente,
con honestidad[49].

Pese a la gran diversidad de formulaciones en el examen
de las fuentes respecto al *id quod actum est,* el entendimiento

---

[47]   Trad. García del Corral (1889).
[48]   Stolfi (2004) p. 92.
[49]   Castresana (1991) p. 68.

de este concepto se ha ido uniformando en torno a una consideración que toma en cuenta los intereses de las partes y las circunstancias del caso: se ha dicho que el *quod actum* es la primera función de la interpretación, identificable mediante la investigación de la declaración y su relación tanto con la voluntad como con la situación de hecho a la que esta se refiere[50], que está constituido por el problema práctico a cuya solución se dirige el acuerdo: se deriva la *contrahentium voluntas* (por ej. en D. 50, 16, 219) no, como podría creerse, de una reconstrucción conjetural, presunta y psicológica de lo que, en el caso concreto, podría haber sido la intención común de las partes, sino de una apreciación plausible del conjunto de intereses en que se basa el acuerdo[51], que constituye la regulación concreta de intereses que resulta del negocio jurídico en su formulación específica[52], lo reconocible por el significado y la finalidad de las acciones de las partes, aunque no pueda deducirse de las palabras comerciales formales o no formales utilizadas por sí solas[53], o que es lo que resulta de establecer un punto intermedio entre considerar lo que las partes se representan al concluir un negocio y lo que las partes ponen objetivamente en existencia[54]. Se debe buscar el núcleo intencional del acto (*nocciolo intenzionale dell'atto*), que sin embargo debe probarse para asumir una relevancia autónoma[55].

En este sentido, el mismo Pringsheim señala que los juristas romanos pusieron gran énfasis en la apreciación objetiva de los intereses de las partes, pero también se esforzaron por desentrañar, cuando ello fuera posible, los propósitos persegui-

---

[50] Voci (1985) p. 621.
[51] Betti (1962) p. 903.
[52] Gandolfi (1966) p. 119.
[53] Kaser (1971) p. 236.
[54] Miquel (1981) p. 794.
[55] Brutti (2017) p. 74.

dos por éstas en sus negocios para interpretar sus acuerdos de acuerdo con el significado atribuido por ellas en su formulación. Considerar el *id quod actum est* servía a ambos objetivos[56]. En este sentido, *id quod actum est* se refiere a las intenciones comunes de las partes, cuando éstas aparecen evidentes en el contexto específico en que las negociaciones tomaron lugar, el que comprende las circunstancias personales de las partes, sus expectativas en el negocio, así como el sentido literal cuando éste fuera de ayuda para determinar dicha intención[57].

Frente a ello, Guarino, empero minoritariamente, dice que *id quod actum* no es un criterio interpretativo particular, sino el presupuesto común e indispensable de toda interpretación de "actos jurídicos privados", independiente de su formulación, pues no es posible interpretar un caso de negociación si no se examina, o si, al no poder reconstruirse, no se hipotetiza en términos de verosimilitud, por lo que no hay nada más importante (y anodino) que la referencia que los juristas hacen a la necesidad o conveniencia de escudriñar el *quod actum*[58].

Por su parte, últimamente, desde un punto de vista procesal, Babusiaux asimila el *id quod actum est,* al objeto de la prueba, es decir, que la investigación de la voluntad de las partes sirve para la preparación del procedimiento técnico de la acción y la ponderación o prognosis de sus posibilidades[59]. De esta forma, puede comprenderse el dispositivo interpretativo en comento enclavado en el régimen típico de las acciones romanas y en las particularidades de cada negocio tutelado por éstas.

---

[56] Pringsheim (1961) p. 1.

[57] Zimmermann (1996) pp. 633. En este sentido, la tradición histórica decantará en la regla hoy contenida en el artículo 1560 del Código Civil chileno. Lo expresa respecto al §133 del BGB, Babusiaux (2006) p. 1.

[58] Guarino (1962) pp. 417-418.

[59] Babusiaux (2006) p. 251.

Finalmente, ciertos argumentos basados en la experiencia general o razones de política (*general experience or policy*) podían ser de ayuda para la determinación de "lo actuado" en el negocio jurídico[60]. Así ocurre con los denominados "criterios subsidiarios" de interpretación, que constituyen una evaluación abstracta de las expresiones utilizadas o de las actitudes sostenidas por las partes a la hora de reconstruir su voluntad[61]. En este caso, la solución es encontrada como resultado de la utilización de los elementos ya obtenidos de la declaración de negociación o de la comparación de las circunstancias concomitantes[62].

Uno de estos criterios es aquel que podemos identificar en ciertas fuentes, en esta etapa denominado *contra stipulatorem-venditorem-locatorem*, precursor del llamado *contra proferentem*, como se verá.

2. El criterio de interpretación *contra stipulatorem/venditorem/locatorem* en las fuentes romanas

La romanística ha llamado la atención acerca de un *corpus* de fuentes a partir de las cuales pueden cifrarse los orígenes de la llamada *contra proferentem* o *Unklarheitenregel*. Estos fragmentos, desligados de su contexto, sufrirían un lento proceso de evolución que importa continuidades y discontinuidades,

---

[60] ZIMMERMANN (1996) pp. 633-634. Esto lleva a DOBBERTIN (1987) p. 43, a señalar que el *id quod actum* como método de interpretación clásico sería artificial y no sería coherente en la medida en que a veces se basaría en el individuo, a veces en la voluntad típica, no siendo capaz de determinar o tener en cuenta la *voluntas* real.

[61] GANDOLFI (1966) p. 136. GANDOLFI (1972) p. 29. O criterios "objetivos", como señala BURDESE (1993) p. 11 o POLO ARÉVALO (2015) p. 193.

[62] GANDOLFI (1972) p. 30.

hasta llegar a la forma que conocen las codificaciones decimonónicas. En este apartado se examinarán las principales sedes en perspectiva evolutiva, tratando de identificar su *ratio* inicial.

El elenco de fuentes que se analizará está integrado, por una parte, por el criterio de interpretación "*contra stipulatorem*", es decir, D. 34, 5, 26; D. 45, 1, 38, 18 y D. 45, 1, 99[63]; y por otra, el criterio "*contra venditorem/ locatorem*", en D. 2, 14, 39; D. 18, 1, 21; D. 18, 1, 33 y D. 50, 17, 172[64].

En los siguientes apartados se tratará la regla cronológicamente, a fin de identificar su origen histórico, luego su fundamento en la estipulación y posteriormente en la compraventa y el arrendamiento.

2.1 Ubicación cronológica. Su posible origen en el ius sacrum romano

Dentro de las fuentes recién señaladas, encontramos la primera pista en Papiniano, cuando señala que este criterio correspondería a los llamados *veteres*:

> D. 2, 14, 39 (Pap. 5 quaest.)
>
> *Veteribus placet pactionem obscuram vel ambiguam venditori et qui locavit nocere, in quorum fuit potestate legem apertius conscribere.* [Los antiguos opinaban que los pactos obscuros o ambiguos deben perjudicar al vendedor y al arrendador, en cuya potestad estuvo redactar más claramente la ley del contrato].

Esto da luces acerca de los antecedentes más remotos, respecto a lo cual podemos distinguir dos posturas. Algunos

---

[63] Tres fuentes que reconocen, por ejemplo, WOLF (1961) p. 62, GANDOLFI (1966) p. 390, BALDUS (1998) pp. 687-688.

[64] Conjunto de fuentes que especialmente algunos autores alemanes suelen denominar "*ambiguitas-Regel*", KRAMPE (1983a), HONSELL (1986) p. 75.

señalan que la alusión a los *veteres* se haría a los juristas preclásicos[65], republicanos[66], o más precisamente al jurista Labeón[67], por la coincidencia en el planteamiento de la regla según atestigua Paulo:

D. 18, 1, 21 (Paul. 5 ad Sab.)

Labeo scripsit obscuritatem pacti nocere potius debere venditori qui id dixerit quam emptori, quia potuit re integra apertius dicere. [Labeón escribe que la oscuridad de un pacto debe perjudicar al vendedor que lo ha expresado, más que al comprador, pues aquel pudo pudo haberlo expresado más claramente desde antes del pacto]

Por otra parte, Troje señala que no es posible precisar el asunto con claridad, pues en este fragmento tanto Papiniano como Paulo utilizarían un discurso indirecto —esto es lo que habrían establecido los *veteres* o escrito Labeón— solo para distanciarse de la regla que en su época no habría sido utilizada[68].

Sin embargo, cabe preguntarse: ¿realmente surge la regla con los juristas republicanos, o es posible encontrar antecedentes anteriores? Al respecto, Heinrich Honsell sustenta una posición que se centra en situar el origen y justificación de la

---

[65]   BEHRENDS (2005) p. 462

[66]   KRAMPE (1983a) p. 187. A fines de la República o comienzos del Principado la remonta CLEMENTE FERNÁNDEZ (2007) p. 63.

[67]   HORAK (1992) p. 210, quien en este artículo enfrenta el problema de una definición de quiénes eran los llamados *veteres*, exponiendo las distintas posturas y analizando algunos fragmentos como el recién referido. En el mismo sentido, CLEMENTE FERNÁNDEZ (2009) p. 25, quien además agrega que ello coincidiría con el carácter del jurista Labeón, conocedor de gramática o retórica, por aportar soluciones de equidad y por su carácter innovador. Mucho más adelante en la historia, Cuyacio señalaba al respecto: "*Veteribus placet. Id est, Labeoni. vide. Lib. 1. Observat. Cap. 10. Cuiac.*" CUYACIO (1627) col. 259.

[68]   TROJE (1961) p. 161.

regla en el antiguo formalismo del *ius sacrum* romano[69], lo que parece interesante de profundizar.

Para identificar quiénes serían los *veteres* que proponían este criterio interpretativo, en un principio Honsell descarta la influencia de los retóricos, por no encontrarse este criterio interpretativo en sus *topoi*. Por ende —señala—, todos los signos indicarían que la oración provendría del derecho sacro, fundando esta posición en el pronunciado formalismo de este ordenamiento, en que se requeriría una adhesión irrestricta a determinadas fórmulas, pues "la oración une a la deidad mediante las palabras pronunciadas", y, por lo tanto, las formulaciones poco claras y en particular, demasiado amplias, son a expensas del que pronuncia las palabras[70]. En efecto, en la sociedad romana de los orígenes, en que prima la oralidad para los actos más relevantes de la vida social, como los rituales, para que la palabra tenga una fuerza creadora debe ser la palabra correcta, es decir, la que la experiencia consolidada ha permitido considerar propicia para el resultado deseado. La divinidad solo puede ser invocada con esas palabras, elegidas conscientemente y pronunciadas públicamente[71].

Honsell cita el comentario de Mauro Servio Honorato a la Eneida (s. IV d. C), refiriéndose a la vinculación con los dioses que involucran las palabras pronunciadas, en el caso de la

---

[69]   Honsell (1986) pp. 76-77. Suscribe su posición Zimmermann (1996) p. 640 y Vogenauer (2007a) p. 1488. Escéptico ante la idea, por no encontrarse en las fuentes clásicas ninguna indicación de que los juristas hubieran tenido en cuenta el derecho sacro, Baldus (1999) p. 691.

[70]   Honsell (1986) p. 77. Cabe señalar que esta posición se encuadra en su razonamiento restrictivo de la regla, es decir, que procedería del derecho sacro por no existir antecedentes en las fuentes clásicas de una utilización mayor de ella, aspecto que, como se verá, no compartimos.

[71]   Corbino (2006) pp. 55-57.

legum dictio, haciendo una analogía con el negocio jurídico, al comentar la palabra *augurium,* señalando que en esta clase de augurios ciertas *nuncupationes* se pronuncian: *et est species ista augurii quae legum dictio appellatur: legum dictio autem est, cum condicio ipsius augurii certa nuncupatione verborum dicitur*[72]. Estas *nuncupationes* tienen el valor de "fijación de condiciones" y concurren en la especie de augurio en el que se establece de manera preventiva —y con el uso de fórmula determinada— el valor que debe atribuirse a los signos divinos en el desarrollo del rito augural[73]. A mayor abundamiento, el mismo Honsell vincula estas consideraciones con la norma decenviral *cum nexum faciet mancipiumque, uti lingua nuncupassit, ita ius esto*[74], siendo las *nuncupationes* el pronunciamiento de *certa verba* en el contexto de una ceremonia solemne o ante testigos, con efectos vinculantes y comportamientos exigibles para el sujeto que las dijo[75]. Es interesante que en este fragmento de las XII Tablas se haya interpretado el pronunciamiento de estas palabras como la posibilidad de introducir condiciones que alteren lo pactado en el *nexum* o la *mancipatio* para formalizar múltiples estructuras de intereses en respuesta a las distintas necesidades de las partes[76].

La vocación constitutiva de las palabras formales obliga a quien las hizo, del que dependerá hacerse responsable por lo que impliquen. La religión romana tenía un fuerte carácter ritual y oral, donde las oraciones a los dioses tenían un carácter performativo, y si bien los gestos podían ser repetidos, las

---

[72] Serv. *Aen.* 3, 89.
[73] CASTRESANA (2007) p. 36.
[74] Tab. 12, 6, 1, Tomado de Fest. 176, 6.
[75] BELLOCCI (2002) p. 3.
[76] CURSI (2014) p. 154.

plegarias inmediatamente realizan lo que se ha dicho, lo que
podía ser peligroso[77].

Finalmente, muy interesante es la alusión que hace el mismo autor, a modo de ejemplo, al *ver sacrum,* o primavera sagrada. De este ritual dan testimonio varias fuentes, dentro de
las cuales se encuentra Festo, que lo describe como un voto
practicado por las tribus más antiguas de la península de los
Apeninos, que, en tiempos de extrema necesidad, ofrecen el
producto de una primavera entera en intercambio por la liberación de una calamidad presente[78]. El fragmento concreto
al que se refiere Honsell es Fest. 379, 30, que definiendo *Ver
sacrum,* narra el voto hecho a los dioses por una tribu en circunstancias difíciles: *quaecumque proximo vere nata essent apud se
animalia immolaturo* (inmolar a todos los seres vivientes que naz-
can en la primavera siguiente), para luego señalar que *Sed cum
crudele videretur pueros ac puellas innocentes interficere, perductos in
adultam aetatem velabant atque ita extra fines suos exigebant* (Pero
como consideraron cruel inmolar niños y niñas inocentes, los
dejaron crecer hasta una edad adulta, luego de lo cual fueron
llevados, con los ojos tapados, a los límites de la aldea natal y
expulsados). Con ello, se concluye que la ambigüedad en la
expresión *animalia* había sido interpretada contra aquél que
había formulado el voto, y a favor de los dioses, lo que hubo
que enmendar mediante la solución finalmente adoptada.

En el mismo sentido, el relato del historiador romano Alfius
en su obra *Belli Carthaginiensis,* que transcribe Festo[79], en el
cual se describe el voto que hizo la tribu de los mamertinos,
cuando frente a una plaga que azotaba su ciudad, el jefe de
ésta les revela a sus ciudadanos que en un sueño el dios Apolo

---

[77] Scheid (2006) p. 18.
[78] Tikkanen (2017) p. 2, que realiza un análisis detallado de la trans-
      misión textual de este ritual.
[79] En Cornell *et al.* (2013) v. 2, p. 937.

le advirtió que si deseaban liberarse del mal, debían votar una primavera sagrada, *id est, quaecumque uere proximo nata essent, immolaturos sibi* (o sea, que le debían ofrecer todo lo que naciera en la próxima primavera), lo que hicieron. Sin embargo, tras veinte años los atacó una plaga similar y cuando le consultaron a Apolo, éste señaló que el voto no había sido completado, pues los hombres no habían sido ofrecidos, sin perjuicio de que, si los expulsaban del pueblo, éste quedaría liberado de la destrucción, y así hicieron. En este relato, por tanto, aparece el mismo dios romano interpretando las palabras ambiguas de quienes hicieron el voto en contra de ellos.

Una historia similar de rituales erróneamente realizados se encuentra en Tito Livio, en el contexto de la guerra contra Aníbal, cuando en el verano del año 217 a. C, tras la derrota sufrida en las cercanías del lago Trasímeno, a sugerencia de los decenviros, el pontífice máximo Lucio Cornelio Léntulo dictamina que debe consultarse al pueblo acerca de la promesa de celebrar una primavera sagrada (*ver sacrum*) en estos términos:

> "Si la república del pueblo romano de los Quirites, durante el quinquenio próximo, según yo deseo y por lo que hago votos, sale sana y salva de las guerras siguientes: la guerra que hay entre el pueblo romano y el cartaginés, y las guerras en que está con los galos de este lado de los Alpes, que entonces el pueblo romano de los Quirites done en ofrenda todo lo que en primavera nazca de los rebaños de cerdos, ovejas, cabras y bueyes, y que no haya sido consagrado, y sea inmolado a Júpiter, a partir del día que el senado y el pueblo romano dispongan [...]"[80]

---

[80] Liv. 22, 10, 6: *Si res publica populi Romani Quiritium ad quinquennium proximum, sicut uelim [uou]eamque, salua seruata erit hisce duellis, quod duellum populo Romano cum Carthaginiensi est quaeque duella cum Gallis sunt qui cis Alpes sunt, tum donum duit populus Romanus Quiritium quod uer attulerit ex suillo ouillo caprino bouillo grege quaeque profana erunt Ioui fieri, ex qua die senatus populusque iusserit.*

Además, en el mismo voto se especifican ciertas condiciones de los sacrificios a realizar:

> "El que lo haga, hágalo cuando quiera y con el rito que quiera; de cualquier modo que lo hiciere, bien hecho esté. Si muere lo que tenía que ser inmolado, pierda el carácter de sagrado y no hay sacrificio. Si alguien lo daña o mata inadvertidamente, no se considere falta. Si alguien lo robare, no se considere delito ni del pueblo ni del propietario. Si lo inmolare en día nefasto sin saberlo, bien inmolado esté. Si lo inmolare de noche o de día, un esclavo o un hombre libre, bien inmolado esté. Si inmolare antes de que el senado y el pueblo dispongan que se haga, quede el pueblo libre y exento de responsabilidad por ello"[81].

Se ha destacado el lenguaje "legalista" de las especificaciones del rango de circunstancias aceptables en que las obligaciones del pueblo romano podían ser cumplidas en este voto[82], y es que, si debe enunciarse con tal precisión las condiciones del cumplimiento de la promesa a los dioses, puede entenderse, nuevamente, que cualquier ambigüedad en la formulación del voto había de ser interpretada a favor de los dioses. De hecho, según también atestigua Livio, esta primavera sagrada fue realizada veintiún años después[83], pero luego tuvo que ser repetida, porque se estimó que el ritual no había sido celebrado en la forma debida[84].

---

[81] Liv. 22, 10, 6: *Qui faciet, quando uolet quaque lege uolet facito; quo modo faxit probe factum esto. Si id moritur quod fieri oportebit, profanum esto, neque scelus esto. Si quis rumpet occidetue insciens, ne fraus esto. Si quis clepsit, ne populo scelus esto neue cui cleptum erit. Si atro die faxit insciens, probe factum esto. Si nocte siue luce, si seruus siue liber faxit, probe factum esto. Si antidea senatus populusque iusserit fieri ac faxitur, eo populus solutus liber esto.* Las traducciones de Livio son de Villar Vidal (1993).

[82] Clark (2014) p. 409; Caro Roldán (2000) p. 169.

[83] Liv. 33, 44, 1-2.

[84] Liv. 34, 44, 3.

Al respecto, es destacado el rol del voto (*votum*) en la religión romana como un instrumento que comparte caracteres con algunas instituciones legales. El voto consistía en una promesa hecha a un dios (o dioses), en virtud de la cual, si la deidad realizaba el requerimiento solicitado, quien hacia el voto (*vovens*) debía cumplir a cambio con lo prometido[85]. En este sentido, se ha destacado el carácter "condicional, casi contractual"[86] del voto. Wissowa afirma, en esta línea, que el voto era una declaración legalmente vinculante tanto de lo que le pide el deudor a la deidad como de lo que debe hacer en caso de que su solicitud sea otorgada[87].

La relación del voto con otras instituciones legales ha sido puesta de relieve por Alan Watson[88]. En efecto, además del voto del año 217 a. C que reproduce Livio, ya mencionado, el autor reconstruye un voto realizado en el sacerdocio de la hermandad Arval, en el cual se promete a Júpiter dos toros y a Juno dos vacas doradas, si el emperador Vespasiano y su hijo Domiciano, viven sanos y salvos en su hogar antes de determinada fecha, junto con una serie de condiciones, que esta vez, especifican el favor que deben hacer los dioses en virtud de la promesa realizada. Al respecto, señala Watson que la *stipulatio* tendría íntima relación con el voto. En efecto, la *stipulatio* sería un contrato unilateral y formal en que una parte promete algo a otra, sin perjuicio de que esa parte no se obligaría gratuitamente, por lo que, o la *stipulatio* es parte de una relación continua de las partes, o existe una obligación a cambio, materializada mediante una *stipulatio* adicional, o una condicional, por ejemplo: "Si me pagas cien sestercios, prometo que te entregaré mi caballo Seius", y esta última formulación correspondería "precisamente el contrato secular que corresponde

---

85 VERSNEL (1976) p. 368. Sobre el voto, RÜPKE (2018) p. 92-95.
86 ORLIN (2002) p. 35.
87 WISSOWA (1902) p. 319-320.
88 WATSON (1992) pp. 39-43.

al *votum* a un dios"[89]. Además, la actitud rígida de la *stipulatio*, con un gran énfasis puesto en las palabras pronunciadas es similar en el *votum*, en que, como aparece de los votos analizados, se contemplan "frases protectoras", como "de cualquier modo que lo hiciere [el sacrificio], bien hecho esté" o "Si inmolare antes de que el senado y el pueblo dispongan que se haga, quede el pueblo libre y exento de responsabilidad por ello"[90].

Por tanto, pese a no poder extraer una conclusión categórica, por no existir fuentes explícitas sobre el asunto, se puede compartir en este punto la opinión de que sería posible encontrar el origen del criterio de interpretación en análisis en la práctica de ciertos rituales romanos, —como el *votum* en general y el *ver sacrum* en particular—, lo que permite relacionar este instituto con la *stipulatio*, y en particular con la regla *ambiguitas contra stipulatorem*.

2.2 Ambiguitas contra stipulatorem. Estudio de los principales textos

a) D. 34, 5, 26

El fragmento compilado en D. 34, 5, 26 consagra la denominada "regla celsina de la ambigüedad"[91]:

> D. 34, 5, 26 (Cels. 26 dig.)
>
> *Cum quaeritur in stipulatione, quid acti sit, ambiguitas contra stipulatorem est* [Cuando se duda en la estipulación, qué se ha hecho, la ambigüedad es contra el estipulante]

---

89   Watson (1992) p. 42.

90   Watson (1992) p. 43, que resalta frases distintas de otros votos.

91   *Celsinische Unklarheitenregel*, como señalan Krampe (1998) p. 389, Wacke (1981) p. 666, Baldus (1998). p. 688; Kaser; Knütel y Lohsse (2021) p. 108.

El contexto original de este fragmento es difícil de determinar. Lenel lo ubica al comienzo del título *De stipulationibus,* en que además inserta los otros tres fragmentos del libro 26 que se conservan y algunos otros que citan a Celso[92]. Junto a la fuente en análisis[93], Lenel ubica D. 1, 3, 17, es decir, la máxima celsina *Scire leges non hoc est verba earum tenere, sed vim ac potestatem*[94], que tendría poca relación, a menos que con *leges* se refiriera el jurista a cláusulas de estipulación[95], lo que en general ha sido rechazado, tanto por su ubicación[96], como por la utilización del verbo *scire*, "conocer", que sería más aplicable a las leyes, que a cláusulas de estipulación ilimitadamente variadas[97].

Por lo tanto, se ha dicho que en realidad la Palingenesia en este punto no es de mucha ayuda para identificar el contexto[98] e incluso, abandonando dicho esfuerzo, se ha señalado que esta regla se habría configurado como un principio general de

---

[92] LENEL, n. 219-226, col. 161-162. Pertenecen al libro 26: D. 1,3,17; D. 45,1,97; D. 46, 3, 70. Son agregados por tratar acerca de la interpretación de estipulaciones, D. 45,1,14; D. 45,1,91,3; D. 45,3,38; D. 46,2,8,2,3; D. 46,3,98,8.

[93] Lenel, n. 219, col. 161.

[94] Cels. 26 dig. *Scire leges non hoc est verba earum tenere, sed vim ac potestatem.* [No consiste el conocer las leyes en retener sus palabras, sino en comprender su fin y su fuerza].

[95] Así, BETTI (1954) p. 99, señalando que con *leges* en el fragmento se referiría Celso a *leges stipulationis,* para enunciar su canon interpretativo de la autonomía e inmanencia del criterio hermenéutico.

[96] HAUSMANINGER (1972) p. 247, que además explica esta máxima en detalle.

[97] KRAMPE (1999) p. 395. Véase también ALBANESE (1973) p. 136 y ss.

[98] WOLF (1961) p. 63. El contexto ya no se puede reconstruir, señala HAUSMANINGER (1992) p. 170.

hermenéutica, tal como el *id quod actum est,* medio de ayuda y resultado de la interpretación[99].

Entrando al contenido del fragmento, aparece un antecedente o supuesto de hecho y un consecuente[100]. Como antecedente, tenemos: *Cum quaeritur in stipulatione* (cuando se pregunta[101] en una estipulación), *quid acti sit* (lo que se ha actuado) [y de ello resulta una ambigüedad]. Como consecuente, se establece: *ambiguitas contra stipulatorem est* (la ambigüedad es contra el estipulante). Es decir, como sentido provisional podríamos señalar que, si en el proceso de determinación del *id quod actum,* resulta una ambigüedad, la estipulación será interpretada contra el estipulante.

Examinada la cuestión del *id quod actum*[102], lo siguiente será determinar a qué se refiere el concepto de ambigüedad en este texto. Y ello será de utilidad, pues dentro del *corpus* de fuentes de la regla interpretativa en estudio, aparece, además de en este fragmento, en D. 50, 17, 172 (*ambiguum pactum, ambigua intentio*), D. 2, 14, 39 (*ambigua pactio*), D. 18, 1, 33 (*ambigua oratio*), que se estudiarán luego[103].

---

[99]　Troje (1961) p. 143. Coincidiendo en las dificultades de identificar un contexto a esta fuente, Baldus (1998) p. 688. En el mismo sentido, Cascione (2016) pp. 162-163, quien destaca la habilidad de Celso para producir normas hermenéuticas generales, aunque pudiendo vislumbrarse el alcance práctico relacionado con la cuestión sometida al jurista para su solución.

[100]　De forma instrumental, a efectos de ordenar el análisis de las fuentes, se sigue la estructura lógica de la norma jurídica descrita en Amunátegui Perelló (2016a) p. 38.

[101]　*Quaeritur,* tercera persona singular pasiva del verbo *Quaero*: buscar, tratar de encontrar, preguntar. Glare (ed.) (2012) p. 1687.

[102]　*Supra* I. 1.

[103]　En este sentido, también, Troje (1961) p. 117.

La noción de ambigüedad tiene una larga historia que se remonta a la *ambiguitas* de la literatura gramática y retórica de los romanos que, por su parte, adoptaron la retórica griega y la *amphibolía* de la doctrina lingüística estoica[104]. Los estoicos habrían tratado la llamada *amphibolía* como una anomalía lingüística. En efecto, al problema de la diversidad de lenguas, que rompía la unidad natural entre las voces y las cosas, se añadió un segundo problema, la imposibilidad de que cada voz expresara un único significado y que cada significado reflejara únicamente una voz. De ahí surgieron la polisemia, la homonimia, polinimia y sinonimia. Homonimia y polisemia fueron tratadas como parte del problema general de la pluralidad de sentidos de las frases y se estudió todo bajo el nombre de "anfibología" (*amphibolia*), que los latinos tradujeron como *ambiguitas*[105]. En este sentido, Gelio nos informa de un debate entre los estoicos Crisipo y Diodoro sobre la ambigüedad:

> "Afirma Crisipo que toda palabra es ambigua por naturaleza, porque la misma palabra puede tener dos o más sentidos. En cambio, Diodoro, apodado Crono, dice: 'Ninguna palabra es ambigua y nadie dice o entiende nada como ambiguo, y no debe considerarse que se dice algo distinto de lo que piensa decir la persona que lo dice. Sin embargo, -añade- cuando yo he entendido una cosa y tú otra, puede considerarse que la palabra empleada, más que obscura, ha sido ambigua. La palabra habría sido ambigua si la persona que habla hubiera dicho, con un mismo vocablo, dos o más cosas. Nadie da a entender dos cosas o más, si es consciente de que dice una sola'"[106].

---

[104]   KRAMPE (1983a) p. 189.

[105]   GUZMÁN BRITO (2011a) pp. 87-90. En este sentido lo trata Quintiliano, *Inst.* 7, 8, 1 y ss.

[106]   *Chrysippus ait omne verbum ambiguum natura esse, quoniam ex eodem duo vel plura accipi possunt. Diodorus autem, cui Crono cognomentum fuit: "nullum" inquit "verbum est ambiguum, nec quisquam ambiguum dicit aut sentit, nec aliud dici videri debet, quam quod se dicere sentit is, qui dicit. At cum ego" inquit "aliud sensi, tu aliud accepisti, obscure magis dictum*

Del texto puede inferirse, en palabras de Diodoro, la distinción entre oscuridad y ambigüedad, siendo esta última la posibilidad de desprender dos sentidos respecto de una misma frase, que será una constante en el entendimiento de esta palabra.

En un sentido similar, Festo define la ambigüedad de la siguiente forma:

> *Ambiguum est, quod in ambas agi partes animo potest. Huius modo apud Graecos amphíbola dicuntur*[107] [Ambiguo es lo que puede ser actuado en ambas partes con el alma. Entre los griegos se dice *amphíbola*]

Pese a que se ha discutido intensamente la influencia de la retórica en el razonamiento jurisprudencial romano acerca de la interpretación[108], nos parece que su concepto de ambigüedad puede ser de utilidad, al menos parcialmente. En efecto, como señala Tafaro, las soluciones de los juristas romanos, más que invariables, tienen una relación de recíproca influencia con los conceptos y la lengua de su propio tiempo, por lo que su comprensión pasa por la reconstrucción del proceso dinámico de su proposición y su eventual adaptación a las necesidades y a la cultura del momento de su utilización[109]. Una lectura atenta de las fuentes romanas prueba el interés fundamental de los juristas no solo en la teoría semántica, sino que

---

videri potest quam ambigue; ambigui enim verbi natura illa esse debuit, ut, qui id diceret, duo vel plura diceret. Nemo autem duo vel plura dicit, qui se sensit unum dicere. Gell., *Noct. Att.* XI, 12. Trad. Marcos Casquero y Domínguez García (2006).

[107]   Fest. 17.

[108]   Desde la obra de Stroux en 1926 que inaugura la discusión, sosteniendo la influencia de la retórica en la jurisprudencia, existe un número no menor de literatura dedicada al tema. Véanse las indicaciones bibliográficas de Tafaro (1994) pp. 4-6. Últimamente, Cossa (2012), Kacprzak (2016).

[109]   Tafaro (1994) pp. 7-8.

a la teoría lingüística[110]. La retórica se mantuvo constante en la cultura y educación romana a través de su historia[111]. A ello hay que añadir la influencia de la retórica precisamente en el pensamiento de Celso, autor del fragmento estudiado, como se ha documentado[112].

Buena parte de los temas propios de la hermenéutica, como la contraposición entre letra y sentido de la ley y la definición de los términos legales, la contradicción entre normas, sus ambigüedades y lagunas, como también la consonancia de las leyes con la equidad fueron temas que por primera vez resultaron objeto de una teoría sistemática a través de la retórica[113] La retórica, en su aplicación a la oratoria, es el arte de persuadir. Esta es su nota esencial mantenida a través del tiempo[114]. Dentro de este arte, concerniente a nuestro tema, cabe destacar la doctrina de los llamados *status*. El *status* define el tema central del debate, es decir, aquel en el que las partes en disputa estaban en desacuerdo. La estrategia posterior de argumentación dependía de su identificación, ya que ambas partes se centraban

---

[110]　CARCATERRA (1972) p. 11.

[111]　KACPRZAK (2016) p. 201

[112]　Véase la literatura referida en CARVAJAL (2014a) p. 126-127, por ejemplo, PARRA MARTIN (2005) pp. 240-244, describiendo la "argumentación a través de la ambigüedad retorica". Cabe mencionar el fragmento celsino D. 1, 3, 19 (Cels. 33, dig.): *In ambigua voce legis ea potius accipienda est significatio, quae vitio caret, praesertim cum etiam voluntas legis ex hoc colligi possit,* que menciona la ambigüedad respecto de la interpretación de la ley, entendiendo que habrá que escoger el significado que carezca de vicio. Se ha entendido que se referiría a uno que no viole las reglas lingüísticas, las reglas de la lógica general ni las específicamente jurídicas. CARCATERRA (1972) p. 142.

[113]　GUZMÁN BRITO (2011a) p. 463.

[114]　SANTA CRUZ (1957-58) p. 344-345. En este sentido, también, GUZMÁN BRITO (2011a) p. 464.

en los argumentos pertinentes[115]. Quintiliano en su *Institutio oratoria* fijó las estrategias apropiadas para cada status: *scriptum et voluntas, ambiguitas, leges contrariae*. De estos nos interesa, por supuesto, la *ambiguitas*. Al respecto el retórico señala que:

"[...] no es cosa que importe conocer de qué modo surgió la ambigüedad o cómo se puede eliminar. Pues que ella ofrece dos sentidos, es algo manifiesto, y lo que por medio de ella se relaciona con la palabra escrita u oral, tiene igual importancia para las dos partes litigantes. Y por esa razón en vano se dan prescripciones para que sobre este fundamento, en este estado, intentemos conducir la expresión misma a la parte nuestra"[116].

Puede decirse con Tafaro que, para los retóricos, la solución de una *quaestio ambiguitatis* tenía por objeto atribuir el significado exacto a un contexto que, en una primera lectura, parecía tener más de uno[117]. Sin embargo, es clave la afirmación retórica en el sentido de que no importa cómo surgió la ambigüedad o cómo se puede eliminar. Lo que importa es persuadir acerca del significado que para cada uno de los litigantes tiene el texto ambiguo. Así, señalaba Cicerón, que:

"Por el contrario, en cuestiones jurídicas en las que existe ambigüedad entre los muy expertos, no es difícil para el orador encontrar un autor que apoye la tesis de la parte a la que se defiende; y cuando de éste haya recibido los bien afilados

---

[115] Kacprzak (2016) p. 207.

[116] *Nec refert quo modo sit facta amphibolia aut quo resolvatur. duas enim res significari manifestum est et, quod ad scriptum vocemve pertinet, in utramque partem par est. Ideoque frustra praecipitur ut in hoc statu vocem ipsam ad nostram partem conemur vertere: nam si id fieri potest amphibolia non est.* Quint. *Inst.* 7, 9,14. Trad. Ortega (1999).

[117] Tafaro (1994) p. 16. Para los retóricos, la *ambiguitas* indica el *locus* argumental sobre la diversidad de significados de una palabra. Parra Martín (2005) p. 240.

dardos, ya se encargará él de lanzarlos con sus músculos y
fuerzas de orador"[118]

Por ello, si bien el *status ambiguitatis* puede servir para ilustrar el alcance del antecedente de D. 34, 5, 26 (*Cum quaeritur
in stipulatione...*), es decir, cuando un texto ofrece dos sentidos
plausibles, no sirve esta doctrina para fundar el consecuente:
la resolución de la ambigüedad en la estipulación contra el
estipulante (*...ambiguitas contra stipulatorem est*), puesto que no
existe este criterio, desde que como dice Quintiliano, en vano
se dan prescripciones para conducir la expresión en abono
de la conclusión de cada parte. Para un retórico, el caso de
la *ambiguitas* se caracteriza por el hecho de que la redacción
de un texto no habla ni de un lado ni del otro. En cambio,
la regla jurídica que comentamos decide unilateralmente en
contra del estipulante, vendedor o arrendador. En el marco de
una interpretación estricta de la palabra, el estado de derecho
resuelve así el estancamiento que presuponen los retóricos en
las ambigüedades[119].

---

[118]   *in eo autem iure, quod ambigitur inter peritissimos, non est difficile ora-*
tori eius partis, quamcumque defendet, auctorem aliquem invenire; a quo
cum amentatas hastas acceperit, ipse eas oratoris lacertis viribusque tor-
quebit. Cic. *De orat.* 1,57,242. Trad. Iso (2002), pero se cambia "no
se pronuncian claramente" por "existe ambigüedad" por ser más
fiel al original.

[119]   KRAMPE (1983a) p. 198. En el mismo sentido, HAUSMANINGER
(1992) p. 170-171. HIMMELSCHEIN (1931) p. 412, señala que en este
caso la *ambiguitas* estaría siendo usada de forma puramente jurídica
y no retórica. Al respecto, VONGLIS (1968) p. 95, señala que un retórico podría argumentar una solución como la que da Celso: el estipulante pronuncia en primer lugar una fórmula que el promitente
debe repetir, por lo que es normal que él soporte la responsabilidad
de una mala redacción de esa fórmula, pero reconociendo que no
podría dar una presunción absoluta como la de Celso. Sin embargo,
señalando que la *Unklarheitenregel* era un argumento retórico en el

Por ende, si bien la retórica nos ayuda a identificar qué es la ambigüedad, o cuando existe (cuando razonablemente se puede desprender más de un sentido en la estipulación), aun no es claro el fundamento de esta regla interpretativa.

b) D. 45, 1, 38, 18

A ello se añade que otro fragmento, esta vez de Ulpiano, llega a la misma solución, pero sin mencionar la ambigüedad:

> D. 45, 1, 38, 18 (Ulp. 49 ad Sab.)
>
> *In stipulationibus cum quaeritur, quid actum sit, verba contra stipulatorem interpretanda sunt* [En las estipulaciones, cuando se duda qué se ha hecho, las palabras son contra el estipulante]

Como puede verse, es muy similar al pasaje recién estudiado. La mayor diferencia es que no se requeriría de una ambigüedad para que opere la consecuencia de una interpretación contraria al estipulante. Solo basta que haya una duda o pregunta (*Quaero, quaeritur*) respecto al *quod actum est* (lo que se actuado) en la estipulación para que las palabras (*verba*) se interpreten contra el estipulante. Usualmente se señala que este pasaje tendría su inspiración directamente en Celso, pues aparece citado en un fragmento que presenta correspondencia con otros del mismo jurista[120]. Cabe, sin embargo, resaltar una idea de Ulpiano que ha sido poco atendida.

El contexto palingenésico remite a los comentarios a Sabino, libro 49, cuarta parte de *De verborum obligatione*, en un lar-

---

contexto de la determinación del Derecho según la *bona fides*, DAJC-ZAK (2017) p. 46.

[120] En este sentido, STELLA MARANCA (1930) p. 21-24; TROJE (1961) p. 145; GANDOLFI (1966) p. 390; KRAMPE (1983a) p. 186; MASUELLI (2015) p. 7.

go fragmento situado en un título añadido por Lenel *Si quis 'habere licere' similiave stipuletur*, donde D. 45, 1, 38 §18 aparece incluido en un pasaje unido que va desde el §17 al 23[121].

En el §17, Ulpiano menciona la prohibición *Alteri stipulari nemo potest* (no se puede estipular a favor de otra persona)[122], para luego en §18 enunciar el principio interpretativo que analizamos y en §19 señalar el siguiente caso:

> D. 45, 1, 38, 19 (Ulp. 49 ad Sab.)
>
> *Eum, qui dicat: "mihi decem et Titio decem", eadem decem, non alia decem dicere credendum est.* [Se ha de creer, que el que dijera: "diez para mí, y diez para Ticio", se refiere a los mismos diez, no a otros diez"]

Estos textos guardan correspondencia con un pasaje de Gayo, que, sin embargo, se refiere directamente a la prohibición *Alteri stipulari...* para luego enunciar una hipótesis muy similar a la

---

[121]   Lenel n. 2971, col. 1194.

[122]   D. 45, 1, 38, 17 (Ulp. 49 ad Sab.) *Alteri stipulari nemo potest, praeterquam si servus domino, filius patri stipuletur: inventae sunt enim huiusmodi obligationes ad hoc, ut unusquisque sibi adquirat quod sua interest: ceterum ut alii detur, nihil interest mea. plane si velim hoc facere, poenam stipulari conveniet, ut, si ita factum non sit, ut comprehensum est, committetur stipulatio etiam ei, cuius nihil interest: poenam enim cum stipulatur quis, non illud inspicitur, quid intersit, sed quae sit quantitas quaeque condicio stipulationis* [Nadie puede estipular para otro, salvo si el esclavo estipulara para el señor, o el hijo para el padre; porque estas obligaciones se inventaron para esto, para que cada cual adquiera para sí por lo que le interesa; mas nada me interesa que se le dé a otro. Y si ciertamente yo quisiera hacer esto, convendrá que se estipule una pena, para que, si no se hubiera hecho tal como se consignó, se incurra en la estipulación aún respect de aquel a quien nada le interesa; porque cuando alguno estipula una pena, no se mira lo que interesa, sino cuál sea la cantidad, y cuál la condición de la estipulación]. Trad. García del Corral (1897).

recién citada, pero sin mencionar de manera explícita el criterio *ambiguitas contra stipulatorem*[123]:

> *Praeterea inutilis est stipulatio, si ei dari stipulemur, cuius iuri subiecti non sumus. unde illud quaesitum est, si quis sibi et ei cuius iuri subiectus non est dari stipuletur, in quantum ualeat stipulatio. nostri praeceptores putant in uniuersum ualere et proinde ei soli qui stipulatus sit solidum deberi, atque si extranei nomen non adiecisset. sed diuersae scholae auctores dimidium ei deberi existimant, pro altera uero parte inutilem esse stipulationem* [Es inútil la estipulación si estipulamos en favor de una persona a cuya potestad no estamos sujetos. Se discute sobre el valor que tiene la estipulación si alguien estipula en favor de sí mismo y de una persona bajo cuya potestad no está. Nuestros maestros opinan que vale en su totalidad y se le debe el total sólo al que estipuló, como si no hubiese añadido el nombre del extraño. En cambio, los maestros de la otra escuela consideran que se debe la mitad, y la estipulación es inútil por la otra parte][124].

Existiendo una controversia entre escuelas en ambos fragmentos, que Gayo solucionaría atendiendo a la prohibición *Alteri stipulati...*, Ulpiano se pronunciaría invocando el criterio *contra stipulatorem*, en la medida que ante una duda en la estipulación, ésta duda perjudica al estipulante, a quien, en el caso, deberá pagársele una vez diez y no dos veces diez, que son los dos sentidos posibles de "*mihi decem et Titio decem*"[125]. De esta manera, es posible hipotetizar un cierto contexto para D. 45, 1, 38, 18 en una estipulación formulada de manera dudosa.

---

[123] Lo que ha dado pie a Troje (1961) p. 151, a señalar que el criterio *contra stipulatorem* habría sido introducido entre medio por los compiladores.

[124] Gai. 3,103. Trad. Samper Polo (2017). Un fragmento similar también aparece en I. 3, 19, 4.

[125] En este sentido, también Babusiaux (2006) p. 95.

c) D. 45, 1, 99

Finalmente, respecto del estudio de las fuentes principales seleccionadas, cabe examinar el segundo fragmento celsino sobre esta regla, que, aunque debatido inicialmente en su autenticidad[126], se aprecia aplicado a una concreta situación y contiene un fundamento, por lo que puede resultar más esclarecedor:

D. 45, 1, 99 (Cels. 38 dig.)

Quidquid adstringendae obligationis est, id nisi palam verbis exprimitur, omissum intellegendum est: ac fere secundum promissorem interpretamur, quia stipulatori liberum fuit verba late concipere. Nec rursum promissor ferendus est, si eius intererit de certis potius vasis forte aut hominibus actum. [Cualquier cosa que haga una obligación más gravosa, si no se expresa manifiestamente con las palabras se entiende como omitido y generalmente lo interpretamos a favor del que promete, porque el estipulante fue libre de emplear las palabras ampliamente. Pero, por el contrario, el promitente no prevalecerá, si en su interés se trataba de ciertos vasos o esclavos]

---

[126] Así, TROJE (1961) p. 154, sobre la base de razones estilísticas, llamando la atención sobre la distancia que habría entre una formulación general "que convence por su expresividad" en *ambiguitas contra stipulatorem* (D. 34,5,26) y *ac fere secundum promissorem* (D. 45, 1, 99), que habría "perdido brillo", concluyendo que o Celso redactó este último "en una hora menos concentrada", o sencillamente pertenece a un editor. También BESELER (1930) p. 178, señalando como sospechoso *adstringere obligationem*, y que *ac – concipere* "es una tontería [*Unsinn*]: la persona a la que se le pregunta por el estipulante tiene, por su capacidad de decir no, una influencia tan grande en la redacción de la estipulación como la que tiene esa persona en la redacción de esta. En el caso de los contratos verbales, se aplica en general y sin restricciones el principio de que sólo la redacción del contrato determina el contenido de este". Nada de ello resulta concluyente, señala correctamente KRAMPE (1983a) p. 201. Lo sigue, BABUSIAUX (2006) p. 92. WOLF (1961) p. 63, pese a considerar el lenguaje de la segunda frase del fragmento "lingüísticamente ofensiva", señala que el pensamiento que subyace es clásico.

El contexto palingenésico de este fragmento es el libro XXXVIII de los digestos de Celso, correspondiente al comentario de la *lex Publilia de sponsu*[127]. Se sabe poco de esta ley. Dos fragmentos de las Institutas de Gayo señalan que habría establecido la posibilidad de que el *sponsor* (fiador) pudiera ejercer una acción especial por el doble en contra del deudor principal, para cobrarse lo pagado, llamada *depensi*[128], y extendiendo al fiador la *manus iniectio* contra este si dentro de seis meses a contar del pago no le reembolsa[129]. El fragmento ubicado por Lenel antes del estudiado es D. 17, 1, 50 (Cels. 38. dig.), que trata acerca de la acción que tiene el gestor de negocios de un fiador que pagó al estipulante, liberando así al fiador y al deudor (acción de gestión de negocios) y del fiador contra el deudor (acción derivada del mandato). Se hablaría, por tanto, de la estipulación de una garantía personal y en el siguiente fragmento, que nos ocupa, de la interpretación de ésta[130], aunque por los términos que analizaremos pareciera que dicho contexto de la *lex Publilia de sponsu* es solo una excusa para referirse a la interpretación general de la estipulación[131].

Respecto al fondo del pasaje, es posible asimilarlo, al igual que el anterior, en términos de antecedente y consecuente, a lo cual se le suma en esta oportunidad una justificación y una aplicación.

Como antecedente o supuesto de hecho tenemos, primera parte, "*Quidquid adstringendae obligationis...*", respecto de lo cual se ha debatido su significado. Especialmente en cuanto a "*adstringendae*", término que no aparece en ningún otra parte

---

[127] Lenel t. 1, n. 266, col. 167.
[128] Gai. 3, 127.
[129] Gai. 4, 22.
[130] En el mismo sentido, Hausmaninger (1992) p. 170.
[131] Krampe (1983a) p. 201.

de la compilación justinianea, pero que pareciera estar integrado por la preposición *ad* (finalidad) y *stringere* (atar, asegurar, apretar, confinar, estrechar[132]). En ese sentido, se ha dicho, por una parte, que en el contexto, significaría "lo que fundamenta el alcance de la obligación" (*was den Umfang der Verbindlichkeit begründet*)[133], pero por otra, que significa "para intensificar una obligación" (*zur Verschärfung einer Obligation*)[134], y en similar sentido "cualquier cosa que haga una obligación más gravosa" (*Whatever would make an obligation more burdensome*)[135], o "Todo lo que sirve para agravar la obligación"[136]. Aunque no exista una distancia tan grande —y es que agravar la obligación es establecer de alguna manera su alcance—, parece ser esta última formulación la más leal con el texto. Luego, como segunda parte del antecedente, *id nisi palam verbis exprimitur,* donde hay un cierto acuerdo en los autores recién citados en orden a entenderlo como "si no se expresa manifiestamente con las palabras". Por tanto, el supuesto de hecho de esta fuente será "Si cualquier cosa que agrave una obligación, no se expresa manifiestamente con las palabras…".

Luego, el consecuente es doble: por una parte, *omissum intellegendum est* (se entiende como omitido) y por otra, la regla celsina ya establecida en D. 34,5,26: *ac fere* (generalmente, en la mayoría de los casos, casi siempre, usualmente[137]) *secundum* (en conformidad, de acuerdo con, de una manera consistente con, a favor de[138]) *promissorem interpretamur* (interpretamos a favor del promitente). Con tres matices: se mira desde el pun-

---

[132] GLARE (ed.) (2012) p. 2016.

[133] KRAMPE (1999) p. 391.

[134] HONSELL (1986) p. 82, HAUSMANINGER (1992) p. 170.

[135] WATSON (1985) en D. 45, 1, 99.

[136] D'ORS y otros (1975) en D. 45, 1, 99.

[137] GLARE (ed.) (2012) p. 752, *fere,* acep. 3.

[138] GLARE (ed.) (2012) p. 1897, *secundum,* acep. 5 y 6.

to de vista del promitente, en su *favor* –no *contra* el estipulante–, se establece una consecuencia concreta "se entiende como omitido" y a diferencia del aserto categórico del fragmento anterior, se matiza señalando "generalmente, a veces", porque si bien se quiere sentar una regla, hay excepciones que a continuación se expresan. Por lo tanto, la consecuencia de que alguna disposición que agrava una obligación no se exprese manifiestamente, hará que ésta se interprete a favor del promitente, es decir, que no se tome en cuenta la cláusula que agrava esa obligación, pues se considerará omitida[139].

Luego, Celso enuncia el fundamento de dicho consecuente: *quia stipulatori liberum fuit verba late concipere* (porque el estipulante fue libre de emplear las palabras ampliamente). Esto no se puede entender sin el resto del fragmento, que señala una suerte de excepción o aplicación práctica, de la regla: *Nec rursum promissor ferendus est, si eius intererit de certis potius vasis forte aut hominibus actum* (Pero, por el contrario, el promitente deberá soportar/ no prevalecerá[140], si en su interés se trataba de ciertos vasos o esclavos). Es cierto que esta segunda parte del fragmento aparece de forma un tanto abrupta, siendo una de las razones que llevó a la hipercrítica a afirmar que definitivamente desde *Nec rursum...* el pasaje habría sido interpolado[141]. Sin embargo, si nos detenemos a considerarlo, esta frase tiene una lógica que va develando un mismo fundamento: la necesidad de expresar claramente la extensión de la obligación asumida, tanto del estipulante, como del promitente.

---

[139]   En este sentido, también, Krampe (1999) p. 391.

[140]   *Ferendus non est,* señala Berger (1953) p. 470, es dicho cuando las razones (excusas) alegadas ante un tribunal por una persona para justificar sus actos, no deben ser tomadas en consideración. También, Krampe (1992) p. 392.

[141]   Expresándolo con seguridad, Troje (1961) p. 153.

d) El fundamento de la regla *contra stipulatorem*

Con todo, ello no cierra el problema. Esta necesidad de claridad para sustraerse de una consecuencia negativa parece intuitiva, pero ha generado debate. En efecto, ¿por qué se le imputa la falta de claridad al estipulante, si el promitente es libre de aceptar o no su propuesta negocial? Básicamente pueden observarse tres posturas en cuanto a explicar el fundamento subyacente en estos fragmentos sobre la estipulación.

Un primer entendimiento llama al escepticismo acerca del real impacto de esta regla en el Derecho clásico romano. En este sentido, Troje, si bien abogando por la autenticidad de D. 34, 5, 26, ya citado, señala que, al no poderse rastrear un caso concreto de aplicación de esta regla (por sus dudas sobre la autenticidad de D. 45, 1, 99) este pasaje solamente establecería un principio rector de carácter general consagrando una advertencia, un *cave ambiguitatem*[142]. En este mismo orden de ideas, Honsell, al afirmar el origen de esta regla en el derecho sacro, como hemos revisado, resaltando la casi total ausencia de casos concretos en que se haya aplicado el principio en estudio y analizando una serie de fuentes que demuestran la primacía del *quod actum* respecto a éste, concluye que, si bien sigue siendo citado en el Derecho clásico, ya no tiene ningún significado práctico[143].

En contra, Gandolfi señala que la exposición de Troje adolece de un error fundamental: no considerar que este principio hermenéutico es subsidiario y que constituye en realidad

---

[142] Troje (1961) p. 155.

[143] Honsell (1986) p. 88, no obstante señalar que sería un principio subsidiario y que se aproximaría a la regla de la carga de la prueba. Coincidiendo con la hipótesis de Honsell sobre el derecho sacro y su limitada utilidad en las fuentes, Sacconi (1989) p. 9, Zimmermann (1996) p. 639-640. Resaltando el alcance práctico limitado de la regla, Vogenauer (2007a) p. 1489.

un "*espediente estremo*"[144] para salir de una incertidumbre que no puede superarse de otra manera para dar sentido a una cláusula ambigua. Ello resulta de otros fragmentos referidos a la interpretación negocial, en que puede verse la primacía otorgada al *quod actum* como horizonte hacia el cual debe dirigirse el intérprete en primer lugar[145], como por lo demás ya observamos al iniciar este capítulo. Se deriva de ello, según el mismo autor, lo incorrecto que sería considerar textos en que la interpretación se realiza a favor del estipulante para negar o minimizar la aplicación del principio en análisis, pues esto podía suceder ciertamente y en todo caso de negociación, sobre la base del *quod actum* o eventualmente del *mos regionis* o sobre la base de algún otro criterio hermenéutico. De esta forma, *ambiguitas contra stipulatorem* no sería solamente una exhortación genérica para evitar frases ambiguas, sino un verdadero principio hermenéutico[146].

Un segundo entendimiento cifra el fundamento de esta regla en la estructura de la estipulación. En efecto, esta promesa verbal formal[147] supone la concurrencia de una pregunta y una respuesta, como: "¿Prometes dar?" "Prometo"; "¿Darás?"

---

[144]   Sigue en esto a Stella Maranca (1930) p. 28.

[145]   Gandolfi (1966) p. 398. En este sentido, Ulpiano en D. 5, 17, 34.

[146]   Gandolfi (1966) p. 399. Afirmando esta subsidiariedad de la regla en aras del descubrimiento necesariamente anterior del *quod actum,* Harke (2012) p. 53. En este sentido también, Hausmaninger (1992) p. 171, señala que la rareza de las referencias de casos concretos en la compilación es relativamente común en varios campos, que los compiladores habrían omitido estas indicaciones, en lugar de haber quedado estos criterios obsoletos, y que la observación de que estas fórmulas regulares habrían sido teóricamente aplicables en algunos casos no puede considerarse un argumento decisivo para su pérdida total de significado.

[147]   Sobre la estructura de la estipulación, Biondi (1953) p. 293 y ss., Pastori (1997) p. 255 y ss.

"Daré"[148], que deben ser congruentes, de modo que el promitente debe responder pura y simplemente a lo que el estipulante le ha preguntado para que la estipulación sea válida[149].

De ahí que se haya dicho que, en este esquema, la estipulación se interpreta contra el estipulante, porque éste tiene la iniciativa estableciendo los términos del acuerdo y por tanto está en su poder formularlo en forma más clara y más favorable a él[150], que correspondía a éste proteger sus intereses mediante la formulación detallada y precisa de las palabras de la estipulación[151], y en definitiva, por un criterio de autorresponsabilidad, debe interpretarse el acuerdo de manera contraria a la parte que ha omitido cuidar la claridad de los pactos en los que tenía un interés y, por lo tanto, de manera más favorable a la contraparte que se ha obligado, esto es, contra la parte que tiene la iniciativa del negocio, en la estipulación, el que interroga[152].

Complementando esta posición, y fijándose especialmente en D. 45, 1, 99, ya analizado, Krampe aborda la ambigüedad pre-

---

[148] Gai. 3, 92.

[149] Gai 3, 102.

[150] En este sentido, ya SAVIGNY (1853) p. 193. Algunas opiniones que expresan esta misma idea en la romanística: BIONDI (1953) p. 383; VONGLIS (1968) p. 94; ALBANESE (1973) p. 134; WACKE (1981) p. 666; BEHRENDS (2005) p. 460; KNÜTEL (2006) p. 37, HARKE (2012) p. 53; POLO ARÉVALO (2015) p. 197-198.

[151] DOBBERTIN (1987) p. 93; WOLF (1961) p. 63, señalando que esta regla se aplica si, en el contexto en que se celebró la estipulación, el nacimiento de la obligación redundaba exclusiva o principalmente en interés del estipulante (lo que aplica solo a cada promesa considerada aisladamente, desvinculada de su contexto de finalidad).

[152] BETTI (1962) p. 903. En el mismo sentido, resaltando la autorresponsabilidad, SACCONI (1989) p. 10, GIUFFRÈ (2002) p. 144. PASTORI (1994) p. 229. Destacando un deber de claridad (*onere della chiarezza*), PETRUCCI (2015) p. 227, MOLLO (2020) p. 12.

sente en ...*Nec rursum promissor ferendus est, si eius intererit de certis potius vasis forte aut hominibus actum,* puesto que el sentido literal de *vasa* u *homines* comprende tanto **todos** los vasos y esclavos como **algunos, ciertos** vasos o esclavos. El estipulante apelará a la interpretación más amplia, mientras que el promitente tratará de hacer valer la interpretación más favorable, es decir, restrictiva. Celso decide en este caso *contra promissorem,* pues éste era quien debía inducir al estipulante a incluir la restricción deseada en las palabras de la estipulación. La justificación no puede encontrarse, por tanto, únicamente en la circunstancia externa de que el estipulante formule la estipulación, sino que esta regla consagraría un principio general de restricción de la obligación, a favor del estipulante o del promitente (*Restriktionsprinzip*)[153].

Finalmente, una tercera postura señala que la consecuencia de interpretar *contra stipulatorem* tiene que ver con la carga de la prueba. En efecto, si la averiguación de la voluntad de las partes resulta infructuosa y tampoco hay disenso entre ellas, el ordenamiento jurídico no tiene más remedio que proceder según categorías ajenas a la transacción, por lo que la regla en análisis se asemeja en este sentido a una decisión sobre la carga de la prueba[154]. En este sentido, observando el problema desde un punto de vista procesal, Babusiaux señala que, en caso de una ambigüedad en la estipulación, el demandante es en principio libre para elegir como dirige su acción, pero la carga de la prueba del acuerdo reclamado con la fórmula recae en él y la estipulación,

---

[153] KRAMPE (1983a) p. 203.

[154] BALDUS (1998) p. 689. En similar sentido, señalando que se asemeja a la decisión en detrimento de la parte que lleva la carga de la prueba, pero también la regla del juego de cartas alemán *Skat* según el cual, en caso de un cierto empate, determinado jugador pierde, o la regla de votación *pro reo* o *pro libertate,* WACKE (1981) p. 668. No nos parece, con todo, asimilar la regla a esas últimas situaciones, pues cada una tiene su fundamento propio más allá de otorgar una solución de desempate. Algo se dirá sobre el *favor libertatis,* más adelante.

siendo ambigua, no es suficiente para satisfacer esa prueba, por lo que deberá probar el acuerdo por otros medios. De lo contrario, solo contará con la estipulación ambigua para acreditar su acción, que no será suficiente para sustentarla. *Ambiguitas contra stipulatorem,* sería, por tanto, un adagio (*Parömie*) para describir este mecanismo[155]. A ello se añaden sus observaciones respecto a la *editio stipulationis.* En efecto, según la primera parte del título *De edendo,* un edicto pretorio, impone al demandante el deber de comunicar extraprocesalmente a su adversario la fórmula con la que trata de hacer valer su pretensión (*editio formulae*) y los instrumentos probatorios en los que piensa fundarla para obtener una sentencia favorable (*editio instrumentorum*)[156]. En efecto, testimonios epigráficos y literarios revelan negociaciones intensas de las partes, asesoradas por juristas, antes de acudir al pretor y a la *litis contestatio* para, en ocasiones, resolver la disputa en forma extrajudicial[157]. En este sentido, el conocimiento de las pruebas con anterioridad a la disputa judicial será decisivo para esas negociaciones y, llegado el caso, le permitirá al demandante diseñar el programa del juicio, que se centra en la cuestión probatoria desde un comienzo, valorando prospectivamente la conveniencia de una determinada actuación[158].

Por tanto, en el caso de una estipulación, le corresponde al estipulante advertir del contenido exacto de la estipulación antes del procedimiento judicial, lo que se corresponde con la

---

[155] BABUSIAUX (2006) pp. 91-92. En similar sentido, estimándolo como un medio de proporcionar una solución antes de que se le imponga un *non liquet* a las pretensiones del demandante, HONSELL (1986) p. 78. No obstante, como ya señalamos, este autor señala que por este motivo y la ausencia de casos concretos de aplicación en el Digesto, la regla se habría vuelto insignificante.

[156] FERNÁNDEZ BARREIRO (1969) p. 31. Instrumentos que, se asume, pueden ser documentos como personas. BÜRGE (1995) p. 26.

[157] BÜRGE (1995) pp. 4-5.

[158] BÜRGE (1995) p. 45.

instrucción de diseñar la estipulación de forma completa al celebrar el contrato. La estipulación debe ser entonces "completa" desde el punto de vista de la acción futura: procesalmente,
una estipulación incompleta será ambigua, pues no es posible
determinar el contenido exacto y preciso de la acción. Frente
a esta base común de la *editio* y la concepción de las *verba*, parece posible utilizar la máxima *ambiguitas contra stipulatorem* para
aclarar las consecuencias de una *editio* perdida[159].

Como se ve, existen varios elementos distintos, pero que
pueden considerarse complementariamente para explicar la
regla. No obstante, hace falta avanzar un paso más en el análisis,
con la revisión más detenida de otras fuentes que pueden ser de
utilidad, para concluir finalmente con nuestra propuesta.

2.3 Ambiguitas contra venditorem/locatorem. Estudio de los princi-pales textos

Habiéndose discutido los principales fragmentos referidos a
la estipulación, cabe mencionar la regla en sede de compraventa
y arrendamiento, donde existen pasajes que invocan fundamentos muy similares a los ya revisados y que será necesario analizar.

a) D. 2, 14, 39

D. 2, 14, 39 (Pap. 5 quaest.)

*Veteribus placet pactionem obscuram vel ambiguam venditori
et qui locavit nocere, in quorum fuit potestate legem apertius
conscribere.* [Parece bien a los juristas antiguos que los pactos
oscuros o ambiguos perjudican al vendedor y al arrendador, en
cuya potestad estuvo consignar más claramente la ley]

---

[159]   Babusiaux (2009) pp. 40-41.

La Palingenesia no aporta muchos antecedentes del contexto de este fragmento[160]. Aparece ubicado en un título *De iudiciis centumviralibus,* aislado y al final de las demás fuentes que tratan acerca de legados[161]. Ya hemos examinado al hablar de la cronología de las fuentes el significado posible de *veteribus,* que finalmente puede corresponder a Labeón, en el fragmento que a continuación analizaremos, pero que también puede dar pistas de una referencia más antigua, al derecho sacro romano.

El presente pasaje contempla un antecedente, consecuente y un fundamento. Como antecedente o supuesto de hecho se encuentra *pactionem obscuram vel ambiguam* (Los pactos oscuros o ambiguos). Debe destacarse la utilización de la palabra *pactionem,* en este fragmento, de *pacti,* en D. 18, 1, 21 y de *pactum* en D. 50, 17, 172.

Sobre la noción de *pactum,* se ha remarcado su diferencia respecto al concepto técnico de contrato[162]. Se suele afirmar que su origen etimológico viene de *pacisci,* es decir, hacer la paz[163], con lo que la palabra *Pactio* y *Pactum* denotan un acuerdo o como señala Ulpiano, el consenso entre dos o más personas concordes en cuanto a la misma cosa[164], y que en el uso común asume el significado más general de convención, indicando un acuerdo no formal[165]. Como señala Burdese, pese al

---

[160]   En este sentido, también, Troje (1961) p. 161.

[161]   Lenel t. 1, n. 117, col. 821.

[162]   Sobre cuya formación, una síntesis en Paricio (2008), Esborraz (2020).

[163]   Por todos, Burdese (2006) p. 115. Estudio etimológico en Biscotti (2002) p. 10 y ss. Así lo señala también Ulpiano en D. 2, 14, 1, 1: *Pactum autem a pactione dicitur (inde etiam pacis nomen appellatum est)* [Pacto viene de decir un acuerdo (de donde procede también el nombre de paz).

[164]   Biondi (1953) p. 131, D. 2, 14, 1, 2.

[165]   Grosso (1963) p. 172.

variadísimo uso en las fuentes, el concepto se reconduce a la idea de convención o acuerdo[166] o en el uso tardo-republicano, a situaciones en las que confluyen un elemento funcional de necesidad y deseo de preservar entre las partes, un equilibrio personal y patrimonial, además de un elemento instrumental, que permite identificar en la idea de "intercambio justo", el vínculo que permite la consecución del objetivo mencionado[167]. Dentro de estas acepciones, aparece la de cláusulas singulares[168], añadidas a un contrato, convenciones que persiguen a modelar los efectos de estos[169]. Nos parece que este es el sentido que se aprecia en estos fragmentos: cláusulas contractuales introducidas en el contrato de compraventa.

El fragmento continúa con *obscuram vel ambiguam*. Al respecto, *ambiguitas* como *obscuritas* remiten a ideas retoricas[170], que en ocasiones se distinguen[171] y que en este fragmento apare-

[166] Burdese (2006) p. 115.
[167] Biscotti (2002) p. 412.
[168] Biondi (1953) p. 133.
[169] Grosso (1963) p. 173.
[170] Que formaban parte del método de Papiniano. Babusiaux (2011) p. 1.
[171] Quint. *Inst.* 7,10,2: *Sed distincta sunt: aliud est enim obscurum ius, aliud ambiguum* (Pero son distintos: una cosa es una ley oscura y otra distinta una ley ambigua). Con todo, dándose una definición de ambigüedad, no parece existir una precisión del concepto de oscuridad en las fuentes de este período. No puede decirse que haya una relación de género a especie, en este autor, señala Masuelli (2015) p. 4. En el mismo sentido, Cicerón señala que la *controversia ex ambiguo* nace *cum, quid senserit scriptor, obscurum est, quod scriptum duas pluresve res significat, ad hunc modum.* (cuando la intención del redactor es obscura y el texto se presta a dos o más significados). Cic. *Inv.* 2,116. Por su parte, Mohino Manrique (2006) p. 31, señala que los juristas clásicos empleaban dichos conceptos como sinónimos.

cen, no como la misma cosa[172], sino como comprendiendo ambos sentidos precisos, es decir, que la consecuencia se aplicará tanto a pactos obscuros como ambiguos.

Como consecuente, tenemos *venditori et qui locavit nocere* (perjudica al vendedor o al arrendador). Si se compara con las demás fuentes analizadas a propósito de la estipulación, establecían interpretaciones *contra stipulatorem* o *secundum promissorem*. Acá se habla de *nocere*, es decir, perjudicar, lo cual es una sutil diferencia, pues no señala necesariamente qué ocurre con la otra parte, lo que sí hace el fragmento siguiente.

Finalmente, este pasaje entrega un fundamento para dicho consecuente: *in quorum fuit potestate legem apertius conscribere* (en cuya potestad estuvo redactar[173] más claramente[174] la ley [del contrato]). Sobre la palabra *legem,* ella remite a *lex contractus,* expresión que pudo haber tenido un origen en las *leges venditionis* o *leges locationis* del derecho público romano, en el caso de contratos establecidos por los magistrados en transac-

---

[172]   Señala MASUELLI (2015) p. 8, que en este fragmento Papiniano superaría la jerarquización de ambigüedad y oscuridad de matriz retórica. Nos parece que precisamente dado su conocimiento de estos tecnicismos, habría utilizado ambos conceptos para abarcar las dos situaciones.

[173]   GLARE (ed.) (2012) voz *Conscribo,* acep. 4: "*to compose, frame, draw up, write*". Ya en Plaut. *Asin.* 600, aparece la palabra, pudiendo apreciarse cierta unilateralidad en la disposición del contenido: "*Audin hunc opera ut largus est nocturna? nunc enim ese negotiosum interdius videlicet Solonem, **leges ut conscribat**, quibus se populus teneat*". [¿Oyes a este, qué generoso es con su trabajo nocturno? Se ve que este Solón de día está muy ocupado en **redactar las leyes** por las que ha de regirse el pueblo]. Trad. ROMÁN BRAVO (2012). En el mismo sentido, TRISCIUOGLIO (2000) p. 600.

[174]   GLARE (ed.) (2012) p. 161, *Apertus,* acep. 12 (lenguaje o argumento), claro, lúcido, directo.

ciones concluidas con los privados en interés público[175], como los arrendamientos de *vectigalia* (de recaudación de impuestos) y *ultro tributa* (contratos para la ejecución de obras públicas), en que los censores, mediante concurso público (*hasta*), fijaban las condiciones y precios de los respectivos contratos establecidos mediante una *lex censoria*[176]. Se ha querido ver en este origen del concepto de *lex contractus* una supuesta aplicación en época republicana de esta regla[177], sobre todo por el sentido de control o dominación de una parte sobre la otra que habría tenido la palabra *lex* en dichos contratos administrativos[178]. Incluso, señalando que, en general, en las fuentes, *lex venditionis* o *lex conductionis*, son las *leges* formuladas por el vendedor o el arrendador[179]. No obstante, no existen suficientes antecedentes para esta afirmación[180] , además que, como puede apreciarse hay una suerte de asimilación hecha por Papiniano de las expresiones *pactum* y *lex,* pues, como señala el mismo Troje, en el uso lingüístico clásico *lex venditionis* no era diferente de *pactum*[181].

b) D. 18, 1, 21

> D. 18, 1, 21 (Paul. 5 ad Sab.)
>
> *Labeo scripsit obscuritatem pacti nocere potius debere venditori qui id dixerit quam emptori, quia potuit re integra apertius*

---

[175]   Berger (1953) p. 545. Afirmando este origen, Du Plessis (2006) p. 83.

[176]   Torrent Ruiz (2014) pp. 3-4. Sobre la expresión *lex* en este sentido, Crawford (2016), voz *lex,* c).

[177]   Troje (1961) p. 163-164.

[178]   Du Plessis (2006) p. 83.

[179]   Buckland (1938) p. 670.

[180]   Gandolfi (1966) p. 400.

[181]   Troje (1961) p. 163; Behrends (2005) p. 463.

> *dicere.* [Labeón escribió que el pacto oscuro debe perjudicar más al vendedor que lo ha expresado, que al comprador, pues pudo haberlo expresado más claramente desde antes del pacto]

Este segundo fragmento adolece del mismo problema. Lenel lo sitúa en un título que llama *De emptione et venditione I,* entre varios fragmentos que tratan acerca de aspectos de la compraventa, siendo precedido por D. 18, 1, 15, que trata sobre error[182], no pudiendo desprenderse un contexto, sin perjuicio de que pareciera haberlo tenido antes de la compilación[183]. La estructura de este pasaje y su contenido es muy similar al anterior, con algunos matices que vale la pena resaltar.

La remisión a Labeón ya ha sido analizada desde el punto de vista cronológico. Luego, encontramos un antecedente similar, pero centrándose únicamente en la oscuridad del pacto y abandonando la ambigüedad: *obscuritatem pacti.* La consecuencia es similar: *nocere potius debere venditori qui id dixerit quam emptori* (debe perjudicar al vendedor que lo ha expresado, más que al comprador). Debe resaltarse que, a diferencia del fragmento anterior, Paulo, citando a Labeón otorga una solución que pone en la balanza los intereses de ambas partes del contrato: el pacto oscuro debe perjudicar más a uno que a otro, no solamente al vendedor, como en el fragmento anterior.

El fundamento de esta consecuencia es *quia potuit re integra apertius dicere.* (el cual pudo haberlo expresado más claramente desde antes del pacto[184]), es decir, similar a *apertius conscribere,*

182　Lenel n. 1708, col. 1265.

183　Troje (1961) p. 159, lo conjetura, debido a la expresión *id dixerit, re integra* o *potius debere* que parecieran ir enlazadas a un problema concreto.

184　Sobre *res integra,* señala Berger (1953) p. 506, en la voz *Integer,* "una situación legal o fáctica sin cambios". Petrucci (2015) p. 228, lo traduce como *quando il contratto non era stato eseguito* (cuando el contrato no se ha ejecutado), Watson (1985) t. 2, p. 58, *before the contract*

del fragmento anterior, utilizando *dicere*. En ambos casos se razona sobre la base de considerar aquella parte que formula el pacto, la cláusula.

c) D. 50, 17, 172

> D. 50, 17, 172 Paul. 5 ad Plaut.
>
> *In contrahenda venditione ambiguum pactum contra venditorem interpretandum est* [En la venta el pacto ambiguo se interpreta contra el vendedor]

Este último fragmento general fue ubicado por los compiladores en el título 50, 17, sobre *regulae iuris*. Se trata del libro 5 de los comentarios de Paulo a Plautio, que Lenel divide en varias secciones, correspondiendo este pasaje a la parte *empti venditi*[185]. Con todo, aparece cerrando la sección, por lo que al igual que los demás, los fragmentos adyacentes no esclarecen su contexto, pues hablan de distintos problemas del contrato de compraventa no relacionados. Como puede apreciarse, se desliga de varios aspectos que pueden encontrarse en los demás pasajes analizados, pues no contiene fundamento, enunciándose como un principio general y volviendo a la lógica de interpretación *contra,* que ya se vio a propósito de la regla *contra stipulatorem*. El antecedente para su aplicación, con todo, es *In contrahenda venditione ambiguum pactum...,* con lo que cabe preguntarse a qué se debe la utilización de *contrahenda*. En este caso, se podría identificar con la constitución de una relación

---

was entered into (antes de la celebración del contrato), en el mismo sentido, Schipani y otros (2007) t. 3, p. 336, *prima della conclusione del contratto*. Otros lo remiten simplemente, a un momento anterior, Behrends y otros (1999) p. 447, *sich vorher klarer hätte ausdrücken können* (podría haberse expresado más claramente desde antes).

[185] Lenel n. 1121, col. 1155.

obligatoria por medio de un acto lícito de estructura bilateral[186] como es la compraventa, lo que, nos parece, permite identificar como momento relevante en la aplicación de esta regla el de la manifestación de voluntad de las partes, que es cuando se genera la ambigüedad u oscuridad, tal como aparece en las anteriores fuentes, que hablan de la redacción (*conscribere*) o la expresión desde antes del pacto (*re integra...dicere*)[187].

Sin embargo, el análisis de estas fuentes deja abierto el problema, por lo que es preciso analizar fragmentos adicionales que aportan elementos contextuales de casos concretos en los que aparentemente se habría aplicado.

d) D. 18, 1, 33

D. 18, 1, 33 (Pomp. 33 ad Sab.)

Cum in lege venditionis ita sit scriptum: "flumina stillicidia uti nunc sunt, ut ita sint", nec additur, quae flumina vel stillicidia, primum spectari oportet, quid acti sit: si non id appareat, tunc id accipitur quod venditori nocet: ambigua enim oratio est. [Cuando en un pacto de la venta así se escriba: "que las canaletas y los estilicidios permanezcan así como ahora están", sin añadir, qué canaletas o estilicidios, en primer lugar, debe considerarse lo que se ha hecho: si no aparece, entonces se entiende lo que perjudica al vendedor: en efecto, las palabras son ambiguas]

La Palingenesia ubica este fragmento en el libro 33, que está dividido en las secciones *De donationibus* y *De servitutibus* y lo complementa con otro que se añade inmediatamente des-

---

[186]　Wegmann Stockebrand (2019) p. 13, sobre el verbo *contrahere*.

[187]　En este sentido, Krampe (1983b) p. 13, lo traduce como *Bei Abschluß eines Kaufvertrages...* (Al celebrar un contrato de compraventa) o Behrends (2005) p. 463: *Ist ein Kauf abgeschlossen worden...* (Si se ha celebrado una compraventa).

pués[188]. Ambos fragmentos de Pomponio ubicados en el libro
33 de sus comentarios a Sabino parecen referirse a un problema de servidumbres, en torno a la determinación del sentido
de una cláusula contractual que la establece.

En el análisis de D. 18, 1, 33, pueden identificarse un antecedente, un consecuente y un fundamento.

Como antecedente, tenemos, primero, *Cum in lege venditionis ita scriptum…* (Cuando en un pacto de la venta así se escriba: …), sobre lo cual nos remitimos a la explicación de *leges,* a
propósito de D. 2, 14, 39. Luego, dicho pacto señala: *flumina
stillicidia uti nunc sunt, ut ita sint.* Estas expresiones son muy
similares a las que consigna Varrón, señalando que en la ley
de predios urbanos se dice: *Stillicidia fluminaque uti nunc, ut ita
cadant fluantque* [Que las aguas que gotean (*stillicidia*) y las que
corren (*flumina*) caigan (*cadant*) y fluyan (*fluant*) de la misma manera que ahora][189]. Es decir, son expresiones utilizadas
desde antiguo (año 47-45 a.C)[190]. Sin embargo, para precisar
el sentido, no puede ignorarse D. 8, 2, 17, 3, que contempla
un pacto similar: "*stillicidia uti nunc sunt, ut ita sint*", señalando
que esta cláusula significa que se ha impuesto a los vecinos la
necesidad de recibir el agua que gotea del tejado, pero no al
comprador la de recibir las gotas de agua que caigan de los
edificios vecinos[191]. Por tanto, *stillicidii* es, literalmente, el agua
que gotea y *fluminis* el agua que corre, siendo el *ius stillicidii* el
derecho a dirigir dichas aguas hacia a la propiedad del vecino,
que se manifiesta en la servidumbre predial *servitus stillicidi*[192],
que es aquella de la que se ocupa Ulpiano. Tanto *flumina* como
stillicidia se utilizan para referirse a la servidumbre consistente

---

[188] Lenel t. 2, n. 779, col. 143. Se trata de D. 8, 2, 23 (Pomp. 33 ad Sab).
[189] Varr., *l. lat.,* 5,27. Trad. Hernández Miguel (1998).
[190] Möller (2010) p. 112.
[191] D. 8,2,17,3.
[192] Berger (1953) p. 703

en la facultad de que un determinado predio pueda verter sus aguas sobre uno vecino[193]. Siendo ambas servidumbres cercanas, la diferencia es la forma en que el agua desciende sobre la propiedad vecina: si cae *stillatim,* gota a gota (*stillicidium*) o si fluye continuamente (*flumen*), quizás con ayuda de obras de canalización en este último caso[194].

Luego, el fragmento señala *uti nunc sunt, ut ita sint.* Al respecto, esta fórmula corresponde a una conocida por las antiguas formas de *mancipatio,* que buscan asegurar el mantenimiento de un determinado estado de cosas[195]. Utilizada, por ejemplo, cuando un propietario único construía dos o más casas, y en el caso de enajenarlas, imponía mediante *lex mancipii* que se conservara la configuración por él establecida para las paredes de apoyo, los desagües, las luces[196].

De esta forma, la cláusula *flumina stillicidia uti sunt, ut ita sint,* podría traducirse como "que las canaletas y los estilicidios[197] permanezcan así como ahora están". Finalmente, el antecedente se completa con *nec additur, quae flumina vel stillicidia* (sin añadir, qué canaletas o estilicidios). Es decir, según el fragmento, la parte que propone la *lex venditionis* no aclaró debidamente el contenido del contrato.

Como consecuente, Pomponio establece: *primum spectari oportet, quid acti sit: si non id appareat, tunc id accipitur quod venditori nocet* (en primer lugar, debe considerarse lo que se ha hecho: si no aparece, entonces se entiende lo que perjudica al vendedor). En esta parte se destaca algo central en

---

[193] Biondi (1938) p. 129, y más detalles sobre el *stillicidium.*
[194] Cursi (1999) p. 297.
[195] Möller (2010) pp. 112-113,
[196] Grosso (1969) p. 50.
[197] En el español actual, estilicidio es el "Acto de caer gota a gota un líquido". Real Academia Española (2022).

la comprensión de la regla *contra venditorem*: la subsidiariedad respecto a la investigación del *quod actum,* que va en primer lugar, y solo si no puede determinarse mediante otros
elementos del negocio o de las partes, la interpretación de
esta cláusula perjudicará al vendedor. Como bien señala Carcaterra, habría en este fragmento de Pomponio una doble
operación: la primera, no explícita, es la *interpretatio*, y solo
después de haber interpretado el tenor de la compraventa,
le es posible al operador jurídico darse cuenta que en el documento no se ha precisado a cual *flumina vel stilicidia* se han
referido las partes; como segunda operación está el *spectari
quid acti sit,* es decir, intentar descubrir el comportamiento y
las tratativas de las partes[198].

Finalmente, aparece un fundamento: *ambigua enim oratio
est* (en efecto, las palabras son ambiguas). Nuevamente com-
parece el concepto ambigüedad, pero señalándose que esta
cláusula concreta adolecería de dicho defecto semántico. La
explicación que para ello da el fragmento es que no se indica en la venta a qué canaletas o goteo de agua se referiría el
autor de ésta. Al respecto, la literatura se ha pronunciado en
varios sentidos. Por una parte, Troje cuestiona que realmente
hubiera una ambigüedad en la cláusula, por el carácter común
—como hemos visto— de *uti nunc sunt, ut ita sint* en el tráfico
jurídico, por lo que probablemente existía una interpretación
uniforme de la misma por los operadores jurídicos, que si es-
timaran su ambigüedad no la utilizarían. De ahí concluye que
el fragmento fue editado por los compiladores, que, descono-
ciendo el sentido de dicha cláusula, agregan la consecuencia
quod venditori nocet[199]. Con todo, esta teoría no tendría mucho
impacto. Gandolfi señala que el texto *nec additur quae flumina
vel stillicidia* es suficientemente claro: lo ambiguo en este caso

---

198   Carcaterra (1986) p. 104.
199   Troje (1961) pp. 172-176.

no es la cláusula, sino el objeto de ella[200]. Por su parte, Honsell precisa que también existe ambigüedad en que no se sabe con certeza cuál es el predio sirviente y dominante, si el predio vendido o uno vecino[201]. Es decir, en general se ha entendido que existe efectivamente una ambigüedad en esta disposición contractual, que conforme a la opinión de Pomponio, debe ser aclarada en contra del vendedor.

Por lo tanto, el fundamento de esta regla, es que en una cláusula contractual no se añadió una información esencial para el adecuado entendimiento de la misma. Esto habilitaría a interpretarla a favor de una de las partes, en este caso, el comprador.

e) Sobre algunas supuestas excepciones en las fuentes

Para terminar de definir el sentido de esta regla, cabe analizar, de modo ejemplar, dos pasajes que además de estar aplicados a contratos concretos, contemplan supuestas excepciones, por interpretar la compraventa y el arrendamiento contra el comprador y el arrendatario, respectivamente. Su importancia podrá apreciarse en el análisis y discusión que de ellos se hizo en las épocas posteriores de la regla, como se verá más adelante.

---

[200]　GANDOLFI (1966) p. 409. En este sentido, Wacke traduce la cláusula como "Si el vendedor del inmueble se ha reservado una servidumbre para un inmueble vecino, cualquier duda sobre su contenido y alcance correrá a cargo del vendedor". WACKE (1981) p. 666.

[201]　HONSELL (1986) p. 81.

i) *D. 18, 1, 34*

D. 18, 1, 34 (Paul. 33 ad ed.)[202]

*Si in emptione fundi dictum sit accedere Stichum servum ne-
que intellegatur, quis ex pluribus accesserit, cum de alio emptor,
de alio venditor senserit, nihilo minus fundi venditionem valere
constat: sed Labeo ait eum Stichum deberi quem venditor intellexerit. nec refert, quanti sit accessio, sive plus in ea sit quam
in ipsa re cui accedat an minus: plerasque enim res aliquando
propter accessiones emimus, sicuti cum domus propter marmo-
ra et statuas et tabulas pictas ematur* [Si en la venta de un fundo
se dijo que era accesorio el esclavo Estico y no se entiende a
cuál de los accesorios se refiere, si el que pensaba el comprador
o el vendedor, la venta es igualmente válida: pero Labeón dice
que se debe el Estico que entienda el vendedor y no importa
cuanto sea el valor de lo accesorio, si hay más en ella que en la
cosa misma a la que se añade o menos: porque a veces compra-
mos las cosas por el valor de los añadidos, así como cuando se
compra una casa por sus mármoles, estatuas o pinturas].

En este fragmento pueden apreciarse principalmente dos
partes: una referida a la validez del negocio y otra a la decisión
interpretativa de Labeón, que reporta Paulo. Se trata de la compraventa de un fundo, que en una de sus cláusulas añade como
accesorio un esclavo Estico, existiendo una disparidad de entendimientos del vendedor y comprador respecto de cuál es el esclavo que efectivamente involucra la compra (*neque intellegatur
quis ex pluribus accesserit, cum de alio emptor, de alio venditor senserit*).
La consecuencia es doble: la venta es igualmente válida (y no
será nula, por tanto, por error) y, según la opinión de Labeón,
se debe el esclavo que el **vendedor** entienda (*sed Labeo ait eum
Stichum deberi quem venditor intellexerit*). A continuación, el fragmento despliega una explicación adicional al antecedente: no
importa el valor del accesorio, ya sea que valga más o menos que
la principal (el fundo en este caso), pues frecuentemente com-

---

[202]   Lenel t. 1, n. 504, col. 1035, libro 33, *Empti venditi.*

pramos algunas cosas a causa de las accesorias, como cuando se compra una casa por los mármoles, estatuas o pinturas de esta.

Esta decisión de interpretación es complicada, sobre todo porque el mismo Paulo, recogiendo una decisión de Labeón, en el fragmento D. 18, 1, 21, ya analizado, interpretaba las cláusulas oscuras contra el vendedor. Ello ha generado diversos intentos de explicación desde los tiempos de la glosa, como se verá[203]. En la tradición romanística han existido varias justificaciones: antiguamente se dijo que *venditor intellexerit* debía ser reemplazado sencillamente por *emptor intellexerit,* debido a existir un error del copista[204]. También, que la interpretación en este caso debía ser contra el vendedor, pues él habría establecido la cláusula del esclavo accesorio, por lo que estando en su interés la aclaración, a él debe imputársele la ambigüedad, lo que tendría apoyo en la parte final del fragmento, donde indica la costumbre de comprar cosas por sus accesorios[205]. Y, finalmente, Krampe señala que el *dictum* en este fragmento es una *lex venditionis* ambigua, que se interpreta a favor del vendedor debido a la primacía del *id quod actum est* por sobre la regla *contra venditorem*[206], es decir, identificar la intención de las partes cuando ello fuese posible, lo que nos parece un principio coherente que se va repitiendo en las fuentes.

ii) *D. 19, 2, 29*

D. 19, 2, 29 (Alf. 7 dig.)

In lege locationis scriptum erat: 'redemptor silvam ne caedito neve cingito neve deurito neve quem cingere caedere urere

---

[203] En este sentido, KRAMPE (1983a) p. 219-220.

[204] RICCOBONO (1894) p. 169, nota 1.

[205] HONSELL (1986) p. 84.

[206] KRAMPE (1983a) p. 224.

sinito'. quaerebatur, utrum redemptor, si quem quid earum rerum facere vidisset, prohibere deberet an etiam ita silvam custodire, ne quis id facere possit. respondi verbum sinere utramque habere significationem, sed locatorem potius id videri voluisse, ut redemptor non solum, si quem casu vidisset silvam caedere, prohiberet, sed uti curaret et daret operam, ne quis caederet.

Este fragmento de Alfeno[207], discutido también profusamente en etapas posteriores de la regla, versa sobre una cláusula de un contrato de arrendamiento (*lege locationis*) que dice: "que el arrendatario no corte, ni descortece[208], ni queme, ni permita (*ne sinito*) que alguien lo descortece, corte o queme". Se pregunta si acaso el arrendatario debía desplegar una vigilancia activa respecto del bosque (*silvam custodire*) o solamente oponerse cuando viera a alguien actuando de esta manera. Ante ello, Alfeno responde que la palabra 'permitir' (*sinere*) puede entenderse en ambos sentidos, pero el arrendador más bien tenía la voluntad (*potius id videti voluisse*) de que el arrendatario cuidase y se esforzase para que nadie pueda cortar el bosque.

Como puede intuirse, este caso envuelve una hipótesis de ambigüedad en una cláusula contractual (*verbum sinere utramque habere significationem*)[209]. De aplicarse la regla *contra locato-*

---

[207] Sin perjuicio de que Mayer-Maly (1956) p. 108, lo atribuye a Servio Sulpicio, últimamente Roth (1999) p. 23, señala que sólo hay influencia de su maestro y que la cita constante a éste en otros fragmentos solo revela el carácter de autoridad preeminente de la República tardía de Servio. Además, independiente de que la fuente pueda haber sido tomada de los epítomes de Paulo, señala Roth (1999) p. 26, que existe una estructura tripartita estilística que es original de Alfeno y no obra de los epitomizadores. Respecto al fragmento comentado, no detecta el autor atribuciones a otros juristas, sino que la argumentación va en la línea de otros fragmentos del mismo Alfeno.

[208] Glare (ed.) (2012) p. 346, *cingo*, acep. 6.

[209] Una *lex ambigua*, señala también Krampe (1983a) p. 225.

rem del fragmento ya analizado D. 2, 14, 39 que extiende nuestra regla al arrendamiento, la cláusula contractual debiera ser interpretada a favor del arrendatario, imponiendo que su deber sea únicamente de una vigilancia pasiva, y no favoreciendo al arrendador, como opina Alfeno, imponiendo un deber de vigilancia activa del bosque.

Al igual que en el fragmento anterior, se han dado diversos intentos de explicación para la ausencia de aplicación de la regla *contra locatorem* presente en otras fuentes. Una postura vincula esta cláusula con las *leges locationis* del Derecho público romano. En este sentido, Lenel ubica este fragmento en un título *De publicanis et vectigalibus et commissis,* del libro 7 de sus digestos[210], por lo que, junto con el uso del término *redemptor,* ha llevado a señalar a algunos que se trataría de un arrendamiento público, cláusula de una ley censoria[211], además de otros antecedentes, como la semejanza de la cláusula del fragmento en estudio con una disposición inserta en un arrendamiento público de ciertos terrenos sagrados, inscrito en una de las tablas de bronce de Heraclea (433 a.C)[212] que reza:

τῶν δὲ ξύλων τῶν ἐν τοῖς δρυμοῖς οὐδὲ τῶν ἐν τοῖς σκίροις οὐ πωλησόντι οὐδὲ κοψόντι οὐδὲ ἐμπρησόντι οὐδὲ ἄλλον ἐασόντι· αἰ δὲ μή, *h*υπόλογοι ἐσσόνται κὰτ τὰς ῥήτρας καὶ κὰτ τὰν συνθήκαν [Acerca de la madera, ni la que hay en los bosques ni en el

---

[210] Lenel, n. 27, col. 44. Del séptimo libro de los *digesta* de Alfeno, dos se refieren a la interpretación de cláusulas censorias.

[211] MATEO (1999) p. 110. TRISCIUOGLIO (2000) pp. 602-609.

[212] Las Tablas (que tienen una cara con texto en latín y otra en griego, última la cual es de nuestro interés) tratan sobre la recuperación de unos terrenos sagrados por parte de la ciudad y los contratos de alquiler que sobre ellos se redactan. La fecha no está definitivamente establecida, aunque se deduce que la situación reflejada es posterior a un período de guerra, bien tras la expedición itálica de Alejandro el Moloso (últimos años del s. IV) bien tras la guerra de Pirro (hacia el 280 a.C.). ORTEGA VILLARO (1998) p. 52.

> monte, la pondrán a la venta, ni la cortarán, ni la quemarán
> ni se lo permitirán a otro; si no serán responsables de acuerdo
> con las leyes y el contrato]"[213].

Debido a que se trataba de un arrendamiento de un bosque sagrado, habría impuesto una obligación que pretendía proteger de cualquier manera un lugar sagrado para la divinidad, además de ser formulada de manera unilateral, no siendo fruto de acuerdo entre las partes, y por lo tanto, la actividad interpretativa del jurista se dirigía únicamente sobre la voluntad del arrendador, del cual provenía la cláusula[214].

Una segunda opinión cifra la explicación en ser el arrendamiento un contrato de buena fe. En ese sentido, Gandolfi señala que el principio interpretativo *contra locatorem,* corolario de la interpretación *contra stipulatorem* constituye un canon subsidiario respecto al precepto fundamental de la buena fe que compromete al arrendatario y de cuyo precepto, a la vista de la expectativa racional que la relación engendra en cada una de las partes, brota un "compromiso de cooperación" que induce al jurista a preferir la acepción más favorable al arrendador y más onerosa para el arrendatario[215].

Finalmente, Stolfi señala que, en este caso, más que ambigüedad, existiría una doble obligación del arrendatario, una más amplia —la vigilancia constante y adecuada—, que comprende otra, más restringida —el deber de intervenir para prohibir cualquier daño por parte de terceros—. Por ello, a la luz del objetivo perseguido por la *lex locationis,* Alfeno habría pre-

---

[213]   Tab. Her. 1,144-146 (EDR169205). Trad. Ortega Villaro (1998) p. 61.

[214]   Trisciuoglio (2000) pp. 608-609, suya es esta opinión y hallazgo.

[215]   Gandolfi (1966) p. 103. Lo sigue, Fiori (1999) p. 89, Brutti (2017) p. 72. Wieacker (1965) p. 447, por su parte, pone en duda este aserto, por no existir en el fragmento una referencia explícita a la buena fe.

sumido que las partes, conscientes de la duplicidad semántica han utilizado la palabra en toda su plenitud de sentido, por lo que la carga de la prueba se cierne sobre quien propone una lectura restrictiva[216].

Al respecto, nos parece que, en un negocio celebrado entre privados, teniendo en cuenta las consideraciones que vertimos a propósito de la regla *contra stipulatorem*, no cabe hablar de una carga de la prueba impuesta a quien afirma un significado restrictivo, sino a la inversa: quien afirma una determinada obligación —en este caso, de ejercer una vigilancia activa del bosque—, debe probarlo. Por ello, pareciera que en este caso, al igual que en el fragmento anteriormente analizado, la búsqueda del *quod actum* ha primado por sobre la regla *contra locatorem*, lo que se ve respaldado si se observa que Alfeno toma en consideración cuál ha sido la voluntad (*voluisse*) del arrendador[217], que para él aparece claramente; por ser una *lex locationis* del derecho público y por la tradición que así lo establecía o bien en virtud de la buena fe que impone una conducta de colaboración a las partes. Como se ve, en el fragmento, a diferencia de los demás, no aparece un fundamento, como la posibilidad de haber hablado o redactado más claramente la disposición, por lo que este puede encontrarse en

---

[216] STOLFI (2004) pp. 127-128, aunque luego señala que no existen elementos ciertos para afirmar este *iter* lógico de Alfeno y que no se puede menospreciar el rol que pudiera jugar la buena fe o el *quod actum* en la interpretación —que no es de carácter léxico— realizada en este pasaje.

[217] La cláusula, por tanto, habría estado formulada en interés del arrendador, y el arrendatario habría podido evitar la responsabilidad más grave derivada de esta interpretación no adhiriendo a la propuesta a dichas condiciones. NEGRI (1985) p. 52, nt. 133. En similar sentido, ROTH (1999) p. 126, afirma que la intención correspondiente de las partes, es decir, *id quod actum est*, a saber, la mejor protección posible del bien arrendado, se desprende de la *lex*.

dichos elementos, a falta de una explicación o contexto más cierto, que, lamentablemente, no conservamos.

Finalmente, en estos dos fragmentos puede observarse que más que constituirse en excepciones a la regla *contra venditorem* y *contra locatorem*, no se dan los presupuestos necesarios para su aplicación, en esencia subsidiaria, por darse preferencia a otros criterios para desentrañar la voluntad de las partes en el negocio de que se trata.

f) El fundamento de la regla *contra venditorem* y *contra locatorem*

Habiendo revisado las fuentes más importantes de esta regla y las supuestas excepciones a su *ratio*, queda abierta la pregunta acerca del fundamento, pues, teniendo la compraventa y el arrendamiento una estructura distinta a la estipulación, por ser contratos consensuales bilaterales, ¿Por qué debiera interpretarse el pacto oscuro o ambiguo contra el vendedor o el arrendador, como dicen las fuentes? Al respecto, se han dado distintas hipótesis de explicación.

Una primera postura cifra el fundamento de esta regla en el poder de negociación de las partes, extendiendo, de alguna forma, la explicación sobre la estructura de la estipulación a la compraventa y el arrendamiento. En general, se afirma, era el vendedor quien establecía las cláusulas del contrato, sometiéndose a ellas los compradores, por lo que cualquier ambigüedad debe perjudicar al redactor, por haber estado en su mano expresarlas con mayor precisión[218], constituyéndose, por

---

[218] Se menciona que esta sería la situación más frecuente. Wolf (1961) p. 41; Krampe (1983b) pp. 13-14; Voci (1985) pp. 595-596; Trisciuoglio (2000) p. 582. Como señala Cascione (2003) p. 290, la *ratio* del criterio hermenéutico (referido específicamente a D. 2, 14, 39) es la referencia a la *potestas* propio de aquellos que redactan la *lex*, base de la regulación contractual: no haber evitado la oscuridad

tanto, en un "contratante fuerte" que imponía las condiciones contractuales respectivas, teniendo una carga de explicitarlas de un modo claro y comprensible, en ausencia del cual se interpreta el contrato ambiguo en su detrimento[219]. Se añade el matiz de considerar que el caso decisivo de aplicación de esta regla estaría en los contratos en los que el vendedor o el arrendador hayan determinado unilateralmente las *leges venditionis* o *locationis*[220]. Como bien señala Baldus, el comprador es sujeto de protección en algunos casos, no sobre la base de un favoritismo preconcebido, sino sobre la base de la naturaleza específica de la situación: el anuncio unilateral de *leges contractus* por parte del vendedor o subastador, a menudo económicamente más fuerte, desempeña un papel[221].

---

revierte contra los sujetos que, precisamente en base a la *lex*, recibieron el consentimiento de las otras partes. En el arrendamiento y la posición preeminente del arrendador, con su capacidad de disponer del bien, MAYER-MALY (1956) p. 107-108. También ZIMMERMANN (1996) p. 360, señalando que las *leges conductionis*, frecuentemente (*often*) no eran individualmente negociadas, por lo que bajo esas circunstancias cumplirían la función de lo que hoy llamaríamos condiciones generales de la contratación (*standard contract terms*). Como parte de una costumbre, puede citarse la comedia *Persa*, de Plauto, cuando el vendedor en la compraventa de una esclava anima al comprador a hacer una oferta por ella, a lo que éste responde: *tua merx est, tua indicatio est,* es decir, tuya es la mercancía, tuya la facultad de fijar su precio. Plaut. *Persa*, 586. Este último hallazgo es de Grocio, quien lo menciona, como veremos más adelante. GROTII (1939) p. 834.

[219] PETRUCCI (2015) p. 228. En el mismo sentido, en clave de debilidad contractual, ÁLVAREZ (2015) p. 8.

[220] BALDUS (1998) p. 686. En similar sentido, limitándolo a los casos en que así ocurría, WACKE (1981) p. 666 y pareciera ser que BRUTTI (2017) p. 72 apunta a lo mismo al hablar de que el predisponente de la *lex contractus* ha podido ser más claro y no lo fue.

[221] BALDUS (1998) p. 684.

Una posición complementaria explica esta regla en la compraventa en atención al principio de buena fe: quien en un negocio como la venta, ha formulado el contenido contractual, tiene que soportar el hecho de que una formulación poco clara se interprete en su contra, la ambigüedad se utiliza a favor de la persona que depositó la confianza, que de este modo quedó protegida en la expectativa de que una formulación del contrato realizada por su socio contractual también tendría en cuenta sus intereses[222]. En este sentido, se ha señalado que no se trataba en modo alguno de una norma jurídica abstracta y generalizada, sino más bien de una especificación de las expectativas de las partes dignas de protección basada en la experiencia concreta[223].

Una segunda posición señala que el fundamento estaría en los orígenes de la compraventa consensual. La literatura romanística ha debatido tan arduamente este problema, que ha producido una especie de "género literario" en torno a él[224], con distintas posiciones encontradas. En torno a la primera configuración jurídica del contrato de compraventa, las hipótesis van desde una necesaria integración del acuerdo sobre cosa y precio en la *verborum obligatio,* hasta el reconocimiento prematuro del contrato de compraventa consensual bajo tutela directa del pretor, teorías que ven en los orígenes de la compraventa una suerte de "copia" de las subastas públicas, o un intercambio material de prestación y contraprestación, y, por tanto una compraventa de natura-

---

[222] BEHRENDS (2005) pp. 458-459, quien señala que la regla *contra stipulatorem* provendría de estas consideraciones. En sentido similar, señalando que el fundamento estaría en la buena fe, en la equidad y en la posición destacada del vendedor a la hora de formular las condiciones del negocio, MOHINO MANRIQUE (2006) p. 28.

[223] DAJCZAK (2017) p. 46.

[224] CANNATA (1991) p. 413, CARBONE (2017) p. 11.

leza más real que consensual, por citar algunas[225]. Algunos autores utilizan algunas de estas posiciones como insumo para argumentar acerca del fundamento de la regla *contra venditorem/locatorem*.

Así, Troje afirma que el origen de esta regla se encontraría en las *leges venditionis* de la compraventa pre-consensual, que habrían sido formuladas de forma unilateral por el vendedor, presentes, por ejemplo, en el libro *De agri cultura* de Catón, lo que tendría un origen en los contratos públicos realizados por subasta en Roma y considerando la inflexibilidad de los juristas republicanos, que habrían adoptado una solución esquemática que perjudicara al vendedor en caso de ambigüedad[226]. En este sentido, ya Catón establecía ciertos formularios que los propietarios-agricultores podían utilizar como "guía precontractual", no siendo un contrato celebrado, sino una reunión de una serie de recomendaciones que se le proporcionan al redactor del contrato, en tanto vendedor o arrendador para la correcta gestión de la granja en tanto actividad económica rentable: por lo mismo Catón fija en cada formulario las condiciones de venta más ventajosas para el dueño[227]. En este sentido, por ejemplo, las condiciones de venta de las aceitunas que están aún en el árbol:

> "Es preciso que las aceitunas que aún están en los árboles se vendan en las condiciones siguientes: [...] El que compre las aceitunas añadirá una céntima parte más de la suma total del precio en que las haya comprado, como gastos de anuncio en dinero contante y sonante cincuenta sestercios y de aceite [...] Que prometa al dueño o a quién él indique que esto se dará y hará con toda exactitud y que se otorgará una caución, que dicha caución la dé de acuerdo con la voluntad del dueño;

---

[225] CASTRESANA (2009) pp. CV-CVI. Últimamente véase CASCIONE (2003), CARBONE (2017).

[226] TROJE (1961) pp. 163-164.

[227] CASTRESANA (2009) p. CVI.

hasta que se efectúe el pago o se facilite la caución en la forma
indicada, servirán de garantía los utensilios que se hayan llevado a la propiedad [...]"[228].

Por su parte, Gandolfi señala que una posible explicación estaría en el origen de la compraventa en la estipulación,
de donde se habría extendido la regla[229]. Con todo, como
señala Miquel, la *stipulatio,* tiene como acto formal, abstracto
y de Derecho estricto, sus peculiaridades de interpretación
que, como tal, se puede contraponer a la compraventa: contrato no solemne, causal y de buena fe[230]. Resulta difícil, entonces, compartir la teoría de Gandolfi en orden a expresar
esta extensión de la regla de un negocio a otro. Por ende, más
que atribuirle un origen en uno u otro negocio, la respuesta
en las fuentes hay que buscarla en cada caso concreto, según
era el razonamiento de los juristas romanos, sin perjuicio de
las líneas generales de evolución que resaltaremos al final de
este apartado.

---

[228]   *Oleam pendentem hac lege venire oportet.* [...] *Qui oleam emerit, amplius
quam quanti emerit omnis pecuniae centesima accedet, praeconium praesens
SS. L, et oleum:* [...] *Recte haec dari fierique satisque dari domino, aut cui
iusserit, promittito satisque dato arbitratu domini. Donicum solutum erit
aut ita satis datum erit, quae in fundo inlata erunt, pigneri sunto* [...].
Cat., *De agr.* 146. Trad. Castresana (2009), pero en capítulo clvi,
p. 173.

[229]   Gandolfi (1966) pp. 402-403. En contra, Clemente Fernández
(2007) p. 59, afirmando que no existe suficiente base para afirmar
la extensión de la regla desde la estipulación a la compraventa y no
al revés.

[230]   Miquel (1981) p. 794.

3. Sobre el llamado principio *favor debitoris* y su relación con el *quod minus* y la *benigna interpretatio*

3.1 Las supuestas influencias del derecho justineaneo

Para cerrar el apartado del Derecho romano, cabe referirse al principio denominado *favor debitoris,* que algunos autores han relacionado con el principio *contra stipulatorem* o *contra venditorem/locatorem*[231], y las fuentes que al respecto hemos examinado.

Pese a que no existe en las fuentes ninguna referencia directa al principio *favor debitoris,* sino solamente *favor dotium* o *favor libertatis*[232], se ha estimado que en el derecho justineaneo se habría configurado un principio general de protección al deudor. En este sentido, Biondi señala que el *favor debitoris* es la nota predominante de dicha legislación en tema de obligaciones, contrastando el *ius civile,* con un ordenamiento estricto y consecuente, dirigido a que el acreedor obtenga la prestación, con el surgimiento en esta etapa de exigencias de carácter social que impone a la legislación cierta atenuación del rigor de los principios tradicionales, considerando la situa-

---

[231] López Gálvez (2012) p. 15, identifica directamente *contra stipulatorem* y *favor debitoris.* Camacho de los Ríos (1998) p. 453, señala que en las fuentes que hemos analizado a propósito de la estipulación, habría una finalidad coherente con la protección del deudor. Mollo (2020) p. 12, señala que el *favor debitoris* está *"fortemente ancorato"* al principio *contra stipulatorem.* Estos autores, sin embargo, no matizan el período de las fuentes respecto del cual se pronuncian.

[232] Troje (1962) p. 142. Por su parte, Moreira Alvez (2004) pp. 5-6, señala que pese a no poder encontrarse en las fuentes romanas esta expresión (que, según él mismo, sería moderna), a partir de otras en que se utiliza *favor,* se podría concluir la existencia de un principio general de desviación del rigor del Derecho en ciertos casos, que en el caso del deudor, sería una tendencia de protección de abusos e iniquidades.

ción del deudor[233]. Este principio sería visible en múltiples manifestaciones en las que la misericordia cristiana se encuentra con la razón de Estado (*Staatsräson*), que aconseja no sacrificar la existencia económica del deudor a la codicia de los acreedores, como en la protección del deudor en la realización de la prenda, las restricciones de intereses, la moratoria, el beneficio de división entre deudores solidarios, entre otros, lo que, con todo, serían reelaboraciones de fenómenos clásicos[234].

Una de estas manifestaciones se apreciaría en materia interpretativa, en que el principio *contra stipulatorem* cambiaría de significado y fundamento: en sentido clásico se desprende de la posición en la que se encuentra el estipulante en la formulación del esquema contractual, frente a lo cual el promitente solo puede responder mediante su adhesión al negocio, pero luego, en el sistema del *Corpus Iuris* e inspirado por el *favor debitoris,* el estipulante es identificado con el acreedor y por tanto el pacto ambiguo se interpreta en su contra, *contra creditorem*[235]. Esta idea, al parecer iniciada por Biondi, se hizo célebre en autores posteriores, que la reproducen de forma un tanto acrítica[236]. Parece importante matizarla desde dos puntos

---

[233]　BIONDI (1954) p. 251. En este sentido también, DAZA MARTÍNEZ (1988) pp. 1227-1228, señalando que la apelación a la *benignitas* o a la *humanitas* postclásica no eran un simple intento de mitigar el rigor del Derecho positivo, sino que tenían que ver con una nueva idea del hombre como ser personal y social que se había ido afirmando en la conciencia colectiva y en la cual el cristianismo tenía una incidencia importante. Lo decisivo sería la mentalidad auténticamente personalista que afirma el carácter original del espíritu, relevando conceptos como subjetividad, interioridad, autoconciencia y libertad.

[234]　KASER (1975) p. 327.

[235]　BIONDI (1954) p. 252.

[236]　GANDOLFI (1966) p. 405, GIUFFRÈ (1999) p. 181, CLEMENTE FERNÁNDEZ (2009) pp. 25-26, POLO ARÉVALO (2015) p. 200.

de vista: por una parte, porque la preocupación por el deudor, en general, no habría sido cuestión únicamente del período justineaneo; por otra parte, por la afirmación de que en este período estipulante se identificaría con acreedor.

Así, debe tenerse en cuenta que en virtud de la aplicación del *ius honorarium* ya en época clásica, los pretores ejercían no solo una labor complementaria, interpretativa o integradora del *ius civile*, sino, además, en ocasiones excepcionales, correctora, por la vía de dejar sin eficacia, en la práctica, una institución civil en desuso o cuya aplicación podía dar lugar a una injusticia[237]. Es lo que expresa Papiniano en D. 1, 17, 1: "El derecho pretorio es lo que los pretores introducen para ayudar, suplir o corregir el derecho civil, por causa de utilidad pública"[238]. Sobre esto último, la *utilitas publica* corresponde a un método de argumentación que se basa a su vez en una teoría de derecho orientada al bien común[239]. A ello debe añadirse el concepto de *humanitas*. Como señala Schulz, el derecho privado sintió la influencia de la idea de humanidad en muchos casos particulares: "Respetar a los demás, ejercitar el propio derecho con moderación, prestar ayuda a los pobres y a los débiles, no valerse del rigor de las leyes sino usar la indulgencia, no especular con las palabras y con las formas sino interpretar los negocios jurídicos según su contenido e intención"[240], esto es, se extiende a comprender la preocupación por los demás, poniéndose límites, a no perseguir exclusivamente el propio beneficio, a ser consciente de que hay que dejar algo para el prójimo, a dar a los terceros con los que se tienen relaciones

---

[237] Fernández de Buján (2000) p. 29.
[238] *Ius praetorium est, quod praetores introduxerunt adiuvandi vel supplendi vel corrigendi iuris civilis gratia propter utilitatem publicam. quod et honorarium dicitur ad honorem praetorum sic nominatum.*
[239] Stagl (2021) p. 93.
[240] Schulz (2000) pp. 230-231.

especiales lo que conviene según las necesidades de la propia individualidad[241]. Por tanto, existían importantes conceptos aplicados en el sistema jurídico romano que podían llegar a imponer soluciones relacionadas al llamado *favor debitoris*.

Por otro lado, "estipulante", desde siempre coincide con "acreedor". Por algo éste define y formula la pregunta con *spondes?* (¿prometes?) a lo cual solo queda responder de manera congruente, por parte de quien se obliga, *spondeo* (prometo). Así, podemos ver que uno de los autores que refiere la idea de Biondi señala, para acomodar los conceptos que: "*Nel sistema del Corpus iuris, fungendo la stipulatio como modelo di fonte (per antonomasia) d'obbligazione, stipulator acquistò (se si vuole, acquistò di nuovo) l'accezione di creditor*"[242], es decir, que en el sistema del *Corpus* "estipulante" adquiere **de nuevo** la acepción de acreedor. Pero esa es una acepción que siempre tuvo.

Distinto es que, como sostenemos, no sea posible asimilar derechamente *contra stipulatorem* (y *contra venditorem/locatorem*) a *favor debitoris*. En ciertos casos ello puede coincidir y es correcta la primera parte de la afirmación de Biondi de que la solución derivaría de la estructura de la estipulación, como por lo demás ya hemos visto, pero no parece conveniente una asimilación. Primero porque este concepto no aparece en las fuentes, lo cual ya sería suficiente para descartarlo, pero, además, porque da la idea de un favorecimiento unilateral prefijado del deudor, derivado, como se ha visto, de una noción altruista que jamás aparece de forma clara en materia interpretativa[243]. Por ello, por lo menos en esta parte, el fundamento debe evaluarse de cara a cada situación concreta de intereses y no en forma general.

---

[241] Garofalo (2005).

[242] Giuffrè (1999) p. 181.

[243] Quedará confirmada la inconveniencia de esta idea en la historia posterior de la regla.

3.2 *Sobre el* quod minus *y la* benigna interpretatio

En ocasiones se confunden otros elencos de fuentes con aquellos que hemos estudiado, para reafirmar la supuesta existencia de este criterio interpretativo. A continuación, se analizarán en forma separada los textos correspondientes al criterio *quod minus* y *benignior interpretatio*.

Debe tenerse presente que la mayor parte de ellas fueron insertados en el título 50, 17 del Digesto, *De diversis regulis iuris antiqui*. En esta sección, los compiladores reunieron 211 *regulae*. La idea era compilar enunciados breves, pero con el potencial de tener aplicación extensiva, lo cual se hizo mediante la copia de máximas del derecho clásico, pero en mayor cantidad aislando explicaciones de los juristas del contexto original en el que habían sido proferidas. De ahí que estas reglas, en el afán de simplicidad de los compiladores, terminen siendo ambiguas y no se entienda precisamente su campo de aplicación[244]. Las citadas decisiones, que aparecen desprovistas de contexto, parecen ser reelaboraciones de criterios clásicos, en lo que pueden rastrearse más referencias acerca de su fundamento.

a) *Quod minus*

El denominado principio *quod minus*[245] (llamado en ocasiones *Restriktionsprinzip*[246] o *quod minimum*), que, ante casos de ambigüedad, impone restringir la suma de la obligación a su menor importe, se aprecia en los siguientes fragmentos:

---

[244] STEIN (1966) pp. 114 y 118-119.
[245] GANDOLFI (1966) p. 406.
[246] WACKE (1981) p. 668, HONSELL (1986) p. 87.

i) *D. 50, 17, 34*

D. 50, 17, 34 (Ulp. 45 ad Sab.)

Semper in stipulationibus et in ceteris contractibus id sequimur, quod actum est: aut, si non pareat quid actum est, erit consequens, ut id sequamur, quod in regione in qua actum est frequentatur. quid ergo, si neque regionis mos appareat, quia varius fuit? ad id, quod minimum est, redigenda summa est. [Siempre en las estipulaciones y demás contratos, debe seguirse lo que se ha actuado, pero si no aparece esto, debe seguirse lo que es costumbre en la región, luego, si ello no aparece, ¿qué se dirá? La suma debe restringirse a su menor importe].

En este fragmento de Ulpiano, cuyo contexto primigenio probablemente se refería solamente a las estipulaciones[247] ordena priorizar el valor de *quod actum*, luego interpretar el negocio sobre la base del *mos regionis*, es decir, de la costumbre del lugar en que se ha celebrado[248], y finalmente, *quod minimum*. El fundamento para dicha solución no está claro, existiendo explicaciones que lo vinculan directamente con el fragmento siguiente, D. 50, 17, 9, y con el supuesto *favor debitoris* que este consagraría, además del principio *contra stipulatorem*[249]; señalando que Ulpiano se referiría a la fijación de la tasa de interés local, que debía reducirse al mínimo en caso de ausencia de

---

[247] Y que añadiendo *ceteris contractibus* los compiladores lo habrían hecho regla general para todo tipo de contratos. Sobre el contexto y el añadido, que considera "casi seguro" (*fast sicher*), Pringsheim (1961) p. 51.

[248] Sobre ello en relación al fragmento, Gandolfi (1966) p. 352, que estima su *ratio* en que cada parte ha fundado razonablemente su expectativa en la práctica habitual del lugar donde se celebró el contrato.

[249] Pastori (1994) p. 229. También, Hofstetter (1989) p. 136, confundiendo derechamente *quod minus* con *contra stipulatorem*.

acuerdo[250]; o sobre la base de la carga de la prueba, que en definitiva llevaría a reducir el importe de la obligación mayor que no resulta probado por quien lo alega[251], lo que nos parece ser más justificado.

ii) *D. 50, 17, 9*

D. 50, 17, 9 (Ulp. 15 ad Sab.)

Semper in obscuris quod minimum est sequimur. [Siempre en lo oscuro, debe seguirse lo menor]

Este fragmento, en sí mismo, no da pista alguna acerca de un contexto, solo mencionando que debe seguirse el *quod minus*. Sin embargo, se ha estimado que viene precedido por D. 30, 14 en el libro 15 de los comentarios de Ulpiano a Sabino, titulado por Lenel como *De legatis I*[252]. Dicho pasaje trata acerca de la interpretación de la voluntad testamentaria, que, ante la revocación de dos legados puestos en un testamento, en caso de duda, debe pagarse el legado de menor valor, conservando así el negocio.

iii) *D. 45, 1, 83, 3*

D. 45, 1 ,83, 3 (Paul. 72 ad ed.) *Diversa causa est summarum, veluti "decem aut viginti dari spondes ?" hic enim etsi decem*

---

[250] BABUSIAUX (2006) p. 103, pero cita a KLINGENBERG (1993) p. 172, según el cual la *consuetudo regionis* interviene para colmar lagunas legales, como por ejemplo la aplicación del interés local a falta de fijación por las partes. Con todo, señala que además existen declaraciones generales, como la del fragmento de Ulpiano, que, por lo mismo, sería distinta a la resolución del problema acerca de los intereses.

[251] SACCONI (1989) pp. 8-9, relacionándolo, sin embargo, a D. 50, 17, 9.

[252] Lenel n. 2532, col. 1054. En el mismo sentido, VOCI (1985) p. 599.

spoponderis, recte responsum est, quia semper in summis id,
quod minus est, sponderi videtur [No es lo mismo si se trata de
cantidades, como «¿prometes que se dará diez mil o veinte mil
sestercios?», pues en este caso, aunque prometieras sólo diez
mil, la respuesta es correcta, pues, en las cantidades, siempre
se considera prometida la menor <en que se coincide>"][253].

En este caso, el contexto del fragmento es una estipulación,
en que se está hablando acerca de la necesaria congruencia
entre pregunta y respuesta de dicho negocio, puesto que en
el fragmento anterior, D. 45, 1, 83, 2, se refiere a una disparidad de entendimiento entre las partes acerca de qué esclavo
se trata, a lo que Paulo, exponiendo la opinión de Aristón,
señala que no vale la estipulación, para luego precisar que es
distinto cuando se habla de las sumas de dinero (*diversa causa
est summarum*), porque, en este caso, se considera la que es
menor. El fundamento de esta regla, lejos de apelar a una supuesta posición de inferioridad del deudor o el promitente[254],
puede estar en que se trate en la estipulación alternativa de
dos sumas[255]; que la suma menor está comprendida en la mayor, por lo que se mantendría la congruencia entre pregunta y
respuesta[256]; o bien, en virtud de un principio de conservación
del negocio, que lleva a Paulo a no admitir que el caso fracase
por un tecnicismo[257].

---

[253]   Trad. D'ors y otros (1975).

[254]   Como pareciera señalar Coch Roura (2017) p. 230, al sostener que
puede apreciarse aquí una relajación del principio de congruencia
en la estipulación en aras al principio *favor debitoris*.

[255]   Backhaus (1983) p. 160.

[256]   Pastori (1994) p. 263.

[257]   Hofstetter (1989) p. 134. Sobre el principio de conservación en
clave hermenéutica, Brutti (2017) pp. 87-91.

iv) *D. 44, 7, 47*

> D. 44, 7, 47 (Paul. ex 14 ad Plaut.) *Arrianus ait multum interesse, quaeras, utrum aliquis obligetur an aliquis liberetur: ubi de obligando quaeritur, propensiores esse debere nos, si habeamus occasionem, ad negandum: ubi de liberando, ex diverso, ut facilior sis ad liberationem* [Dice Arriano que hay mucha diferencia si preguntas cuándo se obliga uno y cuándo se libera: si se trata de obligarse, debemos propender, si es posible, a negarlo, y si se trata de liberarse, por el contrario, <más pronto> a admitir la liberación[258]]

Esta fuente, cuya autenticidad ha sido puesta en duda[259], aparece agrupada por Lenel en un título *De stipulationibus et liberationibus*[260], junto con otros fragmentos relativos a la estipulación y a la extinción de obligaciones. Así, vendría precedido por D. 12, 6, 44 (Paul. 14 ad. Plaut.), cuya *inscriptio,* como se ve, se corresponde con el fragmento en análisis y que reza: *Repetitio nulla est ab eo qui suum recepit, tametsi ab alio quam vero debitore solutum est* ("No hay repetición alguna contra el que recibió lo suyo, aunque se le haya pagado por otro que no fuese el verdadero deudor"[261]). Parece acertada la ubicación de la Palingenesia, por cuanto D. 12, 6, 44 reconoce el principio según el cual cualquier tercero puede pagar por el deudor[262].

---

[258] Trad. D'ORS y otros (1975).

[259] GANDOLFI (1962) p. 90 sostiene que está *verosimilmente alterato.* BIONDI (1954) p. 252, que no es fácil determinar cuánto hay de clásico y cuánto de añadido al texto.

[260] Lenel n. 1197 y n. 1198, col. 1167.

[261] Trad. GARCÍA DEL CORRAL (1889).

[262] Dentro de las numerosas fuentes que lo reconocen lo sitúa el trabajo detallado sobre el principio *Solvendo quisque pro alio liberat eum* de EDMUNDS (2005) p. 26. Como se sabe, es una idea que se transmitirá hasta llegar a las codificaciones, como el caso del art. 1572 CCCh.

La solución de D. 44, 7, 47, por tanto, debe entenderse en ese probable contexto: en caso de duda debe propenderse a la liberación del deudor por el hecho de haber pagado un tercero, extinguiendo la obligación. No se trata de favorecer al deudor de manera abstracta por el hecho de serlo[263], sino por otras consideraciones, como la recién mencionada. Puede relacionarse, además, con la carga de la prueba de la *obligatio,* que incluso en ese caso no aplicaría plenamente: si el deudor demandado no prueba la liberación, siendo fundada la pretensión del acreedor, será condenado[264]. Más abstractamente lo concibe Voci: cuando no hay otra forma de resolver una situación incierta, la tendencia debe ser restringir, y no ampliar, el contenido de una obligación o en general de una carga[265], remitiendo a las fuentes que consagran la interpretación benigna en materia testamentaria, que veremos en el acápite siguiente.

---

[263]   Como parecen señalarlo Camacho de los Ríos (2013) p. 452 y Sánchez-Collado (2015), que incluso citan la fuente como aplicación de la regla *contra stipulatorem.*

[264]   Cuestión que incluso reconoce Biondi (1954) p. 252, tan partidario del *favor debitoris.* En igual sentido Gandolfi (1962) p. 91.

[265]   Voci (1985) p. 599. Es interesante su cita a un discurso de Catón que, en la duda, en igualdad de condiciones y sin mayores pruebas, favorece al demandado: *Atque ego a maioribus memoria sic accepi: si quis quid alter ab altero peterent, si ambo pares essent, sive boni sive mali essent, quod duo res gessissent, uti testes non interessent, illi, unde petitur, ei potius credendum esse* ["Recuerdo haber sabido por los antepasados lo siguiente: si, entre dos personas, una reclamara algo al otra, siendo ambas igualmente buenas o malas, y las dos llevaron a cabo el asunto de tal manera que no intervinieron testigos, hay que creer preferentemente a quien es objeto de reclamación"], reproducido en Gell., *Noct. Att.* XIV, 2, 26. Trad. Marcos Casquero y Domínguez García (2006).

b) *Benignior interpretatio*

Por otra parte, se ha relacionado el *favor debitoris* a la *benignior interpretatio*, es decir, el criterio interpretativo que, ante la duda, establece que debe preferirse la interpretación del negocio más benigna. Este criterio puede verse en los fragmentos que revisaremos a continuación.

i) *D. 50, 17, 56*

> D. 50, 17, 56 (Gai. 3 de legatis ad ed urb.)
>
> *Semper in dubiis benigniora praeferenda sunt* [Siempre en la duda, debe preferirse lo más benigno]

Pese a ser desconocido el contexto de aplicación, Lenel lo ubica luego de D. 33,2,8[266], fragmento referido a la duda respecto al legado de un usufructo a los munícipes de una ciudad. Pese a haberse formulado críticas al texto respecto a posibles interpolaciones, Berger defiende su autenticidad y origen clásico, basado en la *benignitas* y sus derivativos como palabras usadas en la literatura latina de todos los tiempos; y la locución *in dubiis* como clásica para las situaciones legales dudosas junto con *semper* para enfatizar la validez general de una norma, por oposición a los términos bizantinos menos decisivos *plerumque,*

---

[266] Lenel n. 22, col. 184. *Si usus fructus municipibus legatus erit, quaeritur, quousque in eo usu fructu tuendi sint: nam si quis eos perpetuo tuetur, nulla utilitas erit nudae proprietatis semper abscedente usu fructu. Unde centum annos observandos esse constat, qui finis vitae longissimus esset.* "Si se hubiera legado el usufructo a los munícipes de una ciudad, se pregunta hasta cuándo deben ser defendidos en ese usufructo; pues, si se le defiende a perpetuidad, se queda sin utilidad ninguna la nuda propiedad privada para siempre del uso y disfrute; por lo que consta que debe conservarse durante cien años, que es el plazo máximo de una vida" Trad. D'ORS y otros (1972).

interdum, nonnumquam[267]. En cuanto al contenido de éste, existe bastante consenso en que el fragmento establece una regla de interpretación funcional a la validez de la disposición testamentaria y, por consiguiente, favorable al legatario, pero también a la preservación de la voluntad del testador y de los efectos que persigue[268]. Sin embargo, ante todo, el caso tenía que ser dudoso: si en el derecho existente había alguna regla que resolviera el asunto específico, la regla gayana no podía ser utilizada[269]. Como resalta Palma: "*Non è dunque questione di favorire un soggetto, ma un atto, una disposizione di liberalità*"[270], es decir, la intención en este caso es favorecer la voluntad testamentaria, no a un sujeto en particular.

ii) *D. 50, 17, 192, 1*

> D. 50, 17, 192, 1 (Marcell. 29 dig.)
>
> *In re dubia benigniorem interpretationem sequi non minus iustius est quam tutius.* [En los asuntos dudosos, no solamente es más justo, sino más seguro, atenerse a la interpretación más benigna]

Este fragmento habría sido extraído por los compiladores de D. 28, 4, 3[271], que trata acerca de un caso en que el causante había tachado los nombres de los herederos, ante lo cual se dudaba respecto a si subsistían los legados dejados a aquéllos cuya institución había sido tachada. La pregunta que plantea Marcelo en este fragmento es: ¿Acaso se dirá que el que había tachado los nombres de los herederos pensó en hacer lo sufi-

---

[267] Berger (1951) pp. 37-39.
[268] Palma (1997) p. 89 y la literatura citada en nota 54 de dicha obra.
[269] Berger (1951) p. 40.
[270] Palma (1997) p. 90.
[271] Lenel n. 263, col. 631.

ciente para quedar intestado?, a lo que responde, en el mismo fragmento, "pero en caso de duda no es menos justo que seguro seguir la interpretación más benigna", citando a continuación la sentencia[272] del emperador Marco Aurelio Antonino Augusto, que admitía que en caso de haberse tachado los herederos, subsistiera, sin embargo, la manumisión que se había hecho de un esclavo, señalando que "el caso presente parece que admite más humana interpretación", ordenando que el manumitido fuera libre. Marcelo concluye señalando que ello "ciertamente lo determinó en favor de la libertad".

Probablemente el *favor libertatis* de este fragmento, es decir, la máxima mediante la cual se incitaba a los juristas romanos a interpretar y desarrollar la ley de tal manera que desembocara en la liberación de los esclavos[273], llevó a los compiladores a generalizar esta disposición en orden a consagrar la interpretación más benigna en D. 50, 17, 192, 1. Sin embargo, como bien interpreta Hausmaninger, Marcelo no apela a la benevolencia o la humanidad del emperador, si no que destaca el que se sugiriera una solución legal basada en lo que aparecía como "justo y seguro". La solución fue "benevolente" no porque favoreciera a los legatarios, sino porque sostiene la validez de la transacción legal en vez de declararla nula[274]. Por lo demás, y volviendo sobre nuestro punto, la expresión *benignitas*, es utilizada en diversos fragmentos con distintos propósitos, no solo ligados a la *humanitas* o el *favor libertatis*, sino, por ejemplo, para lograr un adecuado equilibrio de intereses entre las partes[275] o representando la noción de utilidad o de facilitar el comercio[276].

---

[272] Reproducida en D. 28, 4, 3.
[273] STAGL (2020) p. 16.
[274] HAUSMANINGER (1981) p. 1148.
[275] WUBBE (1972) p. 313, y en detalle sobre este concepto.
[276] HAUSMANINGER (1981) p. 1149.

3.3 La generalización que importa sostener un favor debitoris

De lo expuesto, puede observarse que distintos elencos de fuentes han sido confundidos para generalizar una solución que habría tenido como objetivo equilibrar las posiciones contractuales de las partes desde el punto de vista de la obligación, favoreciendo al deudor y disminuyendo el poder de perseguir la obligación por parte del acreedor. Sin embargo, como se ha visto, es menester observar caso a caso las distintas fuentes y cuál fue su origen y evolución hasta llegar a la compilación. Sin ello, nos parece, no es posible sostener que en forma general el "derecho romano" consagraba un principio denominado *favor debitoris*[277]. No es posible extrapolar esta situación como un principio general de protección del deudor en toda la experiencia jurídica romana. Como bien señala Giuffrè, debemos evitar proyectar la compilación de Justiniano sobre la ley de edades anteriores, dando lugar inadvertidamente a la anticipación histórica de fenómenos posteriores y tal vez limitados. La ley de Justiniano es, a lo sumo, solo un momento de la experiencia jurídica romana: no podemos convertirlo en un punto de referencia exclusivo cuando se hace referencia a la totalidad de esa experiencia antigua[278].

Menos aún puede confundirse *favor debitoris* con *contra stipulatorem/venditorem/locatorem*. Como se vio, cada uno de estos

---

[277] Como Álvarez (2015) p. 4: "El favor debitoris en el Derecho privado romano es una regla de interpretación de las cláusulas contractuales, que en caso de duda, o si resultan vagas o ambiguas determina que éstas deban interpretarse en contra del que las dispuso (del predisponente)"; según Camacho de los Ríos (2013) p. 450, sería un principio "genuinamente romano" o Castán Vásquez (1961) p. 835, según el cual, o que "[d]el Derecho Romano y de sus intérpretes proceden, en efecto, como veremos, diversos axiomas referentes a la interpretación del contrato en favor del deudor".

[278] Giuffrè (1997) p. 178.

principios interpretativos tiene su propia racionalidad que depende de la posición de las partes en cada negocio concreto, pero nunca aparece explícitamente en las fuentes en clave de acreedor y deudor.

4. Conclusiones del Derecho romano

En primer lugar, nos parece plausible considerar que el origen de esta regla podría encontrarse en el derecho sacro, en los votos ofrecidos a los dioses, desde donde pudo haberse extendido a los razonamientos de los juristas. Con todo, ello no implica que por ese origen y la escasez de casos concretos de aplicación en el Digesto se pueda considerar como un principio carente de significado práctico, pues, como se vio, la regla tuvo una aplicación en varios casos.

Respecto al fundamento en la estipulación, las propuestas de explicación del conjunto de fragmentos citados, más que antagónicas, nos parecen complementarias. Desde una vertiente sustantiva, la estructura formal de la estipulación, donde una de las partes ofrece el contenido contractual mediante la formulación de la pregunta, a otra que debe aceptarlo o rechazarlo, sin mayor intervención, nos parece razonable como explicación de que la ambigüedad deba ser interpretada contra el estipulante, en orden a restringir la obligación contraída. Desde un punto de vista procesal, siendo la estipulación ambigua, el demandante elige cómo dirige su acción, teniendo la carga de probar su contenido, de forma que, si no lo logra, la ambigüedad irá en contra de su pretensión.

En cuanto a la compraventa y el arrendamiento, nos parece que no puede concluirse una regla general en este tipo de contratos, tal como se entendió en el desarrollo histórico posterior. El carácter consensual y de buena fe de ellos conspira contra un entendimiento abstracto de la regla aplicable en todo caso. Con todo, de los antecedentes que hemos observado, la enunciación de un principio de interpretación contra el vendedor y arrendador tendría su origen en situaciones particulares donde podía apreciarse una formulación del contenido contractual por una de las partes. Será sólo en dichos casos donde la regla habría recibido aplicación. Existiendo ciertas fuentes que se constituyen como supuestas excepciones, sobre cuyo desarrollo ulterior volveremos en el siguiente acápite, estas parecen guardar relación con la preferencia otorgada al *quod actum* en la situación concreta de las partes, más que negar vigencia al principio *contra venditorem/ locatorem* en el caso de que este fuese aplicable.

Hasta el momento, no hemos hablado de *contra proferentem*. Será en el próximo apartado que surgirá esta nomenclatura, que desde allí no se abandonará nunca más. Pero la *ratio* inicial que hemos identificado sobrevivirá.

II. LA REGLA *CONTRA PROFERENTEM* EN EL MEDIOEVO

1. Premisas metodológicas

El redescubrimiento y recomposición del *Corpus Iuris* a finales del siglo XI[279] le proporcionó a las fuentes romanas una segunda vida[280]. Su estudio en las escuelas de Derecho del norte de Italia, especialmente Bolonia, sentó las bases de la primera jurisprudencia erudita del mundo occidental postclásico, lo que inauguró la nueva cultura jurídica[281]. El principal instrumento técnico de enseñanza y estudio de los juristas boloñeses

---

[279] Herzog (2018) p. 110.
[280] Como señala Margadant (1986) p. 26.
[281] Lange (1997) p. 3.

fue la "glosa", de donde proviene el nombre de "glosadores". En el campo didáctico, la glosa consistía en la aclaración del texto previsto, durante la lección (*lectura*) del docente a los estudiantes. Estas glosas se materializan en pequeñas anotaciones escritas colocadas al margen (glosas marginales) o entre líneas (glosas interlineares). Algunas sencillamente tienen carácter explicativo gramatical, pero otras asumen valor interpretativo y comprenden razonamientos jurídicos complejos[282]. Con este método, los fragmentos que hemos estudiado en el apartado anterior reciben nuevas lecturas, que van generando sucesivas transformaciones que es importante resaltar.

Como se verá, la elaboración dogmática de los glosadores se restringió a la armonización de textos, la elaboración de brocardos (*regulae*) y definiciones mediante una labor de exégesis (gramatical y lógico-jurídica) textual, mediante la cual los maestros de Bolonia perseguían un ulterior resultado: la unificación orgánica del material estudiado[283]. Esto es relevante, pues en el ejercicio de análisis conjunto de las fuentes, los glosadores encontraban discordancias que debían explicarse. Las técnicas utilizadas para combinar las fuentes romanas podían recibir una interpretación extensiva, restrictiva o incluso malentendidos respecto a su sentido original, lo que generó importantes consecuencias para el desarrollo jurídico posterior, lo que era natural, considerando la ausencia de suficientes instrumentos filosóficos e historiográficos en el período[284]. Esto incidirá en varios fragmentos que analizaremos, en que la

---

[282] Solidoro Maruotti (2011) p. 96.

[283] Solidoro Maruotti (2011) pp. 97-98. Fieles al método escolástico, los glosadores intentaban armonizar los distintos fragmentos, demostrando que aparentes contradicciones no eran tales. En este sentido, la glosa explicaba el texto, permitía encontrar referencias cruzadas y, más importante aún, se inventan nuevas categorías y formas de pensar el Derecho. Herzog (2018) p. 116.

[284] Padoa-Schioppa (2017) p. 88.

solución otorgada obedece a la ampliación —incluso excesiva— de las fuentes romanas, con la consiguiente necesidad de restricción en ciertos casos.

2. La glosa civil

2.1 Previo a la magna glosa

En el género de las *Summae,* es decir, comentarios comprensivos de un título completo o grupo de títulos del *Corpus Iuris* que requería de un amplio dominio de las técnicas de razonamiento e interpretación ensayados por los glosadores[285] encontramos la obra de Búlgaro (1100-1166)[286], el *Commentum* al título *De diversis regulis iuris antiqui,* su obra más famosa, consistente en un *apparatus* de glosas, que nos ha llegado completado por Placentino y editado por Beckhaus en el siglo XIX[287]. Al respecto, es de interés destacar que en torno a las *regulae iuris* que analizamos al final del apartado anterior[288], como *quod minus*[289], se hace referencia, por ejemplo, al fragmento *contra venditorem:*

> *Cum enim reus defertur legis Iuliae vis publicae et privatae [...]*
> *Sed et in sententiis arbitrorum, quorum primus damnavit reum*
> *in XV, secundus in X, tertius in V, minoris summae sententiae*
> *status: quinque. Patet igitur dictum hoc esse de obscuris verbis*
> *iudicis vel arbitri. Nam venditori obscura verba nocent sicut et*

---

[285]   García y García y Andrés (2004) p. 256.

[286]   Uno de los *Quattuor Doctores* (Búlgaro, Martino, Jacobo y Hugo de Porta Ravennate) sucesores de Irnerio al frente de la escuela de Bolonia desde mediados del siglo XII.

[287]   De los Mozos (2004) p. 324.

[288]   Véase *supra* I. 3.2.

[289]   D. 50, 17, 9.

stipulatori, in quorum fuit potestate, legem apertius dicere[290] . [Porque cuando el reo es imputado bajo la ley Julia, de fuerza pública y privada [...] Pero también en las sentencias de los árbitros, el primero de los cuales condenó al imputado en 15, el segundo en 10, el tercero en 5, la suma menor de la pena: cinco. Por lo tanto, es claro que esta declaración se trata de las palabras oscuras de un juez o árbitro. Porque las palabras oscuras son perjudiciales para el vendedor, así como para el estipulante, en cuyo poder estaba declarar la ley más claramente].

En el contexto de la aplicación de una pena según la *Lex Iuliae vis publicae et privatae*[291], Búlgaro pone el caso de una sentencia que obliga al reo a 15, luego a 10 y finalmente en 5, probablemente existiendo incerteza sobre la suma correcta, ante lo cual, en virtud de esta *regula*, debe condenársele a 5. El fundamento para dicha solución, sin aparecer en D. 50, 17, 9, es identificado por el glosador en la regla *contra venditorem* y *stipulatorem*: "porque las palabras oscuras perjudican al vendedor y al estipulante, en cuya potestad estuvo haber expresado más claramente la ley [del contrato]". Es decir, lo expresado en D. 2, 14, 39[292].

Por su parte, en D. 50, 17, 172, también analizado, el glosador expone:

Veluti si dixerit venditor Servitutes si quae debentur debeantur, Stillicidia uti nunc sunt, sic sint, *debebit venditor quasi ambigue loquens praestare praedia libera*[293] [Porque si el vendedor dijere que *si las servidumbres se deben, son debidas, y que los estilicidios se queden así como están*, el vendedor debe, por haber hablado ambiguamente, entregar los predios libres].

---

[290] BULGARI (1856) p. 10.

[291] D. 48, 6; D. 48, 7.

[292] D. 2, 14, 39. Los antiguos opinaban que los pactos obscuros o ambiguos deben perjudicar al vendedor y al arrendador, en cuya potestad estuvo redactar más claramente la ley del contrato.

[293] BULGARI (1856) p. 107.

Es decir, si el vendedor no se ha expresado claramente en torno a la situación respecto a la servidumbre de estilicidio, como se ha expresado ambiguamente, en definitiva, deberá garantizar el predio libre de gravámenes. El fundamento de esta solución se da en una glosa que en esta edición aparece como nota al pie de *libera*: "*Quia potuit re integra apertiur dicere. ut supra de contr. empt. l. Labeo*", es decir, citando D. 18, 1, 21, ya analizado[294].

A propósito de este mismo fragmento, uno de los discípulos de Búlgaro, considerado su verdadero sucesor, Juan Basiano[295], expresa un criterio muy similar, con matices que es necesario tener en cuenta. Primero, por remitirse a él, es menester revisar su explicación a D. 50, 17, 96[296], un fragmento que dispone que en las declaraciones ambiguas, debe atenerse sobre todo a la voluntad del que las hizo, lo que aparentemente entraría en contradicción con el criterio *contra stipulatorem/venditorem/locatorem*. Para solucionar esta antinomia, el glosador distingue el campo de aplicación de este lacónico fragmento señalando:

> *Veluti si legislator in lege, vel actor in intentione sua, oratione ambigua sit usus. In contractibus vero, si quis legem sibi dicere conetur et obscura sint verba, ut hec «stillicidia uti nunc sunt ut ita sint», ei nocere debent.* [Como el legislador en la ley, o el actor en su pretensión, utilizara un discurso ambiguo. Pero en los contratos, si alguno trata de dictarse la ley a sí mismo, y las

---

[294] D. 18, 1, 21. "Labeón escribió que el pacto oscuro debe perjudicar más al vendedor que lo ha expresado, más que al comprador, pues pudo haberlo expresado más claramente desde antes del pacto". En este apartado, a menos que surja un fragmento aún no analizado, referiremos únicamente la traducción a la que hemos llegado en el presente capítulo en la exégesis del apartado anterior, *supra* I. 2.

[295] LANGE (1997) p. 216.

[296] *Marc. 12 fideicomm. In ambiguis orationibus maxime sentencia spectanda est eius, qui eas protulisset.* [En las declaraciones ambiguas, hay que atenerse sobre todo a la voluntad del que las hizo].

palabras son oscuras, tales como estas "que los estilicidios se
queden así como están", a él deben perjudicarlo][297]

Es decir, esta *regula* se aplica en la interpretación de la ley,
según la voluntad del legislador o la del demandante en el proceso. Sin embargo, en los contratos, si quien se ha esforzado en
decir una ley a sí mismo, cuyas palabras son oscuras, como "que
los estilicidios se queden así como están" —remitiéndose aquí
a D. 18, 1, 33—, a él se debe perjudicar. Puede entenderse que
con *si quis legem sibi dicere conetur,* Bassianus se refiere a quien reclama derechos especiales mediante una cláusula contractual.
Ello constituye un matiz que se advierte tempranamente.

Luego, volviendo al comentario de D. 50, 17, 172[298], señala
el glosador:

> *Hoc, ut supra diximus, ita est quando sibi legem dicere conatur.*
> *Contra est, si certum eum sit emptori se obligare voluisse: nam*
> *in venditione fundi, si dixerit Stichum accedere cum in fundo*
> *plures sunt Stichi, is de quo uenditor sensit accedit emptori. Cui*
> *enim lex dicitur, in ter contrahentes scilicet, ipse ut aperte con-*
> *cipiatur in contrahendo curare debet*[299] [Esto, como dijimos
> *supra*, es el caso cuando trata de decirse a sí mismo la ley. En
> cambio, si es cierto que pretendía obligarse al comprador: por-
> que en la venta de terrenos, si dice que debe acceder el Estico
> cuando hay varios esticos en el campo, aquel que el vendedor
> entienda se debe al comprador. Porque aquel a quien se dice
> la ley, es decir, esto es, entre las partes contratantes, él mismo
> debe cuidar de que esté claramente concebida en el contrato].

---

[297] BASSIANUS (1983) p. 48. Se han cambiado algunas "u", por "v" para
hacer el fragmento más legible.

[298] D. 50, 17, 172 (Paul. 5 ad Plaut.) *In contrahenda venditione ambiguum
pactum contra venditorem interpretandum est* [En la venta el pacto ambiguo se interpreta contra el vendedor].

[299] BASSIANUS (1983) pp. 62-63.

Como ya se había advertido —en lo que acabamos de comentar—, dice el jurista que esta *regula iuris* se aplicaría cuando uno se ha esforzado en decir una cláusula contractual (*legem*) para sí mismo, lo que encuentra excepción en el caso de que fuera cierto que el comprador quisiera obligarse, y sin citarlo expresamente, pone el ejemplo de D. 18, 1, 34 acerca de la compraventa de un esclavo como accesorio a un fundo, en que frente a la duda de qué esclavo se trata, el caso se decide a favor del vendedor[300]. Finalmente, es relevante la última frase, según la cual entre los contrayentes, quien redacta (*concipiatur*), el comprador, debe procurar expresarse abiertamente, acercándose con ello, al fragmento D. 45, 1, 99 que utiliza el mismo verbo.

2.2 La regla en algunos fragmentos de la magna glosa

Con la redacción de la *Glossa Magna* o *Glossa ordinaria* por Acursio, en la primera mitad del siglo XIII, se cierra la fase más creativa de los glosadores, siendo considerada como el punto de máxima consolidación y completitud científica del trayecto cultural iniciado por el glosador Irnerio[301]. La obra contiene un total de 96.940 glosas, con anotaciones encadenadas alrededor del texto. La antigua glosa interlineal ha desaparecido y las glosas individuales están vinculadas a una palabra del texto por una letra[302]. Como señala Wacke, en nuestra materia, de la *Glossa ordinaria* de Acursio surgen una serie de directivas in-

---

[300] Véase *supra* I. 2.3 e) i).

[301] Solidoro Maruotti (2011) p. 105. Con esta obra se cierra la época de los glosadores, siendo una obra epigonal, de incontrastable autoridad en la enseñanza, en el foro, en la administración, con desplazamiento de la autoridad de los escritos anteriores de los cuales se había nutrido, adquiriendo con ello la autoridad de un código jurisprudencialmente vigente. Guzmán Brito (1977) p. 100.

[302] Lange (1997) p. 345.

terpretativas, que sus sucesores adoptaron con mayor o menor fortuna, y que evolucionaron hasta convertirse en la base de la jurisprudencia europea y anglosajona[303].

Siguiendo la versión de 1697, editada por Johann Fehe, sobre la base del texto acursiano y los comentarios de Dionisio Godofredo, se revisarán las glosas más importantes a los fragmentos romanos del Digesto analizados anteriormente, que contengan elementos que aporten ciertas innovaciones en el desarrollo de la regla.

a) D. 2, 14, 39.

Individualizado como ley *Veteribus*[304]. En esta sede aparece un caso[305] que nos llega del profesor de Derecho Viviano Tosco, contemporáneo de Acursio, cuyas colecciones de casos fueron introducidas en ediciones posteriores de la glosa[306]:

> CASUS. *Vendidi tibi equum, et dixi sic: vendo tibi equum, qui est sine vitio, et morbo, excepto quod non ascendit arborem. non autem ascendebat pontem ligneum. unde credebam quod*

---

[303]   WACKE (1981) p. 666.

[304]   D. 2, 14, 39. "Parece bien a los antiguos que los pactos oscuros o ambiguos perjudican al vendedor y al arrendador, en cuya potestad estuvo consignar más claramente la ley". Identificado posteriormente como ley *Veteribus,* debe tenerse presente su significado, que explicamos en Cap. 1, I. 2.3 a), pues se trata de un fragmento que aparecerá una y otra vez en nuestro análisis.

[305]   Forma de literatura surgida de la enseñanza del derecho y que ya conocían los glosadores más antiguos, consistente en poner en forma de caso el problema jurídico contenido en un pasaje y añadir la solución. LANGE (1997) p. 369.

[306]   LANGE (1997) p. 370. No se conocen fechas concretas de su vida, salvo que aparece registrado en la *Società dei Toschi* en 1259. MENZINGER (2013) p. 2062, con más detalles, pero aun escasos, sobre su vida y obra.

essem excusatus, ut non tenerer: tamen non sum excusatus.
Unde fit interpretatio contra me, cum potui apertius hoc di-
cere. Idem in locatore, quia et locatori nocet[307]. [Te vendí un
caballo, y dije esto: te vendo un caballo que no tiene defecto
ni enfermedad, excepto que no trepa a un árbol. Pero no subió
un puente de madera, por lo cual creí que estaba excusado;
pero no estoy excusado. De ahí la interpretación en mi contra,
cuando podría haber dicho esto más abiertamente. Lo mismo
con el arrendador, porque también lo perjudica]

Se propone un caso en que se vende un caballo y una cláusula declara que se vende sin vicios ni enfermedades, excepto
que no trepa árboles. Sin embargo, en los hechos, no trepó
un puente hecho de madera. El vendedor creía estar excusado
ante este defecto (árboles=madera) pero Viviano lo considera
de otro modo: la interpretación se realiza contra el que extendió la cláusula, por no haberse expresado más abiertamente. Lo mismo en el caso del arrendamiento, que perjudica al
arrendatario. Es decir, siguiendo las fuentes romanas que se
han analizado.

Posterior a este caso aparecen las glosas acursianas. Son de
interés algunas:

> Gl. "Legem": Id est pactum, sive verbum[308]

En este caso, la palabra *legem* (de *lex*), que en el contexto
del Derecho romano que analizamos en el anterior acápite
aparece como una cláusula contractual o una parte del acuerdo, es asimilada aquí a *pactum* (pacto) o *verbum* (palabra). Sobre el pacto, debe mencionarse que fue una noción cardinal
para el sistema contractual del *ius commune*. En efecto, el texto
justineaneo descubierto por los glosadores, dotó su obra de

---

[307] Vivianus (1627) col. 258-259.
[308] Accursius (1627a) col. 259. Se lee en una glosa marginal: *Lex pro
pacto* (ley por pacto).

un material farragoso dada la complejidad de figuras contractuales cargadas de múltiples dificultades[309]. Sobre la base de la noción de *pactum,* los glosadores organizarán una red de conceptos cada vez más compleja[310], considerándolo desde dos puntos de vista: como hecho normativo que designa el acuerdo de las partes sobre un determinado objeto y luego desde su calificación en el sistema jurídico[311]. Con ello puede apreciarse cómo algunos conceptos romanos cambian o se van generalizando de las manos de los glosadores.

A continuación, en esta misma glosa, se señala una primera excepción a la regla consagrada en la ley *veteribus:*

> *Sed videtur quod secundum proferentem debeat interpretari: ut infra* de iudi. l. si quis intentione. *[D. 5,1,66] Sed illud speciale in iudiciis: alias semper alius negaret se sic, intellexisse: ut infra* de verb. obliga. l. inter stipulantem. *[D. 45, 1, 83, 1][312]. [Pero véase cuando debe interpretarse según el declarante: y más abajo en D. 5, 1, 66. Pero esto especialmente en los juicios: de otra forma otro siempre puede negar haber entendido: y más abajo en D. 45, 1, 83, 1].*

Señala la glosa que, sin perjuicio de la ley *veteribus,* debe tomarse en cuenta la situación en que se interpreta *secundum proferentem.* Se utiliza el verbo *profero,* que no aparece en las fuen-

---

[309] Volante (2001) p. 21.

[310] Volante (2001) pp. 22-24.

[311] Volante (2001) p. 31. En el mismo sentido, Massironi (2012) p. 219, señalando que el *pactum* medieval determina los efectos que mejor se ajustan a la voluntad de las partes y fue un índice adecuado para descubrir de cual especie contractual se trataba. De aquí provendrá la distinción en las categorías de los *pacta nuda, pacta vestita* y sus distintas clases y consecuencias. En general, Coing (1985) t. 1, pp. 506-507. Véase últimamente, Esborraz (2020) p. 126 y ss.

[312] Accursius (1627a) col. 259. Los subrayados son añadidos para destacar la cita original de la glosa y en corchetes en la nomenclatura actual del Digesto.

tes romanas ya analizadas[313], pero que puede traducirse como presentar, mostrar, pronunciar (palabras), expresar, producir (documentos)[314]. Es decir, en caso de duda, la interpretación es a favor de quien presenta, extiende o declara, citando en este punto D. 5, 1, 66, que dispone que la intención o declaración ambigua debe entenderse en el sentido más favorable al declarante[315]. Sin embargo, matiza el campo de aplicación: esta regla es particular en los juicios —el fragmento está en D. 5, 1, *De iudiciis*—, además de señalar que de otra forma el demandado siempre negaría haber consentido, como ocurre en el fragmento citado D. 45, 1, 83, 1[316], según el cual, si se estipula el esclavo Estico y ambas partes tienen entendimientos diversos sobre a cuál se refiere, no vale la estipulación, pero el

---

[313] Se habla, en cambio, de *dicere, exprimere, conscribere*.

[314] GLARE (ed.) (2012) pp. 1622-1623, voz *profero*. Según una de las acepciones del diccionario de BERGER (1953) p. 656, *Proferre* puede referirse a la producción de un documento.

[315] D. 5, 1, 66 (Ulp. 2 disp.) *Si quis intentione ambigua vel oratione usus sit, id quod utilius ei est accipiendum est* [Si alguno hubiese usado de intención o lenguaje ambiguo, se ha de entender lo que le es más favorable]. Trad. GARCÍA DEL CORRAL (1889).

[316] D. 45, 1, 83, 1 (Paul. 72 ad ed.) *Si Stichum stipulatus de alio sentiam, tu de alio, nihil actum erit. quod et in iudiciis Aristo existimavit: sed hic magis est, ut is petitus videatur, de quo actor sensit. nam stipulatio ex utriusque consensu valet, iudicium autem etiam in invitum redditur et ideo actori potius credendum est: alioquin semper negabit reus se consensisse* [Si habiendo yo estipulado a Estico entendiera haberme referido a uno, y tú a otro, no se habrá hecho nada; lo que estima Aristón también en cuanto a los juicios. Pero en ellos es mejor decir, que se considera pedido aquel a quien se refirió el actor, porque la estipulación es válida por el consentimiento de ambos, y el juicio se pronuncia aun contra la voluntad de uno; y por esto se le ha de dar crédito más bien al actor, pues, de otra suerte, siempre negará el reo haber consentido]. Trad. GARCÍA DEL CORRAL (1897). Fragmento cuya autenticidad ha sido negada, al menos parcialmente, por algunos autores, como WOLF (1961) p. 50.

jurista Paulo señala que mejor es señalar que se entiende como objeto reclamado el que estime el demandante: la estipulación requiere del consentimiento de ambas partes, en tanto la acción puede darse contra la voluntad del demandado y por eso hay que atender a la del demandante, porque, si no, siempre negará el demandado haber consentido con él[317].

En análogo sentido, la misma glosa confronta la regla *contra venditorem* de este caso con las supuestas excepciones que examinamos antes[318], para así construir nuevas reglas:

> *Item adhuc est contra infra* <u>*de contrahen. empt. l. si in emptio-*</u>
> <u>*ne. in princip.*</u> [D. 18, 1, 34] *Sol. hic in principali: ibi in acces-*
> *sorio. Sed hoc non placet: ut infra* <u>*de contrahen. empt. l. cum*</u>
> <u>*in lege*</u> [D. 18, 1, 33]. *Dic ergo ibi fuit appositum pactum ab*
> *emptore: hic a venditore*[319].

Siguiendo con el razonamiento anterior, indica que de igual forma es contrario a la ley *veteribus,* el fragmento *si in emptione* (D. 18, 1, 34), en que, como ya vimos, el pacto de la compraventa se interpreta a favor del vendedor, pero señalando, aparentemente, que dicha solución estaría equivocada, remitiéndose al fragmento anterior, D. 18, 1, 33, *cum in lege,* que muestra una solución contraria, estableciendo la interpretación que perjudica al vendedor[320]. Finalmente, la concilia-

---

[317] Al decir de PASTORI (1994) p. 262, si en la estipulación la voluntad del estipulante y la del promitente no coinciden en cuanto al objeto del contrato —la entrega de un esclavo es el objeto de la estipulación—, la estipulación no nace.

[318] *supra* I. 2.3 e).

[319] ACCURSIUS (1627a) col. 259.

[320] En Gl. *"Cum in lege"* aparece otro caso de Viviano: *Si vendo tibi domum, et dico, uti servitutes sunt, ita sint: dubium potest esse utru domui meae debeatur servitus, an ipsa debeat: et ideo contra me sit interpretatio: ut potius ei debeatur, quam debeat: qui ambigua est oratio.* VIVIAN. [En la venta de una casa, si uno dice "que las servidumbres se queden, así

ción entre los dos fragmentos por la que se decanta la glosa es distinguir a favor de quien se ha puesto, o agregado el pacto[321]. En el primer caso, sería a favor del comprador, y por tanto contra él la interpretación. En el segundo, a favor del vendedor, con la consecuencia inversa. El resto de la glosa *legem* sigue el mismo sentido.

b) D. 18, 1, 21.

Individualizado como ley *Labeo*:

> **Gl. "Dicere"**: *ut supra de pact. l. veteribus* [D. 2, 14, 38] *et infra de evict. l. qui libertatis, pen.* [D. 21,2,69,5] [...]. *Sed contra infra loca. l. in lege* [D. 19, 2, 29]. *Sol ut ibi. secus autem in iudiciis: ut supra de iudi. l. si quis intentione* [D. 5, 1, 66]. *Item non ob. huic. l. infra eod. l. si in emptione. in prin.* [D. 18,1,34] *quia ibi fuit dictum ab emptore: et ideo interpretatio fit contra eum, secundum Io.* [...][322]

Como puede observarse, la glosa comienza remitiendo a la ley *veteribus* que hemos comentado y añade la ley *qui libertatis,* que se refiere al fragmento D. 21, 2, 69, 5, sobre la interpretación de la venta de un esclavo, en que el vendedor declara ambiguamente que se trataba de un esclavo instituido bajo condición, ocultando la condición de su libertad, quedando obligado por la acción de compra, es decir, interpretándose la declaración ambigua en su contra[323]. Se añade como contraria a esta solución el frag-

---

como están", puede dudarse si esta servidumbre se refiere a mi casa o a la del otro, es decir, si es activa o pasiva. La venta se interpreta contra el vendedor, pues su oración es ambigua].

[321]   Glare (ed.) p. 168, *Appono,* acep. 6, b, agregar en un discurso o escritura, agregar como condición o estipulación.

[322]   Accursius (1627a) col. 1705.

[323]   D. 21, 2, 69, 5 (Scaev. 2 quaest.) *Sed et si quis in venditione statuliberum perfusorie dixerit, condicionem autem libertatis celaverit, empti iudicio te-*

mento D. 19, 2, 29, que, como analizamos en el acápite anterior, interpreta el arrendamiento de un fundo contra el arrendatario. Luego reitera la distinción en la aplicación de la regla en los juicios que vimos anteriormente y vuelve sobre D. 18, 1, 34 (la venta del esclavo interpretada contra el comprador), retomando la justificación de que el pacto se hizo a favor de él y la interpretación, de la misma forma, debe hacerse en su contra. Es destacable la glosa marginal, a un costado de estas consideraciones que sienta un principio que será gravitante en la evolución de la regla, cristalizando una solución que se iba percibiendo, pero ahora planteada de manera general y abstracta:

> *Interpretantur pacta contra proferentem*[324].

---

nebitur, si id nescierit emptor: hic enim exprimitur eum, qui dixerit statuliberum et nullam condicionem pronuntiaverit, evictionis quidem nomine non teneri, si condicione impleta servus ad libertatem pervenerit, sed empti iudicio teneri, si modo condicionem, quam sciebat praepositam esse, celavit: sicuti qui fundum tradidit et, cum sciat certam servitutem deberi, perfusorie dixerit: "itinera actus quibus sunt utique sunt, recte recipitur", evictionis quidem nomine se liberat, sed quia decepit emptorem, empti iudicio tenetur [Pero también si alguno hubiere dicho ambiguamente en el acto de la venta, que el esclavo era instituido libre bajo condición, pero hubiere ocultado la condición de su libertad, estará obligado por la acción de compra, si el comprador no hubiere sabido esto; porque aquí se expresa, que el que hubiere dicho que el esclavo es instituido libre bajo condición, y no hubiere manifestado ninguna condición, no está obligado ciertamente por razón de la evicción, si cumplida la condición el esclavo hubiere llegado a la libertad, pero que está obligado por la acción de compra, si es que ocultó la condición que sabia se había establecido; A la manera que el que entrega un fundo, y sabiendo que se debe cierta servidumbre, hubiere dicho confusamente: «recíbese debidamente la servidumbre de paso y la de conducción para quienes existen y como están», se libra ciertamente de la obligación de la evicción, pero, porque engañó al comprador, queda obligado por la acción de compra] trad. García del Corral (1892).

[324] Accursius (1627c) col. 1705.

Es decir, en este caso la interpretación se realiza contra el que presenta el pacto, el que lo redacta. Esta consideración se reproducirá posteriormente.

Así, en D. 50.17.9[325], identificada como ley *semper in obscuris*, pese a no constituir uno de los fragmentos que consagran la regla *contra stipulatorem, venditorem, locatorem*, en forma explícita, es tratado por la glosa como tal, en la cuarta consideración sobre el mismo:

> *Quarto obstat supra de verb. obliga. l. inter stipulantem § Si Stichus* [D. 45,1,83,1] *et supra de iud. l. si quis intentione* [D. 5,1,66]. *Sed ille in iudicis: et est ratio ut in dicta. l inter stipul.* [D. 45,1,83,1] *quia iudicium redditur in inuitum sed et in contractibus si fit in alio obscuritas, quam in re super qua contrahitur, accipitur quod nocet proferenti: ut supra de pact. l. veteribus* [D. 2,14,39]. *et addo etiam distin. circa princ. quam habes supra de verb. obl. l. quotiens* [D. 45,1,80][326]

Se enuncian fragmentos que obstarían a la aplicación de esta *regula iuris*, en que aparecen interpretaciones a favor del declarante o el estipulante, para reiterar lo dicho a propósito de la ley *veteribus*, ya comentada: esa solución solo se aplica a los juicios. En los contratos, en cambio, se acepta lo que perjudica al redactor del pacto. Como glosa marginal, se anota lo mismo: *Obscuritas nocet proferenti.*

c) D. 34, 5, 26.

Individualizado como ley *Cum quaeritur.* La glosa a este pasaje se inaugura con un caso, esta vez sin indicación precisa de autor, sino perteneciente a la glosa ordinaria como tal:

---

[325]   D. 50, 17, 9 (Ulp. 15 ad Sab.) *Semper in obscuris quod minimum est sequimur.* [Siempre en lo oscuro, debe seguirse lo menor]
[326]   Accursius (1627c) col. 1872.

> CASUS. *Cum haberes servum Stichum album, et servum Stichum nigrum, promisisti mihi dare Stichum. nunc cum peto a te Stichum nigrum, tu dicis te sensisse de albo: et illum vis mihi dare tantum. certe haec ambiguitas contra me stipulatorem est interpretanda: et ita dabis Stichum album*[327] [Caso. Como tenías un esclavo Estico blanco y un esclavo Estico negro, prometiste darme un Estico. Ahora cuando te pido un Estico negro, dices que habías oído hablar de uno blanco: y sólo eso me quieres dar. Ciertamente esta ambigüedad debe interpretarse en mi contra como estipulante: y así me darás el Estico blanco]

El caso, frecuentemente invocado en esta materia con distintas formulaciones, da cuenta de la situación en que se tiene un esclavo Estico blanco y uno negro, ante lo cual una parte le promete a otra simplemente dar "un Estico". Mientras el estipulante pensaba en el negro y el promitente en el blanco, la decisión es contra el estipulante ante la ambigüedad[328].

Luego, como es costumbre, la glosa relaciona este pasaje con otros que consagrarían el mismo fundamento o se le oponen:

> Gl. "Cum quaeritur": *Pone exemplum ut infra* de verb. oblig. l. stipulatio ista *[D. 45, 1, 38 pr.].* § in stipulationibus *[D. 45, 1, 38, 18] et* l. quidquid *[D. 45, 1, 99]. Sed contra in eo. ti.* l. si mihi *§. 1. [D. 45, 1, 110, 1] Sol. ibi. Item contra in eod. ti.* l. inter stipulantem. *§ Si Stichum [D. 45, 1, 83, 1]. Sed dic ut distinxi supra* de pact. l. veteribus.[329]

Como ejemplo del fragmento, la glosa se remite a D. 45, 1, 38, pr.[330], en que se interpreta una estipulación *habere licere,* es

---

[327] ACCURSIUS (1627b) col. 1416.

[328] De alguna forma, contraria a la solución de D. 45, 1, 83, 1, *si Stichum...,* que resuelve con nulidad una estipulación como esa.

[329] ACCURSIUS (1627b) col. 1416.

[330] D. 45, 1, 38, pr. (Ulp. 49 ad Sab.) *Stipulatio ista: «habere licere spondes?» hoc continet, ut liceat habere, nec per quemquam omnino fieri, quo minus nobis habere liceat. quae res facit, ut videatur reus promisisse per omnes futurum, ut tibi habere liceat: videtur igitur alienum factum promisisse, nemo*

decir, aquella incorporada a un contrato de compraventa con el fin de que el vendedor responda por la evicción de la cosa comprada, garantizando en este caso su disponibilidad en caso de que el comprador fuese privado de ella[331]. En dicho fragmento, la estipulación se interpreta en el sentido que el promitente (vendedor) solamente se obligaba a abstenerse de todo ataque propio a la tenencia pacífica del comprador, sin responder por los ataques provenientes de terceros[332]: una interpretación restrictiva que favorece al vendedor, pero que perjudica al estipulante. De igual forma, se remite a D. 45, 1, 38, 18 y D. 45, 1, 99, ambos fragmentos que hemos tratado a propósito de la regla *contra stipulatorem.* Luego, como es habitual, se destaca un fragmento que consagraría la solución contraria: D. 45, 1, 110, 1[333], en que se interpreta una estipulación que indica

---

autem alienum factum promittendo obligatur, et ita utimur. sed se obligat, ne ipse faciat, quo minus habere liceat: obligatur etiam, ne heres suus faciat vel quis ceterorum successorum efficiat, ne habere liceat [Esta estipulación: «prometes que sea lícito tener?» contiene esto, que sea lícito tener, y que absolutamente por nadie se haga que no nos sea licito tener; lo cual hace que se considere que el reo prometió que por todos se habrá de hacer que te sea licito tener; así, pues, parece que prometió un hecho ajeno; mas nadie se obliga prometiendo hecho ajeno; y así lo observamos; pero se obliga a no hacer él mismo que no me sea lícito tener; se obliga también a que su heredero no haga, o a que alguno de sus demás sucesores no haga, que no sea lícito tener] Trad. García del Corral (1897).

[331] Belda Mercado (2004) p. 132 y ss.

[332] Kaser (1971) p. 555.

[333] D. 45, 1, 110, 1 (Pomp. 4 ad Q. Muc.) *Si stipulatus fuero de te: «vestem tuam, quaecumque muliebris est, dare spondes?», magis ad mentem stipulantis quam ad mentem promittentis id referri debet, ut quid in re sit, aestimari debeat, non quid senserit promissor. itaque si solitus fuerat promissor muliebri quadam veste uti, nihilo minus debetur* [Si de ti hubiere yo estipulado: «¿prometes darme cualquiera vestido tuyo, que sea de mujer?» esto se debe referir más bien a la intención del que estipula que a la del que promete, de suerte que se debe estimar qué es lo

"prometes darme cualquiera vestido tuyo, que sea de mujer?",
según la intención del estipulante más que del promitente, a fin
de evitar que la estipulación se entienda según la opinión del
promitente, que podría tener la costumbre de usar vestidos de
mujer, en cuyo caso aquellos no se deberían[334]. Frente a esto,
la glosa resuelve invocando D. 45, 1, 83, 1, *si Stichum...*, que ya
comentamos, y D. 2, 14, 39, remitiendo a la distinción que en
dicho fragmento se realiza y que acabamos de señalar.

d) D. 45, 1, 99.

Individualizado como ley *quidquid adstringendae*.

> **Gl. "Quidquid"**: *Dic quod quidquid fuit stipulatione vallandum: si non est stipulatione vallatum, habetur omissum; aut certe si obscurum est, interpretabor secundum promissorem, si potest secundum eius voluntatem valere. Sed si non potest secundum voluntatem ipsius valere, interpretabor pro stipulatore si valere potest. Vel dic aliter quod si sit obscurum, omnino non valere. Si autem interpretari potest, interpretabor.* ACCURS.[335].
> [Digo que lo que había de intensificarse por estipulación: si no está intensificado, se tiene por omitido; o al menos si es

---

que sea en realidad, no lo que haya entendido el que prometió; y así, si el que prometió había solido usar algún vestido de mujer, se debe ello no obstante] Trad. GARCÍA DEL CORRAL (1897).

[334] Sobre el fragmento, HONSELL (1986) p. 86, señala que quizás ese vestido que llevaba el promitente estaba ricamente decorado, por lo que aumentaría el interés del estipulante en él. El mismo autor indica que en este caso se decide según el criterio objetivo del *id quod actum* y no *contra proferentem*. Debe recordarse, una vez más, la subsidiariedad de nuestro principio interpretativo frente al *quod actum*, cuando este es determinable, como probablemente en este caso. POLIGNANI (1881) p. 6, dice que es correcto interpretar contra el promitente, porque si no quería que en virtud de la estipulación se compre esa túnica suya, debería haber pedido una explicación.

[335] ACCURSIUS (1627c) col. 999.

oscuro, interpretaré según el promitente, si puede valer según su voluntad. Pero si no puede ser válido según su voluntad, lo interpretaré a favor del estipulante si puede ser válido. En otras palabras, si está oscuro, no es válido en absoluto. Pero si se puede interpretar, lo interpretaré. Accurs.].

La explicación de Acursio, que en este caso se le atribuye explícitamente, interpreta el término *adstringendae* como *vallare*, es decir, fortificar o intensificar, la estipulación. Lo que no se fortifica, se entiende omitido. Si es ambiguo, se interpreta según el promitente (*secundum promissorem*), pero pareciera ser que Acursio distingue si puede hacerse valer su voluntad. Nos parece que se está refiriendo a la posibilidad de conocer una voluntad clara del estipulante, en cuyo caso, se hará la interpretación en su favor, aunque, de lo contrario, si no puede conocerse ninguna voluntad, el contrato será inválido.

> *Gl. "Dictum est"*: *Id est dicendum, secundum quosdam: et hoc propter hoc quod sequitur:* nisi verbis exprimatur. *quod significat in futurum, etc. sed non oportet sic exponi, nec enim dicit simpliciter nisi verbis expressis exprimatur, sed addit., palam. id est evidentibus et manifiestis verbis,* [...][336]. [Esto es lo que debe decirse, según algunos: y esto por lo que sigue: a menos que se exprese con palabras. lo que significa en el futuro, etc. pero no es necesario explicarlo de esta manera, porque no dice solamente a menos que se diga con palabras expresas, sino que agrega, abiertamente, es decir, en palabras claras y manifiestas]

En esta glosa se explica que en el fragmento no se dice simplemente *nisi verbis **expressis** exprimatur,* sino *palam*, es decir, las palabras dichas en la estipulación, para intensificar la obligación, deben ser evidentes y manifiestas.

> *Gl. "Secundum promissorem"*: *Hoc in eo casu intelligendum est, quando dubitatur quid actum sit, et duorum modorum utroque potest valere stipulatio: ut quia unus dicit se sensisse*

---

[336] Accursius (1627c) col. 999. Cursivas en el texto.

de albo Sticho: alter de nigro tunc enim accipiendum est quod
promissor elegerit: ut not supra eod. *I. stipulatio ista. § in sti-*
pulationibus [D. 45, 1, 38, 18] [Esto ha de entenderse en ese
caso, cuando hay duda de lo que se ha hecho, y la estipulación
puede ser válida de las dos maneras: como cuando uno dice
que creyó que era el Estico blanco, el otro por el negro, porque
entonces debe aceptarse el que el promitente elija: *supra,* en
el mismo sentido *I. stipulatio ista. § in stipulationibus* [D. 45,
1, 38, 18]][337].

Es importante que en esta parte se señale que, cuando se
duda acerca del *quid actum,* la estipulación puede hacerse valer
de dos modos y existiendo, por tanto, un entendimiento diverso de las partes acerca del objeto de la misma, debe estimarse
el que el promitente elija, citando D. 45, 1, 38, 18, ley *in stipula-*
tionibus. En una glosa marginal se indica la *regula: In dubio verba*
stipulationis interpretamur secundum promissorem.

Hasta este punto, entonces, se aprecia una tendencia a generalizar las reglas *contra stipulatorem, contra venditorem/locatorem*
en una sola regla general: *contra proferentem.* Es decir, el contrato se interpreta contra aquel en cuyo poder estuvo redactarlo
o se lo presentó a la otra cuando esta haya podido haberse podido expresar de forma más clara, tomándose en cuenta, con
todo, la voluntad claramente manifiesta si es que esta puede
apreciarse. Estas ideas serán profundizadas por la literatura de
los comentaristas.

3. La glosa canónica

Paralelamente a la trayectoria triunfal de los glosadores civilistas, la de los canonistas se abrió con igual intensidad, para-
lelismo que sorprendió a algunos cronistas contemporáneos,
que colocaban a Irnerio y Graciano casi como trabajando codo

---

[337]   Accursius (1627c) col. 999.

a codo en Bolonia[338]. En efecto, ambos utilizaban la misma metodología escolástica y las mismas preocupaciones relacionadas al derecho romano[339].

3.1 Summa *de Bernardo de Pavía y sus influencias*

Desde la segunda mitad del siglo XI, en el clima de la reforma gregoriana, colecciones canónicas florecieron a un ritmo impresionante, generando dispersión por la gran cantidad de colecciones normativas. Un paso decidido hacia la unificación se dio en la mitad del siglo XII (ca. 1140), cuando vio la luz la recopilación normativa de Graciano, quien fue exitoso en fundar una escuela que adoptó su *Concordia discordantium canonum* (armonía de los cánones discordantes), también llamado *Decretum* como manual de estudio y lo difundió por toda Europa[340]. Con posterioridad a la obra de Graciano surgirán nuevas decretales papales, que serían objeto de compilación y estudio por los llamados decretalistas. Quien inaugura esta era es Bernardo de Pavía (pre 1150-1213), quien además de glosar el *Decretum,* es conocido por su recopilación de las decretales y otros textos que Graciano excluyó llamado *Breviarum extravagantium* (1189-1190)[341]. Sin embargo, posteriormente escribió una *Summa,* con el objetivo de servir de texto de estudio para sus estudiantes de derecho canónico, en el cual los términos, definiciones y categorías de cada título eran discutidos, incorporando fuentes romanas. Dicha obra tuvo un éxito inmediato, a juzgar por la gran cantidad de manuscritos que sobreviven[342]. De la *Summa,* interesa su comentario al título del digesto *De*

---

[338] CORTESE (1995) p. 198.
[339] HERZOG (2018) p. 120.
[340] CORTESE (1995) pp. 198-199.
[341] PENNINGTON (2008) pp. 211-212.
[342] PENNINGTON (2008) pp. 212-213.

verborum significatione (Del significado de las palabras), que en lo pertinente señala:

> *In stipulationibus pro reo, ut Dig. de verb. oblig. Stipulatio ista § In stipulationibus (L. 38. § 18)* [D. 45, 1, 38, 18] *et Si mihi et Titio § 1 (L. 110)* [D. 45, 1, 110]. *in testamentis vel ultimis voluntatibu secundum intentionem proferentis, ut ar. Dig. de legatis III. Non aliter (L. 69)* [D. 32, 69 pr.]. *In contractibus attende, quis contrahentium sit ambigua verba locutus; nam contra eum est interpretandum, in cuius fuit potestate verbum apertius dicere, ut ar. Dig. de pactis Veteribus (L.39)* [D. 2, 14, 39] *et Dig. de servit. urban. praed. Si arborem § Haec (L. 17. § 3)* [D. 8, 2, 17, 3] *et Dig . de contrah. emt. Labeo scribit (L. 21)* [D. 18, 1, 21][343]. [En las estipulaciones a favor del deudor, como en D. 45, 1, 38, 18 y D. 45, 1, 110. En los testamentos o últimas voluntades según la intención del redactor, como en D. 32, 69 pr. En los contratos, debe prestarse atención a si el contratante ha expresado palabras ambiguas; porque debe interpretarse contra aquel, en cuyo poder estaba expresarse más claramente, como en D. 2, 14, 39 y D. 8, 2, 17, 3 y D. 18, 1, 21]

Es destacable que en este pasaje se afirme directamente que la ambigüedad de la estipulación se interpreta a favor (*pro*) del deudor u obligado (*reo*), a propósito de fuentes romanas como D. 45, 1, 38, 18 y D. 45, 1, 110, lo que se acerca aún más al llamado *favor debitoris*. Distingue, sin embargo, la interpretación en los testamentos, en cuyo caso se prefiere la intención del testador (en este caso utilizando *proferentis,* asimilable a redactor) y también la interpretación de los contratos, donde se expresa la regla común en estos tiempos, que es disponer la interpretación contra aquel en cuya potestad estuvo consignar más claramente el contrato, citando el fragmento acostumbrado *veteribus*.

Esta formulación, particularmente respecto a la indicación *pro reo,* tendrá seguidores en decretalistas, que si bien de no

---

[343] PAPIENSIS (1860) *ad tit.* XXXVI. *De verborum significatione,* p. 280.

son de gran influencia posterior, recogen la formulación de Bernardo de Pavía, para cuya traducción bastará con la de la glosa recién analizada.

El decretalista Ambrosius (pre 1210–?)[344], en sus comentarios (*Summula*) al título *De verborum significatione*, expresa:

> (12) *In stipulationibus ambiguitas responsionis pro reo est inter-pretanda, ut ff. de v. o. Stipulatio ista § In stipulationibus* [D. 45, 1, 38, 18] *et 1. Si mihi et Titio* [D. 45, 1, 110)[345]

En el mismo sentido se expresa el decretalista español Juan Hispano de Compostela (*Ioannes Hispanus de Compostella* o *de Petesella*) (pre 1223–?) que redactó la primera *Summa* en relación a las *Decretales* de Gregorio IX, *Summa super titulis Decretalium*, (1235-1236)[346]:

> 9) *In stipulacionibus* [sic] *pro reo, ut ff. de verborum o. Stipulatio ista § In stipulacionibus* (D. 45, 1, 38, 18) *et 1. Si mihi et Titio § i.* [D. 45, 1, 110][347]

Puede verse entonces, una cierta raigambre canónica de la formulación de la regla *favor debitoris,* expresada con la indicación *pro reo* e incardinada en los fragmentos romanos que se pronuncian por una interpretación contra el estipulante sobre los cuales estamos trabajando. Es una de las primeras veces en que existe una identificación entre promitente y deudor explícitamente establecida por la dogmática, que luego tendrá bastante fortuna, pese a que puede observarse una

---

[344] Sobre este autor, de quien poco se sabe y solo se conserva su *Summa super titulis decretalium,* MARTÍN AVEDILLO (1968). Más recientemente, PENNINGTON (2008) p. 228, lo considera, una "*lesser figure*" en el ámbito de los decretalistas.

[345] AMBROSIUS (1210-1215), en CHIODI (1997) p. 878.

[346] MARTÍNEZ DHIER (2018).

[347] PETESELLA (1235-1236), en CHIODI (1997) p. 885.

cierta desconexión entre estos fragmentos que hemos hallado y la tradición posterior.

3.2 Regulae iuris *en el* Liber Sextus

Las *regulae iuris* parecen no haber desempeñado un papel tan importante para los comentaristas como para los glosadores. En general, se rechazaban los comentarios a éstas, sobre la base de que generaban más dudas que certezas: las colecciones de *brocarda* de los glosadores yuxtaponían reglas contradictorias de los textos fuente romanos. Sin embargo, el comentarista Dino Mugelano (1253-*post* 1298) parece haber puesto un punto final a este tipo de literatura con su comentario a las *Regulae iuris* del *Liber Sextus* canónico[348], de forma de ser una suerte de obra epigonal de los libros de *Regulae.* En efecto, en la colección de Decretales de Bonifacio VIII (1268), Libro V, Título XII se contiene un apartado de *Regulae Iuris*[349]. Dentro de éstas, la n° LVII reza:

> *Contra eum, qui legem dicere potuit apertius, est interpretatio facienda*[350]. [Contra aquel, que pudo decir la ley más claramente, se hace la interpretación]

Como puede verse, los desarrollos de los glosadores, que terminaron en la regla según la cual las declaraciones ambiguas

---

[348] LANGE y KRIECHBAUM (2007) p. 290. También llamado Dino Rossoni del Mugello o Dinus Rossonis Mugellanus, fue el redactor de esta sección del *Liber Sextus,* por encargo del Papa Bonifacio VIII. Se ha señalado que su obra fue una importante bisagra entre el mundo de la glosa y el comentario. PADOVANI (2013) p. 769.

[349] Lo cual es una peculiaridad, dado que nunca en una colección canónica había aparecido un título similar. Se ha señalado que es un título esencialmente civilista y parece un cuerpo extraño unido de forma no natural a un texto heterogéneo. CORTESE (1995) p. 370.

[350] MUXELLANI (1568) fol. 230.

deben perjudicar o ir en contra del redactor o a quien presentó el texto contractual, se resume en la colección pontificia como aquel "que dice la ley". Esto no ha sido suficientemente destacado por quienes se han ocupado de nuestro tema[351]. Al respecto, Dino comenta esta *regula*, comenzando su exposición con un ejemplo similar al que pone Viviano, en Gl. *Cum in lege*, que ya hemos visto:

> *Si vendo domum, et tempore venditionis, et traditionis dico, stillicidia uti nunc sunt, ita sint, videor dicere, quod domui venditae debeatur a vicinis servitus stillicidiorum recipiendorum, non econtra, quod domus vendita debeat servitutem vicinis:* ff. *de servit. urban. praed. l. cum in lege* [D. 18, 1, 33]. *et l. Labeo* [D. 18, 1, 21] *et de pact. l. veterib.* [D. 2, 14, 39] *et de evict. l. qui libertatis* [D. 21, 2, 69, 5][352]. [Si vendo una casa, y en el momento de la venta y entrega digo, que los estilicidios permanezcan, así como están, me parece decir que la casa vendida recibe de los vecinos la servidumbre de estilicidios, no al revés, que la casa vendida les debe a los vecinos la servidumbre: D. 18, 1, 33 y D. 18, 1, 21 y D. 2, 14, 39 y D. 21, 2, 69, 5]

Es decir, si en la venta de una casa y al tiempo de la venta y de la tradición una parte dice "que los estilicidios permanezcan, así como están", debe considerarse que se debe una casa en que exista una servidumbre de estilicidio (descarga de aguas) hacia un predio vecino y no que dicho predio tenga derecho a descargar sus aguas en la casa vendida. Es decir, se interpreta contra el vendedor[353]. Se citan, finalmente, fragmentos que

---

[351]   No la mencionan las obras de referencia en este tema, como TROJE (1961) o KRAMPE (1983b). Sin mayor desarrollo, GRABAU (1993) p. 138; TRISCIUOGLIO (2000) p. 583; VOGENAUER (2007a) p. 1490; CLEMENTE FERNÁNDEZ (2009) p. 26.

[352]   MUXELLANI (1568) fol. 238.

[353]   Un caso que se volverá clásico. Lo menciona también ANDREAE (1613) col. 836, con algunos detalles más.

hemos tratado largamente. Luego, en línea con desarrollos ya revisados, señala:

> *Sed opponitur, et videtur quod si interpretatio non sit facienda contra proferentem. ff. de conrah. empt. l. si in emptione* [D. 18,1,34]. *Sed ibi verba fuerunt prolata ab emptore: et ideo sit interpretatio contra eum, qui verba protulit, sequendo tenorem istius regulae. Item videtur contra regulam. ff. loca. l. ea lege.*[354]. [Pero se opone, y parece que si la interpretación no ha de hacerse contra el redactor, según D. 18, 1, 34. Pero allí las palabras fueron pronunciadas por el comprador: y por lo tanto la interpretación debe ser contra el que pronunció las palabras, siguiendo el tenor de esa regla].

Se opone a la regla comentada, los casos en que no se interpreta *contra proferentem*, sino a favor del vendedor, como en el fragmento citado, D. 18, 1, 34, que habíamos analizado como una supuesta excepción a la regla *contra venditorem*[355]. La respuesta es que en este pasaje las palabras han sido puestas a favor del comprador, y por ello son interpretadas contra él, que propuso, redactó, dichas palabras: ese sería el tenor de la *regula* comentada por Dino, pese a que, como vimos, ello no es para nada claro en el fragmento comentado.

Luego, el mismo autor se refiere a los fragmentos en que se interpreta el contrato a favor del arrendador (pues usualmente la regla es *contra locatorem*), en el mismo sentido. Finalmente, el canonista señala que debe distinguirse según el material interpretado al momento de aplicar esta regla: en contratos, confesiones, juicios, en sentencias, en estipulaciones pretorias, privilegios en palabras puestas, en últimas voluntades[356]. Respecto a los contratos, es de interés a nuestros

---

[354] MUXELLANI (1568) fol. 238.

[355] *Supra* I. 2.3 e) i).

[356] *Et quia iura sunt varia circa materiam ista, ideo utile est plene distinguere: c quia aut ambiguitas interpretatione indigens repetitur in contractu, aut*

efectos, constatar la jerarquización de criterios interpretativos que demuestra, citando, por cierto, una multiplicidad de
fuentes romanas, varias analizadas:

> *Si in contractu, aut valere potest contractus secundum inter-
> pretationem alterius tantum, aut secundum interpretationem
> utriusque. Si secundum interpretationem alterius tantum illius
> interpretationem sequitus, secundum quem interpretatio con-
> tractus valere potest: l. quotie[n]s.* [D. 45, 1, 80] [...] *Si secun-
> dum interpretationem utriusque, valere potest, tunc inspicimus
> verisimilius supra eo. cap. inspicimus, et ff. eod. l. semper in
> stipulationibus.* [D. 50, 17, 34] *et l. semper in obscuris .* [D. 50,
> 17, 9]. *Sed si verisimilius non apparet tunc habet locum regula,
> videlicet, quod fiat interpretatio contra proferentem, in cuius
> potestate fuit verba late et clare concipere: ut ff. de pact. l vete-
> ribus, de serv. urb. praedio. l. si arborem § haec lex.* [D. 8, 2, 17,
> 3] *et de contrahen. empt. l. Labeo et cum in lege* [D. 18, 1, 33]
> *et l. si in emptione* [D. 18, 1, 34]. *et de verb. oblig. l. stipulatio
> ista § in stipulationibus* [D. 45, 1, 38] *et l. qui ex pluribus* [45,
> 1, 106] *et l. quidquid* [D. 45, 1, 99]. [Si un contrato puede ser
> válido según la interpretación del otro, o según la interpreta-
> ción de ambos. Si según la interpretación de otro, sólo si se
> sigue esa interpretación puede ser válido el contrato: D. 45, 1,
> 80 [...] Si de acuerdo con la interpretación de ambos, puede
> ser válido, entonces buscamos lo más verosímil, *supra*, y según
> D. 50, 17, 34 y D. 50, 17, 34. Pero si no aparece lo más vero-
> símil, entonces se aplica la regla, a saber, que la interpretación
> se haga contra el redactor, en cuyo poder estaba concebir las
> palabras amplia y claramente, según D. 8, 2, 17, 3 y D. 18, 1,
> 33 y D. 18, 1, 34 y D. 45, 1, 38 y D. 45, 1, 106 y D. 45, 1, 99].

---

*in confessione, aut in iudicio, aut in sententia, aut in stipulatione praeto-
ria, aut in privilegiis, aut in verbis lege prolatis, aut in ultima voluntate.*
[Y como hay varios derechos sobre estas materias, conviene pues
distinguir bien: porque o la ambigüedad que necesita interpretación se repite en un contrato, o en una confesión, o en un juicio,
o en una sentencia, o en una estipulación o en privilegios, o en los
términos de la ley promulgada, o en una última voluntad] Muxellani (1568) fol. 238.

En un contrato que puede ser válido según la interpretación de una parte o la otra, según D. 45, 1, 80, ante la ambigüedad de las palabras debe interpretarse según el resultado querido por ambas partes[357]. Si pueden hacerse valer ambas interpretaciones discordantes, debe apreciarse lo que es más verosímil. Esto es coherente con su interpretación de otra de las *regulae* del *Liber Sextus*, la n° XXX: *In obscuris quod minimum est sequendum*. Dino señala que en lo oscuro no siempre debe seguirse lo mínimo, sino lo verosímil[358], que debe despejarse antes de aplicar estas reglas subsidiarias. Finalmente, si lo verosímil no aparece, ciertamente tendrá lugar esta regla, interpretándose *contra proferentem*, en cuyo poder estuvo expresarse más amplia y claramente, citando los fragmentos habituales.

3.3 Glosa ordinaria del Corpus Iuris Canonici

Sobre esta *regula iuris*, la glosa ordinaria del *Corpus Iuris Canonici* de Johannes Andreae (1270-1348) al *Liber Sextus*[359] expresa el mismo criterio, en orden a distinguir a favor de quien se establece el pacto, para salvar las contradicciones con otros fragmentos romanos:

> **Gl. "Contra eum"** [...] *Sed quid dicemus ad l. Si in emptione.*
> [D. 18, 1, 34] [...] *Dicitur ibi, quod est in potestaste venditors*

---

[357] D. 45, 1, 80 *Ulp. 74 ad ed. Quotiens in stipulationibus ambigua oratio est, commodissimum est id accipi, quo res, qua de agitur, in tuto sit* [Cuando en las estipulaciones hay una oración ambigua, lo más conveniente es entender aquello por lo que se asegure aquello de que se trata].

[358] *Sed videtur, quod in obscuris non sit sequendum mínimum: sed verisimilius* [...] *primo debemus inspicere verisimilius.* MUXELLANI (1568) fol. 188. En el mismo sentido, Bartolo, en D. 2, 14, 39, *De pactis*, l. *veteribus* (XL), fol. 89 vta.: [...] *quod prius debet fieri interpretatio cum illud* quod *verisimile est* [...] *In dubio autem contra proferentem.*

[359] También llamado Giovanni d'Andreae, completó la glosa ordinaria del Liber Sextus en 1304. BRUNDAGE (1995) p. 201.

*retinere, quem voluerit: et ibi illa verba fuerunt dicta non a ven-
ditore, quod fieret interpretatio contra emptorem: quia verba
sic proferrentur: ita quod si illa verba apponerentur gratia ven-
ditoris, fiet interpretatio contra venditorem: si gratia emptoris,
fiet interpretatio contra emptorem*[360]. [Pero como se dice en
D. 18, 1, 34 [...] allí se dice que está en poder del vendedor
retener a quien quiere: y allí esas palabras no fueron dichas
por el vendedor, por lo que la interpretación se hace contra el
comprador cuyas palabras fueron pronunciadas: de modo que,
si esas palabras se establecieron favor del vendedor, la interpretación se haría contra el vendedor: si a favor del comprador,
la interpretación se haría contra el comprador].

Nuevamente referido a la contradicción que habría con el
criterio de D. 18, 1, 34, señala que, como regla general, está
en potestad del vendedor precaver lo que quiere, y aquí las
palabras fueron dictadas no a favor del vendedor, por lo que se
interpreta contra el comprador. La regla general que se expresa es la siguiente: debe tenerse en cuenta no quien pronunció
las palabras, el *proferens*, sino en favor (*gratia*) de quien se establecieron: si a favor del vendedor, se interpreta contra él, si a
favor del comprador (como sería en este caso), a este último le
perjudicará la ambigüedad.

Para finalizar la exposición de la glosa con estas últimas
obras canónicas, deben señalarse algunas ideas matrices del
trabajo de estos juristas en torno a la regla. Como puede verse, existe un profundo interés en mostrar y salvar las supuestas contradicciones que existirían en el *Corpus Iuris* entre los
distintos fragmentos relacionados con la regla que termina
de decantarse como *contra proferentem*. Al acometer esta tarea,
buscando soluciones, sin embargo, se van construyendo generalizaciones que van permeando el pensamiento de juristas sucesivos, lo que va forjando poco a poco el carácter de la regla
contra proferentem.

---

[360] Andreae (1613) col. 836.

4. Las Siete Partidas

Cabe señalar los antecedentes de esta regla recepcionados en el Derecho histórico castellano, en particular, las Siete Partidas, cuya datación puede remontarse al menos hasta el año 1256[361]. A este respecto, una versión de la regla que nos ocupa se encuentra en P. 7, 33, 2, que cabe transcribir en su integridad:

> *Dubda puede acaescer en los pleytos, o en las posturas, que los omes ponen entre si* e *quando acaesce, deue el Judgador, ante quien acaesciesse tal contienda, que si la postura sobre que es la dubda, es atal, que non puede valer si non segund el entendimiento de la una parte, e non segund la otra; que estonce la deue interpretar, e declarar, segund el entendimiento de la parte, por que puede valer la postura, e non segund la otra. Esto seria, como si algund ome, estando en el Reyno de Murcia, prometiesse de dar, o de pagar alguna cosa en Cartagena fasta diez dias, e passando este plazo, demandasse el uno al otro lo que le prometiera : si el que auia de fazer la paga, dixesse, que su entendimiento fuera de gelo pagar en Cartagena de África, e non en la otra, estonce el Judgador deue declarar tal dubda corno aquesta, e deuele fazer que le pague en aquella Cartagena, que es mas cerca de aquel logar do fue fecha la postura; e por este caso puede tornar exemplo para todos los otros semejantes del. Mas si por aventura la dubda fuesse atal, que pudiesse valer el pleyto segund el entendimiento de ambas las partes, estonce el Juez deue tomar el entendimiento que es mas acercado a la razon e a la verdad. Esto seria, como si algund ome comprasse de otro alguna cosa, por precio de mil marauedis, e el vendedor dixesse, que su entendimiento era que estos marauedis fuessen de los negros, e el comprador dixesse, que eran de los blancos; si tal dubda como esta non se pudiesse aueriguar por carta, nin por testigos, deue el Judgador catar, si*

---

[361] Ello según su prólogo. Esta fuente legal rigió en Chile por más de tres siglos: desde la llegada de los conquistadores en 1540 hasta la codificación en 1857 como derecho castellano común supletorio de la legislación particular de Indias. Sobre la datación de la obra alfonsina, véase García-Gayo (1951-1952). Sobre la vigencia de las Partidas en Chile, Bravo Lira (1985) p. 105.

la cosa vendida es cosa que pueda valer tanto quanto alguna de las partes dize, e non mas; e seguud esso, deue declarar tal dubda, e dar su juyzio: **e si alguna deltas razones el Judgador non pudiere catar, nin veer, estonce deue interpretar la dubda contra aquel que dixo la palabra, o el pleyto escuramente, a daño del, e a pro de la otra parte**[362].

4.1 Sobre el contexto del fragmento

Los *pleytos* o *posturas que los omes ponen entre si* de los que habla P. 7, 33, 2 aparecen descritos en el prólogo a P. 5 como: *"pleytos e posturas, a que llaman en latin contractos"*, asumiendo con ello carácter contractual[363] y se asimilan también a los pactos accesorios a ciertos contratos, como la venta[364]. La regulación en esta parte —dice el mismo prólogo a P. 5— obedece a que *"comoquier que en el comienço se fagan a plazer de amas las partes, todas las mas vegadas acaesçe, que se mudan despues las voluntades, porque han a uenir a contienda sobre ello"*. Ello aparece de nuestro interés, respecto a la importancia que confieren las Partidas al acuerdo, primero, y al litigio o contienda entre partes, después, como inicio del problema interpretativo.

Ello será profundizado en las reglas de interpretación que constan en P. 7, 33, rubricada *Del significamiento de las palabras, e de las cosas dubdosas,* cuya fuente, en general, es el título *De verborum significatione* (D. 50, 16) y las glosas de Azón y Acursio[365]

---

[362] Se utiliza la edición con la glosa de Gregorio López traducida por Sanponts y Barba; Marti de Eixala y Ferrer y Subirana (1844) p. 431. Destacados añadidos.

[363] Pacheco Caballero (2001) p. 52, describe esta tendencia en las fuentes.

[364] P. 5, 5, 38: *Postura, o pleyto que pone entre si el vendedor con aquel que compra la cosa del, solo que non sea contra las leyes deste nuestro libro, nin contra buenas costumbres deue ser guardada […].*

[365] Lo pone de relieve Perona (1990) *passim.*

a éste. Nuestro fragmento parece corresponderse sobre todo con la Magna glosa, como veremos en seguida.

4.2 Sobre las reglas interpretativas previas a la resolución contra el que dixo la palabra

Como indica la glosa de Gregorio López[366], la solución expresada en el texto alfonsino concuerda con lo dicho en la Magna glosa, en l. 21, D. *de reb. dub.* (D. 34, 5, 21 pr.), l. 80. D. *de verbor. oblig.* (D. 45, 1, 80) y l. 114. D. *de regul. Jur.* (D. 50, 17, 114) que pueden considerarse fuentes del señalado pasaje:

> **Gl. "Ubi est verborum".** Casus. *Promisisti mihi dare Stichum [...] nam ubi est verborum ambiguitas, ut fuit hic, valet quod actum est: [...]. Et idem est, si promisisti mihi dare c. Carthagine, cum essent duae terrae quarum quaelibet vocabatur Carthago. Nam de illa Carthagine intelligere debemus, quam frequentare solemus ego et tu promisor.* VIVIANUS[367] [Prometiste darme el Estico [...] porque donde hay ambigüedad de palabras, como fue el caso aquí, vale lo que se ha hecho [...]. Y es lo mismo, si prometiste darme en Cartago, cuando había dos tierras, cada una de las cuales se llamaba Cartago. Porque debemos entender acerca de esa Cartago, que tú promitente y yo solemos frecuentar. Viviano]

> **Gl. "Tuto sit".** [...] *Si non potest secundum intellectum utrisque valere: valebit secundum intellectum illius qui potest valere, ut hic: ut quia alter est stipulatoris: vel quia dixi, hodie decem Bononia dari et alter dicat sensisse de alia Bononia: secundum cuius intellectum non posset valere et facit infra [...]*[368] [Si no puede valer según el entendimiento de ambos, será válido según el entendimiento del que puede ser válido, como aquí:

---

366   LÓPEZ (1844) en P. 7, 33, 3, Gl. *Puede valer.*

367   ACCURSIUS (1627b) col. 1415. Una glosa marginal se encarga de indicar que una Cartagena se encuentra en África y la otra en Hispania, siguiendo para ello al geógrafo Estrabón y al historiador Plinio.

368   ACCURSIUS (1627c) col. 979.

porque el otro es el estipulante: o porque dije que hoy se darán diez en Bolonia. y el otro dice que se enteró de otra Bolonia: según cuyo entendimiento no podría ser válido]

Gl. "In obscuris". Si rem aliquam pro x libris tibi vendidi: nec apparet de qua moneta egerimus: et unus dicat de Veronensibus, alter de Imperialibus actum: primo inspicitur quod verosimile est. Si enim res digna erat x libris Imperialibus, vel multo maiori pretio: non est verisimile eos egisse de vili moneta. Si autem non potest apparere, quia valet minus x libris Imperialibus et plux x libris Veronensis. Tunc inspiciam quod plerumque fieri solet. Si enim est consuetudo in civitate, ut loqui loquuntur de nummis, de Veronensis intelligant: tunc videtur de eis convenisse: et sic de caeteris obscuris: sicut diximus supra co. I Semper. Item facit Inst. qui ma. non pos. Idem iuris. ACCURS.[369] [Si les he vendido una cosa por x libras y no está claro de qué moneda hemos tratado, pues uno puede decir que se trataba de libras veronenses, el otro de libras imperiales: primero se ve que lo que es verosímil. Porque si la cosa valía x libras imperiales, o un precio mucho mayor, no es probable que lo hicieran con moneda vil. Pero si no aparece, porque vale menos que x libras imperiales y más que x libras veronenses, luego miraré lo que suele pasar. Porque si es costumbre en la ciudad que cuando hablen de monedas, entiendan la de Verona, entonces parece que estuvo de acuerdo con ellos y así con el resto de casos obscuros, como dijimos en D. 50, 17, 9 [o 34] también en IJ. [?] Acursio]

Como se ve, consta el ejemplo de Cartagena, que sigue aquel clásico del esclavo Estico, el cual entendemos conocido del lector a estas alturas. En la segunda glosa se reproduce la señalada ilustración, pero con la ciudad de "Bolonia", sin perder la *ratio*: en caso de ambigüedad debe entenderse de la manera más apta a la producción de efectos del negocio, como dice una glosa interlineal al término de la recién citada: "*Actui favendum in dubio ut valeat magis quam pereat*", esto es "*segund el entendimiento de la parte, por que puede valer la postura*", como dicen las Partidas. Por último, la glosa *In obscuris* puede consi-

---

[369]   ACCURSIUS (1627c) col. 1905.

derarse fuente de la última parte del fragmento que trata de la situación en que puede hacerse valer lo dispuesto en el contrato según el entendimiento de ambas partes: si Acursio ejemplifica con "libras imperiales" o "libras veronenses", las Partidas lo hacen con maravedís blancos o negros, siendo la distinción según su diferente calidad y metal, puesto que los blancos recibían tal denominación por ser de vellón[370], es decir aleación de plata y cobre con que se acuñaba moneda antiguamente[371]. La ambigüedad, por tanto, produce diferencias en el valor de la prestación, sustancialmente mayor en el caso de que se entienda la moneda blanca.

4.3 La regla contra proferentem alfonsina

La glosa *Dictum sit,* puesta en D. 18, 1, 34 indica:

> **Gl. "Dictum sit".** *Scilicet ab emptore: et sic obscuritas debebit nocere illi.* [Es decir, del comprador: y por tanto la oscuridad debe ser perjudicial para él]

Recordemos que el fragmento interpreta la venta de un fundo en que se incorporó como accesorio "el esclavo Estico", existiendo varios de ellos, resolviéndose a favor del vendedor. La glosa interpreta "*Dictum sit*" (se dijo) como palabra del comprador, aclarando en una glosa interlineal luego de "*obscuritas*" que: "*Obscuritas nocet loquenti*" (La oscuridad perjudica al hablante)[372]. El criterio viene a ser precursor de la parte final de P. 7, 33, 2, según la cual: "*deue interpretar la dubda contra aquel que dixo la palabra, o el pleyto escuramente, a daño del, e a pro de la otra parte*". Con todo, dada la enunciación de una serie de principios interpretativos precedentes, la *contra proferentem* alfonsi-

---

370 RODRÍGUEZ MOLINA (1996) p. 929.
371 REAL ACADEMIA ESPAÑOLA (2022), *ad vocem* 2ª acep.
372 ACCURSIUS (1627c) col. 1708.

na ocupa un lugar subsidiario en dicho elenco. La glosa de López *"Dixo la palabra"*[373] remite a D. 2, 14, 39, el tantas veces citado fragmento *Veteribus.*

5. Los comentaristas

Mientras los glosadores estaban empeñados en el estudio y la didáctica de los textos, la Escuela del Comentario estaba centrada en acercar los textos de la tradición a la solución de casos prácticos, formados en la vida del intenso tráfico terrestre y marítimo que caracterizó a la economía de la época, pero sin un procedimiento analítico de descomposición y recomposición del texto romano. Esta labor fue particularmente activa y vital entre los siglos xiv y xv, gracias a la invención de la imprenta, que contribuyó a la vasta difusión de su literatura, con el efecto inmediato de acelerar la formación del *ius commune*[374]. La fijación de la glosa ordinaria, en este sentido, constituyó un punto de partida del análisis, que frecuentemente es citada por estos autores.

5.1 Bártolo de Sassoferrato

Cabe comenzar con el representante más importante e influyente de esta aproximación, Bartolo de Sassoferrato[375], que en sus *Commentari* al *Corpus Iuris,* trata las *sedes materiae* que hemos identificado.

A propósito de la ya conocida y varias veces referida ley *veteribus* (D. 2, 14, 39), se reitera el principio ya decantado:

---

[373] López (1844) en P. 7, 33, 3, Gl. *Dixo la palabra.*
[374] Solidoro Maruotti (2011) p. 114.
[375] Padoa-Schioppa (2017) p. 156.

> *Ambigua conventio interpretatio contra eum, pro quo profertur*[376]. [Una convención ambigua se interpreta contra aquel por quien se presenta]

Si bien D. 2, 14, 39 se refiere a la compraventa y al arrendamiento, el comentarista generaliza el fragmento como *conventio*. La convención ambigua se interpreta contra aquel por quien se ha presentado o pronunciado.

Luego, en un apartado de gran interés, se comienza a especificar la regla *contra proferentem* para determinar en qué casos concurre:

> **Interpretatio pacti quando fiat** *contra proferentem: Istam reprehendit gl. quia etiam in principale quandoquidem fit interpretatio pro venditore, ut* in l. lege venditionis. supra. de contrah. emp. *[D. 18,1,33] Unde alii soluut contrarium.* d.l. si in emptione *[D. 18,1,34], quod ibi pactum fuit apositum ab emptore, hic a venditore. et sic semper interpretatio fit contra eum qui pactum induxit, in cuius fuit potestate legem apertius dicere[...]interpretatio contra eum pro quo apponitur*[377]. [Cuándo la interpretación de un pacto se hace contra el que lo pronuncia: Esto es criticado por la glosa, porque incluso en lo principal la interpretación se hace a favor del vendedor, como en D. 18, 1, 33. De donde otros dicen lo contrario, D. 18, 1, 34, que allí el pacto fue puesto a favor del comprador, aquí del vendedor, y así la interpretación siempre se hace contra el que introdujo el pacto, en cuyo poder estaba decir la ley más claramente [...] la interpretación es contra aquel a favor de quien se establece].

De frente a la clásica contradicción entre D. 18, 1, 33, cláusula de venta interpretada según el entendimiento del comprador, y D. 18, 1, 34, a favor del vendedor, Bartolo señala que

---

[376] Bartoli a Saxoferrato (1603), en D. 2, 14, 39, *De pactis*, l. *veteribus* (XL), fol. 89.

[377] Bartoli a Saxoferrato (1603), en D. 2, 14, 39, *De pactis*, l. *veteribus* (XL), fol. 89.

debe interpretarse contra quien induce (*induxit*)[378] el pacto, en cuya potestad estuvo expresarse más abiertamente, y a favor del cual se introdujo. Esto último parece una novedad.

Un comentario clave será puesto en D. 18, 1, 34, que sería el germen de la evolución en *favor debitoris* de nuestra regla:

> *Dissensus circa accessoria contractum non vitiat: et in dubio sit interpretatio contra creditorem.* [...][379] [El desacuerdo sobre los accesorios del contrato no lo invalida: y en la duda la interpretación es contra el acreedor].

Bártolo señala que el disenso acerca de una cosa accesoria (en el pasaje, sobre el esclavo Estico accesorio a un fundo) no vicia el contrato y que en la duda debe interpretarse contra el acreedor. En el fragmento comentado, ante disparidad de entendimientos, se considera el esclavo que el vendedor haya entendido. El vendedor es favorecido en su posición de deudor respecto de la cosa, más que al comprador —acreedor de la misma—. Bartolo generaliza la solución decidiendo que en la duda debe interpretarse *contra creditorem* (contra el acreedor). El resto del comentario no fundamenta mayormente esta solución, pues reflexiona acerca del valor de lo accesorio respecto a lo principal, asunto de que trata el texto.

Más rastros de esta generalización pueden verse en los comentarios a otro fragmento:

> **Quicquid adstringendae:** [...] *Obscuritas omnimoda vitiat stipulationem, et sic poset interpretari, interpretatur pro promissore, sed ubi verba sunt clara, interpretatione non recipiun*

---

[378] *Induco*: liderar, proporcionar, inducir (una condición, un estado de cosas). Glare (ed.) p. 975, acep. 6. Como puede verse, se trata de mostrar iniciativa en el texto contractual, pero sin identificarse con *profero*, más cercano a una redacción.

[379] Bartoli a Saxoferrato (1596a) en D. 18, 1, 34 pr., *De contrahenda emptione, l. Si in emptione,* fol. 112, Vet. 2. Ennegrecido añadido.

[...]380. [La oscuridad total vicia la estipulación, y si puede interpretarse, se interpreta a favor del promitente, pero donde las
palabras son claras, no se acepta interpretación].

A propósito de D. 45, 1, 99, esta vez en el ámbito de la estipulación, Bartolo comenta que la completa obscuridad en la
estipulación, la vicia, pero que, si es posible interpretar, debe
hacerse a favor del promitente, y por tanto contra el estipulante. Con todo, si las palabras son claras, no cabe interpretación,
la regla denominada *in claris non fit interpretatio,* sobre la cual
volveremos, pero que en esta parte puede aportar a la consideración subsidiaria de nuestra regla.

Finalmente, en un fragmento que no ha sido atendido por
la escasa dogmática que se ha pronunciado sobre nuestra regla
en época medieval, Bartolo, probablemente por primera vez en
forma tan clara, refiere explícitamente un criterio de interpretación de contratos a favor del deudor:

> *Soluta quando accipiatur pro coniuncta, et quando pro di-*
> *siuncta:* [...] *Aut ista soluta ponitur in contractibus, et tunc gl.*
> *quae est in d. l. alienationis. in fine* [D. 50, 16, 28, 1]. *dicit,*
> *quod contra proferentem fiet interpretatio. l. veteribus. supra*
> *de pactis* [D. 2, 14, 39] *imo debet dicere contra eum pro quo*
> *et ad cuius utilitatem proferentur verba, et sic in dubio in fa-*
> *vorem debitoris. l. in eo. § ubi. infra de reg. Iuris* [D. 50, 17,*
> *?], et quod nomen in d. l. veteribus. supra de pactis* [D. 2, 14,*
> *39]*381. [Cuando las disyuntivas deben tomarse por conjuncio-
> nes y cuando por disyunciones: [...] O se usa libremente en
> contratos, y luego la glosa en D. 50, 16, 28, 1, dice que se debe
> interpretar contra el redactor, D. 2, 14, 39, es más, debe decir-
> se contra aquel por quien, y en beneficio de quien se pronun-
> cian las palabras, y por lo tanto en la duda a favor del deudor,
> D. 50, 17, ? y con ese nombre en D. 2, 14, 39].

380   BARTOLI A SAXOFERRATO (1596b) en D. 45, 1, 99, *De verborum oblig.,*
      l. Quicquid astringendae [*sic*], fol. 36.
381   BARTOLI A SAXOFERRATO (1596b) en D. 50, 16, 53, *De verbor. et rer.*
      signifi., l Saepe ita comparatum, fol. 233.

La sede es D. 50, 16, 53 pr., fragmento de Paulo que se refiere a la interpretación de conjunciones y disyunciones en ciertos negocios, poniendo ejemplos, para declarar que, a menudo, las conjunciones se tienen por disyunciones y éstas por conjunciones, como por ejemplo, cuando se dice "lo que él debe dar o hacer" (*quod eum dare facere oportet*), si bien "o" es disyuntivo, dice Paulo que debe entenderse como conjuntivo, pues basta probar cualquiera de las dos, "dar", pero también "hacer"[382].

Lo que interesa acá es el comentario bartoliano. Generalizando la regla a los contratos, sostiene el principio ya asentado hasta ahora, *contra proferentem,* invocando aquí la glosa a la ley *alienationis,* es decir, D. 50, 16, 28, 1[383], que indica la necesidad

---

[382]   Para la explicación del fragmento en materia de tutela, una temprana obra de Guzmán Brito (1976) p. 45. Es el siguiente: D. 50, 16, 53, pr. (Paul. 59 ad ed.) *Saepe ita comparatum est, ut coniuncta pro disiunctis accipiantur et disiuncta pro coniunctis, interdum soluta pro separatis. nam cum dicitur apud veteres "adgnatorum gentiliumque", pro separatione accipitur. at cum dicitur "super pecuniae tutelaeve suae", tutor separatim sine pecunia dari non potest: et cum dicimus "quod dedi aut donavi", utraque continemus. cum vero dicimus "quod eum dare facere oportet", quodvis eorum sufficit probare. cum vero dicit praetor, "si donum munus operas redemerit", si omnia imposita sunt, certum est omnia redimenda esse, ex re ergo pro coniunctis habentur* [Muchas veces se construye de modo que las conjuntivas se toman por disyuntivas, y las disyuntivas por conjuntivas, y a veces lo suelto por separado; porque cuando por los antiguos se dice: «de los agnados y gentiles», se entiende por separado. Mas cuando se dice: «sobre los bienes o su tutela», no se puede dar tutor por separado sin los bienes. Y cuando decimos: «lo que di, o doné», comprendemos ambas cosas. Pero cuando decimos: «lo que él debe dar o hacer», basta probar cualquiera de estas cosas. Mas cuando dice el Pretor: «si hubiere comprado donativo, regalo, días de trabajo», es cierto que si todo esto se impuso, todo ha de ser rescatado]. Trad. García del Corral (1897).

[383]   D. 50, 16, 28, 1 (Paul. 21 ad ed.) *Oratio, quae neque coniunctionem neque disiunctionem habet, ex mente pronuntiantis vel disiuncta vel coniuncta accipitur.*

de interpretar *ex mente loquentis,* en últimas voluntades, en juicios, pero *secus in contractibus. ubi contra proferentem sit interpretatio* (de lo contrario en los contratos, donde se debe interpretar contra el redactor)[384]. A ello se suma que en la duda deben interpretarse las palabras contra aquel en cuya utilidad fueron proferidas, para finalmente señalar que en la duda debe favorecerse al deudor, *et sic in dubio in favorem debitoris.*

Esta formulación hará historia. La idea de que en la estipulación, promitente siempre es deudor y por tanto, *contra stipulatorem* es *favor promissorem* y por tanto *favor debitoris* será una constante en la interpretación posterior de nuestra regla. Hace tiempo ha quedado atrás el sentido técnico de la estipulación romana, que permitía darle un cierto contexto a las soluciones casuísticas de los romanos. Ahora, *contra proferentem* y *favor debitoris,* aparecerán más o menos frecuentemente, aplicadas a toda clase de contratos.

5.2 Baldo de Ubaldi

Siguiendo la senda de su maestro, pero aportando ideas que van refinando el criterio de interpretación, Baldo de Ubaldi (1327-1400), señala, en sus *Commentari* a la ley *veteribus:*

> *In contractibus verba obscura interpretantur contra proferentem. hoc dicitur vel sicut. Interpretatio verborum debet fieri contra eum qui debut alium instruere, et loqui clare, non aequivoce. hoc dicitur. probat hoc supra* de acti. emp. l. j. circa fi. *[?] et. supra* de evic. l. q. libertatis § pen. *[D. 21, 2, 69, 5] In tex. ibi., veteribus, inter quos fuit Labeo, ut supra de contrahentium emp. l. Labeo, el primo [D. 18, 1, 21]. In tex. Ibi, quorum hic redditur tacita ratio, quod contra illum debet obscuritas interpretari, quod debuit alium instruere, et clare loqui, sicut est venditor et locator, qui tenentur instruere*

---

[384]   Gl. *"Neque coniunctionem",* en D. 50,16,28,1. Accursius (1627b) col. 1804.

emptorem et conductorem de qualitate rei, ut supra de con-
trahe. emp. l. cum lex [D. 18, 1, 33?] [385]. [En los contratos, las
palabras oscuras se interpretan en contra del redactor. Esto se
dice. O como la interpretación de las palabras debe hacerse
contra aquel que debía haber instruido a otro, hablando claramente, no equívocamente. Esto se dice. Prueba lo dicho
anteriormente, D. 21, 2, 69, 5 y D. 18, 1, 21. En dicho texto,
cuya razón es tácita, la oscuridad debe interpretarse en su
contra de quien debió instruir a otro, y hablar claro, como lo
es el vendedor y el arrendador, que están obligados a instruir
al comprador y al arrendatario sobre la calidad de la cosa,
como en D. 18, 1, 33]

De modo similar a Bartolo, Baldo generaliza la situación
del fragmento *veteribus,* que se refiere a los pactos obscuros o
ambiguos en la compraventa o en el arrendamiento, pero en
la categoría de *contractibus,* que en este contexto coincide, no
con la categoría general de contrato, sino con la de *pacta ves-*
tita, como aquellos *pacta* que generan acción para exigir su
cumplimiento en el sistema típico de contratos[386]. Se avanza
en la proposición de un fundamento que no había aparecido de forma tan prístina en fuentes anteriores: la interpretación de las palabras debe hacerse contra aquel que debió
instruir al otro, hablando claro, no equívocamente. Luego,
el comentarista cita un fragmento que ya había sido referido,
Qui libertatis § pen. (D. 21, 2, 69, 5[387]), en que el contrato se
interpreta contra aquel que no empleó la debida claridad
en la cláusula de la venta de un esclavo. Se delinea aquí un
concepto fundamental en la evolución de la regla: *instruere*
et clare loqui debere, es decir, una carga de información y de
claridad, ejemplificado con el caso del deber del vendedor o

---

[385] Baldi Ubaldi (1577a), en D. 2,14,39, *De pactis, l. veteribus* (s/n)
fol. 153.
[386] Astuti (1961) pp. 770-771. Gentili (2015) t. 1, p. 13.
[387] *Supra* II. 2.2 b).

arrendador de dar a conocer la cualidad de la cosa. Esto es importante para el desarrollo posterior de la regla.

> **Quicquid astringende** [...] *In obscuris est electio debitoris. ubi verba generalia sunt certa, standum est verbis, nec cadit interpretatio restrictiva* [...] *Dic, quod stipulationes et statuta non recipiunt intellectum suppletivum. secundo, quod recipiunt intellectum declarativuum* [...] *tertio intellectum restrictivuum, quia sic sunt verba clara, et generalia, quod non recipiunt restrictionem* [...] *Sed respondeo, quod aut est eadem inclusorum conditio, sive ratio, sive inclusibilium: tunc non recedimus a verbis, ut si promisisti omnia vasa tua. nam cum fit easem ratio includendorum, omnia includentur*[388]. [**Todo lo que intensifica**. En lo oscuro la elección es del deudor. Donde las palabras generales son ciertas, deben mantenerse, y no cabe interpretación restrictiva [...] Digo, que las estipulaciones y los estatutos no reciben un entendimiento supletorio. En segundo lugar, reciben un entendimiento declarativo [...] En tercer lugar, un entendimiento restrictivo, porque son palabras tan claras y generales que no reciben restricción [...] Pero respondo que si la condición o la razón no es la misma, entonces no nos apartamos de las palabras, como si prometiste todos tus vasos, porque cuando se produzca esa razón de inclusión, todo será incluido].

En este fragmento se mantiene el criterio anterior de que, en caso de oscuridad, la elección le corresponde al deudor. Sin embargo, Baldo incorpora en su análisis la operación hermenéutica de ampliación y restricción de las palabras. En efecto, la doctrina medieval distingue en los preceptos legislativos dos elementos constitutivos esenciales: las palabras de la norma (*verba*) y el sentido lógico y jurídico de la cual eran instrumentos expresivos adoptados por el legislador para manifestar su voluntad (*sensus*)[389]. Frente a esta distinción, puede suceder que *verba legis* y *sensus legis* coincidan, en cuyo caso se hará una

---

[388] Baldi Ubaldi (1577b), en D. 45, 1, 99, *De verborum obligationibus, l. Quicquid astringende* [sic], fol. 23.

[389] Piano Mortari (1972) p. 281

interpretación declarativa, cuyo resultado es que se debe aplicar la ley según sus *verba*, sin ampliación ni restricción; por otra parte, puede suceder que el *sensus legis* resulte más amplio que el sentido de los *verba legis*, en cuyo caso se procederá a su ampliación (*extensio*), o bien menos extenso, en cuyo caso se procederá a su restricción (*restrictio*)[390]. Estas consideraciones serán utilizadas en materia de interpretación de la ley y de negocios privados, como puede apreciarse en el fragmento de Baldo, que habla sobre *stipulationes et statuta*.

En el comentario, se señala que, existiendo claridad de las palabras redactadas en términos generales, no se admite una interpretación restrictiva de ellas. En este caso, tampoco se admite una estipulación supletiva (*extensio*) y, por lo tanto, deberá hacerse una interpretación declarativa, volviendo a enunciar la regla general que veda la interpretación restrictiva a los casos en que haya una enunciación clara, *in claris non fit interpretatio*, ejemplificando con una hipótesis similar al fragmento: si se prometen todos los vasos o esclavos, serán todos ellos los que se deberán.

5.3 Paulo de Castro

Años más tarde, Paulo de Castro (ca. 1360-1441), discípulo de Baldo[391], introduce en su análisis elementos suficientemente relevantes para ser mencionados, además de decantar en reglas precisas elementos ya presentes en el análisis. En este caso, en la ya célebre para nosotros ley *veteribus*:

---

[390] Guzmán Brito (2011b) pp. 58-59.
[391] También llamado Paolo di Castro o Paulus de Castro. Considerado uno de los más grandes juristas de la primera mitad del siglo XV y conspicuo representante de la escuela de los comentaristas. Vázquez García Peñuela (2004) p. 539.

> **Veteribus placet**. *Pactio obscura, vel ambigua interpretatur contra proferentem, vel contra eum in cuius favorem fuit apposita. h.d. Et [ve]ro est in promptu, quia ille habet fundare, suam intentionem in ea, et per consequens habet eam probare, sive agat, sive excipiat, ut l. ii. inf. de probat [D. 22, 3, 2]. probatio vero debet esse clara, et concludes necessario, vel praesumptive praesumptione a iure approbata, alias non relevat probantem [...] In tex. ibi., vel ambiguam, supple. appositam a venditore, vel locatore, ut sequitur et hoc si constabat, sed si non constat a quo fuerit apposita, quia sunt verba notarii, tunc inspicitur in cuis favorem apposita fuit, et ab illo censetur fuisse appositam, et fit interpretatio contra eum, et hoc modo pot intelligi. l. si in emptione in prin. supra de contrahen. emp. [D. 18,1,34]*[392]. [**Los antiguos opinaban**. Un pacto oscuro o ambiguo se interpreta en contra de quien lo hizo, o en contra de aquel en cuyo favor se celebró. Y verdaderamente ello es fácilmente disponible, porque tiene que basar su intención en él, y como consecuencia debe probarlo, ya sea como acción o excepción, como en D. 22, 3, 2, pero la prueba debe ser clara y conclusión necesaria o una presunción de derecho, de lo contrario no releva a quien prueba [...] En el mismo texto ambiguo puesto por el vendedor o arrendador, en la forma siguiente, pero si no se establece por quién se puso porque son palabras de un notario, entonces se examina a favor de quién se puso, y se considera que fue puesto por él y la interpretación se hace contra él, y de ese modo puede entenderse].

Siguiendo la doctrina que lo precede, Paulo de Castro señala que tanto los pactos oscuros como los ambiguos se interpretan tanto contra el redactor o quien los presenta, como contra aquellos en cuyo favor fueron puestos. A continuación, refiere otro de los elementos clave del desarrollo de esta regla como fundamento: quien sostiene su intención en el pacto, debe probarla, tanto en acciones como en excepciones, citando el clásico fragmento del jurista romano Paulo reconocido como el germen del *onus probandi*, D. 22, 3, 2: *Ei incumbit probatio qui*

---

[392] PAULI CASTRENSIS (1582) en D. 2,14,39, *De pactis, l. Veteribus placet* (XL) fol. 68.

dicit, non qui negat [Incumbe probar a quien dice, no a quien niega][393]. Luego, señala que, siguiendo el fragmento comentado, en el caso de ambigüedad, la interpretación va contra el redactor del texto, sea vendedor o arrendador, pero si ello no consta, por ser palabras del notario, debe identificarse aquel en cuyo favor fue puesto el pacto. Es decir, el criterio ya asentado, pero no deja de llamar la atención el hecho de involucrar un aspecto de la vida cotidiana, como la intervención de notarios en la redacción de documentos contractuales ya en la época[394].

5.4 Rafael Fulgosio

Finalmente, debemos constatar la opinión de uno de los últimos comentaristas, Rafael Fulgosio (1367-1427)[395], que, siguiendo los desarrollos, principalmente de Bartolo, reitera como principio general el mandato de interpretar contra el redactor y a favor del deudor. En efecto, en el resumen de su exposición, el cuarto título indica "*Interpretatio fit contra proferentem et pro debitore*". Es de interés su fundamentación de la regla, que reúne distintos elementos ya revisados, constatándose una suerte de orden de prelación de razonamientos que posteriormente serán recogidos legalmente:

> In ead. ibi, in hac lege dicitur secundum Ange. addite scilicet, ut contra proferentem fiat interpretatio: si autem secundum eundem non appareat ex tenore instrumenti quis posuerit, dicendum est secundum eum, et recte, ut fit interpretatio facienda

---

[393] Sobre su evolución histórica, CARVAJAL RAMÍREZ (2012a) p. 569 y ss. En relación con el artículo 1698 del Código Civil chileno, CARVAJAL RAMÍREZ (2014b) p. 125 y ss.

[394] Al respecto, véase DI RENZO VILLATA (2009).

[395] Uno de los últimos comentaristas, que desde 1407 hasta su muerte fue la mayor lumbrera de la Universidad de Padua, donde, enseñó, además del derecho civil, incluso durante un breve periodo de tiempo el canónico. CORTESE (1995) p. 451.

contra eum qui exinde vult se adiuvare: quia probatio debet de necessitate concludere, sermo autem ambiguus de necessitate non probat. Et ultimo deficientibus omnibus coniecturis, sequimur eam interpretationem per quam minor obligatio oritur[396] [En el mismo lugar, en esta ley se dice según ANGELUS, añádase, por supuesto, que la interpretación debe hacerse contra el redactor; pero si no resultare del tenor del instrumento quien lo ha redactado, debe decirse según él, y con razón, de modo que la interpretación debe hacerse contra el que quiere ayudarse de ella: porque la prueba debe concluir de manera necesaria y el discurso ambiguo no prueba de esta forma. Y finalmente, fallando todas las conjeturas, seguimos aquella interpretación por la cual surge la menor obligación].

En caso de ambigüedad, el contrato se interpreta contra el que presenta el texto (*contra proferentem*) y en favor del deudor (*pro debitore*). Se presenta, además, siguiendo a Angelus[397] el problema de no ser claro quien es el redactor, solucionando contra el que "se quiere ayudar" con determinada interpretación, asignándole la carga de probar dicho aserto, volviendo a los precedentes de Baldo y Paulo de Castro que así lo sostenían. Finalmente, si no es posible avanzar en un sentido cierto según la anterior operación, se interpreta el pacto a favor del deudor, según la menor obligación. Esta formulación es una síntesis de las consideraciones ya avanzadas, a las cuales se unirán otras durante la modernidad.

---

[396] FULGOSI (1554) fol. 93, en D. 2, 14, 39.

[397] Se trata del teólogo Angelo Carletti (1411-1495), versión italiana en ANGIOLO DA CHIVASSO (1594) fol. 34, donde aparece nuestra regla.

III. LA REGLA *CONTRA PROFERENTEM* EN LA MODERNIDAD

1. Humanismo

Las convicciones religiosas y políticas en que se basaba la premisa del *ius commune,* como la sumisión a la autoridad central del papa, una herencia común romana y germánica y un sistema jurídico de gran alcance que armonizaba las diferencias entre los órdenes normativos de varios lugares, fueron puestas en tela de juicio en los siglos xv y xvi, al agudizarse las divisiones políticas en Europa. En este contexto, los primeros signos de fisura fueron intelectuales y hallaron expresión en una corriente de pensamiento que ahora identificamos como humanismo[398].

En materia jurídica, a partir del siglo xv, se perfilan dos tendencias opuestas en el estudio del Derecho romano justineaneo: por una parte, el llamado *mos Italicus,* con una perspectiva que prosigue las enseñanzas de glosadores y comentaristas; y por otra, una tendencia nacida en Italia, pero cuyo florecimiento predominó en Francia, por ello denominada *mos Gallicus.* Ésta se caracterizó por una dura reacción a la progresiva deformación que habría sufrido el *Corpus Iuris* en la obra de los comentaristas y como expresión del humanismo en el ámbito jurídico, expresaba un interés "culto", pero no dogmático y, sobre todo, separado de las exigencias de aplicación práctica en el examen de las fuentes jurídicas romanas[399]. Con todo, el humanismo es una continuación de la jurisprudencia medieval, pues no cambió, sino que amplió su círculo de fuentes,

---

[398] Herzog (2018) pp. 165-166.
[399] Solidoro Maruotti (2011) p. 130.

aunque permaneció centrado en el *Corpus Iuris Civilis*[400], como se verá. Se estima que los primeros juristas humanistas serían el italiano Andrea Alciato (1492-1550) como fundador, quien emigró a Francia, fundando una escuela de la cual surgieron sus primeros discípulos, el francés Guillaume Budé (latinizado Budaeus, 1467-1540) y el alemán Ulrico Zasio (Ulrich Zäsy, latinizado Zasius, 1461-1535)[401].

1.1 Ulrico Zasio

De esta primera tríada de humanistas que, como señala Bressler, condujeron la ciencia jurídica medieval a la Edad Moderna[402], encontramos una formulación suficientemente interesante de nuestra regla en Zasio, uno de los primeros y más influyentes humanistas alemanes[403], a propósito de la ley *veteribus*:

> "**l. veteribus**. *Ista est bona et utilis lex, etiam rethoribus in statu ambiguo. Summa: Pactio obscura vel ambigua, interpretatur contra proferentem, vel contra eum in cuius favorem est apposita: vel melius, contra eum qui ex isto pacto nititur.* [...] *Quod in dubio si verba sunt ambigua, interpretantur contra eum qui locutur est ambigue, cum poterat loqui certe.* [...][404]. [Esta es una ley buena y útil, incluso para los retóricos en un estado de ambigüedad. Resumen: Un pacto oscuro o ambiguo se interpreta en contra de quien lo hizo, o en contra de aquel en cuyo favor fue puesto: o mejor, en contra de quien se apoya en este pacto. [...] En caso de duda, si las palabras son ambiguas, se interpretan contra el que habla ambiguamente, cuando podía hablar en forma más cierta].

---

[400] Guzmán Brito (2004) p. 27.
[401] Guzmán Brito (1978) p. 31, en detalle sobre esta evolución.
[402] Bressler (2004) p. 48.
[403] Pahlmann y Schröder p. 474. Es considerado el primer profesor alemán de Derecho romano que obtuvo reconocimiento más allá de las fronteras de su país. Meder (2017) p. 246.
[404] Zasii (1590) fol. 259.

Luego de definirla como "ley buena y útil", se remite al *status ambiguitatis* de los retóricos[405], para luego mencionar la regla *contra proferentem*, pero recogiendo las ideas anteriores que ordenan la interpretación contra aquel en cuyo favor ha sido introducido el pacto, quien se apoya o confía en el mismo. Señala el jurista alemán que, en la duda, si las palabras resultan ser ambiguas, se interpreta contra aquel cuya expresión resulta ambigua (*contra eum qui locutur est ambigue*), pues podía haberse expresado con mayor certeza.

Sus comentarios sobre cómo solucionar los casos de oscuridad en los contratos (*obscuritas in contractibus quinque modis solvitur*) son notables por cómo se va asentando un verdadero sistema de interpretación con varias etapas:

> *Si dubia vel obscura verba incidant in contractibus* [...] *Primus: si ex lege scripta potest haberi certitudo, eadem sequimur, ut habuimus in l. tres fratres supra eo* [D. 2,14,35]. *Secundus casus: si lex certum non statuat, recurrimus ad consuetudine, ad mores regionis, et sicus consuetudo est contractus intelligere in huiusmodi obscuritatibus, ita debent verba ambigua interpretari tex. in l. semper in stipul.* [D. 50,17,34] *in l. in obscuris. inf. de regul. iur.* [D. 50,17,9] *in l. stipulatio. § in stipulationib. supra. de verb. oblig. hoc est quod dicimus* [D. 45, 1, 38, 18][406]. [Si en los contratos concurren palabras dudosas u oscuras [...] Primero: si de la ley escrita se puede obtener certeza, se sigue lo mismo, como teníamos en D. 2, 14, 35. El segundo caso: si la ley no establece algo cierto, recurrimos a la costumbre, a las normas de la región, y como es costumbre entender los contratos en este tipo de oscuridades, así deben interpretarse las palabras ambiguas, como en D. 50, 17, 34; D. 50, 17, 9 y D. 45, 1, 38, 18].

---

[405] En ello puede apreciarse el carácter humanista de redescubrimiento de los clásicos. Sobre el *status ambiguitatis*, véase *supra* I. 2.2.

[406] Zasii (1590) fol. 259.

Primero, Zasio señala que, si existe certeza en la ley escrita (del contrato), debe seguirse ésta. Segundo, si la ley no es cierta, se recurre a la costumbre, a los *mores regionis,* para luego remitir en forma subsidiarias a las fuentes romanas que usualmente se citan en esta regla y sobre las cuales nos hemos referido.

En tercer lugar, se le otorga importancia a la *natura conventionis*:

> *Tertius casus: Si desit consuetudo, et incidant verba ambigua, tunc oportebit inspicere naturam conventionis, quod ex quali-tate conventionis sit verisimile, sive hoc sit pro stipulante, vel promitente*[407]. [Tercer caso: Si no hay costumbre y se dan palabras ambiguas, entonces habrá que mirar la naturaleza del contrato, que es verosimil por la calidad de la convención, sea éste para el estipulante o para el promitente].

Es decir, si falta la costumbre y existe ambigüedad en las palabras, entonces debe observarse la naturaleza de la convención, lo que según la calidad de esta sea verosímil, tanto a favor del estipulante, como del promitente. Aparece en esta parte, como novedad el concepto de naturaleza de la convención. En efecto, la *natura contractus* constituye un parámetro de comprensión de los términos literales utilizados por las partes contratantes que permite revelar su intención negocial. En virtud de esta, se presta atención al contenido y efectos del contrato que las partes han celebrado, determinando como estas han "llenado" el marco que les ofrece el esquema típico previsto por las fuentes romanas, siempre que se hayan mantenido dentro de ese marco y, en su caso, como lo han adaptado a la consecución de sus fines[408].

---

[407]   Zasii (1590) fol. 259.

[408]   Massironi (2012) pp. 183-184, a partir sobre todo de fuentes medievales como Baldo. Hemos sostenido que el artículo 1563 CCCh permite introducir este concepto de naturaleza en la interpretación contractual. Rubio Varas (2020).

En cuarto lugar, expresa que, si lo demás falla, debe recurrirse al *quod minus*, reduciéndose las palabras dudosas a lo menor:

> *Quartus casus est, si desunt caetera qua prediximus, tunc recu-*
> *rrimus ad id quod minimum est, ut verba dubia ad minimum*
> *reducantur* [...][409]. [Cuarto caso es, si faltan las otras cosas que
> hemos dicho, entonces se recurre a lo menor, para que las pa-
> labras dudosas se reduzcan al mínimo].

Como regla subsidiaria de lo expuesto recientemente, el
análisis se remite a *contra proferentem*:

> *Quintus: Si omnia praedicta cessauerint, tunc primum erit lo-*
> *cus legi nostrae, videlicet quod in ambiguis verbis contractum*
> *interpretatio fiat contra proferentem, per text. nostrum: vel con-*
> *tra eum qui se fundat ex verbis ambiguis, quia nisi probet inten-*
> *tionem et suum intellectum, tunc contra eum fiet interpretatio*
> [...] *probatio dubia est et non concludit, tunc sit interpretatio*
> *contra eum qui debeat probare* [...][410]. [Quinto: Si todas las
> predicciones han cesado, entonces primero habrá lugar para
> nuestra ley, a saber, que en palabras ambiguas la interpreta-
> ción del contrato se haga contra el proponente, según nuestro
> texto: o contra aquel que se fundamente en palabras ambiguas,
> porque a menos que pruebe su intención y su entendimiento,
> entonces la interpretación se hará contra él [...] si la prueba es
> dudosa y no concluyente, entonces la interpretación debe ser
> contra aquel que debía probar]

Frente a la falta de aplicación de los demás preceptos, debe
observarse que en lo ambiguo la interpretación debe hacerse
tanto contra el redactor como contra quien se funda en palabras ambiguas, y como ya había señalado Paulo de Castro, el
contrato se interpreta contra quien, debiendo probar, no lo
hace. Es decir, el comentario de Zasio remite nuevamente al
onus probandi.

---

[409]   ZASII (1590) fol. 259.
[410]   ZASII (1590) fol. 259.

1.2 Charles Dumoulin

Desde la vertiente francesa, un discípulo de Guillaumé Budé, Charles Dumoulin (1500-1566), expone en sus *Consilia* la solución a un caso en que existía dudas acerca del contenido de un *chirographi*[411], ante lo cual opina:

> *Tertio, quia in dubio fit interpretario contra eum qui se fundat in verbis instrumenti, l. veteribus de pact. l. Labeo scribit. de contrah. empt. et vendit. Bartol l. saepe. in princ. de verborum significat.*[412] *Alexand. l. si paciscenda C. de pactis [C. 2, 3, 9] cons. 204, col. 3. col. ult. ubi in annot. dixi lib. 2. dixi etiam nuper in annot. ad Dynum c. contra eum de regulis iuris in sexto. Sed totum et unicum fundamentum contra heredes Theobaldi sumitur ex solis verbis chirographi, ergo contra adversarios interpretanda sunt.*

> *Tum etiam in expressa stipulatione verba contra stipulatorem interpretanda sunt* [...] *Igitur multo magis in stipulatione tacita vel praesumpta* [...]

> *Tum in dubio pro debitore contra creditorem, l. Arianus de actio et oblig.* [D. 44, 7, 47] *Decius cons. 313. num 4, et pro reo contra actorem* [...]][413] [En tercer lugar, porque en la duda la interpretación es contra el que se basa en las palabras del instrumento [...] Pero el único fundamento contra los herederos de Teobaldo se toma de las meras palabras del *chirographi*, por lo tanto, deben interpretarse contra los adversarios.

> Entonces aun en una estipulación expresa las palabras deben interpretarse en contra del estipulante [...] Por lo tanto, mucho más en una estipulación tácita o presunta. Entonces en caso de duda a favor del deudor contra el acreedor, D. 44, 7, 47].

---

[411] En este caso, una práctica negocial medieval por la cual se grababa en duplicado un acuerdo entre dos partes, luego de lo cual ambas recibían una copia idéntica del acuerdo. Bedos-Rezak (2010) p. 135.

[412] La cita es Bartoli a Saxoferrato (1596a) en D. 50, 16, 53, *De verbor. et rer. signifi., l Saepe ita comparatum*, fol. 233, revisado en el tratamiento de dicho comentarista.

[413] Molinaei (1681) fol. 889.

La opinión de Dumoulin se basa en supuestas alegaciones hechas por una de las partes de la disputa, quienes se fundaban en las palabras del *chirographi* para sostener su posición. Ante ello, el jurista reitera la regla que ordena interpretar contra quien se funda en las palabras del instrumento. Luego, en las estipulaciones expresas, las palabras se interpretan con el estipulante y finalmente, en la duda, a favor del deudor y contra el acreedor, citando en esta parte la ley *arrianus,* es decir, D. 44, 7, 47[414], en que, según testimonia Paulo, como habíamos tratado, el jurista Arriano habría indicado que si se trata de obligarse, debe propenderse a negarlo, pero si de liberarse, a admitir dicha liberación. Es decir, ahora en palabras de Dumoulin, el fundamento de favorecer al deudor es la falta de claridad de la obligación que, en la duda, se entiende no contraída.

1.3 Francesco Mantica

Cabe mencionar una de las primeras obras que, más allá de ceñirse al comentario de fuentes romanas o de la interpretación de la ley, trata acerca de la interpretación de los contratos[415]. Se trata de *Vaticanae lucubrationes de tacitis et ambiguis conventionibus,* de Francesco Mantica (1534-1614), uno de los juristas italianos representantes del *mos Italicus,* movimiento que se conservó en dicho país durante un buen tiempo, en contraste al humanismo y el *mos Gallicus*[416]. Su método se caracterizó por estar atento a la dimensión aplicativa del Derecho, pero dispuesto a sacrificar la originalidad individual a cambio

---

[414] Sobre la cual, véase I. 3.2, a), iv). Allí advertimos, con todo, de la improcedencia de extraer y generalizar un principio *favor debitoris* de este fragmento. Acá, ello parece ser parte de la metodología del momento histórico que estamos analizando.

[415] Vogenauer (2003) p. 567.

[416] Guzmán Brito (2004) p. 78.

de una mayor certeza, obtenida a partir de la *communis opinion doctorum,* es decir, poniendo el centro en la mejor doctrina sometida al escrutinio de la judicatura, de forma de dar un orden al conjunto de fuentes, normas, principios hermenéuticos, prácticas judiciales referidas a diferentes cuerpos normativos, que sustancian la vida del Derecho entre el final de la Edad Media y la primera modernidad[417].

En dicha obra, de gran fama y con un afán sistematizador por la cual se ha señalado que consagraría una verdadera teoría general del contrato[418], expone los más frecuentes problemas interpretativos, distinguiendo sobre la base de una serie de contratos. En el apartado de la compraventa, encontramos conclusiones similares a las ya observadas:

> *Porro in emptionibus et venditionibus id potius quoad actum est, quam quod fuit dictum, sequi debemus. l. sed Celsus, § si tibi, D. de act. empt.* [D. 18, 1, 6, 1] *l. pen. § silva. eod. tit.* [D. 18, 1, 80, 2] *Primum ergo quid actum sit spectari oportet. Sed si id non appareat, et tunc id accipitur, quod venditori nocet, l. cum in lege, D. de contrah. empt.* [D. 18, 1, 34] *nam Labeo scribit, obscuritatem pacti nocere potius debere venditori, qui id dixerit, quam emptori: quoniam venditor ipse re integra potuit legem apertius dicere. l. Labeo scribit, D. de contrah. empt.* [D. 18, 1 21] *l. qui fundum, § in lege, eod. tit.* [D. 18, 1, 40, 1] *l. veteribus, D. de pact. l. in contrahenda, de reg. iur.* [D. 2, 14, 39][419] [Además, en las compras y en las ventas, se debe seguir lo que se ha hecho, más que lo que se ha dicho, D. 18, 1, 6, 1; D. 18, 1, 80, 2. Primero, entonces, debe considerarse lo que se ha hecho. Pero si ello no aparece, entonces se acepta lo que perjudica al vendedor, D. 18, 1, 34. De hecho, Labeón escribió que el pacto obscuro perjudica más al vendedor, que lo dijo, que al comprador: dado que el vendedor puede decir la ley abiertamente, D. 18, 1, 40, 1; D. 2, 14, 39].

---

[417] Rossi (2011) pp. 76-77.

[418] Feci (2013) p. 1261.

[419] Mantica (1680) fol. 259.

Recogiendo la tradición anterior, señala que en las compras y ventas debe seguirse más lo que se ha hecho (*potius quod actum*), que lo que se ha dicho (*quam id quod dictum*), citando D. 18, 1, 6, 1, que emplea dichos términos, al igual que D. 18, 1, 80, 2, ya revisado por su importancia respecto al *quod actum*[420]. Luego indica que, si ello no aparece, debe seguirse lo que perjudica al vendedor por estar en su poder hablar más claramente, refiriendo los fragmentos que hemos invocado. Resalta, pues no había sido mencionado, D. 18, 1, 40, 1, que interpreta la cláusula de una compraventa (*lege fundi*) según la cual el agua iba comprendida (*aquam accessuram*), preguntándose si acaso comprendía también el paso de la misma, frente a lo cual Paulo responde que parecía que ello se había convenido (*videri id actum esse*), interpretando contra el vendedor.

Nada tan extraño al desarrollo ya explicado, pero decantándose poco a poco por soluciones generales y jerarquizadas —primero el *quod actum*, luego, *contra venditorem*—aplicable a todos los contratos de compraventa, sin mayor fundamentación que la autoridad de las fuentes.

1.4 Valentin Wilhelm Forster

Por último, cabe citar a Valentin Wilhelm Forster (1574-1620), como un jurista puente entre humanismo e iusnaturalismo, quien, en su catálogo sobre máximas interpretativas, género común durante el período[421], llamado *Interpres sive de interpretatione libri duo* (1613), ubica nuestra regla en el penúltimo lugar, 99 de 100:

> *Reg. XCIX. Summarium. Interpretatio fieri debet adversus eum, qui contractus legem apertius dicere potuit: Interpretatio fieri*

---

[420] Véase *supra* I. 1.

[421] VOGENAUER (2007a) p. 1491.

> *debe adversus eum, qui legem apertius contractui dicere po-*
> *tuit, l. veteribus 39. D.* de pact. *ubi Petr. Matres. et nos in* com-
> ment. manuscript. l. *Labeo 21 et ibi Gabr. Mudaeus l. cum in*
> *lege 33. D. de contrah. emt. Hanc regulam late tractavimus* in
> tract. de pact. caput 8. membrum 6. *et poterit ea pro re nata,*
> *latius explicari*[422] [Regla 99. Resumen. La interpretación debe
> hacerse en contra de aquel que pudo haber expresado la ley
> del contrato: La interpretación debe hacerse contra quien pu-
> diera expresar la ley del contrato más abiertamente, D. 2, 14,
> 39, donde Petrus Martresius y también Gabriel Mudaeus, D.
> 18, 1, 34. Hemos discutido extensamente esta regla en *tract,*
> *de pact. caput 8, membrum 6,* y será posible que se explique
> más plenamente tal como nació]

El autor señala que la interpretación debe ir contra aquel que podía decir la ley del contrato más abiertamente, citando D. 2, 14, 39 y algunos autores que comentan este fragmento, dentro del cual se encuentra la monografía de Petrus Martresius, que data de 1550 y está compilada en el *Novus Thesaurus juris civilis et canonici* de Meerman[423]. De ello interesan dos cosas: los avances hechos en torno a la configuración de reglas de interpretación donde la nuestra se ubica hacia el final y que el autor reenvía el tratamiento detallado hacia un tratado anterior de su autoría.

Se trata de su *Tractatus methodicus de pactis* (1601), que, en la pregunta *Adversus quem interpretatio facienda sit obscutis pacti?* (¿Contra quién debe hacerse la interpretación del acuerdo oscuro?), remite a la opinión de Cuyacio, que veremos más adelante, además de otros autores. Luego de intentar concordar diversas fuentes que deciden *contra* o *favor venditorem/locatorem*, termina concluyendo que:

> [...] *tam emtori, quam venditori obscuritatem pacti nocere,*
> *uter ex his ambigue locutus sit; adeoq; in contractibus semper*

---

[422]　FORSTERI (1613) fol. 431.
[423]　MARTRESIUS (1753) p. 706 y ss.

ambiguae locutionis autorem acussandum essse [...]*ut genera-
lis regula teneatur, ambiguum pactum adversus eum, qui eius
actor fuit, interpretandum, sive is venditor, sive emtor, sive lo-
cator, sive conductor fuerit. utrique tam emptori quam venditori obscuritatem pacti nocere, uter ex his ambigue locutus sit:
adeoq; in contractibuss sssemper ambuae locutionis autorem
accusandu esse*[424] [La oscuridad del acuerdo perjudica tanto al comprador como al vendedor, cualquiera de los cuales
haya hablado ambiguamente; por lo tanto; que en los contratos
siempre se debe acusar al autor de una expresión ambigua [...]
para que se cumpla la regla general, un acuerdo ambiguo debe
interpretarse contra la persona que fue su agente, ya sea el
vendedor, o el comprador, o el arrendador, o el arrendatario].

Es decir, lo gravitante es el uso de expresiones ambiguas.
Contra el autor de ellas, sea vendedor, comprador, arrendatario o arrendador, deberá será interpretado el contrato.

Puede concluirse de esta etapa que los autores del humanismo, manteniendo el estudio de los principios esenciales
derivados de las fuentes romanas en torno a esta regla, se van
enfocando en la creación de una teoría general de la interpretación contractual, fijando reglas que miren no al contexto o
situación concreta del tipo contractual, sino a la conducta de
los contratantes.

2. La neoescolástica española

Cabe en este punto exponer algunas ideas que sobre la
regla pueden aportar las doctrinas del movimiento identificado como Segunda Escolástica Española, que en los siglos
XVI y XVII constituyó una síntesis de la doctrina de Santo
Tomás de Aquino y el Derecho romano, preocupándose por
la contratación como aparecía en las fuentes romanas, pero

---

[424]   Forsteri (1601) fols. 254-255.

premunidos, en su calidad de teólogos, por el aparato metodológico del tomismo[425].

Pese a que no fue posible encontrar en estos autores una formulación de la regla en comento, existen ciertas cuestiones de naturaleza teológica que permiten hacer una conexión con el trasunto histórico posterior. El criterio subjetivo del acuerdo de voluntades y los "pactos" eran los elementos gravitantes en la construcción de un sistema contractual en esta época, todo desde un punto de vista teológico-moral[426].

2.1 Tomás de Aquino

En este sentido, el aquinate menciona dentro de las virtudes de la justicia a la veracidad, señalando:

> *Et potest hoc debitum attendi ex parte ipsius debentis. Et sic ad hoc debitum pertinet quod homo talem se exhibeat alteri in verbis et factis qualis est. Et ita adiungitur iustitiae veritas, per quam, ut Tullius dicit,* immutata ea quae sunt aut fuerunt aut futura sunt, dicuntur[427] . ["Cabe también considerar tales deudas desde el punto de vista del deudor, siendo entonces su objeto el que el hombre se manifieste ante los otros de obra y de palabra tal cual es. Se agrega así a la justicia la veracidad, por la que, en frase de Tulio, uno expresa sin deformaciones lo que hay, ha habido o va a haber"].

Estas consideraciones sobre la veracidad en la expresión, serán puntos de partida relevantes para el desarrollo posterior de ideas de otros juristas de la escuela en análisis. Así, podemos citar luego la obra de dos jesuitas contrarreformistas, Luis de

---

[425] DE LA VEGA PARRA (2018) p. 80.

[426] DIESSELHORST (1959) p. 16.

[427] T. de Aq. *S. Th.*, IIª-IIae, q. 80, a, 1. co. Con más profundidad, q. 109 y q. 110. Trad., con algunas alteraciones, MORÁN (1994). Cursivas en el original.

Molina (1535-1600) y Leonardo Lessius (1554-1623), los que
serán las guías tardomedievales de Grocio sobre la doctrina
de la promesa, adentrándose en las concordancias jurídicas,
teológicas y morales del derecho contractual en sus obras *De
justitia et jure*, que llevan el mismo título[428].

2.2 Luis de Molina

Un aspecto interesante en Luis de Molina es su distinción
entre propósito y promesa, siendo únicamente vinculante
la segunda, que de ser aceptada produce obligaciones. Con
todo, puede haber dudas en las palabras pronunciadas por el
promitente, en orden a si quiso vincularse o no. En este caso,
Molina indica:

> *Quando ergo verba ambigua sunt, num solum propositum sig-
> nificent, an vero promissionem, ad proferentis animum recu-
> rrendum est, quid significare intenderit. Praesertim cum in his
> gratuittis, non plus quis obligetur, quam seipsum obligare inten-
> derit*[429]. ["Cuando las palabras sean ambiguas, y no esté claro
> si significan únicamente propósito o también promesa, ha de
> recurrirse al ánimo del manifestante, para saber su intención,
> sobre todo considerando que en estos actos gratuitos nadie se
> obliga más que a lo que se quiso obligar"]

En el caso se trata de una promesa gratuita, indicándose
que esta producirá obligaciones únicamente si ello resulta claramente del "ánimo del manifestante". Con todo, esta intención subjetiva debe calzar con las palabras pronunciadas, pues
a continuación indica que:

---

[428]   Diesselhorst (1959) p. 4.
[429]   Molinae (1733) trat. II, disp. 262, n. 2, fol. 23. Trad. de Molina son
        de Fraga (1942).

> *Sicut moderate comedere est actus exterior virtutis moralis tem-*
> *perantiae: ita proferre dicta consona menti, ese actym exter-*
> *num virtutis moralis, cujus vitium oppositum est mentiri. Recta*
> *namque ratio praescribit, dicta proferenda ese consona menti,*
> *voluntatemque teneri ea dicta imperare, quae menti dissona*
> *non sint*[430]. ["[...] así como el comer moderadamente es un
> acto externo de la virtud moral de la templanza, así también el
> proferir palabras acordes con la intención es un acto externo
> de la virtud moral cuyo vicio opuesto es la mentira. Pues la
> recta razón prescribe que las palabras sean acordes a la mente,
> y que la voluntad debe imperar en los dichos acordes con la
> intención"].

Ello es parte de la virtud de la veracidad que establece Santo
Tomás, concluye el autor.

2.3 Leonardo Lessius

En similar sentido, Lessius indica que la confianza del destinatario de la promesa debe ser protegida, por lo que el promitente, aun realizando una promesa en forma ficticia, resulta
obligado a cumplir bajo pecado mortal por "el engaño en esa
manera de prometer" (*quia illo modo promittendi ilium decepit*)[431].
Luego señala ello es del mismo modo en los contratos onerosos:

> *Pari modo si promissio facta sit in modum contractus onerosi,*
> *et altera pars impleverit onu seu conditionem impositam; te-*
> *netur implere promissum, etiamsi animo non se obligandi, sed*
> *decipiendi promiserit. Ratio est, quia tenetur evitare damnum*
> *promissarii, et gravem deceptionem, cui causam dedit ficte*
> *promittendo. Deinde quia in contractibus huiusmodi, ex ius-*
> *titia tenebatur internum consensum adhibere, alioquin decipit*
> *alterum, et non rependit a quale*[432]. ["Del mismo modo, si la

[430] MOLINAE (1733) lib. 2, disp. 262, 3.
[431] LESSIUS (1608) lib 2, cap. 18, dub, 8 num. 59, fol. 205. En el mismo sentido, DECOCK (2013) p. 195.
[432] LESSIUS (1608) lib 2, cap. 18, dub, 8 num. 60, fol. 205.

> promesa se hizo en forma de contrato oneroso, y la otra parte cumplió la obligación o condición impuesta; [el promitente] está obligado a cumplir su promesa, incluso si prometió no obligarse a sí mismo, sino engañar. La razón es que está obligado a evitar la pérdida del prometido y el grave engaño a que dio lugar al hacer una promesa falsa. Luego, porque en los contratos de esta especie, estaba obligado por la justicia a adherirse al consentimiento interno, de lo contrario engaña al otro, no dependiendo de la calidad"].

De esta manera, se impone la virtud de la veracidad en torno a valorar la declaración como una forma de proteger la confianza del destinatario de la promesa, añadiendo finalmente que "*nullam fore fidem contractuum inter homines, si hac ratione se possent expedire, dicendo se ficte promisisse*"[433] (no habría fe en los contratos entre los hombres, si ellos pudieran aprovecharse de esto, diciendo que habían prometido falsamente). Este énfasis en la veracidad con que debe expresarse el declarante tiene relevancia para el desarrollo de nuestra regla.

2.4 Domingo de Soto

Finalmente, cabe mencionar el punto más cercano a las justificaciones que sobre el *favor debitoris* se han dado en esta escuela. Se trata de la cuestión frecuentemente invocada de la interpretación de las promesas ambiguas (*promissio dubia*). La solución habitual a este problema era invocar la máxima probabilística *in dubiis melior est conditio possidentis* (en la duda, la condición del poseedor es más fuerte)[434].

Se trata de la *regula iuris* N° 65 del *Corpus iuris canonici*: "*In pari delicto vel causa potior est conditio possidentis*". No obstante la

---

[433] Lessius (1608) lib 2, cap. 18, dub, 8 num. 60, fol. 205. Sobre ello, con otras consideraciones teológicas, Diesselhorst (1959) p. 9 y ss.

[434] Decock (2013) p. 196.

aparente restricción a materias de posesión de bienes, la regla fue ampliada para su utilización en las más diversas argumentaciones, como cuando a propósito de la conquista de América, algunos teólogos y juristas españoles reclamaron que, ante la duda, el principio le permitía a la Corona retener sus posesiones de ultramar[435]. En materia de votos, Domingo de Soto utilizó el principio para declarar que el voto de religión no era vinculante para un niño antes de la pubertad a menos que ello se haya establecido tan claramente que el asunto no suscite dudas. Dentro de su argumentación señaló:

> [...] *quod vulgo existimatur dum res est dubia, potius esse in favorem voti iudicium ferendum, nempe obligare. Crediderim namque prorsus contrarium: nam cum iure eiusmodi puer praesumatur non habuisse usum rationis, non est in contrarium adigendus nisi luculenter id ratio convicerit. Melior siquidem est possidentis conditio & homine manere liberum, censetur manere in sua possessione*[436]. ["Porque vulgarmente se piensa que cuando la cosa es dudosa, ha de juzgarse más bien en favor del voto, es decir, que éste obliga. Yo, efectivamente, creo lo contrario; porque, como según el derecho se presume que este niño no tuvo uso de razón, no puede ser obligado a lo contrario, a no ser que la razón lo haya demostrado claramente. Porque mejor es la condición del posidente; y dejar al hombre libre, se considera dejarlo en su posesión"].

En este caso, Soto utiliza el principio *possidentis* para argumentar que el niño debía retener su libertad y permanecer en posesión de sí mismo, conclusión que fue considerada como novedosa por autores posteriores[437]. De esta forma, cualquier limitación a la libertad debe ser expresada claramente, pues ante la duda, debe decidirse a favor de la misma.

---

[435] SCHÜSSLER (2006) p. 154.
[436] SOTO (1968) lib. VII, q. 3, a. 2, p. 660. Trad. GONZÁLEZ (1968).
[437] SCHÜSSLER (2006) p. 158.

2.5 Tomás Sánchez

De esta forma lo expresará con claridad el teólogo jesuita Tomás Sánchez (1550-1610), que será uno de los que propugnarán un probabilismo centrado en la autonomía, fundado en la asunción de que la libertad general de perseguir distintos cursos de acción es un bien poseído del cual los seres humanos son privados por medio de preceptos, por lo que obligaciones morales dudosas no tienen la suficiente fuerza para justificar esta privación[438]. Así, en su *Opus morale* señaló que:

> *Et confirmatur, quia in communi loquendi modo voluntas dicitur possidere vere suam libertatem, et volenti obligationem imponere privantem libertate, incumbit eius probandae onus*[439]. [Y se confirma que, en el lenguaje común, se dice que la voluntad posee verdaderamente su libertad, y el que quiere imponer una obligación que priva de libertad tiene la carga de la prueba.]

Con ello contribuye a la materialización de un adagio "*in dubio contra probantem*", fundamentado en la frustración del ejercicio probatorio, atendido que éste no promueve la certeza sino el desconocimiento o la duda[440].

2.6 Francisco Suárez

Por último, cabe cerrar con el adagio formulado por el teólogo, filósofo y jurista Francisco Suárez (1548-1617), en la parte final del capítulo xv de su tratado *De legibus ac Deo Legislatore*, rubricado "de cuánto tiempo ha de ser la costumbre que baste para establecer ley", con la solución en caso de duda, en igualdad de circunstancias, debiendo afirmarse que la costumbre es

---

[438]   Schüssler (2006) p. 162.
[439]   Sánchez (1623) lib. 1, c. 10, q. 1, n° 11, fol. 37.
[440]   Álvarez Cora (2019) p. 145.

"de devoción o de honestidad, o para mejor ser, que de obligación", otorgando el siguiente fundamento:

> *Quia generalis est regula, quod in dubio nemo praesumitur velle obligari*[441]. [Porque es regla general, que en la duda se presume que nadie quiere obligarse]

Se trata de una versión del adagio *In dubio minus gravare*, según el cual, se pretende trasladar una interpretación a favor de la disminución o desaparición del gravamen o carga, censo, tasa, etc., que procede de la exclusión a priori (si no hay un consentimiento que lo explicite) de todo ligamen obligacional[442]. Debe indicarse que inmediatamente después de la formulación de Suárez éste se remite a su tratado sobre el voto, de donde podemos encontrar una ampliación del principio relacionado a nuestra regla interpretativa:

> [...] *qui non probatur voto obligatus, non cogitur illud servare, etiam si res maneat dubia, ut si alicui obijciatur impedimentum voti, ut à matrimonio arceatur, si actor deficiat in probatione voti, et dubia sit res, non obligabitur, quia:* ubi partium iura sunt obscura, favendum est potius reo, quam actori[443]. ["de quien no se prueba que está obligado por un voto, no está obligado a cumplirlo, incluso si el asunto sigue siendo dudoso, como si a alguien se le objetara un obstáculo al voto, para impedirle casarse. Si el demandante falla en la prueba del voto y el asunto es dudoso, no quedará obligado, porque: *cuando los derechos de las partes son oscuros, debe favorecerse al demandado antes que al demandante*"]

De esta forma, se va construyendo un criterio que se acerca a nuestras disquisiciones sobre el *quod minus, favor libertatis* y la carga de la prueba como fundamento de la regla según la cual,

---

[441] Suarez (1613) fol. 492, lib. vii, cap. xv. Trad. Torrubiano Ripoll (1919) pp. 197-198.

[442] Álvarez Cora (2019) p. 150.

[443] Suarez (1610) vi, 4, 5, fol. 584.

en caso de duda en un contrato, debe decidirse a favor del deudor[444]. Estos principios y su desarrollo, si bien no conectan explícitamente con la doctrina posterior del iusnaturalismo, sí constituyen elementos que desde Grocio en adelante serán tomados en cuenta en los razonamientos que fundan la regla *contra proferentem.*

3. La escuela de la Jurisprudencia elegante

Debido a la situación política imperante en Alemania e Italia, la jurisprudencia humanista solo pudo tener frutos en Francia, donde encontraron un clima de tolerancia que les permitió ejercer sus talentos sobre todo en la Universidad de Bourges, fundada en 1463. A partir de esa época fue conocida bajo el nombre de Escuela de *culti* o de Jurisprudencia elegante[445].

3.1 Jacques Cujas

Dentro de sus miembros más célebres cabe citar a Jacques Cujas (Cuyacio) (1522-1590), figura señera del humanismo y del *mos Gallicus*[446], quien a propósito de D. 2, 14, 39, en un largo comentario, expone nuevos elementos, que interesan sobre todo por exponer su opinión sobre la racionalidad de la regla:

> *Istius regulae ratio est optima, quia scilicet quum venditor, aut locator, qui eam legem dixit, et apposuit in venditione aut*

---

[444]   En este sentido, el Diccionario panhispánico del español jurídico (DPEJ), en la voz "*in dubio pro possessore*", indica como lema afín o sinónimo la voz "*semper in dubiis benigniora praeferenda sunt*", es decir, D. 50, 17, 56, dentro de cuyas "formas que adopta", según el mismo diccionario, está, *in dubio contra proferentem.* Real Academia Española (2023).

[445]   Cannata (1996) pp. 149-150.

[446]   Varela (2004) p. 223.

> *locatione, potuerit re integra eam apertius condicere et conscribere, cum potuerit, nec dixerit, in dolo versari videtur, id est, emptorem aut conductorem decipere voluisse videtur* [...] *Et cum ait; in quorum fuit, rationem regulae reddit, quod qui potuerit apertius loqui, nec loquutus est, decipere voluerit*[447] [La razón de esta regla es la mejor, porque, por supuesto, cuando el vendedor o el arrendador, que enunció esa ley, y la adjuntó a la venta o arrendamiento, pudo en todo el asunto estipularla más claramente. Cuando él pudo, y no dijo, parece que se dedica a engañar, al comprador o al arrendador [...] Y cuando se dijo; *"in quorum fuit"*, da razón de la regla, que el que pudo haber hablado más abiertamente, y no habló, quiso engañar]

Del pasaje puede observarse que Cuyacio evita razonar en base a nomenclatura *contra proferentem*, sino que refiere la regla en sede de compraventa y arrendamiento, señalando, en línea con el fragmento comentado que, quien dice la ley (del contrato) tiene en su poder redactarlo, circunscribirlo o fijarlo, de forma que, si no lo hace en forma suficiente, estaría actuando engañosamente contra la voluntad del otro contratante, incluso dolosamente[448]. Se ha señalado que acá se introduciría por primera vez un carácter penal a la regla, en base a la infracción de una norma de conducta[449], pero, como hemos visto, la consideración de la conducta del *proferens* ha estado en la mira desde obras anteriores. Lo que es destacable, sin embargo, es que Cuyacio, habla derechamente de engaño.

---

[447] CUYACII (1837) t. 4, col. 710, *Commentarius in lib. V. quaest. Aemilii. Papiniani ad. L. XXXIX de Pactis.*

[448] En este sentido, también TROJE (1961) p. 102.

[449] TROJE (1961) p. 103; VOGENAUER (2007a) p. 1490.

3.2 Hugo Donellus

Los conflictos generados por la intolerancia religiosa al protestantismo en Francia hicieron que la escuela de los humanistas se expandiera fuera de dicho país, arraigando plenamente en Holanda, donde la escuela de la Jurisprudencia elegante se desarrolló hasta fines del siglo XVIII, en torno a la Universidad de Leiden, fundada en 1573[450],

Hugo Donellus (1527-1591), uno de los puntos más altos del humanismo francés, contemporáneo de Cuyacio[451] y representante de la Jurisprudencia elegante, en sus comentarios a D. 34, 5, 21[452] enuncia varios principios interpretativos relevantes de considerar. Luego de señalar que puede haber ambigüedad en el tiempo, materia o en las sumas y los casos en que por la discordancia entre las partes la estipulación es inválida, destaca el importante elemento romano de *id quod actum est,* resumiendo sus consideraciones sobre ello diciendo que *In ambigua stipulatione in primis videndum, quid actum sit.* A continuación, un desarrollo:

> *Hic vero prima cautio est, ut videamus, quid actum sit. De eo si constabit: id valet, idque sequendum est, ut hic, et L. semper in stipulationibus. D. reg. iur.* [D. 50, 17, 34] *Merito. Nam, si id actum intelligimus, quod a contrahentibus cogitatum est, idest id, de quo contrahentes senserunt: L. qui cum tutoribus, § ult. D. de trans.* [D. 2, 15, 9, 3] *pro eo haberi debet, ac si contrahentes in sermone ambiguo id dixissent. Id enim existimatur quisque in sermone ambiguo dixisse, quod voluit. L. 3. supr. eod.* [D. 2, 15, 9, 3] *ac vult quisque id, de quo senserit. . Nemo*

BERNAL GÓMEZ (2010) pp. 140-141
[451] STAPELFELDT y SCHRÖDER (2017) p. 119.
[452] D. 34, 5, 21 (Paul. 14 ad Plaut.) *Ubi est verborum ambiguitas, valet quod acti est, veluti cum Stichum stipuler et sint plures Stichi, vel hominem, vel Carthagini, cum sint duae Carthagines.* [Cuando hay ambigüedad en las palabras, vale lo que se ha hecho, como cuando se estipula un Estico y hay varios Esticos, o Cártago, habiendo varios Cártagos].

autem dubitat, id valere in contractu, quod aperte contrahentes dixerint[453]. [Pero aquí está la primera advertencia, para que podamos ver lo que se ha hecho. Si ello consta: eso es válido y eso debe seguirse, como en D. 50, 17, 34. Porque, si entendemos el acto que fue pensado por las partes, es decir, el que los contratantes sintieron: D. 2, 15, 9, 3. debe tomarse por ello, como si los contratantes lo hubieran dicho en lenguaje ambiguo. Porque se supone que cada uno dijo lo que quiso en un discurso ambiguo, D. 2, 15, 9, 3, y cada uno quiere lo que siente. Pero nadie duda de que lo que los contratantes han manifestado claramente es válido en el contrato].

Así, se señala que, en primer lugar, debe observarse lo que se ha hecho (*quid actum sit*), porque con ello seguimos lo que los contratantes pensaron o sintieron, citando en este punto D. 2, 15, 9, 3[454], en que, a propósito de una transacción, Ulpiano opina que solo debe perjudicar al que renunció a su acción aquello que se pruebe efectivamente haberse pactado entre las partes. Además, dice que nadie duda que lo que las partes han expresado en forma clara es lo que vale en el contrato. Por

---

[453]   DONELLI (1833) *Ad L. Ubi est,* col. 99.

[454]   D. 2, 15, 9, 3 (Ulp. 1 opin.) *Ei qui, nondum certus ad se querellam contra patris testamentum pertinere, de aliis causis cum adversariis pacto transegit, tantum in his interpositum pactum nocebit, de quibus inter eos actum esse probatur. his tantum transactio obest, quamvis maior annis viginti quinque eam interposuit, de quibus actum probatur. nam ea, quorum actiones competere ei postea conpertum est, iniquum est peremi pacto. id de quo cogitatum non docetur.* [A aquel que, no cierto todavía de que le competía la querella contra el testamento de su padre, transigió sobre otras causas con los adversarios mediante pacto, le perjudicará el pacto interpuesto tan sólo respecto a las cosas sobre que se prueba haberse tratado entre ellos. La transacción, aunque mayor de veinticinco años el que la interpuso, perjudica únicamente sobre aquello de que se prueba haberse tratado; pues es injusto que se invaliden por un pacto aquellas cosas, cuyas acciones se descubrió después que le competían, de que no se justifica haberse tratado]. Trad. GARCÍA DEL CORRAL (1889).

último, se pregunta qué ocurre si la ambigüedad se mantiene,
pues naturalmente estipulante y promitente hablarán en favor
de su causa, resumido *Si intelligi non possit, quid inter contrahentes actum sit: interpretatio fit contra stipulatorem* [Si no puede entenderse lo hecho entre los contratantes: la interpretación es
contra el estipulante]:

> *Quid igitur hic fiet? Restat, ut sequamur in hac re communem
> regulam iuris, quiae efficit, in pari caussa potiorem esse causam
> eius, unde petitur: reo potius favendum, quam actori. L. in pari.
> L. favorabiliores, D. de reg. iur* [D. 50, 17, 125]. *Nempe ergo
> id fiet, quod in hac specie traditur in L. cum quaeritur, 26. infra
> [D. 34, 5, 26] et L. stipulatio ista, § in stipulationibus, D. de
> verb. obl.* [D. 45, 1, 38] *cum quaeritur in stipulatione, quid acti
> sit, ambiguitatem contra stipulatorem esse. Quod ita interter-
> pretandum est, cum quaeritur, quid actum sit; et ita quaeritur,
> ut nullis coniecturis constare, quidnam id sit: tum ambiguitas,
> quae tum vere relinquitur, contra stipulatorem interpretanda
> est. Nam, si verisimile sit, hoc potius actum esse, quod stipu-
> latori utile sit: id sequi nos debere iam effectum est. Quid est
> autem in ambiguo, quod acceptum stipulatori noceat, prosit
> promissori? Quod est minimum in rebus*[455] [Entonces, ¿qué pa-
> sará aquí?. Resta, y seguimos la regla de derecho común en
> esta materia, porque en iguales casos, su causa es preferible
> de ahí la petición: favorecer al demandado antes que al de-
> mandante [D. 50, 17, 125] Por lo tanto, en esta especie se trata
> como en D. 34, 5, 26 y D. 45, 1, 38. Cuando hay duda de qué
> se trató en la estipulación, la ambigüedad es contra el estipu-
> lante. Esto hay que interpretarlo así, cuando se duda lo que se
> hizo; y se pregunta de tal manera que no se puede establecer
> ninguna conjetura sobre lo que se hizo: luego la ambigüedad,
> que entonces verdaderamente queda, debe interpretarse con-
> tra el estipulante. Porque si es probable que esto se hizo más
> bien que fue útil al estipulante, ya está cumplido que debemos
> seguirlo. Pero ¿qué pasa en la duda de que la aceptación es
> perjudicial para el estipulante, pero beneficiosa para el promi-
> tente? Debe reducirse la cosa a lo menor].

---

[455] Donelli (1833) *Ad L. Ubi est,* col. 101.

En este caso, el autor indica que debe favorecerse más al demandado (*reus*) que al demandante (*actor*), refiriendo la *regula iuris* del mismo contenido en D. 50, 17, 125[456]. Se deja en claro que, en primer lugar, debe averiguarse el *id quod actum,* incluso si ello favorece al estipulante, cuando es verosímil, pero si ello no es posible, se interpretará *contra stipulatorem.* Finalmente, ante la pregunta del autor ¿qué pasa si la aceptación es perjudicial para el estipulante, pero beneficiosa para el promitente?, se responde que el efecto será la reducción de la obligación a lo mínimo, es decir, el *quod minus.* Debe destacarse como el autor no utiliza la nomenclatura *contra proferentem,* sino que únicamente *contra stipulatorem.*

3.3 Matthaeus Wesenbeck

Por su parte, Matthaeus Wesenbeck (1531-1586)[457], en sus *Consilia*[458]*,* emite su opinión sobre un caso titulado *De luitione oppignorati oppidi R.,* es decir, de la redención de la prenda sobre la fortaleza. Se cuestiona respecto de una cláusula de un contrato de compraventa con pacto de retroventa, si es que se había transferido el dominio y a propósito de una de las preguntas respondidas por el jurista, se señala:

---

[456] D. 50, 17, 125 (Gai. 5 ad ed. provinc.) *Favorabiliores rei potius quam actores habentur.*

[457] Sus obras contaron con gran difusión, no solo Europa, sino también en América durante los siglos XVI y XVII, no siendo infrecuente hallar los *Paratitla* en numerosas bibliotecas de oidores y abogados al igual que los volúmenes de sus *Consilia.* BARRIENTOS GRANDON (2004) p. 158.

[458] El tipo de literatura casuístico-forense más importante, que constituía una suerte de peritajes encargados por un juez como base de su decisión. LANGE y KRIECHBAUM (2007) p. 396

*Quia in dubio debitor non intelligitur dominum transtulisse, donec id probetur actum. [...] Nec creditor praesumitur jure dominii, sed magis creditoris possidere. [..] Et fit **interpretatio contra creditorem interpretatio pro debitore**; cum illi imputandum, cur legem non dixerit apaertius* l. veteribus [D. 2,14,39]. ubi Barthol. ff. de pact.[459] Schurff. consil. 37. num. 6. centur. 1[460]. *[...] Quia ubi fit interpretatio contra proferentem, et quidem creditorem* [...] *et dubiis eligendus fit contractus minus praejudicialis debitori* [...] *Semper enim in dubiis minimum est eligendum* [...][461]. [Porque en la duda no se entiende que el deudor haya traspasado el dominio, hasta que se pruebe este hecho [...] Tampoco se presume que el acreedor posee el derecho de dominio [...] Y se interpreta contra el acreedor y a favor del deudor, pues a él se debe imputar que no dijo la ley más claramente, D. 2, 14, 39. Porque la interpretación tiene lugar contra el declarante, y de hecho contra el acreedor [...] y en caso de duda debe elegirse el contrato menos perjudicial para el deudor [...] pues siempre en duda lo mínimo debe ser elegido]

---

[459]   Se trata de Bartoli a Saxoferrato (1596a) en D.18.1.34 pr., *De contrahenda emptione, l. Si in emptione,* fol. 112.

[460]   Se trata de los *Consilia* del jurista alemán Hyeronimus Schurff (1481-1554), que señalan en esta parte: "*quando verba in contractibus possita sunt dubia vel ambigua, tamen regularitater sunt interpretanda pro promissore seu debitore, cum imputandum sit adversario cur legem apertius non expressit* [...] *Et est ratio, Nam is qui fundat intentionem suam, sive agendo sive excipiendo, tenetur eam probare*" [cuando las palabras de los contratos puedan ser dudosas o ambiguas, deberán sin embargo ser interpretadas regularmente para el promitente o para el deudor, cuando se impute al adversario por qué no expresó la ley más claramente [...] Y hay una razón, porque el que establece su intención, ya sea actuando o recibiéndola, está obligado a probarla]. Schiurpff (1545) fol. 192. *Consilium* XXXVII. Es decir, los mismos elementos ya asentados de interpretación a favor del deudor y contra el acreedor, imputándole al adversario la falta de expresión más precisa. El fundamento (*ratio*) recae una vez más en la prueba de la intención.

[461]   Wesenbeck (1630) Col. 236. *Consilium CCCIX.* Los omitidos son citas de fragmentos o autores que tocan temas tangenciales respecto a nuestro estudio.

Dentro de su argumentación, Wesenbeck señala que, a menos que se logre probar el acto, se entiende que el deudor no ha transferido el dominio, retornando a las explicaciones probatorias de la regla. Luego, concluye que debe interpretarse contra el acreedor y a favor del deudor, recogiendo las reflexiones bartolistas sobre el tema. Finalmente, vinculando las dos cuestiones, señala que en este caso debe interpretarse *contra proferentem* y que en la duda se elige lo menos perjudicial para el deudor en el contrato.

3.4. Hugo Grocio

Hugo Grocio (1583-1645), jurista neerlandés, considerado el más afamado exponente de esta escuela holandesa[462], además de ser, en su obra *De iure belli ac pacis* (1625) (Del Derecho de la guerra y de la paz) trata en el título *De interpretatione,* libro 2, capítulo 16, la interpretación de las promesas, fundando con ello la tradición continuada por Pufendorf, Thomasius y Heineccius, que en gran parte reproducen estos principios[463]. Ya no se citan expresa y únicamente fuentes romanas ni se desprenden ciertos principios a partir de ellas para construir reglas, sino que se va más allá creando teorías más abstractas y generales.

En esta construcción será fundamental la doctrina neoescolástica de la promesa de donación, según la cual toda obligación jurídica deriva de la autonomía de la persona tal y como la entendía la jurisprudencia estoico-cristiana, con la doble consecuencia de que, por un lado, las obligaciones socialmente típicas sólo se reconocen en el Derecho natural en la medida en que puedan remontarse a un acto auto-obligatorio de la persona (*Selbstbindungsakt der Person*), y de que, por otro lado,

---

[462] BERNAL GÓMEZ (2010) p. 141.
[463] LUIG (2001) p. 133.

todo acto autónomo parece apto para dar lugar a una obligación jurídica, con independencia de su significación socialmente típica[464].

En este sentido, Grocio cita las palabras de Cicerón como principio elemental de interpretación: *Semper autem in fide quid senseris, non quid dixeris, cogitandum est*[465] (Siempre en las promesas debe seguirse no lo que dijiste, sino lo que pensaste) para señalar, con todo, que como los actos internos no son visibles y cada cual podría librarse de la promesa suponiendo el sentido que él quisiese, debe establecerse el derecho del acreedor de la promesa a obligar al promitente a lo que dicta la interpretación recta, según la razón natural. La medida de la buena interpretación, señala, es la deducción del pensamiento por los indicios más probables: palabras y otras conjeturas, que a continuación analiza[466]. En definitiva, para Grocio, el objetivo declarado de la interpretación es la investigación de la voluntad, que, si puede ser averiguada, debe ser también decisiva. Sin embargo, lo que surge como voluntad en un caso concreto sólo puede determinarse sobre la base de criterios objetivos, sólo con la ayuda de la razón[467]. Aquí puede apreciarse una cierta continuidad con los criterios morales presentes en la neoescolástica del acápite anterior.

En el título sobre interpretación de Grocio no se contiene la regla *contra proferentem*, sino que en el Libro 3, Cap. 20, *De fide publica qua bellum finitur, ubi de pacis pactione, de sorte, de certamine condicto, de arbitrio deditione, obsidibus, pignoribus* [De la fe pública por la que se acaba la guerra: donde se habla de los tratados de paz, de la suerte, del duelo público, del arbitrio, de la rendición, de los rehenes, de las prendas], es decir, en sede de

---

[464] DIESSELHORST (1959) p. 34.
[465] Cic. *Off.* 1.40.
[466] GROTII (1939) lib. II, cap. XVI, p. 408.
[467] LUIG (2001) p. 134

interpretación de tratados internacionales en § xxvi, *In dubio interpretationem faciendam contra eum qui leges dedit*:

> *In dubio autem sensu magis est ut contra eum fiat interpretatio qui conditiones elocutus est* [nota marginal: Pla[u]tus Persa [586]: *Tua merx, tua indicatio est. In hac re solet prior loqui is qui plus valet; Ut vero petantur conditiones, loqui prior solet qui est infirmior.* Plutarchus Sulla [467 C]: τῶν δεομένων ἐστὶ τὰ πρότερα λέγειν. τοῖς δὲ νικῶσιν ἐξαρκεῖ τὸ σιωπᾶν. *Eorum est prius loqui qui opus habent pace. Victori satis est tacere* (add. edd. 1642, 1646)], *quod esse solet potentioris: (est ejus qui dat non qui petit conditions pacis dare, ait Annibal)* [nota marginal: Livius xxx, 30, 24] *sicut et contra venditorem fit interpretatio* [nota marginal: L. Veteribus D. de pactis l. 39 D. ii, 14 (D. 2, 14, 39)] (add. edd. 1631, 1632, 1642, 1646)]. *Habet enim quod sibi imputet qui non apertius locutus est: alter autem quod plures sensius recipiebat id suo jure accipere potuit in partem sibi utiliorem unde alienum non est quod Aristoteles* [Aristot., Eth. Nic. viii, 15]. *dixit* διὰ τὸ χρήσιμον τῆς φιλίας οὔσης ἡ τοῦ παθόντος ὠφέλεια μέτρον ἐστὶν, *Ubi utilitatis causa amicitia est, ibi eius qui accipit utilitas eius quod debetur mensura est*[468]. ["Mas, en sentido dudoso, es mejor que se haga la interpretación contra aquel que dictó la fórmula, lo cual suele ser del más poderoso (es de aquel que da la paz, no del que pide dar condiciones de paz, dice Aníbal), así como se hace la interpretación contra el vendedor; pues tiene culpa en que no habló con claridad; mas el otro que recibía muchos sentidos pudo por su derecho llevarlo a la parte que le fue más útil; de donde, no es ajeno lo que Aristóteles dijo: donde hay amistad por causa de utilidad, la utilidad de aquello que se debe es medida de aquel que recibe"]

Grocio indica que, en la duda, debe interpretarse el tratado contra quien dictó sus condiciones. Cita en este punto dos obras, una es la comedia *Persa* de Plauto, en la frase *Tua merx, tua indicatio est,* dicha por un comprador para que el vendedor dicte las condiciones en primer lugar, siendo en su contra la

---

[468] GROTII (1939) XXVI, p. 834. Trad. TORRUBIANO (1925) p. 259.

desventaja interpretativa[469]. Luego, se refiere a una frase de Sila recogida en *Vidas Paralelas* de Plutarco: "Los que hablan primero suelen ser los que tienen algo que pedir, los vencedores pueden permanecer en silencio"[470]. En base a ello señala que el que dicta la fórmula suele ser el más poderoso[471], de aquel que impone las condiciones de paz, como señala Aníbal, en cita de Livio. Luego, refiriendo D. 2, 14, 39, expresa que al declarante se le puede imputar no expresarse más claramente, pero previene que el destinatario de estas condiciones con muchos sentidos posibles tiene la posibilidad de entenderlo de la forma más útil a sus intereses.

A continuación, cita la Ética a Nicómaco de Aristóteles, cuando explica los tipos de amistad, señalando que cuando hay amistad por causa de utilidad, la utilidad del que da se mide por la contrapartida que recibe[472], como sería, por ejemplo, una relación contractual conmutativa. Es un matiz que co-

---

[469]   Plaut. *Persa*, 586.

[470]   Plut. *Sull.* 24. Trad. Cano Cuenca y otros (2007).

[471]   Así, en el Tratado de Tantauco de 1826 entre Chile y el Ejército Real de España sobre capitulación e incorporación de Chiloé al territorio nacional, se señalaba en su Artículo 13°: "Todas las dudas que ocurran sobre la inteligencia del presente tratado, serán interpretadas a favor del ejército real", es decir, en el contexto, la parte más débil. De ahí que pueda indicarse que esta fuera una regla asentada, por lo menos en el derecho de tratados. Tratado sobre capitulación e incorporación de Chiloé (1826). Hoy en día el denominado principio *contra proferentem* es considerado dentro de los medios complementarios de interpretación de Tratados Internacionales, a la luz de la Convención de Viena sobre el tópico en su artículo 32. En este sentido, Linderfalk (2007) p. 235 y p. 284 y ss; Baldus (1998) t. 1, p. 692 y ss.; Kosche (2011) p. 173 y ss.; d' Argent (2018) p. 244 y ss.

[472]   Aristot. *Eth. Nic.* 8.3. El estagirita señala que, en las amistades por interés, solo se busca el propio bien personal y se ama al otro por el provecho que procura y el bien que facilite.

mienza a surgir: la bilateralidad de una relación jurídica impone un cierto deber de cuidado de ambos contratantes, lo que comenzará a gravitar en el entendimiento de esta regla.

3.5 Johannes Voet

Más tarde, destaca el seguidor de Grotius, Johannes Voet (1647-1713), respetado jurista neerlandés representante del *Usus modernus pandectarum*[473], en su obra más celebre, *Commentarius ad Pandectas* (1698), comentarios al Libro XVIII, Tit. I, § 27, señala:

> *Quod si pacta quaedam emtioni addita ambigua atque obscura sint, ad eorum interpretationem faciendam huc ea recte traduxeris, quae de legum interpretatione monui tit. de legibus num. 20. Praefertim, cum et pacta contractibus legem dent. Quae si eruendae paciscentium menti non sufficiant, dicendum generaliter videtur, contra eum faciendam esse pactorum dubiorum interpretationem, qui ea apposuit, quique suae debet imputare imprudentiae, quod apertius locutus non sit*[474]. [Cuando los pactos incorporados a una compraventa son ambiguos u obscuros, las reglas para su interpretación son las mismas que las que expuse en el título De legibus n° 20; especialmente para los pactos que gobiernan los contratos. Si estas reglas son insuficientes para extraer la intención de las partes, generalmente se dice que los pactos dudosos deben ser interpretados en contra de la parte en cuya virtud fueron impuestos, porque debe imputarse a sí mismo no expresarse claramente]

Así, Voet sigue la idea de la carga de claridad de su maestro, en defecto de la cual debe imputársele la ambigüedad u oscuridad y añade el que esta regla debe utilizarse de forma subsidiaria a las demás de interpretación.

---

[473] MOOSHEIMER (2017) p. 470.
[474] VOET (1725) p. 772.

4. Iusnaturalismo racionalista

La teoría del derecho de la razón es la forma que tomó la
doctrina del derecho natural en el siglo XVII y en el "Siglo de
las Luces" (XVIII), postulando la existencia de una ética social
conforme a la naturaleza. El eje de su metodología residía en
el rechazo del principio de autoridad que había caracterizado
a la Edad Media, que en el campo del Derecho implicaba el
descrédito del *Corpus Iuris* y de su aparato de glosas y comentarios como canon inmutable de la justicia, pues en esta perspectiva, todo ese conjunto normativo era solo una parte de la
realidad, colocada en el mismo plano que otras instituciones
de la antigüedad y otras consideraciones antropológicas[475]. Las
raíces históricas de esta nueva línea de pensamiento filosófico
se encontraban en la Segunda Escolástica española[476], cuyas
conclusiones ya repasamos.

4.1 Samuel Pufendorf

Samuel Pufendorf (1632–1694), uno de los continuadores
de la tradición en materia de interpretación iniciada por Grocio[477] señala explícitamente en su principal obra, *De iure na-*
turae et Gentium (1672), que se sigue al holandés "κατά πόδας"
(paso a paso), pues "*in ist hac materia exponenda subtiliter valde est*
versatus"[478] (ha expuesto esta materia con gran detalle). Pese a
que su tratamiento del tema no contiene referencia a la *contra*
proferentem, expone una regla general de interés que es posible
relacionar, sobre todo a la luz de sus ilustraciones posteriores:

---

[475]   Cannata (1996) pp. 173-174.
[476]   Bernal Gómez (2010) pp. 161-162.
[477]   Luig (2001) p. 133.
[478]   Pufendorfii (1698) lib. 5, cap. 12, §1.

> *De verbis haec est regula. Si nulla sit sufficiens conjectura, quae ducat alio, verba inteligenda sunt in propio suo, et famoso, ut loquuntur, significatu, quem ipsis imposuit non tam proprietas aut analogia Grammatica, quam popularis usus,* quem penes arbitrium est, et jus et norma loquendi[479]. Quintilian. Inst. Orat. L. i. c. 6. Consuetudo certísima loquendi magistra: utendumque plane sermone, ut numo, cui publica forma est[480] ["Sobre las palabras, la regla es: si no hay conjeturas suficientes en contra, las palabras deben ser entendidas en su sentido propio y más común, que ha sido impuesto no tanto por la corrección gramatical o la analogía, como por el uso popular, en cuyo poder está el arbitrio, y el derecho y la norma del hablar"].

De esta forma, de no existir conjeturas o presunciones contrarias, el sentido del texto debe fijarse en conformidad al "uso popular" o común, citando también a Quintiliano cuando afirma que "El uso es el maestro infalible del lenguaje que seguramente se utilizará como moneda corriente"[481]. Luego de sentar esta regla, el autor proporciona múltiples ejemplos tomados desde fuentes históricas, dentro de los cuales puede destacar, pues volveremos a él más adelante[482], el *Itinerario Persico* de Olearius[483] que describe la siguiente situación:

---

[479] En esta versión de Pufendorf no aparece la debida cita a Horacio, en unos bellos versos que dicen: *Multa renascentur quae iam cecidere, cadentque quae nunc sunt in honore uocabula, si uolet usus, quem penes arbitrium est et ius et norma loquendi.* "Renacerán muchos vocablos que ya cayeron, y caerán muchos que ahora están en honor, si lo quiere el uso, en cuyo poder está el arbitrio, y el derecho y la norma del hablar". Hor. *ars*, v. 70-72. Trad. VELÁSQUEZ (1999) p. 65.

[480] PUFENDORFII (1698) lib. 5, cap. 12, §3.

[481] Quint. *Inst.* 1, 6,3.

[482] Vease *infra* Cap. 2, IV. 2, el ejemplo que da Paley, copiado desde Pufendorf, según informa HALLAM (1854) t. 3, p. 417.

[483] No pudo hallarse en la obra de OLEARIUS (1696) la referencia a que remite Pufendorf (lib. 4 cap. 30), pues en dicho capítulo no se describe la historia de Temures (llamado aquí Tamerlan). Sin embargo, una fuente más antigua atestigua la historia legendaria aquí

Sic Temures cum praesidiariis urbis Sebastiae pepigit, ut dedita urbe, sanguis non effunderetur. Sed iste, elusa pacti formula, captivos defodi vivos imperavit. Verum ejusmodi cavillationes uti sunt nimis apertae et frivolae; ita illis perjurium magis adstringi, quam dissolvi *recte pronunciat* Cicero Off. 3[484] [Así, Tamerlán, habiendo acordado con la guarnición de Sivas que 'no habría derramamiento de sangre', ordenó que todos los prisioneros fueran enterrados vivos. Es cierto que estas argucias son demasiado burdas y frívolas para usarlas, pues, como rectamente pronuncia Cicerón, el perjurio aumenta más que restringe]

En este caso, aprovecharse de las palabras ambiguas de un acuerdo para inducir a engaño a la contraparte es considerado como reprochable. La cita de Cicerón que se hace al final (*Off.* III) no puede ser encontrada literalmente en su obra *De Officiis*. Parece, con todo, calzar con la observación ciceroniana

---

referida. Se trata de la obra de Ruy Gonzalez de Clavijo (1782) p. 97 (cuyo manuscrito data de 1402): "E non pudieron los Turcos tanto facer, que antes que el acorro llegase, el Tamurbec non tenia entrada la ciudad; y entróla por esta manera. Combatiólos muy recio, tanto que vinieron á fablar los de la ciudad con él, é quedaron con él en esta manera: que saliese cierta gente de la ciudad á él, é que les aseguraba, de non facer sangre en ello [...] é el Tamurbec, desque los tuvo fuera de la ciudad, fizo facer muy grandes foyos, é dixoles, que él les non facer sangre en ellos, por ende que él los queria ahogar en aquellos foyos, é mandar entrar la ciudad á su gente que la robasen, que lo avian menester que estaban pobres". El ejemplo también es utilizado por Wolff (1754) § 801, p. 591: "Dado que de la intención de la persona a la que se le hace una promesa se desprende lo que quería que se le prometiera, no está permitido, cuando está claro el significado que tienen las palabras según la intención de la persona que quiere que se le prometa algo, darles un significado totalmente contrario a su intención. Así, no se puede enterrar vivos a los habitantes de una ciudad si se ha hecho un contrato con ellos para que no se derrame sangre tras la rendición de la ciudad".

[484] Pufendorfii (1698) lib. 5, cap. 12, §3.

sobre el engaño del prisionero perjuro[485]: *Fraus enim distringit, non dissolvit periurium*[486] (Porque el fraude extiende, no disuelve el perjurio). De esta forma, podríamos señalar siguiendo estas ideas que el declarante no debe aprovecharse de su propio fraude, mediante el abuso de una ambigüedad creada por él mismo para lograr una interpretación favorable a sus intereses.

4.2 Christian Wolff

Por su parte, Christian Wolff (1679-1754) sigue muy de cerca la senda de sus predecesores en materia de interpretación. Con todo, debe destacarse que en uno los fragmentos de su última obra, *Grundsätze des Natur- und Völkerrechts* (1754) pareciera referirse a nuestra regla:

> *Weil durch das Versprechen ein Recht erlangt wird, welches dem andern, dem es geschehen, nicht genommen werden kann, sondern wider jenen vor wahr zu halten ist, was er hinlänglich hat zu verstehen gegeben; so kann in den Versprechen, folglich auch in den Verträgen niemand seiner eigenen Worte Ausleger seyn. Da durch das Annehmen dessen, was versprochen wird, nicht mehr Recht erlangt wird, als der ein Recht auf einen bringt, dem andern hat einräumen wollen; so ists auch dem, der ein Versprechen angenommen, nicht zu erlauben, daß er die Worte des Versprechens so auslegt, wie er sie verstanden haben will*[487] [Porque un derecho se adquiere por una promesa, que no puede ser quitada al otro a quien se hace, sino que debe tenerse por cierto contra él lo que ha dado a entender suficientemente; así en las promesas, y por consiguiente también en los contratos, nadie puede ser intérprete de sus propias palabras. Puesto que, al aceptar una promesa, no se adquiere más derecho que el que ha querido conceder a otro (§ 318), tampoco debe permitirse al que ha aceptado una promesa interpretar las palabras de la misma como quiera que se entiendan].

---

[485] Esto según Böhling (2014) en lib. 5, cap. 12, §1, p. 261.

[486] Cic. *Off.* 3, 113.

[487] Wolff (1754) §796 p. 588. Se han eliminado las remisiones internas.

En este pasaje se resalta la autorresponsabilidad del declarante, por cuanto "debe tenerse por cierto contra él lo que ha
dado a entender suficientemente", teniendo en cuenta las expectativas del destinatario de la promesa, pero tampoco acep-
tando su entendimiento en forma unilateral. De ahí que sea
importante el recurso a las demás reglas de interpretación.

4.3 Christian Thomasius

Finalmente, Christian Thomasius (1655-1728), de quien
se señala sería una de las figuras claves en la doctrina de la
interpretación legal y contractual[488], llamado "el padre de la
ilustración alemana" (*Vater der deutschen Aufklärung*) contribuyó decisivamente a la teoría de la interpretación jurídica, con
dos innovaciones claves: por una parte, redacta una doctrina
general sobre los medios auxiliares de determinación de significado, aclarando que siempre, ya sea en la averiguación del
sentido de las palabras dudosas, o en la ampliación o restricción del sentido a través de las palabras, se trata de la misma
pregunta de determinación del sentido y los medios auxiliares
para ello; por otra parte, introduce una nueva clasificación de
la interpretación, reemplazando aquella centrada en el resultado, que distinguía entre declarativa, extensiva y restrictiva,
por una centrada en los medios de interpretación, que las divide en gramatical (como sentido puro de la palabra) y lógica (como investigación del sentido pretendido por el autor),
doctrina esta última que pervive en los siglos XIX y XX en su
separación del elemento gramatical de los demás elementos
interpretativos[489].

---

[488] Luig (2001) p. 144.
[489] Schröder (2020) pp. 138-139. Una discusión acerca de la influencia de estas ideas en la interpretación de la ley, debatiéndose entre
Domat y Savigny, se ha desarrollado en el medio nacional chileno.

Dentro de los medios auxiliares de interpretación de los pactos, Thomasius ubica nuestra regla en la última de sus obras referida a este tema, *Außübung Der Vernunft-Lehre* (1691):

> *So wird auch in zweiffelhafften Fällen eines* Contracts *die Auslegung allezeit wider denjenigen gemacht/ der schuldig gewesen wäre die Worte deutlicher zu setzen.*
>
> *Dieser wird aber dafür gehalten/ daß er schuldig sey seine Worte recht deutlich zu machen/der über die allgemeine Natur eines* Contracts *sich etwas bedinget oder verlassen haben wil. Welche Regel zwar nicht denen obigen Regeln zuwider ist/ gleichwohl aber auch so offenbahrlich nicht daraus kan hergeleitet werden*[490]. [Así también en los casos dudosos de un contrato la interpretación se hace siempre en contra de quien hubiera sido culpable de poner las palabras más claramente. Pero se considera que es culpable de que sus palabras sean bastante claras/que desea hacer o dejar una reserva sobre la naturaleza general de un contrato. Esta regla no es contraria a las anteriores, pero sin embargo no puede derivarse de ellas de forma tan evidente]

Thomasius resalta la responsabilidad por la falta de claridad, imputándosela al "culpable" (*schuldig*) de ella, al pretender modificar o condicionar la naturaleza de un contrato con ello. Es decir, no habla de ambigüedad, sino de la imposibilidad de conocer con claridad la naturaleza contractual. Esto retoma la concepción que se centra en la conducta del declarante que produce una ambigüedad u oscuridad, utilizando la noción de "culpable" del defecto en la formulación del pacto.

Véase, por todos, Guzmán Brito (1992), contra, Bascuñán Rodríguez (2014).

[490] Thomasius (1691) §155-§156, pp. 228-229.

5. La precodificación

Finalmente, cabe cerrar este acápite con los desarrollos más inmediatos antes de las primeras codificaciones: por una parte, los relacionados con la recepción del derecho romano en territorios alemanes, por la otra, el derecho natural antecesor a la codificación francesa.

5.1 Usus modernus pandectarum

Durante los siglos XVII y XVIII, la conexión existente entre los juristas holandeses y alemanes hizo posible un cierto resurgimiento del estudio histórico del derecho romano en los territorios alemanes, producido principalmente en el ámbito docente, que, en conexión con la praxis judicial, logra una renovación de gran finura dogmática del derecho alemán, que mantiene su base romanística pero con fuerte presencia de elementos germánicos y del iusnaturalismo racionalista entonces imperante, corriente a la que se conoce como *Usus modernus pandectarum*[491], caracterizado por su interés de adaptar el derecho común romano a las necesidades cambiantes de la práctica jurídica[492].

a) Samuel Stryk

El nombre de esta corriente alemana proviene de la obra de Samuel Stryk (1640-1710), *Specimen usus moderni pandectarum* (1690-1712)[493]. A nuestros efectos es importante, sin embargo, un trabajo anterior, *Tractatus de iure sensuum* (1671), que en su

---

[491]   Paricio (2010) p. 37.
[492]   Meder (2017) p. 252.
[493]   Domingo (2004) p. 446.

última reflexión acerca de la resolución de dudas en contratos *De effectu Cogitationum in contractibus*, indica:

> *Posteriori casu, interpretatio fieri debet contra illum, qui Legem contractui potuit dicere apertius L. Veteribus 39. ff. de pact. [D. 2, 14, 39] Contractus enim minime dependet ab unius voluntate. Ergo, nec illius declarationi standum Barbos. ad. d. L. 66. numer. 33. Sed potius illa interpretatio arripienda, quam verba exterius prae se ferunt, et in quam altera pars consensit; imputet enim sibi alter, quod clarius locutus non fuerit, d. L. Veteribus. [D. 2, 14, 39]*[494] [En el último caso, la interpretación debe hacerse contra quien hubiera podido decir más claramente la ley del contrato. D. 2, 14, 39. Pues el contrato no depende en absoluto de la voluntad de uno. Por lo tanto, no hay pie para la declaración de Barbosa en D. 5, 1, 66, nº 33, sino que debe aprovecharse la interpretación que las palabras presentan exteriormente y a la que la otra parte ha consentido; porque el otro se culpa por no haber hablado más claro, D. 2, 14, 39]

El autor reconoce la tradición anterior, señalando que la interpretación debe hacerse contra aquel que en un contrato pudo expresarse de forma más clara, citando, como es habitual, D. 2, 14, 39. Sin embargo, señala que los contratos no dependen en lo absoluto de una sola voluntad y, por tanto, no debe estarse a esta, sino que más bien contra aquel que pueda imputársele falta de claridad (*clarius locutus non fuerit*). Es decir, pone el énfasis en la carga de hablar claro que pesa sobre los contratantes y sobre cuya base se distribuye el riesgo de la interpretación, lo cual es una continuidad. Es interesante su referencia a Pedro Barbosa (1530-1606), representante portugués del *Usus modernus*, que en esta parte indica, con todo, algo similar:

> [...] *contractus pendent a duorum consensu, et sic nulla est ratio ob quam magis debeat stari declarationi unius, quam alterius, et ideo lex facit interpretationem, contra eum qui fundat se*

---

[494]   STRYK (1750) Dissert. X, Cap. IV, § 104, p. 596.

in verbis, et legem apertius non dixit[495] [los contratos dependen del consentimiento de los dos, y así no hay razón para que la declaración de uno deba valer más que la del otro, y por lo tanto la ley hace la interpretación, contra el que se funda en palabras, y no dijo la ley más abiertamente]

b) Justus Henning Böhmer

Una monografía dedicada íntegramente a nuestra regla le pertenece a Justus Henning Böhmer (1674-1749), continuador de la obra de Stryk y uno de los exponentes más destacados de esta corriente[496], cuya obra se titula *De interpretatione facienda contra eum qui clarius loqui debuisset* (1767). Esta obra utiliza como fuentes primarias los fragmentos romanos típicos de este tema, junto a las principales conclusiones de la glosa, el comentario, otros autores que hemos mencionado como Mantica y los iusnaturalistas de su época, como Grocio o Thomasius, sin por ello dejar de ofrecer las reflexiones propias del autor.

Así, por ejemplo, ofrece el ejemplo dado por Viviano y recogido en la glosa, de la venta de un caballo, que hemos referido[497], o señalando que esta regla no es universal, pues habrá casos en que se interprete la convención a favor del promitente, subrayando como Celso en D. 45, 1, 99 utiliza *Ac fere secundum promissorem interpretamur,* es decir, que solo generalmente, a veces, la interpretación es a favor del promitente[498]. Luego señala que la forma más frecuente en que se ha entendido esta regla, es como señala el título de su obra:

---

[495] Barbosae (1615) *Ad. lex si quis intentione ambigua LXVI ff. de Iudiciis.,* p. 448
[496] Meder (2017) p. 256.
[497] Böhmer (1767) § 8, p. 9.
[498] Böhmer (1767) § 9, p. 11: *At ita regula ista non est universalis.*

> *Interpretatio in pactione ambigua et obscura est facienda contra eum qui clarius loqui debuisset* [Se debe hacer la interpretación de los pactos ambiguos u obscuros contra quien debería haber hablado más claro]

La *ratio* de esta decisión la encuentra Böhmer en las fuentes romanas: Papiniano (D. 2, 14, 39), *in quorum fuit potestate apertius conscribere* (en cuya potestad estuvo redactar más claramente), Paulo (D. 18, 1, 21), *quia potuit re integra apertius dicere* (pudo haberlo expresado más claramente desde antes del pacto) y Celso (D. 45, 1, 99), *quia stipulatori liberum fuit verba late concipere* (el estipulante fue libre de emplear las palabras ampliamente)[499].

Finalmente, es de interés su disquisición acerca de quién es el que debía expresar más claramente el pacto (*quis fit ille, qui clarius loqui debuisset in conventionibus ambiguis et obscuris?*):

> *Declarat autem hoc ita: ut si appareat, a quo verba fuerint prolata adversus eum debeant intelligi: si non appareat, praesumantur ab eo prolata, cui prodesse possunt. Ut aseo ambiguum pactum semper debeat intelligi contra eum, qui ex eo commodum velit reportare*[500] [Lo declara de esta manera: que si aparece por quien fueron pronunciadas las palabras, deben entenderse contra él; si ello no aparece, se presumen pronunciadas por aquel a quien pueden beneficiar. Un pacto ambiguo debe entenderse siempre en contra de quien quiera aprovecharse de él]

El autor señala como regla general, en un criterio ya expresado anteriormente, que deben interpretarse las palabras contra aquel que las pronunció, si ello consta, pero si no, contra aquel a quien fueron útiles, pues el pacto ambiguo siempre debe entenderse contra quien le resulta conveniente.

---

[499] Böhmer (1767) § 10, p. 12.
[500] Böhmer (1767) § 19, pp. 19-20

c) Christian Friedrich von Glück

En definitiva, puede referirse, como una suerte de obra epigonal de la corriente del *Usus modernus pandectarum*, la de Christian Friedrich von Glück (1755-1831), *Ausführliche Erläuterung der Pandekten* (1797) (Explicación detallada de las Pandectas)[501], la cual señala que en la interpretación lógica de los contratos (§ 344), deben observarse determinadas reglas. Luego de indicar que el contrato debe interpretarse según su naturaleza[502], establece:

> von selbst die Regel, daß in einem solchen zweifelhaften Falle wider denjenigen die Auslegung zu machen sen, welcher einen besondern und ausserordentlichen Vortheil durch den Vertrag zu erhalten sucht, weil dieser die rechtliche Vermutung wider sich hat, folglich sich auch deutlicher hätte ausdrücken sollen. Interpretatio contra eum facienda est, qui clarius loqui debuisset [Es evidente la regla de que en un caso tan dudoso la interpretación debe hacerse en contra de la persona que pretende obtener una ventaja especial y extraordinaria del contrato, porque ella tiene la presunción legal en su contra, en consecuencia también debería haberse expresado con mayor claridad]

Las reflexiones de Glück recogen gran parte de la tradición expuesta hasta este momento. En las notas que consigna a pie de página, aparece la obra de Böhmer recién analizada, además de los fragmentos romanos habituales en esta materia[503]. A continuación, expresa ciertas consecuencias de esta regla: los *pacta adjecta*, o pactos añadidos deben interpretarse contra aquel que los ha incorporado al contrato, y que en caso de duda la interpretación se realiza contra aquel que tuvo en su

---

[501] Sobre este autor, el carácter de la obra y su influencia en el contexto de un proyecto consistente en la traducción y adaptación de la ciencia pandectística alemana al contexto italiano, FURFARO (2011).

[502] GLÜCK (1797) p. 568.

[503] GLÜCK (1797) p. 569.

poder evitar la oscuridad, incluyendo aquel que responde a una petición clara de forma oscura[504]. Es decir, centra el problema en el responsable de la redacción poco clara[505].

5.2 Derecho francés

Contemporáneamente a este fenómeno, en Francia, merced a la intervención política regia en el ámbito de la docencia jurídica universitaria, se produce la superación entre el tradicional enfrentamiento entre *droit coutumier* y la tradición jurídica romanística, formándose el nuevo derecho civil francés, de profunda base romanística, gracias a juristas sistematizadores como Domat y Pothier, cuyas obras serían fundamentales para la codificación napoleónica de 1804[506]. En efecto, en el siglo XVII, el Antiguo Régimen francés se caracterizaba por una diversidad de normas, fuente de inseguridad y confusión. Además de las costumbres, había edictos y ordenanzas, cuyo número e importancia en el derecho privado aumentaron bajo los reinados de Luis XIV y luego de Luis XV. Además de estos dos elementos normativos, otras dos fuentes del derecho completaban el ámbito jurídico: por un lado, el derecho canónico, cuyo impacto disminuyó en los albores de la Ilustración, pero cuyo peso siguió siendo significativo en materia matrimonial y, por otro lado, el derecho romano, que era

---

[504] GLÜCK (1797) pp. 569-570.

[505] Una revisión de la bibliografía del entorno alemán que se pronuncia en este sentido en los siglos XVIII y XIX, KRAMPE (1983b) p. 14.

[506] PARICIO (2010) pp. 37-38. Sobre la superación del dualismo entre derecho romano y derecho nacional (costumbres), hacia una unidad, Domat señala que ambos rigen al mismo tiempo y sobre las mismas materias, pero no puede haber colisión entre ambos, porque rigen desde diversos puntos de vista: el derecho romano proporciona los principios y la costumbre la reglamentación convencional. GUZMÁN BRITO (1981) pp. 119-120.

ciertamente una fuente subsidiaria —como *recta ratio*— pero que seguía constituyendo la base de la enseñanza jurídica[507].

a) Jean Domat

Jean Domat (1625-1696), en su obra *Les Lois Civiles dans leur ordre naturel* (3 tomos, 1689-1694) expone una teoría de la interpretación jurídica que tendrá impacto en varias codificaciones decimonónicas. En general, construye una nueva síntesis respecto a la tradición: un orden del Derecho, que une leyes naturales, válidas *imperio rationis* (por la fuerza de la razón) y las leyes arbitrarias, provenientes del soberano, o de los usos[508]. En su obra, Domat busca establecer principios jurídicos iusnaturalistas y racionales, asemejándose con ello a la escuela moderna del derecho natural. Su pensamiento sobre los fundamentos del Derecho, sin embargo, no deja de estar influido por las ciencias físicas y matemáticas, en la forma de una dinámica euclidiana que parte de un cierto número de definiciones, axiomas y principios para demostrar un conjunto de proposiciones o teoremas, es decir, una subordinación de la jurisprudencia y la doctrina civil a los principios, métodos y reflejos de las ciencias exactas[509].

En esta línea, se ha destacado el carácter pionero de la sistematización de reglas de interpretación de las convenciones de Domat, presentadas en forma separada de la casuística propia de la jurisprudencia romana, para darle una estructura de reglas generales y abstractas[510]. Como se ha podido ver hasta

---

[507] Gilles (2009) p. 8.
[508] Brutti (2017) p. 106. Una síntesis de las premisas metodológicas de Domat, en relación con el derecho romano, en Aedo Barrena (2018a) pp. 5-28.
[509] Gilles (2009) p. 9.
[510] Brutti (2017) p. 105.

aquí, esta labor viene gestándose por lo menos desde los glosa-dores. Con todo, puede decirse que Domat y, como se verá lue-go, Pothier, serán los más exitosos en domesticar la verdadera "jungla casuística" de reglas de interpretación[511], pues hemos visto catálogos como el de Forster, con 100 reglas.

En el caso de Domat, las reduce a 15 en el título *Regles de l'interpretation des conventions*[512]. Es bastante notable que inicie este acápite con la regla *contra proferentem* como principio general:

> *Les conventions devant être formées par le consentement mu-tuel de ceux qui traitent ensemble, chacun doit y expliquer sincèrement et clairement ce qu'il promet et ce qu'il prétend* [**nota al pie**: In quorum fuit potestate legem apertius conscri-bere. *l. 39, ff, de pact. l. 21. ff. de cont, empt.* Liberum fuit verba late concipere. *l. 99. ff. de verb. obl.*]; *Et c'est par leur intention commune qu'on explique ce que la convention peut avoir d'obscur et de douteux* [**nota al pie**: Semper in stipula-tionibus et in caeteris contractibus, id sequimur quod actum est. *l. 34 ff. de reg. jur.* Quod factum est, cum in obscuro sit, ex affectione cujusque capit interpretationem *l. 168. § eod.*][513]
> [Dado que los acuerdos deben formarse por consentimiento mutuo de quienes tratan entre sí, cada parte debe explicar con sinceridad y claridad lo que promete y lo que reclama. Y es por su intención común que explicamos lo que puede ser oscuro y dudoso sobre la convención]

Como puede apreciarse, Domat señala en su primera regla que las convenciones están formadas por el consentimiento mutuo de los que tratan entre sí y, por ello, cada uno debe ex-plicar "clara y sinceramente" lo que promete y lo que reclama. Enseguida, cita a pie de página las fuentes romanas clásicas en este punto, D. 2, 14, 39 y D. 18, 1, 21. Es novedoso que comien-ce un catálogo de reglas de interpretación con esta declaración

---

[511] ZIMMERMANN (1996) p. 638.
[512] DOMAT (1697) tit. I, sect. II, VIII y ss., p. 72.
[513] DOMAT (1697) tit. I, sect. II, VIII, p. 72.

que impone un deber de claridad y sinceridad a los contratantes fundamentado en dichas fuentes. Luego, indica que por esa
intención común se interpretará la convención en lo que en
ella aparezca oscuro o dudoso, fundamentando este aserto en
las fuentes que se refieren al *id quod actum,* que examinamos.

Al respecto, se ha señalado la importancia que para Domat
tienen las palabras, la confianza en el lenguaje que han expresado las partes como forma de averiguar su intención[514].
Se trata de una interpretación por la cual el texto debe ser
evaluado y comprendido históricamente, como un aconteci-
miento y por tanto en relación con el tiempo, lugar de su
publicación y con las necesidades que pretendía satisfacer,
por lo que las proposiciones jurídicas de derecho positivo y
las expresiones de autonomía privada se reconstruyen como
proposiciones descriptivas de una realidad: los estados mentales de quienes las pronuncian. Esta teoría de la interpretación se resume en una hermenéutica puramente racionalista,
que rechaza por incierta toda atribución de sentido al texto
separado de su autor y busca no hipótesis verosímiles, sino
soluciones exactas, a sabiendas de que existe un método objetivo y natural para interpretar los documentos, como existe
un método de óptica y de física[515].

En la sexta regla se contiene el principio *quod minus,* estableciéndose la interpretación a favor del obligado:

> *Les obscurités et les incertitudes des clauses qui obligent,*
> *s'interprètent en faveur de celui qui est obligé, et il faut restrein-*
> *dre l'obligation au sens qui la diminue* [**nota al pie**: Arrianus ait
> multum interesse, quaeras utrum aliquis obligetur, an aliquis
> liberetur, ubi de obligando quaeritur, propensiores ese debere
> nos. Si habeamus occasionem, ad negandum. Ubi de liberan-
> do ex diverso, ut facilior sis ad liberationem. *L. 47. ff. de obl.*

---

[514]   Brutti (2017) p. 106.
[515]   Calderai (2008) pp. 27-28.

et act. In stipulationibus cum quaeritur quid actum sit, verba contra stipulatorem interpretanda sunt. *l. 38. § 18 ff. de verb. obl.*]; *car celui qui s'oblige ne veut que le moins, et l'autre a dû faire expliquer clairement ce qu'il prétendait* [Fere secundum promissorem interpretamur, quia stipulatori liberum fuit verba late concipere. *l. 99. ff. eod.* ...] *Mais si d'autres règles veulent qu'on interprète contre celui qui est obligé, comme dans le cas de l'article, suivant, on étend l'obligation selon les circonstances; et en général, quand l'engagement est assez entendu, on ne doit ni l'étendre ni le restreindre au pré judice de l'un pour favoriser l'autre*[516] [Las oscuridades e incertidumbres de las cláusulas que obligan se interpretan a favor del obligado, debiendo restringirse la obligación al sentido que la disminuya, porque el que se obliga sólo quiere lo mínimo, y el otro tenía que dejar claro lo que reclamaba. Pero si otras reglas exigen una interpretación contraria al que se obliga, como en el caso del artículo siguiente, la obligación se extiende según las circunstancias; y en general, cuando el compromiso se comprende suficientemente, no debe extenderse o restringirse en perjuicio de uno para favorecer al otro]

En el párrafo citado se establece que las oscuridades o incertidumbres en las cláusulas que obligan —no del contrato completo—, se interpretan en favor del que ha sido obligado y la obligación debe restringirse en el sentido de disminuirse. Las citas acá son, por una parte, D. 44, 7, 77, el fragmento *Arrianus,* referido en otras oportunidades, en virtud del cual, frente a la duda, debe estarse a restringir la obligación, y por otra, D. 45, 1, 38, 18, que establece la interpretación *contra stipulatorem.* El fundamento es que quien se obliga, solo quiere obligarse a lo mínimo, mientras que la otra parte debe dejar claro lo que reclama, refiriendo como nota al pie el fragmento celsino D. 45, 1, 99.

Con todo, es notable que Domat establezca en forma inmediata la relatividad y subsidiariedad de esta regla: habrá casos —como la regla que luego analiza— en que deberá interpre-

---

[516] DOMAT (1697) tit. I, sect. II, XIII, pp. 73- 74.

tarse contra el obligado y si la convención es suficientemente
entendida —se ha revelado el *quod actum*, diríamos— esta regla
no se aplicará.

Por último, la séptima regla establece propiamente una regla *contra proferentem* que incorpora los elementos de claridad
ya enunciados al comienzo por el propio Domat y los elementos de conducta de las partes que han sido parte de la tradición
hasta ahora:

> Si l'obscurité, l'ambiguité, ou tout autre vice d'une expression,
> est un effet de la mauvaise foi, ou de la faute de celui qui doit
> expliquer son intention, l'interprétation s'en fait contre lui, par-
> ce qu'il a dû faire entendre nettement ce qu'il entendait; ainsi,
> lorsqu'un vendeur se sert d'une expression équivoque sur les
> qualités de la chose vendue, l'explication s'en fait contre lui
> [**nota al pie**: Veteribus placet...l. 39. ff. de pact. Obscuritatem
> pacti nocere potius debere venditori...l. 21. ff. de contr. empt.
> Cum in lege venditionis...l. 33. ff. de contr. empt. l. 172. ff.
> de reg. jur. u. l. 69. §. 5. ff. de evict. Servitutes, si quae...l. 39.
> ff. de act. empt. et vend...][517] [Si la oscuridad, ambigüedad o
> cualquier otro defecto de una expresión es efecto de la mala fe
> o culpa de la persona que tiene que explicar su intención, la
> interpretación se hace en su contra, porque tenía que aclarar
> lo que quería decir; así, cuando un vendedor utiliza una ex-
> presión equívoca sobre las cualidades de la cosa vendida, la
> explicación se hace en su contra]

Cuando la oscuridad o la ambigüedad u otro "vicio de la
expresión" provienen de la culpa o de la mala fe del que debía explicar su intención, la interpretación debe hacerse en
su contra. El fundamento sigue las ideas ya expresadas en la
anterior regla: el contratante debía aclarar lo que pretendía.
Es decir, no se distingue en este caso entre deudor o acreedor.
El ejemplo se da en sede de compraventa: si el vendedor da
una explicación equívoca de una cualidad de la cosa vendida,

---

[517]   Domat (1697) tit. I, sect. II, XIV, p. 74.

la interpretación se hace en su contra. A continuación, reitera varias fuentes propias de la tradición, empezando por D. 2, 14, 39. Como puede verse, Domat utiliza los fragmentos romanos como insumo de la enunciación de sus reglas interpretativas, pero incorporando ciertos elementos éticos que en ellas no se encuentran, al menos explícitamente, como la mala fe.

b) Robert Joseph Pothier

En un sentido análogo, pero aun más próximo a la codificación francesa, se encuentra Robert Joseph Pothier (1699-1772). Este autor no desarrolló una concepción general del Derecho, pudiendo encontrarse en su obra variadas influencias de la tradición anterior. Además, considera el derecho romano como un insumo para entender el derecho francés, pero resaltando ciertos fragmentos como expresión de principios generales o derecho natural[518]. En este sentido, sigue las huellas de Domat en el propósito de ordenar el material de la tradición según un orden que permita conocerlo más fácilmente y constituir la base de un derecho nacional unitario[519]. Ante ello, emprende la tarea de realizar una reordenación del Digesto, publicando entre 1748 y 1752 su obra *Pandectae Justinianeae in novum ordinem digestae*. En dicha obra Pothier, reordena las fuentes romanas en dos títulos (67[520] y 984[521]), denominados ambos *De conventionum interpretatione*.

Posteriormente, en su obra *Traité des obligations* (1761), cuya sustancia obedece a los materiales reunidos en las *Pandectae*[522],

---

[518] DESCAMPS (2019) pp. 251-252.
[519] BRUTTI (2017) pp. 118-119.
[520] POTHIER (1818) t. 1, p. 93.
[521] POTHIER (1891) t. 3, p. 717.
[522] GUZMÁN BRITO (2006) p. 57.

dedica un título a las *Regles pour l'interpretation des Conventions,* enunciando 12 reglas.

La primera regla de Pothier, que vendría a ser la cuarta de Domat[523], es la siguiente:

> *On doit dans les Conventions réchercher quelle a été la commune intention des parties contractantes, plus que le sens gramatical des termes.* In conventionibus contrahentium voluntatem potius, quam verba spectari placuit, l. 219. ff. de verbor. signif.[524] [En las convenciones, hay que buscar la intención común de las partes contratantes, más que el sentido gramatical de los términos]

A continuación, proporciona un ejemplo. Se trata de un contrato de arrendamiento de una habitación, que se renueva en los siguientes términos: "doy en alquiler a un tal mi casa por cierto número de años, por el precio del arrendamiento precedente". Ante ello, señala que si bien el sentido gramatical de "mi casa" admitiría el entendimiento de arrendarse "la casa entera", la intención de las partes ha sido la de arrendar solo la habitación, voluntad de la cual "no puede dudarse" (*dont on ne peut douter*)[525]. De este ejemplo, puede concluirse que el razonamiento de Pothier va en la misma línea de la regla domatiana, que requiere de una intención evidente[526].

---

[523] *Si les termes d'une convention paroissent contraires à l'intention des contractans, d'ailleurs evidente; il faut suivre cette intention, plutôt que les termes* [**Nota al pie**: In conventionibus, contrahentium voluntatem...]. Domat (1697) p. 73.

[524] Pothier (1764) p. 112.

[525] Pothier (1764) p. 112.

[526] Contra, Brutti (2017) p. 122, señalando que esta formulación es una ruptura respecto de la teoría de Domat, que no asignaba la misma relevancia a la voluntad de las partes. El ejemplo de Pothier parece ir en el mismo sentido.

La séptima regla recoge muy de cerca el criterio romano *contra stipulatorem*:

> *Dans le doute, une clause doit s'interpréter contre celui qui a stipulé quelque chose, et à la décharge de celui qui a contracté l'obligation.*

> In stipulationibus cùm quaeritur quid actum sit, verbà contra stipulatorem interpretanda sunt; I. 38, §. 18, ff. de verb. oblig.

> Ferè secundùm promissorém interpretamur; I. 99, ff. d. tit.

> Le créancier doit s'imputer de ne s'être pas mieux expliqué [En caso de duda, una cláusula debe interpretarse en contra de la persona que ha estipulado algo, y en descarga de la persona que ha contraído la obligación. D. 45,1,38,18; D. 45, 1, 99. Al acreedor debe imputársele no haberse explicado mejor][527].

Lo primero que llama la atención es que Pothier utiliza muy de cerca el fragmento de Ulpiano D. 45, 1, 38, 18, empero con varios añadidos. El antecedente de la regla es "en la duda" (*Dans le doute*), reconociendo con ello el presupuesto romano que indica *cum quaeritur*, aunque eliminándose la tradición que distinguía los casos de ambigüedad o falta de claridad.

Luego, distribuye el resultado de la interpretación entre "el que estipula alguna cosa" (*qui a stipulé quelque chose*) y "el que contrae la obligación" (*qui a contracté l'obligation*). Estos dos elementos hay que entenderlos a la luz de las explicaciones previas de Pothier, que abandona el concepto técnico de la *stipulatio* romana, transformándolo en obligaciones de las partes. En efecto, como ha demostrado Guzmán Brito, la moderna clasificación de las obligaciones en códigos civiles como el francés o el chileno encuentra su matriz histórica en la clasificación de las estipulaciones de las *Institutiones* de Justiniano. A dichos efectos se elimina la fuente (la estipulación) apareciendo con

---

[527] Pothier (1764) p. 117.

ello solo las obligaciones[528]. Ello puede verse claro en sus explicaciones sobre el objeto de los contratos, que indica:

> *Les contrats ont pour objet ou des choses que l'une des parties contractantes stipule qu'on lui donnera, et que l'autre partie promet de lui donner, ou quelque fait que l'une des parties contractantes stipule que l'on fera, ou qu'on ne fera pas, et que l'autre partie promet de faire ou de ne pas faire*[529] [Los contratos tienen por objeto o bien cosas que una de las partes contratantes estipula que le serán entregadas, y que la otra parte promete darle, o bien algún hecho que una de las partes contratantes estipula que se hará, o que no se hará, y que la otra parte promete hacer o no hacer]

Ello va en la línea de I. 3,15,7[530], en el título *De verborum obligatione*, es decir, las obligaciones cuya fuente son estipulaciones:

> "Mas no sólo cosas pueden ser objeto de una estipulación, sino también hechos, como si estipuláramos que se hiciera o que no se hiciera alguna cosa [...]"[531].

La diferencia será que Pothier utiliza el verbo estipular, como sinónimo de establecer, fijar, redactar obligaciones[532]. Esto queda claro en la regla de interpretación comentada y las dos partes del contrato en que se distribuye el riesgo interpretativo, *qui a stipulé* y *qui a contracté l'obligation*.

---

[528] Guzmán Brito (2006) p. 53.

[529] Pothier (1764) p. 70, N° 53.

[530] Como indica Amunátegui Perelló (2019) p. 377, a propósito del art. 1460 CCCh.

[531] Trad. García del Corral (1889).

[532] Así parece entenderse incluso en el sentido actual de la voz "*stipuler*", según el diccionario de la Académie française (2019): *Convenir de quelque chose dans un contrat; demander, exiger, faire promettre à quelqu'un en contractant* (Acordar algo en un contrato; pedir, exigir, hacer prometer a alguien mediante un contrato).

La consecuencia de esta duda interpretativa es que la cláusula se interpreta *à la décharge de celui qui a contracté,* es decir, en descarga de las obligaciones del deudor. El fundamento de ello se encuentra al final: *Le créancier doit s'imputer de ne s'être pas mieux expliqué,* es decir, que el acreedor debe imputarse no haberse explicado mejor. Con ello se identifica estipulante y acreedor, promitente y deudor. En la formulación de esta regla, entonces, combina diferentes elementos de la tradición hasta ahora revisada, pero, en definitiva, se acerca más al principio del *quod minus,* paralelo con la carga de la prueba de las obligaciones[533], según la cual, a falta de claridad, debe seguirse la menor obligación.

IV. LA RECEPCIÓN DE LA REGLA EN LA TRADICIÓN DEL *COMMON LAW* INGLÉS

1. El antiguo *case law*

Cabe abordar esta familia jurídica[534] en forma separada, lo que permitirá visualizar sus coincidencias y contrastes con la familia romano-germánica desde un punto de vista histórico, como insumo para el debate comparativo del próximo capítulo.

Como documenta McCunn, una investigación del *case law* inglés revela que la regla *contra proferentem* ha jugado un importante rol en la interpretación contractual desde hace varios siglos[535]. En efecto, muchas de las *regulae iuris* del *ius commune* fueron utilizadas con entusiasmo como argumentos por

---

[533] En este sentido, también, comentando la solución de Pothier, TRO-FIMOFF (1994) p. 212.

[534] En la concepción de DAVID y JAUFFRET-SPINOSI (2010) p. 13 y ss.

[535] McCUNN (2019) p. 484.

los prácticos del *Common Law* inglés, lo que puede verse en frecuentes referencias a dichas *regulae* en los reportes de sentencias de las cortes inglesas desde 1290 conocidos como *Year Books*[536]. Como ya se ha examinado, en D. 50, 17, existen fragmentos que han sido relacionados a la regla *contra proferentem*.

No es extraño, por tanto, que existan sentencias por lo menos desde 1382[537] en que consta en la decisión un principio "*contra preferendum*"[538], "*contra proferendum*"[539] o "*contra proferentem*"[540]. Como se verá, el ámbito de aplicación principal de esta regla se encontraba en los *deeds,* documentos que desde tiempos medievales constituían instrumentos legales técnicamente sellados y entregados como tales, expresando con ello un *factum*[541].

Hay evidencia de que los *deeds* eran frecuentemente utilizados en las transacciones más importantes, desde asegurar el pago de una deuda, la entrega de grano, construcciones, matrimonio[542], además de casos de transferencias inmobiliarias, siendo el beneficiario de la transacción (*grant*) llamado *grantee* y el concedente, *grantor*[543]. Existían dos clases de *deeds*: unos simples y otros otorgados en duplicado, conocidos estos últi-

---

[536]　STEIN (1966) p. 154.

[537]　Sin perjuicio de que LÜDERITZ (1966) p. 248, encuentra sentencias de 1330 que contienen la solución en forma implícita.

[538]　YB (1382) Mich. 6 Ric. II pl. 17, Seipp N° 1382.055am. Se utiliza la versión disponible en línea de SEIPP (ed.).

[539]　YB (1429) Trin. 7 Hen. VI pl. 21, Seipp N° 1429.074.

[540]　Se señala que "(*a plea*) *will be taken most strongly against he who pleaded the plea*", YB (1430) Mich. 9 Hen. VI pl. 31, Seipp. N° 1430.077.

[541]　BEAL (2008) p. 115, voz *Deed*.

[542]　BAKER (2003) t. VI, p. 819-820.

[543]　KOSCHE (2011) p. 42. En el *Black's Law Dictionary*, 2da. acep., se define *Grant* como, *To formally transfer (real property) by deed or other writing*. GARNER (ed.), p. 769.

mos en los siglos XII y XIII como *chirographs* y luego como *indentures*. Un *deed* simple era un texto único, escrito usualmente en primera persona, por el autor o autores, sellado y entregado al beneficiario, mientras que los *chirographs* eran *deeds inter partes,* que establecían las transferencias, responsabilidades y obligaciones entre las partes, usualmente en tercera persona, hablando indiferentemente para ambos contratantes[544].

Los abogados del medioevo tardío inglés tenían una justificación común para la regla *contra proferentem* que no se aparta demasiado del desarrollo histórico esbozado hasta el momento: la parte que establece las cláusulas (el otorgante del *deed*) debía ser responsable por ellas, siendo su culpa si posteriormente se vuelven en su desventaja[545]. Otros justificaban la regla en que el *deed* debía ser entendido para la mayor ventaja de aquel en cuya virtud se haya hecho, de forma tal que el *grant* pueda ser cumplido y la voluntad del concedente (*grantor*) observada[546].

Con todo, este razonamiento, pensado en el contexto de dicha práctica documental inglesa, en que la escritura desempeñaba una función primordial[547] operaba sin problemas en el caso de los *deed* simples, en que comparecía manifestando su voluntad solo el otorgante (*grantor*)[548], pero no así en los *chirographs,* luego llamados *indentures,* en que intervenían

---

544 Kaye (2009) p. 8.
545 McCunn (2019) pp. 485-486. Así, se señaló que "[...] *one's deed will be interpreted (pris taken) most strongly against him who made the deed (contra proferentem principle)*". YB (1494) Hil. 9 Hen. VII pl 11, Seipp N° 1494.011.
546 McCunn (2019) p. 486, citando YB (1406) Trin. 7 Hen. IV pl. 9 f16b–17a, 16b.
547 Kosche (2011) p. 44. Baker (2003) t. VI, p. 819.
548 En este sentido, también, Kosche (2011) p. 53, pero distinguiendo entre *deeds poll* (simples) y *deeds indented* (otorgados en duplicado).

dos o más partes en la redacción del documento, por lo que la declaración respectiva no podía atribuírsele a una sola de ellas[549]. En estos casos, se generaba una ambigüedad en la persona del *proferens*, lo que se transformó en un problema que se extiende hasta nuestros días en el *case law* inglés[550].

Ante ello, una visión señaló que la Corte debía preguntar quién era el responsable de la cláusula en cuestión, considerándose el *grantor* y por ende *proferens* de cada parte del acuerdo[551]. En *Browning v. Beston* (1555), en tanto, se expresa que en un *indenture* no podían separarse las palabras de una y otra parte, pues "[...] *a contract cannot be without an assent between two or more, wherefore the assent of both parties is the perfection of the contract, and then the law faith, that although the words come out of the mouth of one only, yet they are the words of both in effect and operation of law*", con ello cerrando la puerta a la aplicación de la regla *contra proferentem* en casos de *indentures*[552], argumentación que ganó autoridad por sí misma en casos posteriores[553].

A mediados del siglo XVI, la interpretación contractual estaba centrada en desentrañar la intención de las partes como elemento gravitante, por medio del documento mismo, del contexto circundante o el entendimiento del tribunal acerca de lo que razonablemente las partes pretendían[554]. Esta tendencia generó dificultades en la aplicación de nuestra regla,

---

[549]   Así lo señaló, por ej., el *Chief Justice of the Common Pleas* (CJCP) Bryan: "[...] *when there in an indenture it is the deed of each of them, to my thinking (conceit), so it cannot be interpreted (pris) more beneficially to one nor to the other*". YB (1480) Mich. 20 Edw. IV pl. 2 Seipp. N° 1480.048.

[550]   McCunn (2019) p. 487. Véase *infra* Cap. 2, IV, 5.2 b) ii.

[551]   YB (1469) Trin. 9 Edw. IV pl. 22 f19b–22a, 21b, en McCunn (2019) p. 486.

[552]   *Browning v. Beston* (1555) I Plow. 131, 138.

[553]   McCunn (2019) p. 488.

[554]   McCunn (2018) p. 154.

ahora considerada más apropiada para interpretar los *grants* unilaterales o una mera herramienta de política judicial[555].

2. La literatura jurídica

Con respecto a la literatura legal inglesa, esta sigue las tendencias descritas en el *case law* descrito. La regla *contra proferentem* aparece por lo menos desde 1545[556], en el *Profitable Book* de John Perkins (†1545?)[557], que señala, a la manera de las sentencias que hemos citado: *a deed shall always be taken most strong against him who made it*[558].

Más tarde, Edward Coke (1552-1634), en su obra *The Institutes of the Law of England*[559] refiriéndose a las palabras expresadas en un arrendamiento (*lease*), sin expresión precisa del derecho concedido, acude al entendimiento general (*general intendment*), a menos que se haya pactado alguna limitación expresa (*habendum*), fundamentando dicha solución con las siguientes palabras: [...] *[I]t is a maxim in law, that every man's grant shall be taken by construction of law most forcible against himselfe*[560].

---

[555] McCunn (2019) pp. 490-491.

[556] Según atestigua Lüderitz (1966) p. 248.

[557] Una obra sobre Derecho inmobiliario inglés, breve, pero clara y considerada de autoridad, conocida por generaciones de estudiantes y escrita en 1532, en *legal french*. Baker (2004) p. 775

[558] Perkins (1827) p. 15.

[559] Obra mayor de este autor, en que realiza una labor de síntesis del *common law* de su época con una visión sistemática y que fue abundantemente citada por juristas británicos de épocas posteriores, así como una lectura muy extendida entre los estudiantes de Derecho de las colonias americanas. Andrés Santos (2004) p. 297.298.

[560] Coke (1817) vol. II § 183a.

Por su parte, Francis Bacon (1561-1626), en *The Elements of the Common Law of England,* recoge como máxima la regla llamada *contra proferentem,* cuyo fundamento cabe transcribir:

> *Verba fortius accipientur contra proferentem.*
>
> *This rule, that a man´s deeds and words shall be taken strongliest against himself, thought it be one of the most common grounds of the law, it is notwithstanding a rule drawn out of the depth of reason; for, first, it is a schoolmaster of wisdom and diligence in making men watchful in their own business; next it is author of much quiet and certainty, and that in two sorts; first, because it favoureth acts and conveyances executed, taking them still beneficially for the grantees and possessors: and secondly, because it makes an end of many questions and doubts about construction of words; for if the labour were only to pick out the intention of the parties, every judge would have a several sense; whereas this rule doth give them a sway to take the law more certainly one way*[561].

Bacon es reconocido como uno de los hitos fundacionales del nacimiento de la ciencia moderna, con su obra filosófica *Novum organum scientiarum* (1620)[562], desarrollando su actividad durante el apogeo del iusnaturalismo racionalista. Un elemento relevante en su convicción de lograr certeza jurídica en el *common law* de su época fue el desarrollo del concepto de máximas jurídicas (*legal maxims*), consideradas como "fundamentos del Derecho", "plenas y perfectas conclusiones de la razón", dispersas dentro del cuerpo de leyes, entrelazando el interés teórico sistemático del derecho continental y los aspectos prácticos de la aproximación orientada al caso del *common law*[563].

---

[561] Bacon (1803) p. 22. A continuación, señala varios casos de aplicación de esta regla.

[562] Guzmán Brito (2014) p. 163.

[563] Manzo (2014) p. 4.

De ahí que la explicación de la regla *contra proferentem,* reconoce en primer lugar su emanación desde lo más profundo de la razón (*drawn out of the depth of reason*), pese a ser, en sus palabras, uno de los fundamentos más comunes de la ley. Luego, resalta el efecto preventivo que tendría su aplicación: hacer a las personas más cuidadosas de sus propios asuntos (*making men watchful in their own business*) además de generar tranquilidad y certeza (*it is author of much quiet and certainty*), de dos tipos: favoreciendo los actos y transferencias (*conveyances*) ejecutadas, interpretándolas a favor del beneficiario de la transacción. Además, en línea con las consideraciones de su época, centrada en la importancia de desentrañar la intención de las partes, señala que la regla permite poner fin a dudas acerca de la interpretación, como una suerte de desempate. Es decir, la contempla como una regla subsidiaria de frente a otros criterios de interpretación contractual.

Finalmente, cabe cerrar esta exposición con William Blackstone (1723-1780), importante por su obra *Commentaries on the Laws of England* (1765-1769), que tuvo difusión durante la época de formación del Código Civil chileno[564]. En Libro II, Cap. XXIII, N° 4 señala:

> *That the deed be taken most strongly against him that is the agent or contractor, and in favour of the other party.* "*Verba fortius accipiuntur contra* [nota al pie: "Co. Litt. 42.", que es la obra de Coke recién citada] *proferentem*" *For the principle of self-preservation will make men sufficiently careful, not to prejudice their own interest by the too extensive meaning of their words: and hereby all manner of deceit in any grant is avoided; for men would always affect ambiguous and intricate expressions, provided they were afterwards at liberty to put their own construction upon them* [...][565]

---

[564]　Sobre ello y con detalle, BARRIENTOS GRANDON (2019) pp. 305-310.
[565]　BLACKSTONE (2016) II, § 380, p. 257.

En primer lugar, Blackstone resalta un principio de "auto-preservación" que produciría, nuevamente, el efecto de política jurídica en la misma línea de Bacon, de hacer a las personas más cuidadosas en la gestión de sus negocios. Este principio puede encontrarse en pasajes anteriores de su obra, relacionado con la autodefensa y el Derecho de la guerra: *War is itself justifiable only on principles of self-preservation*[566], no obstante que en este caso aparece en forma similar a la autorresponsabilidad que emana de algunas fuentes romanas, como ya se ha tratado. El énfasis, además, se encuentra en el cuidado que debe observar el redactor, precaviéndose de una formulación muy amplia. Luego, reconoce otro de los fundamentos que históricamente se le han otorgado a la regla: la necesidad de evitar engaño (*deceit*) en los negocios.

A continuación, recoge la distinción del *case law* entre *deed poll* e *indenture*, que antes hemos esbozado:

> [...] *But here a distinction must be taken between an indenture and a deed poll: for the words of an indenture, executed by both parties, are to be considered as the words of them both; for, though delivered as the words of one party, yet they are not his words only, but the other party hath given his consent to every one of them. But in a deed poll, executed only by the grantor, they are the words of the grantor only, and shall be taken most strongly against him. However, this, being a rule of some strictness and rigor, is the last to be resorted to, and is never to be relied upon, but where all other rules of exposition fail*[567].

En efecto, las palabras de un *indenture*, —es decir, el acto en que intervienen dos o más partes—, deben considerarse como las palabras de ambos contratantes, con lo que la aplicación de la regla *contra proferentem* se restringe, en tanto en el caso de un *deed poll* —en que las palabras se profieren de

---

[566] BLACKSTONE (2016) I, § 411, p. 272.
[567] BLACKSTONE (2016) II, § 380, pp. 257-258.

forma unilateral—, deben ser interpretadas más fuertemente en contra del *grantor*. Para terminar, Blackstone deja claro el carácter subsidiario que, desde antiguo, como se ha visto[568], se le asigna a la regla: *is the last to be resorted to.*

De estos desarrollos, es posible concluir que la regla *contra proferentem* inglesa, desde sus primeros tiempos, no se centra en la persona del deudor, favoreciéndolo, o del acreedor, perjudicándolo, a la manera en que la regla decantó con el desarrollo histórico del derecho continental, sobre todo en la redacción de las codificaciones decimonónicas, como se verá. Se trata de una regla principalmente contra el otorgante, que incluso puede favorecer al acreedor, cuando la escritura en virtud de la cual se le conceden derechos sea ambigua y no otorgada por él[569].

V. LA REGLA *CONTRA PROFERENTEM* EN LAS PRINCIPALES CODIFICACIONES

1. Las codificaciones del Derecho natural

La alianza del Derecho natural con la planificación política de la Ilustración produjo, a comienzos del siglo XIX, la primera oleada de codificaciones modernas en los grandes Estados autoritarios del centro de Europa y en el occidente europeo, siguiendo el ejemplo de la Francia revolucionaria[570]. El monarca absoluto, comprometido con la razón y el bien común, reclama

---

[568]   Por lo menos desde lo tratado en Cap. 1, 2.3 e).

[569]   En sentido análogo, KOSCHE (2011) p. 43, ahondando en la noción de *consideration* y el formalismo inglés como causas de la especificidad de la regla *contra proferentem* del *common law,* además de repasar la recepción norteamericana.

[570]   WIEACKER (2000) p. 303.

el monopolio de la legislación, excluyendo cualquier otra formación de la ley —a través de la costumbre, la jurisprudencia o la ciencia—, pero también la codificación es la *magna charta* de los derechos y libertades civiles, una garantía eficaz contra posibles invasiones del Estado absolutista. La búsqueda de unificación, seguridad jurídica y el desplazamiento del derecho común romano por el derecho natural condujeron a la aparición de codificaciones que respondían a las características de sistematización y exhaustividad. Dentro de ellas, las precursoras más destacadas fueron de estados germánicos, como Baviera, Prusia y Austria[571]. Al decir de Cannata, estas dos últimas fueron los productos más auténticos de la teoría del derecho de la razón[572].

La regla *contra proferentem* tuvo cabida en estos procesos, por lo que, atendida la perspectiva comparativa de este trabajo, cabe analizar las principales codificaciones del entorno alemán y la codificación francesa, para finalmente dedicarnos al Código civil chileno. De esta forma será posible observar el pensamiento legislativo de la época y como la dogmática que se ha identificado va siendo recepcionada.

1.1 Baviera: Codex Maximilianeus Bavaricus Civilis

El *Codex Maximilianeus Bavaricus Civilis* de 1756, temprana codificación del Derecho privado debida al príncipe elector Maximiliano José III y redactada en Baviera por su vicecanciller Wiguläus Xaver Aloys von Kreittmayr (1705-1790)[573], contiene un catálogo de ocho reglas de interpretación de los ac-

---

[571] MEDER (2017) p. 281.

[572] CANNATA (1996) p. 181.

[573] En detalle sobre el proceso, WIEACKER (2000) p. 261 y ss. Kreittmayr era ante todo un jurista dogmático imbuido en el *ius commune,* bajo la forma del *usus modernus Pandectarum,* sin pretensiones de ser un teórico o filósofo del Derecho, pero con sensibilidad hacia los

tos de última voluntad (*Interpretation und Auslegung eines letzten Willens*), en un solo artículo, tercera parte, capítulo 2, §12 (en adelante, III, 2, §12). En él se resalta una visión restrictiva del proceso de interpretación, partiendo en la primera regla, *in claris non fit interpretatio*:

> Soll man deutliche und klare Dispositionen niemal auszulegen, oder zu verdrehen suchen [Nunca se debe tratar de interpretar o distorsionar las disposiciones claras[574]].

Luego, existiendo dudas, se pasa a los siguientes criterios. Importante es, sin embargo, la cuarta regla, precursora de muchas otras, pero con una extensión que le añade interesantes elementos:

> haben die Worte oft unterschiedliche Bedeutungen oder sind sonst sehr zweifelhaft, und schwer zu verstehen. Solchenfalls soll man nicht soviel auf den Buchstaben, als die Intention und Absicht des Disponenten sein Augenmerk richten, sohin selbe durch vernünftige und wahrscheinliche Muthmassungen zu entdecken suchen [las palabras a menudo tienen significados diferentes o son muy dudosas y difíciles de entender. En este caso, no hay que fijarse tanto en las palabras como en la intención y el propósito del disponente, sino que hay que tratar de descubrirlo mediante conjeturas razonables y probables].

Como puede verse, no se da total libertad al intérprete, sino que esas "conjeturas razonables y probables" pueden tener base en la materia en cuestión en sí misma (*ex substrata materia*), circunstancias asociadas, efectos de la disposición dudosa, o a partir de las causas que han inducido al disponente a realizar dicha disposición[575].

---

ideales de la Ilustración y conocedor de las ideas de la Escuela del Derecho Natural. Guzmán Brito (2011b) p. 261.

[574] Disposición que tiene un correlato en la interpretación de la ley §9, parte 1, cap. 1. Sobre ello, Guzmán Brito (2011b) pp. 264-269.

[575] Codex Maximilianeus Bavaricus Civilis, Baviera.

Las fuentes del artículo pueden encontrarse en los comentarios a este código por su redactor Kreittmayr, quien refiere algunas obras del *Usus modernus pandectarum,* como la de Stryk citada a propósito de nuestras observaciones a dicha corriente, además de Wolff, Thomasius, Böhmer, Mantica, Alciato o Rogerio[576]. Es decir, hay un contacto con las fuentes romanas mediadas por la tradición dogmática que lo precede.

Estas reglas para los actos de última voluntad son aplicables a los contratos en virtud del IV, 1, §18, (*Von dem Beweiß oder Auslegung einer Convention*), el cual dispone que los pactos deben ser probados y explicados por quien quiere hacerlos valer, y si quedara alguna duda se aplican las reglas referentes a las últimas voluntades. Es en el comentario de Kreittmayr a este artículo —y no en su codificación explícitamente—, que aparece nuestro principio de interpretación, en un largo pasaje, citando fuentes romanas junto a variados autores:

> *Obbemeldte Regul, daß die Interpretation gegen jenen, welcher klärer hätte reden sollen, gemacht werden müsse, hat sowohl in jure civili als naturali guten Grund. L. 99. ff. de verb. obl. L. 39. ff. de Pact. ibiq. Brunnem. n. 1. dann er muß sich selbst imputiren, daß er nicht klarer gesprochen hat, et* jura nunquam favent ei, cui aliquid imputari potest, nec damnum sentire videtur, quod sua culpa sentit [...] [La regla anterior, de que la interpretación debe hacerse en contra de quien debería haberse pronunciado más claramente, tiene buenos fundamentos tanto en derecho civil como en derecho natural. L. 99. ff. de verb. obl. L. 39. ff. de Pact. ibiq. Brunnem. n.1, porque debe imputarse a sí mismo el no haber hablado más claramente, y el derecho no puede favorecer a aquel a quien puede imputarse no haberse dado cuenta de un daño por su propia culpa [...]][577]

Cabe observar como este autor relaciona la regla con la culpa propia de aquel que no se expresa de forma clara, una

---

[576]   KREITTMAYR (1763) t. 3, p. 950.
[577]   KREITTMAYR (1765) t. 4, p. 1390.

suerte de sanción a su falta de proeza en la formulación, en la senda ya trazada en el iusnaturalismo racionalista por autores como Thomasius. A continuación, se cuestiona cuál de las dos partes enfrentadas debiera haberse pronunciado más claramente, mencionando que, si bien algunos opinan que es contra el redactor, los registros de los pactos se hacen generalmente por intermediarios, como el notario o el abogado, además de que depende de la voluntad de ambas partes fijar su contenido. Debido a ello, concluirá que la interpretación se realiza no contra el redactor (*Concipisten*) sino contra quien ha buscado cierta ventaja mediante el acuerdo[578].

1.2 Austria: Codex Theresianus

En Austria, fruto de la comisión designada por la emperatriz Maria Teresa se confeccionó el borrador de un *Codex Theresianus* que, aunque nunca llegó a convertirse en ley, producto de su longitud, casuismo y oscuridad[579], contiene dos catálogos de interpretación en su tercera parte, completada en 1766, uno general en III, 2, XVI (§171-179) y otro solo para los casos de duda en la compraventa, en III, 9, XXIV (§416-418).

El primer catálogo de reglas parte con una cláusula de integración del contrato según la buena fe (*Treu und guten Glauben*), disponiendo que ésta debe primar y, en consecuencia, el juez debe otorgar a las partes lo que es justo y equitativo, aunque no haya sido literalmente expresado, cuando ello emane de la naturaleza y la calidad del acto que se va a realizar (§171). Luego, se dispone que ante la duda sobre el significado del

---

[578] Kreittmayr (1765) t. 4, p. 1390.

[579] Guzmán Brito (2011b) p. 294. En respuesta al proyecto terminado en 1766, el Consejo de Estado declaró que esta voluminosa obra sería ciertamente una colección útil de material, pero no podría ser un código que correspondiera a su propósito". Meder (2017) p. 292.

contrato, la interpretación tiene por objeto averiguar la probable intención de los contratantes (§172); que debe observarse, por regla general, el significado que usualmente se le da a las palabras en el comercio (§173); resuelve qué ocurre cuando se utilizan palabras de una ciencia o arte (§174); la relevancia de la naturaleza de la transacción, sus consecuencias, efectos, circunstancias, las costumbres legalmente establecidas o incluso la condición de las partes contratantes (§175-§178). Finalmente, el §179 establece la regla *contra proferentem*:

> *Dann Treue und Glauben erheischet, daß ein ernstlich und bedächtlich geschlossener Vertrag nach Thunlichkeit bei Kräften erhalten, und bei bemüßigter Auslegung der Verträgen allemal die Billigkeit vor Augen genommen, erst aber damals, wann sonst auf keinerlei Art die Klarheit und Gewißheit zu erreichen ist, die Ausdeutung der Worten wider jenen Theil gemachet werde, in dessen Macht es gestanden, sich verständlicher und deutlicher auszudrucken* [La buena fe requiere que se preserven los contratos de forma seria de acuerdo con los principios de la ley, y que la imparcialidad se considere en la interpretación correcta del contrato, pero solo cuando de otro modo la verdad y certeza no se pueden alcanzar de ninguna manera, la interpretación de las palabras debe ser hecha contra aquella parte en cuyo poder estaba expresarse más inteligible y claramente][580]

Es decir, la disposición retorna a la consideración inicial de la preponderancia de la buena fe, pero luego, como disposición final y de cierre, de frente a una ambigüedad insuperable, establece la interpretación contra aquel en cuyo poder estaba explicarse mejor, esto es, que tenía una carga de claridad.

---

[580] Codex Theresianus, Austria.

1.3 Austria: Allgemeines bürgerliches Gesetzbuch (ABGB)

Por motivos sistemáticos, nos referiremos inmediatamente al Código austriaco. Si bien esta codificación es posterior al código francés, no recibe mayor influencia de éste, particularmente en cuanto a la regla en análisis. Posterior a la fallida redacción del *Codex Theresianus,* que fue parcialmente promulgado, luego de ciertas adecuaciones en 1787, se nombró una nueva comisión, que en definitiva terminaría la redacción de un proyecto de código de derecho privado por el profesor vienés de derecho natural Franz von Zeiller (1751-1828), terminado en 1806 y publicado en 1811 como *Allgemeines bürgerliches Gesetzbuch.* En su concisa brevedad (1502 parágrafos), es casi la contrapartida del código prusiano[581] , que examinaremos.

En él se contienen tres reglas de interpretación de los contratos. La primera, § 914, dispone de manera singular que las reglas dispuestas para la interpretación de la ley (en § 6)[582], se aplican también para los contratos, además de señalar que los mismos deben interpretarse de manera que no contengan ninguna contradicción y sea eficaz. La regla del § 916, que se deben interpretar los contratos conforme a su verdadera naturaleza, más que a su apariencia. Y el § 915, contiene la regla *contra proferentem* siguiendo a grandes rasgos la tradición del código prusiano, como examinaremos:

> § 915. *Bey einseitig verbindlichen Verträgen wird im Zweifel angenommen, daß sich der Verpflichtete eher die geringere als die schwerere Last auflegen wollte; bey zweyseitig verbindlichen wird eine undeutliche Aeußerung zum Nachtheile desjenigen erkläret, der sich derselben bedienet hat* [En el caso de los contratos unilateralmente vinculantes, se presume en caso de duda que el obligado quiso imponer la carga más ligera en lugar de la más pesada; en el caso de los contratos bilate-

---

[581]   MEDER (2017) pp. 292-293.

[582]   Sobre estas reglas, en detalle, GUZMÁN BRITO (2011b) p. 348 y ss.

ralmente vinculantes, se declara una expresión poco clara en
perjuicio de la parte que ha hecho uso de ella].

Como se ve, este artículo recoge la tradición que otorga
ciertas particularidades a los contratos unilaterales, pero por
primera vez realiza una clara distinción con los contratos bilaterales, la que será replicada en codificaciones posteriores,
si bien con otros resultados. La explicación y fuentes de este
artículo aparecen en los comentarios del redactor von Zeiller.

Sobre el fundamento de la regla en los contratos unilaterales, señala que esta presunción aboga por el menor grado de
restricción de la libertad del obligado, en la medida en que un
mayor grado de vinculación no se desprende claramente de las
palabras[583].

Respecto a los contratos bilaterales, señala que, por regla
general, la intención es la igualdad entre las partes, por lo que
no se debe admitir que una parte, por las expresiones poco
claras de las que se vale, se proporcione una ventaja, aligeran-
do la carga asumida. Previene, sin embargo, que muchas veces,
de una escritura conjunta, o de una formalmente redactada
por un tercero, no se desprende inmediatamente quién es el
autor de las expresiones poco claras, y no siempre se puede
suponer que la persona que las redacta sea el autor, citando
como nota al pie, entre otras, D. 2, 14, 39, el ya conocido fragmento *Veteribus,* para luego señalar que en el derecho romano, la interpretación podía hacerse contra el vendedor, comprador, arrendador o arrendatario, "*in cujus fuit potestate, legem
apertius conscribere*", esto es, en cuyo poder estuvo redactar más
claramente la ley del contrato. A continuación, señala que este
problema requiere un debate más detallado, pero que se debe
suponer que cada parte ha elegido las expresiones propias de

---

[583] Zeiller (1812) t. 3, § 915 N° 1, p. 109.

las obligaciones que se impone a sí misma, o ha prestado especial atención a las mismas[584].

Como se ve, reconociendo la tradición anterior, aunque sin citar la dogmática de la época, construye una regla que tiene una doble cara, distinguiendo entre contratos unilaterales y bilaterales, compaginando el principio *quod minus,* y el deber de claridad propiamente de la regla de la ambigüedad, de forma parecida, como se verá al art. 1566 CCCh.

1.4 Prusia: Allgemeines Landrecht für die Preußischen Staaten

En Prusia, la primera codificación se hizo sobre la base de un proyecto con etapas sucesivas, que terminaron con la tarea asignada a Carl Gottlieb Svarez (1746-1798) y a Ernst F. Klein (1743-1810) quienes, con gran disciplina y método, primero elaboraron un extracto o resumen del *Corpus iuris civilis,* una compilación de Derecho provincial y una colección de sentencias judiciales. En 1784, Klein redactó un anteproyecto, sujeto a correcciones y puesto a disposición del público alemán y europeo, que respondió con numerosas observaciones. Entre 1787 y 1790, Svarez clasificó el material reunido, que sirvió para la redacción del proyecto definitivo, terminado en 1791 y promulgado en 1794[585]. Su nombre fue *Allgemeines Landrecht für die Preußischen Staaten,* que contiene dos catálogos de reglas de interpretación de convenciones, uno situado en I, 4, llamado "Interpretación de las declaraciones de intenciones" (*Auslegung der Willenserklärungen*), § 65-§ 74, y I, 5, "Reglas de interpretación" (*Auslegungsregeln*), § 252-§ 269.

Respecto al primer catálogo, en I, 4, §65 inicia señalando: *Der Sinn jeder ausdrücklichen Willenserklärung muß nach der*

---

[584]   ZEILLER (1812) t. 3, § 915 n° 2, pp. 109-110.
[585]   GUZMÁN BRITO (2011b) pp. 318-319.

228 Francisco Rubio Varas

gewöhnlichen Bedeutung der Worte und Zeichen verstanden werden
[El significado de toda declaración expresa de voluntad debe
entenderse según el sentido corriente de las palabras y los sig-
nos], sentido corriente que debe juzgarse según el momento de
la declaración (§ 66), según el lenguaje del declarante en caso
de disparidad (§ 67), del representante en lugar del represen-
tado (§ 68) y siguiendo los modismos o expresiones utilizadas
dependiendo de la naturaleza del objeto (§ 69). Enseguida, se
contienen reglas más o menos comunes a las codificaciones,
desde §70: *Ist in der Erklärung die Absicht deutlich ausgedrückt, so
sind zweifelhafte Stellen dieser Absicht gemäß auszulegen* [Si la intención está claramente expresada en la declaración, los pasajes dudosos se interpretarán de acuerdo con esa intención],
otorgando primacía a la declaración cuando esta se manifiesta
claramente, para luego señalar que debe considerarse la voluntad manifestadas claramente en otras ocasiones entre las partes
(§ 71), a menos que sea evidente que se tiene la intención de
modificarla (§ 72), que deben interpretarse las expresiones de
manera que produzcan efecto (§ 74) y una regla particular,
según la cual deben interpretarse las manifestaciones de voluntad indeterminadas en el sentido que le dan las leyes (§ 73).

Como se ve, un catálogo que combina reglas que se van
asentando en la tradición histórica con otras de carácter ca-
suístico y que con el paso del tiempo se irán depurando, como
lo mostrará el BGB, que reducirá este elenco a solo una regla,
símil del § 70 prusiano.

Por su parte, el catálogo de reglas para interpretar los contratos, en I, 5, remite a las disposiciones recién mencionadas (§
252), para luego nuevamente decantarse por el casuismo, en el
caso de celebración del contrato entre ausentes (§ 254-§ 255);
contrato según peso y medida (§ 256); caso en que no se exprese la denominación de una suma de dinero, entendiéndose la
del lugar de celebración (§257); pero asumiéndose en general
que se celebró en plata (§ 258); y que solo en caso en que no
sea necesaria escrituración es admisible la prueba de una de-

nominación diferente (§ 259); que se presume que nadie ha dado o ha querido dar más de lo que sería compensado por la otra parte (§ 260); que si un contratante asume todos los peligros y daños, será responsable hasta de los casos más inusuales (§ 261); la relación entre un contrato reciente que se remite a uno más antiguo (§ 262); explicación de los pasajes oscuros de un contrato por otros más claros (§ 263); sobre la modificación por un contrato posterior (§ 264-265). Finalmente, los cuatro últimos parágrafos contienen distintos aspectos de la regla *contra proferentem*, que revelan una recepción de la tradición hasta acá expuesta, por lo que cabe transcribirlos:

§ 266. *Kann ein Vertrag nach vorstehenden Regeln nicht erklärt werden, so ist derselbe gegen den auszulegen, der in seiner Willensäußerung zweydeutiger eines verschiedenen Sinnes fähiger Ausdrücke sich bedient hat.*

§ 266. Si un contrato no puede entenderse según las reglas anteriores, debe interpretarse en contra de la parte que, al expresar su voluntad, ha utilizado expresiones ambiguas susceptibles de diferentes significados.

§ 267. *Besonders ist die Auslegung gegen den zu machen, welcher ungewöhnliche Vortheile begehrt, die in Verträgen dieser Art nicht eingeräumt zu werden pflegen.*

§ 267. La interpretación debe hacerse sobre todo en contra de la persona que pretende ventajas inusuales que no se suelen conceder en contratos de este tipo.

§ 268. *Wenn alle übrige Auslegungsregeln nicht zutreffen, so muß die zweifelhafte Stelle so erklärt werden, wie es dem Verpflichteten am wenigsten lästig ist.*

§ 268. Si todas las demás reglas de interpretación no son aplicables, el pasaje dudoso debe entenderse de la manera menos inconveniente para el obligado.

§ 269. *Bloß wohlthätige Verträge sind, im zweifelhaften Falle, allemal zur Erleichterung des Verpflichteten auszudeuten.*

§ 269. En casos dudosos, los contratos unilaterales[586] deben interpretarse siempre a favor del obligado.

---

[586] Según I, 5, §8, *wohlthätige Verträge,* se refiere a un contrato por el que sólo una de las partes está obligada a dar, hacer, tolerar o abstenerse de hacer algo en beneficio de la otra. Siguiendo la nomenclatura del *Code* o del CCCh, lo traducimos como "unilateral".

Como puede observarse, la primera y cuarta regla se establecen de modo subsidiario a las demás en forma explícita. La primera regla razona sobre la base de la producción de una ambigüedad objetiva, más que de la buena o mala fe del contratante. Luego, la segunda regla acoge un criterio que se ha expresado desde antiguo: la interpretación contra aquel que pretende una ventaja inusual, posiblemente porque éste tendrá la carga de probarlo, si ello no emana en forma clara del contrato. La tercera regla establece el criterio del *quod minus,* de frente a una ambigüedad insuperable, lo que también tiene su correlato en la última regla, que se pone en el caso de los contratos gratuitos. Estas últimas cuatro disposiciones legales tendrán gran influencia posterior.

2. Francia: *Code civil des Français*

La historia de la codificación francesa es más conocida en nuestro entorno que las recién referidas. A diferencia de los soberanos del centro y este de Europa, déspotas ilustrados, la monarquía francesa prosiguió una política claramente opuesta a las ideas de las Luces y al derecho de la razón. Será en el régimen de Napoleón, posterior a la Revolución, que se iniciará la redacción definitiva de un proyecto de código civil a cargo de comisiones legislativas encabezadas por los juristas François Denis Tronchet, Félix Bigot-Préameneu y Jean Étienne Marie Portalis, quienes entregaron un proyecto que fue sometido al Tribunal Supremo y a los tribunales de casación, cuyas observaciones fueron remitidas al Consejo de Estado, publicando el resultado definitivo el 21 de marzo de 1804, como *Code civil des Français* (Código civil de los franceses)[587].

---

[587] Cannata (1996) pp. 183-184.

Este código, de influencia internacional, contiene un catálogo de reglas de interpretación contractual inspirado en el *Traité des Obligations* de Pothier ya examinado, lo que es apreciable sin mayor dificultad[588] y que estuvo ubicado entre los artículos 1156 a 1194[589].

La sección V, capítulo III, título III del libro III del *Code, De l'Interprétation des Conventions,* comienza con un artículo 1156, que dispone: *On doit dans les conventions rechercher quelle a été la commune intention des parties contractantes, plutôt que de s'arrêter au sens littéral des termes,* que solo tiene una diferencia con la regla de Pothier, las palabras *sens gramatical* de dicho autor se cambian en la codificación por *sens littéral.*

La explicación de ello consta en la discusión del Consejo de Estado, en que Defermon sostuvo que "el sentido gramatical" que presenta ideas claras debe preferirse a una "mera presunción de intención", pues al cuestionar una voluntad claramente expresada, a menudo se conseguiría eludir la intención de las partes con el pretexto de comprenderla mejor. Frente a ello, el redactor Bigot-Préameneu responde que este artículo está pensado para los casos en los que los términos expresan mal la intención de las partes claramente manifestada, lo cual fue aprobado por Treilhard y Maleville. El redactor Tronchet

---

[588] TROFIMOFF (1994) p. 207. Ello aparece en la discusión legislativa sobre el artículo 1156, donde, por ejemplo, el cónsul Cambacérès señala que el artículo está textualmente copiado del Tratado de las Obligaciones de Pothier. FENET (1856), t. 13, p. 67. El tribunado Mouricault ante los *Corps Législatif* remite a las obras de Domat y Pothier. FENET (1856), t. 13, p. 414.

[589] Tras la reforma del derecho de obligaciones y contratos de 2016, este catálogo paso a estar entre los artículos 1188 y 1192, manteniendo algunas reglas y otras cambiando su sentido significativamente. A continuación, se analiza la versión de 1804, inalterada hasta la señalada reforma. Sobre ello nos remitimos al apartado del Derecho francés, *infra* Cap. 2, III, 7.

se manifestó en un sentido similar, señalando que este artículo jamás podrá desnaturalizar la intención de las partes, pero que para eludir el tenor literal, deben mostrarse los más claros indicios de que no expresa esa voluntad. Finalmente, Defermon solicita el cambio respecto a Pothier, que se adopta[590]. Es decir, el presupuesto inicial de la interpretación es el tenor literal del contrato, el que, únicamente de existir y probarse una intención claramente manifestada, podrá ser desplazado[591].

A continuación, siguiendo nuevamente a Pothier, se enuncian otras máximas de interpretación conocidas en la tradición de este tipo de reglas, como el principio de conservación del contrato (1157), la interpretación según su naturaleza (*matière*) (1158), según los usos del país en que se suscribe el contrato (1159), que las cláusulas habituales deben presumirse (1160), se interpretan unas por otras (1161), la regla de restricción a lo acordado por las partes (1163) y la regla de natural extensión de las palabras (1164). De este catálogo resta el artículo 1162, que en términos muy lacónicos consagra una versión de la regla *contra proferentem* similar (pero no igual) a la de Pothier:

---

[590]   FENET (1836b), t. 13, p. 67. La formulación de Tronchet hará fortuna en cuanto a la posterior doctrina de la "desnaturalización", sobre lo cual, *infra* Cap. 2, III, 3.

[591]   En este sentido, más tarde, TOULLIER (1814) p. 378, señalando sobre el antiguo artículo 1156 que "Esta regla podría ser engañosa si no se limitara a los casos en que hay ambigüedad, y en los que las pruebas obligan a apartarse del significado literal de las palabras".

Code civil	Traité des obligations
1162	*Septième règle*

Dans le doute, la convention s'interprète contre celui qui a stipulé, et en faveur de celui qui a contracté l'obligation [En la duda, la convención se interpreta en contra de quien ha estipulado, y a favor de quien ha contraído la obligación]

97. Dans le doute, une clause doit s'interpréter contre celui qui a stipulé quelque chose, et à la décharge de celui qui a contracté l'obligation.

In stipulationibus cùm quæritur quid actum sit, verbà contra stipulatorem interpretanda sunt; l. 38, §. 18, ff. de verb. oblig.

Ferè secundùm promissorém interpretamur; l. 99, ff. d. tit.

Le créancier doit s'imputer de ne s'être pas mieux expliqué[592] [En la duda, una cláusula se debe interpretar contra aquel que ha estipulado alguna cosa y en descarga del que ha contraído la obligación [...] El acreedor debe imputarse no haberse explicado mejor]

Cabe advertir ciertas diferencias, que no ha sido suficientemente destacadas por la dogmática. La séptima regla de interpretación que fija Pothier señala que, en caso de duda, "una cláusula" se interpretará contra el que ha estipulado "alguna cosa" y "en descarga" (à la décharge) del que ha contraído la obligación. Es decir, las palabras "en favor" (*en faveur*) del deudor, fueron introducidas por los codificadores franceses, más precisamente por el Consejo de Estado, como puede verse en el llamado *Projet de L'An VIII*, artículo 57 del título II, que mantenía à la décharge[593].

---

[592] POTHIER (1764) p. 117.

[593] FENET (1836a) t. 2, p. 167, que decía "*Dans le doute, la convention s'interprète contre celui qui a stipulé, et **à la décharge** de celui qui a contracté l'obligation*".

Dicho cambio nos parece importante, pues la regla de Pothier proviene directamente de su comprensión de las fuentes romanas, como recién se ha visto, de las cuales cita particularmente D. 45, 1, 38, 18 y D. 45, 1, 99, es decir, la regla *in ambiguitas contra stipulatorem.* De ahí que la regla disponga que, ante la duda, se interprete "contra el que ha estipulado alguna cosa" y "en descarga del que ha contraído la obligación", lo que coincide con el criterio romano que distribuye el perjuicio ante la falta de claridad contra el que ha debido emplearla y ordenando reducir la obligación a su menor importe para el que se obliga. Pothier no razona, por tanto, de manera directa sobre la base de acreedor y deudor, salvo en cuanto señala *"Le créancier doit s'imputer de ne s'être pas mieux expliqué"*, lo que proviene de su asimilación del estipulante romano a acreedor y promitente a deudor, como se ha visto.

Pese a esta diferencia gramatical del *Code,* sus antecedentes muestran que se tienen en cuenta las fuentes romanas: primero, en el discurso del redactor Bigot-Préameneu ante los cuerpos legislativos citando D. 45, 1, 38, 18 a propósito de esta regla[594] y luego, el discurso del tribunado Mouricault ante los *Corps Législatif* cuando señala: *Dans le doute enfin la conventiou doit s'interpréter contre celui qui a stipulé, **parce qu'il pouvait exiger une obligation plus claire***[595], es decir, se interpreta contra el que ha estipulado, porque podía exigírsele una expresión de la obligación más clara. Como se ve, subyace un entendimiento que tiene en cuenta la tradición histórica de esta regla, que, sin embargo, posteriormente se irá difuminando.

A continuación, debe examinarse un precepto situado en el título VI del libro III, *De la vente,* que consagra una solución interpretativa en el mismo sentido, pero circunscrita a un contrato particular:

---

[594]   Fenet (1836b) t. 13, p. 238.
[595]   Fenet (1836b) t. 13, p. 422. Destacado añadido.

1602

Le vendeur est tenu d'expliquer clairement ce à quoi il s'oblige.

Tout pacte obscur ou ambigu s'interprète contre le vendeur [El vendedor está obligado a explicar claramente a qué está obligado.

Cualquier pacto oscuro o ambiguo se interpretará en contra del vendedor]

Al respecto, es muy indicativo lo expresado por el *orateur du Tribunat* Grenier en su discurso pronunciado ante los *Corps législatif* sobre el título de la venta, enunciando el fundamento de esta regla para el futuro *Code*:

> *On sent en effet que le vendeur connaissant particulièrment tout ce qu'il vend et tous ses accessoires, ayant fixé le prix qui lui est accordé par l'acquereur, sachant que la délivrance et la garantie sont les conditions premiéres de la vente, s'il y avait quelque doute sur ces objets, on devrait l'interpréter contre lui, parce qu'il a été en son pouvoir d'expliquer à cet égard la convention, et que toute réticence de sa part devient suspecte* ["Se considera que el vendedor, teniendo un conocimiento particular de todo lo que vende y de todos sus accesorios, habiendo fijado el precio que le concede el comprador, y sabiendo que la entrega y la garantía son las condiciones primordiales de la venta, si hubiera alguna duda sobre estos objetos, habría que interpretarlo en su contra, porque estaba en su mano explicar el acuerdo a este respecto, y cualquier reticencia por su parte se convierte en sospechosa"][596]

VI. LA RECEPCIÓN DE LA REGLA *CONTRA PROFERENTEM* EN EL CÓDIGO CIVIL CHILENO

Siendo el Código Civil chileno el ordenamiento jurídico en que se centra este trabajo, se analizará la recepción de la regla

---

[596] GRENIER (1804) p. 110.

observando las fuentes más próximas del mismo a la luz de lo examinado hasta el momento.

1. El artículo 1566 en los distintos Proyectos de Código Civil[597]

En el presente apartado, se revisarán las distintas modificaciones que experimentó la redacción del artículo 1566 a través de los distintos Proyectos de Código Civil, para luego determinar las fuentes históricas que pudieron haber fundamentado las decisiones del codificador.

La primera formulación del actual artículo 1566 la encontramos en el Proyecto de 1841-1845, que no contenía ninguna referencia al inciso segundo, lo que vendría a cambiar desde el Proyecto de 1846-1847, que contiene dos incisos:

Proyecto de 1841-1845	Proyecto de 1846-1847
Artículo 5	Artículo 107
En caso de duda, la convención se interpreta a favor del deudor, y en los contratos bilaterales que tienen por objeto la enajenación, uso o goce de una especie, la convención se interpreta contra aquél que deba entregarla.	En caso de duda, la convención se interpreta a favor del deudor, y en los contratos bilaterales que tienen por objeto la enajenación, uso o goce de una especie, la convención se interpreta contra aquel que deba entregarla.
	Pero las cláusulas ambiguas que hayan sido extendidas o dictadas por una de las partes, se interpretarán contra ella.

---

[597] Se utilizan los distintos proyectos reproducidos en Bello (1887) Vol. XI; Bello (1888) Vol. XII y Bello (1890) Vol. XIII.

Puede observarse que la primera formulación de esta regla en el Código Civil establece el criterio de interpretación denominado *favor debitoris*, que, como se reflexionó precedentemente, no se desprende de las fuentes romanas. Cabe destacar que inicialmente el legislador ordenaba aplicar esta regla "en caso de duda", lo que parece más amplio que el actual "No pudiendo aplicarse ninguna de las reglas precedente de interpretación".

Más tarde, el Proyecto de 1853 introduciría una modificación que pudiera parecer mínima, pero que hubiera podido tener importantes consecuencias en la interpretación de la norma: separó en dos artículos los incisos primero y segundo del actual artículo 1566. Es decir, en este proyecto, la regla de la interpretación contra el redactor, artículo 1748, podía ser aplicada en conjunto con las demás, no solo de forma subsidiaria. Esta alteración de Bello permite desterrar cualquier interpretación que, centrada en la literalidad de la norma, invoque una operatividad de la regla que no sea subsidiaria.

Al comparar la redacción del Proyecto de 1853 con la del Proyecto Inédito que le sucedería y cuya redacción sería la que terminaría por ser recogida en el Código Civil, es posible observar que aquí se produce el giro que decantaría en el actual artículo 1566: se cambia radicalmente el encabezado, desde "En caso de duda" a "No pudiendo aplicarse ninguna de las reglas precedentes de interpretación", y se limitó la regla del inciso primero desde una aplicación general "en caso de duda", a una aplicación restringida a "las cláusulas ambiguas", desapareciendo finalmente la regla especial que disponía: "y en los contratos bilaterales que tienen por objeto la enajenación, uso o goce de una especie, la convención se interpreta contra aquel que deba entregarla":

Proyecto de 1853

Artículo 1747

En caso de duda, la convención se interpreta a favor del deudor; y en los contratos bilaterales que tienen por objeto la enajenación, uso o goce de una especie, la convención se interpreta contra aquel que deba entregarla.

Artículo 1748

Las cláusulas ambiguas que hayan sido extendidas o dictadas por una de las partes, se interpretarán contra ella.

Proyecto Inédito

Artículo 1747

No pudiendo aplicarse ninguna de las reglas precedentes de interpretación, se interpretarán las cláusulas ambiguas a favor del deudor.

Pero las cláusulas ambiguas que hayan sido extendidas o dictadas por una de las partes, sea acreedora o deudora, se interpretarán contra ella, siempre que la ambigüedad provenga de la falta de una explicación que haya debido darse por ella.

2. Las fuentes del artículo 1566

2.1 El así llamado favor debitoris en el inciso primero del artículo 1566

Como ya se ha podido ver, la redacción contenida en el Proyecto de 1841-1845 difiere bastante de la norma consignada finalmente en el Código Civil, por lo que se hace necesario analizarla en forma separada.

A este respecto, dicha formulación contiene dos partes: una muy cercana al artículo 1162 del Código Civil francés y otra que no aparece en parte alguna en dicho cuerpo legal:

Proyecto de 1841-1845

Artículo 5

En caso de duda, la convención se interpreta a favor del deudor, y en los contratos bilaterales que tienen por objeto la enajenación, uso o goce de una especie, la convención se interpreta contra aquél que deba entregarla.

Code Civil 1804

Artículo 1162. Dans le doute, la convention s'interprète contre celui qui a stipulé et en faveur de celui qui a contracté l'obligation

Como ya se indicó, el artículo 1162 del *Code* se basa en la regla séptima del *Traité des obligations* de Pothier, pudiéndose reconocer entonces como la fuente más próxima.

Respecto a la segunda parte del que fue el artículo 5, si bien el Código francés no contiene una disposición similar en parte alguna, puede rastrearse su origen en uno de sus comentaristas más destacados y de aquellos de uso habitual de Bello[598]: Delvincourt. En las notas de su *Cours* al artículo 1162 señala[599]:

Proyecto de 1841-1845

Artículo 5

En **caso de duda**, la convención se interpreta a favor del deudor, y **en los contratos bilaterales que tienen por objeto la enajenación, uso o goce de una especie, lsa convención se interpreta contra aquél que deba entregarla.**

Cours de Code Napoleón

*Enfin, si toutes choses sont égales de part et d´autre, **la clause douteuse** doit s´interpreter contre le créancier, qui, par la nature des choses, est le maitre d´imposer les conditions, et qui doit s´imputer de ne pas s´etre expliqué plus clairment; **s´il s´agit d´un contrat synallagmatique parfait, la clause douteuse s´interprete contre celui qui doit livrer la chose, parce qu´on présume qu´il a été le maître des conditions**[600]* [Por último, si todas las cosas son iguales por ambas partes, la cláusula dudosa debe interpretarse en contra del acreedor, que, por la naturaleza de las cosas, es quien impone las condiciones, y que debe asumir la responsabilidad por no haberse explicado más claramente; si se trata de un contrato sinalagmático perfecto, la cláusula dudosa se interpreta en contra de quien debe entregar la cosa, porque se presume que era quien fijaba las condiciones].

---

[598]   GUZMÁN BRITO (1982) p. 424.

[599]   En el mismo sentido, BARRIENTOS GRANDÓN (2016) t. 2, p. 591.

[600]   DELVINCOURT (1819) t. 2, p. 151. Destacado añadido.

Como se vio anteriormente, desde el Código austriaco comienzan a plantearse ciertas diferenciaciones entre contratos
bilaterales y unilaterales a efectos de aplicar esta regla interpretativa. En este caso, Delvincourt habla de un contrato sinalagmático perfecto o bilateral[601], en que existe obligación de
entrega, en cuyo caso se interpretará contra aquel que deba
hacerla, como la compraventa, en que por tanto se interpreta
contra el vendedor. Ello coincide con las fuentes romanas que
Bello tiene muy presentes a la hora de darle forma al que finalmente será el artículo 1566, es decir, D. 2, 14, 39, un caso de
interpretatio contra venditorem et locatorem. Abona esta conclusión
el hecho de que el *Code* en su artículo 1602 ordene la interpretación en contra del vendedor en caso de oscuridad, esto es, se
interpreta contra quien tiene la obligación de entrega en un
contrato bilateral como es la compraventa.

Cabe destacar que Delvincourt dice algo que Bello no plasma en el Proyecto: "[…] *le créancier, qui, par la nature des choses,
est le maître d'imposer les conditions, et qui doit s'imputer de ne pas
s'etre expliqué plus clairment*", el acreedor por la naturaleza de las
cosas es el dueño de imponer las condiciones y que "*la clause
douteuse s'interprete contre celui qui doit livrer la chose, **parce qu'on
présume qu'il a été le maître des conditions***", es decir, se interpreta
contra el que debe entregar la cosa, porque se presume que
éste ha sido el que ha propuesto las condiciones. Se vuelve, por
tanto, al criterio *contra proferentem* por parte del comentarista
francés, pero de todas formas introduciendo los criterios de
acreedor y de deudor.

Esta redacción, sin embargo, sería abandonada para
siempre en el Proyecto Inédito, dejando solamente el criterio *favor debitoris*.

---

[601] Delvincourt (1819) t. 2, p. 114, identifica sinalagmático con bila-
      teral, señalando que los sinalagmáticos perfectos son aquellos en
      que es de la esencia del contrato que ambas partes tengan acción.

2.2 *Introducción del criterio* contra proferentem

Como ya se advirtió, en el Proyecto de 1846-1847 se introdujo por primera vez la regla "Pero las cláusulas ambiguas que hayan sido extendidas o dictadas por una de las partes, se interpretarán contra ella".

Pothier no menciona esta regla explícitamente en su *Traité* y tampoco fue recibida en el Título sobre interpretación de los contratos del Código Civil francés. Sin embargo, un antecedente podría encontrarse en el artículo 1602 del *Code* que hemos visto.

Será en el llamado Proyecto Inédito que la formulación de todo el artículo cambiará radicalmente y se incorpora una nota al pie del artículo 1747 (hoy 1566), de capital importancia para juzgar las fuentes de este artículo:

> "Art. 1747. En caso de duda, se tiene ménos consideración a aquel de los contratantes que pudo explicarse con mas claridad, i omitió hacerlo: *in cujus fuit potestate legem apertius conscribere*"[602]

Esta nota forma parte de un manuscrito inédito de Bello titulado "Apuntes sobre reglas de interpretación" y probablemente fue introducida por Miguel Luis Amunátegui Reyes al Proyecto Inédito. En efecto, dicho manuscrito señala, en el párrafo atinente, junto a otras formulaciones que se convertirán en reglas:

> "17. En los contratos es de regla atenerse a la letra en lo que no pugna manifiestamente con la conocida intención de las partes; i en caso de duda se tiene menos consideración con aquel de los contratantes que pudo explicarse con mas cla-

---

[602] Tal cual aparece en BELLO (1890) p. 396.

ridad i omitio hacerlo: <u>in cujus fuit potestate legem apertius</u>
<u>conscribere</u>"[603].

A estas alturas del desarrollo del análisis, es evidente que
con *in cujus fuit potestate legem apertius conscribere,* Bello quería
referirse al fragmento reiteradamente citado de Papiniano, *ve-*
teribus, D. 2, 14, 39.

Cabe en este punto hacer una pequeña digresión que permitirá hallar la confirmación de la procedencia romana exacta
de la nota de Bello.

La obra *Principios de Derecho Internacional*[604] de Andrés Bello contiene antecedentes relevantes acerca de su postura sobre de la interpretación jurídica[605]. Esta obra, escrita en el
interés de Bello por contribuir a la igualdad jurídica de los
Estados, sobre todo de los nacientes países hispanoamerica-
nos respecto de potencias europeas[606], constituyó un com-
pendio sobre el conjunto de las doctrinas y enseñanzas gene-

---

[603]   Bello (¿1845-1865?) reverso. Subrayado en el original. Se cita por
        la versión digitalizada, en línea. Puede verse ahora en Vergara
        Blanco (2022) p. 448, sin transcripción, en imagen de poca reso-
        lución. La primera parte de este texto, antes del punto y coma ("En
        los contratos es de regla…"), fue introducida en el Proyecto Inédito
        como nota al artículo 1560. Es notable que de todo el catálogo de
        reglas de interpretación, Bello nos haya dejado comentarios aplica-
        bles a la primera y la última de ellas.

[604]   Primera edición como *Principios de Derecho de gentes* (1833), segunda
        edición como *Principios de derecho internacional* (1844), tercera edi-
        ción con el mismo título (1864), que contienen diferencias mayores
        entre sí. Guzmán Brito (2019) p. 120.

[605]   La doctrina hermenéutica contenida en estos *Principios* fue adverti-
        da por Guzmán Brito (1992) p. 63, a propósito de la interpretación
        de la ley.

[606]   Guzmán Brito (2019) p. 119.

rales de los siglos XVIII y XIX, traduciendo el estado actual de la erudición para el mundo hispanoamericano[607].

No es fortuito, por tanto, que su análisis acerca de la hermenéutica de tratados recoja gran parte de la tradición histórica comentada hasta esta parte y que resulta vital para comprender las reglas de interpretación de contratos que serían recogidos en el código civil chileno.

En el capítulo 10° de esta obra, "Interpretación de los tratados, leyes y otros documentos" se señala, como nota al pie:

> "La hermenéutica, ó arte de interpretar, es propiamente una parte de la lójica. Ha parecido conveniente dar aquí una ligera idea de la hermenéutica legal, imitando el ejemplo de Vattel y otros publicistas, y para llenar el vacío que presentan en este punto los tratados de lójica que hoy día tienen mas boga en las escuelas. Hemos seguido a Vattel, L. II, cap. 17"[608].

Sobre su consideración acerca de la hermenéutica como una parte de la lógica, se trata de una orientación generalizada durante el siglo XIX[609], apreciable en trabajos iusnaturalistas como los de Tomasio o Heinecio[610], pero que en esencia mantienen una teoría de la interpretación en la tradición de Grocio y Puffendorf[611].

---

[607]   KELLER-KEMMERER (2017) p. 275.

[608]   BELLO (1832) p. 90. Se cita acá la segunda edición por contener la doctrina interpretativa de Bello al tiempo de la redacción del Código. La tercera edición, de las obras completas, BELLO (1954) p. 175, contiene, además de Vattel, la siguiente referencia en la misma cita: "[…] Se ha consultado también a Phillimore, tomo II, capítulos 8 y 9", tratándose de la obra de PHILLIMORE (1871) t. 2, p. 104, donde trata la regla *contra proferentem*.

[609]   DANNENBERG (1997) p. 253, en detalle sobre esta tendencia. En nuestro medio, QUINTANA BRAVO (2006) p. 110 y ss.

[610]   LUIG (2001) p. 145, p. 152.

[611]   VOGENAUER (2003) p. 568.

Sobre las fuentes de este párrafo, se invoca la obra de Vattel, que pasaremos a revisar.

Emer de Vattel (1711-1767), puede considerarse un epígono de Grocio y Wolff, situándose con su obra *Droit des gens* (1758) entre los formuladores del moderno Derecho Internacional[612]. La traducción española de su obra, *Derecho de gentes*, en la parte sobre interpretación de Tratados, contiene un principio análogo a la regla en comento, en la 2° máxima general:

> "Si el que podía y debía esplicarse clara y precisamente no lo ha hecho, tanto peor para él, porque no puede admitirse que ponga después restricciones que no ha espresado. Esta es la máxima del derecho romano: *Pactionem obscuram iis nocere, in quorum fuit potestate apertius conscribere* [nota al pie: D. 2,14,39 y D.18,1,21.) La equidad de esta regla salta á los ojos, y no es menos evidente su necesidad. No habría ningún convenio seguro, ni ninguna concesión firme y sólida, si se inutilizasen con algunas limitaciones subsiguientes que debían espresarse en el acta, si estaban en la voluntad de las partes"[613].

Como puede observarse, se razona sobre la base de la responsabilidad del autor de la cláusula en su declaración, "el que debía explicarse clara y precisamente", manteniendo las categorías históricas del deber de claridad y no centrándose en la persona del redactor, deudor o acreedor. Bello parafraseará estas consideraciones en los *Principios,* al tratar sus "Máximas generales de interpretación" como regla tercera. Citamos la primera edición para mostrar la cercanía con la formulación del manuscrito, con las palabras finales en latín:

> "Las máximas generales en materia de interpretación son éstas: [...] Segunda, que si el que pudo y debió explicarse clara y plenamente, no lo ha hecho, es suya la culpa, y no puede permitírsele que introduzca después las restricciones que no

---

[612] Salvador (2004) p. 407.
[613] Vattel (1836) t. 3, p. 71-72.

expresó en tiempo: *obscura pactio iis nocere debet in quorum fuit potestate legem apertius conscribere*"[614]

Es decir, incluye una referencia —si bien, con distintas palabras— a D. 2, 14, 39 de forma similar a su manuscrito, al final de la oración. La confirmación puede verse en la segunda edición de los *Principios,* en que ya no incluye las palabras latinas en el cuerpo del texto, que ahora cita como nota al pie, señalando más precisamente: "*Veteribus placet pactionem vel ambiguam venditori et qui locavit nocere, in quorum fuit potestate legem apertius conscribere: ley 39 (i. c. 40). D. De pactis*"[615].

Para cerrar esta línea internacionalista, cabe citar dos cartas firmadas por Diego Portales, pero cuya autoría Jaksić atribuye a Andrés Bello, en atención a los conocimientos diplomáticos y gramaticales desplegados en ellas y por sus labores de correspondencia diplomática con Estados Unidos en el cargo de Oficial Mayor del Ministerio del Interior y Relaciones Exteriores[616]. En la carta de fecha 5 de septiembre de 1836, a Ricardo Pollard, Encargado de Negocios de Estados Unidos, sobre la interpretación del artículo 5º de un tratado con Chile, por el cual un bergantín americano fue detenido en el puerto de Valparaíso, señala Bello, en lo pertinente:

"[...] Que como las obligaciones de Chile respecto de los Estados Unidos no pueden salir de los límites trazados por el testo castellano, las obligaciones de los Estados Unidos con respecto a Chile no pueden salir de los límites trazados por el testo inglés; y que cuando entre los dos testos hai diferencia en cuanto a la extensión del significado de una palabra, **no el estipulador, o la parte que exije el cumplimiento de una obligación, sino el promisor o a la parte a quien se exije el cumplimiento, es quien tiene el derecho de recurrir a su pro-**

---

[614] BELLO (1844) p. 115.
[615] BELLO (1954) p. 176.
[616] JAKSIĆ (2013) p. 178.

pio testo para determinar hasta qué punto es obligada: *"Verba contra stipulatorem interpretanda sunt"* (L. 38, S. 18, D. De Ver. Oblig.); que es en substancia la regla de Vattel citada por el infrascrito en su nota anterior"[617]

Como puede verse, Bello razona sobre la base de la regla romana, utilizando los conceptos de estipulante y promitente en un tratado internacional, no en el sentido técnico, sino como aquel que propone los términos del tratado en su interés (y por tanto puede exigir el cumplimiento de una obligación a su favor) y aquel que resulta obligado por esos términos.

Hasta este punto existe claridad de las fuentes más remotas de la regla *contra proferentem* en el Código Civil Chileno. Sin embargo, la redacción final, que funde ambos artículos del Proyecto de 1853 en uno solo y que aparece por primera vez en el llamado Proyecto Inédito, contiene ciertos elementos que pueden rastrearse en otras obras que pudieron terminar de decantar la redacción de este precepto.

3. El *Proyecto de Código Civil español* de Florencio García Goyena y sus remisiones

3.1 Regla análoga en el Proyecto

Como se sabe, dentro de las fuentes que Bello tuvo a la vista se encuentra el proyecto de Código Civil español de Florencio García Goyena de 1852[618], que en sus Concordancias, Motivos

---

[617]   Bello (1836) en Jaksić (2013) p. 184. Destacado añadido. Hoy recogida en el Epistolario de la nueva edición de las Obras Completas de Bello, en curso de edición, Bello (2022) p. 372.

[618]   Guzmán Brito (1982) p. 423.

y comentarios contiene una redacción que guarda bastante semejanza con la del artículo 1566:

> "Artículo 1021
>
> En caso de duda, la interpretación de cualquiera cláusula se hará contra la parte que, por su falta de esplicacion, hubiere ocasionado la oscuridad.
>
> Cuando esta regla no tuviere aplicación, se interpretará del modo que produzca menos gravamen para el que por la cláusula resulte obligado"[619].

Se establece un orden inverso al del artículo 1566 del Código de Bello: en el inciso primero el criterio *contra proferentem*, incorporando "la falta de explicación" como fundamento de deber de claridad, y el inciso segundo una regla que pudiera parecer *favor debitoris*, pero con una redacción más fina, en el sentido que señala "se interpretará del modo que produzca menor gravamen para el que por la cláusula resulte obligado", que es el sentido original de las fuentes romanas: no se trata de un favor al deudor, en general, del contrato, sino al obligado por la cláusula ambigua. El fundamento de esta última solución la proporciona el autor español: "porque debe presumirse que cada cual quiere obligarse á lo que le sea menos gravoso; y el que reclama el cumplimiento de una obligacion, debe probarla claramente segun el artículo 1196", es decir, razonamientos que no son desconocidos en la historia de la regla, resaltando el artículo 1196, símil del 1698 del Código Civil chileno, que regula el *onus probandi*.

En los comentarios de García Goyena al artículo, es de destacar que indica:

> "La primera parte del artículo no se encuentra en el Código Francés: únicamente en el 1602 se dice: "Todo pacto obscuro

---

[619]   García Goyena (1852) t. 3, p. 56.

y ambiguo se interpreta contra el vendedor", tomándolo de la ley 21, título 1, libro 18, y de la 59, título 14, libro 2 del Digesto, que dispone lo mismo contra el que dio la cosa en arriendo, y da la razón de que *in eorum potestate fuit, legem apertius conscribere;* en mano de ellos estuvo el hablar mas claramente"[620].

Es decir, otra sede desde donde Bello pudo haber obtenido la nota al artículo 1747 del Proyecto Inédito.

3.2 Remisión de García Goyena a otras fuentes

A continuación, los comentarios de García Goyena remiten a otras fuentes que consagran la regla interpretativa antedicha:

a) Las Siete Partidas

Las referencias comienzan por Las Siete Partidas de Alfonso X, ley 2, título 3 (33 es el correcto), Partida 7, que discurre sobre las Dudas que pueden acaecer en los pleitos, que ya hemos revisado[621].

b) Código de Luisiana

Señala a continuación García Goyena que "El artículo 1953 del Código de la Luisiana dice lo mismo". Y puede considerarse, junto al artículo que lo precede, como una fuente directa del Código Civil chileno por su cercana redacción:

---

[620] GARCÍA GOYENA (1852) t. 3, p. 57.

[621] *supra* II. 4.

Art. 1952 Código de Luisiana

Dans le doute, la convention s´interprète contre celui qui a stipulé, en faveur de celui qui a contracté l´obligation.

Art. 1953

Mais si le doute ou l'obscurité provient du défaut de l'explication nécessaire que l'une des parties aurait du donner, ou de quelque autre négligence ou faute de sa part, l'interprétation se fera en faveur de l'autre partie, soit qu'elle soit qu´elle soit créancière ou débitrice[622].

Artículo 1566 Código Civil chileno

No pudiendo aplicarse ninguna de las reglas precedentes de interpretación, se interpretarán las cláusulas ambiguas a favor del deudor.

Pero las cláusulas ambiguas que hayan sido extendidas o dictadas por una de las partes, sea acreedora o deudora, se interpretarán contra ella, siempre que la ambigüedad provenga de la falta de una explicación que haya debido darse por ella.

Un antecedente importante que ayuda a ratificar dicha influencia se encuentra en la copia del Proyecto de 1853 con anotaciones de puño y letra de Bello que se conserva en el Archivo de la Universidad de Chile, en el cual aparecen, en el que fue el artículo 1747, las enmiendas y agregados que se realizaron sobre éste.

Así, además de escribirse al margen el que sería el inciso primero, a continuación, luego de añadirse "siempre que la falta de una explicación que haya debido darse por ella", luego de una coma, aparecen cinco palabras tarjadas, sin perjuicio de que se alcanzan a leer las últimas cuatro: "negligencia o culpa

---

[622] La versión utilizada es la bilingüe anotada por UPTON y JENNINGS (1838). Es de notar que la versión inglesa del artículo 1952 citado es "*In a doubtful case, the agreement is interpreted against him who has contracted the obligation*", es decir, se interpretaría contra el deudor. Probablemente ello sea un error y así se hace notar en *Compiled Edition of the Civil Code of Louisiana,* por THE LOUISIANA STATE LAW INSTITUTE (1940) p. 1083, en una nota al pie del artículo: "*English translation of French text incomplete; should include "has stipulated and in favor of him who*".

suya"[623], es decir, la misma *"négligence ou faute de sa part"* del Código luisiano, que si bien finalmente el codificador no consideró para la redacción final, añaden elementos de similitud entre los artículos de ambos cuerpos legales.

El que esta redacción sea similar al Código chileno, lleva a preguntarse por las fuentes del Código de Luisiana para establecerlo. Hay que tener presente, en primer lugar, que la versión que aquí se cita —y que probablemente utilizó Bello— es la de 1825, posterior al *Digeste des lois civiles* de 1805, atendido que éste último no contenía la regla del artículo 1953. Y, en segundo lugar, si bien uno de los materiales importantes de este código estuvo constituido por el *Projet de Code Civil* francés terminado en el año VIII de la Revolución (1800)[624], éste consagraba prácticamente las mismas normas de interpretación de los contratos del *Code* de 1804[625], por lo que, rastreando las demás fuentes, en las reseñadas por Batiza[626], se encuentra la obra de Domat, que contiene una disposición similar:

---

[623]   Bello (1853) p. 530.
[624]   Guzmán Brito (2009) p. 174.
[625]   Véanse Artículos 52 a 59. Fenet (1836a) t. 2, pp. 167-168.
[626]   Batiza (1971) *passim.*

Código de Luisiana

Art. 1952

Dans le doute, la convention s'interprète contre celui qui a stipulé, en faveur de celui qui a contracté l'obligation.

Art. 1953

Mais si le doute ou l'obscurité provient du défaut de l'explication nécessaire que l'une des parties aurait du donner, ou de quelque autre négligence ou faute de sa part, l'interprétation se fera en faveur de l'autre partie, soit qu'elle soit qu'elle soit créancière ou débitrice[627].

Las loix civiles dans leur ordre naturel

"6. Regle. Interprétation en faveur de celuis qui est obligé.

Les obscuritez, & les incertidumbres des clauses qui obligent, s'interpretent en faveur de celui qui est obligé, & il fault restreinde l'obligation au fens qui la diminué [...]

7. Regle. Interpretation contre celui qui a dé s'expliquer.

Si l'oscurité, l'ambiguité, ou tout autre vice du'une expression, est un effet de la mauvaise foi, ou de la faute de celuis qui dou expliquer son intention; l'interpretation s'en fait contre lui, parce qu'il a dú faire entendre nettement ce qui'il entendoit"[628]

---

[627] La versión utilizada es la bilingüe anotada por UPTON y JENNINGS (1838). Es de notar que la versión inglesa del artículo 1952 citado es "*In a doubtful case, the agreement is interpreted against him who has contracted the obligation*", es decir, se interpretaría contra el deudor. Probablemente ello sea un error y así se hace notar en *Compiled Edition of the Civil Code of Louisiana*, por THE LOUISIANA STATE LAW INSTITUTE (1940) p. 1083, en una nota al pie del artículo: "*English translation of French text incomplete; should include "has stipulated and in favor of him who*". Hay que destacar, también, que pese a estar el artículo intacto en el Código actual —si bien en el *artículo 1956*—, el *artículo 2056, introducido en 1985, y siguiendo la tendencia que pareciera haber inaugurado el Codice Civile en materia de contratos de adhesión, dispone: Art. 2056. Standard-form contracts. In case of doubt that cannot be otherwise resolved, a provision in a contract* must be interpreted against the party who furnished its text.
A contract executed in a standard form of one party must be interpreted, in case of doubt, in favor of the other party.

[628] DOMAT (1703) p. 23. Destacados añadidos.

Sin perjuicio que, como se vio, la responsabilidad del declarante por culpa o malicia había sido introducida en forma clara por Cuyacio en este punto, la obra de Jean Domat (1625-1696) *Le lois civiles dans leur ordre naturel,* resulta de suma relevancia en materia de interpretación. En la disposición comentada, la valoración de la mala fe o la culpa del contratante, cuyos dichos habían formado parte del acuerdo e implican equivocidad, inducen a preferir los intereses de la contraparte, apareciendo en este punto la valoración de la negligencia o el dolo[629]. No obstante, Bello desecharía este elemento subjetivo, atendiendo más bien a la objetividad de una "falta de explicación que haya debido darse" por la parte que introdujo la cláusula, como dice el artículo 1566 inciso segundo.

c) Otras codificaciones de la época

Finalmente, García Goyena señala como otros Códigos que consagran la disposición al Prusiano (1794), en su parágrafo 266, titulo 5, parte; el § 915 del Código Civil Austriaco (ABGB) de 1812, que estima García Goyena "es más ingenioso", ambos que ya hemos visto en el acápite de las codificaciones del derecho natural.

De ello resulta una vez más confirmado que el artículo 1566, lejos de ser una originalidad de Bello, es una regla que también se encontraba incluso en codificaciones anteriores a la chilena, si bien con formulaciones variables, pero conservando la misma *ratio.*

---

[629]   Brutti (2017) p. 114.

4. Diccionario de Joaquín Escriche

Otra formulación que guarda semejanza con el Código chileno, que pudo haber servido de fuente a Bello se encuentra en el *Diccionario Razonado de Legislación y Jurisprudencia* de Joaquín Escriche, que en la voz "Interpretación de las convenciones o contratos" señala en relación a la regla en análisis:

Diccionario de Escriche	Artículo 1565
"8° **Si la duda no puede resolverse por los medios indicados**, debe decidirse contra el estipulante y **en favor del deudor**, porque se supone que el que se obliga no ha querido contraer sino el empeño menos riguroso [...] Esta regla es aplicable mas particularmente á los contratos unilaterales y á los lucrativos ó de beneficencia y **está sujeta á excepcion** cuando alguna de las partes podía y **debía haberse explicado más claramente sobre la obligación que entendía contraer.** Asi es que en las ventas y en los arrendamientos todo pacto obscuro ó ambiguo se interpreta contra el vendedor o el arrendador ya porque el comprador ó el arrendatario que debe el precio se considera como deudor principal ya porque vendedor ó el arrendador debia haberse con mas claridad"[630].	**No pudiendo aplicarse ninguna de las reglas precedentes de interpretación**, se interpretarán las cláusulas ambiguas **a favor del deudor.** **Pero** las cláusulas ambiguas que hayan sido extendidas o dictadas por una de las partes, sea acreedora o deudora, se interpretarán contra ella, siempre que la ambigüedad provenga de la **falta de una explicación que haya debido darse por ella.**

Vemos aquí como se consagra la subsidiariedad de la regla del Código Civil "Si la duda no puede resolverse por los medios indicados", el *favor debitoris* como principio y la excepción en la regla *interpretatio contra proferentem*. Nos parece que entre la

---

[630] ESCRICHE (1847) p. 229.

formulación de García Goyena y el orden de Escriche, Bello terminó de decidir la formulación del art. 1566 CCCh actual.

VII. CONCLUSIONES DEL ANÁLISIS HISTÓRICO

Las fuentes identificadas en el Derecho romano han sido forjadas en el crisol de las metodologías jurídicas de cada tiempo. Sujetas a un ejercicio de armonización, haciendo compatible lo que probablemente en un primer tiempo no lo era, sufriendo reinterpretaciones y desprendiendo verdaderas reglas de ellas, se van unificando hasta decantar en ciertos principios comunes. Como señala Brutti, hay una verdadera "osificación" de la jurisprudencia casuística romana, con el propósito de otorgar certeza y regulaciones estables[631]. Esto es palmario en aquellas codificaciones en que es posible observar la labor de sus redactores y como su formulación no surge *ex nihilo,* sino que derivada de una tradición anterior, con la cita expresa — como en los codificadores de territorios alemanes y sus comentarios— o implícitamente, en el estudio de las fuentes del Código Civil chileno.

Naciendo desde fuentes tan lacónicas que invitan a considerar aspectos religiosos en su génesis, prácticas contractuales antiguas o elementos técnicos de la ciertas instituciones, como la *stipulatio,* las *sedes materiae* ostentan una cierta fragmentación en la glosa y el comentario, matizada por los intentos de armonización que se intentan en cada paso y el surgimiento de ciertas *regulae iuris* auténticamente medievales: *contra proferentem,* es decir, la interpretación en contra del predisponente; o *favor debitoris,* que en caso de duda impone una interpretación favorable al deudor, en el sentido de su liberación.

---

[631]   Brutti (2017) p. 103.

Llegado el humanismo y sobre todo con el iusnaturalismo, esta dispersión se irá paulatinamente decantando hacia ciertas formulaciones generales, en que resalta, sobre todo, un deber de claridad general que ostentan los contratantes y cuya infracción, ya sea por falta de diligencia o incluso dolo, acarreará un gravamen interpretativo en su contra. Confluyen en dicha solución aspectos como el *onus probandi* y la necesidad de zanjar un conflicto interpretativo entre las partes, de lo que deriva la esencial subsidiariedad de esta regla, que desde los glosadores se mantiene como una constante.

Esta evolución, con todo, no permanecerá estática. La práctica doctrinal y jurisprudencial de los países que estudiaremos revelará una constante reinterpretación de las reglas "osificadas" en los distintos códigos civiles, que llevará a desfigurarlas en ciertos casos, alejándolas de su tradición histórica.

Capítulo 2.

La *regla* contra proferentem *en perspectiva comparada. Los modelos alemán, francés, inglés y el soft law*

I. INTRODUCCIÓN. SOBRE EL MÉTODO DE ESTE CAPÍTULO

El capítulo anterior se dio a la tarea de reconstruir una tradición histórica común de la regla *contra proferentem*, sobre la base de la cual se aprecia una cierta *ratio* compartida, con distintos énfasis en los ordenamientos preliminarmente estudiados. Así, podemos concluir, por ahora, que se trata de una disposición presente en distintos ordenamientos jurídicos que ordena, como mecanismo de clausura de la tarea interpretativa, el preferir el sentido más favorable a la contraparte de quien tiene en su poder la formulación del contrato.

La presente sección dará cuenta de cómo ha sido recepcionada esta regla en las fuentes del Derecho de las jurisdicciones elegidas: Alemania, Francia, Inglaterra, además de los principales instrumentos de armonización del derecho contractual. En este apartado se pretende constatar las continuidades y cambios de la regla en estos ordenamientos, anclados en su devenir histórico ya identificado[632].

---

[632] En este sentido, como ejemplo de metodología comparativa diacrónica, DALLA MASSARA (2018) p. 119 lo presenta como identificación de "continuidades y discontinuidades". Sobre los "anclajes" necesa-

Se comenzará en cada caso retomando el análisis histórico allí donde se pausó con la consolidación en la época de la codificación, para luego abordar el desarrollo dogmático y legislativo en su caso, concluyendo con el estado actual de la regla en torno a las preguntas sobre su fundamento y función. Si bien para designar esta solución jurídica han existido distintas nomenclaturas, como interpretación *contra stipulatorem, in favorem* o *Unklarheitenregel,* la identificación más común que servirá como punto de unión de las jurisdicciones elegidas es *contra proferentem*[633] y así se tratará, salvo en el Derecho alemán, en que es frecuente su denominación en esa lengua que puede traducirse como "regla de la ambigüedad".

II. LA *UNKLARHEITENREGEL* DEL DERECHO ALEMÁN

1. La antesala del *Bürgerliches Gesetzbuch* (BGB)

1.1 Escuela histórica

Como se sabe, en el siglo xix Alemania se apartó del camino de una codificación civil general, imponiéndose la tesis de Savigny y de la Escuela histórica[634], que propugnaba el cultivo previo de "una Ciencia del Derecho orgánica progresiva,

---

rios en el Derecho comparado, como ya hemos visto en la introducción de este trabajo, Baldus (2019) p. 1112.

[633] Pese a que voces como Vogenauer (2018) p. 774, señalen que esta nomenclatura sea inductiva a malos entendidos por la diferente "emanaciones" de la regla en los diferentes sistemas legales.

[634] Wieacker (2000) p. 338. Gómez García (2017) p. 27-39.

que pueda ser común a toda la nación"[635]. En este sentido, se defendía una concepción histórica de la ciencia del Derecho, siendo fundamental la tarea del jurista para la consagración de una nueva idea de sistema, a fin de presentar un cuerpo jurídico ordenado en un momento en que la superación del caos que causaba en el plano de las fuentes el *ius commune* era una exigencia mayor[636].

En este contexto, los cultivadores de dicha escuela continuaron el estudio del *Usus modernus pandectarum*, que hemos revisado, respecto a esta regla.

Savigny, en la principal de sus obras, *System des heutigen römischen Recht* (1840) había señalado que "Para la manifestación de la voluntad expresada por palabras, como para las leyes, la interpretación es frecuentemente necesaria", apuntando que los principios fundamentales de la interpretación legal se aplican en este caso también, pues "en ambos casos se trata de reconstruir el pensamiento vivo oculto bajo la letra muerta" y porque "los jurisconsultos romanos nos han legado una multitud de decisiones particulares muy instructivas y de reglas generales muy incompletas que exigen ser aplicadas con circunspección", reenviando el tratamiento de la materia a la exposición especial del derecho de las obligaciones[637].

Será en una obra posterior, *Obligationenrecht* (1853), donde establezca su doctrina sobre la interpretación de los negocios jurídicos. Al respecto, señala que las declaraciones de los juristas romanos sobre esta materia son de carácter muy general, de modo que en los casos dudosos no llevan fácilmente a la so-

---

[635] SAVIGNY (1814) n° 12, p. 161. "...*einer organisch fortschreitenden Rechtswissenschaft, die der ganzen Nation gemein seyn kann*". Trad. en SAVIGNY (2017) p. 161.

[636] GARRIDO MARTÍN (2021) pp. 1-2

[637] SAVIGNY (1840) § 131, pp. 244-245.

lución[638], citando a continuación varias fuentes romanas sobre interpretación negocial que procede a explicar. Luego, indica que algunas de estas máximas se basan en un favor o disfavor general, por el que deben juzgarse determinadas relaciones jurídicas en casos dudosos, que no se refieren realmente a la interpretación como tal. Aquí comparecen las reglas de nuestro interés:

> Wenn das rechtliche Daseyn einer Obligation von zweideutigen Willenserklärungen adhängt, so soll im Interesse der natürlichen Freiheit vielmehr gegen die Obligation, als für dieselbe, entschieden werden[639] [Si la existencia jurídica de una obligación depende de declaraciones de intenciones ambiguas, entonces, en interés de la libertad natural, debería decidirse en contra de la obligación y no a favor].

Estableciéndose con ello el principio *quod minus,* es decir, en la duda, ante la menor obligación, con una trayectoria que explicamos en la sección del Derecho romano.

A continuación, Savigny enuncia ciertas reglas únicamente aplicables a los contratos. Introduce su exposición señalando:

> Wenn die Fassung eines Vertrages verschiedene Deutungen zuläßt, so wird die Entscheidung, des Zweifels stets zum Vortheil der einen Partei, also zum Nachtheil der anderen, ausfallen müssen. Das ist auch die Auffassung der; Römischen Juristen, und es fragt sich, welche Partei Anspruch auf diesen Vortheil hat, welche sich den Nachtheil der Entscheidung gefallen lassen muß. Hierüber werden nun in unseren Rechtsquellen folgende Regeln aufgestellt[640] [Si la redacción de un contrato admite varias interpretaciones, la decisión, en caso de duda, será siempre a favor de una de las partes y, por tanto, en detrimento de la otra. Esta es también la opinión de los juristas romanos, y la cuestión es qué parte tiene derecho a esta

---

[638] Savigny (1853) t. 2, § 71, p. 189.
[639] Savigny (1853) t. 2, § 71, p. 191.
[640] Savigny (1853) t. 2, § 71, p. 192.

ventaja, y cuál debe soportar la desventaja de la decisión. En nuestras fuentes jurídicas, se establecen las siguientes normas al respecto].

Es decir, la interpretación de los contratos constituye una labor de decisión entre interpretaciones dispares en favor o en contra de una de las partes a partir de la redacción o formulación de éste (*Fassung*).

Es llamativo que la regla que nos ocupa es la única que a continuación enuncia, siguiendo con pocas variaciones –y citando al pie– las fuentes romanas de la estipulación, compraventa y arrendamiento, que hemos visto:

> *Bei der Stipulation trifft der Nachtheil den Gläubiger (den Stipulator, welcher der Fragende ist).*

> *Bei den Verträgen über Kauf oder Miethe trifft der Nachtheil den Verkäufer oder Vermiether*[641] [En el caso de una estipulación, la desventaja es asumida por el acreedor (el estipulante, que es el que pregunta). En el caso de los contratos de venta o arrendamiento, la desventaja será asumida por el vendedor o arrendador].

Luego, y esta es la clave, enuncia el fundamento, que según el autor permitirá hacer aplicable esta regla a otros contratos:

> *Das Wesen jedes obligatorischen Vertrages besteht in der übereinstimmenden Willenserklärung über den Inhalt der Obligation. Diejenige Partei, die sich der Fassung des Vertrages unterzieht, übernimmt damit gleichsam die Verantwortung für die Uebereinstimmung. Findet sich in der Fassung eine Zweideutigkeit, so trägt der Urheber die Schuld, wenn der Gegner sich über den Sinn täuschte, der Urheber mag nun die Zweideutigkeit in unredlicher Absicht hinein gelegt haben, oder aus Nachlässigkeit, da es in seiner Hand lag, den Zweifel zu verhüten, weshalb ihn der Nachtheil der Auslegung treffen muß*[642] [La esencia de todo contrato obligatorio consiste en una declaración de in-

---

[641] SAVIGNY (1853) t. 2, § 71, p. 193.

[642] SAVIGNY (1853) t. 2, § 71, p. 193.

tenciones concordante sobre el contenido de la obligación. La
parte que suscribe el contrato asume la responsabilidad del
acuerdo, por así decirlo. Si hay una ambigüedad en la redacción, el autor es el culpable si la otra parte se equivoca sobre
el significado; el autor puede haber insertado la ambigüedad
con intención deshonesta o por negligencia, ya que estaba en
su mano evitar la duda, por lo que debe sufrir la desventaja de
la interpretación].

Savigny retoma los elementos subjetivos de responsabilidad
del declarante, estableciendo la posibilidad de que este produzca una ambigüedad en forma maliciosa. Llama la atención
que no se refiera a la tradición histórica anterior sobre esta
regla, que se ha revisado (excepto una referencia marginal a
Gothofredus) ni tampoco a obras previas de sus contemporáneos, como Thibaut[643] o Wening-Ingenheim[644] que también la

---

[643] *Zuletzt ist der Sinn vorzuziehen, welcher dem Verlierenden am wenigsten na-*
chteilig ist; doch ist im Zweifel gegen den zu sprechen, welcher (wie in der Re-
gel der Verkäufer und Vermiether) bei dem Geschäft die Anträge machte [Por
último, se debe preferir el sentido menos desfavorable para la parte
perdedora; sin embargo, en caso de duda, se debe argumentar en
contra de quien (como suele ser el vendedor y arrendador) hizo las
propuestas en la transacción]. THIBAUT (1834) § 55, p. 46, citando
al pie el catálogo de fuentes romanas habitual, pero además la obra
de Mantica y de Böhmer, que hemos analizado.

[644] Que sin embargo, observa esta aplicación desde un punto de vista
procesal: *Dagegen läßt sich s. keineswegs überhaupt als Regel annehmen,*
daß jener Sinn vorzuziehen sey, welcher dem Redende am wenigste nachthei-
lig ist, vielmehr muß man diesen Grundsatz im Allgemeine auf die vor Ge-
richt abgegeben Erklärungen über die Klage, die Man anstelle, die Einrehe,
die man vorschütze will n. dergl. Beschränken. [Por otra parte, no puede tomarse en absoluto como regla general que deba preferirse el
sentido que menos perjudique al hablante; por el contrario, este
principio debe limitarse generalmente a las declaraciones hechas
en el tribunal sobre la acción que se va a emprender, el motivo que
se va a plantear, y cosas similare*s*] WENING-INGENHEIM (1837), t. 1,
p. 229-230. Más autores referidos en KRAMPE (1983b) p. 14.

refieren como regla de interpretación de los negocios jurídicos. Solamente enuncia fuentes romanas. Por último, se refiere al fundamento de la regla en la compraventa y en el arrendamiento, señalando que el caso habitual es que vendedor y arrendador ofrezcan la cosa en venta o arrendamiento, conociendo la cosa más íntimamente que su adversario, señalando que la decisión debe diferir si el contrato se estructura de otra manera[645].

A una conclusión distinta llega Georg Friedrich Puchta (1798-1846), sucesor de Savigny en la Escuela Histórica[646], cuando señala:

> *Bleibt nach allem dem ein Zweifel zurück, so ist der Sinn anzunehmen, den der Handelnde mit seinem Ausdruck verbunden haben muß, wenn er als ein verständiger Mann gehandelt hat, daher der, bey dem das Geschäft bestehen kann* [Si, después de todo esto, queda una duda, entonces hay que asumir el significado que el autor debe haber expresado, si actuó como un hombre de entendimiento, por lo tanto el que el negocio puede soportar][647]

Como se ve, lo plantea como una regla subsidiaria, pero va en contra de la doctrina asentada hasta el momento, pues decide a favor del significado que el autor —redactor— haya entendido, si es que dicho sentido, calificado como aquel de un "hombre razonable" (*verständiger Mann*), es además, compatible con el negocio.

Luego, se retorna al principio romano *quod minus*:

> *Sodann ist im Zweifel das Geringere, das weniger Belästigende anzunehmen, also zum Vortheil des Verpflichteten zu interpretiren. Dieß hat bey Verträgen auch den Grund, daß der*

---

[645] SAVIGNY (1853) t. 2, § 71, 194-195.

[646] WIEACKER (2000) p. 367

[647] PUCHTA (1877) p. 104.

> *Gläubiger die Hauptperson ist, welcher die genaue Fassung vorzugsweise obliegt, und so wird auch bey gegenseitigen Verträgen, wo beide Theile Verpflichtete sind, im Zweifel zum Nachtheil dessen, der als Hauptperson gilt, interpretirt*[648] [Entonces, en caso de duda, se asumirá lo menor, lo menos oneroso, y así se interpretará en beneficio del deudor. En el caso de los contratos, la razón es que el acreedor es la persona principal a la que corresponde principalmente la redacción precisa del contrato, por lo que, en el caso de los contratos mutuos en los que ambas partes están obligadas, la interpretación es, en caso de duda, en detrimento de la parte que se considera principal]

Si bien es cierto, la primera parte que restringe la obligación a lo menor pertenece a la constante vista hasta ahora, luego incurre en una asimilación criticable a la luz del sistema contractual moderno: sobre la base de las fuentes romanas de la estipulación, asimila acreedor a redactor. Por ello, luego debe matizar la solución para el caso de los contratos bilaterales, señalando que la interpretación en este caso se hará en detrimento de la parte considerada "principal", lo que no deja claro, pero las notas al pie se remiten a fragmentos como D. 2, 14, 39, *veteribus*.

Tiempo después se pronunciaría sobre el problema Bernhard Windscheid (1817-1892), quien con su Manual del Derecho de Pandectas, ejerció una notable influencia, convirtiéndose en primera autoridad científica para la práctica jurídica, que motivó el nombramiento de este autor en la primera comisión de codificación del BGB[649]. Respecto a nuestra regla, señala:

> *Ist der Wortsinn kein unzweifelhafter, so muß der wirkliche Sinn der abgegebenen Erklärung gefunden werden mit Rücksicht theils auf ihren übrigen unzweifelhaften Inhalt, theils auf den Werth des Resultates, vorzugsweise aber mit Berücksichtigung*

---

[648] Puchta (1877) p. 104.
[649] Wieacker (2000) p. 405.

der Gesammtheit der Umstände, unter welchen das Rechtsges-
chäft abgeschloffen worden ist. Führen auch diese Mittel ni-
cht zum Ziele, so ist zu entscheiden sür die mildere Auslegung
und zu Gunsten gewisser Rechtsverhält niffe, wohin außer der
,Dos' namentlich die letztwilligen Zuwendungen gehören,
*sodann **gegen denjenigen, dessen Pflicht es gewesen wäre,***
***deutlicher zu reden**, also bei Verträgen gegen denjenigen, von*
dem die Fassung des Vertrags oder der Vertragsbestimmung
ausgegangen ist, endlich gegen denjenigen, welcher aus einem
bestimmten Sinn der Willenserklärung Rechte herleitet[650]. [Si
el sentido literal no es inequívoco, el verdadero sentido de la
declaración efectuada debe encontrarse atendiendo en parte a
su otro contenido inequívoco, en parte al valor del resultado,
pero preferentemente a la totalidad de las circunstancias en
que se celebró el negocio jurídico. Si estos medios tampoco
conducen al resultado deseado, se debe decidir a favor de una
interpretación más benigna y a favor de determinadas relaciones jurídicas, entre las que se encuentran, además de la dote,
las donaciones testamentarias, y luego **contra la persona cuyo
deber habría sido hablar más claramente**, es decir, en el caso
de los contratos contra la persona de la que procede la redacción del contrato o la disposición contractual, finalmente contra la persona que deriva derechos de un determinado sentido
de la declaración de voluntad.]

Lo señalado por el pandectista vuelve a la tradición histórica que resalta una carga de claridad cuya falta de observancia
acarrea un gravamen interpretativo, imputando este deber al
redactor o quien deriva derechos de un determinado sentido,
asumimos, ambiguo.

Finalmente, cabe citar también voces críticas de esta época.
Si bien von Wächter incorpora en su catálogo de interpretación de negocios jurídicos la regla *quod minus*, critica la regla
contra proferentem, señalando que "se trata de un principio muy
cuestionable, que dificultaría a cualquiera hacer propuestas de
contrato o asumir la carga de redactar un contrato por escri-

---

[650] WINDSCHEID (1891) t. 1, § 84, pp. 231-232. Ennegrecido añadido.

to". Luego, indica que no cabe confundir ambos criterios: si quien condiciona algo en su propio beneficio en un contrato y se expresa en forma ambigua, debe, en caso de duda, aceptar la interpretación en su contra, adoptándose el significado menos perjudicial para el deudor[651]. Como se ve, un problema de formulación, más que de atacar la vigencia del principio.

De esta forma, puede verse que la dogmática alemana antes de la codificación siguió de cerca la tradición histórica de la regla, si bien con algunos matices. Esta concordancia entre los autores, con todo, no fue suficiente para evitar que la regla *contra proferentem* no fuera invitada a la futura codificación. Pese a ello, el dispositivo interpretativo sobrevivió con bastante salud en la doctrina y en las sentencias de los tribunales.

1.2 La regla en la praxis previa al BGB

Según Vogenauer, la regla en análisis es reconocida en la práctica de manera independiente de la legislación territorial respectiva, lo que es claro en la jurisprudencia del *Reichsoberhandelsgerichts* (ROHG) (Tribunal Imperial Superior de Comercio), creado en 1870 y que juzga principalmente sobre la base del *Allgemeines Deutsches Handelsgesetzbuch* (ADHGB)[652] (Código General de Comercio Alemán) de 1861. Si bien la regla no fue incorporada en dicha codificación, el ROHG, durante su corto período de existencia, la utilizó sistemáticamente para interpretar las cada vez más utilizadas cláusulas contractuales

---

[651]   Wächter (1880) p. 405, reglas cuarta y quinta. Esta formulación fue citada posteriormente por quienes matizaban la utilidad y posibilidades de la regla, como Fischer (1963) p. 205; Krampe (1983b) p. 24 o Grabau (1993) p. 143.

[652]   Vogenauer (2007a) p. 1497.

de los bancos, las compañías de seguros y las administraciones ferroviarias, en detrimento de las empresas en caso de duda[653].

De modo ilustrativo, dicha aplicación puede constatarse en un caso en que el demandante y su esposa habían contraído un seguro de vida, falleciendo posteriormente la cónyuge de una rápida tisis. A pesar de que el marido demandante había cumplido con los trámites para el cobro de la suma asegurada que se había hecho exigible como consecuencia de este fallecimiento, se le negó su pago, argumentándose que en una cláusula se había estipulado que el formulario de solicitud debía ser rellenado "a conciencia y con veracidad", pero el solicitante cometió un error en la fecha de nacimiento de la esposa. Ante ello, el Tribunal señaló:

> "[...] sólo una falsedad consciente por parte del solicitante al responder a las preguntas planteadas en el formulario de solicitud debería tener esas consecuencias más graves. Esta interpretación se apoya también en la consideración de que las preguntas son formuladas por el demandado, que está en condiciones de elegir la redacción correspondiente a sus intenciones, pero también tiene el deber de expresarse con tanta claridad que la parte contraria pueda entender su intención, de lo que se deduce que cualquier duda debe ser interpretada en contra del asegurador"[654]

El principio también es mencionado en el caso de una caja de música asegurada contra incendios, en que se discute si del contrato de seguro emana la obligación del asegurado de abstenerse de realizar trabajos de carpintería en su casa, lo que según la compañía lo haría perder derecho a la indemnización

---

[653] VOGENAUER (2007a) p. 1497. KOSCHE (2011) p. 90.

[654] ROHGE, IV, 60 (21/11/1871). Este y los demás fallos referidos en este trabajo se citan por la traducción propia del alemán, francés e inglés.

por haber aumentado el riesgo del siniestro. Respecto de la interpretación del contrato el tribunal resolvió que:

> "[...] toda disposición ambigua y oscura perjudica al asegurador, del que procede la redacción del contrato. Por lo tanto, el demandado tendría que haber afirmado y probado al menos —pero no fue así— que Heinrich Reimers había hecho arreglos o llevado a cabo acciones en su casa que aumentaban el riesgo de incendio para la caja de música del demandante que se encontraba allí, y que el demandante tenía suficiente conocimiento de ello como para poder reconocer el aumento del riesgo de incendio"[655]

En análogo sentido, en un seguro de vida se discutió una cláusula que excluía la indemnización en caso de que el asegurado "sin acuerdo previo con la Compañía, en un viaje por tierra y mar...vaya a regiones donde se sabe que hay peste o fiebre amarilla, o guerra, o rebelión". El director regional de ferrocarriles de Sajonia, tomador del seguro, se vio obligado a viajar en el ejercicio de sus funciones a las zonas de Francia ocupadas por Alemania, en el contexto de la Guerra Franco-Prusiana, solicitando autorización a la compañía de seguros, la que fue denegada, falleciendo finalmente en Reims, de un ataque de apoplejía.

> "La propia consideración de que [...] el demandado ha redactado y reelaborado los términos del contrato para el asegurado, prohíbe una interpretación extensiva a favor del demandado. Pues le correspondía definir con precisión el alcance y los límites de su responsabilidad. Y, por lo tanto, las disposiciones cuyo significado parece dudoso según la redacción, deben interpretarse contra el demandado"[656]

---

[655] ROHGE, V, 120 (13/02/1872).

[656] ROHGE, V, 243-244 (8/3/1872). En otro seguro de incendio, se señaló que "Sólo la compañía de seguros demandada ha elaborado las condiciones de la póliza; y así es su propia culpa si no ha previsto tal caso", ROHGE, VI, 153 (14/05/1872).

Finalmente, en otro seguro de vida en que había de notificarse la muerte y su causa en los 8 días siguientes a ésta, sujeto a pérdida de la indemnización, el tribunal concluyó que dicha consecuencia solo se materializa por la falta de aviso de fallecimiento, que sí se dio y no por la inexactitud en la causa de muerte, por cuanto:

> "[...] difícilmente podría haber sido la intención de la compañía de seguros enlazar la consecuencia de la pérdida de la indemnización a una declaración inexacta apenas evitable de la causa de la muerte, ya que tales disposiciones sancionadoras deben interpretarse de forma estricta y habría sido responsabilidad de la compañía de seguros que redactó las condiciones del seguro expresarse de forma inequívoca"[657].

Por su parte, el *Reichtsgericht* (RG) (Tribunal del Imperio alemán), creado en 1879 como tribunal supremo en materia civil y penal hasta 1945, mantuvo el tratamiento de esta regla, pese a la ausencia de norma expresa[658]. Así, nuevamente a propósito de un seguro de incendio en que se interpretan cláusulas de exclusión de indemnización, citando al ROHG señaló:

> "Si el demandado se ha quejado de la aplicación reiterada de la proposición de que las cláusulas o condiciones contractuales establecidas por los aseguradores deben interpretarse, en caso de duda, en su contra, esta queja es totalmente infundada ya que esa proposición es, de hecho, contraria a los principios generales establecidos en l. 39 Dig. De pact. 2, 14; 1. 21. 33 Dig. De contr. emt. 18, 1; l. 26 Dig. De reb. dub. 34, 5 y l. 38 § 18. 1. 99 pr. Dig. de V.O. 45, 1 [...]"[659]

Es notable que, sin existir norma expresa que recoja la regla en comento, se citen fragmentos romanos para fundar la decisión contra el asegurador. Ello permite vislumbrar como el

---

[657] ROHGE, IX, 379 (11/03/1873).
[658] SCHORN (2010) p. 28-29.
[659] RGZ, X, 158 (9/10/1882).

fundamento histórico tratado en el capítulo anterior le permitió a la regla seguir su camino en tiempos modernos[660].

Vemos, por tanto, que la regla nunca perdió vigencia en estos territorios, siendo invocada una y otra vez por los jueces, pese a no estar expresamente codificada.

2. La regla en el BGB

Al momento de la redacción del BGB, la pertinencia de establecer reglas de interpretación de los negocios jurídicos fue debatida. En la Exposición de Motivos se señaló que "Este tipo de normas son esencialmente reglas de razonamiento sin contenido jurídico positivo; el juez recibe instrucciones de lógica práctica"[661], pero de todas formas se incorporó la regla en virtud de la cual al interpretar una declaración de intenciones, debe investigarse la intención real y no el significado literal de la expresión (§ 133 actual), pues —se indicó—dicha declaración del § 278 AHGB[662] (remitiendo también al antiguo artículo 1156 del *Code*) habría tenido consecuencias beneficiosas[663]. Refiriéndose a nuestra regla, los redactores se muestran abiertamente contrarios a su incorporación, en un pasaje que vale la pena transcribir:

---

[660]　Sin perjuicio, por supuesto, de que el derecho romano estuvo vigente en Alemania como derecho supletorio hasta el 31 de diciembre de 1899, cuando entró en vigencia el BGB.

[661]　Mugdan (ed.) (1899) vol. I, p. 437.

[662]　Sobre el desarrollo de esta regla, Vogenauer (2003) pp. 573-574.

[663]　Mugdan (ed.) (1899) vol. I, p. 437.

Einzelne der in den Gesetzen sich findenden Auslegungsregeln tragen einen positiven Charakter an sich. Zweifelhaft kann sein, ob dahin der Satz gehört, daß zuletzt gegen denjenigen auszulegen gsvorsei, dessen Pflicht es gewesen wäre, deutlicher zu reden, also bei Verträgen gegen denjenigen, von dem die Fassung des Vertrages oder der Vertragsbestimmung ausgegangen ist. Soweit darin nicht blos eine Wahrscheinlichkeitsrechnung, sondern eine Strafvorschrift zu finden ist, mag die Aufstellung des Satzes für gewisse Fälle, insbes. auf dem Gebiete des Versicherungsrechtes, am Platze sein; allgemeine Berechtigung kommt dem Satze nicht zu [...] Die Auslegungsregeln endlich, wie in dubio mitius, pro reo usw. sind der Lehre von der Beweislast entnommen und auch nur insoweit richtig, als diese Lehre sie ergiebt[664].

Algunas de las reglas de interpretación que se encuentran en las leyes tienen un carácter positivo en sí mismas. Puede ser dudoso si la frase debe interpretarse en contra de la persona cuyo deber hubiera sido hablar más claramente, es decir, en el caso de los contratos en contra de la persona de la que procede la redacción del contrato o la disposición contractual. En la medida en que no se trata de un mero cálculo de probabilidades, sino de una disposición sancionatoria, el enunciado de la proposición puede ser apropiado para ciertos casos, especialmente en el ámbito del derecho de los seguros; la proposición no se justifica en general [...] Por último, las reglas de interpretación, como in dubio mitius, pro reo, etc., están tomadas de la doctrina de la carga de la prueba y también sólo son correctas en la medida en que esta doctrina les da origen.

Como se ve, los redactores señalan que se trata de una disposición penal (*Strafvorschrift*), que puede justificarse en ciertos ámbitos, como en el derecho de seguros —cuya aplicación en el ROHG se vio—, pero no de forma general. Con respecto a la regla *quod minus* o *in dubio mitius*, también llamado *favor debitoris*, provendría desde la carga de la prueba, una reflexión que tiene antecedentes previos en la historia de la regla que hemos repasado.

---

[664] MUGDAN (ed.) (1899) pp. 487-488. Lo que corresponde a un resumen de la opinión del redactor Albert Gebhard, quien se pronuncia en el mismo sentido. VOGENAUER (2007a) p. 1498.

En definitiva, el legislador del BGB, teniéndola a la vista, excluyó en forma expresa la regla de la ambigüedad, estableciendo, en cambio, como normas de interpretación únicamente los §§ 133 y 157:

> § 133. *Auslegung einer Willenserklärung. Bei der Auslegung einer Willenserklärung ist der wirkliche Wille zu erforschen und nicht an dem buchstäblichen Sinne des Ausdrucks zu haften.* "[§ 133. Interpretación de una declaración de voluntad. En la interpretación de una declaración de voluntad debe investigarse la verdadera voluntad y no atenerse al sentido literal de la expresión].

> § 157 *Auslegung von Verträgen. Verträge sind so auszulegen, wie Treu und Glauben mit Rücksicht auf die Verkehrssitte es erfordern* [§ 157. Interpretación de los contratos. Los contratos deben interpretarse según las exigencias de la buena fe conforme a los usos del tráfico][665].

Estas dos disposiciones tendrán una importante evolución en la dogmática alemana que no podemos sino esbozar aquí. En primer lugar, desde antiguo se abandonó la distinción entre la interpretación de "declaraciones de voluntad" (§ 133) y de "contratos" (§ 157), que aparece claramente de la redacción y es subrayada por la posición sistemática de ambos parágrafos, pero que tiene su origen en razones históricas, como el singular tratamiento de estas reglas en la Pandectistica[666]. Hoy en día se admite en forma unánime que ambas normas deben ser utilizadas de forma complementaria, una al lado de la otra, para la interpretación de negocios jurídicos y contratos[667]. Por un lado, todo contrato consta de dos declaraciones de voluntad que se corresponden mutuamente; por lo tanto,

---

[665]   Las traducciones del BGB son de Lamarca Marquès (2013).

[666]   Vogenauer (2003) 579.

[667]   Flume (1998) p. 371; Medicus y Petersen (2016) nm. 320; Looschelders (2016) p. 877; Durantaye (2020) p. 101; Busche (2018) nm. 18; Singer (2017) nm. 3.

las evaluaciones del § 133 también deben tenerse en cuenta en los contratos. Por otro lado, el § 157, con el principio de buena fe y costumbre, contiene criterios que son relevantes para la interpretación de toda declaración de voluntad[668].

En segundo lugar, desde finales del siglo XIX, la discusión sobre la interpretación de los negocios jurídicos se ha centrado en dilucidar la cuestión de si la finalidad de la hermenéutica es determinar la intención subjetiva del declarante, teniendo en cuenta su voluntad interna o el significado objetivo de la declaración, que es independiente de ésta[669]. Es la conocida querella entre las teorías de la voluntad y la declaración.

Al respecto, los redactores del BGB explícitamente no tomaron partido sobre el asunto, señalando que "ni el dogma de la voluntad ni la máxima de la confianza (teoría de la declaración) que se le opone pueden aplicarse sin modificaciones considerables y que, por lo tanto, será necesario considerar los casos individuales en cuestión por separado sin tomar una posición positiva sobre una u otra teoría"[670]. Así, pese a que el § 133 habla de una "declaración de voluntad" (*Willenserklärung*), la doctrina y la jurisprudencia inmediatamente desplegaron esfuerzos para objetivar la disposición. De esta forma, se seña-

---

[668] LOOSCHELDERS (2016) p. 877; BUSCHE (2018) nm. 18. Sin embargo, se distingue entre las declaraciones de voluntad recepticias, en que debe primar la interpretación según el § 133 según un enfoque en los intereses del declarante, mientras que, en las declaraciones de voluntad recepticias, la esfera jurídica del destinatario suele verse afectada, debiendo tomarse en cuenta sus intereses, por lo que puede existir una tensión entre una interpretación así llamada objetiva y subjetiva. DURANTAYE (2020) pp. 102-103.

[669] VOGENAUER (2003) p. 584. Al decir de Francesco Carrara, quien realiza una síntesis crítica, es una cuestión que "ha sido debatida en Alemania con viveza y apasionamiento, y constituye una de las páginas más hermosas de la doctrina germana". CARRARA (1960) p. 2.

[670] MUGDAN (ed.) (1899) vol. I, p. 710.

ló que la buena fe (*Treu und Glauben*) constituye el punto de
partida de una interpretación que determina normativamente
cómo debe ser entendida una declaración por los destinatarios "decentes", "razonables" o "ecuánimes". Por tanto, la "intención real" del § 133 no pretende describir la intención interna del declarante, sino la "intención realmente declarada"
(*wirklich erklärte Willen*)[671].

Se dice también que en las declaraciones de voluntad
recepticias y que producen efectos en el destinatario, se requiere una mayor consideración de la idea de protección del
tráfico, por lo que (complementando el § 133 con el § 157)
la interpretación no puede depender únicamente de la intención real del declarante, sino de una cierta objetivación, pero
que tampoco alcanza un significado uniforme para todas las
declaraciones: el factor decisivo es la posibilidad de comprensión de la persona a la que va dirigida una declaración de
intenciones, es decir, el horizonte del destinatario de la declaración (*Empfängerhorizont*)[672]. En la misma línea también señala Flume, "el § 157 nunca debe dar lugar a que un negocio
jurídico sea interpretado en contra de como efectivamente lo
entienden de común acuerdo los que lo realizan, por alegar
que ese entendimiento efectivo de la correspondiente regla
sea contrario a la buena fe y las partes debieran haber establecido otra reglamentación que fuera conforme a ella"[673].
En definitiva, el uso de criterios objetivos no es un fin en sí

---

[671]　VOGENAUER (2003) p. 590, citando varias obras que así lo indican.

[672]　BUSCHE (2018) nm. 12. Hoy se considera la regla básica universalmente aplicable para la interpretación de las declaraciones de voluntad recepticias, siendo la clave para equilibrar los intereses con-
trapuestos del declarante y del destinatario de la declaración y para
conciliar la relación conflictiva entre "voluntad" y "declaración".
GREINER (2017) p. 493, analizando en detalle este concepto en la
doctrina y jurisprudencia reciente.

[673]　FLUME (1998) p. 370.

mismo. El contenido objetivo de una declaración no se aplica de forma absoluta, sino sólo en principio. Si una declaración, un acto o una omisión han de tener un significado diferente al habitual, y si las partes están de acuerdo en ello, se acuerda lo que se pretende conjuntamente[674].

De ahí que se concluya que, según la opinión predominante, la interpretación objetiva (§ 157) es la excepción en el caso de que la interpretación subjetiva (§ 133) haya fallado[675].

En fin, la ausencia de nuestra regla en el BGB no significó que desapareciera del panorama alemán. Como se ha visto[676], el enfoque cauteloso y escéptico respecto a las reglas de interpretación negocial será sustituido por un importante desarrollo doctrinal y jurisprudencial sobre el tema. Y más importante para nuestros efectos, la declaración de los redactores de que la regla de la ambigüedad sería apropiada únicamente para ciertos casos, no impedirá la continuidad de su aplicación judicial, que pavimentará el camino hacia su inclusión —en forma expresa— primero en la ley de condiciones generales de la contratación (AGBG) y luego en la reforma del BGB de 2002.

3. El desarrollo posterior al BGB

Tras la entrada en vigor del BGB, en un principio existió cierta incertidumbre acerca de la aplicación de la regla[677]. En algunos casos se rechazó, puesto que, ante la falta de claridad de la declaración, el resultado debía ser la nulidad por falta de consentimiento, no pudiendo el negocio jurídico ser comple-

---

[674] DURANTAYE (2020) p. 2.
[675] DURANTAYE (2020) p. 115.
[676] Véase *supra* Cap. 2, II, 2.
[677] VOGENAUER (2007a) p. 1499; HELLWEGE (2010) p. 275.

mentado[678]. O se matizó su aplicación, señalándose que la regla prácticamente otorga al oponente del declarante la facultad de elegir, dentro de las posibilidades de la declaración, la que más convenga a sus intereses, suponiendo una preferencia injusta y unilateral, pero justificada solo en los casos en que el declarante es la parte económicamente más fuerte o con más conocimientos empresariales en relación con el receptor de la declaración[679]. En forma análoga, se señaló que pese a ser una regla injustificada de forma general, puede, en determinadas circunstancias, resultar del principio de buena fe[680].

En tanto, los tribunales alemanes continuaron aplicando la regla, desafiando la intención expresa de los redactores de excluirla del análisis. Esto fue así especialmente en el ámbito de lo que luego se denominaría condiciones generales de la contratación, principalmente en el ámbito de contratos de seguro[681].

La regla de la ambigüedad se convierte así en un caso particular de la interpretación según el § 157, que se aplica como una máxima general de interpretación para todos los contratos, siendo el de las condiciones generales de la contratación solamente un ámbito especialmente importante[682]. Al respecto, la influyente monografía sobre interpretación de negocios jurídicos de Erich Danz de 1911, señala que según la buena fe el juez debe interpretar la declaración de voluntad de las partes como lo harían las personas correctas, por lo que cuando se trata de cláusulas que implican pérdida de derechos se decide contra el que las hace valer, contra el redactor, muy

---

[678]   Leonhard (1922) p. 111.
[679]   Titze (1910) p. 179.
[680]   Crome (1900) p. 409, que se refiere a la interpretación según el BGB.
[681]   Bergfeld (2000) p. 640.
[682]   Vogenauer (2007a) pp. 1499-1501; Hellwege (2010) p. 275.

frecuentemente contra la empresa aseguradora[683]. Señala el
mismo autor que esta regla se aplica también en general a
los contratos bilaterales, en que cuando la interpretación no
conduzca a resultado alguno debe interpretarse en perjuicio
del que ha formulado la cláusula oscura, el que haya usado la
expresión dudosa, pues "Es contrario al proceder de un hombre honrado el lucrarse a costa de expresiones dudosas; si se
admitiese esto, se violaría la fe, la legítima creencia de la otra
parte, confiada en que aquella obraría correctamente"[684].

En los años 20' proliferaron las decisiones en que el RG
interpretó las ambigüedades en las condiciones generales de
contratación a favor del cliente, lo que aplica particularmente
a las cláusulas de exención, que la jurisprudencia solo entiende a favor del predisponente si están formuladas sin ambigüedad[685]. Con todo, un primer golpe a la aplicación general fue
asestado por el caso denominado "vuelo de prueba" (*Typen-
flug*) en un contrato en que se aseguraba una aeronave contra
daños de todo tipo, que debía comenzar "después del vuelo de
prueba", pero el avión se estrelló después del tercer vuelo, con
lo que se cuestionó si este ya era el "vuelo de prueba". El asegurado entendía que la cláusula se refería a un vuelo longitudinal
corto en que se probara la capacidad de la nave, mientras que

---

[683] Danz (1955) p. 202, se cita por la traducción española.

[684] Danz (1955) p. 203.

[685] Esto continúa con fuerza en el ámbito de los seguros de toda clase;
las cláusulas de conocimiento de embarque, en las que los armado-
res se liberan de la responsabilidad de las mercancías; las condiciones de entrega y garantías de la industria de las maquinarias; en las
transacciones bancarias para determinar sobre quien recae el riesgo
de falsificación de cheques; entre otras, según el recuento de Raiser
(1961) pp. 265-268. Se añaden también las cláusulas de exención en
contratos de arrendamiento contra el arrendador y los contratos colectivos de trabajo (*Tarifvertrag*) del Reichsbahn contra la compañía
ferroviaria. Kosche (2011) p. 93.

la aseguradora entendía un vuelo turístico de mínimo 5 minutos con vueltas. El RG resolvió que no existe un principio general *contra proferentem* y que en una situación en que no se puede determinar un contenido inequívoco ni siquiera mediante una interpretación objetiva debe anularse el contrato por disenso en los términos del § 155 BGB[686].

Sin embargo, no fue hasta 1931 que dicho tribunal declaró expresamente que la regla de la ambigüedad solo se aplicaba a las condiciones generales y no en toda la contratación[687]. En el caso se discutía la interpretación de una cláusula de exclusión de responsabilidad en un contrato de compraventa de terrenos acordado individualmente. El demandante alegaba que la cláusula a interpretar había sido redactada por el demandado y, por tanto, debía interpretarse en su contra. El RG se opuso indicando que:

"[…] el principio jurídico defendido por el recurso de que el contrato debe interpretarse siempre en contra de la parte que lo redactó no puede reconocerse como aplicable en esta generalidad […]"[688].

Con todo, ello fue matizado posteriormente, al señalarse que el BGB desconoce una regla de interpretación según la cual, en caso de duda, la redacción de una disposición contractual debe interpretarse en contra de la parte que la redactó. Sin embargo, ella puede ser necesaria en casos concretos, teniendo en cuenta los principios de buena fe y de la costumbre,

---

[686] RGZ (11.3.1927 – VI 556/26). Decisión que fue muy criticada en su momento, véase por ej., Raiser (1961) p. 260 y ss. Hoy en día se estima que la nulidad por disenso no tiene lugar en las condiciones generales. Recogiendo la opinión unánime de varios autores, Meyer (2010) p. 116.

[687] Vogenauer (2007a) p. 1501. Kosche (2011) p. 154 y ss. La sentencia es RGZ 131, 343, 350.

[688] RGZ 131, 343, 350.

examinando las circunstancias del caso concreto[689]. Ello sentaría un precedente que posteriormente fue reiterado por lo menos hasta 1971 con el cambio de jurisprudencia del BGH[690].

Mientras tanto, la regla era tan frecuentemente utilizada en las condiciones generales de contratación que Raiser señaló que "en los tribunales inferiores forma parte del botiquín jurídico de todo juez de distrito"[691] y en el mismo sentido, Medicus indicó que era un arma del arsenal del BGH para combatir las condiciones generales[692].

Con ello surgen algunas críticas a la aplicación indiscriminada de la regla como mecanismo de protección de los adherentes a condiciones generales. Se dice que, en la mayoría de los casos, los tribunales tienden a situarla de forma acumulativa junto a la frase según la cual las condiciones generales deben interpretarse en conformidad al entendimiento de buena fe del cliente. Ello se explica por el hecho de que la invocación del criterio interpretativo en análisis ahorra al juez la tarea, a menudo nada fácil, de determinar que la cláusula interpretada es realmente ambigua, inclinándose por interpretar todo lo que parece dudoso a primera vista en contra del empresario sin necesidad de un examen más profundo[693]. Al respecto, son ilustrativas las palabras de Wacke: "Nuestros tribunales pasaron por alto temporalmente la idea ya desarrollada por

---

[689] RG DR, 258, Nr. 978, en KOSCHE (2011) p. 156.

[690] KOSCHE (2011) p. 157 y ss.

[691] RAISER (1961) p. 265, citando una buena cantidad de sentencias. Constituye una formulación recurrente para graficar la situación de su aplicación, siendo citada desde VOGENAUER (2007a) p. 1500, hasta RODRÍGUEZ OLMOS (2016) p. 33.

[692] MEDICUS (1965) p. 210.

[693] RAISER (1961) p. 265. A menudo se asumía una ambigüedad cuando no existía ninguna, interpretando cláusulas claras contra el predisponente. KOSCHE (2011) p. 93.

los glosadores de que, en la jerarquía de las máximas interpretativas, la regla de la ambigüedad es solo el último recurso,
una vez que se han agotado todas las demás posibilidades de
conocimiento"[694].

En este sentido, se abogó por abandonar el criterio interpretativo, diciendo que tentaba a la jurisprudencia a quedarse
a mitad de camino en la interpretación con tal de encontrar
una ambigüedad, que sus funciones podían cumplirse satisfac-
toriamente con la interpretación según la buena fe del § 157
y que, según el entendimiento prevaleciente, las condiciones
generales deben interpretarse igual que las leyes, de forma objetiva, por lo que esta regla deviene superflua[695].

La fundamentación de la aplicación de regla en las condiciones generales no fue clara en la dogmática de esta época.
Se señaló que con la regla se satisfacía una necesidad social y
económica, la corrección del desequilibrio económico entre
las partes, resaltando una función de protección; según los
principios de la asunción de riesgos; que tenía una función
penal, preventiva y educativa o centrándose en la responsabilidad del predisponente por la ambigüedad; que está reconocida por el derecho consuetudinario; o bien que se deriva
directamente del § 157 del BGB o de la buena fe[696].

Como se ve, para establecer la vigencia de una regla de interpretación contractual que no estaba presente en forma literal
del BGB, la fundamentación debía ser particularmente intensa. Sin embargo, doctrina y jurisprudencia parecen haber emprendido esta tarea en vista de la necesaria protección de los
adherentes a condiciones generales en el momento económico

---

[694] Wacke (1981) p. 668.
[695] Fischer (1963) p. 205.
[696] El recuento es de Hellwege (2010) pp. 276-277. Con más detalle,
       véase *infra* II. 5.1.

en que se encontraba el país[697]. Revisaremos más adelante los fundamentos de la regla que en la actualidad se debaten.

Después de 1945, el *Bundesgerichtshof* (BGH) (Tribunal Supremo Federal) continuó la línea jurisprudencial del RG, limitando la utilización de la regla en condiciones generales. Importante al respecto es su utilización en conjunto con el principio de restricción (*Restriktionsprinzip*), realizando un control de contenido bajo la apariencia de interpretación, consiguiendo de esta manera una amplia protección del cliente, pero evitando una interferencia abierta con el principio de libertad contractual[698].

Al respecto, cabe citar el "caso Toto" (*Toto-Fall*) que inauguró la doctrina del BGH sobre esta regla. El demandante rellenó tres boletos de apuestas por 15 marcos de la demandada Sport-Toto GmbH para dos jornadas de fútbol y los entregó a la dueña de un restaurante, que, si bien no era designada para aceptar boletos por Sport-Toto, sí lo fue por una oficina de apuestas de la empresa. Si bien se le entregó la sección de los boletos correspondiente al apostante en las tres apuestas, solamente dos de las tres secciones correspondientes a la empresa le fueron remitidas a ésta y una quedó en poder de la dueña del restaurante, siendo hallado después de la liquidación de las apuestas. El premio de la tercera apuesta era de 22.500 marcos. Mediante carta certificada, el demandante envió la sección del boleto faltante a la empresa, exigiendo el pago del premio. La demandada se negó a pagar pues la sección de los boletos ganadora no había sido recibida en su sede en Coblenza en el plazo previsto por las disposiciones de apuestas acor-

---

[697]   Kosche (2011) p. 97 asocia el cambio de función de la regla a la industrialización y estandarización contractual. Sin embargo, como veremos, en nuestro país el fenómeno en torno a la regla no ocurrió con la misma magnitud.

[698]   Vogenauer (2007a) p. 1502.

dadas. Éstas establecían que la apuesta y el talón debían estar
en posesión de la oficina de Sport-Toto a más tardar a las 18:00
horas del viernes y que "El riesgo y el peligro de la llegada
correcta de los boletos de apuestas a Sport-Toto GmbH corre
a cargo exclusivamente del participante" (Art. 8). Interpues-
ta la demanda, los tribunales inferiores la desestimaron[699]. El
BGH, en lo que nos concierne, luego de concluir que la dueña del restaurante tenía suficiente poder de representación
como auxiliar para recibir los boletos a nombre de Sport-Toto
GmbH, decidió que:

> "[...] la redacción del art. 8 no indica **claramente** que la
> demandada pretendiera excluir toda responsabilidad por su
> propia culpa y la de sus auxiliares en el transporte de los
> boletos de apuestas, que ella misma había asumido y sobre
> cuya ejecución el apostante ya no tenía ninguna influencia.
> Si la demandada pretendía un contenido diferente de es-
> tas disposiciones, esta intención no se expresó claramente.
> Cualquier posible duda tendría que interpretarse en contra
> del demandado, ya que podría haberse expresado con ma-
> yor claridad"[700]

Esta decisión ha sido criticada, porque no se acreditó una
ambigüedad insuperable en la cláusula del art. 8, lo que es presupuesto de aplicación de la regla en comento. De lo que se
trató, más bien, es de la interpretación de las cláusulas con las
que la empresa Toto quiso restringir para sí las normas que
normalmente conducen a la obligación contractual de cumplir. Si en este caso la interpretación no sigue el sentido favorable al demandado sino el sentido favorable al demandante,
porque la restricción que pretende el demandado no se ha expresado con suficiente claridad, se trata de una interpretación
restrictiva. Y si el BGH utiliza aquí la regla de la ambigüedad,

---

[699]   BGHZ 5, 111, 113.
[700]   BGHZ 5,111, 113, 115. Destacado añadido.

aunque sólo sea de forma alternativa, tal enfoque se basa en una comprensión de esta regla en el sentido del principio de restricción (*Restriktionsprinzip*)[701].

4. La positivización de la regla en el AGB-Gesetz

El 9 de diciembre de 1976 se publica la *Gesetz zur Regelung des Rechts der Allgemeinen Geschäftsbedingungen* (AGBG) (Ley que regula el Derecho de las condiciones generales de la contratación). En su § 5 se contenía la regla de la ambigüedad en la siguiente forma:

Unklarheitenregel

Zweifel bei der Auslegung Allgemeiner Geschäftsbedingungen gehen zu Lasten des Verwenders [Las dudas en la interpretación de las condiciones generales de la contratación son a cargo del predisponente][702]

En la exposición de motivos del *Bundesrat,* se señala que la regla corresponde a la jurisprudencia consolidada de los más altos tribunales, por lo que no debe estar ausente en una ley como esta, o de lo contrario podría concluirse que los principios generales de los contratos individuales se aplicarían a la interpretación de las condiciones generales ambiguas. Luego, el fundamento se cifra en la distribución del riesgo de la ambigüedad: "Dado que el cliente no tiene ninguna influencia en el contenido de las condiciones generales de la contratación, la

---

[701] KRAMPE (1983b) p. 34.

[702] Trad. de LAMARCA MARQUÉS (2013) de la versión idéntica en el BGB. Se ha señalado que la inspiración de esta redacción se encontraría en el artículo 1370 del *Codice Civile* italiano de 1942, que dispone: "*Le clausole inserite nelle condizioni generali di contratto o in moduli o formulari predisposti da uno dei contraenti s'interpretano, nel dubbio, a favore dell'altro*". GRABAU (1993) p. 140; WACKE (1981) p. 667.

distribución del riesgo debe permanecer con el predisponente en caso de dudas sobre la interpretación", además de señalar que se pretende un efecto preventivo: la positivización de la regla debiera animar a los redactores a utilizar un lenguaje claro y sin ambigüedades. Finalmente, se advierte que, si bien la jurisprudencia había utilizado esta regla como un mecanismo de control de contenido oculto, las nuevas cláusulas inadmisibles generales y específicas de la ley, permitirán hacer un control de contenido explícito que hará disminuir esta actividad oculta[703].

A continuación, consta en la discusión legislativa la oposición del Gobierno Federal a la codificación de esta regla, señalando que una definición jurídica aislada de esta conllevaría el peligro de no respetar la subsidiariedad de esta respecto de las demás reglas de interpretación[704] y que, desde el punto de vista de política legislativa, obstaculizaría, en lugar de promover, la aplicación y el desarrollo de un control abierto del contenido de las condiciones generales[705].

Finalmente, la Comisión Jurídica del *Bundestag* (*Rechtsausschusses*) recomendó por unanimidad el establecimiento de esta regla según la propuesta del *Bundesrat,* señalando que ésta "contiene una distribución del riesgo en detrimento del predisponente de las condiciones generales si el contenido de una cláusula no es claro", lo que constituye una diferencia respecto a los contratos libremente negociados, en que el riesgo de la ambigüedad recae en ambas partes. Por último, señaló que esta disposición legal no pretendía impedir la aplicación posterior de otras reglas de interpretación que se habían desa-

---

[703] BT-Drucks. 7/3919, p. 47.

[704] Un proyecto de ley previo del grupo parlamentario CDU/CSU establecía en su exposición de motivos esta subsidiariedad, pero en la redacción de la regla se mantenía muy similar. BT-Drucks. 7/3200, p. 60.

[705] BT-Drucks. 7/3919, p. 60.

rrollado en el contexto del control judicial del contenido[706]. Así fue legislado. Sin embargo, la regla estaba tan incorporada en la tradición jurídica alemana que pudo ser señalado que la decisión de incorporarla a la ley era superflua, pues como dijo Sambuc: "el principio *ambiguitas contra stipulatorem* no solo es antiguo, sino completamente indiscutible"[707].

Como puede verse, la decisión de codificar esta regla no estuvo exenta de dificultades. Se expresaron distintos fundamentos y funciones que habría de cumplir, además de propugnar la necesidad de una aplicación subsidiaria. Tampoco la interpretación de este precepto ha sido sencilla. Señala Hellwege que, si bien el principio que consagra no fue cuestionado, su significado exacto quedó abierto[708].

5. El estado actual de la regla

La regla de la ambigüedad del § 5 AGBG fue introducida al BGB, mediante la ley de modernización del derecho de obligaciones (*Schuldrechtsmodernisierungsgesetz*) de 2001, que derogó varias leyes especiales —como la AGBG— y las incorporó en la codificación civil alemana. El § 5 AGBG está ahora contenido en el 305c párr. 2 BGB, bajo el título *Überraschende und mehrdeutige Klauseln* (Cláusulas sorpresivas y ambiguas) con la misma redacción:

> *Zweifel bei der Auslegung Allgemeiner Geschäftsbedingungen gehen zu Lasten des Verwenders* [Las dudas en la interpretación de las condiciones generales de la contratación son a cargo del predisponente]

---

[706]   BT-Drucks. 7/5422, p. 5

[707]   Sambuc (1985) p. 313.

[708]   Hellwege (2010) p. 280.

La importancia práctica de esta regla en el entorno alemán no puede despreciarse. Los problemas que genera han supuesto un desarrollo dogmático tal que se encuentran incluso monografías extensas dedicadas exclusivamente al tema[709]. Como señala Basedow, en esta materia lo claro o lo oscuro no pueden predecirse con certeza absoluta y a menudo resulta de la imaginación lingüística de las partes y de sus abogados, así como de la comprensión de los tribunales[710]. En esta parte se propone delinear un cierto estado de la cuestión, recogiendo los conceptos y aplicaciones más importantes de la regla, a fin de compararlos con las legislaciones que se estudiarán posteriormente.

5.1 Fundamento de la regla de la ambigüedad

La *ratio* de esta regla continuó siendo debatida luego de su inclusión en la ley de condiciones generales y posteriormente en el BGB. En efecto, Meyer cuestiona la ligereza con que se acepta ese trato preferencial unilateral de una parte contratante, por lo menos ante el ideal liberal del derecho contractual clásico según el cual ambas partes son dos personas ilustradas con igualdad de derechos que pueden y deben configurar sus relaciones jurídicas de manera autónoma[711]. Por eso, afirma, esta decisión a favor de una de las partes requiere de una justificación intensa, que usualmente no se proporciona por la jurisprudencia y que en la literatura se encuentran variados

---

[709] Como KRAMPE (1983b) desde una perspectiva histórica y comparada de su época; SCHÖRN (2010) centrado en el ámbito laboral, pero con una importante parte general; y, sobre todo, una suerte de enciclopedia de esta regla que trata aspectos históricos, comparativos y de análisis económico del Derecho es KOSCHE (2011).

[710] BASEDOW (2019) nm. 53.

[711] MEYER (2010) p. 111.

modelos al respecto[712]. En este punto será inevitable encontrar paralelismos con lo que revelan los antecedentes históricos que hemos tratado en el primer capítulo, que en distintas épocas muestran como esta regla se ha justificado de diferentes maneras.

Como indica Knütel, los distintos fundamentos de nuestro dispositivo interpretativo que se han dado desde los orígenes pueden resumirse en tres aspectos que deben ser analizados: compensación (*Ausgleich*), protección (*Schutz*) y prevención (*Prävention*)[713]. En base a estos tres elementos pueden analizarse las distintas posiciones vertidas sobre este tema.

a) Compensación

Un primer fundamento atiende a la compensación de la parte en cuyo favor se interpreta el contrato, por encontrarse en una posición determinada, lo que históricamente se ha manifestado en diversas líneas de razonamiento.

Actualmente, la llamada "responsabilidad por la formulación" del contrato (*Formulierungsverantwortlichkeit*), se considera el argumento predominante[714], tanto que algún autor señala que el sentido y la finalidad de la regla serían "prácticamente indiscutibles"[715]. Así, se indica que el que ha ejercido en su beneficio el poder de formulación unilateral del contrato debe soportar también la desventaja de la ambigüedad que ha pro-

---

[712] MEYER (2010) p. 113. Planteado previamente por KNÜTEL (1981) p. 224 y ss., en forma más somera.

[713] KNÜTEL (1981) p. 224.

[714] MEYER (2010) p. 117; En este sentido, también GRABAU (1993); BONIN (2021) nm. 5; MÄSCH (2019) nm. 81; ULMER y SCHÄFER (2016) n. 61, p. 349; STOFFELS (2015) p. 136; LINDACHER y SCHMIDT (2009) p. 243.

[715] SCHORN (2010) p. 30.

vocado, repitiendo así la justificación que ya le habían dado los juristas romanos: *quia potuit re integra apertius dicere*[716]. En materia de condiciones generales, además, dado que el predisponente pone el máximo cuidado en su redacción para salvaguardar sus propios intereses y, por tanto, tiende a formularlas claramente, está justificado en caso de ambigüedad suponer que no concede ninguna importancia esencial a la comprensión de estas disposiciones y que también las acepta en la interpretación que le es desfavorable[717]. En este sentido, el objetivo sería compensar a la contraparte del predisponente por la desventaja causada por la formulación unilateral del contrato[718]. Ya en la tramitación legislativa que positivizó la regla en el AGB-Recht, se indicó como fundamento la idea de una distribución equitativa del riesgo de la ambigüedad, en la medida que el adherente de las condiciones generales no tiene influencia en su formulación[719].

Sin embargo, este criterio fue fruto de una evolución en la dogmática alemana que es de interés conocer para efectos comparativos. Un primer acercamiento ya se ha observado en la pandectística: existe un reproche a la redacción poco clara a cargo del *proferens,* que doctrinalmente aparece por lo menos desde Savigny en adelante[720]. Luego, como documenta exhaustivamente Kosche, el establecimiento de un principio de responsabilidad por las declaraciones y la distribución de los riesgos de ambigüedades presentes en ellas, se relacionó con la doctrina de la *culpa in contrahendo*[721]. En efecto, en su conocida obra, Rudolf von Jhering (1818-1892) señala que si producto

---

[716]   Knütel (1981) p. 224.
[717]   Knütel (1981) p. 224; Wacke (1981) p. 667.
[718]   Schorn (2010) p. 30.
[719]   Véase *supra,* II. 4.
[720]   Véase *supra,* II. 1.1.
[721]   Kosche (2011) p. 465.

de una equivocación del declarante, ambas partes entienden algo diferente, el contrato es nulo, pero "la parte que causó el malentendido por su falta de claridad es responsable de *culpa in contrahendo*"[722].

Al respecto, como un paso más, se destaca la obra de Rudolf Müller-Erzbach (1874-1959), que, centrándose en el principio de asunción de riesgos (*Gefahrtragung*), señala que en todos los casos en que una persona expone sus intereses a un cierto peligro, debe analizarse quien debe soportar las consecuencias de un daño a dichos intereses. Así, por ejemplo, cada vez que una persona entre en negociación con otro, incluidas las hipótesis precontractuales o de culpa *in contrahendo,* se expone a ciertos peligros, pues las declaraciones de una u otra parte pueden ser defectuosas, llevando en sí el germen de la nulidad[723]. Respecto a nuestra regla, señala ya en 1910 que la organización de la economía hace que con frecuencia en los acuerdos contractuales una parte contratante se someta a condiciones contractuales que la otra parte dicta unilateralmente en razón de su superioridad económica o mejor organización empresarial, por lo que en "En la medida en que una de las partes contratantes no tenga influencia en la redacción de las cláusulas del contrato, no debe, de acuerdo con el principio de la transferencia de riesgos, exponerse al riesgo de dicha redacción, que consiste en crear ambigüedades y puntos de duda. Estas dudas, si fallan los medios de interpretación, se resuelven en perjuicio de la parte que fue la única que pudo redactar condiciones contractuales claras"[724].

---

[722] "[...] *der Theil, welcher durch seine Unklarheit das Mißverständniß herbeigeführt hat, haftet wegen* culpa in contrahendo". JHERING (1861) p. 80.

[723] MÜLLER-ERZBACH (1910) p. 354 y p. 410.

[724] MÜLLER-ERZBACH (1910) p. 442.

Más tarde, Ludwig Raiser, retomando las consideraciones de la *culpa in contrahendo* del predisponente de las cláusulas en el contexto de condiciones generales de la contratación, introduce el elemento de la confianza del destinatario como fundamentación. En efecto, señala que no es esperable que el cliente examine las condiciones en busca de intenciones dudosas y se asegure de que están redactadas con claridad, pues confía, con razón, en que ellas ya se han utilizado en bastantes otros casos anteriores y han demostrado su eficacia[725]. La protección de la confianza en el caso de declaraciones de voluntad recepticias es un elemento gravitante en la interpretación de los negocios jurídicos en Alemania, como hemos visto. Ello se basa en una valoración justificada de los intereses de importancia general, pues en la medida en que las consecuencias jurídicas generadas por la declaración de voluntad interfieren en la esfera jurídica del destinatario, éste debe poder ajustarse a ello y, por tanto, sólo puede verse afectado por la declaración de voluntad en la forma en que debía ser entendida por él[726].

Según la tesis defendida por Kosche, las consideraciones sobre la *culpa in contrahendo* en esta sede tendrán gran importancia en el reconocimiento de un requisito general de transparencia (*Transparenzgebot*), como claridad y comprensibilidad de las condiciones generales de la contratación[727], de manera que las desventajas y las cargas económicas sean tan claras que no exista un margen de interpretación injustificado que el predisponente pueda utilizar en su propio beneficio[728]. Ello cons-

---

[725] Raiser (1961) p. 261.
[726] Larenz y Wolf (2004) nm. 14, p. 512. Recogiendo estas impresiones, refiriéndose a la regla de la ambigüedad, Horler (2012) p. 93.
[727] Kosche (2011) pp. 607-608 y en detalle capítulo 11 de su obra. Véase, en general Gottschalk (2006).
[728] Schorn (2010) p. 33.

tituirá una base de fundamentación de la regla de la ambigüedad importante en Alemania y en otros ordenamientos, como se verá. Por lo demás, de esta forma lo establece la Directiva 93/13/CEE, del Consejo, en su artículo 5[729].

Otro momento de la evolución se encuentra en la obra de Schmidt-Salzer, que pone el énfasis en la capacidad de negociación y comprensión del contenido contractual por las partes, lo que altera el régimen de responsabilidad. Así, mientras en el derecho contractual general, ambas partes del contrato son responsables de su contenido porque lo han negociado, siendo una redacción bilateral, en las condiciones generales, al entenderse en general que el cliente no las lee y que no depende de su capacidad de comprensión general, la responsabilidad de su contenido recae exclusivamente en el predisponente debiendo calificarse como disposiciones contractuales estipuladas unilateralmente[730]. De esta forma se expresaba en la exposición de motivos del §5 AGB-Recht: "Dado que el cliente no tiene ninguna influencia en el contenido de las condiciones generales de la contratación, la distribución del riesgo debe permanecer con el predisponente en caso de dudas sobre la interpretación"[731].

---

[729] "En los casos de contratos en que todas las cláusulas propuestas al consumidor o algunas de ellas consten por escrito, estas cláusulas deberán estar redactadas siempre de forma clara y comprensible. En caso de duda sobre el sentido de una cláusula, prevalecerá la interpretación más favorable para el consumidor. Esta norma de interpretación no será aplicable en el marco de los procedimientos que establece el apartado 2 del artículo 7 de la presente Directiva".

[730] SCHMIDT-SALZER (1966) p. 914.

[731] BT-Drucks. 7/3919, p. 47.

b) Protección

La idea de beneficiar a uno de los contratantes en la interpretación tiene raíces históricas que hemos explicado en el capítulo anterior, en que se utiliza la expresión *favor* o *pro* para designar un favorecimiento unilateral en razón de cierta característica particular del acuerdo celebrado o de uno de los contratantes. Esto se retoma modernamente. Así, a principios del siglo pasado, Crome da cuenta como ejemplo de aplicación de esta regla, "...cuando la parte económicamente más débil se ve obligada a firmar formularios contractuales prefabricados, como ocurre tan a menudo en la actualidad"[732]. De esta forma, otro fundamento de la regla de la ambigüedad es que ésta constituye un instrumento para proteger al inexperto y económicamente más débil frente a un predisponente más fuerte[733].

La razón por la cual se explica este desequilibrio estructural, sin embargo, parece volver en círculo al elemento previamente analizado: el cliente debe ser protegido debido a la posibilidad del predisponente de imponer los términos de las condiciones generales, que ante su ambigüedad generan la "responsabilidad por la formulación". Sin embargo, el punto de partida de esta regla no es una inferioridad económica o intelectual, sino solo organizacional: la parte contratante no tenía ninguna influencia en la formulación de los términos del contrato y sólo podía aceptarlos o rechazarlos. No importa si la contraparte es un consumidor u otra empresa incluso aún más poderosa: el punto de referencia es solo la situación de diseño unilateral en la formulación de las condiciones del contrato[734]. Como expone lúcidamente Meyer: "Los principales objetivos [de esta re-

---

[732]   Crome (1900) p. 409.
[733]   Knütel (1981) p. 224; Legner (2021) p. 210. Raiser (1961) p. 2663 habla de la "protección del cliente a través de la interpretación".
[734]   Meyer (2010) p. 123.

gla] eran las grandes empresas económicamente dominantes como los bancos, las compañías de seguros o de trenes. En el mundo actual, en el que incluso las tiendas *online* que funcionan desde el garaje de casa suelen tener al menos un marco rudimentario de términos y condiciones estándar, la idea de 'poder' ya no encaja realmente"[735]. Este será un elemento fundamental que habrá que retomar en el análisis comparativo.

c) Prevención

Finalmente, como se ha señalado, el legislador de la AGBG esperaba que la positivización de la regla animara a los redactores a utilizar un lenguaje claro y sin ambigüedades[736]. De esta manera, la regla se funda en la necesidad de establecer un incentivo a la formulación cuidadosa de las condiciones generales de la contratación. En efecto, al crear un desequilibrio artificial en las negociaciones entre las partes, el legislador induce a la redacción cuidadosa del contrato, a fin de compensar dicha desventaja, a la única parte que determina el contenido, que por lo tanto está más cerca de la fuente de peligro y puede alcanzar el objetivo deseado a un costo menor[737]. En este sentido, la regla de la ambigüedad tendría un fuerte componente de directriz política (*Policy Instrument*), algo que resalta especialmente la doctrina angloamericana, como se verá.

En esta misma línea puede subrayarse la justificación, relacionada con la función de la regla, en torno a la prevención de

---

[735] MEYER (2010) p. 123.

[736] BT-Drucks. 7/3919, p. 47.

[737] MEYER (2010) p. 126, quien destaca la prevención como el enfoque explicativo "más modesto", una vez descartados los demás. LEGNER (2021) p. 210.

la nulidad por disenso oculto, en los términos del § 155[738]. En efecto, se señala que, si se aplicaran las normas que rigen los acuerdos individuales en los casos en que se acuerdan condiciones generales objetiva e irremediablemente ambiguas, se seguiría que, si dicha condición general establece un punto que es esencial para las partes, el contrato sería nulo por disenso[739]. La regla de la ambigüedad, por tanto, vendría a prevenir la nulidad del contrato por disenso oculto de las partes, teniendo una función de preservación de la validez del negocio[740]. Por lo demás, la consecuencia de la nulidad crearía una inseguridad jurídica general que habría que evitar porque un gran número de contratos se vería potencialmente afectado, aunque la nulidad del contrato se determinara judicialmente sólo en relación con un caso concreto[741].

---

[738] "§ 155. Falta de acuerdo oculta. Si en un contrato que las partes consideran concluido, en realidad éstas no se han puesto de acuerdo en un punto sobre el cual deberían haber convenido, es válido lo acordado en la medida en que puede entenderse que el contrato se habría llegado a celebrar incluso sin haberse alcanzado conformidad sobre ese punto". Se produce un disenso oculto (*versteckten Dissens*) cuando ambas partes creen erróneamente que están de acuerdo en todos los puntos en los que se debe llegar a un acuerdo, cuando en realidad no lo hay. Sólo se cubren los defectos de acuerdo con respecto a la *accidentalia negotii*; en cambio, a falta de acuerdo sobre un *essentiale*, no se entiende celebrado el contrato desde el principio. En este caso, la voluntad y la declaración de cada parte están de acuerdo, pero las partes se equivocan sobre el hecho de que su propia declaración es la misma que la del oponente, por ejemplo, porque ha habido un malentendido. Armbrüster (2014) nm 2.

[739] Basedow (2019) nm. 42; En este sentido ya Raiser (1961) p. 260; Sambuc (1981) p. 314; Ulmer y Schäffer (2016) nm. 61, p. 349; Stoffels (2015) p. 136, mencionándolo a la par que el fundamento situado en la responsabilidad del declarante.

[740] Pilz (2010) p. 129.

[741] Hellwege (2010) p. 279.

Puede constatarse, por tanto, cómo la dogmática alemana ha explicado esta regla recurriendo a criterios que tienen su correlato con la tradición histórica de la regla que ya hemos examinado. Esto reviste importancia a la hora de juzgar cómo despliega su función en la práctica, que es lo que se examinará a continuación.

5.2 Función de la regla de la ambigüedad

a) Ámbito de aplicación

i) General

Pese a la codificación de esta regla en un ámbito restringido, como las condiciones generales de la contratación, se ha señalado que ésta es una expresión de la regla general de interpretación *contra proferentem,* que persiste más allá del § 305c párr. 2[742]. Al decir de Larenz y Wolf, este parágrafo expresa un principio general aplicable a todas las declaraciones formuladas por una parte y en los contratos bilaterales, consistente en que el riesgo de la formulación (*Formulierungsrisiko*) debe ser asumido por quien ejerce el dominio de ésta, ya sea que él mismo redacte o seleccione una redacción disponible[743]. La opinión prevaleciente indica que la regla debe poder aplicarse como consecuencia de la interpretación de buena fe de acuerdo con el § 157 BGB incluso fuera de la ley de condiciones

---

[742] Mäsch (2019) nm. 90; Grüneberg (2019) p. 441.

[743] Larenz y Wolf (2004) nm. 56. En el mismo sentido Brinkmann (2020) nm. 7, estimando su aplicación por analogía en sede de buena fe según el § 157 cuando existen condiciones de poder de negociación dispares entre las partes.

generales si el contrato ha sido redactado por partes en desequilibrio de poder o conocimientos[744]. Así, en una cláusula de no competencia impuesta a un trabajador, se señaló que:

> [...] la parte que formula un texto contractual por sí misma (en virtud de su superioridad social) para someterlo a la otra parte sólo para su firma debe soportar todas las ambigüedades en su contra[745].

No obstante, se destaca que la aplicación de una regla *contra proferentem* no puede ser general, pues violaría el principio de interpretación normativa según el cual todas las partes, en particular el destinatario de la declaración, deben actuar cuidadosamente en la interpretación[746]. En este sentido, Meyer señala que un "deber general de expresión inequívoca" no existe en el Derecho de los contratos individualmente negociados, pues, independientemente de quien haya hecho la primera propuesta de redacción, al prestar su consentimiento, la contraparte se muestra de acuerdo con ella y, por tanto, también la adopta: si existiera una responsabilidad en la formulación, ésta se vería

---

[744]   Kosche (2011) p. 159. Wacke (1981) p. 668, habla de una "diferente situación de poder" (*unterschiedlichen Machtlage*) que se da raras veces en los contratos individuales, pues la obligación de una parte de hacer una declaración de intenciones inequívoca se ve superada por la no menos grave obligación de la otra parte de exigir y proporcionar información. Singer (2017) nm. 63, de la aplicación por analogía de esta regla en casos en que prevalecen condiciones de superioridad estructural comparable a aquellas en que existen condiciones generales; Looschelders (2016) nm. 23, de una superioridad de conocimientos entre las partes.

[745]   OLGZ, 1973, 229, 232.

[746]   Singer (2017) nm. 63. En RGZ 131, 343, 350, se señala que no corresponde aplicar un principio interpretativo general de interpretación contra el redactor, debiendo considerarse los intereses de ambas partes en los contratos libremente negociados. En el mismo sentido, Schorn (2010) p. 38.

neutralizada por la obligación de la contraparte de revisar el contrato[747]. Con todo, el mismo autor, parece manifestarse a favor de una aplicación de la regla, pero considerando las particularidades interpretativas que inciden en la contratación libremente negociada, es decir, una hermenéutica que atiende a elementos subjetivos del contratante individual en la situación concreta. En definitiva, la cuestión será si se podía esperar que el redactor del texto contractual expresara sus intenciones con mayor claridad a la vista de su socio contractual[748].

Por tanto, según se ha admitido —aunque siempre con cautela—[749] en derecho alemán, cabe la aplicación del principio en un ámbito diverso de las condiciones generales de la contratación, en la medida que se reúnan ciertas condiciones de los contratantes que aproximen la relación contractual a una de aquellas en que tiene directa aplicación el § 305c párr. 2, es decir, una situación en que exista una parte con un poder de formulación unilateral, además de una situación de diferencia de conocimientos entre las partes.

---

[747] Meyer (2010) p. 119. En el mismo sentido, Lindacher y Schmidt (2009) p. 243.

[748] Meyer (2010) p. 142. Complementando este aserto, el autor señala que la línea divisoria entre el contrato estándar y el individual no es en absoluto tan clara, pues, al fin y al cabo, si nos centramos en la falta de influencia de una de las partes en la redacción, no es inusual que incluso los contratos individuales más complejos sean prescritos por una de las partes y luego aplicados sin ningún margen de negociación o, en el mejor de los casos, con cambios marginales. Meyer (2010) p. 141.

[749] Cautela que también se refleja en la "sorprendente" falta de referencia de este tema en la literatura y jurisprudencia, como señala Meyer (2010) p. 141.

ii) En el ámbito de las condiciones generales de la contratación

Sin perjuicio de lo ya señalado, la regla del § 305c párr. 2 se aplica más propiamente a las condiciones generales de la contratación, definidas en el § 305 párr. 1 como "todas las cláusulas predispuestas para una pluralidad de contratos, que una parte contractual (predisponente) presenta a la otra parte contractual en la conclusión de un contrato". Esta disposición se aplica a una amplia gama de condiciones generales, en las relaciones contractuales entre empresarios, a las cláusulas únicas preformuladas en los contratos entre empresas y consumidores y según el § 310 párr. 4 BGB incluso al derecho laboral considerando sus particularidades[750]. No es necesario, por tanto, que exista una inferioridad económica o intelectual entre las partes: lo decisivo es que una de ellas haya predispuesto las condiciones generales[751]. Ello contrasta con otras legislaciones, según veremos, como la chilena, en que la aplicación de las normas de la ley de consumo involucra un ámbito de aplicación centrado en la persona del consumidor y no en la forma en que se concluyan determinados negocios jurídicos celebrados por él[752].

---

[750] Mäsch (2019) nm. 83; Basedow (2019) nm. 28.

[751] Kosche (2011) p. 161, aunque señala que debe tenerse en cuenta las mayores posibilidades de entendimiento de los empresarios a la hora de determinar si realmente existe una ambigüedad que deba ser resuelta mediante la regla.

[752] Este modelo, que funciona en el mismo sentido en cuanto al control de contenido de las cláusulas, presenta sus particularidades respecto de otros, en que prima la noción de "contrato de adhesión" y de "consumidor", como el chileno. Al respecto, últimamente, Carvajal (2021); Campos Micin (2019) p. 9 y ss.

Así, según lo dispuesto en el § 310 párr. 3 N° 2, esta regla se aplica a los contratos entre un empresario y un consumidor[753], respecto de cláusulas contractuales predispuestas aun cuando éstas están dirigidas sólo a ser empleadas una sola vez, si el consumidor no ha tenido ninguna influencia en su contenido. Sobre esto último, la opinión mayoritaria estima que se refiere a la sola posibilidad de que el consumidor ejerza una influencia en el contenido del contrato, aunque no haga uso de ella[754]. Además, se ha señalado que la regla se aplica sin restricciones particulares en transacciones comerciales (*unternehmerischen Geschäftsverkehr*), con tal de que se trate de la interpretación de condiciones generales[755].

iii) Distinción entre aplicación en procedimiento individual y procedimiento colectivo

La literatura alemana suele distinguir la aplicación de esta regla en procedimientos individuales (*Individualsprozess*) y procedimientos colectivos (*Verbandsprozess*), que supondrían un resultado distinto.

Los procedimientos individuales constituyen el caso más frecuente de utilización de la regla. Si la interpretación de una cláusula de acuerdo a los principios de interpretación objetiva

---

[753] "Consumidor" (*Verbraucher*) definido en el § 13 BGB como "toda persona natural que celebra un negocio jurídico con una finalidad que no guarda relación con su actividad profesional empresarial o autónoma"; "Empresario" (*Unternehmer*), en el § 14 como "persona natural o jurídica o una sociedad de personas dotada de capacidad jurídica que en la celebración de un negocio jurídico actúa en ejercicio de su actividad profesional empresarial o autónoma".

[754] Schorn (2010) p. 37.

[755] Stoffels (2015) p. 137. Así, por ejemplo, en BGH NJW-RR, 113, 114.

de las condiciones generales revela su ambigüedad, las dudas de interpretación asociadas van en detrimento del predisponente. Por tanto, en los procedimientos individuales, a una cláusula ambigua debe dársele el significado más favorable al cliente. Sin embargo, ha surgido una tendencia que en el contexto de este procedimiento impone realizar una interpretación de la cláusula en el sentido más hostil al consumidor, si con ello resulta la nulidad de la misma en el control de contenido (según § 307 a § 309), pues ello podría tener un efecto aún más favorable que la simple interpretación favorable[756].

Los procedimientos colectivos están regulados hoy en la *Unterlassungsklagengesetz* (UKlaG) (Ley de acciones de cesación), que concede a ciertas asociaciones la posibilidad de interponer una acción de cesación y, en su caso, de revocación contra los predisponentes y quienes recomiendan condiciones generales ineficaces por el control de contenido de los §§ 307 a 309, incluso fuera de relaciones contractuales específicas[757]. A diferencia de lo que ocurre en los procedimientos individuales, la mera existencia de la cláusula —independientemente de que se haya pactado o pueda pactarse válidamente— es el factor perturbador que debe eliminar la acción colectiva[758].

Por regla general, la interpretación estricta es favorable al cliente en el caso de las cláusulas que le privan de derechos o que le suponen una carga[759]. Sin embargo, como se ha señalado, la interpretación de una cláusula de forma favorable al cliente complicaría significativamente, si no frustraría, la

---

[756] Lindacher y Schmidt (2009) p. 245, señalando que solo este enfoque se toma en serio sin reservas la finalidad de la norma, que es la protección del cliente. Ulmer y Schäfer (2016) nm. 64, p. 351; Basedow (2019) nm. 29; Horler (2012) p. 100.

[757] Witt (2016) pp. 2012-2013.

[758] Witt (2016) p. 2016.

[759] Schorn (2010) p. 98.

función preventiva de la acción colectiva destinada a eliminar las condiciones no razonables en el procedimiento de control abstracto. De ahí que en este tipo de procedimiento esté predominantemente reconocido el interpretar las cláusulas ambiguas de forma hostil al cliente[760]. Es decir, en el caso de una cláusula poco clara, de las posibles interpretaciones, se debe tomar como base la que conduzca a la invalidez de la cláusula[761]. Una interpretación favorable al cliente, destinada al mantenimiento de la cláusula, no es compatible con la finalidad del procedimiento colectivo[762].

Como ha resuelto el BGH: "la interpretación aparentemente más 'hostil al cliente' es generalmente la más favorable para él, ya que a menudo sólo abre el control de contenido o conduce a una desventaja inapropiada y, por lo tanto, a la ineficacia de la cláusula en disputa"[763], o en una acción colectiva contra una empresa de suministro de gas, en que a la expresión "cobros por parte de un agente", se le dio el sentido que más perjudicaba al cliente, haciéndolo deudor de mayores comisiones de cobranza, indicó: "Esta regla de interpretación lleva en el procedimiento de asociación que nos ocupa (y también en los procedimientos individuales) a que en el caso de una cláusula ambigua, de las posibles interpretaciones, se tome como base la que lleve a la nulidad de la cláusula"[764].

Ello es coherente con lo que establece la Directiva 93/13/ CEE, en su artículo 5, que ordena hacer prevalecer la inter-

---

[760] ULMER y SCHÄFER (2016) p. 352. BONIN (2021) nm. 118 habla de una jurisprudencia consolidada. Refiriendo varios fallos, HORLER (2012) p. 100.

[761] BONIN (2021) nm. 118.

[762] PILZ (2010) p. 155.

[763] BGH 19/01/2016, XI ZR 388/14.

[764] BGH 10/06/2020, VIII ZR 289/19, citando abundante jurisprudencia, en nm. 28.

pretación más favorable al consumidor, siendo inaplicable dicha regla en los procedimientos del Artículo 7.2 de la misma Directiva, que persiguen defender interés colectivo contra la utilización de ciertas cláusulas (acciones de cesación). Y es que esta disposición se inspiró en la jurisprudencia alemana anterior sobre el art. 5 de la AGBG[765]. En este sentido, el Tribunal de Justicia de la Unión Europea señaló que la distinción que contempla esta norma se explica por la diferente finalidad de ambos tipos de acciones: en las individuales la apreciación *in concreto* del carácter abusivo de una cláusula contenida en un contrato ya celebrado; en las acciones colectivas, la apreciación *in abstracto* del carácter abusivo de una cláusula cuya posible inclusión se prevé en contratos que todavía no se han celebrado[766].

En definitiva, una interpretación en contra del cliente, si ello conduce a la nulidad de la cláusula, en ocasiones le resultará más beneficioso.

b) Condiciones de aplicación

Si bien en la segunda mitad del siglo XIX se extendió el uso de las condiciones generales, ni las codificaciones ni los proyectos de ley de la época reconocieron normas especiales de interpretación. Fue la interacción de doctrina y jurisprudencia la que, recurriendo a máximas interpretativas mucho más antiguas, adaptó las reglas de hermenéutica de los negocios jurídicos a las características especiales de las condiciones generales. De ese proceso surgen tres principales particularidades: el principio de interpretación objetiva, el principio de restricción y la regla de la ambigüedad, que están estrecha-

---

[765]　Basedow (2019) nm. 29. Fornasier (2022) nm. 30.
[766]　Comisión de las Comunidades Europeas contra Reino de España (2004) párr. 16.

mente relacionados[767]. Es necesario, por tanto, analizar este extremo a la hora de precisar el funcionamiento de la regla en comento en este ordenamiento, pues su diseño influye considerablemente en la determinación de la existencia de dudas en la interpretación[768].

i) *Interpretación objetiva*

Por lo menos desde 1875, la jurisprudencia alemana ha afirmado que en la interpretación de las condiciones generales debe abandonarse la perspectiva de la intención de las partes a la hora de determinar su sentido, pues lo que importa no es lo que el redactor pretendía expresar, sino en qué sentido sus disposiciones son entendidas y aplicadas[769]. Esta opinión fue consolidada por la doctrina de Raiser[770].

En efecto, dicho autor comienza el tratamiento de las "particularidades de la interpretación de las condiciones generales de la contratación", señalando el gran espacio que han ocupado las disputas sobre la hermenéutica de este tipo de modalidad negocial cuando los contratos no se desarrollan en forma satisfactoria para las partes, lo que habría sido fomentado por el excesivo literalismo de los comerciantes y la tendencia de los tribunales a proteger a la parte económicamente más débil del contrato, incluso más allá de una redacción clara[771].

Por su naturaleza, las condiciones generales no se adaptan a la relación jurídica concreta de las partes, sino que son objetivadas por el empresario de antemano como un ordenamiento

---

[767] VOGENAUER (2007a) p. 1477.
[768] SCHORN (2010) p. 53.
[769] ROHGE 17, 366, 370.
[770] VOGENAUER (2007a) p. 1479.
[771] RAISER (1961) p. 251.

general de sus relaciones jurídicas con todos sus clientes. No se dirigen a una persona concreta, como las declaraciones contractuales ordinarias, sino a todo un círculo de clientes, más o menos amplio, según el tipo de empresa[772]. En este sentido, se asumió por alguna jurisprudencia que las condiciones generales tenían el carácter de una ley, también llamada la "ley autocreada de la economía" (*selbstgeschaffenes Recht der Wirtschaft*), lo que se reflejó en la utilización de los métodos de interpretación de las normas a este tipo de negocios[773]. A finales de los años 50, las condiciones generales comenzaron a considerarse como acuerdos contractuales[774].

Actualmente, según la fórmula frecuentemente citada por la jurisprudencia como una suerte de cláusula de estilo, las condiciones generales deben interpretarse uniformemente según su contenido objetivo y su significado típico, tal como lo entienden las partes contratantes razonables y honestas, teniendo en cuenta los intereses del público normalmente implicado, para lo cual deben tomarse como base las posibilidades

---

[772] Raiser (1961) p. 252. Como señaló también Kost "Al aceptar las condiciones generales, el cliente declara que, con independencia de su comprensión particular de éstas, las acepta como vinculantes para él con el contenido con el que se aplican a todos los demás que se hayan sometido a las mismas condiciones", citado en Hellwege (2010) pp. 281.

[773] Schorn (2010) p. 55. Así, se resolvió en RGZ 171,43,48: "Las condiciones generales de los seguros, así como las condiciones generales de los negocios en particular, apenas representan un verdadero acuerdo, sino que implican la sumisión a un sistema jurídico preestablecido, y que, por tanto, deben interpretarse de forma similar a las disposiciones legales, según las cuales, en primer lugar, deben salvaguardarse los intereses de la comunidad, es decir, no los intereses de ambas partes para el caso concreto".

[774] Kosche (2011) p. 570.

de comprensión de la parte contratante media[775]. La interpretación se desvincula del diseño aleatorio del caso individual y de las ideas de cada parte contratante[776]. Por tanto, como ya afirmaba Raiser, las circunstancias más detalladas en que se produjo el contrato individual, los estados de ánimo y las opiniones de sus partes son irrelevantes para la interpretación de las condiciones generales: la medida de interpretación no es la diferente comprensión de los respectivos clientes, sino la que puede esperarse de un hombre normal razonable y honesto de ese círculo[777]. El foco de interpretación se desplaza al § 157 BGB, pues no hay lugar para el § 133, que se basa en la voluntad concreta de las partes[778].

---

[775] SCHORN (2010) p. 56, citando doctrina y jurisprudencia. Así, por ejemplo, BGH, 23.04.2008, XII ZR 62/06, en que se interpreta una cláusula de un contrato de arrendamiento, se señaló, luego de enunciarse la frase de estilo: "Según la redacción de la cláusula en cuestión, se excluye la reducción de la renta si el uso del inmueble alquilado se ve perjudicado por circunstancias no imputables al arrendador. No puede deducirse de la cláusula en forma inequívoca, si la exclusión regulada en la misma se refiere únicamente a la deducción inmediata de la renta adeudada o si la exclusión priva también al arrendatario del derecho a reclamar la deducción de la renta pagada en exceso en virtud del § 812 BGB. La cláusula permite ambas interpretaciones"; ROLOFF (2014) p. 1134; ULMER y SCHÄFER (2016) p. 359; KOSCHE (2011) p. 468; BUSCHE (2018) nm. 25.

[776] STOFFELS (2015) p. 132.

[777] RAISER (1961) p. 252; STOFFELS (2015) p. 132

[778] ULMER y SCHÄFER (2016) pp. 359-360. Sobre las posiciones en torno a la pertinencia de aplicar las reglas de los §§ 133 y 157 BGB a la interpretación de las condiciones generales. SCHORN (2010) pp. 57-58. Una posición intermedia, STOFFELS (2015) p. 132, para quien las normas del §133 y §157 no pueden adoptarse sin más para la interpretación de las condiciones generales.

Para fundamentar que se trata de una auténtica máxima hermenéutica se ha señalado que la interpretación objetiva permite garantizar la finalidad legítima de las condiciones generales reconocida indirectamente por los §§ 305 y siguientes, a saber, la racionalización de las transacciones comerciales. Ello no podría lograrse si el predisponente tuviera que temer que su contrato no se aplicara de manera uniforme frente a sus clientes porque se obtuvieran nuevas interpretaciones del mismo una y otra vez[779].

Finalmente, la jurisprudencia reciente puede resumirse en los siguientes principios: primero, ya no se utiliza la interpretación como medio de control de contenido encubierto, existiendo un esfuerzo por captar con exactitud el sentido y la finalidad del texto preformulado, salvo que —en caso de ambigüedad— deba intervenir la regla del 305c párr. 2; segundo, mediante una interpretación objetiva, se evita el peligro de una determinación de sentido unilateral basada en la voluntad y el interés del predisponente, al tener en cuenta los intereses de ambas partes; y, tercero, se tiene en cuenta el carácter típico y estandarizado de las condiciones generales prescindiendo, en principio, de las circunstancias del caso concreto y centrándose en las ideas y posibilidades de comprensión no de la parte contratante concreta, sino del cliente medio[780]

ii) Principio de restricción (restriktionsprinzip)

Según este principio, las cláusulas que son desfavorables para la contraparte del predisponente deben interpretarse en forma "estricta" o "limitada". Esto se aplica frecuentemente a cláusulas de exención de responsabilidad, sanciones contractuales, renuncias o cláusulas de no competencia y tiene ante-

---

[779] Stoffels (2015) p. 134.
[780] Ulmer y Schäfer (2016) pp. 361-362.

cedentes incluso anteriores a 1870 en la jurisprudencia del ROHG[781]. Con la dictación de la AGBG surgirán voces que alentarán a abandonar el principio, señalando que si bien los jueces, en su intento por proteger al cliente de cláusulas no razonables, se han tentado demasiado por una equidad descontrolada, un principio de restricción independiente de la regla de la ambigüedad nunca se ha fundamentado de forma convincente en ninguno de los casos en que se ha invocado y menos aún tras la dictación de la AGBG, en que se consagra la posibilidad de un abierto control de contenido de ciertas cláusulas, de frente al control oculto mediante esta interpretación restrictiva[782].

En este sentido, se señala que este principio de interpretación no es una subcategoría de la regla de la ambigüedad, pues a diferencia del § 305c párr. 2, no exigiría una ambigüedad objetiva como presupuesto de aplicación, además del peligro que supondría para el control de contenido en las acciones colectivas, al reducir las cláusulas para preservar su validez, conservándolas[783]. En definitiva, la aplicación del principio de restricción puede llevar a que la cláusula en cuestión sobreviva al control de contenido de los §§ 307 y siguientes, por lo que la protección que pretendía este principio se ve

---

[781] VOGENAUER (2007a) pp. 1483-1484. SAMBUC (1981) pp. 314-315, indica que la jurisprudencia aplicó este principio a las cláusulas de exención de responsabilidad con gran alcance en las condiciones generales; a todas las cláusulas de exención en las condiciones generales; a todas las condiciones generales; a las cláusulas de exención en contratos individuales; el principio es rechazado en su conjunto o es tratado como una subcategoría de la regla de la ambigüedad.

[782] SAMBUC (1981) p. 313.

[783] ULMER y SCHÄFER (2016) p. 394; BASEDOW (2019) nm. 41; MÄSCH (2019) nm. 118; HORLER (2012) p. 101. Posiciones minoritarias en contra, sosteniendo la vigencia de este principio son consignadas en SCHORN (2010) p. 92.

desmejorada, además de ser innecesario, pues el resultado de esta interpretación ya se desprende con la regla de la ambigüedad del 305c párr. 2^{784}.

Con todo, cabe resaltar un último elemento. El principio de restricción puede tener significado independiente fuera de la interpretación de las condiciones generales, en que su aplicación puede estar justificada —en ausencia de un correctivo comparable a la revisión del contenido— en particular, en el caso de las exenciones de responsabilidad[785].

iii) Sobre las dudas en la interpretación (Zweifel bei der Auslegung)

Para que se aplique la regla de la ambigüedad, deben existir dudas. La interpretación objetiva de la cláusula en cuestión y de las demás partes preformuladas del contrato debe haber llevado al resultado de que ésta es ambigua según su redacción y comprensión por el público típicamente implicado, sin que dicha ambigüedad haya podido eliminarse en el marco de dicha labor de atribución de sentido[786].

Según la jurisprudencia del BGH, se requiere que tras agotar todos los métodos posibles de interpretación subsista una duda irremediable y que al menos dos interpretaciones sean jurídicamente justificables[787]. Ello había sido una fórmula constantemente utilizada incluso antes de la dictación de

---

[784] Schorn (2010) pp. 92-93.

[785] Schorn (2010) p. 93.

[786] Ulmer y Schäfer (2016) p. 367; Basedow (2019) nm. 44; Mäsch (2019) nm. 88.

[787] Schorn (2010) p. 67. En ese sentido, BGH, 29/05/2008, III ZR 330/07, nm. 20; BGH 20/01/2016, VIII ZR 152/15, nm. 19; BGH 19/12/2018, VIII ZR 254/17, nm. 19, ambas citando varias otras sentencias.

la AGBG[788]. Se trata, por tanto, de una regla esencialmente subsidiaria[789].

No obstante, estas formulaciones no otorgan suficiente claridad de cuándo parece preferible acudir a determinadas técnicas de interpretación, como la relevancia de consideraciones teleológicas, históricas o sistemáticas y cuándo debe asumirse que existen dudas en base a las mismas[790]. El cuadro se complejiza más si se considera un recuento jurisprudencial que indica un tratamiento "inconsistente" (*uneinheitlich*) de la regla, al no poder desprenderse con exactitud cuándo una duda es irremediable, pues en algunos casos se considera la existencia de ambigüedades sin mayores contemplaciones, pero en otros casos se declara que la cláusula es inequívoca a efectos de no aplicar la regla[791].

En este sentido, Schorn señala que, al momento de interpretar las condiciones generales a efectos de definir la existencia de ambigüedades insuperables, debe darse preponderancia a la redacción de la cláusula, lo que se desprende principalmente de la interpretación objetiva, ya explicada, y la exigencia de transparencia[792]. Ambos elementos contribuyen a la delimitación del presupuesto de aplicación de la regla.

Ya hemos destacado la exigencia de transparencia como fundante de la compensación y prevención de la regla de la ambigüedad, que tiene su base explícita en la historia de la AGBG[793].

---

[788] SCHLECHTRIEM (1998) p. 504.
[789] LINDACHER y SCHMIDT (2009) p. 244.
[790] SCHORN (2010) p. 69.
[791] HORLER (2012) p. 96. De una jurisprudencia "generosa" al definir ambigüedades, da cuenta PILZ (2010) p. 143.
[792] SCHORN (2010) p. 74.
[793] Véase *supra* II. 5.1 b), de este cap. Más antecedentes en KOSCHE (2011) p. 573 y ss.

Así, una máxima jurisprudencial citada desde antiguo expresa
que "La buena fe obliga a los predisponentes de las condiciones
generales a presentar los derechos y obligaciones de sus contratantes de forma clara y comprensible, de modo que éstos puedan conocer con suficiente claridad el alcance jurídico de las
disposiciones contractuales a la hora de celebrar el contrato"[794].
En este sentido, debe destacarse que en el artículo 5 de la Directiva 93/13/CEE se señala:

> "En los casos de contratos en que todas las cláusulas propues-
> tas al consumidor o algunas de ellas consten por escrito, es-
> tas cláusulas deberán estar redactadas siempre **de forma cla-
> ra y comprensible**. En caso de duda sobre el sentido de una
> cláusula, prevalecerá la interpretación más favorable para el
> consumidor"[795]

Es decir, la exigencia de transparencia encabeza el artículo
que contempla la regla de la ambigüedad, como una suerte de
corolario de aquél. Como señala Schorn, si aquí se exige que
los contratos se redacten en un lenguaje claro y comprensible, ello es un claro indicio de que la regla de la ambigüedad
tiene como objetivo principal abordar los déficits lingüísticos
o sancionarlos. De ello podría deducirse que es sobre todo el
diseño lingüístico, que se refleja en la redacción de una cláusula, el que debe determinar la aplicabilidad de la regla de ambigüedad[796]. En este sentido, Meyer, coherente con su defensa
del fundamento preventivo de la regla, estima que el punto de
referencia del examen de la ambigüedad se encuentra en el
momento de redacción de la cláusula, que es cuando el predisponente puede tomar los resguardos para que el contrato

---

[794]   BGH, 17/01/1989, XI ZR 54/88. Sobre el surgimiento, evolución
histórica y sus vinculaciones con la noción de *culpa in contrahendo* en
relación con nuestra regla, Kosche (2011) p. 591 y ss.

[795]   Destacado añadido.

[796]   Schorn (2010) p. 76

sea transparente. Así, señala que no es el grado de ambigüedad, sino el grado de evitabilidad de ésta lo que determina la posibilidad de favorecer a una de las partes. Si el redactor no podía prever razonablemente una determinada situación en el momento de redactar las condiciones generales y si su cláusula permite ahora varias alternativas interpretativas, no se puede considerar una solución según la regla de la ambigüedad[797]. Por lo tanto, el § 305c párr. 2 BGB debe limitarse a aquellos casos en los que, en el momento de la controversia posterior era objetiva o subjetivamente previsible y una expresión más clara habría sido posible y razonable para el redactor[798].

En fin, si bien el requisito de transparencia requiere que el predisponente formule sus condiciones contractuales con la mayor claridad posible, éste no está obligado a lo imposible; sería, además, contraproducente que intentara regular todos los casos individuales. Una redacción clara debe prevalecer a favor del predisponente si el cliente debiese haber conocido el significado sobre la base de esta redacción inequívoca, aunque puedan concebirse opiniones diferentes en función de los intereses en juego[799]. De esta forma, por lo demás, se le da continuidad al deber de claridad que históricamente ha acompañado al desarrollo de la regla.

---

[797] MEYER (2010) p. 129. En análogo sentido, LINDACHER y SCHMIDT (2009) p. 245.

[798] MEYER (2010) p. 130.

[799] SCHORN (2010) p. 81-82. Similarmente, ROLOFF (2014) p. 1151: "Si una cláusula tiene un contenido inequívoco según su significado y finalidad, teniendo en cuenta los intereses típicos de ambas partes, esto no puede ponerse en duda por el mero hecho de que sea teóricamente concebible otra interpretación alternativa pero remota y no acorde con los intereses". En el mismo sentido, ULMER y SCHÄFER (2016) nm. 86 p. 368. Últimamente, BGH 20/06/2023, XI ZR 576/21, nm. 14.

No obstante, debe considerarse que la exigencia de transparencia presupone un horizonte de destinatarios uniforme. Un texto no es comprensible *per se*, sino siempre sólo para un determinado receptor[800]. La claridad y comprensibilidad viene determinada por las posibilidades de comprensión y las expectativas del cliente medio que cabe esperar en los contratos del tipo regulado, lo que no debe basarse en el observador casual, sino en el participante atento y cuidadoso en las transacciones comerciales[801]. Siguiendo las consideraciones de la interpretación objetiva, hay que tener en cuenta ciertas circunstancias típicas, como el tipo de transacción y el grupo de personas a la que se dirige el contrato[802].

Con todo, se ha puesto de manifiesto que la regla del § 305c párr. 2 está quedando cada vez más marginada por el requisito de transparencia. Si de la ambigüedad u opacidad de la disposición puede derivarse un perjuicio indebido, ya no es necesario interpretar el texto de la cláusula mediante la regla, pues ésta no resistirá el control de contenido. Solo cuando la ambigüedad objetiva no constituya al mismo tiempo una violación del requisito de transparencia, tendrá aplicación la *contra proferentem*[803].

Una opinión minoritaria sugiere que la determinación de las dudas en la interpretación puede resolverse recurriendo a la función preventiva de la regla de conservación del contrato. Por tanto, solo habría dudas, si en virtud de la oscuridad de la cláusula tendría que haber una nulidad por disenso: en lugar

---

[800] KOSCHE (2011) pp. 468-469.
[801] FUCHS (2016) p. 767.
[802] MEYER (2010) p. 30.
[803] STOFFELS (2015) p. 137.

de ello se aplica la regla de la ambigüedad para darle un efecto a la cláusula que sea favorable al cliente[804].

c) Consecuencias: la interpretación contra el predisponente

La consecuencia que establece el § 305c párr. 2, para el caso en que luego de agotar los métodos de interpretación persistan las dudas, es que éstas deben ser asumidas por el predisponente. A la hora de determinar la alternativa interpretativa más beneficiosa para el cliente, hay que aclarar dos aspectos: primero, si en dicha determinación es decisiva la situación concreta (individual) o la abstracta (típica); segundo, el procedimiento para determinar la alternativa de interpretación más favorable para el cliente, en particular si se debe tener en cuenta el resultado de una hipotética revisión del contenido[805].

Sobre el primer aspecto, en los procedimientos individuales pueden existir circunstancias del caso concreto susceptibles de tenerse en cuenta para determinar las consecuencias jurídicas de la cláusula en cuestión. Con todo, dada la generalidad de casos que están llamados a cubrir las condiciones generales, una posición estima que debe considerarse el significado que típicamente y en forma abstracta maximiza los intereses de la parte contraria al predisponente, sin tomar en cuenta circunstancias individuales de las partes[806].

En contra, Schorn afirma que un enfoque de este tipo solo sería procedente si una cláusula individual de las condiciones generales tuviera que correr la misma suerte en todos los ca-

---

[804] Pilz (2010) p. 143. En similar sentido, relacionando esta postura con la exigencia de una previa interpretación objetiva de la cláusula, Honsell (1985) p. 262.

[805] Schorn (2010) p. 110.

[806] Ulmer y Schäfer (2016) p. 369; Pilz (2010) 148.

sos, interpretándose de manera idéntica y que las dudas sólo pudieran resolverse de manera uniforme. Además, que incluso según la visión tradicional, en la interpretación deben tenerse en cuenta las diferentes posibilidades de comprensión de los distintos círculos del público y finalmente, que en esta norma la atención se centra en la protección de la parte que no pudo influir en la redacción del contrato, no en el castigo de la parte que ha formulado el contrato de forma ambigua[807].

El procedimiento para determinar el sentido alternativo más favorable está marcado por la reciente tendencia doctrinal y jurisprudencial de dividir el procedimiento hermenéutico en dos partes, como ya se adelantó. De acuerdo con ello, debe examinarse en primer lugar si la cláusula ambigua, hipotéticamente interpretada en forma hostil al cliente, puede mantenerse en el contexto del control de contenido de los §§ 307 a 309. Si se responde negativamente a la pregunta, la cláusula debe quedar sin efecto a pesar de la ambigüedad. Por otro lado, si las dos o más variantes de interpretación siguen estando dentro de los límites del contenido fijado por los §§ 307 a 309, prevalecerá la versión más favorable al cliente[808].

Si todas las interpretaciones posibles restantes se encuentran dentro del ámbito de lo que (aún) es admisible conforme a los §§ 307 a 309 se aplicará la alternativa que otorgue al cliente la mejor posición jurídica: una cláusula ambigua que tenga por objeto restringir dicha posición se interpretará restrictivamente; una cláusula cuyo significado potencial sea la

---

[807] Schorn (2010) p. 113.

[808] Ulmer y Schäfer (2016) p. 370. Destacando la aprobación en la literatura y las sentencias del BGH, Schorn (2010) pp. 120-121. Razonando sobre el fundamento preventivo de la regla, Meyer (2010) p. 136. Stoffels (2015) p. 140, quien añade que esto es únicamente posible cuando si examinada la cláusula controvertida, permite varias interpretaciones posibles.

concesión de derechos de los que el cliente no pueda gozar en virtud del derecho dispositivo se interpretará extensivamente; las contradicciones en el contrato que no puedan subsanarse con arreglo a los principios generales de interpretación se resolverán de modo que se aplique la versión más favorable al cliente (todo ello de modo general)[809].

III. LA REGLA *CONTRA PROFERENTEM* EN EL DERECHO FRANCÉS

1. Generalidades

Como ya se ha visto en el capítulo anterior[810], la tradición histórica francesa sobre nuestra regla cristalizó en un título sobre la interpretación de los contratos (*De l'Interprétation des Conventions*) en el Código Civil francés (*Code*), dentro del cual destaca su artículo 1162 que cabe reproducir nuevamente:

> *Dans le doute, la convention s'interprète contre celui qui a stipulé, et en faveur de celui qui a contracté l'obligation* [En caso de duda, la convención se interpreta en contra de quien ha estipulado, y a favor de quien ha contraído la obligación]

El presente apartado pretende reconstruir una cronología del tratamiento de esta regla en el Derecho francés, su evolución en el ámbito del Derecho de consumo y la importante reforma de 2016 que culminó en el nuevo artículo 1190 del *Code*, que reemplazará al antiguo 1162. Como se verá, la importancia que en este país se le ha otorgado a la interpretación contractual reglada en general, como a nuestra regla en

---

[809] LINDACHER y SCHMIDT (2009) p. 245.
[810] Cap. 1, III. 3.2 y III. 5.5.

particular, ha sido limitada, en comparación al tratamiento
del derecho alemán que acabamos de revisar.

En este sentido, Dupichot afirmó que: "En lo que respecta a
la interpretación de las convenciones, los autores llegan a mostrar una total indiferencia o, mejor aún, una discreta conmise-
ración con respecto a textos ciertamente centenarios, pero que
no por ello son menos juiciosos"[811], mencionando la severidad
con que Carbonnier trató a este título del *Code,* en una formulación que ha trascendido en la doctrina francesa[812]: "*le petit
guide-âne des a. 1156-1164*"[813] (la pequeña guía del burro de los
arts. 1156 -1164), o sea "un pequeño libro con instrucciones y
reglas básicas para guiar a los principiantes"[814]. Más modernamente, Deshayes añadirá que estos textos, pese a ser bien conocidos, son poco aplicados y relativamente poco estudiados[815].
Y sobre nuestro tema, Catala afirmó que el art. 1162 no es "ni
la más conocida, ni la más comentada" directiva de la serie[816].
Cabe, con todo, un análisis de su entendimiento por constituir
un importante elemento comparado, además de encontrarse
el panorama francés a este respecto en un pie similar a Chile,
luego de las últimas reformas.

---

[811]   Dupichot (1979) pp. 179-180. Monografías dedicadas únicamente a la interpretación contractual son escasas en este medio. Destaca la tesis defendida y profusamente citada en Francia de López
Santa María (1971) (que referimos por la traducción española).
También Maleville (1991), Gelot (2003) y Descaudin (2019).
No lograron pesquisarse trabajos dedicados únicamente a nuestra
regla, como en Alemania.

[812]   Por todos, últimamente, Chénedé (2018) 1°, IV.

[813]   Carbonnier (1969) p. 220. Esta fórmula fue traducida erróneamente al español como "La pequeña guía de los años 1156-1164",
en Carbonnier (1971) p. 527.

[814]   Según el diccionario de la Académie française (2019).

[815]   Deshayes (2014) p. 159.

[816]   Catala (2005) p. 250.

2. El estudio inicial del artículo 1162

La época contemporánea de la doctrina jurídica francesa comienza en 1804, con la exploración del Código Civil francés. A los grandes prácticos, que se entregan a un trabajo considerable para explicitarlo, se unen algunos profesores provenientes de las escuelas de derecho que reorganizó el imperio, adquiriendo una importancia creciente a lo largo de todo el siglo XIX. Una primera etapa está marcada por la exégesis del código, entendiéndose por tal el trabajo de desciframiento con un análisis profundizado de los textos, siendo cada artículo examinado en sí mismo y en relación con todos los otros que pueden ayudar a extraer sus posibles significados. Los exégetas dan vida al código civil y sientan las bases de su aplicación práctica[817].

Un destacado representante de esta corriente es Charles Bonaventure Marie Toullier (1752-1835), con su obra *Le Droit civil francais suivant l'ordre du Code*, que comprende 14 volumenes terminados en 1834, y que fue objeto de una traducción al alemán y al italiano[818]. El examen de sus comentarios sobre el título de la interpretación de los contratos revela una constante preocupación por fuentes romanas relacionadas a los distintos artículos del *Code*, referencias a la opinión de distintos autores e incluso las primeras sentencias judiciales disponibles sobre el tema[819]. Es destacable la conciencia de los orígenes históricos de estos preceptos, señalando que "Son el fruto de la experiencia de siglos y de las profundas meditaciones de aquellos jurisconsultos romanos, a los que, como decía el famoso canciller d'Aguesseau, la justicia parece haberles revelado plenamente

---

[817]   JESTAZ y JAMIN (2018) pp. 98-101, contra la imagen simplista que se ha hecho de la escuela de la exégesis.
[818]   JESTAZ y JAMIN (2018) p. 105.
[819]   TOULLIER (1814) N° 304 y ss.

sus misterios", pero también reconociendo las limitaciones del texto de la ley, indica que el título del *Code* habría sido copiado desde la obra de Pothier, que tradujo los textos romanos, pero que la elección habría sido incompleta[820].

Cabe destacar, en primer lugar, la definición de interpretación que entrega este autor "La interpretación es la explicación más probable de cualquier cosa que parezca ambigua; es el arte de descubrir los pensamientos expresados en palabras o escritos", para luego enunciar las razones que hacen necesario recurrir a la interpretación de los contratos: 1° la imperfección del lenguaje, la ignorancia o falta de atención de los redactores de los actos, que son una fuente de oscuridades y ambigüedades que los hombres de mala fe aprovechan para sustraerse de sus obligaciones; y 2° que las convenciones no obligan solamente a lo que en ellas se expresa, sino a todas las cosas que la equidad, lo usos o la ley incluyen en la obligación según su naturaleza, según el art. 1135 del *Code*[821], frente a lo cual divide la exposición en interpretación propiamente dicha y en lo que podría denominarse integración en base al art. 1135[822].

Sobre el art. 1162, el autor expresa que "Si no se puede, por algún motivo, descubrir la intención común de las partes y es necesario decidir entre las pretensiones de las dos partes contratantes, en caso de duda, el acuerdo se interpreta contra el que ha estipulado y en favor de quien ha contratado". Su primera

---

[820] Toullier (1814) p. 378.

[821] Símil del Art. 1546 CC. Sobre la primera razón, parece muy similar a la que enuncia Bello (1981) pp. 175-176, para fundar la necesidad de la interpretación de los tratados internacionales y otros actos escritos: "[...] por la inevitable ambigüedad a que da margen la imperfección del lenguaje [...] por la estudiada oscuridad de la que se sirven muchas veces los contratantes de mala fe para labrarse especiosos derechos, o prepararse efugios con que eludir sus obligaciones".

[822] Toullier (1814) N° 304, p. 374.

explicación es la siguiente: "Hay que restringir la obligación al sentido que la disminuye; porque el que se obliga solo quiere lo menor, y el otro tenía que dejar claro lo que pretendía"[823], citando en el punto la obra de Domat, y D. 2, 14, 39[824]. Como se ve, una formulación que se compromete con la tradición histórica de la regla, resaltando los elementos de subsidiariedad y el deber de claridad del que "estipula".

A continuación, se indica que "La más mínima circunstancia puede desplazar su aplicación", mencionando la siguiente excepción al art. 1162:

> *Il y a exception touteslesfois que celui qui s'oblige était tenu de s'expliquer plus clairement. En ne le faisant pas il commet au moins une faute, quelquefois un dol, dont la suite ne doit préjudicier qu'à lui seul. Une des règles d'interprétation les plus fréquentes et les plus certaines est donc d'expliquer les doutes et les obscurités contre celui qui les a fait naître ou laissé subsister, contre celui qui pouvait et devait les dissiper*[825] [Hay una excepción cuando la persona que se obliga tenía que explicarse más claramente. Al no hacerlo, comete al menos una falta, a veces un fraude, cuyas consecuencias deben ser perjudiciales sólo para él. Una de las reglas más frecuentes y certeras de interpretación es, por tanto, explicar las dudas y oscuridades en contra de quien las originó o permitió que subsistieran, en contra de quien pudo y debió disiparlas]

Se cita en este punto la obra de Cuyacio que ya hemos referido[826]. Es una formulación que, si bien se acerca al texto del art. 1566 CC, indica que la interpretación se hará contra el que se obliga. Con todo, inmediatamente después deja en claro el fundamento en un deber de claridad de quien formula el texto contractual, indicando que la interpretación se hará contra

---

[823] TOULLIER (1814) N° 323, p. 395.
[824] Véase Cap. 1, I. 2.3. a).
[825] TOULLIER (1814) N° 324, p. 396.
[826] Véase *supra* Cap. 1, III. 3.1.

el que originó las dudas, debiendo haberlas aclarado. Ahora bien, no queda claro si esta es una regla hermenéutica distinta y si su fundamento se encuentra en la ley. Pareciera más acertado considerarla como compatible con la misma *ratio* del art. 1162, en vez de una excepción.

Enseguida, Toullier indica una segunda excepción muy cercana a la anterior:

> *C'est pour cela que par une exception à l'art. 1162, tout pacte obscur ou ambigu s'interprète contre le vendeur, parce qu'il est tenu d'expliquerclairement ce à quoi il s'oblige (1602)*[827] [Por eso, como excepción al art. 1162, todo contrato oscuro o ambiguo se interpreta en contra del vendedor, porque está obligado a explicar claramente a qué se obliga]

Como hemos visto, el art. 1602 del *Code* enuncia la misma regla interpretativa que nos ocupa en sede de compraventa. Así lo destaca Toullier, pero también como una supuesta excepción al art. 1162, lo que será una constante en la doctrina francesa posterior. A continuación, cita las fuentes de la compraventa romana que hemos revisado y la obra de Donello[828]. Es destacable el carácter subsidiario que le asigna incluso a esta excepción, al señalar que la regla de interpretación contra el vendedor pierde su fuerza si se conoce una intención probable o verosímil de los contratantes[829]. Y es que, al establecerse una consecuencia tan grave por el solo hecho de ocupar la posición de vendedor —lo que tiene su origen en una copia de algunas fuentes romanas—, es necesario matizar la aplicación de este art. 1162.

Finalmente, debe destacarse la postura de Toullier en torno a la imperatividad de las reglas de interpretación del *Code*.

---

[827]   TOULLIER (1814) N° 324, p. 397.
[828]   I. 2.5.
[829]   TOULLIER (1814) N° 325, p. 399-400.

Al respecto, señala que, por su propia naturaleza, estas reglas no son obligatorias: son consejos de los cuales los jueces pueden apartarse según las circunstancias. En apoyo de este aserto, cita una sentencia que rechaza un recurso de casación señalando que:

> "no puede haber contravención de los artículos 1157, 1158 y 1161 del Código Civil, cuyas disposiciones se asemejan más a consejos dados a los jueces en materia de interpretación de los contratos que a normas más rigurosas e imperativas de las que las circunstancias, incluso las más fuertes, no les permitirían apartarse"[830].

Esta será una de las piedras angulares del entendimiento francés sobre las reglas de interpretación contractual, lo que amerita un tratamiento separado[831].

Por su parte, Alexandre Duranton (1783-1866), correspondiente a la segunda generación de la escuela de la exégesis[832], indica, en relación con este artículo, que no se explica por qué si el propio comprador hubiera dictado el acuerdo —y hubiera ambigüedad en cuanto al nombre y la persona de quien ha de ser su garante, o de quien ha de pagar el precio a título indicativo, o en cuanto a las condiciones o el lugar de pago, etc.—, el acuerdo no ha de interpretarse más bien en contra de él que en contra del comprador, al que no se le puede reprochar nada a causa de esta oscuridad: ello sería contrario al espíritu de la máxima[833]. Por tanto, vuelve al deber de claridad como fundamento, lo que parece acertado.

El comentario del *Code* que más resalta de su generación, con 31 volúmenes, le corresponde a Charles Demolombe

---

[830] Cass. civ, 18 de marzo de 1807, S. 241.
[831] Véase *Infra* N° 2.
[832] JESTAZ y JAMIN (2004) p. 108.
[833] DURANTON (1821) p. 524-525.

(1804-1887), llamado "el príncipe de la exégesis"[834]. Sobre el artículo 1162, duda de su naturaleza de regla de interpretación, señalando que ésta: "*Ce qui'il propose, ce n'est pas de* dénouer le noeud*; c'est de le* trancher*!* [Lo que propone no es desatar el nudo, sino cortarlo]", resaltando luego que esta solución solo se aplica en caso de que la duda sea "persistente e invencible", siendo el último recurso de una interpretación "impotente ante la oscuridad impenetrable del contrato"[835]. Sobre el fundamento del artículo, luego de señalar que algunos opinan en el sentido de favorecer al deudor en el sentido de su liberación de la obligación y que el estipulante, por serle a él imputable la duda se lo debe perjudicar, señala:

> *Il faut donc, pour l'avoir complète, ajouter aux deux motifs qui précèdent, celui-ci, qui les résume dans une formule plus exacte: que la règle de l'article 1162 n'est elle-même, qu'une conséquence de cette autre règle, plus générale , en matière de preuve, à savoir: que c'est à ce lui qui affirme l'existence d'un fait juridique, que doit être imposée la preuve de son affirmation*[836] [Para ser exhaustivos, por tanto, es necesario añadir a las dos razones anteriores ésta, que las resume en una fórmula más exacta: que la regla del artículo 1162 no es en sí misma más que una consecuencia de esta otra regla, más general, en relación con la prueba, a saber: que es a quien afirma la existencia de un hecho jurídico a quien se le debe exigir que pruebe su afirmación.]

Cita a continuación D. 22, 3, 2. Como vimos, el *onus probandi* es uno de los fundamentos que se proporcionan desde los comentaristas[837]. Así, explica este autor, en los contratos bilaterales,

---

[834] JESTAZ y JAMIN (2004) p. 110.

[835] DEMOLOMBE (1868) pp. 24-25. Se ha resaltado el estilo "casi inimitable" de este autor, en una prosa "impregnada de un lirismo anticuado". JESTAZ y JAMIN (2004) p. 110.

[836] DEMOLOMBE (1869) pp. 27-28.

[837] En particular, desde Paulo de Castro, véase *infra* Cap. 1, II. 5.3.

donde cada parte asume el rol de acreedor y deudor, y, en consecuencia, de demandante y demandado, según que la ejecución
de una cláusula sea solicitada por una parte contra la otra, o
viceversa, es que la duda se resolverá contra uno y otro.

Para terminar, Demolombe estima, con razón, que el artículo 1602 —en sede de compraventa— contiene la misma hipótesis que el 1162, aplicable en forma subsidiaria a las demás
reglas de interpretación[838].

Finalmente, como corolario del entendimiento de esta primera exploración del *Code,* puede citarse la obra del jurista
belga François Laurent (1810-1887), cuya monumental obra
Principes de droit civil, de 1869 a 1879, le valió la admiración y
el reconocimiento de sus pares franceses[839]. Sobre nuestro artículo, su tratamiento es de interés. Remite sus orígenes, como
siempre, a Pothier, pero razona sobre su fundamento señalando que si la ley se pronuncia a favor del deudor, es porque no
se presume que nadie esté obligado: la libertad es el derecho
común y para que haya una deuda, la libertad natural debe ser
restringida, lo que tiene varias aplicaciones en el *Code:* el plazo
se presume a favor del deudor (art. 1187, hoy 1305-3), en las
obligaciones alternativas la elección le corresponde a él (art.
1190, hoy 1307-1) y por supuesto, el art. 1602, en la venta, que
trata como una derogación del 1162. Por último, es ilustrativo
como Laurent remarca que este artículo no debe entenderse como una imposición al juez de fallar siempre en favor del
deudor, pues la ley no podría decir tal cosa sin infringir los derechos del acreedor: la ley dispone "en caso de duda" y acá se
remite a Domat para decir que dicha hipótesis concurre "cuando la oscuridad, la ambigüedad o cualquier otro defecto de

---

[838] DEMOLOMBE (1869) p. 30.
[839] BOUABDALLAH (2019) pp. 111-112.

una expresión es efecto de la mala fe o la culpa de la persona que tiene que explicar debe explicar su intención[840].

Iniciando el siglo xx, después de una época dedicada a la "exploración del espacio jurídico", marcada por la escuela de la exégesis, surge una bibliografía que se ha calificado de imponente, por la cantidad y calidad de las obras publicadas, en que toma forma la cara definitiva de una "*doctrine*", consciente de su rol y de su valor: recompone en su beneficio el paisaje jurídico, determinando el sistema de fuentes, exaltando la jurisprudencia, redescubriendo la costumbre y buscando influir en las decisiones judiciales mediante la persuasión[841]. En esta época existirá una ciencia encarnada en los manuales: los profesores serán los grandes juristas del siglo xx francés. Dos obras de gran influencia inaugurarán esta tradición, las de Baudry-Lacantinerie y Planiol[842].

El primero muestra recelo contra estas reglas, al afirmar, siguiendo la tradición francesa que son "consejos que el legislador dirige a los tribunales", que habrían sido reproducidos por éste únicamente en deferencia al derecho romano y preguntándose si acaso "no debería haberse dejado más bien a la doctrina la determinación de los distintos puntos de vista desde los que los intérpretes de los contratos harán bien en situarse"[843].

No obstante, comenta en más detalle las distintas reglas. Sobre el art. 1162, menciona el fundamento de la libertad natural del deudor, no pudiendo presumirse la obligación, sino que debe ser probada, relacionándola aquí una vez más con el *onus probandi*. Luego, para salvar el conflicto de decidir a favor del deudor en los contratos sinalagmáticos,

---

[840] Laurent (1875) pp. 587-588.
[841] Jestaz y Jamin (2004) p. 162.
[842] Jestaz y Jamin (2004) p. 212.
[843] Baudry-Lacantinerie y Barde (1906) p. 569.

en que ambas partes tienen la categoría de acreedores y deudores recíprocamente, señala que deberá interpretarse cláusula por cláusula, debiendo determinarse quien resulta obligado por la cláusula ambigua, en cuyo favor se hará la interpretación. Finalmente, indica que el art. 1162 es un "medio brutal" de suprimir una dificultad interpretativa que debe ser utilizado en forma subsidiaria[844].

Por su parte, Marcel Planiol, unos de los cultores del método sistemático en la renovación del derecho civil francés[845], en su *Traité élémentaire de Droit civil* (1899-1901), de gran éxito, no menciona gran cosa respecto a las reglas de interpretación contractual, señalando incluso que éstas "no plantean ninguna dificultad y son de poca utilidad en la práctica"[846], repitiendo textualmente el artículo 1162 y dedicando unas líneas más al control casacional de la interpretación, tema siempre de moda en el entorno francés. En su posterior *Traité pratique de Droit civil français* (1925-1934), en coautoría con George Ripert, indica que el 1162 no consagra propiamente una regla de investigación de la voluntad y que se justifica según la carga de la prueba. De interés es su referencia al artículo 1602 en la compraventa, señalando que esta disposición se justifica porque en algunos casos el vendedor y el arrendador imponen la "ley del contrato", lo que evoca el fragmento de Papiniano *Veteribus* tantas veces citado. Con todo, a continuación afirma que esta situación es constante en los contratos de adhesión, salvo cuando los consumidores o empleados han constituido una agrupación y han podido discutir las condiciones. En esos casos, dice, se admite generalmente que los contratos de adhesión se interpretarán, en caso de duda, contra aquel que los hubiese redactado, pero

---

[844] BAUDRY-LACANTINERIE y BARDE (1906) p. 580.
[845] DORAL y NÚÑEZ IGLESIAS (2004) p. 637.
[846] PLANIOL (1917) p. 386-387.

que ello "no es una regla legal de interpretación"[847]. Cita, empero, abundante jurisprudencia que así lo habría decidido en sus tiempos. Cabe mencionar, en este sentido, un caso de 5 de mayo de 1896, en que se discutía el alcance de cláusula de un contrato de seguro que excluía del pago de indemnización "los accidentes ocurridos como consecuencia de las infracciones de las leyes, reglamentos y ordenanzas de policía que regulan, en particular, el trabajo de los niños en las fábricas, así como la edad y el sexo de las personas autorizadas a conducir caballos y vehículos enjaezados". La Corte de París, para acoger la demanda del beneficiario del seguro señaló:

> "Que las estipulaciones insertas en la póliza y que restringen los derechos del asegurado deben ser tan precisas que éste, al tratar con la compañía, no pueda malinterpretar el alcance de los derechos que adquiere con el pago de sus cuotas; Que toda cláusula oscura o ambigua debe interpretarse en contra del asegurador, de acuerdo con el artículo 1162 del Código Civil"[848]

Y en un pasaje clave:

> "Que, en este caso, la aplicación de esta norma del art. 1162 c. civ es tanto más necesaria cuanto que se trata de un asegurado calificado en su póliza como 'contratista de carpintería y ebanistería', con escasa formación y que, como tal, tiene derecho, incluso más que otro, a la protección de la compañía de seguros"[849]

Por tanto, se invoca el artículo 1162 basado en un deber de "precisión" o claridad de la compañía de seguros en orden a que su contraparte pueda entender plenamente el contenido contractual, además de señalar —y ello parece no ser advertido por Planiol y Ripert— que la interpretación de las cláusulas

---

[847]　Planiol y Ripert (1946) pp. 519-520.
[848]　C. París, 5 de mayo de 1896, Dall. 96. 2. 415.
[849]　C. París, 5 de mayo de 1896, Dall. 96. 2. 415.

oscuras o ambiguas contra el asegurador, se fundamenta en la misma disposición legal. Sumado a ello, se contempla muy tempranamente y manera expresa la finalidad protectora de esta norma, en este caso, del asegurado, lo cual scrá una constante en la historia de este precepto que es menester analizar.

3. Excurso: Sobre la imperatividad de las reglas de interpretación contractual en el derecho francés

En los primeros años de su existencia, la Corte de Casación francesa, tomando al pie de la letra el que fuese art. 1134 inc. primero del *Code* (símil del art. 1545 CC) consideraba que los contratos constituyen leyes cuya violación es susceptible de dar lugar a la casación, por lo que se reservaban el derecho de revisar si en primera instancia se había interpretado correcta o incorrectamente la voluntad de las partes[850]. En el caso *Lubert*, la Corte de Casación puso fin a esta jurisprudencia, decidiendo que los jueces tienen un poder soberano para interpretar las cláusulas contractuales y que, incluso si se demostrara que han interpretado mal la voluntad de las partes, el Tribunal Supremo no podría anular su decisión. El fundamento de esta solución sería la ausencia de imperatividad que tendrían las reglas de interpretación de los contratos contenidas en el *Code*, siendo estas meros consejos, directrices o lineamientos entregados a los jueces[851], lectura, que, como se vio, fue acicateada por varios juristas franceses, desde Toullier[852]. Con todo, luego de más de medio siglo de poder absoluto de los jueces de primera instancia en ámbito, se estimó que esta facultad podía presentar el peligro de convertirse en un poder arbitrario, pudiendo

---

[850] Capitant y otros (2015) p. 145.
[851] Cass., sect. réun., 2 de febrero de 1808, GAJC N° 160.
[852] Véase en detalle, Chiodi (2019) p. 56 y ss.

rehacer el contrato de las partes según su propio sentimiento de equidad[853].

Así, se estableció un límite a este poder soberano especialmente a partir del célebre caso *Veuve Foucald*, el 15 de abril de 1872, que contempla por primera vez en forma expresa el concepto de *dénaturation*. Fundándose también en el artículo 1134 del *Code*, la Corte señaló que:

> "No se permite a los jueces, cuando los términos de estos acuerdos son claros y precisos, desnaturalizar las obligaciones resultantes de los mismos, y modificar las estipulaciones contenidas en ellos"[854].

Esta doctrina se precisó más aun cuando se señaló que "la Corte de Casación ejerce su derecho de censura cuando los tribunales, en lugar de interpretar actos oscuros, han deformado o alterado actos expresos y positivos"[855], razonamiento que marcó un término medio entre dos extremos que el Tribunal de Casación había experimentado en años anteriores, afirmándose su vigencia sin variaciones sustanciales por más de un siglo[856]. No sería extraño, entonces, que en la reforma del derecho de las obligaciones y contratos de 2016, se reconociera legalmente esta doctrina en el nuevo artículo 1192, que ahora dispone:

> *On ne peut interpréter les clauses claires et précises à peine de dénaturation.* [No se puede interpretar las cláusulas claras y precisas so pena de su desnaturalización].

---

853 Capitant y otros (2015) p. 145.
854 Cass. civ., 15 de abril de 1872, GAJC N° 161.
855 Cass, civ., 22 de julio de 1872, Dall. 73. 1. 112.
856 Boré (1972) p. 253.

Este entendimiento, que ha sido criticado en ocasiones[857], se encuentra en la base de la ausencia de imperatividad que en forma prácticamente unánime se le ha dado al art. 1162 y que hoy es debatido a propósito del art. 1190 *Code,* como se verá luego[858].

4. Las nuevas funciones del artículo 1162 y su reinterpretación

Es un lugar común señalar que la expresión "contrato de adhesión" proviene de la obra de Raymond Saleilles (1855-1912)[859]. En efecto, este autor habla de los "contratos que sólo lo son de nombre", que "podrían llamarse, a falta de algo mejor, los contratos de adhesión, en los cuales existe el predominio exclusivo de una sola voluntad, que actúa como una voluntad unilateral, que dicta su ley, no a un individuo, sino a una comunidad indeterminada", dando como ejemplo "todos los contratos de trabajo en la gran industria, contratos de transporte con las grandes compañías ferroviarias"[860]. Lo que no suele decirse, empero, es que esta célebre formulación aparece a propósito del análisis de este autor al § 133 BGB,

---

[857] Por todos, MALINVAUD; MEKKI y SEUBE (2021) p. 432: "La doctrina subraya que la noción de cláusula 'clara y precisa' es muy a menudo un pretexto que permite al Tribunal de Casación erigirse en tercera instancia jurisdiccional y censurar a los jueces que han dado a una cláusula dudosa una interpretación evidentemente errónea".

[858] Sobre la recepción de esta doctrina en Chile véase RUBIO VARAS (2023b).

[859] Por todos, RIPERT (1935) p. 103; TAPIA RODRÍGUEZ y VALDIVIA OLIVARES (2002) p. 23; CARVAJAL RAMÍREZ (2021) p. 512. Sin perjuicio de ello, CHÉNEDÉ (2012a) p. 241, señala que pese a haber sido el creador de la expresión, no definió todos los contornos de esta, que fue fruto de una elaboración progresiva en la doctrina francesa.

[860] SALEILLES (1901) pp. 229-230.

precisamente para señalar las particularidades de la interpretación de este tipo de contratos.

Al respecto, señala que "La interpretación, en este caso, debe ser como la de una ley propiamente dicha, debiendo tener en cuenta, mucho menos lo que se haya creído y deseado… que de lo que estas cartas generales debe ser en interés de la comunidad a la que se dirigen", y que debe hacerse "la interpretación de la única voluntad que fue predominante, que fue la única que formó el compromiso", pero que "debe ser aplicada en el sentido en que la buena fe y las relaciones económicas en juego lo exigen, en combinación con aquellas leyes de la humanidad que se imponen en cuanto un particular, una empresa o una autoridad pública tocan, por medio de reglamentos generales, las condiciones de la vida económica o social del individuo"[861]. Puede deducirse de estas palabras, que, si bien el autor considera como predominante la voluntad del predisponente del contrato, de todas maneras deben ponderarse otros valores como la buena fe, los intereses de los adherentes o incluso "la humanidad". No existe, con todo, rastro de referencias a nuestro artículo. Misma situación puede apreciarse en obras de la época como Dereux[862] o Dollat[863].

Consolidada la noción y el fenómeno de la contratación de adhesión, luego de una intensa discusión sobre su naturaleza jurídica[864], la dogmática empieza a considerar las particularidades de la interpretación de este tipo de contratos. Como señala Berlioz, tempranamente el juez había sido invitado por la doctrina a utilizar las reglas "objetivas" de interpretación del *Code* para proteger al adherente[865]. Así, por ejemplo,

---

[861] Saleilles (1901) p. 230.
[862] Dereux (1905).
[863] Dollat (1905).
[864] Chénedé (2012b) p. 1018.
[865] Berlioz (1976) p. 124.

Ripert propuso que "mediante una interpretación ingeniosa del contrato, podría eximirse al deudor del cumplimiento de cláusulas que no habría aceptado si las hubiera conocido o podido conocer"[866].

En este contexto, el artículo 1162 se consideró como medio de favorecer al adherente, pero no sin tropiezos. Dada la literalidad del artículo, según la cual el contrato debe interpretarse "*contre celui qui a stipulé, et en faveur de celui qui a contracté l'obligation*", una doctrina muy sostenida en el tiempo lo entendió como el deber de interpretar la convención "contra el acreedor y en favor del deudor"[867], por cierto, sin tener en cuenta los considerables avances que había logrado ya la escuela de la exégesis para proveer a la disposición legal de un adecuado entendimiento. Ivainer señalará incluso que este artículo le daría la posibilidad al juez de "favorecer descaradamente los intereses de una parte (el deudor) en detrimento de la otra (el acreedor) [...] a riesgo de atropellar literalmente [la] intención común"[868].

---

[866] RIPERT (1935) p. 103

[867] CARBONNIER (1969) p. 21, pese a preguntarse luego si acaso *qui a stipulé* no es quien tiene la "iniciativa contractual", más que acreedor (p. 63); BORÉ (1972) p. 305; LÓPEZ SANTA MARÍA (1971) p. 77, habla de una "terminología inadecuada"; FLOUR, AUBERT y SAVAUX (2002) p. 301; GELOT (2003) p. 264; LAMOUREAUX (2006) p. 2849, nota 12. Misma tendencia puede apreciarse en la doctrina belga, sobre la base del texto legal análogo, según CAUSIN (1978) p. 313.

[868] IVAINER (1976) p. 156. Subyace a esta consideración la idea frecuentemente invocada en la historia de la regla de un deudor "desafortunado" que habría que proteger frente a un acreedor "feroz" que ejerce su poder omnímodo de cobro. Por todos, GELOT (2003) p. 264, quien afirma un supuesto origen cristiano y tomista de esta idea, en nota 44. El mismo autor, sin considerar debidamente todos los antecedentes históricos (véase nuestro cap. I) remonta nuestra regla al derecho inglés (!).

De ahí que en un primer momento se previno que la aplicación de esta regla en materia de adhesión podía ser un arma de doble filo: por ejemplo, en los contratos de seguro, el deudor de la indemnización es la compañía aseguradora y en los contratos de trabajo el deudor de las prestaciones laborales es el empleador, lo que tendría como consecuencia que, en caso de duda, se interpretaran dichas prestaciones en forma restrictiva[869]. En una primera etapa, los jueces trataron de resaltar el carácter facultativo del precepto para evitar que se abusara de él en este sentido[870].

Con todo, pronto se corregirá esta interpretación atendiendo a las especificidades de la adhesión, considerando esta disposición como un instrumento de equidad[871]. El mismo Joserrand indicará que dadas las dificultades e injusticias de una aplicación literal del artículo 1162, "parece más justo hacer soportar las consecuencias de la ambigüedad de la cláusula al que es su autor, redactor del documento"[872] o más claramente los Mazeaud: "Es frecuente que, en los contratos de adhesión, los tribunales vengan en socorro del débil; es decir del contratante que no está en condiciones de discutir las cláusulas del contrato que le es impuesto, aun cuando el mismo fuera acreedor"[873]. En razón de

---

[869]   Berlioz (1976) p. 125, Joserrand (1950) p. 33, Dupichot (1979) p. 202.

[870]   Así, Cass. Req., 13 de febrero de 1883, S. 83. 1. 466.

[871]   Dereux (1905) p. 109, Mazeaud y otros (1997) p. 434; López Santa María (1971) p. 77, señala que esta regla reposa en la equidad y que con ella "...se institucionaliza un procedimiento extremo para fijar el sentido de la convención, al cual deberá recurrir el juez, en última instancia, en la imposibilidad de descubrir la común intención de los contratantes", sin perjuicio de recurrir también a la carga de la prueba como fundamento (p. 79). En detalle, también, Gelot (2003) p. 258.

[872]   Joserrand (1950) p. 33.

[873]   Mazeaud y otros (1997) p. 435.

ello, se asentó una doctrina jurisprudencial según la cual en los contratos de adhesión deben observarse dos reglas de hermenéutica: que, en la duda, deben ser interpretados contra la parte que los haya redactado, puesto que a ella le ha correspondido la iniciativa contractual; y que, en caso de contradicción entre cláusulas manuscritas y cláusulas impresas, prevalecen las primeras, como expresivas de la voluntad de derogar las segundas[874].

Ahora bien, junto a las consideraciones de equidad, una interpretación protectora del adherente puede desprenderse de la *ratio* del texto, según sus antecedentes históricos. Como se ha visto, el artículo 1162 se basa en la regla *contra stipulatorem,* mediada por Pothier y Domat[875]. A la luz de estos antecedentes, esta norma debe entenderse no como la orden de interpretar cualquier contrato (y especialmente un contrato consensual bilateral) en contra del acreedor y favoreciendo al deudor, sino en contra del estipulante (en este caso, el redactor del acto o el predisponente de la cláusula)[876]. Esto es coherente con el fundamento de la regla en la responsabilidad del declarante, como se intuía en el derecho alemán, en una suerte de *culpa in contrahendo* por omisión de una expresión clara por parte de quien, al redactar el acto, debe merecer, por la sinceridad y claridad de las cláusulas que ha preelaborado, la

---

[874] CARBONNIER (1969) p. 221-222. En el mismo sentido, dando cuenta de doctrina y jurisprudencia, MALEVILLE (1991) p. 249, pero expresando un fundamento del artículo 1162 centrado en "los abusos del más fuerte contra el más débil", que, como hemos visto, no es tal. En el mismo sentido, LE TOURNEAU (2004) N° 3616, expresa que "Este principio se basa en la idea de que la persona que se obliga está en una posición de debilidad en comparación con la persona que se compromete, por lo que es conveniente protegerla".

[875] Véase *supra* Cap. 1, V. 2.

[876] En este sentido, trayendo a la discusión antecedentes históricos en el sentido de nuestro cap. 1, DUPICHOT (1979) p. 202.

confianza (espontánea o no) de su contraparte[877]. De esta forma, puede verse una continuidad en un fundamento cifrado en la autorresponsabilidad del declarante por la omisión de un deber de claridad. Por ello es que Gelot intuye correctamente que puede extenderse el ámbito de aplicación de este artículo, si se considera *qui a stipulé,* como quien tiene la iniciativa del contrato, habiéndolo redactado o estando en posesión de su modelo al momento de la firma, pudiendo con ello resguardar incluso a profesionales de las cláusulas introducidas por sus contrapartes[878].

Una posición distinta en relación a la regla, pero al parecer aislada en la doctrina francesa es la de Rochfeld, para quien el art. 1162 *Code* no sólo tiene en cuenta la posición de las partes contratantes, sino las repercusiones de esta posición en el fondo del propio contrato, en que una parte tiene el poder de redactar, la otra se limita a aceptar y en cualquier caso solo da una aceptación global. Sin embargo, la voluntad común de las partes se hace sentir en este consentimiento dado en bloque, lo que implica una aceptación, no del acuerdo concreto, sino del contrato típico y de su causa. La interpretación favorable al adherente, lejos de alejarse de la verdadera voluntad común, por el contrario, reintegra la base contractual sobre la que se realizó realmente el acuerdo. El artículo 1162 se basa en la normalidad del contrato, en la causa típica, es decir, en la inmediatamente inteligible, y en la presunción general de que, salvo

---

[877]   Dupichot (1979) p. 202. En el mismo sentido, Gelot (2003) p. 266, señalando que esta solución estaría justificada por un principio moral y Berlioz (1976) p. 126, da en el clavo indicando que el art. 1162 es la expresión de una responsabilidad que el estipulante ha asumido al determinar él mismo el contenido del contrato, debiendo asumir las consecuencias.

[878]   Gelot (2003) p. 270.

explicaciones en contrario que permitan hacer inteligible lo anormal, la normalidad prevalece en la interpretación[879].

En definitiva, se observa un cambio de tendencia: de considerar el fundamento de esta norma en la situación de inferioridad en que se encontraría el deudor, progresivamente se ha transitado a una consideración del estipulante como redactor del acto[880].

Del mismo modo, en materia de seguros, atendido el artículo 1162, al determinar el alcance de la obligación del asegurador, se suele aceptar que todo acuerdo oscuro y ambiguo se interprete en contra de quien hizo la *loi du contrat*: el asegurador, redactor de la póliza, debe soportar las consecuencias de los equívocos que se produzcan, incluso respecto de sus propias obligaciones, no pudiendo ampararse en cláusulas cuya ambigüedad le sea imputable[881]. Así, Maleville habla de una interpretación *"à la carte"* de los contratos de seguros, señalando que la regla que determina un sentido dudoso de la póliza contra el estipulante es bastante antigua en la jurisprudencia francesa, por cuanto el asegurador tiene el control de la iniciativa del contrato, debiendo hacer todo lo posible para que el asegurado esté en condiciones de comprender la extensión y los límites de sus derechos y obligaciones[882]. En este sentido, Viney indica que "Es una simple cuestión de sentido común imputar al redactor cualquier torpeza o deficiencia —más o menos voluntaria— en la redacción, y esta regla parece ahora universalmente aceptada", lo cual, además,

---

[879] ROCHFELD (1999) pp. 336-338.

[880] TERRÉ; SIMLER y LEQUETTE (2005) pp. 455-456.

[881] PICARD y BESSON (1964) p. 89. En el mismo sentido, LE TOURNEAU (2004) N° 2712.

[882] MALEVILLE (1991) p. 250.

según la misma autora, es impuesto por la Directiva europea 93/13, en su artículo 5[883].

La jurisprudencia del derecho laboral ha replicado esta tendencia, indicando, sobre la base del artículo 1162, que: "cuando la cláusula de un contrato de trabajo redactado por el empresario plantea una dificultad de interpretación, la preeminencia del empresario en este contrato hace que deba asumir la responsabilidad y que las ambigüedades se le imputen, por lo que debe mantenerse la interpretación más favorable al trabajador"[884]. En este sentido, frente a las perplejidades iniciales de considerar como "deudor" de la remuneración al empleador y por tanto interpretar el contrato en su favor, Camerlynck señala que la preeminencia del empleador en la redacción, así como en la ejecución del contrato de trabajo, le impone el deber de responder ante las lagunas o ambigüedades que le son normalmente imputables, recogiendo abundante jurisprudencia que así lo habría decidido[885].

5. Sobre la subsidiariedad del art. 1162 *Code*

Debe destacarse que la subsidiariedad y carácter de *ultima ratio* de la regla es cuestión controvertida. Los primeros autores que trataron este artículo, como se ha visto, considerando la tradición histórica, señalaron que "*en cas de doute*" significaba la existencia de dos interpretaciones posibles, ante las cuales el precepto en comento venía a zanjar la discusión favoreciendo a una de las partes, "cortando el nudo" interpretativo, según señalara Demolombe. Esta interpretación se mantendría constante en autores posteriores, indicándose que si ninguna de las

---

[883]   VINEY (1994) p. 302.

[884]   C. Limoges, 25 de junio de 1971, en BERLIOZ (1976) p. 127.

[885]   CAMERLYNCK, LYON-CAEN y PÉLISSIER (1984) p. 210.

demás reglas había tenido éxito, persistiendo las dudas sobre el significado del acuerdo, el artículo 1163 interviene "como una especie de *Deux ex machina*, de salvador"[886] y que "ya no se trata de una cuestión de interpretación, sino que, por el contrario, se trata de extraer las consecuencias de su fracaso" en el contexto de la secuencia lógica y coherente que establecerían los artículos 1156 a 1163[887]. Más concretamente, la jurisprudencia indicó que la disposición se aplica si el significado exacto de la cláusula no puede determinarse ni por la costumbre ni la intención común de las partes, si no hay nada que dé prioridad a una de las cláusulas sobre la otra, y en ausencia de cualquier indicación resultante del contrato o algún elemento a favor del estipulante[888]. En fin, se estima que, si el artículo 1162 no tiene como finalidad investigar la voluntad de las partes, al asumirse una duda insuperable en el proceso de interpretación, debe ser el último recurso en ella, incluso criticándose que no se encuentre al final del catálogo de reglas[889].

Otra postura, en cambio, propugnó abandonar esta subsidiariedad de modo de proteger a la "parte más débil" de la relación contractual, lo que tendría sustento jurisprudencial,

---

[886] LE TOURNEAU (2004) N° 3616. Es un *"ultimum remedium"* contra una duda que el juez no puede superar utilizando principios jurídicos o recurriendo a otras reglas de interpretación. DESCAUDIN (2019) p. 163.

[887] JACQUES (2005) p. 257; DESHAYES (2014) p. 164 habla de un *"voiture-balai"*, o "camión-escoba", refiriéndose metafóricamente al vehículo situado en la parte trasera de las carreras de ciclismo que recoge a los competidores que las abandonan.

[888] Véanse las sentencias citadas en MALEVILLE (1991) p. 246.

[889] DESHAYES (2014) p. 164. En el mismo sentido, sobre la ausencia de búsqueda de voluntad, TERRÉ; SIMLER y LEQUETTE (2005) p. 455; LAMOUREAUX (2006) p. 2852.

convirtiendo al artículo 1162 en "un principio protector inspirado en la equidad"[890].

Si bien, aun con la reforma a este artículo, como veremos,
la pregunta continúa abierta, la tradición histórica ilumina el
sentido de esta regla para estimar su esencial subsidiariedad,
pues es una salida que debe considerar un esfuerzo previo de
atribución de sentido, de forma de respetar —en cada contexto contractual, dentro de sus posibilidades— la intención de
los contratantes.

Finalmente, cabe considerar la crítica de Revet al uso del
art. 1162 en contratos de adhesión, señalando que ésta sería
"puramente artificial" y que se justificaría únicamente en la
construcción de un sistema de interpretación de estos contratos en que no se considere la intención de las partes, por ser
inexistente. El autor señala que en los contratos de adhesión
el predisponente es acreedor y deudor a la vez, incurriendo
una vez más en la identificación de *qui a stipulé* como acreedor,
superada por doctrina y jurisprudencia. Y comentando la propuesta de reforma que se volverá ley, señala que el art. 1162
en los términos en que está redactado, está condenado a la
derogación[891]. Como veremos, un entendimiento del precepto que no toma en cuenta su tradición histórica —sumado a
una formulación mejorable— y derivado del desdén con que
jurisprudencia y doctrina miran estas reglas, se convertirá en el
germen de su destrucción.

---

[890] GELOT (2003) p. 263. En un sentido similar, DUPICHOT (1979) p.
        201, afirma que "duda" en el texto del art. 1162, no es "angustia me-
        tafísica", sino la situación en que la cláusula no es clara ni precisa.
[891] REVET (2015) p. 200.

6. La regla en la legislación de consumo

Pese al temprano desarrollo de la contratación estandarizada en Francia, no fue sino hasta la década del 70' del siglo pasado que el legislador intervino de forma significativa para proteger al consumidor. Mediante la dictación de innumerables leyes especiales tutelares, se configuró un conjunto heterogéneo y disperso, surgiendo inevitablemente la cuestión de la codificación[892]. El *Code de la consommation* (*C. cons.*) fue introducido por la ley n° 93-949 de 26 de julio de 1993, constituyendo una fijación del material existente, agrupando y ordenando disposiciones dispersas, pero sin modificar las materias ya reguladas[893].

Unos años después se dictó la ley n° 95-96 del 1° de febrero de 1995[894], para implementar en el ordenamiento francés la Directiva europea 93/13/CEE de cláusulas abusivas, sobre la cual nos hemos referido. El artículo 3 de la ley introdujo al *C. cons.* un artículo L. 133-2, que fue reenumerado por la *Ordonnance* n° 2016-301 de 14 de marzo de 2016 como L. 211-1, incorporando un sutil cambio en su texto[895] y que ahora dispone:

> L. 211-1. *Les clauses des contrats proposés par les professionnels aux consommateurs doivent être présentées et rédigées de façon claire et compréhensible.*
>
> *Elles s'interprètent en cas de doute dans le sens le plus favorable au consommateur. Les dispositions du présent alinéa ne*

---

[892]   JULIEN (2018) p. 21.

[893]   JULIEN (2018) p. 22.

[894]   Intitulada "relativa a las cláusulas abusivas y a la presentación de los contratos y que regula diversas actividades económicas y comerciales".

[895]   El antiguo art. L. 133-2 hablaba de "consumidor o no profesional", además de no presentar el inciso final. Por tanto, se eliminó la frase "no profesional".

sont toutefois pas applicables aux procédures engagées sur le fondement de l'article L. 621-8 [...].

[Las cláusulas de los contratos ofrecidos por los profesionales a los consumidores deberán presentarse y redactarse de forma clara y comprensible.

En caso de duda, se interpretarán en el sentido más favorable al consumidor. No obstante, este apartado no se aplicará a los procedimientos iniciados sobre la base del artículo L. 621-8 [...]]

En la exposición de motivos a cargo del ministro de economía Edmond Alphandéry, en el apartado de aquellos temas que constituyen trasposición de la Directiva antedicha, aparece con claridad la conciencia de la existencia del artículo 1162 como dispositivo interpretativo análogo a la norma propuesta:

"la clarté et l'interprétation des clauses contractuelles: la directive institue une exigence de clarté des clauses et dispose qu'en cas de doute sur le sens d'une clause, l'interprétation la plus favorable au consommateur prévaut. Le projet transpose en droit français ces exigences auxquelles le code civil (notamment l'art. 1162) ne répond qu'imparfaitement"[896] [Claridad e interpretación de las cláusulas contractuales: la Directiva establece un requisito de claridad de las cláusulas y dispone que, en caso de duda sobre el significado de una cláusula, prevalecerá la interpretación más favorable para el consumidor. El proyecto incorpora a la legislación francesa estos requisitos, que el Código Civil (en particular el **artículo 1162) sólo cumple de forma imperfecta**]

Es decir, considerando la vigencia del art. 1162 y confirmando el servicio que éste había prestado a la protección del adherente, se tiene en cuenta una cierta imperfección de sus alcances que la nueva disposición vendría a solucionar, pese a que luego en la tramitación legislativa se señalara que el mismo

---

[896]   Sénat (1994a) p. 3. Destacado añadido.

artículo tiene un "alcance equivalente"[897]. Esto viene a confirmar la estrecha relación entre ambas disposiciones, como consecuencias directas de la recepción de la regla *contra proferentem* y su evolución histórica.

Más tarde, en el Senado se incorporó la parte final del inciso segundo, que excluye la aplicación de este artículo a los procedimientos colectivos de nulidad de cláusulas abusivas, en el sentido de la Directiva ya citada y que también reconoce desde antiguo, como se ha explicado, el derecho alemán[898].

Es menester, a continuación, revisar algunos tópicos referidos a esta norma, por ser de vital importancia en nuestro análisis comparativo.

6.1 La relación del art. L. 211-1 con el derecho común

Luego de la introducción del art. L. 211-1, el cuadro del derecho francés ahora contempla un catálogo de reglas de interpretación del derecho común de los artículos 1156 a 1164 *Code* (posteriormente reformados), además del 1602 en la compraventa, coexistiendo con esta disposición especial en materia de derecho de consumo. Se analizará cuál es su relación precisa.

Coherente con los antecedentes legislativos, el art. L. 211-1 ha sido considerado, en general, como una prolongación del principio de interpretación *in favorem,* y especialmente del art. 1162 *Code,* estimándose por algunos que sería una repetición, quizás innecesaria, de este último[899]. Todo dependerá, con todo, del significado asignado al art. 1162, pues, de entenderse como una interpretación a favor del deudor y contra el acreedor, será radicalmente distinto al art. L. 211-1, mientras que si

---

897 SÉNAT (1994b) p. 3.
898 Sobre este cambio, véase SÉNAT (1994b) p. 33.
899 GELOT (2003) p. 272.

qui a stipulé es entendido como el redactor, esta última disposición no puede sino entenderse como una aplicación especial del art. 1162[900].

Una posición distinta mantiene Lamoureaux, para quien el artículo en comento no se limita a repetir el art. 1162, sino que sustituye pura y simplemente las normas del código para regir la interpretación de los contratos de consumo en forma exclusiva. El fundamento de esta norma sería la sanción del predisponente del contrato de adhesión, por haber incumplido el deber de claridad, establecido en el inciso primero de la norma. Si no se cumple con el requisito de transparencia, el empresario debe asumir los costos de la ambigüedad creada[901], en ocasiones de forma deliberada[902]. Con todo, la radical separación que hace esta autora con las disposiciones de derecho común parece explicarse por su entendimiento del art. 1162, como interpretación contra el acreedor y a favor del deudor, en los términos que explicamos.

En ocasiones se ha vinculado la disposición comentada con el art. 1602 del *Code,* a propósito de la compraventa, indicándose que sería una generalización de una idea contenida en éste[903]. Y es que a primera vista parecen ser muy similares en su estructura:

---

[900]   Rzepecki (2002) N° 142.
[901]   Lamoureaux (2006) p. 2849. En el sentido de sanción ante la infracción del deber de transparencia, Lamberterie, Rieg y Tallon (1982) p. 1067; Avena-Robardet (2003) p. 693; Sauphanor-Brouillaud (2013) p. 635; Pellet (2020) p. 504; Millet (2020) p. 1283.
[902]   Ferrié (2016) p. 191.
[903]   Paisant (1994) p. 107; Ghestin, Jamin y Billiau (2001) p. 56; Rzepecki (2002) N° 140; Julien (2018) p. 295;

L. 211-1 *C. cons.*

1602 *Code*

*Les clauses des contrats proposés par les professionnels aux consommateurs doivent être présentées et rédigées de façon **claire et compréhensible**.*

*Le vendeur est tenu d'expliquer **clairement** ce à quoi il s'oblige.*

*Elles s'interprètent en cas de doute dans le **sens le plus favorable au consommateur** [...]*[904]

*Tout pacte obscur ou ambigu **s'interprète contre le vendeur**.*

Es decir, estableciéndose en el primer inciso un deber de información y de claridad, el inciso segundo despliega las consecuencias ante su incumplimiento: la interpretación debe hacerse contra aquel que debió proporcionar esta información claramente, en un caso el vendedor (respecto de lo que vende) y en otro caso el predisponente (respecto del contrato que redacta). Según el art. L. 211-1, el consumidor tiene derecho a la inteligibilidad del contrato: a su legibilidad formal y a su comprensión material: una interpretación desfavorable al profesional es la sanción de la obligación que tenía, y no respetó, de redactar un contrato claro y preciso[905].

En este sentido, llevan la razón Calais-Auloy y Steinmetz cuando señalan que los artículos 1162 y 1602 del *Code,* junto al L. 211-1 *C. Cons.* obedecen al mismo fundamento ya señalado por Domat: si el defecto en la expresión puede atribuirse a la responsabilidad del que debe explicarse, la interpretación debe hacerse en su contra[906]. Finalmente, respecto

---

[904] Ennegrecidos añadidos.

[905] MESTRE y FAGES (2003) p. 293.

[906] CALAIS-AULOY y STEINMETZ (2003) p. 192. En análogo sentido, GRIMALDI (2008) p. 213, n° 25: "Debido a que el vendedor, que tiene el control de la cosa, o el profesional, que ha redactado el contrato, no han sido claros (este es el presupuesto), ni sobre la cosa ni al redactar el contrato, ambos pierden el derecho a invocar el beneficio de la duda".

al art. L. 211-1 existe una diferencia: el profesional se encuentra en una posición de fuerza, ya que ofrece un contrato que ha redactado a menudo y que, por tanto, se supone que conoce[907], lo que impone un deber de claridad más intenso.

Existen dos diferencias apreciables con las disposiciones del derecho común. Primero, su ámbito de aplicación. El art. L. 211-1 está orientado a las relaciones entre consumidores y profesionales. Actualmente, el *C. cons.* en su artículo introductorio (*article liminaire*) define "consumidor", como: "Toda persona física que actúa con fines ajenos a su actividad comercial, industrial, artesanal, liberal o agrícola" y "profesional", como "toda persona física o jurídica, pública o privada, que actúe con fines relacionados con su actividad comercial, industrial, artesanal, liberal o agrícola, incluso cuando actúe en nombre o por cuenta de otro profesional". Como puede verse, la relación jurídica debe conformarse sobre esta particular condición de contratación, distinta a la del derecho común, aplicable a los contratantes sin distinción.

Segundo, una diferencia clave entre las reglas de interpretación del *Code* y la disposición en comento que ha sido suficientemente destacada es la imperatividad de la disposición de consumo. Mientras que, como ya se expuso, los artículos 1156 a 1164 *Code* se entienden como meros consejos dados al intérprete, no controlables en sede de casación (incluido, por cierto, el art. 1162[908]), respecto del art. L. 211-1 *C. Cons.* se ha afirmado desde siempre que su infracción autoriza a interponer un recurso de casación.

La primera sentencia que aplicó este artículo se refería a la contratación de dos seguros que garantizaban el pago de

---

907   Ferrié (2016) p. 191.
908   Así, expresamente, por ejemplo, en Cass. soc., 20 de febrero de 1975, Lég.

un capital en caso de fallecimiento y de invalidez permanente total. Una vez que el asegurado (Sr. Cordeiro) enfermó de esclerosis múltiple, retirándose de la vida laboral, solicitó la indemnización, que fue denegada por no cumplir la doble condición prevista en el contrato para acceder al pago: ser absolutamente incapaz de ejercer cualquier profesión u oficio con fines lucrativos y ser reconocido por la seguridad social como persona obligada a recurrir a la asistencia de un tercero para realizar los actos ordinarios de la vida. El problema es que no se indicaba claramente en la póliza si dichas dos condiciones eran requisitos acumulativos (como opinaba la aseguradora) o condiciones alternativas (como estimaba el asegurado). Demandada la sociedad aseguradora, la Corte de Casación anula la sentencia de apelación señalando:

> "Considerando que de las afirmaciones de la sentencia recurrida, que desestimó la demanda del Sr. Cordeiro, se desprende que la cláusula que define el riesgo de invalidez era efectivamente ambigua, de modo que debía interpretarse en el sentido más favorable al Sr. Cordeiro; que, al resolver como lo hizo, el Tribunal de Apelación infringió el texto antes mencionado"[909]

Es clarificador el comentario de Mestre y Fages a esta sentencia: uno de sus aspectos fundamentales es la diferencia que marcaría con el art. 1162: "[…] el artículo 1162 da al juez una simple directiva, desprovista de todo carácter imperativo […] mientras que el artículo L. 211-1, párrafo 2, formula una norma imperativa cuya violación constituye un caso de apertura a la casación. Los jueces del Tribunal de Toulouse acaban de constatarlo a su costa"[910]. Este entendimiento se ha mantenido

---

[909]   Cass. civ., 21 de enero de 2003, Dall. 2003, 693, obs. Avena-Robardet.
[910]   Mestre y Fages (2003) pp. 293-294. En el mismo sentido, la nota de Bruschi (2003) p. 91 a la misma sentencia.

firme en doctrina y jurisprudencia[911]. Así, se ha señalado: "En materia de contratos de consumo y por tanto de seguros, el sistema de interpretación se revela más estricto, mucho más que el del código civil. Pero también es obligatorio: el juez no puede hacer nada al respecto. Más aun, es la Corte de casación la que controla la eventual presencia de una duda"[912]. Con todo, Grimaldi ha señalado que es una verdadera paradoja la imperatividad que se asocia al art. 1602 *Code*[913] y al 133-2 *C. cons.*, como se ha visto, pero no al 1162 *Code*, que tiene la misma estructura, concluyendo que el Tribunal de Casación ganaría en coherencia alineando el tratamiento de estas disposiciones legales[914]. Atendida la procedencia histórica de los tres, que permite identificar idéntica *ratio,* parece ser esta última la doctrina correcta.

---

[911] Abundantes en referencias jurisprudenciales, Descaudin (2019) p. 53; Ferrié (2016) p. 190; Millet (2020) p. 22. Sosteniendo la imperatividad, entre otros, Terré, Simler y Lequette (2005) p. 456; Julien (2018) p. 295: Bigot y otros (2014) n° 889; Sauphanor-Brouillaud (2013) p. 634; Chagny y Perdrix (2018) p. 106, Pellet (2020) p. 504.

[912] Ravel d'Esclapon (2011) p. 1612. Últimamente, la Corte de Casación ha controlado la infracción del art. L. 211-1 *C. cons.,* Cass. civ., 31 de marzo de 2022, 19-22.994, Lég. en un contrato de seguro.

[913] Una línea jurisprudencial sostenida le ha dado el artículo 1602 el carácter de norma jurídica que puede fundar una casación. La sentencia que inaugura la tendencia se refiere a un caso en que una empresa de informática ofrece ampliar la capacidad de un computador a "100 millones de bytes", estando en discusión si el contrato se refería a la "capacidad potencial" del aparato o la "capacidad real" utilizable por el usuario, sensiblemente menor a la potencial. Se resuelve que no se ha dado aplicación al art. 1602, por lo que se anula la sentencia inferior. Cass. civ., 13 de octubre de 1993, Lég. Ghestin, Jamin y Billiau (2001) pp. 54-56; Gelot (2003) pp. 297-298. Más recientemente, Cass. civ., 5 de diciembre de 2012, Lég.

[914] Grimaldi (2008) p. 214 n° 25.

6.2 Condiciones de aplicación del art. L. 211-1 C. cons.

No son muchos los autores que se han pronunciado en detalle sobre las condiciones de aplicación de esta regla. Empero, existen dos criterios que cabe destacar: la existencia de una ambigüedad de la cláusula interpretada y la subsidiariedad en su aplicación.

a) La necesidad de una ambigüedad

Presupuesto indispensable para la operación de esta regla es la existencia de una ambigüedad en la cláusula, pues la ley habla de que ésta procede "*en cas de doute*". Esta ambigüedad se delimita en Francia por dos aspectos: la claridad de las cláusulas como presupuesto de la interpretación y los criterios de apreciación de la ambigüedad.

Una primera delimitación está constituida por la aplicación de la doctrina de las "cláusulas claras" en materia de interpretación, sempiterna teoría que conquistó su lugar en el *Code* en su art. 1192 actual, como ya examinamos[915]. Si se entiende una cláusula como clara, ésta no puede interpretarse so pena de "desnaturalización" del contrato y por tanto no puede aplicarse la disposición en comento. Si bien esto es ciertamente una barrera para las frecuentes ambigüedades creadas artificialmente por consumidores para obtener decisiones judiciales a su favor[916], en ocasiones el criterio se muestra arbitrario.

Puede ilustrarse esto con un caso de hace unos años. Una pareja había realizado un viaje turístico, durante el cual habían decidido participar en una excursión marítima, para llegar a un arrecife de coral y bucear en él con snorkel. La

---

[915] Véase *supra* N° 3.
[916] Lamoureaux (2006) p. 2851.

pareja había pagado el servicio con una tarjeta de crédito, que incluía una indemnización en caso de "accidente de viaje" por una aseguradora. En concreto, cubría "cualquier accidente ocurrido durante un viaje [...] como **pasajero** en un medio de transporte público siempre que el billete se haya pagado total o parcialmente con la tarjeta del asegurado". El marido, que no regresó del buceo y su cuerpo nunca se encontró, fue declarado muerto y su viuda demandó a la aseguradora ante la denegación de la cobertura, sustentada en la interpretación favorable de la cláusula del seguro conforme al art. L. 211-1. La Corte de casación señaló que dicha cláusula era clara, rechazando el recurso:

> "Las cláusulas controvertidas estipulan que la cobertura de fallecimiento/invalidez es debida cuando el asegurado es víctima de un accidente como "pasajero de un medio de transporte público", lo que implica su presencia a bordo de este medio de transporte en el momento del accidente. Como estas cláusulas estaban redactadas de forma clara y comprensible, sin dejar lugar a dudas, no podían ser interpretadas por el Tribunal de Apelación"[917]

No obstante, cabe preguntarse si en este caso realmente la cláusula era clara. A este efecto hay que formular ciertos criterios de apreciación de la ambigüedad, la segunda delimitación.

Como señala Millet, los criterios de valoración de la calidad de la cláusula son necesariamente vagos, como el "sentido común" o la "razonabilidad" del destinatario de la misma, preguntándose a propósito de este caso si el asegurado razonable entiende, fuera de toda duda, que por la mera mención de la palabra "pasajero", deja de estar cubierto en el momento en que se sumerge, aunque esta inmersión sea el objeto de la excursión marítima que ha pagado íntegramente mediante

---

[917] Cass. civ., 26 de febrero de 2020, Dall. 1280, obs. Florence Millet. Ennegrecido añadido.

la tarjeta que desencadena la obligación de la aseguradora de cubrirle contra el riesgo previsto. Parece razonable o al menos otra interpretación posible que la condición de "pasajero" se adquiere al subir al barco y solo se pierde al desembarcar habiendo completado el viaje[918]. En este sentido, se ha dado a la cláusula una precisión y claridad que no tenía, prefiriendo uno de sus posibles significados, mas no el favorable al consumidor. En el mismo sentido, frente a la disputa por la indemnización de un seguro en caso de "incapacidad total y temporal", entre un sentido que implicaba el pago por los días de imposibilidad absoluta para realizar cualquier actividad profesional o solo aquella a que se dedicaba regularmente el asegurado, la Corte de Casación decidió que la cláusula era "clara y comprensible, por lo que no puede ser interpretada", imposibilitando con ello la aplicación del art. L. 211-1"[919].

Pareciera ser que, como concluimos en el derecho alemán, debe evaluarse la ambigüedad de la cláusula en función del cumplimiento del deber de transparencia del predisponente de la misma, además de la comprensión *in concreto* del consumidor de la causa: se trata de saber si éste considera que el contrato controvertido es claro, y no si el propio juez lo considera ambiguo[920].

Así, en materia de seguros, pero extrapolable a otros contratos predispuestos, los términos de una cláusula que especifica el contenido de la obligación del asegurador deben permitir al asegurado medir el alcance exacto y los límites de la cobertura de la que disfruta[921]. De esta forma, en un caso en que un cliente suscribió un contrato de ahorro para jubilación, que implicaba determinada inversión de sus fondos, si bien, como

---

[918] MILLET (2020) p. 1282.
[919] Cass. civ., 13 de diciembre de 2012, 11-27.631, Lég.
[920] LAMOUREAUX (2006) p. 2851.
[921] MILLET (2020) p. 1283.

afirma el tribunal se utilizaron "términos técnicamente correctos", éstos "por su carácter tentador, llevaron a la motivación del inversor" y defraudaron sus expectativas, la Corte resolvió que la empresa "debe asumir la responsabilidad por la dudosa redacción de la cláusula contractual, que no habría sido confusa si se hubiera dicho, por ejemplo [...]", indicando una redacción alternativa más clara. Es clave que, siendo los términos técnicamente correctos, si se lleva al consumidor a una idea errónea de lo contratado, ello prevalecerá a efectos de la aplicación de la disposición comentada[922].

Por tanto, la claridad u obscuridad de la cláusula no debiese ser un obstáculo a su interpretación: el límite a la aplicación del art. L. 211-1 se encuentra en la existencia de una ambigüedad según los criterios recién señalados, es decir, la presencia de dos o más entendimientos posibles de una misma cláusula, atendido el conocimiento del consumidor sobre la base del incumplimiento del deber de transparencia del predisponente.

b) La subsidiariedad de la norma

Relacionado con el primer presupuesto de aplicación, se encuentra la subsidiariedad de esta disposición, en el mismo sentido de lo ya discutido a propósito del art. 1162 *Code*. Una primera posición podemos resumirla con Pellet, cuando dice que "*en cas de doute*" implica una duda persistente[923]. Es decir, solo deberá aplicarse el art. L. 211-1 cuando no pueda identificarse un sentido mediante otros métodos de interpretación, como por ejemplo atender al contenido global del contrato. Así, se ha señalado que la aplicación de la interpretación *in*

---

[922] Cass. civ., 11 de marzo de 2010, 09-12535, LEDC mayo 2010 n° 5, p. 4, obs. Natacha Sauphanor-Brouillaud.

[923] PELLET (2020) p. 503, DESHAYES (2015) p. 41.

favorem que consagra este artículo, supone dos operaciones de interpretación sucesivas: primero, caracterizar la cláusula contractual como dudosa o ambigua, para luego interpretarse de forma favorable al adherente[924].

Al igual que con la regla del derecho común, existen intentos doctrinales por afirmar su carácter autónomo y de aplicación directa. Así, Lamoureaux rechaza su condición de subsidiaria señalando que la condición distintiva de esta regla es su aplicación "automática y exclusiva" en la interpretación de los contratos de consumo y que "una vez identificada una ambigüedad, los jueces no tienen alternativa y deben adoptar *ipso facto* la interpretación favorable al consumidor", lo que tendría justificación en el carácter sancionatorio y además preventivo de la misma[925]. En el mismo sentido, se ha señalado que "la interpretación *in favorem* constituye el principio para la interpretación de los acuerdos entre profesionales y consumidores"[926].

No obstante esta pretensión de primacía, por ahora debe añadirse que la "duda" no surge de la nada, sino mediante la previa interpretación de las cláusulas, ante lo cual las normas del derecho común codificado resultarán de ayuda. Hay dos problemas con ello en Francia: su pretendida ausencia de imperatividad y, como veremos, la concordancia con el nuevo art. 1162, que parece ser muy cercano al L. 211-1.

---

[924] SAUPHANOR-BROUILLAUD (2013) pp. 635-636.
[925] LAMOUREAUX (2006) p. 2853.
[926] MARTIAL-BRAZ (2015) p. 196.

7. La regla en la reforma de 2016

7.1 Historia de la reforma

Cabe finalizar el análisis del derecho francés refiriéndonos a la reforma al *Code* en materia de obligaciones y contratos de la *Ordonnance* 2016-131 de 10 de febrero de 2016 y su ratificación por la ley 2018-287 de 20 de abril de 2018. Esta reforma introdujo modificaciones significativas en materia de interpretación de los contratos, producto de sucesivos cambios entre los proyectos de reforma y que responden a distintos entendimientos del art. 1161, lo que se analizará a continuación.

Una primera iniciativa de carácter académico, que apareció en 2006, elaborado por un grupo de juristas y jueces retirados bajo la dirección de Pierre Catala, fue el denominado "proyecto Catala" (*Avant-projet Catala*), que en su art. 1140 reproducía el anterior art. 1162 del *Code*, únicamente intercambiando *"convention"* por *"contrat"*, pero incorporaba un nuevo artículo 1140-1, que disponía:

> *Toutefois, lorsque la loi contractuelle a été établie sous l'influence dominante d'une partie, on doit l'interpréter en faveur de l'autre* [Sin embargo, cuando la ley contractual se ha establecido bajo la influencia dominante de una de las partes, debe interpretarse a favor de la otra][927]

En los comentarios a este proyecto hechos por su director, se aprecia el entendimiento correcto del artículo 1162, lo que lleva a su mantención prácticamente sin cambios: "en presencia de obligaciones recíprocas, si una de ellas está en duda, es el deudor de esa obligación quien debe beneficiarse de la inter-

---

[927] Catala (dir.) (2005) p. 87.

pretación benévola"[928]. El artículo siguiente, en tanto, pretende recoger la tendencia jurisprudencial que reinterpreta el art.
1162 para considerar *qui a stipulé* como redactor del contrato
como medio de protección contra los contratos de adhesión,
dándole "una base más explícita"[929], pero además utilizando el
concepto de "influencia dominante", lo que es explicado por
Cornú, como una manifestación de las "aspiraciones de justicia
contractual" que demanda la "conciencia contemporánea"[930].
Finalmente, otros de los autores de la iniciativa, destacaron
este artículo "porque ilustra la preocupación por repatriar al
Código Civil importantes normas de nuestro derecho contractual", relevando su anterior establecimiento en el *C. cons.*, y señalándose en definitiva, la aspiración de que éste ocupara un
lugar en el derecho común de los contratos, volviendo al Código Civil, y beneficiando "a todas las partes contratantes que
se encuentren en situación de debilidad o dependencia el día
de la celebración del contrato"[931]. Como se verá, el objetivo de
recodificar la regla *contra proferentem* con los cambios operados
en sede de consumo permeó la iniciativa hasta su versión definitiva, una constante de las transformaciones legislativas de esta
regla. Con todo, este proyecto no recibiría el apoyo político
suficiente para su discusión legislativa, pese a ser objeto de una
amplia difusión y discusión académica no solo en Francia, sino
en el ámbito internacional[932].

Entre 2009 y 2013, la *Académie des sciences morales et politiques*,
bajo la dirección del profesor Terré, elaboró varios proyectos
de reforma sobre las reglas generales de los contratos, la responsabilidad civil y el régimen de las obligaciones, que parten

---

[928] CATALA (2008) p. 250.
[929] CATALA (2008) p. 251.
[930] CORNU (2005) p. 9.
[931] FAUVARQUE-COSSON y MAZEAUD (2006) p. 117.
[932] MOMBERG (2015) p. 124.

de la base del proyecto Catala. En este punto el director de la iniciativa critica la expresión "influencia dominante" del mismo, pues ésta "abre la puerta a toda clase de incertidumbres, y por tanto, arbitrariedades"[933]. Así, en su artículo 140 señalaba:

> *Dans le doute, le contrat s'interprète en favor du débiteur.*

> *En cas d'ambiguité, les clauses d'un contrat qui n'ont pas été négociées s'interprètent, de préférence, à l' encontré de celui quis en est l'auteur* [En caso de duda, el contrato se interpretará a favor del deudor.

> En caso de ambigüedad, los términos de un contrato que no hayan sido negociados se interpretarán, preferentemente, a favor del autor del mismo[934].

Sobre el inciso primero, se buscaba principalmente reproducir el art. 1162 de forma "más concisa", pero sin tener en cuenta, como muchos, la carga histórica del "*qui a stipulé*" sobre que tanto hemos vuelto. El inciso segundo, en tanto, pretendía buscar un instrumento de protección adecuada en atención a las condiciones del acuerdo contractual[935]. Si hubiera prosperado esta disposición, hubiera guardado curiosa similitud con art. 1566 del código civil chileno.

Finalmente, mediante la ley n° 2015-177 de 16 de febrero de 2015, se facultó al gobierno para "modificar la estructura y contenido del Libro III del Código Civil, con el fin de modernizar, simplificar, mejorar la legibilidad, reforzar la accesibilidad del derecho común de los contratos, el sistema de obligaciones y el derecho de la prueba, garantizar la seguridad jurídica y la eficacia de la norma [...]", y para tal fin: "5° Aclarar las dispo-

---

[933] Terré (2009) p. 302, en lo que estamos de acuerdo. Esta noción fue tomada probablemente del DCFR, siendo luego incorporada por los PLDC. Véase al respecto *infra* V. 5.

[934] Terré (2009) p. 303.

[935] Terré (2009) p. 302.

siciones relativas a la interpretación del contrato y precisar las que son específicas de los contratos de adhesión[936]. Ante ello, el Ministerio de Justicia, sobre la base de las iniciativas académicas ya mencionadas, publicó un proyecto de *Ordonnance* en 2015 y que en nuestro tema contemplaba dos artículos:

> Art. 1190. – *Dans le doute, une obligation s'interprète contre le créancier et en faveur du débiteur*
>
> Art. 1193. – *En cas d'ambiguïté, les clauses d'un contrat d'adhésion s'interprètent à l'encontre de la partie qui les a proposées*[937] [Art. 1190. En caso de duda, una obligación se interpreta en contra del acreedor y a favor del deudor.
>
> Art. 1193. En caso de ambigüedad, las cláusulas de un contrato de adhesión se interpretarán en contra de la parte que los propuso].

Como puede verse, el proyecto señala que "una obligación" se interpreta contra el acreedor y en favor del deudor, lo que deja clara su vocación a interpretar el contrato obligación por obligación, que es lo correcto. En tanto, fue criticada la redacción del segundo artículo, por no quedar claro si éste contenía una norma de interpretación autónoma, específica para esta categoría de contratos y que deroga la norma general, o aplicable únicamente en caso de duda persistente[938]. Ello constituirá un antecedente para la redacción final, que distingue entre dos categorías contractuales que se incorporan al *Code*.

Este proyecto, luego de ser sometido a consulta pública y dictamen del Consejo de Estado, se convirtió en la *Ordonnance* 2016-131 de 10 de febrero de 2016, ratificada por la ley n° 2018-287 de 20 de abril de 2018, que, en definitiva, incorpora nuevas y retoca otras antiguas reglas del título original del

---

[936] Art. 8 ley n° 2015-177 (16/02/2015).

[937] MINISTÈRE DE LA JUSTICE (2015) p. 16.

[938] DESHAYES (2015) p. 41.

Code, pasando ahora a ser sólo cinco. Cabe citar la exposición de motivos de los cambios que se hicieron, en el reporte del ministro de Justicia al Presidente de la República:

> "El artículo 8 inc. 5° de la Ley de habilitación autoriza al Gobierno a aclarar las disposiciones relativas a la interpretación del contrato y a precisar las específicas de los contratos de adhesión.
>
> Por lo tanto, la redacción elegida se basa en gran medida en los textos actuales y en las soluciones deducidas por la jurisprudencia. Sin embargo, en aras de la claridad, se han abandonado los actuales artículos 1158, 1159, 1160, 1163 y 1164, poco o nada utilizados por los tribunales y cuya utilidad no está demostrada"[939]

Claridad y utilidad eran los imperativos del legislador a la hora de reformar y eliminar estos centenarios artículos, con ello restándole herramientas a la tarea interpretativa del juez, que, como hemos visto, siempre ha sido mirado con recelo en su labor en este ordenamiento.

El antiguo art. 1162 ahora tiene su correlato más directo en el actual art. 1190 *Code*, que dispone:

> Art. 1190.- *Dans le doute, le contrat de gré à gré s'interprète contre le créancier et en faveur du débiteur, et le contrat d'adhésion contre celui qui l'a proposé.* [En caso de duda, el contrato libremente negociado se interpreta contra el acreedor y en favor del deudor, y el contrato de adhesión contra aquel que lo ha propuesto][940]

Fijado el texto en el *Code* y ya ratificado sin cambios en esta parte corresponde analizar sus condiciones de aplicación, sobre la base de las primeras pistas que otorga la doctrina

---

[939] MINISTÈRE DE LA JUSTICE (2016) Titre Ier., Chap. III.
[940] Trad. CORTÉS MONCAYO y otros (2020) p. 701.

francesa sobre el mismo, a fin de revelar el estado actual de la cuestión en este país.

7.2 Ámbito de aplicación

a) Contrato libremente negociado (*de gré à gré*)

El ámbito de aplicación de este artículo es objetivo y toma en cuenta la distinción introducida en el art. 1110 *Code* entre contratos libremente negociados (*de gré à gré*) y contratos de adhesión (*d'adhésion*)[941]. Esta última disposición tuvo un cambio entre la versión de la *Ordonnance* de 2016 y la ley de ratificación de 2018:

Art. 1110 (2016, derogado)	Art. 1110 (2018, vigente)
Le contrat de gré à gré est celui dont les stipulations sont librement négociées entre les parties.	*Le contrat de gré à gré est celui dont les stipulations sont négociables entre les parties.*
Le contrat d'adhésion est celui dont les conditions générales, soustraites à la négociation, sont déterminées à l'avance par l'une des parties.	*Le contrat d'adhésion est celui qui comporte un ensemble de clauses non négociables, déterminées à l'avance par l'une des parties,*
[El contrato libremente negociado es aquel cuyas estipulaciones son libremente negociadas entre las partes.	[El contrato libremente negociado es aquel cuyas estipulaciones son negociables entre las partes.
El contrato de adhesión es aquel en que las condiciones generales no están sujetas a negociación y son determinadas de antemano por una de las partes].	El contrato de adhesión es aquel que contiene un conjunto de cláusulas no negociables, determinadas de antemano por una de las partes].

---

[941] Distinción sobre la cual se ha dicho que es una "innovación mayor" de la reforma y que se convertiría en la "*summa divisio* de los contratos de derecho privado". DESHAYES, GENICON y LAITHIER (2016) p. 63.

En efecto, la redacción inicial del art. 1110 fue objeto de una viva polémica que el Parlamento intentó resolver al examinar la ley de ratificación[942]. Como puede observarse, en los contratos libremente negociados se cambió la expresión "*librement negociées*" por "*négociables*" y en los contratos de adhesión, "*conditions générales*" por "*ensemble de clauses*", en ambos casos logrando ampliar el significado de estas clases contractuales[943].

Lo que caracteriza y pone en funcionamiento esta distinción, no es la condición de las partes (como sí en el derecho de consumo, por ejemplo) o la existencia de un estado de dependencia o de necesidad: lo esencial es el desequilibrio de poder entre los contratantes, en torno a la facultad unilateral de predeterminar el contrato y la falta de negociación de sus términos[944].

Así, por una parte, en la noción de contrato libremente negociado, modelo ideal de la codificación, se espera que las estipulaciones, abiertas a la negociación, conduzcan a un acuerdo equilibrado que refleje los intereses de las partes. Con todo,

---

[942] CHANTEPIE y LATINA (2018) p. 133. De un "apasionado debate" sobre la noción de contrato de adhesión y el ámbito de aplicación del art. 1171 (cláusulas abusivas) hablan MALINVAUD, MEKKI y SEUBE (2021) p. 342. En detalle sobre los cambios, CHÉNEDÉ (2018) III. C. 3°. 2°.

[943] PELLIER (2018) I. A. Se abandona la noción técnica de "condiciones generales", que aún se mantiene en el nuevo art. 1119 *Code*, a efectos de establecer el deber de ponerlas en conocimiento y ser aceptadas para obligar; que en caso de discordancia entre aquellas invocadas por una y otra parte, que las condiciones generales redactadas por cada una de las partes que sean irreconciliables quedan neutralizadas y que las condiciones particulares prevalecen por sobre las generales, en caso de discordancia. No obstante, no se definen. Véase CHONÉ-GRIMALDI (2018) pp. 66-67.

[944] DESHAYES, GENICON y LAITHIER (2016) p. 64. MALAURIE, AYNÈS y STOFFEL-MUNCK (2020) p. 225, señalando que el art. 1110 no tiene en cuenta el desequilibrio de la posición económica de las partes.

siendo una noción idealizada respecto a lo que revela la práctica, esta definición permite interpretar, por oposición, la noción de contrato de adhesión[945].

b) Contrato de adhesión (*contrat d'adhésion*)

Por otra parte, en la definición de contrato de adhesión pueden apreciarse tres elementos que resultaron afinados en la ley de 2018[946]: i) un conjunto de cláusulas, ii) la ausencia de negociación y iii) la predisposición unilateral.

i) *"Un ensemble de clauses"* Un conjunto de cláusulas.

Debe recordarse que esta expresión sucede a la de "condiciones generales", ampliando la noción de contrato de adhesión e incluyendo los celebrados mediante la incorporación de la totalidad o parte de los contratos tipo propuestos por terceros[947].

Hay dos posiciones en torno a qué significa esta expresión. Un punto de vista "cualitativo" de la expresión, supone que el legislador ha excluido que la mera pluralidad cláusulas no

---

[945] CHANTEPIE y LATINA (2018) p. 134.

[946] Que, sin embargo, ha sido criticada por contener elementos "borrosos" (*flou*), que sería un "mediocre fruto del conceptualismo", "deplorable", que atentaría contra la seguridad jurídica, en particular en los contratos entre profesionales y, en definitiva, haría menos atractivo el derecho francés. MALAURIE, AYNÈS y STOFFEL-MUNCK (2020) p. 224. También hablan de imprecisión que no es digna del legislador, LARROUMET y BROS (2021) p. 162.

[947] CHANTEPIE y LATINA (2018) p. 138. MALINVAUD, MEKKI y SEUBE (2021) p. 344; DESHAYES, GENICON y LAITHIER (2016) p. 66, sobre la base de la versión de 2016, que hablaba de contratos "*soustraites à la négociation*", pero con el mismo razonamiento.

negociadas sea suficiente para determinar la calificación de un contrato de adhesión[948]. Se señala por esta postura que "un conjunto" se refiere a que varias cláusulas del contrato formen un todo[949], debiendo juzgarse en cada caso si este "conjunto" representa o no una parte sustancial del contrato[950], en cuyo caso será un contrato de adhesión.

Por otra parte, un criterio meramente "cuantitativo", indica que bastarían al menos dos cláusulas no negociadas cualesquiera para estar en presencia de un contrato de adhesión, sobre la base de dos argumentos: por una parte, la definición de "contrato libremente discutido", en que sería necesario que todas las cláusulas fuesen negociadas, bastando dos de ellas que no lo fuesen para estar frente a un contrato de adhesión; y por otra parte, un argumento político, dada la restricción de la disciplina de las cláusulas abusivas a los contratos no negociados, puede considerarse una noción más amplia para compensar dicha restricción[951].

---

[948] Chantepie y Latina (2018) p. 137. Choné-Grimaldi (2018) p. 52.

[949] Chantepie y Latina (2018) p. 137.

[950] Choné-Grimaldi (2018) p. 52. En el mismo sentido, Larroumet y Bros (2021) p. 162, señalando que el criterio cuantitativo no tendría sentido.

[951] Malinvaud, Mekki y Seube (2021) p. 343, aunque matizando su posición, complementándola con un criterio cualitativo, pues "La definición de un contrato de adhesión se basa en la idea de que dentro del contrato hay un maestro de obras, un contratante que dicta la ley. No sería injustificado exigir, para formar un conjunto (*ensemble*), que dichas cláusulas constituyan las condiciones esenciales...del contrato".

ii) *"Clauses non negociables"* Ausencia de negociación.

Este es el elemento distintivo del contrato de adhesión[952]. Pareciera ser pacífico que el criterio tiene que ver no con la eficacia de la negociación por las partes, sino la posibilidad misma de que dicha negociación haya podido tener lugar entre ellas[953]. En otras palabras, un contrato que no ha sido negociado pero que podría haberlo sido no será clasificado como un contrato de adhesión, potencialidad de negociación que el juez en cada caso deberá evaluar[954]. Las razones de la falta de negociación son numerosas: puede ser materialmente imposible, como en los numerosos contratos sujetos a condiciones generales; será frecuente en los contratos electrónicos y notablemente en los *smart contracts* o en los contratos de "economía colaborativa" (como *Airbnb, BlaBlaCar,* etc)*;* o bien puede derivar de una relación de poder, económico, social, intelectual o tecnológico[955]. Finalmente, no puede dársele el carácter de negociable a un contrato que en los hechos no lo es, mediante la información de sus contenidos, darle una opción suficientemente restrictiva a la contraparte o reconocer ese aspecto mediante una cláusula contractual: el *quid* de la cuestión será probatorio[956].

---

[952] LARROUMET y BROS (2021) p. 161.

[953] CHANTEPIE y LATINA (2018) p. 138.

[954] CHONÉ-GRIMALDI (2018) p. 52.

[955] MALINVAUD, MEKKI y SEUBE (2021) p. 344, con más detalle, DESHA-YES, GENICON y LAITHIER (2016) p. 67, en el mismo sentido.

[956] MALINVAUD, MEKKI y SEUBE (2021) p. 344.

FRANCISCO RUBIO VARAS

iii) *"Déterminées à l'avance par l'une des parties"* Predisposición unilateral anterior.

Este requisito es condición necesaria, pero no suficiente,
atendida la posibilidad de que las partes hayan redactado el
contrato de antemano, lo que no engendra las dificultades de
la adhesión si fue luego negociado[957]. Se ha señalado que se
refiere a la determinación previa del contenido del contrato,
tanto si una de las partes es el redactor real del mismo, como si
ha tomado la esencia de un modelo escrito por un tercero[958].
No obstante, no queda claro el fundamento de la exigencia de
que el contrato sea redactado de antemano, pues ¿por qué proteger al contratante solo cuando se le imponen estipulaciones
que no están redactadas de antemano?[959] Aparentemente, el
legislador se ha inspirado en las condiciones generales, pero
como se ha visto es un criterio que finalmente abandonó.

De esta forma, la definición de contrato de adhesión ha sido
constantemente cuestionada y genera incertidumbre en el real
contenido de los requisitos establecidos para estar en presencia de esta figura contractual *ex* art. 1110 *Code*. Sin embargo,
esta clasificación está en el centro de las posibilidades de aplicación del art. 1190.

7.3 Efectos

a) Contratos libremente negociados

Con respecto a los efectos y la aplicación concreta de la
regla, la literatura francesa no ha sido tan entusiasta como

---

[957] DESHAYES, GENICON y LAITHIER (2016) p. 66.
[958] CHANTEPIE y LATINA (2018) p. 137.
[959] LARROUMET y BROS (2021) p. 162.

con respecto a la nueva definición de contrato de adhesión. Muchas veces se ha remitido al anterior tratamiento del antiguo art. 1162 o han resaltado la novedad de la nueva disposición en relación con los contratos de adhesión, además de efectuarse algunas críticas[960]. Se ha señalado que esta norma introduce una aproximación objetiva que no se centra en la intención de las partes, sino en equilibrar el balance de sus obligaciones[961], sin explicar mucho más este aserto.

Así, se ha indicado que el texto del nuevo art. 1190 "se basa" en el art. 1162 antiguo del *Code* y la solución que este establecía. Con la nueva disposición se aclararía su utilidad, que se centra ya no en la posición de redactor, sino en el contenido de las obligaciones contenidas y en la posición de deudor, a quien favorece[962]. Sin embargo, esta norma, concebida para los contratos de mutuo acuerdo, se habría revelado inadecuada para los contratos de adhesión, pues el acreedor de la obligación principal es el adherente, a quien se debe favorecer[963]. Y en este mismo sentido, se ha indicado que con esta reforma "se pone fin a la confusión derivada del mal uso del antiguo artículo 1162 del código civil"[964], mal uso que, a nuestro entender, no es tal, pues una interpretación que favorece el adherente y contra aquel que tiene la iniciativa contractual cabía perfectamente en la *ratio* de antiguo art. 1162[965].

---

[960] Ello con la excepción de ETIENNEY-DE SAINT MARIE (2019), que contiene un tratamiento más detenido.

[961] ROWAN (2022) p. 129.

[962] CHANTEPIE y LATINA (2018) p. 453. Se ha señalado también que sería una "versión modernizada" del artículo 1162: TERRÉ, SIMLER, LEQUETTE y CHÉNEDÉ (2019) p. 690. Similarmente, LACHIÈZE (2020) p. 214.

[963] CHÉNEDÉ (2018) 1°, VI, quien las incluye en las llamadas "directivas protectoras".

[964] CHASSAGNARD-PINET (2020) n° 35.

[965] En este sentido, también, ETIENNEY-DE SAINT MARIE (2019) p. 146.

Como es frecuente, en este sistema, se cifra el fundamento de esta disposición en la equidad y con un objetivo de protección "del débil contra el fuerte", que era lo que se plasmaba en el art. 1162. La nueva norma habría "desdoblado" dicha regla[966]. No habría ninguna inspiración subjetiva en este texto: la interpretación en contra de uno y a favor del otro no tiene ninguna relación con la búsqueda de la intención, que en los contratos libremente discutidos es la prioridad, por lo que la regla sería subsidiaria de las demás[967].

Esta disposición, además, ha sido criticada. En este sentido, Witz equipara plenamente el art. 1162 antiguo, con el 1190 nuevo, identificando estipulante con acreedor, invocando para ello a "la tradición del derecho romano". Para este autor, ambas versiones serían criticables por la posibilidad de interpretar el contrato "contra la parte más débil" que en ocasiones será también acreedora. Finalmente, dado que la función protectora que le habían dado los tribunales fue incorporada en el inciso segundo, propone la eliminación de la regla centrada en los contratos libremente discutidos[968]. En el mismo sentido, se ha señalado que esta norma recuerda directamente a del antiguo art. 1162 "llegando incluso a reproducir sus dificultades semánticas", estimándose más adecuada la versión que en la *Ordonnance* hablaba de "deudor de la obligación"[969], lo que nos parece correcto.

---

[966] Malinvaud, Mekki y Seube (2021) p. 430. En similar sentido, descriptivamente, Fauvarque-Cosson (2017) p. 364. Rowan (2022) p. 129: "*It is commonly justified on grounds of fairness, equity, and the protection of the weaker party, and also as incentivizing the party drafting the contract to do so with precision and clarity*".

[967] Terré, Simler, Lequette y Chénedé (2019) p. 690; Deshayes, Genicon y Laithier (2016) p. 372.

[968] Witz (2015) p. 2021. En similar sentido, también en Babusiaux y Witz (2017) p. 503.

[969] Epstein (2018) p. 172.

b) Contratos de adhesión

La segunda parte del artículo establece la regla de interpretación en sede de contratos de adhesión. Este dispositivo interpretativo tiene varias fuentes. Ante todo, la jurisprudencia del antiguo art. 1162 que lo aplicó a los contratos de adhesión, "de manera audaz", como se ha destacado por algunos[970]. Y ello con la mediación de los distintos trabajos académicos y sucesivos proyectos de reforma examinados. Finalmente, un origen más remoto de su redacción puede encontrarse en el art. 1432 del Código civil de Quebec[971], que dispone:

> *Dans le doute, le contrat s'interprète en faveur de celui qui a contracté l'obligation et contre celui qui l'a stipulée. Dans tous les cas, il s'interprète en faveur de l'adhérent ou du consommateur* [En caso de duda, el contrato se interpreta a favor de quien ha contraído la obligación y en contra de quien la ha estipulado. En todos los casos, se interpreta a favor del adherente o consumidor]

Dos diferencias deben destacarse: el código de Quebec mantiene un inciso primero idéntico al art. 1162 *Code* y el inciso segundo tiene un alcance no limitado al contrato de adhesión, como el caso francés, sino también al consumidor.

Y desde acá surge un problema: la doctrina francesa ha destacado la correspondencia del art. 1190 con el artículo L. 211-1 *C. cons.* Cabe comparar ambos textos:

---

[970]   Epstein (2018) p. 173.

[971]   Así, Chantepie y Latina (2018) p. 453. Esta codificación entró en vigencia en 1994, reemplazando al anteriormente vigente *Code civil du Bas-Canada*, que contenía una disposición igual al antiguo art. 1162 *Code*. La jurisprudencia, de manera idéntica a Francia, reinterpretó esta disposición para favorecer a los adherentes. El nuevo código recogió esta tradición jurisprudencial. Véase al respecto, en detalle Lluelles (2003) pp. 246-249.

Art. L. 211-1 *C. cons.*

Les clauses des contrats proposés par les professionnels aux consommateurs [...].

Elles s'interprètent **en cas de doute** *dans le sens le* **plus favorable au consommateur**.

Art. 1190 *Code.*

Dans le doute, *le contrat de gré à gré s'interprète contre le créancier et en faveur du débiteur, et le* **contrat d'adhésion contre celui qui l'a proposé**

Se ha indicado que el art. 1190 establecería "una norma similar"[972], que la "reproduce"[973] y pese a que deben leerse en conjunto, no habrá problemas en la acumulación de ambas pues "el contenido es el mismo"[974]. No obstante, como destacan Terré y otros, los demás textos legales que contienen la misma *ratio* "precisan" la directiva interpretativa del 1190 en distintos contratos, como el art. 1602 *Code,* en la venta o el L. 211-1, en los contratos de consumo[975]. Es decir, se circunscriben a ámbitos de aplicación distintos: el art. L. 211-1 *C. cons.* se aplicará únicamente cuando exista una relación entre profesional y consumidor, como hemos visto. El art. 1190 *Code,* en tanto, será derecho común y general, aplicable cada vez que se esté en presencia de un contrato de adhesión en los términos ya referidos.

Podría destacarse la diferencia semántica entre una disposición que impone preferir "el sentido más favorable" a una que interpreta "contra" el que propuso el contrato, pareciendo una disposición más sancionatoria la norma del derecho común. No obstante, todas estas disposiciones guardan una

---

[972] Larroumet y Bros (2021) p. 88; Chantepie y Latina (2018) p. 454; Malinvaud, Mekki y Seube (2021) p. 430.

[973] Renault-Brahinksky (2019) p. 88, Fagues (2021) p. 232.

[974] Deshayes, Genicon y Laithier (2016) p. 373. Ambos establecen "pautas de interpretación convergentes", señala Chassagnard-Pinet (2020) n° 35.

[975] Terré, Simler, Lequette y Chénedé (2019) p. 690.

correspondencia conceptual de finalidad: establecer el efecto de la infracción al deber de claridad contractual que en cada caso ha establecido el legislador[976]. Y en ese sentido debieran ser interpretadas. De esta manera, en este apartado, debieran aplicarse las categorías explicadas al tratar el art. L. 211-1, a las que remitimos, con algunas particularidades que vale la pena mencionar.

c) Imperatividad

Este debate se ha renovado por la doctrina que se ha pronunciado sobre las nuevas reglas de interpretación de la reforma. La pregunta se ha rehuido por algunos, señalándose que del texto ello no queda claro[977], pero que si se ha consagrado en forma unánime la imperatividad del art. L. 211-1 *C. cons.*, ello debiera "animar a los jueces a mantener la misma solución para el art. 1190"[978]. Por otra parte, se ha indicado que esta regla es imperativa, por algunos de forma no tan clara[979], pero por otros en forma contundente. Así, Etienney-de Saint Marie

---

[976]   En este sentido, también, LACHIÈZE (2020) p. 215: *L'interprétation in favorem est une sanction du défaut de clarté du contrat. Elle est un facteur de protection du consommateur* [La interpretación *in favorem* es una sanción por la falta de claridad del contrato. Es un factor de protección del consumidor].

[977]   CHANTEPIE y LATINA (2018) p. 455.

[978]   DESHAYES, GENICON y LAITHIER (2016) p. 373. En sentido similar, FAUVARQUE-COSSON (2017) p. 365.

[979]   Se deduciría del "asimismo", que establece luego de afirmar la imperatividad de la norma de consumo, LARROUMET y BROS (2021) p. 88. O que podría dársele carácter imperativo por ser una norma protectora, TERRÉ, SIMLER, LEQUETTE y CHÉNEDÉ (2019) p. 691. BUY (2023) p. 231, afirma que, por ser una norma protectora de la parte débil, "*probablement*" debería calificarse de norma de orden público.

ha fundado la imperatividad del nuevo art. 1190 en la disparidad de criterio que se generaría respecto a otras reglas de interpretación que sí se consideran normas jurídicas que dan pie a una casación, como el art. 1602 *Code* o el L. 211-1 *C. cons.*, además del carácter de orden público que ésta tendría, lo que además haría imposible substraerse de su aplicación mediante una cláusula contractual pactada por las partes en este sentido: solo estableciendo su carácter vinculante puede dársele plena aplicación[980]. Concordamos con esta última posición, tal como razonamos a propósito de la norma de consumo.

d) Subsidiariedad

Un aspecto que surge frecuentemente a propósito de esta regla es su articulación dentro del sistema de las reglas de interpretación, su carácter autónomo o subsidiario.

Al igual que el art. L. 211-1 *C. cons.*, se ha sostenido el carácter autónomo y de aplicación directa del art. 1190 *Code*. Como ya observamos a propósito de la regla de consumo, se pone énfasis en la función que cumpliría: ya no para despejar una ambigüedad insuperable en el proceso de búsqueda de la intención común, sino para derechamente proteger al adherente o incluso para castigar a la parte que no redactó con mayor claridad[981]. En este sentido, se ha afirmado además que esta disposición no tiene como presupuesto una búsqueda de una intención común de los contratantes, que no tiene cabida en este tipo de contratos, pues "la adhesión no es intención". Ello haría automáticamente inaplicable todas las demás reglas de interpretación del *Code*[982]. Esto nos parece bastante radical, sobre todo considerando la formulación del art. 1190, que es-

---

[980]   ETIENNEY-DE SAINT MARIE (2019) p. 149.
[981]   EPSTEIN (2018) p. 173.
[982]   ETIENNEY-DE SAINT MARIE (2019) p. 150.

tablece como presupuesto de su procedencia *"Dans le doute"*, es decir, en caso de duda insuperable en el proceso de interpretación[983], proceso en que se desenvolverán los distintos dispositivos interpretativos que consagra el *Code* para resolver la duda en el sentido del contrato, lo que hará que deba juzgarse caso a caso la aplicación de las demás reglas, incluida, por ejemplo, aquella que impone la "razonabilidad" en el proceso, en el caso del art. 1188 inc. 2[984], tal como procede en el caso del art. L. 211-1 *C. cons.* Es necesario, por cierto, considerar las particularidades del contrato de adhesión y su interpretación objetiva, como pudimos ver a propósito del caso alemán.

7.4 Balance de la reforma

Finalmente, por muy amplia que haya sido la noción de contrato de adhesión que se estableció en el *Code*, ésta adolece de múltiples vacíos que pueden hacer difícil su aplicación como puerta de entrada al art. 1190. La necesidad de que el tribunal compruebe previamente si la cláusula objeto de interpretación es un contrato de adhesión o un contrato libremente discutido, rigidiza innecesariamente el análisis a un solo tipo contractual. Como acertadamente señala Witz, aludiendo a diversos instrumentos de armonización contractual que establecen una solución distinta: "no es necesario determinar de antemano si el contrato que contiene la cláusula controvertida es un contrato de adhesión o no. El intérprete se centrará desde el principio en las circunstancias que rodean la adopción de la cláusula su-

---

[983] En este sentido, señala Lachièze (2020) p. 215, que la regla "sólo se aplica si la voluntad de las partes no pudo ser detectada".

[984] Art. 1188 inc. 2°: *Lorsque cette intention ne peut être décelée, le contrat s'interprète selon le sens que lui donnerait une **personne raisonnable** placée dans la même situation* [Cuando dicha intención no puede ser descubierta, el contrato se interpretará según el sentido que le daría una persona razonable puesta en la misma situación].

jeta a interpretación"[985]. Por tanto, más que en clasificaciones contractuales que debiesen permanecer en el ámbito doctrinal o ser orientativas, que circunscriben la aplicación de la regla a ciertos ámbitos, la lección que puede obtenerse es que son las circunstancias del contrato las que debieran hacer aplicables o no las distintas reglas hermenéuticas.

Como se ha visto a lo largo de este acápite, el erróneo entendimiento del antiguo art. 1162 *Code,* sin tener en cuenta su historia dogmática ni la exploración que hicieron los primeros comentaristas de esta codificación, hizo que frecuentemente se interpretaran sus palabras como "acreedor" y "deudor". Ello trajo problemas que desembocaron en la reciente reforma, que en esta parte aparece como innecesaria y, más aún, poco conveniente para los adherentes. Quedará observar si la práctica futura desmiente estas predicciones.

IV. LA REGLA *CONTRA PROFERENTEM* EN EL DERECHO INGLÉS

1. Introducción

Habiendo iniciado el tratamiento de esta familia jurídica en el capítulo anterior, desde una perspectiva histórica[986], corresponde examinar el desarrollo posterior de la regla en estudio para constatar un estado de cosas actual. Como se verá, pese a pronósticos que de tanto en tanto vaticinaron su desaparición, esta continuó sobreviviendo, adaptándose a los diferentes desafíos experimentados por este ordenamiento, si bien en forma cada vez más restringida. La búsqueda de los principales

---

[985]   Witz (2015) p. 2021.
[986]   Véase *supra* Cap. 1, IV.

desarrollos conceptuales en cuanto a su fundamento y función no será del todo infértil, proporcionando varias ideas aplicables al análisis del capítulo final.

En los albores del siglo XIX, el derecho inglés se dividía en derecho estatutario, que incluía la legislación aprobada por el Parlamento, y el *common law,* que abarcaba el derecho consuetudinario hecho por los jueces. Éste último se podía localizar en los Anuarios (*yearbooks*) (1263-1535) o en su versión más moderna, los *Law Reports,* que desde mediados del siglo XVI y hasta 1865 eran obra de particulares, realizados en diversas ediciones y de distintas calidades, en una dispersión que hacía a los abogados tener que consultar en literatura secundaria. Sin perjuicio de diversos intentos de codificaciones que no prosperaron, los expertos legales ingleses lograron sistematizar principios, hicieron listas de precedentes y prepararon índices, a menudo utilizando elementos del derecho romano, o como veremos, continental. Una de las bases eran los tratados escritos por juristas, jueces y profesores universitarios[987], como la obra de Blackstone que ya fue analizada[988].

De todas formas, como ha dicho Atiyah, si bien se han hecho grandes esfuerzos en trazar un mapa del derecho privado en los últimos 150 años, siendo el derecho de contratos el área mejor estructurada dentro de éste, aún hay mucho que hacer para darle suficiente coherencia y consistencia a instituciones diversas y en ocasiones tomadas desde el *civil law*[989]. De esta dispersión e inconsistencia dará cuenta este apartado.

Debe tenerse presente, por tanto, que estamos frente a un panorama de fuentes diverso a los ordenamientos alemán y

---

[987] HERZOG (2018) pp. 300-303, en una apretada pero compendiosa síntesis, mencionando los fallidos esfuerzos codificadores ingleses.

[988] Sobre la cual, respecto a la regla, *supra,* Cap. 1, IV, 2.

[989] SMITH (2005) pp. 21-22.

francés, en que es nítida la separación entre derecho legislado y jurisprudencia no vinculante. De esta forma, habrá que analizar las principales tendencias del *case law* y cuando corresponda, la legislación, que en nuestra materia es relevante.

2. *Contra proferentem* y el surgimiento del "modelo clásico de contrato"

Para evaluar la situación más reciente de la regla cabe remontarse al siglo XIX y los primeros compases de una teoría general del contrato. Antes de 1800 prácticamente no existía un pensamiento sistemático sobre el derecho inglés de obligaciones, discutiéndose en términos de los remedios (*remedies*) para exigir su cumplimiento. A fines del siglo XIX, sin embargo, los juristas ingleses comenzaron a buscar principios subyacentes que explicaran los diferentes aspectos de esta parcela del derecho: contratos, responsabilidad civil (*torts*) y enriquecimiento injustificado (*unjust enrichment*)[990].

Así, es una época marcada por el surgimiento del "modelo clásico del contrato" en que se destaca la llamada teoría de la voluntad (*will/consensus theory*), donde el consentimiento mutuo de las partes asume protagonismo en la construcción de una teoría general del contrato, que con todo se encontraba latente en el *common law*[991].

Si bien fue una evolución que responde a diversas tendencias, aparece como relevante para nosotros las nuevas direc-

---

[990] Lobban (2018) p. 1025-1026, Gordley (1991) p. 134, Hay acuerdo, dice Swain (2015) p. 173, en que el derecho contractual experimentó una "revolución significativa" en las décadas alrededor del 1800.

[991] Ibbetson (1999) p. 220, Lobban (2018) p. 1031. En materia de interpretación contractual, McCunn (2018) p. 144, afirma la tendencia de las cortes a identificar y enfatizar la intención de los contratantes, por lo menos desde el siglo XVI.

ciones de la literatura jurídica, donde puede destacarse la influencia de autores continentales como Pothier[992] o la obra del archidiácono de Carlisle, William Paley (1743-1805), que incluyeron discusiones de ideas elementales sobre contratación hace tiempo ausentes del *common law,* siendo las semillas de las instituciones de oferta y aceptación, error (*mistake*), imposibilidad en el cumplimiento (*frustration*) y daños[993]. En este sentido, los comentarios a la traducción del *Traité* de Pothier en esta materia realizados por Evans indican:

> As every contract derives its effect from the intention of the parties, that intention, as expressed or inferred, must be the ground and principle of every decision respecting its operation and extent, and the grand object of consideration in every question with regard to its construction [Como todo contrato deriva su efecto de la intención de las partes, esa intención, expresada o inferida, debe ser el fundamento y el principio de toda decisión relativa a su funcionamiento y alcance, y el gran objeto de consideración en toda cuestión relativa a su interpretación][994].

En este contexto de aparente primacía de la intención sería difícil encajar la regla *contra proferentem,* que en los escritos del mismo Pothier aparece como esencialmente subsidiaria, como ya examinamos. No obstante, la regla continuó teniendo valor, por dos razones. Por una parte, en realidad la búsqueda de la intención de los contratantes era una manera formal de identi-

---

[992] Que fue citado en las cortes en más de 400 ocasiones en el siglo XIX y fue lectura recomendada para los estudiantes en los *Inns of Court.* SWAIN (2015) pp. 176-177. Fue el más influyente de los autores continentales que fueron citados en la época, incipiente tradición "internacionalista" que fue abandonada contemporáneamente, señala SIMPSON (1975) p. 256.

[993] BAKER (2019) p. 375, que menciona a Pothier y Paley uno al lado del otro como las fuentes más influyentes de este razonamiento.

[994] EVANS (1826) p. 31.

ficar el proceso interpretativo, pero sustancialmente, como ha dicho Swain, "quedaba enterrada bajo las reglas de interpretación" que eran aplicadas de forma mecánica bajo la excusa de que se estaba buscando dicha voluntad[995].

Por otra parte, pese a que la teoría de la voluntad le proporcionó coherencia al *common law*, constituyó un constructo intelectual que generó diversos problemas al encajar con las instituciones de este sistema, además de colisionar con el carácter altamente práctico y con énfasis en la realidad comercial del derecho inglés, en que esta teoría no consideraría aquellos contratos en que las partes no manifiestan acuerdo en todos y cada uno de sus aspectos[996]. De esta forma, prontamente se adoptaría el llamado "principio objetivo" (*objective principle*), que enfatizó el acuerdo aparente de las partes por sobre sus actuales estados mentales y que fue un salvavidas de la regla *contra proferentem* en este período[997].

Al respecto, Joseph Chitty, en la segunda edición de su tratado de contratos, en las "*rules and principles which govern the* construction *of an agreement*"[998] incorporó las explicaciones de William Paley sobre el modo de interpretar las promesas, que por su influencia cabe tratar en la fuente:

> Where the terms of a promise admit of more senses than one, the promise is to be performed in that sense in which the promiser aprehended at the time that the promisee received it [Cuando los términos de una promesa admiten más de un sentido, la promesa debe cumplirse en el sentido que el promitente aprehendió al momento en que el destinatario de la promesa lo recibió]

---

[995] Swain (2015) pp. 191-192.
[996] Ibbetson (1999) p. 221, Swain (2015) p. 191.
[997] McCunn (2019) p. 492.
[998] Chitty (1834) p. 62.

La finalidad de este entendimiento, señala Paley, es evitar que el promitente evada sus obligaciones a través de una ambigüedad en las expresiones utilizadas[999]. El ejemplo que utiliza más adelante permite clarificar la regla:

> *Temures promised the garrison of Sebastia, that, if they would surrender, no blood should be shed. The garrison surrendered; and Temures buried them all alive. Now Temures fulfilled the promise, in one sense, and in the senfe too in which he intended it at the time; but not in the sense in which the garrison of Sebastia actually received it, nor in the sense in which Temures himself knew that the garrison received it; which last sense, according to our rule, was the sense he was in conscience bound to have performed it in*[1000]. [Tamerlán prometió al cuartel de Sivas que, si se rendían, *no habría sangre derramada*. El cuartel se rindió; y Tamerlán los enterró vivos a todos. Ahora, Tamerlán cumplió con la promesa, en un sentido, y en el sentido en que él entendió al tiempo de la promesa; pero no en el sentido en que el cuartel de Sivas lo recibió, ni tampoco en el sentido en que el mismo Tarmelán sabía que el cuartel lo recibió; éste último, de acuerdo a nuestra regla, era el sentido en que estaba en conciencia obligado a cumplir]

Es, por tanto, una regla basada en las expectativas del destinatario de la promesa, sobre la base de la responsabilidad de quien la formula, lo que remite a la regla *contra proferentem*, como sanción al aprovechamiento de ambigüedades creadas. Como señala Phillips, el ejemplo de Paley, como filósofo moral, revela su preocupación no tanto con definir una aproximación general a la interpretación de los contratos, sino con prevenir un comportamiento calculado para engañar[1001]. Y así lo fundamenta Chitty en su explicación de la regla *contra proferentem*, señalando que "Es una regla calculada y pensada para derrotar la ambigüedad estudiada y la expresión engañosamente intrin-

---

[999] PALEY (1785) p. 108.
[1000] PALEY (1785) p. 108.
[1001] PHILLIPS (2008) p. 213, LÜDERITZ (1966) pp. 277-278.

cada, pero se considera una regla de cierta estrictez y rigor, y la última a la que se puede recurrir"[1002].

De esta forma se fue construyendo el llamado principio objetivo, considerando más las expectativas del destinatario de la promesa que las intenciones del promitente[1003], lo que sería un elemento que se iría interconectando con la regla *contra proferentem*. Así se plasmaría en el caso *Smith v Hughes*[1004]. Los hechos son los siguientes: un granjero le ofrece a un entrenador de caballos de carrera determinada cantidad de avena a cierto precio, exhibiéndole una muestra de ella. Al día siguiente, el entrenador le escribe señalando que compraría la avena. Sin embargo, posteriormente se niega a recibirla debido a que la avena era nueva y no vieja, como había pensado y su caballo no podía comerla, por lo que se rehusa a pagar.

En la sentencia, que le da la razón al vendedor, Lord Blackburn, afirmando el principio objetivo señaló que:

> "Si, sea cual sea la intención real de un hombre, se comporta de tal manera que una persona razonable creería que está aceptando los términos propuestos por la otra parte, y esa otra parte, basándose en esa creencia, celebra el contrato con él, el hombre que se comporta así estaría igualmente obligado como si hubiera tenido la intención de aceptar los términos de la otra parte"[1005].

El comportamiento de las partes es definitorio, por cuanto permite concluir un contenido contractual en base al criterio

---

[1002] CHITTY (1834) p. 80. La influencia de la regla formulada por Paley fue aún mayor en Estados Unidos, siendo citado en varios casos, como da cuenta LÜDERITZ (1966) p. 265 y ss.

[1003] McCUNN (2019) p. 492, IBBETSON (1999) p. 221.

[1004] *Smith v Hughes* [1871] LR 6 QB 597. Así lo afirman, por ejemplo, últimamente, FRIEDMANN (2003) p. 71, CHEN-WISHART (2009) p. 345.

[1005] *Smith v Hughes* [1871] LR 6 QB 597, 607.

de la persona razonable "sea cual sea la intención real" (*whatever a man's real intention may be*). En este caso, la función del principio es excluir el error por parte del comprador en el tipo de avena comprada, permitiéndole al vendedor —que tiene fundamentos razonables para asumir que la otra parte consintió en ciertos términos—, confiar en la validez del contrato[1006].

No obstante, pese a no ser suficientemente destacado, el principio aparece más claramente en una decisión previa de Lord Blackburn, *Fowkes v. Manchester and London Assurance*, que trata de la interpretación de cierta exclusión en una póliza de seguros, señalándose que:

> "Hay reglas de interpretación (*construction*) que, aunque pueden ser citadas por ambas partes, proporcionan varios principios para guiarnos; y una de esas reglas es que en todas las escrituras (*deeds*) e instrumentos el lenguaje utilizado por una de las partes debe ser interpretado en el sentido en el que la otra parte lo entendería razonablemente"[1007].

Es importante que a continuación se refiera a la regla *contra proferentem*:

> "Si hay alguna frase ambigua, se aplica otra regla de construcción, que también era conocida en el Derecho Civil: 'Verba chartarum fortius accipiuntur *contra proferentem.*'"

Con todo, la decisión señala que si una de las partes que ofrece (*proffers*) un instrumento usa palabras ambiguas en la esperanza de que la otra parte las entienda en un determinado sentido, diferente al que le daría el tribunal en su interpretación, se aplicarán las reglas precedentemente enunciadas "debiendo interpretarse las palabras en el sentido en que un

---

[1006] FRIEDMANN (2003) p. 72.
[1007] *Fowkes v. Manchester and London Assurance* [1863] 122 ER 343, 347.

hombre prudente y razonable en la contraparte las hubiera entendido"[1008].

En el caso, se interpreta la póliza —como es habitual—, contra la compañía aseguradora, pero pareciera preponderar la interpretación que una persona razonable en el lugar de las partes le hubiera dado al acuerdo. Todas las reglas de interpretación son más o menos una directa aplicación de esta regla de razonabilidad, señala Pollock, refiriéndose a esta sentencia, que considera más acertada que la solución de Paley, que "le da al destinatario de la promesa *either too much or too little*"[1009] y luego indicando que la regla *contra proferentem,* si bien parece razonable y es en esencia clásica (citando aquí el fragmento romano *veteribus*), solo puede utilizarse para inclinar la balanza cuando hay una real duda, no para forzar un entendimiento distinto del sentido natural de las palabras cuando éste puede desprenderse de ellas[1010]. Misma limitación de entrada le había asignado Broom, al señalar que es una regla general que las palabras en una escritura se interpretan más fuertemente *contra proferentem,* teniendo en cuenta la intención aparente de las partes tal y como se desprenden de todo el contexto del instrumento[1011]. Como veremos, esta limitación será una constante incluso en el entendimiento contemporáneo de nuestro principio.

Estas dudas se harán patentes en una sentencia que manifiesta un fuerte rechazo a la regla en estudio. Se trata de *Taylor v Corporation of St. Helens,* en que el propietario *Taylor* concedió (mediante *grant*) a la compañía de *St. Helens* todos los cursos de agua, presas y embalses en ciertas tierras suyas, conservando la facultad de utilizar las aguas residuales o de

---

[1008] *Fowkes v. Manchester and London Assurance* [1863] 122 ER 343, 347.
[1009] POLLOCK (1889) p. 235.
[1010] POLLOCK (1889) p. 245.
[1011] BROOM (1845) p. 129.

desbordamiento de la compañía, por el pago de una renta anual. En un punto del curso subterráneo del agua existía una contracción del canal que, después de fuertes lluvias, hacía retroceder el agua y causaba un considerable desbordamiento por encima de una presa, del que el propietario concedente se benefició durante muchos años. Ante ello, la compañía procedió a eliminar esa obstrucción para que la totalidad del agua que entraba en el cauce durante las lluvias intensas corriera hacia su embalse. Se trataba de interpretar la escritura de *grant* para determinar si la compañía tenía derecho a realizar dichas obras de modificación del curso de agua concedido.

Al respecto, Lord Jessel mantiene el principio de interpretación objetivo, en la senda que ya hemos indicado:

> "Creo que la verdadera regla de interpretación es determinar el lenguaje del instrumento de acuerdo con su sentido ordinario, dando a los términos técnicos su significado técnico, a menos que encontremos un contexto tal que nos convenza de que las reglas ordinarias de interpretación que se aplicarían a las expresiones originales por sí solas no deben ser aplicadas"[1012].

Luego, ante la argumentación de uno de los abogados de *St. Helens* de que el *grant* debía interpretarse contra el concedente (*Taylor*) debido a la regla *contra proferentem,* afirma la falta de vigencia de esta regla, estimando que si bien ésta aparece en muchos manuales y antiguas sentencias:

> "No veo cómo, de acuerdo con las reglas ahora establecidas de interpretación establecidas por la *House of Lords* [...] esa máxima puede considerarse que tenga alguna fuerza en la actualidad"[1013].

[1012] *Taylor v Corporation of St. Helens* [1877] 6 Ch D 264, 270.
[1013] *Taylor v Corporation of St. Helens* [1877] 6 Ch D 264, 270.

Señalando, finalmente, que, si no es posible averiguar el sentido del instrumento de acuerdo a las reglas ordinarias de interpretación, el documento debe anularse por incerteza. En este caso, sin embargo, termina resolviendo el asunto a favor del concedente del *grant,* resolviendo que la compañía no tenía derecho a alterar el curso de agua en este caso, sin fundar la decisión en reglas de interpretación, sino que examinando el tenor literal de cada palabra del instrumento.

Con todo, fue una decisión criticada. Así, Chitty, en una edición posterior de su tratado, afirmó que las reglas de interpretación que habría establecido la *House of Lords* en las decisiones citadas por Lord Jessel eran todas sobre interpretación de testamentos, por lo que su decisión sería incorrecta, debiendo dársele un "efecto considerable más que uno limitado" a la máxima *contra proferentem*[1014]. En el mismo sentido, la redacción de la *Canadian Law Times* en 1898 manifestó esa misma aprehensión respecto de la diferencia que existe entre reglas para interpretar testamentos y contratos, resaltando la subsidiariedad de la regla *contra proferentem,* que califica como un "saludable principio" ("*wholesome principle*") aplicable cuando luego de utilizar las demás reglas, resultan propiamente dos sentidos ("*properly two meanings*") y que esta máxima está fundada en el interés propio que hace que las personas tengan cuidado de no ir más allá de sus propios intereses en el uso del lenguaje, y en base a la política de que no se debe permitir que un hombre engañe mediante el uso de lenguaje ambiguo[1015], es decir continuando la tradición del *common law* de Coke y Blackstone sobre esta regla[1016].

[1014] Chitty (1904) p. 102.

[1015] Canadian Law Times (1897) p. 171, nota que fue reproducida un mes después en la Michigan Law Journal (1897) p. 213 y ss., de donde la cita McCunn (2019) p. 495.

[1016] Sobre la cual, véase *supra* Cap. 1, IV, 2.

A finales del siglo XIX, la regla *contra proferentem* se había incorporado en el paradigma del derecho contractual basado en la teoría de la voluntad y en el principio objetivo, aunque con detractores que estimaban la suficiencia de las demás reglas de interpretación, además de las dificultades siempre presentes en identificar el *proferens* contra quien debía hacerse la interpretación[1017]. En definitiva, su lugar en esta época, si bien marginal, continúa vivo en ciertos autores y sentencias, pese a no haber sido objeto de ningún *statute,* menos de una codificación general del derecho privado inglés que no llegó a existir.

3. La nueva función de la regla *contra proferentem* ante el surgimiento de la protección del consumidor

De la misma forma que en los derechos francés e inglés, la regla *contra proferentem* obtuvo una segunda vida como herramienta de protección del consumidor. Primeramente, como siempre, la regla se mostró fértil en el ámbito del derecho de seguros: la interpretación contra el asegurador que preparó las condiciones que el asegurado podía entender razonablemente en un sentido favorable para él fue adoptada tácitamente o enfatizada durante más de un siglo[1018]. Así, ya a fines del siglo XVIII, en *Routledge v Burrel,* ante una póliza de seguro contra incendio que exigía altos requisitos para poder obtener la indemnización, el Serjeant Marshall señaló que en el caso del *deed-poll* que contenía la póliza, redactada unilateralmente por la aseguradora:

> "Las palabras son suyas, le obligan únicamente a ella, y deben ser tomadas en su contra y a favor del cesionario. Es especialmente necesario dar esta interpretación a las pólizas de seguro contra incendios, que se suscriben sin examen y sin ninguna

---

[1017] McCunn (2019) p. 495.
[1018] Prausnitz (1939) p. 127.

negociación previa para establecer y ajustar los términos de las mismas, y en las que el Tribunal no favorecerá ninguna restricción que no aparezca de la propia póliza"[1019]

Hay, por tanto, una necesidad de interpretar la póliza de seguros porque éstas se suscriben "sin ninguna negociación previa", reconociendo este elemento fundamental de la contratación predispuesta, que se convierte en terreno privilegiado para la aplicación de nuestra regla.

Enseguida puede citarse el caso de una póliza de seguro de vida, que contenía una cláusula (*proviso*) en caso que "el asegurado muera por sus propias manos" (*the assured should die by his own hands*), ante lo cual la póliza se anulaba. El asegurado se lanzó al río Támesis y se ahogó. El beneficiario de la póliza afirmaba que el fallecido estaba demente y era incapaz de "distinguir el bien del mal" al momento de lanzarse, por lo que no cabía aplicar la cláusula. El juicio se circunscribió a determinar el significado de la misma, ante la cual Lord Coltman decidió, en el mismo sentido de la sentencia anterior, que las palabras de la cláusula son de los aseguradores, introducidas por ellos para su propia exención de responsabilidad, y, por tanto:

"[...] deben ser interpretadas más fuertemente en contra de los que dicen las palabras, y más favorablemente para la otra parte" [1020]

Así, la sentencia considera la responsabilidad por la formulación de la póliza tanto como la exención de responsabilidad contractual. Subyace, además, la consideración de la carga que debe soportar quien formula los términos contractuales en forma ambigua, no pudiendo aprovecharse de dicha ambigüedad:

[1019] *Routledge v Burrel* [1789] 126 ER 148, 149.
[1020] *Borradaile v Hunter* [1843] 134 ER 715, 727.

"En efecto, no es más que justo que, si las palabras son ambiguas, el significado que se pretende expresar, y no la otra parte, sufra por la ambigüedad. De hecho, las palabras 'morir por sus propias manos' son palabras que carecen de certeza y precisión; esas palabras incluyen, si se toman literalmente, muchos casos de muerte por la mano de la parte que se admite que están fuera del significado y la intención de la cláusula, y también excluyen muchos casos que se admite que están claramente dentro de ella"[1021].

Finalmente, destaca el caso *Anderson v Fitzgerald*, también de un seguro de vida, en que se dudaba del significado de una cláusula que anulaba la póliza "si cualquier circunstancia relevante para este seguro no ha sido declarada con veracidad". Ante la respuesta falsa dada a dos preguntas de un extenso cuestionario, sobre la situación de salud de personas relacionadas al asegurado, se preguntaba si estas eran relevantes para el seguro. Lord St. Leonards realizó una larga exposición en que, si bien aseguraba que la decisión en este caso apuntaba a la adecuada interpretación del instrumento, también tenía importantes consecuencias relativas a los seguros de vida en general, tan comunes en este país y de los cuales muchas personas dependen como seguridad para la provisión de sus familias. Las disposiciones de estas pólizas, a menos que hayan sido explicadas en su totalidad a las partes, llevarían a una gran cantidad de personas a suponer que han asegurado a su familia con un seguro de este tipo, pagando una cantidad considerable de sus ingresos, cuando en realidad, desde el comienzo, la

---

[1021] *Borradaile v Hunter* [1843] 134 ER 715, 727. Así, continúa la sentencia, de acuerdo solamente a la letra de la cláusula, toda muerte ocasionada por las manos de la parte entraría en su rango y sería excluida, tanto si la acción del asegurado es acompañada por su intención o por simple infortunio: como la muerte ocasionada por caer sobre una espada o un cuchillo, la descarga de un arma en manos del asegurado o la muerte ocasionada bajo la influencia de un repentino frenesí o delirio.

póliza "no valía ni el papel en el que estaba escrito". Dado que éstas son preparadas por la compañía:

> "[...] si por lo tanto hay alguna ambigüedad en él, debe ser interpretado, según la ley, más fuertemente en contra de la persona que lo preparó"[1022]

También, resaltando las características de los contratantes y las diferencias en la interpretación de la póliza en un párrafo muy interesante:

> "Si se considera que estos contratos se celebran a menudo con hombres de condición humilde, que no pueden sino malentenderlos, es claro que no pueden ser formulados de manera que confundan el juicio de los principales jueces del país, y conduzcan a tan graves diferencias de opinión entre ellos"[1023]

Por tanto, se va construyendo un deber de claridad que frente a su incumplimiento y dadas las circunstancias de las partes —de condición humilde—, autoriza a interpretar el contrato contra quien lo extendió, pues éste debía velar por sus propios intereses[1024].

A medida que la contratación estandarizada se convierte en una realidad cada vez más preponderante, los jueces se volcaron a utilizar la regla *contra proferentem* como forma de proteger a los adherentes a este tipo de contratos.

Como en las demás legislaciones examinadas, cierta manera de utilizar esta regla fue criticada. Así, Kessler afirmó que los

---

[1022]   *Anderson v Fitzgerald* [1853] 10 ER 551, 560.

[1023]   *Anderson v Fitzgerald* [1853] 10 ER 551, 561.

[1024]   En este sentido, en *Etherington and the Lancashire and Yorkshire Accident Insurance Company* [1909] 1 KB 591, 596, en referencia al caso recién referido, Lord Vaughan Williams: "Por lo tanto, opino que en el caso de las pólizas de seguro se aplica firmemente el principio de que el documento debe interpretarse 'contra proferentes'[sic]".

tribunales hicieron grandes esfuerzos para proteger al contratante más débil, pero manteniendo intactas las "reglas elementales" del derecho de contratos, lo que termina produciendo que el derecho aplicable a los contratos estandarizados del *common law* sea altamente contradictorio y confuso, pero que "No cabe duda de que muchos tribunales han demostrado una notable habilidad para llegar a decisiones 'justas' interpretando las cláusulas ambiguas en contra de su autor incluso en casos en los que no había ambigüedad"[1025]. En este sentido, Llewellyn daba cuenta de un conjunto de "técnicas semi-ocultas" para balancear los contratos predispuestos, señalando que los tribunales podían interpretar el lenguaje para que no significara lo que las palabras patentemente trataban de decir[1026].

De esta forma, por ejemplo, es a lo menos dudoso que en un contrato de seguro contra accidentes automovilísticos, la cláusula que excluía los daños ocasionados a "cualquier miembro del hogar del asegurado" se interpretara no como "cualquier miembro del mismo hogar al que pertenecía el asegurado", sino como "cualquier miembro de un hogar del que el asegurado fuera cabeza de familia", para de esta forma no aplicar la exclusión en una situación en que el asegurado tenía 17 años y la parte perjudicada fue su hermana[1027], fundamentando esta situación en la regla *contra proferentem*. O en otro caso, en que el demandante se resbaló en el piso del corredor de un barco de vapor, sufriendo lesiones, pese a existir una cláusula de exención de responsabilidad en el contrato de transporte por "todo riesgo del traslado" (*all risk whatsoever of the passage*), la corte asumió que dicha disposición general se refería al tipo de riesgo y no a sus causas, por lo que los pasajeros no tomaban sobre sí el riesgo de la negligencia de los sirvientes

---

[1025] KESSLER (1943) p. 633.
[1026] LLEWELLYN (1939) p. 702.
[1027] *English v Western* [1940] 2 KB 156, 164 (Lord Branson).

del demandado por no estar explícitamente establecida, interpretando la cláusula en contra de los dueños del barco[1028]. O, en fin, una cláusula de exclusión de un seguro en caso de pérdida por robo o deshonestidad de un cliente o asegurado con respecto a los bienes que le ha confiado (*entrusted*) éste, fue interpretada contra el asegurador, para indemnizar al dueño de una joyería que fue engañado por una clienta para que le entregara un collar de perlas que nunca devolvió, entendiendo que el asegurado no le "confió" (*entrust*) el collar, sino que solo lo "entregó" (*hand over*) y este último verbo era el que debió haber utilizado claramente el contrato[1029].

Las cláusulas de exención (*exception/exemption clauses*) es decir, aquellas que excluyen o limitan, o parecen excluir o limitar, la responsabilidad por incumplimiento contractual o cualquier otra responsabilidad que surja por vía extracontractual, por *bailment* o por ley[1030], se convirtieron en los casos de más frecuente utilización de la regla *contra proferentem,* particularmente en los contratos de adhesión, pero no solo en ellos. A través de los años, los tribunales y los redactores se enfrentaron en una batalla de desgaste: las cortes encontrando defectos en cláusulas de exención ampliamente dispuestas y los redactores formulando cláusulas más precisas y amplias que luego eran perforadas por el ingenio judicial[1031]. El principio que se fue asentando es que si una parte contratante quería excluir su responsabilidad, debía hacerlo con palabras claras e inequívocas[1032]. En este sentido, Lord Macnaghten afirmó que existiendo dos cláusulas perfectamente claras pero cuyo significado es opuesto, "un documen-

---

[1028]   *Beaumont-Thomas v Blue Star Line Ltd* [1939] 1 All ER 174.

[1029]   *Lake v Simmons* [1927] AC 487, 509.

[1030]   Macdonald y Atkins (2018) p. 135.

[1031]   Dworkin (1967) pp. 98-99. Existe una "densidad especialmente alta" de estas decisiones, señala Horler (2012) p. 86.

[1032]   Horler (2012) p. 86.

to ambiguo no es una protección" (*an ambiguous document is no protection*)[1033], lo que luego fue citado y complementado por Lord Scrutton indicando:

> "Ahora me planteo el examen de esa cláusula aplicando el principio repetidamente aplicado por la House of Lords y por este Tribunal: que si una parte desea excluir las consecuencias jurídicas ordinarias que se derivarían del contrato que está celebrando debe hacerlo en términos claros"[1034].

De esta forma, por ejemplo, en una exclusión de la garantía de eficacia de un servicio de tratamiento de podredumbre de madera se resolvió que: "Si la supuesta garantía pretende eliminar o reducir los derechos del cliente según el derecho común, debe interpretarse estrictamente *contra proferentem*"[1035].

La interpretación estricta de las cláusulas de exención se volvió una parte importante de aplicación de la regla *contra proferentem*[1036], como luego examinaremos. Esta era la vía en que los jueces, sin otras herramientas más claras intentaban proteger al adherente de cláusulas perjudiciales a sus intereses, pero mediante ejercicios de "gimnasia lingüística"[1037] o interpretaciones "forzadas y artificiales"[1038], como se ha indicado.

Así, un memorable pasaje de Lord Denning describe esta tendencia:

> "Ante este abuso de poder —de los fuertes contra los débiles— por el uso de la letra pequeña de las condiciones, los jueces hicieron lo que pudieron para ponerle freno. Seguían teniendo

---

[1033] *Elderslie Steamship Co. v Borthwick* [1905] AC 93, 96.

[1034] *Szymonowski & Co. v Beck & Co.* [1923] 1 KB 457, 466.

[1035] *Adams and Others v Richardson & Starling Ltd.* [1969] 1 WLR 1645, 1653.

[1036] Lewison (2021) p. 684.

[1037] McMeel (2017b) p. 280.

[1038] Lewison (2021) p. 676.

ante sí el ídolo de la 'libertad contractual'. Seguían arrodillán-
dose y adorándolo, pero ocultaban bajo sus capas un arma
secreta. La utilizaron para apuñalar al ídolo por la espalda. Esta
arma se llamaba 'la verdadera interpretación del contrato'"[1039].

La interpretación estricta del contrato constituye una aproximación atractiva, pues permite al juez evitar resultados injustos
o altamente irrazonables sin apartarse de las palabras del documento, y sin dirigirse directamente a cuestiones de equidad,
pero existen ocasiones en que la interpretación se vuelve insuficiente[1040]. Los resultados de promover cláusulas realmente más
transparentes que habiliten a decisiones de contratación más au-
tónomas por parte de los consumidores no está garantizado: los
redactores pueden eliminar las ambigüedades, pero aún pueden
continuar siendo inaccesibles, en letra pequeña y ser ininteligibles para el consumidor medio[1041]. Habrá casos en que el sentido
de las palabras del contrato será tan claro, que no cabrá sino atenerse a su "tenor literal", como parece expresarlo una sentencia:

"Puede llegar el momento en que este proceso de 'interpretación' del contrato no pueda continuar. Las palabras son demasiado claras para permitirlo ¿Son entonces impotentes los
tribunales? ¿Deben permitir que la parte aplique su cláusula
irrazonable, incluso cuando sea tan irrazonable, o se aplique
de forma tan irrazonable, que sea desmedida?"[1042]

[1039] *George Mitchell (Chesterhall) Ltd v Finney Lock Seeds Ltd* [1983] 1 All
ER 108, 113, que da cuenta de la historia de la interpretación de las
cláusulas de exención. Si bien en esta sentencia se habla de "*the true
construction of the contract*", utilizaremos los términos "*construction*" e
"*interpretation*" como sinónimos, como hace la mayoría de los tribunales, pese a que los autores tracen, en ocasiones, distinciones entre
ambos. Al respecto, Mitchell (2019) pp. 107-108.

[1040] Waddams (2019) p. 54.

[1041] Willet (1997) p. 225.

[1042] *Gillespie Brothers & Co. Ltd. v Roy Bowles Transport Ltd.* [1973] QB 400,
415-6.

Ante este panorama, se le encomendó a la *Law Comission*[1043] revisar "la conveniencia de prohibir, invalidar o restringir los efectos de las cláusulas de exención o limitación de responsabilidad por negligencia". Un primer informe de dicha comisión (*"First Report"*), en 1969, propuso una serie de reformas a la *Sale of Goods Act* de 1893, como la imposibilidad de excluir enteramente la garantía de posesión pacífica de la cosa comprada o de encontrarse ésta libre de cargas o gravámenes a favor de terceros, así como cuestiones de conformidad de la cosa vendida, limitando la posibilidad de pactar ciertas cláusulas que limiten garantías establecidas por la señalada legislación[1044], lo que fue implementado por la *Supply of Goods (Implied Terms) Act* de 1973. Un segundo informe de la *Law Comission* (*"Second Report"*) concluyó que las cláusulas de exención eran "un problema social grave" (*a serious social evil*) y refiriéndose a la interpretación, señaló que "las facultades de que dispone actualmente el tribunal para hacer frente a dichas cláusulas demuestra que distan mucho de ser adecuadas", por lo que defendió un control más estricto de las mismas basado en un "test de razonabilidad" común a contratos con consumidores y contratos comerciales[1045]. Este informe llevó a la dictación de la *Unfair Contract Terms Act* de 1977 (UCTA), que prohibió ciertas cláusulas de exención y le permitió a los tribunales controlar la razonabilidad (*reasonableness*) de éstas, aun en los contratos con adherentes profesionales[1046].

[1043] Se lee en la página web de esta Comisión: *"The Law Commission is a statutory independent body. We aim: to ensure that the law is as fair, modern, simple and as cost-effective as posible; to conduct research and consultations in order to make systematic recommendations for consideration by Parliament, and to codify the law, eliminate anomalies, repeal obsolete and unnecessary enactments and reduce the number of separate statutes"*.

[1044] LAW COMMISSIONS (1969) pp. 48-51.

[1045] LAW COMMISSIONS (1975) p. 19.

[1046] Las pequeñas empresas aun disponen de esta forma de protección, pero no de la posterior *Consumers Rights Act* (CRA) de 2015. MACDO-

En línea con las legislaciones alemana y francesa que se han revisado, en 1994 se implementó la Directiva 93/13/CEE del Consejo mediante la *Unfair Terms in Consumer Contracts Regulations* de 1994 (UTCCR 1994)[1047], luego sustituida por la ley del mismo nombre de 1999 (UTCCR 1999)[1048]. Estas dos últimas regulaciones consagrarían la regla *contra proferentem* por primera vez de forma legal en el derecho inglés, siguiendo muy de cerca el Art. 5 de la Directiva ya indicada.

La introducción de esta legislación significó un impacto mayor en las actitudes judiciales respecto a la interpretación de cláusulas de exención. Dos decisiones de la *House of Lords* en los 80' limitaron la intervención de los tribunales en este campo[1049]. En *Photo Production Ltd v Securicor Transport Ltd,* se celebró un contrato de prestación de servicios de seguridad, consistentes en la vigilancia de una fábrica mediante cuatro visitas nocturnas. En el contrato, formato impreso redactado por *Securicor,* se pactó una cláusula de exención de responsabilidad por daños ocasionados por trabajadores de la compañía, a menos que dicho acto hubiera sido previsto y susceptible de ser evitado mediante el ejercicio de la debida diligencia por la misma. En una de las rondas nocturnas, un trabajador de *Securicor* encendió una hoguera que terminó incendiando la fábrica. En la resolución, que admite la exención de responsabilidad, Lord Diplock hizo una división respecto a la situación en los contratos con consumidores y entre comerciantes:

NALD y ATKINS (2018) p. 136.

[1047] SI 1994/3159. En una implementación que sigue "casi al pie de la letra" la Directiva. WILLET (1997) p. 229.

[1048] SI 1999/2083, cuyo objeto fue reflejar mejor la redacción de la Directiva, así como para mejorar los mecanismos de aplicación y control. CARTWRIGHT (2019) p. 319. En 2015 se introducirá la *Consumers Rights Act* de 2015 que contiene un norma similar, como se verá, *infra* de este Cap., 5.2.a) ii.

[1049] McMEEL (2017b) p. 280, LEWISON (2021) p. 676.

"Señorías, los *reports* están repletos de casos en los que se han aplicado a las cláusulas de exclusión lo que parecen ser interpretaciones muy forzadas, principalmente en lo que hoy en día se llamarían contratos de consumo y contratos de adhesión. Como ha señalado Lord Wilberforce, cualquier necesidad de este tipo de **distorsión judicial de la lengua inglesa** ha quedado desterrada por el hecho de que el Parlamento haya sometido este tipo de contratos a la Unfair Contract Terms Act de 1977"[1050].

Y en el ámbito de los contratos mercantiles libremente negociados, ampliando la posibilidad de pactar este tipo de cláusulas:

"En los contratos comerciales negociados entre hombres de negocios capaces de velar por sus propios intereses y de decidir cómo los riesgos inherentes a la ejecución de diversos tipos de contratos pueden ser asumidos de la manera más económica (generalmente mediante un seguro), es, en mi opinión, erróneo interpretar de manera forzada las palabras de una cláusula de exclusión que son claras y susceptibles de un solo significado, incluso después de haber tenido en cuenta la presunción a favor de las obligaciones primarias y secundarias implícitas"[1051].

Finalmente, la regla *contra proferentem* es considerada, pero para negar su procedencia debido a la claridad de la cláusula:

"[El contrato] [e]stá redactado en términos contundentes, "Bajo ninguna circunstancia" [...] "cualquier acto perjudicial o incumplimiento por parte de cualquier trabajador". Estas palabras tienen que ser abordadas con la ayuda de las reglas cardinales de construcción que deben ser leídas *contra proferentem* y que para escapar de las consecuencias de la propia infracción, o de la de su trabajador, son necesarias palabras claras. Creo que estas palabras son claras"[1052].

[1050] *Photo Production Ltd v Securicor Transport Ltd* [1980] AC 827, 851. Ennegrecido añadido.

[1051] *Photo Production Ltd v Securicor Transport Ltd* [1980] AC 827, 851 (Lord Wilberforce).

[1052] *Photo Production Ltd v Securicor Transport Ltd* [1980] AC 827, 845 (Lord Wilberforce).

La otra sentencia de este elenco, *Ailsa Craig Fishing Co. Ltd. v Malvern Fishing Co. Ltd.* también a propósito de un contrato de prestación de servicios de vigilancia, en este caso de unos botes, en que también estaba involucrada la empresa *Securicor,* permitió la limitación de responsabilidad de la empresa de seguridad (hasta £1,000) ante la colisión con otra embarcación, lo que produjo la pérdida total del bote cuya vigilancia se contrató. La redacción clara de la cláusula fue decisiva en la decisión. Con todo, la regla *contra proferentem* vuelve a ser reafirmada por Lord Wilberforce:

> "La eficacia de una cláusula de limitación de la responsabilidad es una cuestión de interpretación de dicha cláusula en el contexto del contrato en su conjunto. Si se trata de excluir la responsabilidad por negligencia, debe estar expresada con la mayor claridad y sin ambigüedades, y en un contrato como éste, debe interpretarse *contra proferentem*. No creo que haya ninguna duda al respecto"[1053].

De esta forma, parece poder apreciarse una doble función de la regla *contra proferentem* hasta este punto del recorrido, como se resume en el célebre tratado de Chitty: primero, la ambigüedad de las palabras de un documento escrito deben ser interpretadas contra aquella parte que lo redactó (el *proferens*) y que ahora busca apoyar una pretensión en esa ambigüedad; segundo, dado que la parte que pretende invocar una cláusula de exención tiene la carga de probar que el caso entra dentro de sus disposiciones, cualquier duda o ambigüedad se resolverá en su contra y a favor de la otra parte[1054]. Se ha señalado incluso que serían dos reglas distintas y separadas, con

---

[1053] *Ailsa Craig Fishing Co. Ltd. v Malvern Fishing Co. Ltd. and Another* [1983] 1 WLR 964, 966.

[1054] Beale (2021) nm. 17-012. También Peel (2007) p. 53, McMeel (2017b) p. 313. En este sentido, también, *Youell v Bland Welch & Co Ltd* [1992] 2 Lloyd's Rep 127, 134 y *Pera Shipping Corp. v Petroship SA* [1984] 2 Lloyd's Rep 363, 365.

un origen histórico común[1055], pero la trayectoria indica que siempre vuelven a encontrarse y que la distinción hecha por los tribunales parece un tanto artificial.

Así, aun en contratos entre comerciantes, la regla aparece, aunque sea para ser descartada, pues es invocada por los litigantes en forma habitual para lograr una resolución favorable a sus intereses. En *Tam Wing Chuen v Bank of Credit and Commerce Hong Kong*, un caso frecuentemente citado por los tratados al hablar de nuestra regla[1056], la empresa *Skai Import-Export Ltd* solicitó una línea de crédito al *Bank of Credit and Commerce Hong Kong*, garantizada por un depósito previo en divisas realizados en el banco por el Sr. Tam Wing Chuen (director y accionista de la empresa). Sin embargo, el banco cayó en insolvencia, solicitándose su liquidación. El depositante solicita que se le compense la diferencia entre el importe del depósito efectuado y la suma del endeudamiento pendiente de la empresa, pues ello emanaría del contrato de financiamiento. El banco señaló que, en virtud del mismo, el depositante no asumió ninguna responsabilidad personal, sino que se limitó a realizar los depósitos como garantía de cumplimiento de la empresa. Lord Mustill rechaza la apelación, señalando que en las cláusulas del contrato entre el banco y el depositante no hay ambigüedad y decidiendo que:

> "...el fundamento del principio *contra proferentem* es que se puede asumir que la persona que propone la redacción de un acuerdo ha velado por sus propios intereses, de modo que si las palabras dejan lugar a dudas sobre si se pretende obtener un beneficio determinado, hay razones para suponer que no es así"[1057].

[1055] Así, McCunn (2019) p. 484, que luego vuelve sobre el desarrollo de las dos reglas.

[1056] Así, en *Anson's*: Beatson, Burrows y Cartwright (2020) p. 182 o *Chitty*: Beale (2021) nm. 15-110.

[1057] *Tam Wing Chuen v Bank of Credit & Commerce Hong Kong Ltd.* [1996] BCC 388, 394.

En este sentido, el hecho de que probablemente le interesara al banco protegerse haciendo responsable personalmente a cualquiera que estuviera dispuesto a asumir dicha responsabilidad, y no lo hizo en forma expresa, revela que tanto el banco como el depositante no tenían esa intención, como señala Lord Mustill.

4. La regla frente a la "aproximación moderna a la interpretación contractual"

4.1 La aproximación "moderna" a la interpretación contractual en el derecho inglés

La teoría objetiva del contrato ha permeado la práctica interpretativa del derecho inglés, al nivel que como ha dicho un autor, ésta "reina en el derecho contractual del *common law*"[1058]. De esta forma lo resaltan con frecuencia las obras referidas al tema, señalando que "Todo el derecho contractual gira en torno a la idea de que, por lo general, la intención debe determinarse objetivamente"[1059], "el enfoque objetivo es un sello distintivo de la tradición angloamericana de derecho privado"[1060], "La inter-

---

[1058]   Catterwell (2020) p. 99.

[1059]   Carter (2013) nm. 2-18.

[1060]   McMeel (2017b) p. 127, en el mismo sentido, Calnan (2017) p. 14. Una sentencia estadounidense es muy ilustrativa cuando señala: "Un contrato no tiene, estrictamente hablando, nada que ver con la intención personal, o individual, de las partes […] si se probara por veinte obispos que cualquiera de las partes, al utilizar las palabras, pretendía algo distinto al significado habitual que la ley les impone, seguiría siendo responsable, a menos que hubiera un error mutuo u otra cosa por el estilo". *Hotchkiss v National Bank of New York* (1911) 200 F 287, 293.

pretación del contrato es un ejercicio objetivo"[1061], que "el significado es determinado 'objetivamente', o sea, en base a cómo el contrato hubiera sido entendido por un lector razonable"[1062], que se atiende "al significado objetivo y ordinario de las palabras empleadas en el documento"[1063] o que "en todos los casos la finalidad primordial del tribunal es dar efecto a la intención de las partes, objetivamente determinada, tal como se refleja en los términos de su contrato"[1064].

En el mismo sentido se han pronunciado los tribunales, como ya lo hemos visto desde antiguo en *Smith v Hughes*[1065]. Pueden añadirse también las palabras de Lord Wilberforce en *Reardon Smith Line Ltd. v Yngvar Hansen-Tangen*:

> "Cuando se habla de la intención de las partes del contrato, se habla de forma objetiva —las partes no pueden dar pruebas directas de cuál era su intención— y lo que debe determinarse es lo que debe tomarse como la intención que habrían tenido personas razonables si se hubieran puesto en la situación de las partes"[1066].

Y en similar sentido, las de Lord Steyn en *Deutsche Genossenschaftsbank v Burnhope*:

> "Es cierto que la finalidad de la interpretación de un contrato es hacer efectiva la intención de las partes. Pero nuestro derecho de interpretación se basa en una teoría objetiva. La metodología no consiste en investigar las intenciones reales de las partes, sino en determinar el significado contextual del

---

[1061] LEWISON (2021) p. 33.

[1062] SMITH (2005) p. 149.

[1063] CARTWRIGHT (2019) p. 291.

[1064] BEALE (2021) nm. 15-049.

[1065] *Smith v Hughes* [1871] LR 6 QB 597.

[1066] *Reardon Smith Line Ltd. v Yngvar Hansen-Tangen* [1976] 1 WLR 989, 996.

FRANCISCO RUBIO VARAS

lenguaje contractual relevante. La intención se determina por
referencia a la intención expresada y no a la real"[1067].

De esta forma, puede apreciarse de que la intención de los
contratantes sigue siendo un concepto necesario e incluso el
horizonte hacia el cual se dirige la tarea interpretativa. El matiz está en la determinación de esa voluntad, resaltándose que
es una tarea objetiva. Es sobre ese proceso donde se aprecian
los matices: cómo se llega al significado objetivo, o "¿hasta qué
punto depende simplemente de las palabras del documento o
del contexto en que se utilizaron?"[1068].

Para contestar a esta pregunta resulta útil analizar dos de
los *leading cases* más actuales que conforman la llamada "aproximación moderna" del derecho inglés a esta materia: *Prenn
v Simmonds* e *Investors Compensation Scheme Ltd v West Bromwich
Building Society*[1069].

La idea de que las circunstancias que rodean al contrato pueden ser relevantes para comprender el significado de
su lenguaje tiene raíces profundas en la historia del *common
law*[1070]. Sin embargo, las declaraciones modernas más autorizadas sobre el tema se le deben a Lord Wilberforce[1071].

[1067] *Deutsche Genossenschaftsbank v Burnhope* [1995] 1 WLR 1580, 1587.
Este ha sido uno de los elementos que se destaca para afirmar que
la interpretación contractual en el *Common law* es "objetiva" con respecto a los sistemas continentales en que sería "subjetiva". En este
sentido, KÖTZ (2018) p. 914, pero esto es una caricatura que ignora
varios matices de cada sistema. Así, BAAIJ, CABRELLI y MACGREGOR
(2020a) p. 10, sobre lo cual volveremos.

[1068] PEEL (2020) nm. 6-042.

[1069] En este sentido, CATTERWELL (2020) p. 111, que habla de "*semi-
nal interpretation cases*". Se encuentran dentro de las doce sentencias
"significativas" que recoge MCMEEL (2017b) p. 77.

[1070] McCUNN (2018) p. 142, en detalle sobre este tópico.

[1071] Así, Lord SUMPTION (2017) p. 303.

Una de ellas es la de *Prenn v Simmonds,* caso ampliamente citado[1072]. Prenn adquirió el control del grupo empresarial RTT Ltd. Simmonds era un empleado de una de las empresas subsidiarias de dicha compañía, Airmec Ltd. Junto con la adquisición de RTT Ltd, Prenn acordó otorgarle una opción de venta de acciones a Simmonds, condicionada a que las ganancias de "RTT Ltd", en determinado plazo, excedieran un mínimo estipulado (en la cláusula 2(b) del contrato). Si bien considerando las ganancias de su subsidiaria, Airmec, el grupo RTT Ltd había alcanzado el mínimo pactado, si se consideraba únicamente los beneficios de RTT, la condición no se había cumplido. De esta forma, la pregunta era "¿qué ganancias son las contempladas por la cláusula 2(b)? ¿Aquellas del grupo RTT, incluyendo Airmec, o solamente las ganancias separadas que ha alcanzado RTT como grupo empresarial?"[1073]. Prenn estimaba que no se había cumplido con la condición apelando a la literalidad del contrato, que en sus definiciones establecía que "RTT Ltd" se refería al grupo empresarial separado de Airmec. Simmonds recurrió a diversas razones del contexto y circunstancias del contrato, como que la abreviatura "RTT Ltd" había sido utilizado en otra cláusula para referirse al grupo considerando Airmec, que la cláusula se había pactado como incentivo para que él generara ganancias para el grupo, que la costumbre contable así lo indicaba y en definitiva, que el "propósito mercantil" se frustraría de mediar la interpretación contraria.

[1072] McMeel (2017b) p. 78. Junto a *Reardon Smith Line Ltd v Yngvar HansenTangen* [1976] 1 WLR 989, son las primeras piedras de la aproximación moderna a la interpretación, señala Lewison (2021) p. 178. El mismo Lord Hoffmann, señalaba antes de su *leading case,* que esta sentencia liberó al derecho inglés de las restricciones al uso de los antecedentes (*background*) para interpretar los contratos. Hoffmann (1997) p. 673.

[1073] *Prenn v Simmonds* [1971] 1 WLR 1381, 1385.

Lord Wilberforce acogió esta última interpretación. Para ello, no fue necesario acudir a la amplia prueba que se rindió sobre las negociaciones previas de las partes, las que en definitiva fueron descartadas por ser "de poca ayuda" a aclarar la intención[1074]. Las consideraciones del contexto del contrato, refiriéndose a un pasado literalista, son las de mayor interés:

> "Para entender el contrato [...] hay que situarlo en su contexto. Hace tiempo que pasó la época en la que los acuerdos [...] se aislaban de la matriz de hechos en la que se enmarcaban y se interpretaban exclusivamente por consideraciones lingüísticas internas [...]. Debemos [...] indagar más allá del lenguaje y ver cuáles fueron las circunstancias con referencia a las cuales se usaron las palabras, y el objeto, que se desprende de esas circunstancias, que la persona que las usó tenía en mente"[1075].

Como se ve, la determinación de la intención pasa por considerar, además del texto del contrato, las circunstancias en que fue celebrado, derivado de la "matriz de los hechos" (*matrix of fact*), concepto sobre el cual se volverá en la siguiente decisión.

Por su parte, *Investors Compensation Scheme Ltd v West Bromwich Building Society*[1076] es destacado por constituir la reformulación (*restatement*) más reciente sobre la interpretación contractual

---

[1074]　*Prenn v Simmonds* [1971] 1 WLR 1381, 1388.

[1075]　*Prenn v Simmonds* [1971] 1 WLR 1381, 1383-4. Refiriendo también sentencias antiguas en que así se habría considerado, como *River Wear Commissioners v Adamson* [1877] 2 App Cas 743, 763 y *Macdonald v Longbottom* [1859] 120 ER 1177. Importante también es su referencia al derecho estadounidense, en la sentencia del juez Cardozo cuando refiere que "...la **génesis y el objetivo del acuerdo** pueden guiar correctamente nuestra elección". *Utica City National Bank v Gunn* (1918) 222 NY 204, 208 (ennegrecido añadido). Dos conceptos que Lord Wilberforce hace suyos.

[1076]　*Investors Compensation Scheme Ltd v West Bromwich Building Society* [1998] 1 All ER 98. Los hechos son tomados en parte del análisis de McMeel (2017b) p. 87.

en derecho inglés, constituyendo una guía frecuentemente citada, al menos como punto de partida de las decisiones[1077]. En el caso, un gran número de inversores de edad avanzada fueron persuadidos para contratar un *"home income plan"* con unos asesores financieros independientes, que luego se declararían insolventes. Estos planes consistían en rehipotecar sus viviendas e invertir los ingresos recibidos en acciones o bonos. Sin embargo, las ganancias de las inversiones no eran suficientes para proporcionar ingresos y cumplir con las obligaciones garantizadas por la hipoteca. En consecuencia, los inversores reclamaban una indemnización de los asesores financieros, además de la rescisión[1078] de las hipotecas concedidas por la sociedad de crédito hipotecario *West Bromwich* (WBBS). El *Investors Compensation Scheme* (ICS), establecido por ley para proporcionar una red de seguridad a las víctimas de mal asesoramiento en materia de inversiones, acordó indemnizar a los inversores a cambio

---

[1077] La base de datos *Westlaw Edge UK* indica que la decisión en *Investors* ha sido citada 1.454 veces, desde su pronunciamiento hasta el 24 de junio de 2022. Es la *leading guide* en materia de interpretación de contratos por escrito, señala DAVIES (2015) p. 215. Incluso, se ha señalado que el interés académico por dicha materia ha crecido exponencialmente desde esta decisión, MITCHELL (2019) p. 1. En *Alebrahim v BM Design London Ltd* [2022] EWCA Civ 183, párr. 22 (Lord Coulson), si bien se citan los tres últimos casos de la Corte Suprema como aquellos que contienen en forma exhaustiva los principios de interpretación, se indica que en ellos se refiere la autoridad de *Investors,* entre otros. En *Triple Point Technology, Inc v PTT Public Company Ltd* [2021] UKSC 29, párr. 107, se reconoce la importancia de *Investors* como una segunda gran fuerza —junto a *Photo Production Ltd v Securicor Transport Ltd,* examinado— que ha contribuido a cambiar la aproximación a la interpretación de las cláusulas de exención.

[1078] En la sentencia, *"rescission"*, concepto que implica un mecanismo amplio de ineficacia contractual, como en el derecho chileno. Sobre el particular, véase WALKER SILVA (2019) p. 211, en especial nota 786 por su referencia al derecho inglés.

de la cesión de sus acciones contra los asesores financieros y otros. El documento controvertido en su interpretación, donde se efectuaba esta cesión, fue el formulario de reclamación, por el cual se excluía la cesión de:

> "Cualquier acción (ya sea de rescisión por influencia indebida o de otro tipo) que tenga o pueda tener contra la sociedad de crédito hipotecario *West Bromwich* en la que reclame una reducción de las sumas que de otro modo tendría que devolver a la sociedad".

Sin embargo, luego de esta cesión, los inversores (por sí), y en paralelo, el ICS (como cesionarios de las acciones), demandaron a la WBBS, existiendo dos acciones contrapuestas por los mismos daños. En el libelo interpuesto por ICS, WBBS señaló que en virtud de la cláusula citada era claro que los inversores se reservaron todas las acciones contra WBBS y el ICS no tenía derecho a accionar, interpretando "Cualquier acción..." como "Cualquier acción posible".

La *House of Lords* le dio la razón a ICS respecto a la procedencia de su acción, señalando que "Cualquier acción" debía interpretarse como "Cualquier acción de nulidad...", no teniendo problemas en desplazar las palabras entre paréntesis del formulario de cesión, entendiendo que, en este caso, dado los antecedentes contextuales del contrato, "algo había fallado en el lenguaje"[1079]. Al entregar la opinión mayoritaria, Lord Hoffmann se refiere previamente a "ciertas observaciones generales sobre los principios de interpretación de los documentos contractuales en la actualidad"[1080], señalando que el "cambio fundamental que ha experimentado esta área del

---

[1079] *Investors Compensation Scheme Ltd v West Bromwich Building Society* [1998] 1 All ER 98, 115.

[1080] *Investors Compensation Scheme Ltd v West Bromwich Building Society* [1998] 1 All ER 98, 114.

derecho" no ha sido suficientemente apreciado, refiriéndose a las opiniones de Lord Wilberforce, en *Prenn v Simmonds,* recién citada, además de otras de sus opiniones que profundizan dicha línea.

Para Lord Hoffmann, es preciso "asimilar el modo en que los jueces interpretan estos documentos a los principios de sentido común por cuales cualquier expresión seria interpretada en la vida corriente"[1081], de modo que "Casi todo el antiguo bagaje intelectual de la interpretación 'jurídica' ha sido descartado"[1082]. Luego, enuncia sus "principios", que vale la pena transcribir por su relevancia en el entorno inglés:

> "1. La interpretación consiste en determinar el significado que tiene el documento para una persona razonable, teniendo en cuenta todos los antecedentes que razonablemente estuvieron a su alcance en el momento de celebración del contrato.
>
> 2. Los antecedentes del contrato fueron denominados por Lord Wilberforce como la "matriz o base fáctica", pero esta frase es, si acaso, una descripción simplificada de lo que este ámbito puede albergar. Sin perjuicio de que tales hechos deben ser conocidos por las partes y de la excepción que se mencionará a continuación, la 'base fáctica' encierra absolutamente todas

---

[1081] *Investors Compensation Scheme Ltd v West Bromwich Building Society* [1998] 1 All ER 98, 114. Idea en la que ha insistido extrajudicialmente, apelando en ocasiones a la filosofía del lenguaje, HOFFMANN (1997) p. 657, señalando que las obras sobre interpretación jurídica son "...un síntoma de algo que los legos encuentran desconcertante, e incluso ligeramente repelente en los abogados, a saber, su pretensión de utilizar el lenguaje de una manera especial que sólo otros abogados pueden entender"; o en HOFFMANN (2018) p. 553, donde trata a las reglas propiamente jurídicas de interpretación como "irracionales", "productoras de injusticias" "incoherentes" y "equivocadas".

[1082] *Investors Compensation Scheme Ltd v West Bromwich Building Society* [1998] 1 All ER 98, 114.

las circunstancias que influyen a un hombre razonable a la hora de comprender la redacción del documento.

3. El Derecho excluye de los antecedentes admisibles las negociaciones previas de las partes y sus respectivas intenciones. Sólo son admisibles en una acción de rectificación (*rectification*). El Derecho hace esta distinción por razones prácticas y, sólo a tales efectos, la interpretación jurídica difiere de la manera en que interpretaríamos las expresiones en la vida ordinaria. En algunos aspectos, los límites de esta excepción no están bien definidos; si bien, no es la ocasión para explorarlos.

4. El significado que un documento (o cualquiera otra expresión) transmitiría a un hombre razonable no es lo mismo que el significado de sus palabras. El significado de las palabras es una cuestión de diccionarios y gramáticas; el significado del documento es lo que las partes que usan esas palabras en unas determinadas circunstancias habrían entendido razonablemente que significaba. El contexto puede no sólo permitirle al hombre razonable elegir entre los posibles significados de palabras ambiguas, sino incluso (como sucede ocasionalmente en la vida ordinaria) concluir que las partes deben, por la razón que sea, haber utilizado las palabras o sintaxis equivocadas [...]

5. La 'regla' de que las palabras deben tener su 'significado natural y ordinario' refleja la proposición del sentido común de que no podemos aceptar fácilmente que las personas hayan cometidos errores lingüísticos, especialmente en los documentos formales. Por otra parte, si se llegara a la conclusión de que algo debe haber salido mal con la redacción, el Derecho no exige que los jueces atribuyan a las partes una intención que claramente no habrían podido tener"[1083].

Con todo, el asunto está en constante evolución, y como señala Mitchell, si las de Lord Hoffmann no fueron las primeras palabras pronunciadas en materia de interpretación, tampo-

---

[1083] *Investors Compensation Scheme Ltd v West Bromwich Building Society* [1998] 1 All ER 98, 114-5. La traducción aquí es de Juan Pablo Murga, en Cartwright (2019) pp. 292-293.

co fueron las últimas[1084]. En este sentido, pueden apreciarse a grandes rasgos dos visiones sobre los límites y presupuestos de la interpretación contractual en el derecho inglés: una aproximación más expansiva, denominada en ocasiones "contextualismo" o "intencionalismo" y otra más restrictiva denominada "literalismo"[1085]. Si el *restatement* de Lord Hoffmann había significado un alejamiento de la concepción literalista, recientes sentencias de la Corte Suprema han tendido a restringir la aproximación a la interpretación, recuperando la regla del sentido natural de las palabras (*plain meaning rule*) y disminuyendo la importancia del llamado sentido común mercantil (*commercial common sense*) como parámetros de interpretación[1086].

Así, en *Arnold v Britton,* se trataba de la interpretación de una cláusula de ciertos contratos de arrendamiento de viviendas de vacaciones, por la cual se establecía un recargo en la renta "como parte proporcional de los gastos y desembolsos realizados por los arrendadores para la reparación, mantenimiento y renovación de las instalaciones" de £90 por año, incrementándose 10% por cada anualidad. Mientras los arrendadores señalaban que el recargo debía calcularse mediante la fórmula fija de £90 con un interés compuesto de 10% por cada año de arrendamiento, los arrendatarios estimaban que dicha cantidad era absurda, llegando al año 2072 a £1 millón, debiendo calcularse entonces "como parte proporcional de los gastos y desembolsos" de reparación, lo que implicaba establecer un límite.

La mayoría de la Corte Suprema estimó que la interpretación del arrendador era la correcta, no existiendo razones su-

---

[1084] MITCHELL (2019) p. 2

[1085] CALNAN (2017) pp. 8-9, MITCHELL (2019) p. 2.

[1086] MITCHELL (2019) p. 2, en detalle sobre esta contraposición, en su capítulo "Auge (¿y caída?) de la interpretación contextual", en p. 30 y ss.

ficientes para "apartarse del sentido natural de la cláusula"[1087] del acuerdo. Lord Neuberger destacó que la interpretación busca identificar la intención de las partes, enfocándose en el significado de las palabras relevantes del contrato en su contexto documental, fáctico y comercial. Y que dicho significado debe evaluarse a la luz de:

> "(i) el sentido natural y ordinario de la cláusula, (ii) cualquier otra disposición pertinente del contrato de arrendamiento, (iii) la finalidad general de la cláusula y del contrato de arrendamiento, (iv) los hechos y circunstancias conocidos o asumidos por las partes en el momento en que se ejecutó el documento, y (v) el sentido común comercial, pero (vi) sin tener en cuenta las pruebas subjetivas de las intenciones de cualquiera de las partes"[1088].

Es decir, se enfatiza el sentido natural del lenguaje como parámetro a considerar de forma primaria en la interpretación. No obstante, no se ignora ni se abandona el contexto: la interpretación de los arrendatarios carecía de base textual y solo podía lograrse a costa de reescribir el contrato[1089]. De esta forma, Lord Neuberger retorna a un test de interpretación en dos fases: si una cláusula tiene un sentido claro (*plain meaning*), la interpretación se termina en esta fase; solo si una cláusula es ambigua, es permisible avanzar a una segunda etapa y considerar el contexto del acuerdo[1090]. Así, la interpretación contractual en derecho inglés permanece en movimiento, yendo desde una noción a otra en forma pendular, como lo ha destacado

---

[1087] *Arnold v Britton* [2015] UKSC 36, párr. 32.

[1088] *Arnold v Britton* [2015] UKSC 36, párr. 15.

[1089] Catterwell (2020) p. 186, Mitchell (2019) p. 66.

[1090] Mitchell (2019) p. 66, lo cual recuerda al artículo 1560 del CCCh bien entendido: solo cuando la intención resulta clara puede desatenderse lo literal de las palabras, como veremos *Infra* Cap. 3, II, 2.

un autor[1091]. Últimamente, en *Wood v Capita Insurance Services Ltd*, Lord Hodge enfatizó que el énfasis en el literalismo o contextualismo depende de las circunstancias de cada contrato en particular, señalando que:

> "El literalismo y el contextualismo no son paradigmas enfrentados en una batalla por la ocupación exclusiva del campo de la interpretación contractual. Más bien, el abogado y el juez, al interpretar cualquier contrato, pueden utilizarlos como herramientas para determinar el significado objetivo del lenguaje que las partes han elegido para expresar su acuerdo. La medida en que cada herramienta ayudará al tribunal en su tarea variará en función de las circunstancias del acuerdo o acuerdos concretos"[1092].

4.2 *"Bagaje intelectual" y "reglas" de interpretación*

En el escenario descrito, ¿qué rol juega la regla *contra proferentem*? El pronunciamiento de Lord Hoffmann en torno a que "Casi todo el antiguo bagaje intelectual de la interpretación 'jurídica' ha sido descartado"[1093], basado en su intención de asimilar las reglas de interpretación contractual a ciertos principios de sentido común aplicables a cualquier "expresión seria" de la vida cotidiana, podía haber sido visto como una sentencia de muerte para todas las reglas que emanaran de la tradición histórica, como precisamente la nuestra. No habría espacio para estos "oscuros dichos en latín"[1094].

Con todo, pareciera que ello no sucedió. Una sentencia muy cercana en el tiempo a *Investors* de hecho indicó que:

[1091] McMEEL (2017a) p. 366.

[1092] *Wood v Capita Insurance Services Ltd* [2017] UKSC 24, párr. 13.

[1093] *Investors Compensation Scheme Ltd v West Bromwich Building Society* [1998] 1 All ER 98, 114.

[1094] McCUNN (2019) p. 500.

"El antiguo equipaje (*baggage*) intelectual ha sido descartado, pero los tribunales no viajan ligeros. Los baúles de cabina han sido sustituidos por maletas de avión; el contenido es prácticamente el mismo, aunque ahora se expresa en términos más modernos. Sigue habiendo reglas..."[1095]

Pese a que luego, en *Bank of Credit and Commerce International SA v Ali* la *House of Lords* afirmara que las "guías de interpretación" que se han identificado en el pasado no son verdaderas reglas, ni deben limitar un enfoque que busque "la realidad comercial o el sentido común", siendo solamente "reflexiones sobre el modo en que se puede esperar que las personas se expresen normalmente":

"Por lo general, la gente dirá lo que quiere decir. Por lo general, si pretenden que su acuerdo cubra lo desconocido o lo imprevisible, dejarán claro que su intención es ampliar el acuerdo para cubrir esos casos. Si un acuerdo pretende reducir las posibles responsabilidades de una de las partes, ésta, si no ambas, se preocupará por asegurar que el escrito cubra claramente dicha reducción"[1096].

De este modo, Lord Clyde habla de *contra proferentem* sin referirse expresamente a este principio, como una "guía de interpretación" más que una regla de derecho, lo cual parece ser refrendado por algunos autores que se refieren a "principios" en esta materia, en la medida que la interpretación contractual sería "un arte más que una ciencia", profundamente ligada al tipo de

---

[1095] *BOC Group plc v Centeon LLC* [1999] 1 All ER (Comm) 970, 979 (Lord Evans). En el mismo sentido, Lord Phillips en *MSC Mediterranean Shipping Company SA v The Owners of the Ship 'Tychy' (No 2)* [2001] EWCA Civ 1198, párr. 29: "Con respeto a Lord Hoffmann, nos inclinamos a pensar que un poco de equipaje de mano intelectual no es mala cosa cuando se aborda la tarea de interpretar un contrato".

[1096] *Bank of Credit and Commerce International SA v Ali* [2002] 1 AC 251, 282 (Lord Clyde).

contrato y su contexto[1097]. En varias sentencias se ha desaconsejado la estricta sumisión a reglas de interpretación[1098], señalándose en general que en esta materia que:

> "Los cánones de interpretación no son más que indicaciones (*pointers*) para determinar el sentido de los contratos por escrito. Ellos no deben ser aplicados servilmente, y donde ellos apuntan a diferentes direcciones, será el tribunal quien seleccionará aquellos que producen un resultado razonable y justo"[1099]

No obstante esta aparente flexibilidad, se ha admitido en forma prácticamente unánime que la interpretación contractual es una cuestión de Derecho, siendo los pronunciamientos de los tribunales superiores autoridades vinculantes según el *stare decisis*[1100]. Un efecto práctico de ello es que los casos de interpretación terminan en las cortes de apelaciones y frecuentemente en la Corte Suprema[1101].

Así, pese a las múltiples dudas que puedan surgir de los pronunciamientos de los principales autores y del *case law,* las reglas, cánones o principios de interpretación aún tienen cabida en este sistema. Es sugerente que el principio *contra proferentem* continuaría siendo citado al lado de la guía de Lord Hoffmann

---

[1097] CALNAN (2017) p. 1, opinando que el objetivo último en esta materia es "deducir lo que las partes quieren lograr a partir de lo que ellas han dicho y hecho". En este sentido, CATTERWELL (2020) p. viii, para quien los principios de interpretación no dan una respuesta definitiva: eso sería pedirles mucho; en cambio, permitirían una evaluación más transparente de los argumentos en disputa.

[1098] Véase McMEEL (2017b) p. 35.

[1099] LEWISON (2021) p. 407. El mismo autor, en p. 221, señala que "un principio de interpretación es una guía más que una regla de Derecho; y en consecuencia solo será aplicado en ausencia de una intención contraria expresada en el contrato".

[1100] LEWISON (2021) p. 236.

[1101] CALNAN (2017) p. 6.

para la "aproximación moderna a la interpretación". Así, por ejemplo, en *Whitecap Leisure Ltd v John H Rundle Ltd*, Lord Moore-Bick:

> "Sin embargo, en caso de incertidumbre sobre la intención de las partes y, por tanto, sobre el significado de la cláusula, dicha incertidumbre se resolverá en contra de la persona que se ampara en la cláusula, y cuanto más significativa sea la desviación de lo que se acepta como obligaciones normalmente asumidas en un contrato del tipo en cuestión, más difícil será persuadir al tribunal de que las partes pretendían ese resultado"[1102]

5. El estado actual de la regla

Pese a la afirmación radical de Lord Hoffmann en torno al descarte del "bagaje intelectual" de la interpretación contractual, pareciera ser que la regla *contra proferentem* continúa en el equipaje de los jueces como una herramienta útil. En este sentido, Peel indica que incluso si el enfoque de interpretación contractual se ha ampliado para tener en cuenta más circunstancias a través de la consideración de los "antecedentes" (*background*) del acuerdo, seguirá habiendo casos en los que no se pueda llegar a una conclusión segura, o a ninguna conclusión, sobre el significado pretendido por las partes, pudiendo entonces resolverse el asunto mediante el recurso a la regla en análisis[1103].

Para finalizar el análisis, teniendo en cuenta la evolución descrita, se revisará la situación actual de su aplicación, especialmente a la luz del *case law* posterior a *Investors*, la doctrina que se ha pronunciado sobre la regla y la positivización de la misma en la *Consumer Rights Act* de 2015 (CRA).

[1102] *Whitecap Leisure Ltd v John H Rundle Ltd* [2008] EWCA Civ 429, párr. 20.
[1103] Peel (2007) p. 57.

5.1 Fundamento

Desde antiguo, como hemos visto, la regla *contra proferentem* ha tenido un enfoque sancionatorio ante la falta de claridad y preventivo de la explotación de ambigüedades creadas, considerando las expectativas del destinatario del contrato[1104]. Como bien se indica en el tratado de Anson's, "Se puede suponer que la parte que presenta la redacción de un acuerdo propuesto ha velado por sus propios intereses, es responsable de las ambigüedades de su propia expresión, y no tiene derecho a inducir a otra parte a celebrar un contrato suponiendo que las palabras significan una cosa, para luego argumentar a favor de una interpretación por la que significarían otra cosa, más ventajosa para ella"[1105]. Así también se ha expresado por los tribunales[1106].

Con todo, algunas sentencias han cifrado el fundamento en la protección de una de las partes, como una herramienta de directriz política (*policy tool*)[1107], lo que puede apreciarse en forma bastante clara en la primera línea jurisprudencial aplicable a las cláusulas de exención o a los contratos de seguro,

---

[1104] Véase *supra*, 2.

[1105] BEATSON, BURROWS y CARTWRIGHT (2020) p. 181. Similarmente, CARTER (2013) nm. 4-44: "Que el redactor no deba beneficiarse de una redacción deficiente suena suficientemente razonable" y TOFARIS (2019) p. 282, "El fundamento es que la parte responsable de la redacción asume el riesgo de cualquier falta de claridad resultante".

[1106] Como se ha visto en *Tam Wing Chuen v Bank of Credit & Commerce Hong Kong Ltd* [1996] BCC 388, 394. Puede citarse también un caso canadiense, que en forma muy gráfica señala: "Quien tiene el lápiz crea la ambigüedad y debe soportar las consecuencias", *Co-operators Life Insurance Co v Gibbens* [2009] 3 SCR 605, 618.

[1107] McCUNN (2019) p. 501, McMEEL (2017b) p. 312. La regla "esencialmente consagra un argumento normativo basado en la equidad". CATTERWELL (2020) p. 73. En general, KAEHLER (2014) p. 653.

como hemos examinado[1108]. En este sentido, en *Association of British Travel Agents Ltd v British Airways Plc and others,* una asociación de agentes de viaje demandaba a un conjunto de aerolíneas por su cambio de criterio en la interpretación de un contrato que los ligaba, que tenía como efecto la reducción de la comisión que las empresas estaban obligadas a pagarles. Lord Sedley afirmó que *contra proferentem* "es un principio no solo de derecho sino de justicia", y que:

> "El rasgo central de las circunstancias que conforman el trasfondo de estos contratos es que son dictados unilateralmente por las compañías aéreas. Aunque la regla *contra proferentem* tiende a aparecer con más frecuencia en los argumentos sobre las cláusulas de exención, su origen y su primera finalidad es limitar el poder de un contratante dominante que puede negociar con otros en sus propias condiciones de 'tómalo o déjalo'"[1109]

En un sentido similar, se ha dicho por una autora que pese a la negativa vociferante del derecho inglés a que se altere el acuerdo estricto de las partes fundamentado en el principio de buena fe, existen muchas técnicas que permiten a los tribunales frenar el interés propio de una parte y exigir que se tengan en cuenta los intereses de la contraparte, siendo un ejemplo de ello la interpretación *contra proferentem*[1110]. Esto es, tendría un fundamento en la buena fe contractual.

[1108] Véase *supra*, 3.

[1109] *Association of British Travel Agents Ltd v British Airways plc* [2000] 2 All ER (Comm) 204, 219. En un sentido similar, *Egan v Static Control Components (Europe) Ltd* [2004] EWCA Civ 392, párr. 37, apelando a "razones de política pública".

[1110] Chen-Wishart (2018) p. 579. Sobre el rechazo del derecho inglés a un deber general de negociar de buena fe, véase Zuloaga (2019) p. 202 y ss.

También, en la línea con lo que ocurre en el derecho alemán, se ha fundamentado la regla en evitar una nulidad por incerteza[1111], remedio contractual que procede en aquellos casos en que el acuerdo "es tan vago o incierto que no se le puede dar un significado definido sin añadir más términos"[1112], es decir, como se ha explicado gráficamente, en esta situación el tribunal estaría haciendo un contrato para las partes, en lugar de tratar de dar efecto a sus intenciones[1113]. La regla en este caso serviría como herramienta de conservación del acuerdo.

Adicionalmente, en materia de interpretación de cláusulas de exención, si bien en su origen tenía como fundamentación la protección de una de las partes, el enfoque contextual también puede explicar su fundamento. Dado que es poco probable que la mayoría de las partes hayan querido renunciar a su derecho a reclamar una indemnización por incumplimiento, al interpretar contextualmente una cláusula de exclusión ambigua, un punto de partida sensato es que un destinatario razonable interpretaría la cláusula de forma restrictiva[1114]. En la última decisión pronunciada por la Corte Suprema inglesa al

---

[1111] CARTER (2013) nm. 4.47. Recordemos que en *Taylor v Corporation of St. Helens* [1877] 6 Ch D 264, 270, que defendió tempranamente la improcedencia de esta regla, se indicaba que la consecuencia de una ambigüedad insuperable era precisamente este tipo de nulidad.

[1112] BEALE (2021) nm. 4.185.

[1113] O'SULLIVAN (2020) p. 74.

[1114] ARVIND (2019) p. 377, TOFARIS (2019) p. 276. En este sentido, Lord Moore-Bick, en *Seadrill Management Services Ltd v OAO Gazprom* [2010] EWCA Civ 691, párr. 29, según el cual existe un principio "esencialmente de sentido común; las partes no suelen renunciar a derechos valiosos sin dejar clara su intención de hacerlo", o el juez Burrows en *The Federal Republic of Nigeria v JP Morgan Chase Bank* [2019] EWHC 347, párr. 34, iii: "es poco probable que una parte haya aceptado renunciar a un derecho valioso que de otro modo habría tenido sin palabras claras". Existiría una 'presunción interpretativa de que las partes no pretenden renunciar a los re-

cierre de la edición de este trabajo, se reafirma esta idea como
una suerte de principio interpretativo alternativo: "*Clear words
needed to restrict valuable rights*" (se necesitan palabras claras para
restringir derechos valiosos), pero señalándose que *old and out-
moded formulas* (viejas y anticuadas formulaciones) como la regla *contra proferentem,* pierden cada vez más sus *últimos vestigios
de autoridad independiente,* subsumiéndose en el referido principio[1115]. Puede apreciarse, con todo, que en esta decisión, Lady
Arden se refiere a la misma *ratio* de la "vieja y anticuada" regla
contra proferentem pero usando otra nomenclatura.

Es preciso ecualizar estos razonamientos con varios factores
que pueden influir en su aplicación, pues como bien señaló
Lord Hodge, la medida en que se utilizará cada herramienta de
interpretación variará en función de las circunstancias del concreto acuerdo celebrado[1116]. En este sentido, McMeel enuncia
tres aspectos que influyen en la aplicabilidad de nuestra regla:
(i) la naturaleza del contrato; (ii) la posición (*status*) de las partes y; (iii) la unilateralidad (*one-sidedness*) o inequidad de una
determinada especie de cláusula[1117].

Para determinar más precisamente las posibilidades de aplicación, se analizará cada uno de sus elementos funcionales.

medios por incumplimiento derivados del *common law*'. CATTER-
WELL (2020) p. 205.

[1115] *Triple Point Technology, Inc v PTT Public Company Ltd* [2021] UKSC 29,
párr. 109 (Lady Arden).

[1116] *Wood v Capita Insurance Services Ltd* [2017] UKSC 24, párr. 13.

[1117] McMeel (2017b) p. 313.

5.2 Función

a) Ámbito de aplicación

i) General

El punto de partida del derecho inglés es que todos los contratos se rigen por los mismos principios y que las normas sobre el perfeccionamiento, contenido y los remedios ante el incumplimiento se aplican por igual a todos los contratos: el *common law* del derecho contractual ha sido desarrollado por los tribunales y no existe ninguna disposición legal exhaustiva en contrario. Lo "general" será la regla y las regulaciones sobre "contratos especiales" la excepción, que jugará un limitado papel[1118]. La "generalidad" del régimen contractual inglés se predica en un doble sentido: no existe una distinción entre contratos típicos y atípicos, siendo el régimen jurídico de los contratos único —de ahí que se denomine habitualmente en singular *"Law of Contract"*—, además de que esta unidad se mantiene con independencia de la naturaleza de los destinatarios o de la relación jurídica, por lo que no cabe una distinción formal entre contratos "civiles" y "mercantiles" según su reglamentación[1119].

Esta generalidad coexiste con tipologías contractuales construidas por los autores. Así, en Chitty se establecen cuatro tipos de clasificación: a) según su forma (por ej., en *deeds,*

[1118] CARTWRIGHT (2019) pp. 107-108.

[1119] SÁNCHEZ LORENZO (2016) p. 170. Sin perjuicio de ello, esta unidad que ha sido puesta en cuestión por algunos, como Atiyah, señalando que hoy debiera hablarse más bien de *Law of Contracts* en vez de *Law of Contract* dada la dispersión de reglas aplicables a distintos tipos. SMITH (2005) pp. 2-3.

por escrito, expresos o implícitos); b) según la naturaleza y rol de sus partes (según si son comerciantes, consumidores y organismos públicos); c) según su contenido (compraventa, seguro, garantía, etc.) y; d) según sus efectos (unilateral o bilateral, válido, nulo o anulable)[1120].

De estas clases, nos interesa la que distingue entre contratos mercantiles (*commercial contracts*) y no mercantiles (*non-commercial contracts*). Si bien en derecho inglés no existe una reglamentación separada para ambas especies, se ha afirmado que los contratos mercantiles tienen ciertas características distintivas, definiéndose como "aquellos que se celebran entre dos o más partes que negocian con fines comerciales"[1121]. El carácter mercantil de una transacción frecuentemente lleva a la aplicación de principios particulares o reglas que de otra forma no aplicarían: transacciones repetidas entre las mismas partes son una característica común de la vida comercial, se le otorga considerable importancia a los usos y costumbres mercantiles, se contempla la necesidad de defender la razonabilidad de prácticas y reglas de los mercados en los que operan comerciantes y, especialmente, los tribunales están menos dispuestos a restringir la libertad en las transacciones entre comerciantes[1122]. Por tanto, es posible decir que más que una "categoría jurídica formal", la de "*commercial contracts*" es una categoría "práctica", a efectos de aplicarles ciertos principios[1123].

En este sentido, si bien se ha afirmado que la regla *contra proferentem* tiene aplicación general a cualquier clase de con-

[1120] BEALE (2021) nm. 1-044.
[1121] BEALE (2021) nm. 1-051.
[1122] MCKENDRICK (2020a) p. 198.
[1123] CARTWRIGHT (2018) p. 36, en un interesante análisis comparativo sobre el tema publicado en Chile.

trato[1124], los tribunales han sido más reacios a aplicarla cuando se trata de un contrato mercantil, en que, además, operan otros parámetros de interpretación particulares a este tipo de transacciones, como el llamado "sentido común mercantil" o "propósito mercantil"[1125]. De esta forma se suele mencionar para destacar su limitado aporte en este tipo de contratos[1126]. Así, en una disputa por el sentido de una cláusula en un contrato entre dos compañías de videojuegos, se señaló:

"Aunque la regla [*contra proferentem*] puede ser de ayuda en ciertos contextos particulares, como, por ejemplo, cuando una parte contrata con el contrato estandarizado de la otra, sobre

---

[1124] CATTERWELL (2020) p. 73, CARTER (2013) nm. 4-44. LEWISON (2021) p. 437, que distingue una hipótesis general de la regla y aquella establecida legalmente en la *Consumer Rights Act* de 2015.

[1125] Sobre ello, ANDREWS (2017) p. 37, resumiendo esta línea de análisis, en virtud de la cual el "carácter mercantil" (*commerciality*) cubriría seis puntos: (i) que los documentos mercantiles deben leerse desde la perspectiva de sus usuarios, evitando tecnicismos excesivos; (ii) que el tribunal debe evitar frustrar el objeto o propósito comercial de las partes revelado por el texto contractual y su matriz fáctica; (iii) que el juez debe comprender las prácticas mercantiles y los supuestos de mercado dentro del tipo contractual pertinente; iv) que el lenguaje inapropiadamente redactado puede ser anulado cuando sea manifiestamente inconsistentes con el sentido común mercantil; (v) deben evitarse las interpretaciones absurdas; (vi) el sentido común mercantil puede usarse como brújula para indicar el camino cuando el tribunal se enfrenta a sentidos rivales en la interpretación. En este sentido, LEWISON (2021) p. 51, adicionalmente a las palabras del documento y los hechos probados, el tribunal también puede ser asistido por la consideración del propósito mercantil del acuerdo, pudiendo confiar en su propia experiencia en contratos de esas características. Sin embargo, debe ser cuidadoso en concluir que determinada interpretación no es conforme con el sentido común mercantil, el que no puede ser invocado en forma retrospectiva.

[1126] CALNAN (2017) p. 110.

una base de 'tómalo o déjalo', es de aplicación incierta y de poca utilidad en el contexto de los acuerdos negociados comercialmente, como el acuerdo en el presente caso"[1127]

En análogo sentido, se ha afirmado que: "En relación con los contratos mercantiles, negociados entre partes de igual poder de negociación, esa norma tiene ahora un papel muy limitado"[1128], o que reglas como esta rara vez son decisivas en cuanto al significado de las disposiciones de un contrato mercantil, debiendo bastar el lenguaje, "sentido mercantil" y el contexto documental y fáctico para determinar el sentido de una disposición contractual[1129].

Además, se ha indicado que, en este tipo de contratos, no existiendo vicios como *duress* o *unconscionability* es posible para las partes renunciar a la *contra proferentem*, desde que en este sistema ésta sería un principio y no una regla. Así, un manual de redacción forense recoge una cláusula utilizada en la práctica según la cual:

"A pesar de cualquier principio en contrario, este contrato o una disposición del mismo no debe interpretarse en contra de una parte por el mero hecho de que ésta lo haya redactado"[1130]

[1127] *CDV Software Entertainment AG v Gamecock Media Europe Ltd* [2009] EWHC 2965, párr. 56 (Mrs. Justice Gloster). En el mismo sentido, *Mark Taylor v Rive Droite Music Ltd* [2005] EWCA Civ 1300, párr. 142 (Lord Neuberger): "Aunque sin duda, *contra proferentem* goza de un papel más limitado y más débil que antes, todavía puede ser de ayuda cuando se interpreta un contrato estándar propuesto por una de las partes". Se trataba en este caso de interpretar un contrato entre una compañía discográfica y un productor musical, predispuesto por la primera.

[1128] *Persimmon Homes Ltd v Ove Arup & Partners Ltd* [2017] EWCA Civ 373, párr. 52 (Lord Jackson).

[1129] *K/S Victoria Street v House of Fraser* [2011] EWCA Civ 904, párr. 68 (Lord Neuberger).

[1130] Butt (2013) p. 69.

Pese a todas estas restricciones, los tribunales actúan con buen juicio al señalar que la aplicación de la regla es "limitada", "de aplicación incierta" o "de poca ayuda" en el contexto de contratos mercantiles, pero sin decir que derechamente ya no tiene vigencia en el *common law*, dejando con ello ligeramente abierta la puerta a una función que puede llegar a cumplir en esta clase de contratos[1131]. Se trata de su aplicación en materia de cláusulas de exención. Así, McCunn señala que mientras la faceta general de la regla produce suspicacias y disgustos, su rol respecto de las cláusulas de exención, por otra parte "está prosperando"[1132]. En este sentido, Calnan señala que existen ciertos tipos de cláusulas que los tribunales miran con sospecha y donde cabe la aplicación de la regla: i) cláusulas de exención; ii) cláusulas que limitan la responsabilidad por fraude o negligencia; y iii) cláusulas que permiten a una parte a ponerle término a un contrato por un incumplimiento menor[1133].

En este sentido, en derecho inglés pareciera haberse construido un deber de claridad reforzado respecto de las cláusulas de exención, en virtud del cual éstas deben interpretarse de manera estricta. Una sentencia señala que ello debiera ser "el principio dominante" en la interpretación de "cláusulas por las que una parte pretende eximirse de responsabilidad civil"[1134].

[1131] Como señala Tofaris (2019) p. 283, pese al aparente desacuerdo en las últimas sentencias: "...*nobody contends either that contra proferentem has no role at all or that that role is not residual*".

[1132] McCunn (2019) p. 502.

[1133] Calnan (2017) pp. 110-111. Sin perjuicio que se trata de una cuestión que ha ido evolucionando, sobre todo a partir de la UCTA de 1977, como hemos señalado, para encontrarse ahora, como lo sostiene un autor, en un proceso de "transición". Tofaris (2019) p. 278.

[1134] *William Hare Limited v Shepherd Construction Limited* [2010] EWCA Civ 283, párr. 18 (Lord Waller)

De esta forma se plasma el *Restatement of the English Law of Contract* dirigido por Burrows[1135], en 3.14 (6):

> "Se necesitarán palabras claras si una cláusula es interpretada para: (a) excluir a una parte de, o indemnizar a una parte contra, la responsabilidad por negligencia; o (b) excluye a una parte de la responsabilidad por un incumplimiento grave del contrato".

En sus comentarios, Burrows indica que, dados los problemas en el entendimiento de la regla, solo reconoce "enfocarse en la principal aplicación práctica de la idea de *contra proferentem*", esto es, que las cláusulas de exención deben ser interpretadas en forma estricta[1136].

En este sentido, se ha dicho que las partes que celebran un contrato tienden a asumir que las obligaciones contractuales serán cumplidas, preocupándose menos por las consecuencias del incumplimiento. Además, consideraciones mercantiles (*commercial considerations*) militan contra la idea de hacer explícito el rechazo de una de las partes a la responsabilidad por incumplimiento[1137].

Así, se ha fallado que:

> "Debe aplicarse la regla general de que si una parte, por lo demás responsable, quiere excluir o limitar su responsabilidad o acogerse a una exención, debe hacerlo con palabras claras; las

---

[1135] Se trata de una iniciativa académica realizada por el autor junto a un consejo asesor de académicos, jueces y litigantes, que busca exponer de modo claro, accesible y de manera sucinta las distintas áreas del derecho contractual inglés, a la manera de los *Restatements* del derecho estadounidense y los principales instrumentos de *soft law* en materia de contratos, como los PICC, DCFR, entre otros. Burrows (2020) pp. vii-x.

[1136] Burrows (2020) p. 92.

[1137] Lewison (2021) p. 678.

palabras poco claras no son suficientes; cualquier ambigüedad
o falta de claridad debe resolverse en contra de esa parte"[1138]

Dos sentencias recientes permiten conocer el estado de la regla actualmente en esta materia[1139]. Por una parte, en *Nobahar-Cookson v The Hut Group Ltd,* en una compraventa de acciones de una compañía, se reclamó por la violación de ciertas garantías en relación al negocio y activos de dicha empresa. Sin embargo, se había incluido una cláusula de limitación en virtud de la cual el comprador podía reclamar solo hasta 20 días desde que "se tuviera conocimiento del asunto" (*becoming aware of the matter*) de aquello por lo que reclamaba. Se discutió qué debía entenderse por "tener conocimiento". La Corte de Apelaciones señaló que la regla *contra proferentem* proporcionaba gran ayuda a la resolución del caso, al proveer de una interpretación estricta de la cláusula en conflicto, afirmando que:

"[...] sigue existiendo el principio de que una ambigüedad en su significado [de la cláusula] puede tener que ser resuelta por una preferencia por la interpretación más estricta, si el análisis lingüístico, contextual y de propósito no revelan una respuesta a la pregunta con suficiente claridad"[1140]

[1138] *Dairy Containers Limited v Tasman Orient Line CV* [2004] UKPC 22, párr. 12, citando también a *Homburg Houtimport BV v Agrosin Private Ltd (The Starsin)* [2003] UKHL 12, párr. 144, en un caso en que se disputaba la redacción de las condiciones estandarizadas de un conocimiento de embarque, interpretadas en este caso contra el armador, que las redactó: "Si una parte, por lo demás responsable, quiere excluir o limitar su responsabilidad o acogerse a una exención, debe hacerlo con palabras claras. Las palabras poco claras no son suficientes [...] Cualquier ambigüedad o falta de claridad debe resolverse en contra de esa parte".

[1139] Que son puestas en discusión en el artículo de PEEL (2017).

[1140] *Nobahar-Cookson v The Hut Group Ltd* [2016] EWCA Civ 128, párr. 21.

Por otra parte, en *Transocean Drilling UK Ltd v Providence Resources Plc,* en un contrato de arrendamiento de una plataforma de perforación que fue entregada en una condición defectuosa, generando un retardo en las operaciones de perforación, el arrendatario solicitaba "daños de propagación", como los costos de personal, equipamiento y servicios contratados a terceros que fueron generados a consecuencia del retardo. El dueño señaló que esos costos estaban cubiertos por la cláusula N° 20, de exclusión de responsabilidad ante el "daño consecuencial". La Corte de Apelaciones, a diferencia del caso anterior, excluyó la regla *contra proferentem* como herramienta para resolver el asunto, señalando que ésta:

> "Es un enfoque de interpretación al que se puede recurrir cuando el lenguaje elegido por las partes es unilateral y realmente ambiguo, es decir, que puede tener dos significados distintos. En tales casos, la aplicación del principio puede permitir al tribunal elegir el significado menos favorable para la parte que introdujo la cláusula o en cuyo favor opera [...] Sin embargo, no juega ningún rol cuando el significado de las palabras es claro, como creo que es en este caso; tampoco tiene un papel que desempeñar en relación con una cláusula que favorece a ambas partes por igual, especialmente cuando tienen el mismo poder de negociación. En el caso de una cláusula mutua como la presente cláusula 20, es imposible decir quién es el *proferens* y quién el *proferee*"[1141]

Si bien Peel critica que en el primer caso se haya recurrido a nuestra regla y en el segundo no, siendo ambas cláusulas de exención[1142], como señala Tofaris, las diferencias en la judicatura son más aparentes que reales, puesto que en todos los casos se acepta que *contra proferentem* es una doctrina residual, a ser aplicada solamente si existe ambigüedad genuina: el pun-

---

[1141] *Transocean Drilling UK Ltd v Providence Resources Plc* [2016] EWCA Civ 372, párr. 20

[1142] Peel (2017) p. 10.

to central que es que una cláusula de exención se interpreta *contra proferentem* si la ambigüedad persiste tras la aplicación de los principios comunes de interpretación[1143]. Como veremos, al igual que los sistemas ya estudiados, la subsidiariedad de la regla es una constante también en el derecho inglés. En suma, los tribunales han respaldado la aplicación de la regla, aunque circunscribiendo su ámbito a ciertas condiciones de aplicación que deben observarse y sobre las cuales nos concentraremos luego.

ii) Contratos con consumidores

En el año 2015 se dictó la *Consumer Rights Act,* que transpone por tercera vez en Reino Unido la Directiva 93/13/CEE, con la intención de simplificar, reforzar y modernizar su derecho del consumo, consolidando en un solo lugar los derechos de los consumidores con relación a contratos que versen sobre bienes, servicios, contenido digital y la legislación relacionada a cláusulas abusivas en dichos contratos[1144]. La regla *contra proferentem* tiene aquí su versión, de forma similar a la UTCCR de 1999, con ligeros matices, como puede apreciarse:

[1143] TOFARIS (2019) 283.

[1144] GILIKER (2016) p. 79. Debe indicarse que, tras la salida del Reino Unido de la Unión Europea mediante el llamado *Brexit,* la legislación de consumo que incorpora la regla *contra proferentem* no ha cambiado. Así puede constatarse en las enmiendas a la CRA. The Consumer Protection (Amendment etc.) (EU Exit) Regulations 2018, 2018 No. 1326, Part. 3. Una revisión de los cambios en materia de consumo, en CONWAY (2021).

UTCCR 1999, reg. 7	CRA 2015, s. 68
(1) A seller or supplier shall ensure that any written term of a contract is expressed in plain, intelligible language	*(1) A trader must ensure that a written term of a consumer contract, or a consumer notice in writing, is transparent.*
	(2) A consumer notice is transparent for the purposes of subsection (1) if it is expressed in plain and intelligible language and it is legible.
	CRA 2015, s. 68
(2) If there is doubt about the meaning of a written term, the interpretation which is most favourable to the consumer shall prevail [...]	*(1) If a term in a consumer contract, or a consumer notice, could have different meanings, the meaning that is most favourable to the consumer is to prevail.*
[(1) El vendedor o proveedor deberá asegurarse de que toda cláusula escrita de un contrato esté expresada en un lenguaje sencillo y comprensible.	[(1) El comerciante debe garantizar la transparencia de una cláusula escrita de un contrato de consumo o de una advertencia de consumo.
	(2) Una advertencia de consumo es transparente a efectos del apartado (1) si está expresada en un lenguaje sencillo, comprensible y es legible].
(2) En caso de duda sobre el sentido de una cláusula escrita, prevalecerá la interpretación más favorable al consumidor]	(1) Si una cláusula de un contrato de consumo, o una advertencia de consumo, pueden tener diferentes sentidos, prevalecerá el más favorable para el consumidor].

La versión positivizada de la regla *contra proferentem* no ha motivado gran cantidad de comentarios en el foro inglés, destacándose en general su similitud con el principio del derecho común. Así, se ha señalado que "No parecen existir diferencias significativas entre el principio *contra proferentem* y esta regla legal de interpretación"[1145] o que "debería ser una disposición

---

[1145] LEWISON (2021) p. 455. En sentido análogo, si bien con referencia a la UTCCR de 1999, *Peabody Trust Governors v Reeve* [2008] EWHC

familiar para los abogados ingleses porque *contra proferentem* es una regla general de interpretación en el derecho inglés"[1146].

Con todo, algunas diferencias merecen ser destacadas, especialmente con respecto a su versión de 1999. La UTCCR, como puede apreciarse, sigue muy de cerca la redacción de la Directiva 93/13, que habla de "duda sobre el sentido", mientras que la CRA se refiere a "diferentes sentidos", lo cual podría parecer análogo, pero mirándolo de cerca la nueva legislación parece poner el acento en una de las exigencias de aplicación de la regla que han construido los tribunales: la existencia de una genuina ambigüedad a partir de dos sentidos plausibles. Las notas explicativas de la CRA avanzan en este sentido al indicar que:

> "Las cláusulas contractuales pueden ser ambiguas y susceptibles de ser interpretadas de diferentes maneras, especialmente si no están por escrito o en un formato accesible. En estos casos, esta norma garantiza que se considere la interpretación que sea más beneficiosa para el consumidor que para el comerciante"[1147]

Enseguida, mientras en la norma antigua se habla únicamente de "cláusula escrita", la regla nueva habla de una cláusula en un "contrato de consumo" o también en una "advertencia de consumo" (*consumer notice*). El ámbito de aplicación de la nueva legislación es más amplio. Además, para aplicar los re-

---

1432 (Ch), párr. 32, *The Financial Services Authority v Asset LI Inc* [2013] EWHC 178 (Ch), párr. 115 y especialmente por su claridad *AJ Building and Plastering Limited v Samantha Turner* [2013] EWHC 484 (QB), párr. 52.

[1146] McKendrick (2020b) p. 458. En análogo sentido, Naidoo (2021) p. 239.

[1147] Department for Business, Innovation and Skills (2015) párr. 331. Estas notas no son vinculantes y son preparadas por el gobierno británico únicamente para asistir al lector a comprender la legislación.

medios contra cláusulas abusivas de la UTCCR, se exigía que fuera una cláusula contractual "[...] que no ha sido negociada individualmente" (reg. 5 (1))[1148]. En contraste, la CRA se aplica en los contratos "entre un comerciante y un consumidor" (s. 61 (1)), además de en las "advertencias de consumo", definidas como "un anuncio, ya sea por escrito o no, y cualquier otra comunicación o supuesta comunicación" (s. 61 (8)), siempre que "se refiera a derechos u obligaciones entre un comerciante y un consumidor" (s. 61 (4)). Se excluyen los contratos de trabajo o aprendizaje (s. 61 (2)).

Finalmente, cabe destacar que en este ordenamiento la norma del derecho de consumo también viene precedida por un deber de información al consumidor. Como ya se ha destacado, la aplicación de la regla *contra proferentem* es un efecto del incumplimiento de este deber[1149]. Mientras la UTCCR habla de un lenguaje sencillo y comprensible, la CRA avanza un paso más, estableciendo la existencia de un deber de "transparencia". Este cambio fue recomendado por las *Law Comissions* en su informe sobre la regulación de cláusulas abusivas en contratos de consumo, señalando que debía transitarse a este estándar, el cual "Exige que las cláusulas estén redactadas en un lenguaje sencillo e inteligible, que sean fácilmente accesibles para el consumidor y que sean legibles"[1150]. Con

---

[1148] Lo cual fue advertido por las Law Comissions (2013) p. xii (s. 39, s. 40), que recomendaron la abolición de este requisito, si bien señalando que ello aplicaría, en la práctica, a muy pocos casos pues generalmente esta clase de contratos no son negociados. Esto parece destacable, pues como hemos avanzado, cualquier limitación al ámbito de aplicación de la regla hace que ésta pierda su potencial, como se vio en el derecho francés y su nueva definición de contrato de adhesión.

[1149] En este sentido, en relación con la CRA, Beale (2021) nm. 40-433, 40-434; Bridge (2020) nm. 14-181.

[1150] Law Comissions (2013) p. 84.

todo, el estándar de transparencia exigido por los tribunales bajo la vigencia de la UTCCR no solo se enfocaba en la redacción de las cláusulas, sino también en la comprensibilidad de los efectos o en la accesibilidad de la información[1151].

En el mismo sentido, la *Competition & Markets Authority* (CMA) uno de los organismos administrativos encargados de la aplicación de la normativa sobre consumo en Reino Unido[1152] emitió una detallada guía con orientaciones a las empresas para el cumplimiento de las disposiciones sobre cláusulas abusivas en la CRA, incluyendo un análisis del requisito de transparencia, que es pertinente relevar:

> "El punto de partida es que los consumidores deben ser capaces de entender sus derechos y obligaciones. Los términos deben ser inteligibles para el consumidor medio, teniendo en cuenta, por ejemplo, la naturaleza de los bienes, servicios o contenidos digitales suministrados. En la medida de lo posible, deben utilizarse palabras comunes y corrientes en su sentido normal. En opinión de la CMA, es probable que las palabras que no son literalmente ininteligibles no pasen la prueba de transparencia cuando, por ejemplo, como resultado de la vaguedad del lenguaje, su efecto puede ser poco claro o engañoso para el consumidor medio"[1153]

Es decir, el cumplimiento del estándar está dado por el entendimiento del consumidor medio en la situación concreta de contratación. La ausencia de transparencia que genera ambigüedad será entonces terreno privilegiado para la aplicación de la regla *contra proferentem* en esta área.

[1151] Beale (2021) nm. 40-431.

[1152] Sobre su naturaleza, funciones y en general sobre la aplicación (*enforcement*) de la ley de consumo inglesa, Riefa y Willet (2018) pp. 678-679.

[1153] Competition & Markets Authority (2015) párr. 2.51, que continúa con interesantes desarrollos del requisito.

b) Condiciones de aplicación

i) Existencia de una ambigüedad insuperable

Tal como lo expresa la s. 69 CRA, la cláusula contractual debe ser susceptible de entenderse en "diferentes sentidos", lo que remite a la existencia de una ambigüedad insuperable. Este es un requisito que puede generalizarse a toda clase de contratos[1154] y que va en la línea con los ordenamientos comparados que así lo exigen, además de la tradición histórica de la regla. En este sentido se ha afirmado por los tribunales desde antiguo, que han exigido la existencia de "una duda real":

> "...en un caso de duda real, la póliza debe interpretarse de la manera más estricta posible contra los aseguradores; ellos formulan la póliza e insertan las excepciones. Pero este principio sólo debe aplicarse con el fin de eliminar una duda, no con el fin de crear una duda, o magnificar una ambigüedad, cuando las circunstancias del caso no plantean ninguna dificultad real"[1155]

Otras sentencias hablan de "una ambigüedad o duda que no puede ser resuelta por las reglas y principios ordinarios de

---

[1154] En este sentido, equiparando la regla del derecho común y la reg. 7 (2) UTCCR, *AJ Building and Plastering Limited v Samantha Turner* [2013] EWHC 484 (QB), párr. 53. Aplicando la s. 69 CRA, *Longley v PPB Entertainment Limited* [2022] EWHC 977 (QB), párr. 99: "Al no haber ninguna ambigüedad, no se aplica el principio *contra proferentem* (recogido en el artículo 69 de la CRA)".

[1155] *Cornish v Accident Insurance Co Ltd* [1889] 23 QBD 453, 456, citado últimamente en *Manchikalapati v Zurich Insurance Plc* [2019] EWCA Civ 2163, párr. 45.

interpretación"[1156] o de una "ambigüedad real"[1157]. Esta ambigüedad debe haber resultado del procedimiento interpretativo, a la luz de los criterios modernos de interpretación que consideran los antecedentes y, cuando corresponda, el propósito mercantil del acuerdo[1158]. Además, como ha sido resuelto últimamente, tampoco procede en la hipótesis de rectificación del acuerdo (*rectification*)[1159], es decir, la hipótesis en que el tribunal, habiendo reconocido un error en el lenguaje utilizado, aplica una interpretación correctiva incorporando palabras que no han sido expresadas en la cláusula, para corregir la equivocación[1160].

[1156]   *Mount Cook Land Ltd v Joint London Holdings Ltd* [2005] EWCA Civ 1171, párr. 67. "Duda", en *Egan v Static Control Components (Europe) Ltd* [2004] EWCA Civ 392, párr. 37.

[1157]   *Quest 4 Finance Limited v John Maxfield* [2007] EWHC 2313 (QB), párr. 35; *Natixis SA v Marex Financial* [2019] EWHC 2549, párr. 357; *Taberna Europe CDO II Plc v Selskabet AF* [2016] EWCA Civ 1262, párr. 23; no aplicando la regla porque "no hay ninguna ambigüedad en la frase considerada", *Du Plessis v Fontgary Leisure Parks Ltd* [2012] EWCA Civ 409, párr. 40; o bien señalando que "Hay una única y obvia interpretación: las palabras significan lo que dicen", por lo que la regla en la s. 69 CRA no aplica, *Higgins & Co Lawyers Ltd v Evans* [2019] EWHC 2809 (QB) párr. 67. En *Windsor-Clive v Rees* [2019] EWHC 1008 (Ch), párr. 60, se interpretó una "servidumbre de paso" en el contexto de un arrendamiento, señalando que la ambigüedad en este contexto implica que: "el tribunal no puede decidir sobre su significado mediante el uso de los materiales habitualmente disponibles para su interpretación".

[1158]   LEWISON (2021) p. 447.

[1159]   La rectificación es un remedio de equidad que corrige un acuerdo documentado cuando este falla en reflejar la intención común de las partes, es decir, su actual contrato. MITCHELL (2019) p. 108.

[1160]   *R & S Pilling v UK Insurance Ltd* [2019] UKSC 16, párr. 69 (Lord Hodge).

Por tanto, debe tratarse de una duda o ambigüedades genuinas y no artificialmente creadas por los litigantes, como ha sido señalado muy gráficamente, refiriéndose en este caso a la UTCCR para determinar el cumplimiento del requisito de transparencia:

> "Cualquier abogado que se precie puede inventar posibles significados alternativos de las palabras contractuales, y el hecho de que esto se pueda hacer no hace por sí mismo que un lenguaje determinado sea insuficientemente claro e inteligible. Para que esto ocurra, el texto alternativo o el efecto incierto deben ser sustanciales o significativos, y no simplemente un artificio legal"[1161]

Los tribunales han sido especialmente insistentes en destacar el carácter residual de la regla, señalando que, dentro de las operaciones de interpretación, el recurso a la regla *contra proferentem* debe ser el último, como fue indicado por la Corte Suprema:

> "[...] la regla *contra proferentem* es en gran medida un último refugio, casi una admisión de derrota, cuando se trata de interpretar un documento"[1162]

En este sentido, en otras sentencias, señalando los peligros de "crear una ambigüedad donde no la hay":

[1161] *Office of Fair Trading v Foxtons Ltd* [2009] EWHC 1681 (Ch), párr. 73. En el mismo sentido, *CC Construction Limited v Mincione* [2021] EWHC 2502 (TCC), párr. 63, señalando que la regla de la CRA "sólo puede aplicarse cuando existe una verdadera ambigüedad tras la correcta aplicación de los principios normales de interpretación contractual. La norma no entra en juego por el simple hecho de que sea posible argumentar interpretaciones diferentes al inicio del ejercicio de interpretación de una cláusula contractual".

[1162] *BNY Mellon Corporate Trustee Services Ltd v LBG Capital No 1 Plc* [2016] UKSC 29, párr. 53 (Lord Neuberger)

> "Un tribunal debe ser cauteloso a la hora de iniciar su análisis constatando una ambigüedad por referencia a las palabras en cuestión consideradas por sí solas. Y, en cualquier caso, no debe pasar directamente a la regla *contra proferentem* sin examinar primero el contexto y, en su caso, los medios admisibles para identificar el objetivo del documento mercantil del que forman parte las palabras. Recurrir demasiado pronto a la regla *contra proferentem* corre el peligro de 'crear' una ambigüedad donde no la hay"[1163]

Finalmente, las particularidades de los así llamados "contratos mercantiles" son tomadas en cuenta para excluir el recurso a esta regla en ciertos casos, pues como ha indicado una autora en relación a la aplicación en las cláusulas de exención, "Los tribunales no ven con buenos ojos que las partes mercantiles sofisticadas, que fueron asesoradas profesionalmente cuando se redactó el contrato, invoquen el principio *contra proferentem* en un intento de escapar a una clara asignación de riesgos mediante una cláusula de exención"[1164]. Así, como hemos visto, el fallo *Transocean Drilling UK Ltd v Providence Resources Plc,* al señalar que la regla no juega especial rol cuando la cláusula interpretada favorece a ambas partes por igual, especialmente

---

[1163] *Direct Travel Insurance v McGeown* [2003] EWCA Civ 1606, párr. 13. "No debe tomarse como punto de partida", *Taberna Europe CDO II Plc v Selskabet AF* [2016] EWCA Civ 1262, párr. 23. "Solo se aplica en los casos en que persiste la duda sobre el significado del término después de haberlo interpretado aplicando los principios normales de construcción", *NRAM Plc v McAdam & Anor* [2015] EWCA Civ 751, párr. 49. "El tribunal debe comenzar por intentar interpretar el contrato según los principios ordinarios de construcción. Sólo si no se puede llegar a una conclusión firme por esta vía, el tribunal, como último recurso, recurre a la regla *contra proferentem*", *AJ Building and Plastering Limited v Samantha Turner* [2013] EWHC 484 (QB), párr. 52.

[1164] O'SULLIVAN (2020) p. 201.

cuando tienen igual poder de negociación[1165], que "estas reglas rara vez, o nunca, sirven de ayuda cuando se trata de interpretar contratos mercantiles", invocando el recurso a "las palabras utilizadas, el sentido comercial y el contexto documental
y fáctico" como medios suficientes para determinar el sentido
de una cláusula contractual[1166] o que "las partes mercantiles
(como éstas) tienen derecho a hacer sus propios tratos y la tarea del tribunal es interpretar de manera justa las palabras que
han utilizado"[1167].

Sin perjuicio de ello, aún existen sentencias que aplican la
regla en contextos mercantiles, como en un caso de un contrato de licencia entre una fundación y una empresa saudí,
interpretado contra el primero por haber preparado el acuerdo[1168], o un contrato de transporte marítimo, interpretado
contra los fletadores, en una cláusula obscura que los favore-
cía[1169], entre otros, que en general reclaman un proceso de
interpretación previo que ha fallado para la determinación
del sentido del acuerdo.

[1165] *Transocean Drilling UK Ltd v Providence Resources Plc* [2016] EWCA Civ
372, párr. 20 (Lord Moore-Bick). En el mismo sentido *Persimmon
Homes Ltd v Ove Arup & Partners Ltd* [2017] EWCA Civ 373, párr. 52.

[1166] *K/S Victoria Street v House of Fraser* [2011] EWCA Civ 904, párr. 68
(Lord Neuberger), citada por CARTER (2013) nm. 4-47 para concluir que la regla "no logra un resultado comercial". En análogo
sentido, únicamente refiriéndose a que se trata de un contrato mercantil, *WS Tankship II BV v The Kwangju Bank Ltd* [2011] EWHC 3103
(Comm) párr.127 (*Justice* Blair).

[1167] *Taberna Europe CDO II Plc v Selskabet AF* [2016] EWCA Civ 1262,
párr. 23.

[1168] *ICDL GCC Foundation FZ-LLC v European Computer Driving Licence
Foundation Ltd* [2012] IESC 55, párr. 80, si bien es una sentencia
irlandesa.

[1169] *ED & F Man Sugar Ltd v Unicargo Transportgesellschaft mbH* [2012]
EWHC 2879 (Comm), párr. 15

ii) Determinación del "*proferens*"

Como hemos visto[1170], la determinación del *proferens,* es decir, la persona contra la cual se aplica el gravamen interpretativo ha sido materia de cuestionamientos desde antiguo en este sistema. En algunas sentencias recientes se califica la cuestión de "difícil"[1171], "abstrusa"[1172] o "desconcertante"[1173]. Ilustrativa al respecto, por lo menos para la familia del *Common Law,* resulta una sentencia australiana que reconoce una decena de pronunciamientos judiciales con criterios dispares en orden a la determinación del *proferens* desde las primeras sentencias que refieren la regla, concluyendo que "El *case law* reconoce estas diferentes corrientes en relación con la aplicación de la máxima, las que pueden entrar en conflicto"[1174].

Al respecto, Lewison traduce la formulación latina habitual en el *common law* "*verba cartarum fortius accipiuntur contra proferentem*", como "*the words of documents are to be taken strongly against the one who puts forward*", preguntándose por el significado de "*the one who puts forward*"[1175] (el que propone). Al respecto, señala que ello puede significar: (i) la persona que elaboró (*prepared*) el documento en su conjunto; (ii) la persona que elaboró una particular cláusula; o (iii) la persona en cuyo beneficio opera la cláusula, indicando que esta

---

[1170] Véase *supra* I. 4.

[1171] *Bates v Post Office Ltd (No.3)* [2019] EWHC 606 (QB), párr. 635 (*Justice* Fraser).

[1172] *K/S Victoria Street v House of Fraser* [2011] EWCA Civ 904, párr. 68 (Lord Neuberger).

[1173] *Oxonica Energy Ltd v Neuftec Ltd* [2008] EWHC 2127, párr. 89, con referencia a la disparidad de criterios en relación al tema que releva *North v Marina* [2003] NSWSC 64.

[1174] *North v Marina* [2003] NSWSC 64, párr. 69.

[1175] Lewison (2021) p. 441.

ambigüedad ha implicado que las formulaciones hayan variado a través del tiempo[1176].

En materia de contratos con consumidores este punto es claro y así lo establece la disposición legal del s. 69 CRA, que favorece al consumidor cuando se dan las condiciones de aplicación de la norma, siendo *proferens* el profesional[1177].

Se ha indicado que la mayoría de los contratos mercantiles son negociados con la intervención de ambas partes, siendo imposible saber quién es el contratante contra el que la ambigüedad debe ser interpretada, no pudiendo en este caso aplicarse la regla[1178]. En estos casos, en que la formulación del acuerdo ha sido fruto del esfuerzo conjunto de ambas partes, se ha descartado la procedencia del principio interpretativo[1179]. Así, en una cláusula de elección de jurisdicción, al vincular y beneficiar a ambas partes de manera similar, se decidió que no cabe interpretarla contra ninguna de ellas en aplicación de la regla[1180].

Sin embargo, en casos en que es posible identificar un redactor único, se ha invocado la regla en la decisión. Así, en un contrato entre una compañía hotelera y una empresa proveedora de sistemas computacionales, el contrato se interpretó contra la primera, por haberlo redactado y no haberse ne-

---

[1176] Lewison (2021) p. 441, formulación citada en *Nobahar-Cookson v The Hut Group Ltd* [2016] EWCA Civ 128, párr. 14 (Lord Briggs).

[1177] Así, recientemente, *Ang v Reliantco Investments Ltd* [2020] EWHC 3242 (Comm), párr.101: "En este sentido, y si hay alguna ambigüedad en la amplitud de la cláusula, debería, como alega la Sra. Ang en su respuesta, otorgarse el significado más favorable para el consumidor, de acuerdo con la s. 69 de la CRA 2015".

[1178] Calnan (2017) p. 110.

[1179] Lewison (2021) p. 442.

[1180] *Hin-Pro International Logistics Ltd v Compania Sud Americana De Vapores SA* [2015] EWCA Civ 401, párrs. 69-76.

gociado el acuerdo[1181], de manera similar en un contrato de arrendamiento, contra el redactor de este[1182], contra el armador en las condiciones estandarizadas de un conocimiento de embarque, dispuestas por él, como hemos visto[1183], o en un acuerdo de licencia de un programa computacional, contra el predisponente de éste acuerdo[1184]. Ello es muy frecuente es contratos de seguro, desde antiguo, como hemos visto.

Por ello, puede concluirse que la aplicación de la regla debe suponer una cierta unilateralidad en la formulación de los términos, que genera una ambigüedad insuperable mediante el recurso a otros mecanismos de interpretación. El efecto será que, de dos interpretaciones plausibles, deberá elegirse aquella que favorece a la contra parte del *proferens,* una vez correctamente determinado[1185].

[1181] *Kingsway Hall Hotel Ltd. v Red Sky IT (Hounslow) Ltd* [2010] EWHC 965 (TCC), párr. 252.

[1182] *KPMG LLP v Network Rail Infrastructure Ltd* [2007] EWCA Civ 363, párr. 66. También *Landlord Protect Ltd. v St Anselm Development Company Ltd* [2008] EWHC 1582, párr. 19 contra el arrendador.

[1183] *Houtimport BV v Agrosin Private Ltd (The Starsin)* [2003] UKHL 12, párr. 144, similarmente *Dairy Containers Limited v Tasman Orient Line CV* [2004] UKPC 22, párr. 12.

[1184] *SAS Institute Inc v World Programming Ltd* [2013] EWCA Civ 1482, párr. 108

[1185] En este sentido, *KPMG LLP v Network Rail Infrastructure Ltd* [2007] EWCA Civ 363, párr. 66: "...al elegir entre las versiones competidoras (a) y (b), habría un argumento de principio para elegir la versión que menos favorezca al autor del documento".

V. LA REGLA EN ALGUNOS INSTRUMENTOS DE ARMONIZACIÓN DEL DERECHO DE CONTRATOS

1. Generalidades

En los diferentes ámbitos en que se han abordado tareas de armonización o aproximación de las legislaciones en materia contractual, por considerar que las normas de conflicto no aportan soluciones satisfactorias, se han considerado también introducir normas específicas de interpretación de los contratos[1186]. Ello supone, por una parte, una superación evidente de cierto escepticismo acerca de la utilidad y carácter vinculante de las reglas existentes en algunos países europeos y por otra, facilitar la unificación de la interpretación de los contratos internacionales, que adolece de graves incertidumbres por el sistema de remisiones del Derecho internacional privado a las reglas nacionales, las que difieren en cuanto a sus criterios de formulación, contenido, naturaleza, jerarquía, y sobre todo al valor atribuido al texto escrito, al papel de la buena fe y de los usos y a las llamadas reglas de cierre[1187], como la nuestra.

En este sentido, no obstante las diferencias entre los sistemas de interpretación contractual en Europa, como las que hemos constatado en este capítulo, la regla denominada *contra proferentem* se mantiene como una constante en estos instrumentos, y como indica Vogenauer, forma parte de la moderna *lex mercatoria*, siendo reconocida en muchos de los sistemas

---

[1186] PARRA LUCÁN (2003) p. 466.

[1187] VATTIER FUENZALIDA (2003) p. 249, refiriéndose al Anteproyecto de Código Europeo de contratos de la Academia de Pavía, pero aplicable a los demás instrumentos de armonización.

legales modernos e incluso utilizada en la interpretación de tratados internacionales[1188].

En este acápite se dará cuenta de los principales textos internacionales que incorporan la regla, lo que permitirá constatar una esencial continuidad con los conceptos de los ordenamientos ya estudiados, detectando discrepancias y conceptos nuevos que se intenta introducir, tratando de explicar su sentido.

2. Principios UNIDROIT

Los Principios UNIDROIT sobre contratos comerciales internacionales (PICC)[1189], señalan en el art. 4.6, titulado "Interpretación *contra proferentem*":

> "Si los términos de un contrato dictados por una de las partes no son claros, se preferirá la interpretación que perjudique a dicha parte".

Como resulta del contexto de este instrumento de *soft law*, es decir, contratos comerciales, la regla cubre un amplio espectro de relaciones negociales, y, como se ha indicado, el propósito de este artículo no es, como en otros sistemas, la protección general de los consumidores[1190] siendo aplicable perfectamente a contratos libremente negociados. Los comentarios oficiales al artículo son esclarecedores del fundamento de la norma:

> "Una parte puede ser responsable por la formulación de determinado término del contrato, ya sea porque esa parte lo ha redactado o porque ella lo ha provisto, por ejemplo, al usar cláusulas estándar preparadas por otros. Dado que una parte

---

[1188] VOGENAUER (2015) p. 604.
[1189] UNIDROIT (2018). Desde su primera edición en 1994 hasta la cuarta en 2016 se mantiene la regla intacta.
[1190] VOGENAUER (2015) p. 605.

> debe absorber los riesgos de la posible oscuridad o ambigüe-
> dad de la formulación elegida, este artículo establece que las
> cláusulas ambiguas u oscuras de un contrato se interpretarán,
> preferentemente, en contra de la parte que las ha redactado. El
> ámbito en el que esta norma se aplique dependerá de las cir-
> cunstancias del caso. Cuanto menos los términos del contrato
> en cuestión hayan sido materia de negociación entre las partes,
> mayor la justificación para interpretarlos en contra de la parte
> que los incluyó en el contrato".

En este sentido, se ha señalado que la regla del art. 4.6 PICC
distribuye el riesgo de que una de las partes no haya inverti-
do suficiente esfuerzo en el proceso de redacción, debiendo
asumir la falta de claridad de la formulación elegida. Además,
pese a no establecerse de manera expresa el carácter de *ultima ratio* de esta disposición, se ha sostenido que su aplicación
debe efectuarse como último recurso después de que hayan
fracasado todos los medios interpretativos[1191]. Así también se
ha resuelto por tribunales arbitrales invocando esta regla, en
un caso entre una compañía y un banco ruso, interpretando el
contrato contra este último[1192].

Citando esta disposición de *soft law*, se ha interpretado la
cláusula de garantía por deudas ocultas en un contrato de compraventa contra el comprador por haber sido éste el redactor
del acuerdo[1193], pero se ha rechazado su aplicación por haberse
determinado que el contrato fue redactado por ambas partes[1194].

Definiendo el sentido de una cláusula arbitral para determinar la competencia de la Corte Internacional de Arbitraje, se
falló que los arts. 4.5 y 4.6 PICC: "*though [...] are to a large extent*

[1191]   Komarov (2017) p. 42.
[1192]   Tribunal de Apelación de Arbitraje del Noveno Circuito de la Federación de Rusia (23/06/2016).
[1193]   Tribunal arbitral ad-hoc de Buenos Aires (10/12/1997).
[1194]   Tribunal de Arbitraje de la Cámara de Comercio e Industria de Lausana (17/05/2002).

identical to the English canons of construction [...] *include certain additional or broader rules that supplement the English principles to avoid that the bad drafting leads to the uncertainty of a contract*"[1195]. Y también que esta es "...*a well-established rule to interpret commercial contracts, presumably because the bank guarantee had been drafted by the bank and hence the reference to the underlying contract was to be interpreted against the drafter*"[1196]. De manera muy interesante, vinculando la regla pertinente del Código Civil uruguayo[1197] con la norma de los PICC: "El pliego fue redactado por CRIO-HSA, lo que hace aplicable en su contra la regla del art. 1304, inc. 2 Código Civil (art. 4.6 Principios UNIDROIT), por cuanto las disposiciones del Pliego están sesgadas en beneficio del Comitente"[1198].

La regla se ha aplicado en los más diversos asuntos, incluso en materia deportiva, interpretando ciertas disposiciones contenidas en los estatutos de la UEFA (Unión de Asociaciones Europeas de Fútbol) en contra de esta institución, señalando el tribunal arbitral que "*this rule represents a general principle of interpretation of the* lex sportiva"[1199].

Llama la atención un caso en que un atleta demandó a la Asociación Deportiva alemana por los perjuicios resultantes de la negativa de ésta a nominarlo como participante en los Juegos

---

[1195] Corte Internacional de Arbitraje (s/f) n° 11869.

[1196] Tribunal de Comercio de la Región de Moscú (28/12/2017).

[1197] Art.1304. "En los casos dudosos que no puedan resolverse según las bases establecidas, las cláusulas ambiguas deben interpretarse a favor del deudor.
Pero las cláusulas ambiguas que hayan sido extendidas o dictadas por una de las partes, sea acreedora o deudora, se interpretarán contra ella, siempre que la ambigüedad provenga de su falta de explicación". Prácticamente idéntico al CCCh.

[1198] Tribunal arbitral ad-hoc de Uruguay (30/12/1998).

[1199] Tribunal arbitral del deporte (TAS/CAS) (06/07/2004).

Olímpicos de 2008 en Beijing. El problema estaba en la interpretación de las reglas para la nominación del equipo olímpico alemán, que no dejaban claro si los resultados deportivos para clasificar debían obtenerse en competiciones diferentes o en una misma, como logró el demandante. El tribunal falló a favor del atleta, señalando:

> "...in case of doubts contract terms supplied by one party are to be interpreted against the supplying party. It is true that in German law this rule is expressly stated only with respect to standard terms (see § 305c, para.2 of the German BGB), while it may be questioned whether or not the Rules are veritable standard terms. However, according to the Arbitral Tribunal even if the Rules were not standard terms the contra proferentem rule should apply since this was the approach prevailing at international level as demonstrated by Article 4.6 of the UNIDROIT Principles"[1200]

Es revelador cómo se solucionó el conflicto debiendo acudir a la regla de los PICC, ante las dudas sobre la aplicabilidad del § 305c, párr. 2 BGB, restringido a condiciones generales de la contratación. La falta de flexibilidad de la regla codificada impide dar solución a problemas en que es dudosa la calificación del acuerdo como condiciones generales, como en el caso alemán, o "contrato de adhesión" como en el caso francés.

3. Principios del Derecho Europeo de Contratos

En los Principios del Derecho Europeo de Contratos o *Principles of European Contract Law* (PECL), la regla se ubica en el art. 5.103, identificada también como "regla *contra proferentem*":

[1200]   Tribunal alemán de Arbitraje Deportivo (17/12/2009).

> "Cuando se dude acerca del significado de la cláusula de un contrato que no haya sido individualmente negociada, ha de preferirse la interpretación contra la parte que la propuso"[1201].

Como se ha comentado, el art. 5.103 establece una regla general, no ligada ni condicionada a la protección del consumidor, aunque puede aplicar a dicha situación. Únicamente se exige que el contrato no haya sido negociado individualmente y que las cláusulas sean ambiguas, vagas u oscuras. Con todo, se señala que el fundamento sería la sanción de quien ha introducido una cláusula oscura por ser contrario al principio de buena fe y lealtad contractual[1202].

Además, se ha resaltado que la disposición establece que la interpretación contra la parte que ha propuesto la cláusula debe "preferirse", por lo que un juez podría, en las circunstancias apropiadas, interpretar una cláusula no negociada individualmente, en favor de la parte que la propuso[1203].

4. Código Europeo de Contratos de la Academia de Pavía

El Código Europeo de Contratos de la Academia de Pavía guarda un sentido similar a los demás, pero distinguiendo entre cláusulas ambiguas, como aquellas susceptibles de dos entendimientos posibles, y cláusulas oscuras, como aquellas en que no es posible determinar un sentido.

> "Art. 40. Expresiones ambiguas
>
> 1. Cuando, a pesar de la evaluación efectuada en base al apartado 3 del artículo 39, no sea posible atribuir un sentido unívo-

---

[1201] Díez-Picazo, Roca Trías y Morales Moreno (2002) art. 5.103, por la traducción.

[1202] Díez-Picazo, Roca Trías y Morales Moreno (2002) pp. 263-265.

[1203] Lando y Beale (eds.) (2000) p. 294.

co a las expresiones utilizadas por los contratantes, se observa-
rán, por el orden señalado, las disposiciones siguientes:

2. En la duda, el contrato o las singulares cláusulas deben interpretarse en el sentido que les confiera algún efecto y no en
el que se lo impida.

3. Las cláusulas predispuestas por uno de los contratantes y
que no han sido objeto de negociación se interpretan, en la
duda, en contra del mismo".

Es interesante como los redactores de este instrumento se
retrotraen a la historia de la norma para explicar la *ratio* de
la misma, mencionando la *interpretatio contra stipulatorem* en la
tradición del derecho romano, aplicando el criterio a cualquier cláusula elaborada por una de las partes contratantes y
que no haya sido objeto de negociación —descartando expresamente la redacción del art. 1370 del *Codice* que la circunscribe a formularios predispuestos— y finalmente identificando
el fundamento en "el deber de la parte que redacta el texto
del contrato de formular las distintas cláusulas de forma que
parezcan claras"[1204].

5. Marco Común de Referencia

Por su parte, el Marco Común de Referencia, *Draft Common
Frame of Reference* (DCFR) en su Artículo II.-8:103 intitulado '*Interpretation against supplier of term or dominant party*' establece la
regla clásica, pero a continuación introduce una variación no
vista hasta ahora, el concepto de "*dominant influence*"[1205]:

[1204] Gandolfi (ed.) (2004) p. 122.
[1205] La traducción española tiene algunas variaciones importantes,
como hablar en el II.-8:103 (2) de "clara influencia" en vez de "influencia dominante", algo que como veremos no fue seguido por los
PLDC, nos parece que con razón. Jerez Delgado (coord.) (2015)
II.-8:103.

"(1) Where there is doubt about the meaning of a term not individually negotiated, an interpretation of the term against the party who supplied it is to be preferred.

(2) Where there is doubt about the meaning of any other term, and that term has been established under the dominant influence of one party, an interpretation of the term against that party is to be preferred".

Los comentarios oficiales de este instrumento señalan que este segundo párrafo "es una extensión de la regla a casos donde, incluso si una cláusula ha sido individualmente negociada, ha sido establecida bajo la influencia dominante de la otra parte. En este caso, se prefiere la interpretación contra la parte dominante[1206]. No se aclara específicamente de dónde proviene este concepto, que ha sido criticado por introducir un elemento de incertidumbre la interpretación contractual, abriendo la puerta a la regulación encubierta del contenido de los términos bajo la apariencia de interpretación[1207], o señalándose que es vago y virtualmente paradójico, pues es un principio elemental del derecho privado que la negociación individual hace que la mera "dominancia" de una parte sobre otra sea irrelevante si no existe una disfunción en el proceso de negociación o en el mercado[1208].

6. Principios Latinoamericanos de Derecho de Contratos

Finalmente, en la iniciativa de armonización contractual más cercana a Chile, los Principios Latinoamericanos de Derecho de Contratos (PLDC), en una formulación muy similar al DCFR, pero invirtiendo el orden, establece dos

---

[1206] VON BAR y CLIVE (eds.) (2009) p. 565.
[1207] VOGENAUER (2018) p. 774. En el mismo sentido, ZIMMERMANN (2010) p. 1369.
[1208] CANARIS y GRIGOLEIT (2011) p. 608.

artículos, distinguiendo entre "cláusulas ambiguas" y "cláusulas no negociadas":

> "Artículo 74. Cláusulas ambiguas. Las cláusulas ambiguas se interpretan a favor de la parte que contrató bajo la influencia dominante de la otra, teniendo en consideración para esta calificación la dependencia de la parte que sufre el perjuicio, las extraordinarias dificultades económicas que la aquejan, la apremiante urgencia de sus necesidades, su ignorancia, falta de experiencia o de habilidad en la negociación.
>
> Artículo 75. Cláusulas no negociadas. Las cláusulas no negociadas deben interpretarse contra la parte que las hubiere redactado"[1209].

Los escasos comentarios que se han hecho a este documento indican, con razón, que el art. 74 PLDC es una norma que no se encuentra en los PICC, PECL, ni en los códigos de la región y que hace preguntarse contra quien se interpreta la cláusula cuando fue la parte débil quien la propuso, si el artículo siguiente aclara que es contra quien la hubiera redactado[1210]. Al respecto cabe cuestionar qué entienden los autores por "parte débil", sobre todo en un contrato libremente negociado, pues las disposiciones comentadas utilizan otra noción.

Así, si se observa en conjunto las reglas que establecen el DCFR y los PLDC, la gran pregunta que surge es determinar qué se quiere decir con influencia dominante (*dominant influence*), que parece un concepto jurídico tan indeterminado como exótico, particularmente en relación a reglas de inter-

---

[1209] De la Maza Gazmuri; Pizarro Wilson y Vidal Olivares (eds) (2017) p. 92.

[1210] De la Maza Gazmuri y Vidal Olivares (eds.) (2020) pp. 128-129. Se ha destacado sugerentemente la falta de claridad respecto a qué es lo latinoamericano de los PLDC, de manera de poder dotar de contenido la noción de "identidad jurídica latinoamericana", que recogería este proyecto: Ithurria (2021) p. 298.

pretación contractual. Dicha pregunta no se les escapó a los redactores de los PLDC, y aquí está la verdadera novedad respecto al DCFR: la "calificación" de la "influencia dominante", es decir, los criterios de la dependencia, dificultades económicas, urgencia de necesidades, etc. No es difícil constatar, empero, que esta "novedad" proviene del mismo DCFR, pero de un apartado completamente distinto: en II.-7:207, que trata acerca de la *Unfair exploitation*:

> *"(1) A party may avoid a contract if, at the time of the conclusion of the contract:*
>
> *(a) the party was dependent on or had a relationship of trust with the other party, was in economic distress or had urgent needs, was improvident, ignorant, inexperienced or lacking in bargaining skill and*
>
> *(b) the other party knew or could reasonably be expected to have known this and, given the circumstances and purpose of the contract, exploited the first party's situation by taking an excessive benefit or grossly unfair advantage".*

Esta causal de nulidad proviene a su vez de los Principios UNIDROIT, Artículo 3.2.7: *Gross disparity*, que tiene una formulación cercana[1211]. Sin embargo, como bien dice Du Plessis comentando dicho artículo, esta regla refleja aspectos de la *undue influence* del *Common Law*, la temprana formulación del temor reverencial o la *laesio enormis, iustum pretius*, y la usura en el derecho civil[1212]. Es decir, factores que inciden en la formación

---

[1211] *"(1) A party may avoid the contract or an individual term of it if, at the time of the conclusion of the contract, the contract or term unjustifiably gave the other party an excessive advantage. Regard is to be had, among other factors, to (a) the fact that the other party has taken unfair advantage of the first party's dependence, economic distress or urgent needs, or of its improvidence, ignorance, inexperience or lack of bargaining skill, and (b) the nature and purpose of the contract".*

[1212] DU PLESSIS (2015) p. 512.

del consentimiento en los contratos, en sede de nulidad, lo cual es distinto a la interpretación. En esta sede, parece equivocado centrar el análisis en la calidad de las partes más que en el contenido del contrato y el equilibrio de sus prestaciones: si no puede obtenerse el *id quod actum est*, la carga por la redacción debe recaer en el responsable de la ambigüedad, independiente de las consideraciones respecto a su posición contractual.

Estos dos últimos instrumentos de *soft law* parecen propender a una función política de protección de la regla y la llevan a sus últimas consecuencias, que es la tutela ya no del deudor o del consumidor, sino que derechamente de quien se encuentra bajo la influencia dominante de otro, es decir, reconociendo la idea de un cierto aprovechamiento de posición contractual, que, sin embargo, es suficientemente difuso como para dudar de su carácter de regla, así como de principio interpretativo útil.

6.1 Excurso: Principios OHADAC sobre los contratos comerciales internacionales

Como contraste con lo recién expuesto, pueden referirse brevemente en este apartado los Principios OHADAC sobre contratos comerciales internacionales, otra iniciativa de *soft law* de unificación del derecho contractual comercial de países del Caribe, que siguiendo muy de cerca la regla chilena del art. 1566 CCCh disponen:

> Artículo 4.1.3. Principio *contra proferentem*. Los términos oscuros serán interpretados en el sentido más desfavorable para la parte responsable de su redacción.

Esta formulación sí parece más acorde con la tradición histórica de la regla y su presencia en países latinoamericanos que adoptaron el CCCh y forman parte de esta iniciativa armonizadora, como Colombia o países cuya regla codificada tiene la misma *ratio*, como Guatemala, Honduras, México, Nicaragua,

Panamá, entre otros. Los comentarios oficiales al texto indican su fundamento, los que cabe reproducir por su interés:

> "La finalidad de la cláusula es, por un lado, fomentar la claridad y precisión en la redacción de los contratos y, por otro, proteger a la parte que no ha participado en la redacción del contrato. Aunque se trata de un principio característico en los contratos celebrados por consumidores o adherentes, en la práctica comercial actual ha adquirido carta de naturaleza sin necesidad de que exista un desequilibrio entre la posición contractual del proferente y del adherente. Aunque su aplicación es característica en los contratos celebrados a través de sumisión a condiciones generales, el principio es igualmente aplicable en el caso de contratos negociados individualmente, cuando sea posible acreditar que la redacción del contrato corresponde a una de las partes"[1213].

Se reproducen varias consideraciones sobre la fundamentación que hemos tratado. Por una parte el fomento de la claridad y precisión, es decir, en la nomenclatura de Knütel que ya hemos visto, "prevención". Por otro lado, la "protección" del adherente. Sin embargo, el mismo texto de los principios resalta la "compensación", al hablar de "la parte *responsable* de su redacción". Importante es que indique su aplicabilidad en contratos libremente negociados cuando es posible acreditar una redacción unilateral, lo cual, veremos es un aspecto gravitante de la regla chilena.

7. Conclusiones del análisis de los instrumentos de armonización

En los *Commentaries on European Contract Laws* editados por Jansen y Zimmermann, obra que compara los distintos instrumentos europeos de armonización contractual se propone,

---

[1213] OHADAC (s/f). Puede verse en la misma página, en el preámbulo de los principios, más detalles acerca de su gestación y vigencia.

tomando como punto de partida los artículos de los PECL, una "síntesis" de estos documentos, que presenta el texto "más apropiado" en cuanto al análisis crítico, histórico y comparativo que acompaña a cada disposición[1214]. En el caso de la regla *contra proferentem,* la síntesis realizada por Vogenauer sigue textualmente el artículo 4.6 de los PICC, que formula la regla sin ninguna calificación de las partes, señalando sencillamente que: "Si los términos de un contrato dictados por una de las partes no son claros, se preferirá la interpretación que perjudique a dicha parte". Esta disposición parece ser la formulación más apropiada a la *ratio* de la regla históricamente determinada en torno a la responsabilidad por la formulación e incluso desde el punto de vista de la prevención, de incentivar una redacción cuidadosa[1215]. Como indica Zimmermann, dicha *ratio* se aplica también a los casos en que las disposiciones contractuales fueron objeto de negociaciones, pero que pese a ello fueron formuladas por una de las partes. Es más aconsejable no complicar la aplicación de la regla con la utilización de un criterio cuya determinación puede plantear dificultades, como es la ausencia o no de negociación[1216], como utilizan los PECL, la "influencia dominante" en el DCFR, o por último "los contratos de adhesión" como dispone actualmente el *Code,* según vimos.

[1214] Jansen y Zimmermann (2018) p. 17.

[1215] Vogenauer (2018) p. 774 *"to incentivize good drafting"*, Smits (2021) p. 130, en análisis comparativo, *"deterrence against sloppy drafting"*.

[1216] Zimmermann (2010) p. 1361, que habla de "responsabilidad de explicación" (*Erklärungsverantwortlichkeit*). Criticando la disposición del *Code* reformada, Babusiaux y Witz (2017) p. 503.

VI. CONCLUSIONES COMPARATIVAS

1. Recepción legislativa

La regla *contra proferentem* tiene presencia en los tres ordenamientos jurídicos estudiados. Con todo, no es sino en la segunda mitad del siglo XX que es posible encontrar una versión legislada y uniforme de la misma en todos.

En efecto, Francia fue el primero en recepcionar en la codificación de 1804 la tradición histórica de la regla mediada por Domat y Pothier. En Alemania, la codificación tardía de 1900 le asignó una importancia menor a las reglas de interpretación, únicamente incorporando las reglas de los §133 y §157, que, con todo, han tenido un vasto desarrollo doctrinal. La primera recepción de la regla *contra proferentem* en este país, no obstante, vendría en la AGBG de 1976, pero precedida por una larga tradición jurisprudencial. En Inglaterra, el modo del *common law* donde a través de las sentencias fue construyéndose la teoría general del contrato impuso que no fuera sino hasta la UTCCR de 1997 que se incluyera una versión legislada de la regla.

El punto de quiebre que determinó esta recepción explícita y uniforme parece ser la Directiva 93/13 del Consejo de Europa, sobre cláusulas abusivas, basada precisamente en la AGBG alemana, que en su artículo 5, como hemos visto, establece una versión de la regla *contra proferentem* que sería incorporada en Francia mediante el *C. cons.* y por la UTCCR en Inglaterra (luego en la CRA). Para la Unión Europea revestía tal importancia que esta regla se consagrara en forma explícita en los ordenamientos, pese a sus tradiciones jurisprudenciales, que en algunos países que no adaptaron la directiva a sus derechos internos tal como se exigía fueron demandados, como el caso de Países Bajos[1217] o de España[1218].

2. Recepción en las sentencias

La regla tiene una tradición histórica que la precede y que en este caso determinó que fuera invocada en los tribunales una y otra vez incluso desde antes de que fuera legislativamente establecida. Así lo hemos visto en el apartado histórico en el *common law,* con sentencias que se remontan a 1382[1219] y en el presente capítulo, sin perjuicio de las dudas que de cuando en cuando han aparecido negando la vigencia de esta y de las demás reglas de interpretación. El art. 1162 (que sobrevive en el 1190) del *Code* ha sido aplicado desde antiguo en Francia. En Alemania incluso sin fundamento legislado, sobre la base de fuentes romanas. Sobre todo, en materia de seguros, la regla ha tenido aplicación frecuente, lo que permanece hasta hoy.

3. Imperatividad de la regla

Sobre este tema, el sistema que ha tenido las mayores discusiones es el francés. Una de sus características distintivas es el desdén con el que se han tratado las reglas de interpretación contractual, de frente a la gran cantidad de autores que se han

---

[1217] Por no incorporar, entre otras, la disposición del art. 5 de la Directiva y no poder comprobar que existía una disposición equivalente en el ordenamiento estatal. COMISIÓN DE LAS COMUNIDADES EUROPEAS CONTRA REINO DE LOS PAÍSES BAJOS (2001). Así, la regla fue incorporada en el Art. 6:238 (2) del BW.

[1218] Por no incorporar la parte del art. 5 de la Directiva que excluye la aplicación de esta norma en el caso de las acciones de cesación, COMISIÓN DE LAS COMUNIDADES EUROPEAS CONTRA REINO DE ESPAÑA (2004).

[1219] Capítulo 1, N° 4.

pronunciado en otros tópicos relevantes para el derecho continental, piénsese, por ejemplo, en materia de responsabilidad civil. Y es que la expresión despectiva de Carbonnier hacia estas reglas, *le petit guide-âne,* ha marcado época. Ello no supondría problema si no fuera porque, además, desde antiguo se estima el catálogo de estas disposiciones interpretativas como "meros consejos" dados al juez, con las excepciones del art. 1602 *Code* y el 211-1 *C. cons.,* desde siempre imperativos, permitiendo su control casacional, lo que genera una incoherencia difícil de sustentar, pero cuya respuesta continúa abierta en este sistema.

Opuesto a este panorama se encuentra el derecho alemán, que con solo dos disposiciones legales, los §§ 133 y 157 han construido un edificio dogmático en materia de interpretación contractual que se extiende a la llamada regla de la ambigüedad. En este sentido, se han entendido estas disposiciones como imperativas, admitiendo control casacional[1220].

Por otra parte, en el sistema inglés, la cuestión —sujeta a la evolución del *case law*—, ha sido frecuentemente controlada en sede de apelación, admitiéndose en forma prácticamente unánime que la interpretación contractual es una cuestión de Derecho, siendo los pronunciamientos de los tribunales superiores autoridades vinculantes según el *stare decisis.* Con todo, se resalta que la utilización de los "principios" de interpretación debe realizarse con cierta flexibilidad.

4. Ámbito de aplicación

En todos los ordenamientos estudiados se ha defendido la existencia de una regla en el derecho común contractual aplicable a toda clase de contratos. Las condiciones estrictas de aplicación de la regla, empero, han hecho que esto pueda

---

[1220] Por todos, PRÜTING y WINTER (2018) nm. 35 y ss.

dudarse. Así, en Alemania la cuestión ha sido discutida y en general, actualmente, parece entenderse que solo cuando se reconoce una situación equiparable a la contratación con condiciones generales —una disparidad de poder entre los contratantes—, la regla aplica por analogía con el § 305c párr. 2. En Francia la situación ha evolucionado, desde el art. 1162 *Code*, aplicable en su extensión a toda clase de acuerdos, para luego ser reformado por el art. 1190, que establece las categorías de "contrato negociado" (*de gré à gré*), cuya interpretación se realiza "contra el acreedor y en favor del deudor" y el "contrato de adhesión" contra el que lo propone, última disposición que guarda armonía con el art. 211-1 *C. cons.*, aplicable solamente en las relaciones contractuales del ramo. Desde antiguo en Inglaterra se ha admitido una regla aplicable a los contratos en general, pero la legislación en paralelo ha dispuesto una norma operativa únicamente en contratos de consumo, últimamente en la CRA, pero que guarda semejanza esencial con el derecho común como reconocen autores y tribunales.

De esta forma, el único ordenamiento que ha reducido el ámbito de la regla *contra proferentem* es Francia en la reforma de 2016, circunscribiendo su aplicación propia a los contratos de adhesión, cuya nomenclatura genera múltiples dificultades interpretativas, como se vio.

Los instrumentos de *soft law,* por su parte, son aplicables a los contratos en general, incluso a contratos comerciales internacionales (como los PICC), en la medida que se den sus condiciones de operación: la falta de negociación o la predisposición del contenido del contrato.

5. Fundamento

En torno al fundamento de esta regla no existe acuerdo en ninguno de los sistemas estudiados. Con todo, la discusión se ha llevado a un mayor nivel de profundidad en Alemania, en parte por lo exiguo de la reglamentación sobre la interpretación y la ausencia de codificación de la regla en el BGB. Esta ausencia hizo que incluso, tempranamente, se fundamentara la denominada *Unklarheitenregel* en un deber emanado de la buena fe interpretativa, *ex* § 157 BGB. La nomenclatura de Knütel que distingue entre protección–compensación–prevención como fundamentos posibles de la regla[1221] puede ser útil para juzgar la situación en cada ordenamiento.

En el derecho alemán, la idea que más destaca es la de compensación, con el argumento de la "responsabilidad por la formulación" (*Formulierungsverantwortlichkeit*), debido a la cual quien ha ejercicio en su beneficio el poder de formulación unilateral del contrato debe soportar la desventaja de la ambigüedad que ha creado. La compensación se tratará de una ventaja interpretativa para la parte que se sometió a la redacción establecida por la contraparte. Con ello y la evolución posterior, se acerca a las consideraciones de la *culpa in contrahendo* que tendría aquel que por su falta de claridad redacta un contrato en que ambas partes entienden algo diferente, haciéndolo nulo. Estas consideraciones tendrían relevancia en la construcción de un deber general de transparencia, como claridad y comprensibilidad de las condiciones generales de la contratación, algo que pudiera extrapolarse a la contratación en general, en la medida que exista la hipótesis de responsabilidad por la formulación. Puede destacarse también el rol que se le ha asignado a la regla en torno a la prevención de la nulidad del contrato por disenso oculto de las partes, teniendo una función de preservación de la validez del negocio, que corresponde ser situado en la nomenclatura "prevención".

En Francia, salvo opiniones aisladas, prepondera la noción de protección de una de las partes identificada como

---

[1221] *supra* Cap. 2, II. 5.1.

más débil, lo que puede verse gráficamente en la nomenclatura utilizada frecuentemente para describir esta regla: interpretación *in favorem*. Ello terminó permeando la reforma de 2016 que transformó el artículo sobre la base de la tutela del adherente.

En Inglaterra este tema fue fruto de una evolución histórica. Por mucho tiempo el *case law* se dedicó a la protección de una de las partes consideradas más débil, como el asegurado o el adherente a condiciones generales de la contratación, pero, por sobre todo, en el caso de las cláusulas de exención, para perjudicar a quien desea eximirse de responsabilidad por no haber redactado dicha cláusula con suficiente claridad.

Últimamente, sin embargo, sentencias y autores suelen invocar como autoridad en este tema la sentencia *Tam Wing Chuen*, que cifra el fundamento en que "se puede asumir que la persona que propone la redacción de un acuerdo ha velado por sus propios intereses, de modo que si las palabras dejan lugar a dudas sobre si se pretende obtener un beneficio determinado, hay razones para suponer que no es así"[1222], lo que remite también a la responsabilidad por la formulación.

Los instrumentos de armonización no contienen fundamentos, salvo ciertos comentarios oficiales, como los de los PICC, que atañen a la responsabilidad del predisponente del contrato. Por su parte, el DCFR y los PLDC, al contener la noción de contratación "bajo la influencia dominante" de otro, parecen reconocer su *ratio* en la protección de uno de los contratantes.

[1222] *Tam Wing Chuen v Bank of Credit & Commerce Hong Kong Ltd.* [1996] BCC 388, 394.

6. Condiciones de aplicación y consecuencias

En esta materia pueden apreciarse ciertos acuerdos que hacen pensar en una equivalencia funcional[1223]. Salvo algunas posiciones con la pretensión de proteger al consumidor en Francia, frente a lo cual se plantea que la regla opera de inmediato en el proceso interpretativo, es unánime la exigencia de subsidiariedad en la aplicación de la regla, demandando una ambigüedad insuperable mediante los demás criterios de interpretación de cada sistema. En Alemania, los §§ 133 y 157 BGB con su desarrollo dogmático, además de la interpretación objetiva que prima en los contratos sujetos a condiciones generales. En Francia, los arts. 1188 a 1192 *Code*. En Inglaterra, los "principios" de interpretación como han sido desarrollados por los tribunales, últimamente fijados en el caso *Investors* y su devenir posterior[1224]. En los instrumentos de *soft law,* salvo el Código Europeo de Contratos de la Academia de Pavía que establece literalmente una aplicación "Cuando, a pesar de la evaluación efectuada…" de acuerdo con sus normas de interpretación especiales, no se pueda determinar un sentido del contrato, los demás instrumentos contemplan la aplicación, en general, "en caso de dudas", con lo que puede compartirse las conclusiones que hemos referido respecto de ellos también.

Respecto al problema de la parte contractual contra la cual se aplica la regla, el derecho inglés lo ha conceptualizado desde antiguo como la determinación del *proferens,* respuesta que es variable en los distintos ordenamientos: de quien procede la redacción de la cláusula, del contrato, el interés o el beneficio de ella. No existe claridad incluso dentro de las sentencias de cada sistema. No obstante, en razón del fundamento de la responsabilidad por la formulación, parece decantarse la de-

---

[1223] En los términos en que lo explica, por ej., MICHAELS (2019) p. 362.
[1224] En extenso, *supra* IV. 4.

terminación del *proferens* como aquel que tuvo en sus manos la formulación del acuerdo, ya sea en contratos sujetos a condiciones generales, como en contratos libremente negociados. Como veremos, en Chile pese a que la codificación busca resolver varios de estos temas la respuesta no es tan sencilla.

Finalmente, las consecuencias de la aplicación de la regla parecen coincidir en todos los ordenamientos: resultando dos o más respuestas plausibles a la luz de los cánones de interpretación, el acuerdo debe interpretarse en contra del *proferens*. Únicamente en Alemania se han planteado algunas posiciones más acabadas sobre este tema, especialmente a la luz del ámbito del § 305c párr. 2, discutiéndose la determinación de la alternativa más favorable para el consumidor, si debe tomar en cuenta la situación particular de éste o debe ser aquella interpretación más favorable en forma abstracta.

7. Resultados

De esta reflexión, pudieron resaltarse ciertas convergencias y divergencias entre cada uno de los sistemas que aportan luces acerca de cómo debiera desenvolverse un análisis adecuado del derecho chileno, determinando en qué aspectos debe fijarse el intérprete del artículo 1566, guiando la resolución de los principales problemas a la luz de las fuentes comparativas.

En dicha tarea deben tenerse en cuenta también las respuestas que han otorgado las diferentes iniciativas de armonización del derecho contractual que se han emprendido y cómo abordan la regla *contra proferentem*, a fin de vislumbrar un modelo que contenga aportes a la comprensión y refinamiento de la regla según lo que hemos indicado en este capítulo.

Capítulo 3.

La regla contra proferentem en el Derecho chileno

I. INTRODUCCIÓN. SOBRE EL MÉTODO DE ESTE CAPÍTULO

En el presente capítulo se utilizarán los insumos identificados en los dos primeros capítulos con el fin de hacer avanzar al Derecho chileno en esta materia. Esta es la razón por la cual, en cada paso, en la medida que sea procedente, se volverá sobre los antecedentes históricos y las conclusiones comparativas ya pesquisadas a fin de dar luces para la solución de puntos oscuros en las normas chilenas que identificaremos.

Por ello, aparecerán consideraciones históricas a la par que argumentaciones sobre la base de las legislaciones comparadas estudiadas, además de algunos otros textos extranjeros particularmente seleccionados como ilustrativos. No debe resultar extraño que se proceda de esta manera atendida la metodología histórica y de argumentación comparada enunciada en la introducción. Seguiremos en este sentido lo dicho por Coendet, al indicar la necesidad de cruzar la frontera entre el Derecho propio y el ajeno, pues el trabajo de Derecho comparado sobre el derecho vigente consiste en una transgresión constante: hacer todo lo posible para reconocer los límites del propio Derecho, pero también para superarlo sin necesariamente traicionarlo[1225]. Así, una vez examinados los antecedentes históricos y

---

[1225] COENDET (2012) p. 189.

comparativos surge la necesidad de confrontar dichas conclusiones con el desarrollo del derecho chileno.

La regla se encuentra positivizada en cuatro cuerpos legales que han surgido en distintos momentos históricos. Se trata del art. 1566 CCCh, del cual ya hemos evaluado la historia de su establecimiento en la codificación nacional[1226]; el art. 1175 del Código de Comercio (CCom), introducido por reforma del año 1988; el art. 3° e) inc. 3 del DFL 251 de 1931 sobre compañías de seguros, sociedades anónimas y bolsas de comercio, por modificación de 2001; y el art. 16 C de la ley N° 19.496 sobre protección de los derechos de los consumidores (LPDC), introducido en la enmienda denominada "pro consumidor" del año 2021.

En este apartado, en forma similar al capítulo anterior, proseguiremos el desarrollo histórico de la regla en derecho chileno, para luego ir evaluando las demás disposiciones recién referidas, centrándonos sobre todo en la exploración de los artículos 1566 CCCh y 16 C LPDC por ser las expresiones más propias aplicables a la contratación general libremente negociada y de consumo, respectivamente.

[1226] Véase *supra* Cap. 1. Reproducimos nuevamente la citada disposición: "Art. 1566. No pudiendo aplicarse ninguna de las reglas precedentes de interpretación, se interpretarán las cláusulas ambiguas **a favor del deudor.**

Pero las cláusulas ambiguas que hayan sido extendidas o dictadas por una de las partes, sea acreedora o deudora, se interpretarán **contra ella**, siempre que la ambigüedad provenga de la falta de una explicación que haya debido darse por ella". Destacados añadidos.

II. LA REGLA ANTE LA EVOLUCIÓN DE SUS FUENTES

1. Los primeros comentarios a la regla del Código Civil

Tal como en el apartado destinado al análisis del derecho francés —de ahí su importancia para efectos de comparación—, el inicio de nuestro estudio comienza con las primeras exploraciones doctrinales del Código Civil. A este respecto, la primera tarea que se les presentó a los juristas fue comprender el antiguo derecho bajo la nueva forma textual que imponía la ley codificada, resultando natural que esta inicial operación consistiera en una exposición elemental del código, bajo la forma que ha sido denominada "reexposición literal"[1227].

En este sentido, pueden contarse las obras de José Victorino Lastarria y José Clemente Fabres, que se limitan a reproducir la regla en comento cambiando el orden de redacción de algunos preceptos. Así, el primero en su *Instituta del Derecho Civil chileno* (1863) declaraba que "se espone estrictamente la doctrina del *Código* en su propio lenguaje i aun en sus mismas formas, salvo ciertos artículos que ha sido necesario explicar de otro modo, para facilitar su inteligencia"[1228], transcribiendo el texto del art. 1566 en su regla octava, con ligeros cambios: "[…] pero siempre que la ambigüedad provenga de la falta de una explicación que haya debido darse por la parte que estendió o dictó la cláusula, se interpreta contra ella, ya sea acreedora o deudora"[1229], poniendo el énfasis en el predisponente, más que en la cláusula, lo que tiene un cierto interés como primer entendimiento de la regla.

[1227] GUZMÁN BRITO (1992b) p. 86.

[1228] LASTARRIA (1864) p. 4.

[1229] LASTARRIA (1864) p. 200.

Por su parte, Fabres en *Instituciones de Derecho Civil chileno* (1863) no innova en esta materia salvo en su reelaboración del art. 1560 que en sus palabras dice: "La intención manifiesta de los contratantes se prefiere al tenor literal"[1230]. Ello será un adelanto de la importancia que en el desarrollo doctrinal se le otorgará al examen de esta disposición.

La literatura de "comentario", en cambio, se caracteriza porque la exposición del autor sigue el orden del articulado del código, comentándose cada uno de ellos, pero todavía no emprendiendo la formación de un sistema autónomo[1231]. De esta breve etapa, en la cual destacan las obras de Jacinto Chacón, Paulino Alfonso, Robustiano Vera y el ecuatoriano Luis Felipe Borja, solo parece poder consultarse con provecho la obra de Vera, atendido que los demás no alcanzaron a abordar nuestro artículo en sus obras, por haber quedado inconclusas.

De esta forma, el citado autor introduce el examen de los artículos 1560 a 1566 señalando que "[…] cuando en el contrato está de manifiesto todo lo que quisieron las partes estipular, debe cumplirse literalmente lo pactado", lo cual se complementa con su transliteración del artículo 1560: "1.ª Cuando es clara la intención de los contratantes, pero las palabras no la expresan con exacta fidelidad, debe estarse a ellas mas que a éstas"[1232]. De esta forma, establece una primacía del tenor literal del contrato, si ello permite conocer fielmente la intención de los contratantes, pues de lo contrario será la intención la que prime. Por otra parte, en su regla sexta, reproduce el art. 1566 casi textualmente. Con todo, se permite citar más adelante la siguiente regla "En las ventas se interpretan las dudas con-

---

[1230] Fabres (1912) p. 103.
[1231] Guzmán Brito (1992b) p. 86. En nuestro medio este tipo de literatura ha sido escasa, no existiendo ningún comentario completo al Código Civil. Describe el fenómeno Stagl (2021) pp. 115-116.
[1232] Vera (1896) pp. 151-152

tra el vendedor, por ser el comprador el deudor principal"[1233], lo que obedece probablemente al art. 1602 *Code*. No queda claro, con todo, por qué el comprador revestiría la categoría de "deudor principal" en este contrato bilateral, cuando se trata de un contrato sinalagmático.

Por último, cabe citar los apuntes de clases de Leopoldo Urrutia, donde se destaca su comentario al art. 1566 inciso segundo, enunciando por primera vez un fundamento adecuado a la *ratio* de la disposición y totalmente original para la época:

> "La lei establece que se interpretará la cláusula en contra de la parte que la redactó, porque es de presumir que ha introducido la ambigüedad para aprovecharse de ella. Rije la regla de que nadie puede aprovecharse de su propio dolo"[1234].

Más tarde, puede apreciarse la etapa de los "tratados de derecho civil", que teniendo como núcleo al código, logran una independencia constructiva tanto en el sistema expositivo como en la elaboración conceptual y dogmática, permitiendo incluso la crítica. En compensación, se observa una mayor dependencia frente a la doctrina extranjera, especialmente la francesa[1235]. En efecto, con la adopción del programa francés de enseñanza del Derecho Civil de fines del siglo XIX junto a la aparición de una generación de grandes civilistas, la influencia del derecho francés y de su doctrina se hace clara y definitiva hasta marcar profundamente la concepción de la tarea dogmática en Chile[1236].

[1233] VERA (1896) p. 153.
[1234] URRUTIA ANGUITA (1901) pp. 118-119.
[1235] GUZMÁN BRITO (1992b) p. 87.
[1236] DOMÍNGUEZ ÁGUILA (2005) p. 66. Al respecto, véase AMUNÁTEGUI PERELLÓ (2016b) pp. 22-23, con las principales fuentes y desarrollo que cristalizaría en la reforma al plan de estudios de la Universidad de Chile de 1902.

En esta etapa ya aparecen los primeros comentarios sustantivos a nuestra regla, de los cuales puede destacarse la obra cumbre de Luis Claro Solar, *Explicaciones de Derecho Civil chileno y comparado*, que cuenta con 17 volúmenes redactados entre 1898 hasta su muerte en 1945 y un tomo póstumo en 1977 y se trata de hasta hoy del mayor de los tratados de Derecho civil escritos a la luz del Código de Bello[1237].

En su obra, el autor se refiere latamente al título de la interpretación de los contratos. Por ahora nos centraremos en las ideas que expuso sobre el art. 1566, para luego exponer en cada punto de nuestra propuesta de reconstrucción sus demás opiniones.

Sobre la regla, afirma su subsidiariedad señalando que "… supone que la duda sobre el verdadero sentido de las cláusulas o de la cláusula de un contrato no ha podido desaparecer con la aplicación de todas las demás reglas interpretativas que pudieran ser aplicadas"[1238]. Luego, es relevante su opinión sobre el fundamento de esta solución:

> "Pothier se limita a decir que 'el acreedor debe imputarse a sí mismo de no haberse explicado mejor'. Pero esto supone que el estipulante, en quien ve al acreedor, es el que ha redactado o dictado la cláusula ambigua que perjudica a la pronta y exacta ejecución de la convención; y puede ocurrir que el redactor del contrato haya sido la otra parte o un tercero. La razón dada por Pothier es exacta y suficiente cuando el acreedor es el que estipula, el que habla y expresa su voluntad; y es precisamente la explicación que da nuestro Código respecto de las cláusulas ambiguas extendidas o redactadas por una de las partes, sea acreedora o deudora, cuando la ambigüedad

---

[1237] Corral Talciani (2004) pp. 686-688.

[1238] Claro Solar (1939) p. 28. Más adelante (p. 31) señala que las disposiciones del art. 1566 no son aplicables en términos generales sino cuando la interpretación de la cláusula no pueda hacerse en forma de determinar la voluntad del obligado.

proviene de una falta de explicación que por ella haya debido darse. *Interpretatio faciendo est contra eum qui clarius loqui potuit et debuit*, porque debe culparse a sí mismo de no haberse expresado mejor, y no puede perjudicar a la otra parte por su culpa propia aquel *in cujus potestale fuit legem apertius dicere*"[1239].

Como puede observarse, en el fragmento, con claros antecedentes en las fuentes, se expresa la existencia de una exigencia de claridad de quien predispone el contenido contractual *"qui clarius loqui potuit et debuit"*, el que podía y debía hablar más claramente, como fundamento de esta solución normativa. Más adelante señala que el favorecimiento al deudor en el inciso primero se explica:

"[...] porque nadie es presumido obligarse; la libertad es de derecho común; y para que haya obligación o para agravar la obligación, lo que constituye una restricción impuesta a la libertad natural del deudor, es preciso que éste lo haya aceptado y se pruebe su aceptación"[1240]

Es decir, el razonamiento subyacente al principio *quod minus* y la carga de la prueba, como veremos. En el mismo sentido se pronuncia otra obra señera de esta época, el *Curso de Derecho Civil* de Alfredo BARROS ERRÁZURIZ, primero señalando que:

"La ley se pone en el caso de que una de las partes haya podido y debido explicarse más claramente sobre la obligación que entendía contraer, y en este caso, dice que la interpretación se hará contra él: *quia potuit apertiur legem dicere.*"[1241]

[1239] CLARO SOLAR (1939) p. 29, citando en la última frase al italiano Giorgi.
[1240] CLARO SOLAR (1939) p. 29.
[1241] BARROS ERRÁZURIZ (1917) pp. 65-66.

Citando en este punto P. 7, tít. 33, ley 2, que consagra la misma solución según examinamos[1242]. Y a continuación, respecto al inciso primero de nuestro artículo, indica:

> "La ley quiere que en caso de duda, y no pudiendo resolverse por ninguno de los medios anteriores, la interpretación se decida contra el acreedor o estipulante y en favor del deudor; porque se supone que el que se obliga no ha querido contraer sino el empeño menos riguroso. *Ambiguitas contra stipulatorem est.* (ley 38 párrafo 18, tít. 1.° lib. 45 del Digesto"[1243].

Como puede verse, citando fragmentos romanos llega al fundamento ya esbozado en nuestro medio por Claro Solar: la presunción de que nadie se obliga a menos que ello se establezca claramente.

Finalmente, como corolario de esta etapa destaca la primera obra de conjunto sobre la interpretación contractual de este período[1244], la monografía de Héctor Brain Rioja, *La Interpretación de los Contratos ante la Doctrina y la Jurisprudencia,* quien en la misma línea que sus predecesores indica:

> "La justicia de la disposición está evidente: la parte que por error, ignorancia o mala fé produjo la dificultad debe sufrir sus consecuencias; no hay razón para perjudicar a la otra, que es inocente. Puede también estimarse como una sanción a la mala fé o negligencia de las partes, que estipulan cláusulas obscuras, aprovechándose de la buena fé o ignorancia de la otra" [sic][1245]

[1242]   *supra* Cap. 1, II, 4.

[1243]   BARROS ERRÁZURIZ (1917) p. 66.

[1244]   Según el informe de Luis Barriga Errázuriz, en BRAIN RIOJA (1941) p. 6. La situación posterior no cambió sustancialmente: a esta monografía le seguiría la de ROJAS BLANCO (1960); LYON PUELMA (2017) y últimamente BUSTOS DÍAZ (2023).

[1245]   BRAIN RIOJA (1941) p. 121. En sentido similar sobre el art. 1566, los apuntes de ALESSANDRI RODRÍGUEZ (1936) p. 65 indicaban: "De

Es destacable que el autor se centre en forma temprana en el carácter sancionatorio de la regla, resaltando la responsabilidad del predisponente de las cláusulas oscuras.

Esta fundamentación, clara y con antecedentes en las fuentes de la norma, irá difuminándose en el tiempo, cuando la doctrina contemporánea se limite en forma casi exclusiva al análisis de las demás disposiciones del título XIII del libro IV, sobre todo su art. 1560, dejando al 1566 relegado a un análisis textual o resaltando las particularidades de la interpretación de los contratos de adhesión y la función protectora que el art. 1566 cumpliría en esta clase de convenciones[1246].

2. De los así llamados "sistemas de interpretación de los contratos". Un panorama doctrinal

2.1 La distinción en perspectiva histórica

En su estudio panorámico sobre la interpretación contractual en derecho chileno, Baraona advierte que la doctrina y en menor medida la jurisprudencia "...ha transitado desde una primera lectura subjetivista de la interpretación del contrato hacia una comprensión más objetiva de esta importante labor, particularmente alentada por el principio de la buena fe"[1247]. En este apartado se analizará la controversia acerca del objeto

---

otra manera se autorizaría a la parte que redactó esa cláusula para sacar provecho de su negligencia, y aun de su malicia".

[1246] Como bien resalta Prado López (2019) pp. 520-521, "...es posible observar que la doctrina nacional no ha tenido como especial centro de atención la norma en cuestión; más bien, su análisis suele llevarse a cabo con ocasión del estudio de la interpretación del contrato como un todo".

[1247] Baraona González (2008) p. 460.

de la interpretación contractual y su evolución en el derecho nacional como presupuesto del análisis de una de sus reglas, el art. 1566 CCCh.

Si bien se ha señalado que los primeros comentaristas de las reglas de interpretación le asignaron un rol preponderante a la voluntad de las partes, a propósito del estudio del art. 1560 CCCh[1248], mirada la cuestión con detenimiento admite una conclusión más matizada.

Así, Barros Errázuriz indicaba que: "Esta es la regla de interpretación de los contratos, que podemos llamar funda-mental: buscar la *intención* de los contratantes"[1249]. No obstan-te, inmediatamente después resalta el elemento literal como preponderante: "Si la intención de los contratantes está pro-piamente expresada por los términos que se han empleado, entonces no cabe cuestión y deberá aplicarse estrictamente el texto literal del contrato que guarda conformidad con la voluntad de las partes"[1250].

En similar sentido, Claro Solar opinaba que: "Esta regla, en cuanto prescribe al juez la investigación de la voluntad de los contratantes, domina todas las otras disposiciones del título"[1251], pero también, a continuación, que "Debe admitir-se, por regla general, que las palabras de que los contratan-tes se han servido, expresan con exactitud su pensamiento; y por consiguiente, cuando el sentido de estas palabras es evi-dente y razonable, no hay ningún otro elemento de prueba

---

[1248] Art. 1560: "Conocida claramente la intención de los contratantes, debe estarse a ella más que a lo literal de las palabras".

[1249] Barros Errázuriz (1917) p. 60. Cursivas en el texto.

[1250] Barros Errázuriz (1917) pp. 60-61.

[1251] Claro Solar (1939) p. 16.

que pueda hacer conocer con mayor seguridad la voluntad de las partes"[1252].

Estos dos primeros comentaristas, entonces, le otorgan una preponderancia al tenor literal del texto contractual, como primer insumo a la hora de interpretar el contrato, antes de hacer un análisis de la intención.

No obstante, esta comprensión sería paulatinamente oscurecida a partir de la obra de Brain Rioja, donde por primera vez se incorpora el análisis de lo que desde allí se denominó, sin contrapesos, incluso hasta nuestros días y con demasiada insistencia, "sistemas de interpretación contractual". En efecto, el autor señala en una primera obra que:

> "El concepto subjetivo del Derecho, por el cual se da un lugar preferente a la voluntad individual, crea el sistema subjetivo de interpretación, que consiste en buscar en primer término la intención real de las partes y llegar por todos los medios posibles al conocimiento de ella"[1253]

Más adelante, afirma que el CCCh se decantaría por este sistema[1254].

Será en su monografía de 1941 que profundizará en el "sistema moderno" u "objetivo" de interpretación, opuesto al anterior, que sería —según el autor— fruto de la aparición de nuevas legislaciones como la alemana o la suiza con principios que vendrían a limitar la "soberanía de la voluntad". De esta forma, indica Brain "nace la nueva orientación en materia de interpretación de contratos, pretendiendo desentenderse de la voluntad de los contratantes y de su intención como base y fin del proceso interpretativo, para suplirla por otras consideraciones de orden más

---

[1252] CLARO SOLAR (1939) pp. 16-17.
[1253] BRAIN RIOJA (1938) p. 1993.
[1254] BRAIN RIOJA (1938) p. 1994.

real, más objetivo", en lo cual luego profundiza, refiriéndose a la teoría alemana de la "voluntad declarada" y el "método realista de interpretación"[1255].

El origen más inmediato de esta teoría y su importación a suelo nacional puede encontrarse en las obras que cita Brain en esta parte. Así, aparece primero el español Calixto Valverde y Valverde, que en 1926 describe en forma muy gráfica este entendimiento de la "doctrina clásica de la autonomía de la voluntad", señalando que "[...] la labor del intérprete no es la de un jurista que aplica una regla, sino la de un psicólogo que percibe la intención de los contratantes, es, en fin, una operación inductiva encaminada a averiguar la verdadera intención"[1256], para luego oponer a ello un sistema distinto, "moderno", en virtud del cual:

> "La interpretación de los contratos, tal cual la quiere el derecho moderno, no ha de ser subjetiva solamente, sino objetiva, basada en la equidad y orientada en todo caso a conceder validez al contrato, pues debe huirse de toda interpretación que conduzca a la nulidad del mismo; para eso se concede al juez ese poder supletivo en materia contractual, y que no tiene o no debe tener en las declaraciones o actos unilaterales"[1257]

En segundo lugar, aparece citada en Brain la doctrina de Gaudemet, que en 1937, en esta materia, busca conciliar "la teoría clásica de la voluntad y las teorías modernas que quieren hacer prevalecer la equidad social"[1258].

De esta forma, parece ser que las discusiones alemanas entre la teoría de la voluntad y la declaración[1259] dieron origen en

---

[1255] Brain Rioja (1941) pp. 14-15.
[1256] Valverde y Valverde (1926) p. 282.
[1257] Valverde y Valverde (1926) p. 286.
[1258] Gaudemet (2000) p. 224.
[1259] Sobre lo cual nos referimos brevemente en *supra* Cap. 2, II.

Chile a la distinción entre un "sistema subjetivo" heredero del *Code* con base en el así llamado principio de la "autonomía de la voluntad" y un sistema objetivo que sería el alemán, pese a que en él hubiera discusión[1260].

Este entendimiento se propagará con el tiempo. Así, en la manualística de la época puede citarse la obra de Vodanovic, según el cual "Hay dos sistemas de interpretación: 1) Sistema objetivo o de la voluntad declarada; y 2) Sistema subjetivo o individual", señalando sin embargo que "Actualmente no hay legislación que se abanderice por uno de los sistemas con exclusión del otro. Pero todas contienen en menor grado un sistema y otro"[1261]. La primera edición del manual de Meza Barros indica que existen dos métodos de interpretar los contratos, uno subjetivo y otro objetivo, siendo el propósito del primero "in-

---

[1260] Ya LARENZ (1966) [pero 1930] p. 1, introducía su estudio sobre la interpretación de los negocios jurídicos señalando que: "La doctrina de la interpretación de los negocios jurídicos no ha llegado aún a una conclusión, sino que presenta el cuadro de una lucha entre direcciones contrapuestas, que parecen modificarse de muchas maneras en los casos individuales y ninguna de las cuales se lleva a cabo de manera completamente pura, pero entre las cuales aún no se ha logrado una verdadera mediación. El objeto de esta disputa es la meta a la que debe aspirar la interpretación. En la literatura más antigua, encontramos que el objetivo de la interpretación es averiguar la voluntad interna de cada parte. Por otra parte, desde el libro de Danz sobre la interpretación, se ha impuesto la convicción de que la interpretación no se ocupa de averiguar la voluntad, sino de averiguar el sentido de la declaración [...]".

[1261] VODANOVIC HAKLICKA (1942) p. 294, lo cual es mantenido en su última actualización, en VODANOVIC HAKLICKA y otros (2019) p. 288. En el mismo sentido, TRONCOSO LARRONDE y ÁLVAREZ CID (2014) p. 48. Hablando de "modelos de interpretación", BARCIA LEHMANN (2007) p. 22, sin perjuicio de su aparente adscripción de la regla chilena al "modelo objetivo", compartida por RUZ LÁRTIGA (2011) p. 58, como detallaremos luego. "Sistemas de interpretación" como indica ABELIUK MANASEVICH (2014b) p. 133.

dagar cuál es la voluntad real de los contratantes", sindicando a este sistema como el acogido por nuestro código[1262]. Por su parte, la monografía que analiza la jurisprudencia del art. 1560 de Rojas Blanco indica en similar sentido que "[...] para nuestro Código la interpretación es un proceso investigativo de carácter subjetivo porque atiende exclusivamente a la voluntad de los sujetos autores del acto"[1263].

López Santa María trata el tema, primero, en su monografía de pregrado, exponiendo las características del llamado "sistema subjetivo", en que "para llegar a la común voluntad el juez debe recurrir a todos los medios posibles"[1264], como opuesto a un "sistema objetivo", que "toma el texto contractual y lo interpreta, si se nos permite la expresión, despreciando el pretérito, lo que pudieron desear las partes en el instante de contratar, háyanlo o no exteriorizado"[1265]. López indica que el primero sería el sistema consagrado por el CCCh, lo que se derivaría del artículo 1560[1266].

Será en la tesis doctoral francesa del autor en comento, *Sistemas de interpretación de los contratos,* que profundizará en estas ideas afirmando que: "[e]l alcance del artículo 1560 no es diferente del artículo 1156 del Código francés. El intérprete debe acometer una verdadera investigación psicológica pues su propósito es lograr poner en claro la intención de los contratantes"[1267]. López contrapone este sistema al que con-

---

[1262]   Meza Barros (1951) p. 63.

[1263]   Rojas Blanco (1962) p. 21.

[1264]   López Santa María (1966) p. 31.

[1265]   López Santa María (1966) p. 32.

[1266]   López Santa María (1966) p. 45.

[1267]   López Santa María (1971) p. 83, si bien luego reconociendo que la intención de los contratantes en el CCCh debe ser conocida "con carácter de evidencia", pero reconociendo al final que ambos sistemas, por pertenecer al modelo subjetivo, llegarían a la

sagraría el derecho alemán, teniendo en cuenta el desarrollo de la teoría de la declaración (*Erklärungstheorie*) como telón de fondo de la interpretación del § 133 BGB, señalando que "el genuino sentido del parágrafo 133 se traduce en el establecimiento de un sistema en el cual lo que se interpreta es el texto contractual enriquecido por las circunstancias objetivas de la especie"[1268].

La jurisprudencia ha reafirmado este entendimiento de la existencia de dos sistemas de interpretación, siendo subjetivo el chileno, como puede verse en fallos de los últimos años[1269].

---

misma solución. En el mismo sentido se pronuncia en su obra *Los contratos,* LÓPEZ SANTA MARÍA (1986) p. 310, descartando toda lectura en clave objetiva de este artículo: "Sería erróneo pensar que estos artículos le ordenan al juez exclusivamente la búsqueda de elementos cognoscibles directamente por el examen de la realidad externa, elementos objetivos, perceptibles sin necesidad de inmiscuirse en aquello que hay de más precioso en el individuo: su interioridad, su alma. La verdad es que ellos ordenan al intérprete una *investigación sicológica*". Este entendimiento se mantendrá hasta la sexta edición de su obra, LÓPEZ SANTA MARÍA y ELORRIAGA DE BONIS (2017) p. 474.

[1268] LÓPEZ SANTA MARÍA (1971) p. 169. En el mismo sentido, Ducci explica sobre la misma disposición del BGB que "[...] la influencia de la escuela objetiva fue tan fuerte que se aplicó en un sentido totalmente distinto", concluyendo luego que nuestro código habría incorporado el "método subjetivo o clásico". DUCCI CLARO (1977) p. 203.

[1269] *HOTEL PALACIO ASTORECA LIMITADA CON CONSTRUCTORA DIMAR LIMITADA* (2017) cons. 2°; *ORTÚZAR CON AUTOMOTORES GILDEMEISTER S.A.* (2014) cons. 8°; *COMUNIDAD DE COPROPIETARIOS DE GOLF LOMAS DE LA DEHESA CON INVERSIONES LOMAS DE LA DEHESA LIMITADA* (2013) cons. 33°; *FISCO DE CHILE CON SOCIEDAD DE SERVICIOS INTEGRALES DE REPARACIÓN Y MANTENCIÓN SERCABUS LIMITADA* (2012) cons. 6°; *CARRASCO Y OTROS CON SERVICIO DE SALUD METROPOLITANO ORIENTE* (2012) cons. 3°; *SOCIEDAD LEGAL MINERA SAN MIGUEL UNO DE SIERRA VALENZUELA CONTRA COMPAÑÍA MINERA DOÑA ISABEL LIMITADA* (2010) cons. 40°, pese a que luego indique que "...sólo permite re-

Últimamente, Elorriaga afirma que "[e]xiste acuerdo doctrinario que en Chile el Código Civil recoge el sistema subjetivo de interpretación contractual, ya que impone al juez intentar determinar cuál fue la genuina intencionalidad de las partes, y lo obliga a darle a ello más importancia que a las palabras usadas por las partes del contrato"[1270], con cita a múltiples autores que así lo habrían reconocido[1271].

No obstante, alguna parte de la doctrina reaccionará contra este estado de cosas. Pese a que Ducci, como hemos dicho, inicia su tratamiento con el lugar común de distinguir métodos subjetivos y objetivos de interpretación, señalando que el CCCh adoptaría el primero, luego expresa, en un contundente pasaje que cabe transcribir parcialmente:

> "Al establecer el Código chileno que el intérprete debe estar a la intención 'claramente' conocida, modifica substancialmente el sistema interpretativo del Código de Napoleón; el juez ya no queda entregado a una libre y subjetiva investigación psicológica; la intención debe serle probada y esta prueba significa una manifestación objetiva de la misma [...] El juez ya no queda entregado a la tarea casi gnóstica de adivinar secretas intenciones u ocultos designios; su papel deja de ser el de un psicólogo para transformarse realmente en un juez, debe establecer si hay antecedentes objetivos que le permitan precisar una voluntad distinta de la aparentemente manifestada"[1272]

---

currir a la referida intención cuando ella se desprende y distingue perfectamente, de lo contrario no resulta procedente construir intenciones o voluntades presuntas o virtuales", lo cual caracterizaría supuestamente el llamado sistema "objetivo"; Consorcio de Trasportes Trancura Limtada contra Tocale (2010) cons. 9°.

[1270] Elorriaga de Bonis (2018) p. 413.

[1271] Dentro de ellos algunos que pueden examinarse más detenidamente, como Ducci Claro, según se verá. Reconociendo la existencia de "sistemas" siendo el subjetivo el consagrado por el art. 1560, Barrientos Grandon (2016) p. 581.

[1272] Ducci Claro (1977) pp. 208-209.

De esta forma, se inicia en la doctrina una reacción contra el subjetivismo en la interpretación, o más bien, una vuelta a los primeros comentaristas que ya esbozaban ciertas ideas en este sentido, como Claro Solar y Barros Errázuriz. En este sentido, Rosende, siguiendo a Ducci afirma, a propósito de un caso que "[...] se requiere indagar si existe aquella coincidencia entre la voluntad real o intención de los contratantes y lo manifestado por ellos en el contrato, o si, en cambio, hay una dicotomía al respecto que obligue a establecer la verdadera intención de los mismos [...] con la evidencia y certeza que el artículo 1560 requiere"[1273].

En un sentido similar se manifiesta Vidal Olivares, pese a indicar que el sistema chileno sería subjetivo[1274], a continuación, afirma sus particularidades respecto del sistema francés:

> "El Código Civil chileno introduce una alteración sustancial a la regla de hermenéutica contractual del *Code* y ella consiste en el establecimiento de una especie de presunción de coincidencia entre la voluntad interna (común intención de los contratantes) y la declarada (términos de los contratos o tenor literal de las palabras)"[1275]

De esta forma, el énfasis en la frase "conocida claramente" del art. 1560 CCCh implica que la declaración sea el primer indicio que debe examinar el intérprete. En este sentido, Alcalde Silva rechaza una investigación psicológica de la voluntad de los contratantes que implique adentrarse en su fuero interno, atendiendo en cambio a la voluntad normativa u objetiva que

---

[1273] ROSENDE ÁLVAREZ (1986) p. 110.
[1274] VIDAL OLIVARES (2000a) p. 220.
[1275] VIDAL OLIVARES (2000a) p. 221.

estas han expresado[1276]. Análogamente se pronunciará alguna parte de la doctrina más reciente sobre el particular[1277].

En este esfuerzo de objetivación parece inscribirse la obra de Lyon, la monografía más extensa que se ha escrito sobre interpretación e integración contractual en nuestro país. Si bien el autor a la hora de evaluar el contenido de lo que es la "intención de los contratantes" del art. 1560, señala que "es una buena mezcla de psiquismo y subjetivismo por un lado y racionalidad objetiva por el otro"[1278], o que el orden jurídico desentraña dicha intención "a través de una investigación psicológica-subjetiva de su voluntad y, al mismo tiempo, de una investigación técnico-objetiva del modelo contractual

---

[1276] ALCALDE SILVA (2006) p. 567. En este sentido, citando al autor, CRESPILLO CON G4S SECURITY SERVICES REGIONES S.A (2019) cons. 5°.

[1277] Así, BARAONA GONZÁLEZ (2016) p. 449, propone que "...es la interpretación que las partes han convenido, manifestado principalmente en el tenor contractual, el principal material que se ha de interpretar". En análogo sentido, PIZARRO WILSON y VIDAL OLIVARES (2013) p. 340. BANFI DEL RÍO (2020) p. 207. ALCALDE RODRÍGUEZ y BOETSCH GILLET (2021) p. 779. Si bien nos hemos referido a este punto en RUBIO VARAS (2018) p. 556, mencionamos la existencia de un sistema "subjetivo" de interpretación en el CCCh, respecto de lo cual hemos cambiado de opinión. Debe destacarse que, como adelantamos, BARCIA LEHMANN (2007) p. 23, si bien adscribe a la identificación de dos "sistemas de interpretación", indicando que el chileno es subjetivo, dice que el tenor literal del art. 1560, "... parece inclinarse por la interpretación objetiva del contrato". Más claro, aunque utilizando la nomenclatura de "sistemas" y siguiendo en parte a Barcia, RUZ LÁRTIGA (2011) p. 58, indica que, del art. 1560 se desprende una adscripción al sistema "objetivo", según el cual "...la fórmula empleada al redactar el contrato tiene un valor en sí misma. Exprime la voluntad de las partes, que normalmente declaran lo que quieren, al menos cuando actúan de buena fe. La real intención de las partes será investigada sólo en la medida en que el tenor de sus cláusulas no la incorpore".

[1278] LYON PUELMA (2017) p. 25.

usado por ellas"[1279], lo cierto es que termina concluyendo que "el objeto de la interpretación es la voluntad expresada ya sea que ella se derive de declaraciones o de comportamientos, pero solamente la voluntad expresada que formó el consentimiento"[1280], indicando que dicha intención únicamente puede desprenderse de las declaraciones de las partes y sus respectivos comportamientos. Se abandona de esta forma el énfasis en una investigación psicológica de la intención.

Por último, cabe mencionar a Coloma, quien ha señalado que el binomio interpretación objetiva/subjetiva no da cuenta de la complejidad y las discordancias en los razonamientos interpretativos, explorando en cambio lo que él llama "trasfondos interpretativos", que serían actitudes y creencias implícitas desde las que se hacen depender la producción y/o elección de ciertas interpretaciones contractuales, por sobre otras[1281]. Estas distintas variables pueden relacionarse con el predominio de cierta clase de argumentos y determinadas concepciones éticas dado el alto nivel de desacuerdo entre textos que interpretan contratos detectado en las sentencias[1282]. Compartimos la idea de que el binomio interpretación objetiva/subjetiva oculta complejidades que encierra cada sistema de interpretación —y además, agregaríamos, dificulta el ejercicio comparativo entre distintos ordenamientos—, pero la noción de "trasfondos interpretativos" parece centrarse más en la constatación de ciertas prácticas —lo que no deja de ser valioso—, que en la contribución a dotar de operatividad a las directivas de inter-

---

[1279] LYON PUELMA (2017) p. 26.

[1280] LYON PUELMA (2017) p. 63.

[1281] COLOMA CORREA (2023) pp. 233-234. Las cuatro categorías propuestas por el autor serían textualismo, razonabilismo, organicismo y adaptacionismo y en cada una de ellas hay preferencia por distintos argumentos interpretativos, en cuanto funcionales al logro de ciertos propósitos en la actividad interpretativa.

[1282] COLOMA CORREA (2023) pp. 247-248.

pretación contractual —que según el autor no cumplirían un rol relevante como guía de conducta— y a la determinación de sus límites[1283], lo que parece ir en desmedro de la certeza pretendida por el legislador mediante el establecimiento de las reglas del título XIII.

2.2 La distinción de "sistemas" en perspectiva comparada

En esta línea de objetivación se inscribe Johow Santoro, en un valioso artículo que compara el derecho alemán con el derecho chileno en materia de hermenéutica contractual. Es importante que destaque las similitudes en el proceso interpretativo de ambas legislaciones, afirmando que las dos parten del tenor literal de la declaración según el uso general del idioma, para luego recurrir a las circunstancias concomitantes fuera del acto declarativo, para identificar una posible voluntad negocial distinta detrás de la declaración. Los procedimientos interpretativos se separarían en la consideración del horizonte del destinatario como presupuesto del resultado interpretativo, en derecho alemán, mientras que en Chile regiría una supuesta "voluntad hipotética o probable de las partes". No obstante, finalmente reconoce que el resultado interpretativo en ambas legislaciones no debiera separarse mucho[1284].

Esto último es lo que han concluido diversos análisis comparativos de este tema. Ya Rieg, comparando el sistema francés y el alemán, concluyó que, si bien estos se distancian en el nivel de la "especulación intelectual", pueden conciliarse en sus efectos prácticos: los tribunales franceses no descuidan la seguridad del comercio por recurrir a elementos subjetivos, mientras que la interpretación alemana "no es tan objetiva como quisieran los autores: detrás de la declaración aparece la volun-

---

[1283] Dos objetivos que propone en COLOMA CORREA (2023) p. 235.
[1284] JOHOW SANTORO (2002) pp. 119-121.

tad que anima al declarante, y los jueces no pueden prescindir fácilmente de ella"[1285].

En el mismo sentido, Vogenauer afirma que una mirada más cuidadosa permite concluir que ni el *Code* ni el BGB imponen que la intención "común" o "verdadera", respectivamente, sea el único aspecto que se deba tomar en cuenta. El elemento de la intención es balanceado con otros factores que nada tienen que ver con un estado mental: ambos sistemas permiten una mezcla de elementos subjetivos y objetivos. En definitiva, el sistema francés sería "subjetivo en términos de ideología y retórica, más que de sustancia", mientras que en el sistema alemán tampoco es que la interpretación esté completamente desligada de las concretas partes de una particular transacción[1286].

Por su parte, Smits indica que todas las jurisdicciones europeas (analizando en este caso Francia, Alemania e Inglaterra) adoptan un compromiso entre otorgar importancia a la intención y a la expresión: la interpretación siempre está dirigida a encontrar la común intención de las partes, si éstas difieran acerca de lo que constituye su intención común, el significado razonable que corresponda a las palabras en las circunstancias del caso prevalecerá[1287].

Por último, un reciente análisis comparativo de varias jurisdicciones europeas identificó como un *Common Core* de los sistemas estudiados que todo sistema jurídico se esfuerza por alcanzar un compromiso entre la fidelidad a las intenciones reales de las partes, la evaluación de lo que una persona razonable entendería del proyecto de contrato y la prevención de resultados injustos o inequitativos. Cada tribunal se basa en el material que tiene a su disposición para alcanzar este com-

---

[1285] R<small>IEG</small> (1961) pp. 384-385.
[1286] V<small>OGENAUER</small> (2007b) pp. 126-128.
[1287] S<small>MITS</small> (2021) p. 124.

promiso, lo que excedería las distinciones de derecho continental/*common law,* aproximación objetiva/subjetiva o literal/contextual[1288].

Esto es lo que puede apreciarse también en el sistema nacional. Por tanto, pareciera que las distinciones entre sistemas "objetivos" o "subjetivos", etiquetando de esta última forma el chileno, no se justifican, constituyendo un dogma que debiera ser abandonado.

2.3 Nuestro entendimiento del sistema chileno de interpretación contractual

Lo que prescribe el artículo 1560 es la primacía del sentido literal del texto contractual, presumiéndose que éste guarda concordancia con la intención de los contratantes[1289]. No debe olvidarse la aclaración de Bello que puede consultarse entre sus papeles y que fue agregada en el Proyecto Inédito "En los contratos, es de regla atenerse a la letra en lo que no pugna manifiestamente con la conocida intención de las partes"[1290]. Ello se complementa por lo dicho en sus Principios de Derecho Internacional "Cuando se ve claramente cuál es el sentido que conviene dar a la intención del legislador o de los contratantes, no es lícito dar a sus expresiones otro sentido"[1291].

Por lo demás, el artículo 1560 contiene la misma solución interpretativa del artículo 1069, en materia de interpretación

---

[1288] Baaij, Cabrelli y Macgregor (2020b) pp. 411-412.

[1289] En esto y lo que sigue, Rubio Varas (2023a) p. 446 y ss.

[1290] Bello (¿1845-1865?) reverso.

[1291] Bello (1987) p. 177. En esta parte sigue a Vattel (1836) p. 70 que indica: "Aunque brille la claridad en todas las disposiciones de un acta, y esté concebida en los términos más precisos y claros, todo será inútil si se permite buscar razones estrañas para sostener que no se puede entender en el sentido que presenta naturalmente".

de testamentos[1292], por lo que parece pertinente incorporar las palabras de Bello sobre la interpretación de este negocio jurídico, que es aplicable también a los contratos:

> "He creído de mi deber tomar en su sentido natural las palabras i frases del testamento, sin introducir idea alguna que no nazca espontáneamente de ellas, sobre todo cuando en su natural sentido no presentan nada de absurdo; i aun en el caso contrario (que parece ocurrir en la cláusula a que se refiere la cuestion octava), **he procurado colejir la voluntad del testador por inducciones verosímiles sin hacer violencia al texto**. El artículo 1069 del Código prescribe que, sobre todas las reglas legales de interpretacion, debe prevalecer la voluntad del testador claramente manifestada; pero **esta manifestacion no debe buscarse en otra parte, que en el testamento mismo**; i si, por ejemplo, se tuviese por otra parte conocimiento de hechos de que se infiriese claramente que el testador no habia querido excluir de la sucesion a tales o cuales de sus parientes que por el testamento apareciesen excluidos, no sería lícito atender a estos hechos para apartarse del sentido jenuino de una cláusula testamentaria, porque, admitida esta práctica, no habria cláusula testamentaria que no pudiese invalidarse o alterarse por medio de informes i declaraciones de testigos; lo que ya se ve cuan contrario sería al espíritu, letra i propósito de nuestra lejislacion"[1293].

La Corte Suprema ha razonado en este sentido, en un análisis que empieza por abandonar la adscripción del CCCh al denominado "sistema subjetivo" de interpretación y destacando el adverbio "claramente":

> "[...] de un somero análisis de los artículos 19, 1069 y 1560 del Código Civil, la doctrina ha expresado que el legislador adhirió al sistema subjetivo de interpretación.

[1292] DOMÍNGUEZ BENAVENTE y DOMÍNGUEZ ÁGUILA (2011) p. 372; RIVERA RESTREPO (2020) p. 610. Últimamente, *URZÚA CON ROJAS Y OTROS* (2007), cons. 5°.

[1293] BELLO (1885) p. 488, destacado añadido.

> Sin embargo, de una lectura comparativa de las dos últimas
> disposiciones mencionadas, con las del Código Civil Francés
> se observa que don Andrés Bello complementó la significación
> de la forma verbal en participio "manifestada", agregando el
> adverbio "claramente", por lo que se recurrirá a la intención
> del testador o de las partes en la convención o contrato cuando
> ella se desprende y distingue perfectamente, de lo contrario
> no resulta procedente construir intenciones o voluntades pre-
> suntas o virtuales, sino que se debe recurrir a otros criterios de
> interpretación o mejor dicho de determinación de la voluntad,
> con un carácter más objetivo, sin que se pueda concluir que
> simplemente exigió como presupuesto básico de esta actividad
> la oscuridad del acto o convención, pues es sabido que esta
> sola precisión lleva envuelta una interpretación"[1294].

Al conocimiento claro de la intención, de manera que ella
se desprenda y se distinga perfectamente, como indica nuestro
máximo tribunal, se llegará recurriendo a los elementos que
contemplan los artículos 1561 a 1566, como veremos[1295].

3. La nueva comprensión de la regla *contra proferentem*

El fenómeno de la estandarización contractual que tantos
desarrollos dogmáticos proporcionó a la regla *contra proferentem* en los ordenamientos comparados analizados no fue
ajeno a la civilística chilena, influenciada especialmente por
las ideas francesas, especialmente durante los inicios del si-

---

[1294] San Francisco Investment S.A. con Servicio de Impuestos Internos (2016)
cons. 5°. En sentido análogo, Komatsu Finance Chile S.A. con Pampa
Camarones S.A. (2023) cons. 9°: "...el artículo 1560 del Código Civil
presupone que la prevalencia de la intención de los contratantes,
por sobre lo literal de las cláusulas o términos de su acuerdo, queda
supeditada a que aquélla se conozca claramente, es decir, de modo
palmario o manifiesto, descartando cualquier ambigüedad sobre el
particular".

[1295] Véase *infra* III. 2.1. d).

glo XX. Basta pensar en la temprana traducción del artículo sobre naturaleza jurídica de los contratos de adhesión de Georges Dereux, publicado en la Revista de Derecho y Jurisprudencia, en 1910[1296].

En este sentido, Arturo Alessandri señalaba que la igualdad real en la contratación era un mito, "porque, de ordinario, es uno de los contratantes quien impone las condiciones del contrato al otro. Esto es lo que acontece en los llamados contratos de adhesión, que son aquellos en que una de las partes dicta las condiciones con arreglo a las cuales ha de celebrarse el contrato, condiciones que la otra se limita a aceptar lisa y llanamente sin poder discutir y, muchas veces, sin conocer"[1297]. En la misma línea, Pedro Lira, reconociendo el origen del concepto de contrato de adhesión en Saleilles, observaba que la mayoría de los contratos de uso frecuente eran de adhesión, citando el de transportes, de seguros, de suministro de agua potable, energía eléctrica, luz y gas, concluyendo que "la vida jurídica se va reduciendo al empleo de formularios"[1298]. No obstante, las primeras propuestas doctrinales de solución a estos problemas se mantuvieron en el terreno del desarrollo del concepto de lesión, la teoría del abuso del derecho en materia contractual[1299] o la teoría de la imprevisión[1300]. En el mismo sentido, Alcalde y Goldenberg dan cuenta de diversos expedientes para el control de la justicia contractual sobre todo a partir del proceso de socialización del derecho iniciado a comienzos del siglo XX, citando la fijación de precios en contextos de alta inflación, la limitación en la tasa de interés

---

[1296] DEREUX (1910).
[1297] ALESSANDRI RODRÍGUEZ (1941) p. 83.
[1298] LIRA URQUIETA (1944) pp. 273-274.
[1299] ALESSANDRI RODRÍGUEZ (1941) p. 87,
[1300] LIRA URQUIETA (1944) p. 274.

convencional y finalmente, el reconocimiento de cláusulas abusivas en contratos de adhesión[1301].

El control por medio de la interpretación contractual, sin embargo, parece haber sido escaso, por lo menos en la doctrina. Puede citarse como pionera la obra de Alessandri sobre contratos[1302], cuando indica que ante los inconvenientes y abusos que generan los contratos de adhesión, lo más que pudiera hacer el juez, respetando la ley del contrato, "en presencia de una cláusula ambigua, y siempre que la ambigüedad provenga de una falta de explicación que debió darse por quien la redactó, sería interpretar dicha cláusula en favor del aceptante, de acuerdo con el inciso 2º del art. 1566, ya que todas las cláusulas de estos contratos son dictadas o extendidas por la otra parte"[1303].

Desde finales de la década del 70' comienzan a aparecer más estudios promoviendo la utilización del art. 1566 como vía de solución del problema de los contratos de adhesión como mecanismo para proteger al adherente. Así, Ducci, explicando esta disposición legal, señalaba que en aquellos contratos que se extienden en formularios pre-redactados, además de los contratos de adhesión, donde existe una oferta casi siempre impresa, permanente y detallada dirigida a una multiplicidad de contratantes eventuales, será aplicable especialmente esta norma, admirando la "clarividencia" de Bello en establecer

---

[1301] ALCALDE SILVA y GOLDENBERG SERRANO (2020) p. 22.

[1302] Que, si bien fue publicada en forma póstuma en 2004, según Velasco Letelier corresponde a sus apuntes de clases del curso de Derecho Civil profundizado y comparado sobre contratos que dictó en la Escuela de Derecho de la Universidad de Chile en 1940. Así se expone en el prólogo de ALESSANDRI RODRÍGUEZ (2004) p. vii.

[1303] ALESSANDRI RODRÍGUEZ (2004) p. 116.

esta regla en anticipación a problemas actuales[1304]. Otros autores, en forma temprana y en línea con algunos desarrollos comparados que hemos visto, hablan de la aplicación del art. 1566 inc. 2° como norma que contempla el "riesgo de la redacción" para hacer responsable al "oferente" de la oscuridad o ambigüedad de la convención dada su posición de privilegio en la formulación del acuerdo[1305].

Más tarde, se resaltará como fundamento del art. 1566 CCCh el favorecimiento y protección del contratante de adhesión o la "parte más débil", sin justificar muy intensamente el motivo de esta solución. Así, se indicará que la intervención del juez en el contrato es posible cuando la voluntad de las partes no resulte clara de una cláusula estipulada porque ésta es ambigua, pudiendo usar su "poder de interpretación" para proteger a los adherentes[1306]; que "[…] esta regla se modifica en las cláusulas pre-dispuestas en las cuales se suele interpretar contra el predisponente. En este sentido, más que interpretarse el contrato a favor del deudor debe interpretarse a favor de la parte 'más débil'"[1307]; que el inciso primero del art. 1566 consagra "la máxima *in dubio pro debitoris,* según la cual, en

---

[1304] DUCCI CLARO (1977) p. 219. En el mismo sentido, LÓPEZ SANTA MARÍA y ELORRIAGA DE BONIS (2017) p. 157: "Cuando todavía en el mundo no se conocía siquiera la expresión contrato de adhesión, el Código de Bello consagró la mejor de las reglas de hermenéutica para combatirlo: la convención dictada o redactada por la parte que tiene la sartén por el mango se interpretará contra ella", o CÉSPEDES PROTO (2012) p. 102: "Bello ya anticipaba la institución en el art. 1566 CC, bastante lógico en una situación de David contra Goliat".

[1305] LÓPEZ SANTA MARÍA (1971) p. 143, habla de esta idea únicamente con referencia a Francia. LÓPEZ SANTA MARÍA (1986) p. 113, aplica la noción al art. 1566 inc. 2° CCCh. En este sentido, también, TOMASELLO HART (1984) p. 69. Del mismo modo, SAAVEDRA GALLEGUILLOS (1994) p. 333.

[1306] BAMBACH SALVATORE (1991) pp. 70-71.

[1307] BARCIA LEHMANN (2010) p. 30 y BARCIA LEHMANN (2024) p. 617.

caso de duda, debe protegerse a la parte presuntivamente más débil"[1308]; que "Esta norma cobra especial relevancia en materia de contratos de adhesión, porque establece una protección adicional a la parte más débil"[1309], que "esta regla se presenta como un remedio al problema de la adhesión, en tanto pone de cargo del predisponente el riesgo de oscuridad o ambigüedad de las cláusulas del contrato"[1310] o que: "[…] fundado en un principio de justicia material, nuestro Código Civil sale al encuentro de una 'ambigüedad' que deriva de un texto literal insuficiente y oscuro. En definitiva, entonces, el consumidor podrá exonerarse de cumplir una obligación o renunciar a un beneficio, toda vez que ellos no aparezcan claramente establecidos en el acto o contrato celebrado"[1311]. Será también lugar común indicar que esta norma consagraría o podría desprenderse de ella un principio "*pro consumatore*" o de favorecimiento del consumidor[1312].

En la práctica forense, sin embargo, estas consideraciones no llegaron a ser decisivas con mucha frecuencia, salvo algunas sentencias aisladas antes de la dictación de la ley N° 19.496 en 1997[1313]. Así, López Santa María pudo expresar en referencia al caso chileno que:

[1308] Balmaceda Hoyos (2018) p. 170. También Abeliuk Manasevich (1970) p. 75, que mantiene esta opinión hasta su última edición, Abeliuk Manasevich (2014a) p. 138.

[1309] Figueroa Yáñez (2011) p. 163.

[1310] Vidal Olivares (2000b) p. 246.

[1311] Rodríguez Grez (2015) p. 43.

[1312] Vásquez Palma (2021) p. 103.

[1313] Así, para interpretar una cláusula de exclusión de la doble indemnización a que daba derecho un seguro de vida ante el "accidente" del asegurado, a fin de determinar si en él se incluía el homicidio de éste, se invocó el art. 1566 para interpretarla contra la compañía de seguros. *Moya viuda de Treceño con Compañía de seguros "El Sol de Canadá"* (1932) cons. 5°. Puede citarse también un antiguo caso en

> "Al nivel de las normas de los Códigos del siglo XIX, la juris-
> prudencia no ha hecho casi nada por proteger a los usuarios
> y consumidores, en especial respecto de las cláusulas con-
> tractuales abusivas. Es evidente que instituciones tradiciona-
> les y consolidadas como [...] la interpretación de los mismos
> [contratos] en contra del redactor [...] proporcionan un marco
> legal valioso, que habría podido impedir que los productores
> de bienes y servicios impusieran al individuo las cláusulas que
> ellos han redactado de antemano, en resguardo de sus intere-
> ses exclusivos"[1314].

Fruto de estas consideraciones, no pasarían muchos años
antes que el legislador nacional comenzara a vislumbrar la protección de los adherentes como una materia a regular, considerándose en ocasiones la regla *contra proferentem* como un dispositivo acorde con dicha finalidad. Así se podrá constatar *de iure,*
en reformas a la legislación de seguros, además de la consagración positiva de normas sobre protección a los consumidores y

---

que se dudaba acerca del bien asegurado, si el chasis de un vehículo
o también su carrocería, frente a lo cual se ordenó indemnizar en
favor del asegurado, el total de los perjuicios del vehículo, utilizándose el art. 1566. *Sociedad Grace y Compañía con Cía. de Seguros La
Alemana* (1928). Similarmente, se dudaba respecto del sentido de
las expresiones "homicidio" y "accidente" en una póliza de seguros. Se resolvió sobre la base de nuestro artículo que: "...el litigio se
originó por la ambigüedad de la cláusula de excepción relativa al
homicidio, que ha sido extendida y dictada por la parte demandada y en la que se han omitido explicaciones que debieron haberse
dado, en razón de dicha ambigüedad". *Mancilla de Quintino con Cía.
de Seguros El Sol de Canadá* (1942).

[1314] López Santa María (1996) p. 438 y ss. En materia de control de
contenido (nulidad de cláusulas abusivas) ha pasado otro tanto. Así,
como documenta Campos Micin (2019) p. 217, "En Chile, con anterioridad a la existencia de una normativa especial de protección a
los consumidores, poco y nada se discutió en nuestra doctrina acerca de la posibilidad de construir un control de contenido basado en
las reglas y principios contemplados en nuestro CC [Código Civil
chileno]".

de facto, en el Derecho del trabajo y el Derecho administrativo. Sin embargo, primero es menester analizar el punto de partida de todos estos desarrollos que es el art. 1566 CCCh.

III. EL ART. 1566 CCCH COMO EXPRESIÓN DE LA REGLA *CONTRA PROFERENTEM*

1. El problema de su fundamento

La dogmática nacional ha sido vacilante en cuanto a la fundamentación de esta regla. Los tres elementos comparativamente reconocidos: compensación, prevención y protección[1315] aparecen en forma breve y dispar, como se ha visto.

Nuestra interpretación, a partir de los antecedentes históricos y comparativos que hemos examinado nos lleva a encuadrar el fundamento de la disposición analizada en la noción de carga. De esta forma, la regla *contra proferentem* del artículo 1566 CCCh establece una carga de claridad en la redacción contractual, cuyos efectos se desencadenan perjudicando a quien tiene el poder de formulación unilateral del contrato y, por tanto, le genera autorresponsabilidad. Este puede ser tanto el acreedor o deudor de determinada obligación. De ahí que tengan que leerse en forma inversa sus dos incisos para un adecuado entendimiento.

Contribuyen a este entendimiento el origen histórico de la regla y la formulación de esta en el derecho chileno de frente a las legislaciones extranjeras examinadas, todo lo cual será de ayuda en la interpretación de la regla en estudio. Para una adecuada exposición de esta fundamentación, la cual explica

---

[1315] KNÜTEL (1981) p. 224, *supra* Cap. 2, II, 5.1.

su funcionamiento, examinaremos a continuación: (i) el concepto de "relación obligatoria" como encuadre general de la noción de carga; (ii) el concepto de carga y sus consecuencias; para llegar a (iii) la carga de claridad del artículo 1566 CCCh. Con ello, pasaremos a revisar las funciones que puede desplegar esta regla en el derecho actual.

1.1 Sobre el concepto de "relación obligatoria" como encuadre de la carga de claridad

El neologismo *Schuldverhältnis* se introdujo originalmente en el BGB (§ 241) con el único propósito de usar una expresión alemana en lugar de un extranjerismo para designar lo mismo que *Obligation*. Más tarde, sin embargo, la noción desarrollará una dinámica propia, para convertirse en lo que hasta entonces se denominaba, de modo ocasional, "relación jurídica" (*Rechtsverhältnis*) o "relación contractual" (*Vertragsverhältnis*), es decir, la totalidad de las relaciones jurídicas, incluidas sus circunstancias y efectos accesorios, que surgen entre las partes en virtud de la prestación convenida[1316]. Con el tiempo, se empieza a diferenciar un "sentido estricto" del concepto, como derecho individual del acreedor al cumplimiento de un "sentido amplio", como una estructura compleja y fuente de múltiples derechos que surgen de la exigencia de contraprestación para la otra parte[1317]. De esta forma, en este último sentido, se comienza a hablar de *Schuldverhältnis* como "fuerza viva", "organismo capaz de generar derechos y obligaciones individuales, "entidad significativa y proceso que discurre en el tiempo", "unidad funcional", "unidad compleja", "relación

---

[1316] BUCHER (2006) p. 13
[1317] HARKE (2010) p. 13.

marco constante" entre otros conceptos análogos utilizados como metáfora de los elementos constitutivos del término[1318].

En la doctrina española tempranamente se siguen estas consideraciones, refiriéndose así al "carácter orgánico de la relación negocial", por el cual "la relación negocial no consiste sólo en exigencias contrapuestas, sino que origina ciertos deberes de cooperación, conforme a las exigencias de la buena fe"[1319], y hablándose, en fin, de "relación obligatoria", como "la total relación jurídica que liga a los sujetos para la realización de una determinada función económica o social en torno a un interés protegido por el ordenamiento jurídico"[1320], traducción de *Schuldverhältnis* que tendrá mayor fortuna[1321].

[1318]   Dorn (2003) p. 206, proporcionando la literatura alemana que utiliza dichas nomenclaturas. En este sentido, en nuestro medio Álvarez Seura (2019) pp. 48-49.

[1319]   De Castro y Bravo (1985) p. 39.

[1320]   Díez-Picazo y Ponce de León (1964) p. 350.

[1321]   Como "relación de obligación", aparece, por ejemplo, en la traducción de Larenz (1958) p. 37 o más modernamente, como "relación obligatoria" en la de Looschelders (2021) p. 59. En este sentido, también Bucher (2006). En nuestro medio, pareciera precursor Fueyo Laneri (2004) p. 42, al hablar de una "relación simple de obligación", graficando la relación entre acreedor y deudor señalando que "[l]a relación-vínculo debe presuponer un intercambio, un cierto flujo y reflujo, como en la corriente eléctrica alterna o alternativa, en la cual el llamado polo positivo puede convertirse en negativo al instante, y viceversa". De "relación obligatoria" hablarán Peñailillo Arévalo (2003) p. 76, en relación con la "correlatividad" de la deuda y el crédito, Barros Bourie (2006) p. 721, San Martín Neira (2011) p. 275, Aedo Barrena (2018) p. 54, Álvarez Seura (2019), Corral Talciani (2023) p. 25, vertiendo algunas críticas al modelo, que propendería a una "excesiva patrimonialización de la relación obligatoria, que llevaría a una restricción del medio de tutela de la ejecución forzada y su reemplazo por el de la indemnización en dinero o cumplimiento por equivalente".

Como indica Dorn, refiriéndose a la literatura alemana sobre el particular, estos enfoques tienen en común, por un lado, la preocupación por entender la relación obligatoria como una relación jurídica independiente de los derechos y obligaciones individuales que engloba y que conserva su identidad, aunque se modifique, cambien las personas involucradas o caduquen los derechos y obligaciones individuales. Por otra parte, como "proceso final", la relación obligatoria se orienta a un fin último que debe alcanzarse en el futuro, la satisfacción del acreedor; que el fracaso en la consecución de este objetivo primario (previsto) puede compensarse con la fijación de nuevos objetivos (secundarios) regulados por el negocio jurídico o por la ley; que, además, algunas obligaciones contractuales pueden sobrevivir al cumplimiento de las obligaciones de ejecución ("obligaciones postcontractuales") y, en fin, que la relación obligatoria conserva su importancia como base jurídica de los servicios prestados incluso después del cumplimiento de las obligaciones de ejecución[1322]. De esta forma, como tempranamente lo entendió Larenz, la relación obligatoria excede la relación de prestación aislada, sino que está constituida por la "relación jurídica total", fundamentada por un hecho determinado —como el particular contrato que engendra obligaciones— y que se configura como una vinculación jurídica especial entre las partes, comprendiendo una serie de deberes de prestación y de conducta[1323].

Este marco de descripción del fenómeno de vinculación entre las partes parece ser útil para analizar la carga de claridad

---

[1322] DORN (2007) pp. 206-207. No obstante, el mismo autor previene que para evitar generalizaciones incorrectas, es preferible considerar que el concepto de relación obligatoria en sentido amplio tiene solo una función descriptiva, no añadiendo nada a la relación concreta entre acreedor y deudor que no esté ya contenido en los elementos de la obligación. DORN (2007) p. 208.

[1323] LARENZ (1958) p. 37.

del art. 1566 CCCh. En efecto, la relación obligatoria se concibe como un "proceso" en que las partes tienen un sinnúmero de posibilidades de lesionar o de beneficiar a su contraparte[1324], lo que se manifiesta en las cargas y deberes que acreedor y deudor deben cumplir en este contexto.

1.2 El concepto de carga

Como señala Scozzafava, refiriéndose al concepto de "*onere*", la historia dogmática de la carga está caracterizada por los intentos alternativos de confinar la figura en el limbo de lo jurídicamente irrelevante o de reafirmar su relevancia jurídica como categoría autónoma[1325]. Perfilado en el marco del Derecho procesal civil, como la necesidad de realizar determinados actos para evitar que sobrevengan perjuicios procesales, la noción ha sido tenida en cuenta en el ámbito del derecho sustantivo, por ejemplo, en Alemania, Suiza y Austria al hablar de las *Obliegenheiten*, de *onere* en Italia y carga en el Derecho español como traducción de *Obliegenheit*, particularmente utilizada en el contexto del contrato de seguro[1326]. Según el punto de vista predominante hoy en día, las *Obliegenheiten* son deberes de menor intensidad o requisitos para la conservación de la propia posición jurídica, sobre todo en el contexto del § 254 BGB (culpa del perjudicado), pero también más allá, denominándose a menudo como culpa contra uno mismo (*Verschulden gegen sich*

[1324] San Martín Neira (2011) p. 275.

[1325] Scozzafava (1980) p. 104.

[1326] Cabanillas Sánchez (1988) pp. 25-35. Ello sin perjuicio de traducirlo en ocasiones como "incumbencia". En nuestro medio, en materia de seguros, para caracterizar el deber precontractual de declaración del riesgo en el seguro se ha recurrido a la teoría de la *Obliegenheit*, donde diversos autores califican a esta situación como carga del asegurado. Al respecto, en detalle Ríos Ossa (2014) pp. 15-19.

selbst) o, en general, como deberes u obligaciones en interés propio (*Gebote oder Pflichten im eigenen Interesse*)[1327].

En nuestro medio, la doctrina procesalista ha definido el concepto como "una situación jurídica instituida en la ley consistente en el requerimiento de una conducta de realización facultativa, normalmente establecida en interés del propio sujeto, y cuya omisión trae aparejada una consecuencia gravosa para él"[1328]. Por su parte, Vodanovic diferenció la noción de obligación y carga, por cuanto la primera constituiría un sacrificio en interés ajeno, mientras que la segunda, en interés propio, señalando que, en este último caso, se trata de un imperativo condicional, necesidad práctica que sirve como medio para alcanzar el fin que se pretende[1329]. En fin, Peñailillo define el término como "un comportamiento que ha de adoptarse si se quiere lograr cierto beneficio"[1330].

Por último, en forma más reciente San Martín diferencia "deber" de "carga". Cuando se trata de un deber la norma jurídica mira al interés de un sujeto diverso de aquel a quien va dirigida; cuando se trata de una carga, la norma mira un interés del mismo sujeto, siendo éste quien, con base en una valoración económica de los diversos intereses en juego, decide si actúa o no. De ahí que lo que caracteriza a la carga es la inexi-

---

[1327] HÄHNCHEN (2010) pp. 1-2.
[1328] COLOMBO CAMPBELL (1997) p. 515. En este sentido, últimamente, ONFRAY VIVANCO (2022) p. 54, según el cual las cargas son: "situaciones jurídicas, instituidas en la ley o en la decisión del juez, consistentes en el requerimiento de una conducta de realización facultativa, normalmente establecida en interés del propio litigante, cuya omisión lleva aparejada una consecuencia gravosa para él".
[1329] VODANOVIC HAKLICKA (2016) p. 13
[1330] PEÑAILILLO ARÉVALO (2003) p. 80.

gibilidad de la conducta y la improcedencia de resarcimiento para el caso de inobservancia[1331].

La noción de carga está íntimamente ligada con el concepto de autonomía privada. En el ejercicio de esta, las partes, junto con procurar la consecución de su propio interés, deben también velar por la integridad de su propia esfera jurídica[1332]. Por ello es que la omisión de cumplimiento de la carga implicará perjudicar la propia situación, lo cual puede relacionarse con el concepto de autorresponsabilidad. En este caso, la consecuencia de la acción o la omisión es puesta a cargo del sujeto agente, sobre su patrimonio y su propia esfera jurídica: en todas las situaciones en que el sujeto, a causa del propio comportamiento incurre en la pérdida de un derecho, de una acción, de una facultad o generalmente en una caducidad habrá autorresponsabilidad[1333]. En definitiva, ésta se configura cada vez que un sujeto, sin violar ningún deber jurídico, y sin ejecutar ningún acto ilícito, adopta una conducta anómala, contraria al modelo de conducta ordinario previsto o dado por sentado en la ley, que resulta solamente lesiva para los intereses del sujeto agente. De esta forma, se presenta como la sanción típica de las cargas[1334].

Pese a ser cuestión teorizada hacia mediados del siglo xx, la idea de que el acreedor —y, podríamos decir, las partes en general— están sujetas a deberes y cargas que forman parte de

---

[1331] San Martín Neira (2012) p. 71. En este sentido, también Rodríguez Pinto (2017) p. 323, indica que "[…] las cargas, por tanto, no son una conducta o prestación debida; algo que otro pueda exigir. Las cargas son una conducta necesaria sólo como requisito previo, condición, o presupuesto del acto de ejercicio de una facultad. El interés jurídico protegido por la carga es el del sujeto activo, el del mismo interesado".

[1332] Álvarez Norambuena (2019) p. 2.

[1333] Pugliatti (1959) p. 458.

[1334] San Martín Neira (2012) p. 326.

la relación obligatoria mirada en su complejidad se encuentra presente ya en el Derecho romano, lo que se manifiesta en el CCCh, que fiel a la tradición histórica que lo inspira contempla lo que hoy puede denominarse como "cargas de diligencia" en diversas disposiciones, según da cuenta San Martín[1335].

Una de estas normas, nos parece, es el art. 1566 CCCh, cuyo análisis, encuadrado en la noción de carga, nos permitirá un entendimiento que permita determinar las posibilidades concretas de la disposición legal.

1.3 La carga de claridad de los contratantes

Delimitado el concepto de "carga", como conducta de realización facultativa cuya omisión repercute en la propia esfera del sujeto agente, podemos referirnos al contenido de dicha conducta. A dichos efectos, nos parece interesante considerar el contrato como un mecanismo de asignación de riesgos, sobre la base de su dimensión económica (a). De aquí podremos obtener las consecuencias de la omisión de la carga inicialmente determinada, relacionada con el riesgo de defectuosa expresión (b).

a) La dimensión económica del contrato como una perspectiva de análisis

Desde hace un tiempo la doctrina nacional viene explicando algunas instituciones mediante una noción de contrato conectada con su dimensión económica, más allá de aquella que lo ve como un mero intercambio de prestaciones entre las

---

[1335] SAN MARTÍN NEIRA (2020) pp. 251-252 y SAN MARTÍN NEIRA (2012) p. 63 y ss.

partes[1336]. De esta forma, se lo concibe como un "mecanismo de distribución de riesgos"[1337]. Este concepto, sin negar la vigencia del paradigma clásico, puede aportar antecedentes adicionales para explicar la carga de claridad de los contratantes desde una óptica económica.

Una definición amplia de riesgo contractual lo conceptualiza como el peligro de insatisfacción de los intereses o de la frustración de las expectativas que una o ambas partes habían pretendido realizar con la puesta en marcha de la operación económica regida por el contrato, como consecuencia de la existencia de ciertas circunstancias o por sobrevenir ciertos eventos alteradores del programa económico de los contratantes[1338].

La relación entre riesgo y contrato tiene un carácter ambivalente: por una parte, el contrato permite a las partes, en su autonomía, regular los intereses en el tiempo, siendo considerado como uno de los instrumentos más adecuados para la gestión de riesgos; pero por otra parte, la propia celebración del contrato, vinculando a las partes a un determinado conjunto de intereses, les expone a nuevos riesgos, desencadenados por acontecimientos que no han sido debidamente regulados y que afectan, a veces de forma decisiva, a la ejecución del pro-

---

[1336] Por todos, BARCIA LEHMANN (2013) pp. 220 y ss.

[1337] Al respecto, BRANTT ZUMARÁN (2009) p. 64-67, SCHOPF OLEA (2017) p. 438. En materia de responsabilidad civil, sobre la culpa como mecanismo de distribución de riesgos, AEDO BARRENA (2014) p. 715. En este sentido, POSNER (2007) p. 179, indica que "La función de desplazamiento del riesgo o aseguramiento de los contratos se relaciona con el hecho de que un contrato (aparte del intercambio verdaderamente simultáneo, que no es problemático) compromete a las partes, por su propia naturaleza, a un curso de acción futuro, y el futuro es incierto".

[1338] GAVIDIA SÁNCHEZ (1987) p. 584.

grama de negociación o, al menos, a las expectativas de cada una de las partes contratantes[1339].

El asunto se vuelve más complejo ante la existencia de contratos incompletos, ya sea por no especificar los deberes de las partes ante contingencias futuras específicas, ser insensibles a contingencias futuras relevantes o bien ser contingencias simplemente imprevisibles para todas las partes contractuales. Los costos de transacción que se generan por contratar explícitamente sobre una cierta contingencia pueden ser mayores que los beneficios[1340]. Por lo demás, los vacíos contractuales pueden resultar del comportamiento estratégico de las partes, por cuanto una de ellas puede retener información que hubiera incrementado las ganancias totales de contratar en orden a incrementar su propia porción de dichas utilidades[1341].

En este sentido, la principal función económica del derecho de contratos es la de disuadir a los individuos de un comportamiento oportunista en relación con sus contrapartes contractuales, a fin de alentar la cronología óptima de la actividad económica y eliminar costosas medidas de autoprotección, así como completar el acuerdo de las partes interpolando cláusulas omitidas[1342], es decir, interpretando e integrando el contrato.

Ante la imprevisibilidad de ciertos acontecimientos durante el *iter* contractual, el derecho de contratos imita la asignación de riesgos en un contrato totalmente especificado como si hubiera sido redactado de buena fe por las partes con cero

---

[1339] SALANITRO (2021) p. 1051.

[1340] AYRES y GERTNER (2003) p. 199, señalando que estos costos pueden incluir honorarios legales, costos de negociación, costos de redacción del proyecto e impresión, costos de investigar la probabilidad y efectos de una contingencia, costos para las partes y tribunales de verificar si se produjo la contingencia.

[1341] AYRES y GERTNER (2003) p. 200.

[1342] POSNER (2007) pp. 162-164.

costos de transacción[1343]. De esta forma, la asignación de riesgos no regulados expresamente por las partes es ante todo un problema de interpretación y calificación de la operación negocial según las reglas generales y especiales del derecho de contratos[1344].

El régimen de interpretación contractual, se ha indicado, influirá en el comportamiento de las partes en muchos aspectos: con respecto a las decisiones de incumplir, de tomar precauciones anticipadas, de mitigar los daños, de reunir y comunicar información, de asignar los riesgos, de tomar decisiones de confianza, de comportarse de forma oportunista, gastar recursos en litigación, entre otros[1345].

Sobre la base de este entendimiento, la teoría económica le ha asignado un carácter relevante en cuanto a la distribución de riesgos a la regla *contra proferentem*. Así, se ha indicado que esta regla puede servir como desempate (*tiebreaker*) entre dos interpretaciones sobre la base de que la parte que redactó el contrato probablemente estaba en la mejor posición para evitar las ambigüedades, lo cual no siempre es el caso, pues la contraparte puede contar con mayor información sobre la contingencia particular que dio lugar a la disputa jurídica, debiendo considerarse el nivel sofisticación del contratante no redactor (*commercialy sophisticated*) a la hora de determinar la aplicación[1346].

Al respecto, Ayres y Gertner toman como base la noción de "penalidades supletorias" (*penalty default rules*), como aquellas reglas diseñadas para proveer de incentivos a las partes del

---

[1343] Schäfer y Ott (2022) p. 361.

[1344] Salanitro (2021) p. 1051.

[1345] Hermalin, Katz y Craswell (2007) p. 90.

[1346] Posner (2005) p. 1608, que habla erróneamente de regla "*contra proferentum*".

contrato para pactar en contra de las reglas supletorias (*default rules*) con el objeto de propiciarlas a revelarse información o proporcionarla a terceros[1347]. Una de estas reglas es la *contra proferentem,* que se constituiría como una *"information-forcing rule"* que buscaría obligar a los redactores a informar a los no-redactores[1348]. En análogo sentido, Cserne indica que si una de las partes está en mejor posición para aclarar una cláusula o identificar qué podría ocurrir en caso de una contingencia futura, contando con una ventaja en el nivel de información, las reglas de integración o interpretación pueden forzarlo a revelar dicha información[1349], como precisamente ocurriría en la regla *contra proferentem,* que promueve la completitud y claridad óptimas en los contratos, ya sea un contrato estandarizado o no: el riesgo de la ambigüedad debe ser en un contrato debe ser asumido por la parte que puede evitarlo al menor costo, y ésta suele ser la parte que seleccionó o redactó la cláusula en lugar de la parte a la que se le presentó[1350].

[1347] AYRES y GERTNER (2003) p. 198.

[1348] AYRES (2006) p. 596.

[1349] CSERNE (2012) p. 126.

[1350] CSERNE (2012) p. 135. En este sentido, HERMALIN, KATZ y CRASWELL (2007) p. 98, KOSCHE (2011) p. 194, destacando como estas consideraciones están muy presentes en la jurisprudencia estadounidense. Así en *Carolina Care Plan v. Mckenzie* (2006) 467 F.3d (4th Cir.) 383, 389: "[…] *when plan language is ambiguous, this well-established doctrine of contra proferentem does apply, and for good reason. Ambiguity imposes costs on the parties to a contract: one party may rely on an errant interpretation, or find its original intent flouted if a dispute arises. Contra proferentem shifts the cost of ambiguity to the party best positioned to avoid and bear it — the administrator-insurer who drafts the plan and who can spread the costs of ambiguity across all policy-holders*".

b) El riesgo de defectuosa expresión en el artículo 1566

La noción de riesgo y su distribución puede proveer antecedentes elocuentes a la adecuada explicación de la regla *contra proferentem*. Estas consideraciones tienen su correlato en lo dispuesto en la legislación, según veremos luego en forma más detallada[1351].

El art. 1566 inc. 2° dispone que las cláusulas ambiguas se interpretarán contra la parte que las extendió o dictó cuando este defecto en la expresión haya provenido de la omisión de "una explicación que haya debido darse". Con ello, la disposición en comento impone una carga de claridad del contenido contractual sobre quien ostenta la facultad de diseño unilateral del contrato. De encontrarse en esta situación, el riesgo de una redacción defectuosa correrá a cargo de quien se encuentra en mejor posición para evitarla, es decir, el que "extendió o dictó" la cláusula. Según los efectos propios de la "carga", quien la incumple afecta su propia esfera de intereses, no pudiendo en este caso, por tanto, hacer valer su propia interpretación de la cláusula ambigua.

En la teoría general del negocio jurídico se ha seguido una explicación coherente con estos desarrollos. Así, desde Betti se ha indicado que "en los negocios declarativos, a la parte, libre en cierta medida en cuanto a la elección de las palabras, incumbe la carga de escoger la expresión adecuada para cuanto le ofrezca interés, y consecuentemente, el riesgo que acompaña a una expresión inadecuada, oscura o ambigua"[1352], señalando que el art. 1370 del *Codice* —versión italiana de la regla *contra proferentem*— manifiesta una particular aplicación del principio que impone la carga de hablar claro a quien lleva la iniciativa de una declaración contractual

---

[1351]   *infra* III. 2.
[1352]   Betti (2018) p. 126.

en la que tiene interés por estar dirigida a vincular a la otra parte[1353]. Estas consideraciones han sido recogidas en nuestro medio. Así, Vial reconoce en la disposición interpretativa chilena en comento acogida a esta doctrina, lo cual también ha sido refrendado por otros autores[1354].

Que el inciso primero del art. 1566 imponga una interpretación del contrato "en favor del deudor", sigue la misma *ratio* de la regla *contra proferentem*: quien pretende hacer valer determinado contenido contractual debió haberlo expresado claramente, suya es dicha carga. En este caso, la norma razona sobre la base de acreedor y deudor para especificar en el contexto de la relación obligatoria, que si el acreedor incum-

---

[1353] BETTI (2018) p. 267. Vale la pena recordar que el Art. 1370 *Codice* dispone: *Interpretazione contro l'autore della clausola. Le clausole inserite nelle condizioni generali di contratto o in moduli o formulari predisposti da uno dei contraenti s'interpretano, nel dubbio, a favore dell'altro.* Esta posición sobre el "*clare loqui*" es frecuentemente destacada en la dogmática italiana. Últimamente, CALVO (2022) p. 169.

[1354] VIAL DEL RÍO y LYON PUELMA (1985) p. 30, manteniendo este párrafo hasta la quinta edición en VIAL DEL RÍO (2003) p. 48. Tempranamente, hablando de *contra proferentem* enunciando el fundamento en el deber de hablar claro, es reconocible PIZARRO WILSON (1999) p. 191. Últimamente, COLOMA CORREA (2016) p. 31, quien habla de "carga de desambiguación". ALCALDE RODRÍGUEZ y BOETSCH GILLET (2021) p. 817, hablan de un "deber que tienen los contratantes, emanado de la buena fe, de tener que hablar claro en la negociación, celebración y redacción de un contrato". TAPIA RODRÍGUEZ (2023) p. 730, señalando que el fundamento "es de sentido común" pero citando inmediatamente la formulación de la carga de formulación clara de Betti. BUSTOS DÍAZ (2023) p. 46, por su parte, contiene dos ideas distintas sobre el fundamento, señalando que la intención del legislador es proteger al contratante que no ha redactado el texto contractual y que "Quien ha tenido a su cargo la redacción del contrato debe responder de la falta de ambigüedad o de la falta de claridad de las disposiciones contractuales", siendo muy interesante el acento de un "deber responder" del redactor.

ple su carga de claridad respecto a la prestación convenida, no podrá hacerla exigible y por tanto se interpretará la cláusula ambigua en su contra. Además, será la consecuencia lógica de no poder aplicar la regla *contra proferentem* propiamente tal por no haberse cumplido los requisitos que veremos[1355].

En las legislaciones comparadas estudiadas aparecen estas mismas ideas a propósito de su respectiva versión de la regla *contra proferentem,* elementos compatibles con el precepto chileno a la luz de su tradición común. Como se ha visto previamente, la noción de riesgo ha sido influyente en Alemania, sobre todo en el marco de la interpretación de las condiciones generales de la contratación, pudiendo recordarse la cita de Müller-Erzbach, según el cual, en la medida en que una de las partes contratantes no tenga influencia en la redacción de las cláusulas del contrato, no debe exponerse al riesgo de dicha redacción por la creación de ambigüedades y puntos dudosos. Estas dudas, si fallan los demás medios de interpretación, se resuelven en perjuicio de la parte que pudo redactar más claramente[1356].

En este sentido se pronunció tempranamente Claro Solar, al indicar que la interpretación debe hacerse contra aquel que podía y debía hablar más claramente, porque debe culparse a sí mismo de no haberse expresado mejor[1357]. En el mismo sentido López Santa María: "Como el policitante ha dispuesto no sólo de la iniciativa contractual, sino que también de la facultad de forjar el tenor mismo de la convención, resulta lógico y equitativo hacerlo responsable por la obscuridad o ambigüedad de la convención", aludiendo correctamente en esta

---

[1355] *infra* III 2. Sobre el inciso primero, en detalle, *infra* 3.5.
[1356] MÜLLER-ERZBACH (1910) p. 442. Y su desarrollo en Cap. 2, 5.1 a).
[1357] CLARO SOLAR (1939) p. 29.

parte al "riesgo de la redacción"[1358]. Es decir, consonante con lo tratado respecto a la distribución de riesgos.

Finalmente, una sentencia de la Corte Suprema lo ha explicado en forma lúcida:

> "...para el caso de esgrimirse ambigüedades, errores o defectos en la redacción de una cláusula contractual que no resulten despejados por las partes, ya expresa o tácitamente, ha de entenderse que **el riesgo pesa sobre quien la haya redactado** y, para el caso que ello no sea un hecho conocido, lo será para aquel de los contratantes que haya **provisto del libelo** que pormenoriza los términos y condiciones de la convención"[1359].

2. Los presupuestos de operación de la regla *contra proferentem* del art. 1566 CCCh

El tenor del art. 1566 permite distinguir su operatividad en dos fases, debiendo ser leído de manera inversa: primero, se aplica el inciso segundo, teniendo en cuenta su carácter de *ultima ratio* derivada del encabezado, si se cumplen los siguientes requisitos: (i) la existencia de una ambigüedad insuperable; (ii) una situación de diseño unilateral; (iii) la omisión de la carga de claridad de quien se encuentra en dicha situación. Luego, de no concurrir dichos requisitos, opera el inciso primero: las cláusulas ambiguas se interpretan en descarga de las obligaciones del deudor, obligándolo a lo mínimo. Esto último lo analizaremos dentro de los efectos de la regla[1360].

[1358] López Santa María y Elorriaga de Bonis (2017) p. 156. De "riesgo o responsabilidad por haber asumido la labor de redactar, proponer o incorporar las cláusulas oscuras o confusas del contrato", habla también Elorriaga de Bonis (2018) p. 437.

[1359] *Breiding con Sociedad Inmobiliaria Alba Ltda.* (2010) cons. 9°. Ennegrecido añadido.

[1360] Véase *infra* III. 3.5.

2.1 La existencia de una ambigüedad insuperable "No pudiendo aplicarse ninguna de las reglas precedentes de interpretación, se interpretarán las cláusulas ambiguas..."

a) Concepto de ambigüedad

La noción de ambigüedad como presupuesto de aplicación de la regla puede rastrearse desde sus orígenes y constituye un elemento de continuidad entre los distintos ordenamientos, como se ha visto[1361]. La ambigüedad, como traducción latina de la palabra griega *amphibolia* (ἀμφιβολία), es el problema detectado por la doctrina lingüística estoica derivado de la imposibilidad de que cada voz exprese un único significado, a partir del cual a una expresión puede atribuírsele más de un sentido. Para los retóricos, la solución de una *quaestio ambiguitatis* tenía por objeto atribuir el significado exacto a un contexto que, en una primera lectura, parecía tener más de uno. Sin embargo, la *ambiguitas* se caracteriza por el hecho de que la redacción de un texto no habla ni de un lado ni del otro[1362].

Será por tanto el intérprete quien ponga de relieve y defienda aquella parte que pudiera ser útil para su propia causa, demostrando que la verdadera intención del autor del escrito, como podía resultar de sus otros escritos o de sus acciones era la más favorable para su propio lado; el intérprete debe hacer un esfuerzo para presentar su propia tesis como la más útil, honesta, necesaria, y, por lo tanto, la que puede ofrecer la mayor ventaja objetiva[1363].

Para acometer dicha tarea, quien desea hacer valer determinado contenido contractual se encuentra con los dispositivos

---

[1361] Véase *supra* Cap. 2, VI, 6.
[1362] Véase *supra* Cap. 1, I. 2.2, a partir del análisis de D. 34, 5, 26.
[1363] Calboli Montefusco (1986) p. 186.

interpretativos de los artículos 1560 a 1565 CCCh, debiendo demostrar que la declaración contractual tiene el sentido que éste le atribuye. No pudiendo hacerlo o no siendo exitosa la operación, el riesgo será para quien tenga la carga de claridad del acuerdo.

De los ordenamientos comparados estudiados, las versiones legislativas del *Code* (1190) y hoy el BGB (§ 305c párr. 2) hablan de "dudas" interpretativas como presupuesto de aplicación (*Dans le doute* y *Zweifel,* respectivamente) más que de ambigüedad en su sentido técnico. No obstante, como hemos visto, este presupuesto de operación se mantiene equivalente en los ordenamientos revisados. De hecho, la versión legislada del derecho inglés (CRA 2015, s. 68) habla de "*different meanings*", lo cual es plenamente compatible con la ambigüedad del art. 1566 CCCh.

En este sentido, el concepto de ambigüedad ha sido utilizado en nuestro medio no en su definición técnica, como aquella situación en que del texto pueden desprenderse dos entendimientos posibles, sino generalmente como falta de la claridad necesaria para la comprensión adecuada del texto, siendo ese uso el recogido actualmente por el Diccionario de la RAE, en la voz "ambiguo": "Dicho especialmente del lenguaje: Que puede entenderse de varios modos o admitir distintas interpretaciones y dar, por consiguiente, motivo a dudas, incertidumbre o confusión"[1364]. Por lo demás, pareciera que el sistema de interpretación del CCCh permite sustentar esta idea a partir de lo dispuesto en torno a la interpretación judicial del plazo, según el art. 1494 inc. 2°, por el cual: "No podrá el juez, sino en casos

---

[1364] REAL ACADEMIA ESPAÑOLA (2022). El DPEJ define "cláusula ambigua" como aquella "no redactada en términos de claridad y fácil interpretación", señalando inmediatamente que "No debe favorecer la interpretación al responsable de haberla establecido". REAL ACADEMIA ESPAÑOLA (2023).

especiales que las leyes designen, señalar plazo para el cumplimiento de una obligación: sólo podrá interpretar el concebido en términos vagos u oscuros, sobre cuya inteligencia y aplicación discuerden las partes". Este pareciera ser el supuesto de hecho: términos vagos u oscuros, sobre cuya inteligencia y aplicación exista desacuerdo entre las partes.

Así, por lo demás, se ha fallado, al indicarse que una cláusula no es ambigua en los términos de la disposición en comento "por cuanto lo pactado en dichos instrumentos [contratos] son del todo claros"[1365]; que una cláusula lo es "por la falta de precisión respecto del sentido y causa de la indemnización" en un finiquito[1366]; asimilando confusión y ambigüedad[1367]; señalando que la hay ante una "antinomia aparente" en una cláusula de aceleración[1368], asimilando lo "ambiguo" con lo "ininteligible", o "que admite doble interpretación"[1369]; que "los términos del contrato son sumamente ambiguos", pues no queda claro a qué sociedad se alude en una cláusula, existiendo problemas de tiempos verbales y en definitiva que se trata de "severas imprecisiones"[1370]; o de forma algo redundante, indicando que una cláusula es ambigua porque "no explica, como debió hacerlo" cierta circunstancia en una cláusula arbitral[1371]. La jurisprudencia es fecunda en este tipo de razonamientos.

Con todo, no parece persuadir el criterio utilizado por una sentencia arbitral para excluir la aplicación de la regla al seña-

---

[1365] *Inversiones Cristóbal Limitada con Aval Chile S.A.G.R* (2018) cons. 6°.

[1366] *Victoriano con Codelco Chile* (2021) cons. 5°.

[1367] *Banco de Credito e Inversiones con Villegas* (2013) cons. 5°; también, *Servicios Financieros Progreso S.A con Ormeño* (2011) cons. 7°.

[1368] *Banco de A. Edwards con Comercial Multiagro Ltda.* (2005) cons. 5°.

[1369] *ACE Seguros S.A con FCAB. Ingeniería y Servicios Ltda.* (2008) cons. 28°.

[1370] *Gandhi con Salvadores* (2020) cons. 1° y 5°. No obstante, utiliza otras reglas de interpretación en forma precedente.

[1371] *Torres con Aseguradora magallanes S.A.* (2004) cons. 6°.

lar que "no se está frente a una cláusula ambigua sino frente a dos cláusulas claras, pero que se excluyen una a otra"[1372], pues por más que una de las cláusulas sea clara, si otra la contradice, su tenor se vuelve impreciso de cara a la ejecución del contrato.

b) La previsibilidad de la ambigüedad

Como dispone el art. 1566 inc. 2°, el gravamen interpretativo se impone a la parte que debido a una falta de explicación generó la ambigüedad. Al respecto, es útil el enfoque de Meyer, quien, refiriéndose al § 305c párr. 2 BGB —que, con todo, razona sobre la base de las condiciones generales de la contratación— indica que debido a la función de incentivar la claridad en los contratos que despliega dicha disposición legal, el punto de referencia de un examen de la ambigüedad debe estar en el momento de la celebración del contrato. De esta forma, no es el grado de ambigüedad, sino el grado de evitabilidad de la misma lo que determina que se perjudique a una de las partes del contrato con este gravamen interpretativo. Por tanto, la aplicación de la regla debe limitarse a aquellos casos en los que, la controversia posterior era previsible durante la redacción y una expresión más clara habría sido posible y razonable para el redactor[1373]. Es sobre todo el diseño lingüístico, que se refleja en la redacción de una cláusula, el que debe determinar la aplicabilidad de la regla *contra proferentem*[1374]. El grado de previsibilidad de la ambigüedad es, por tanto, gravitante.

Esta técnica no es desconocida frente a otras disposiciones del CCCh. Así, en materia de responsabilidad civil, el art. 1558

[1372] *Laudo del Centro de Arbitraje y Mediación de la Cámara de Comercio de Santiago* (2001) cons. 24.

[1373] Meyer (2010) pp. 129-130.

[1374] Como indica Schorn (2010) p. 74, también a propósito del 305c párr. 2 BGB.

ordena indemnizar los daños que se previeron o pudieron preverse al tiempo del contrato si no puede imputarse dolo al deudor. Al respecto, siendo un tema de grandes proporciones[1375], es útil ver, al menos, como concuerda lo expuesto con lo señalado por BARRIENTOS:

> "Esta previsibilidad del resultado es el presupuesto lógico y psicológico de la evitabilidad del mismo, cuyo aspecto objetivo, radica en la diligencia que pueda esperarse de toda persona en atención a los efectos de sus actos u omisiones, y el subjetivo, en la posibilidad dada a un sujeto determinado de prever las circunstancias en la situación del caso concreto. Se tendrá que determinar, en principio, la diligencia exigible según la clase de actividad de que se trate, y de la que puede y debe esperarse de persona normalmente razonable y sensata"[1376].

En este caso, la previsibilidad va a estar dada por el grado de evitabilidad de la ambigüedad por parte de quien se encuentra en una situación de poder diseñar unilateralmente determinada cláusula, debiendo emplear la suficiente diligencia consigo mismo, pues el incumplimiento de la carga de claridad redundará en perjuicio de su propio interés al no poder hacer valer su entendimiento del contrato.

Alguna doctrina ha avanzado en estas consideraciones desde la arista de la responsabilidad del predisponente, poniendo el énfasis en su conducta al extender la cláusula ambigua. Así, Claro Solar sostenía que el art. 1566 no es aplicable en términos generales para favorecer al deudor ni aquel de los contratantes "[…] que no sea responsable de la ambigüedad de redacción del

---

[1375] Últimamente, en clave histórico-dogmática, INOSTROZA ADASME (2020).

[1376] BARRIENTOS ZAMORANO (2023) p. 414.

contrato"[1377]. De aquí se ha sostenido que se requiere culpa del predisponente para aplicar nuestra regla[1378].

Sin embargo, como hemos resaltado, el énfasis debe ponerse en la autorresponsabilidad del predisponente y su deber de diligencia consigo mismo, más que en un deber de diligencia respecto de la contraparte. En sentido similar razonaba Alessandri, que fundamentaba la regla en que "nadie puede aprovecharse de su propia culpa [...] De otra manera se autorizaría a la parte que redactó esa cláusula para sacar provecho de su negligencia, y aun se su malicia"[1379].

Así, debe tenerse presente que los esfuerzos desplegados para satisfacer la carga de claridad al momento de la redacción son inversamente proporcionales a las capacidades de comprensión del destinatario de la cláusula: mayor posibilidad de comprensión —como por ejemplo, si se trata de una parte sofisticada y con asesoría letrada—, menor intensidad en la carga de claridad; menor posibilidad de comprensión —como en el caso de un consumidor o adherente a condiciones generales—, mayor será el esfuerzo de "explicación" del contenido contractual. La claridad y la comprensibilidad exigidas viene determinada por las posibilidades de comprensión y las expectativas del cliente medio —en las condiciones generales—[1380] o de la contraparte contractual concreta, podríamos agregar, en la contratación libremente negociada.

Esto puede ser ilustrado por lo que hemos visto en el análisis comparativo del caso inglés, en que las particularidades de los así llamados "contratos mercantiles" (*commercial contracts*)

[1377] CLARO SOLAR (1939) p. 31.
[1378] CAMPOS MICIN (s/f).
[1379] ALESSANDRI RODRÍGUEZ (1936) p. 65. En el mismo sentido, JOHOW SANTORO (2005) p. 229.
[1380] FUCHS (2016) p. 767.

son tomadas en cuenta para excluir el recurso a esta regla en ciertos casos, pues los tribunales no ven con buenos ojos que las partes mercantiles sofisticadas, que fueron asesoradas profesionalmente cuando se redactó el contrato, invoquen el principio *contra proferentem* en un intento de escapar a una clara asignación de riesgos mediante una cláusula de exención[1381]. En este sentido, en un caso, se indicó que nuestra regla no juega especial rol cuando la cláusula interpretada favorece a ambas partes por igual, especialmente cuando ambas tienen igual poder de negociación[1382] o que "las partes mercantiles tienen derecho a hacer sus propios tratos y la tarea del tribunal es interpretar de manera justa las palabras que han utilizado"[1383].

En Chile pueden incorporarse estas consideraciones sobre la base de la noción de "parte sofisticada". Como ha sido señalado, algunas características de la contratación sofisticada son un bajo nivel de estandarización del contrato, un gran número de cuestiones jurídicas y financieras a considerar, asesores con un alto grado de especialización y experiencia que presten servicios de forma integral y coordinada[1384]. Como indica Banfi, si quienes celebraron el contrato son contratantes sofisticados, que contaron con asesoría jurídica durante todo el *iter* contractual, ello configura un contexto fáctico y jurídico especial, que se traduce en la exigencia de un mayor estándar de diligencia para dichos contratantes. En ese caso, las partes deben honrar estrictamente la palabra empeñada, apegándo-

---

[1381] O'Sullivan (2020) p. 201.

[1382] *Transocean Drilling UK Ltd v Providence Resources Plc* [2016] EWCA Civ 372, párr. 20.

[1383] *Taberna Europe CDO II Plc v Selskabet AF* [2016] EWCA Civ 1262, párr. 23.

[1384] Montero Iglesis (2006) p. 118.

se a lo que redactaron en el contrato[1385]. La diligencia consigo mismo de cada parte impondrá un recurso limitado a la regla *contra proferentem*.

Debe indicarse, por último, que estos conceptos no son completamente ajenos a la nomenclatura del CCCh. Existen varias disposiciones que imponen consecuencias jurídicas atendido al grado de especialización del contratante de que se trate, incorporando al análisis la "profesión u oficio" de éste. Así, el art. 1858 priva del carácter de redhibitorios a aquellos vicios que el comprador no haya podido fácilmente conocer en razón de su *profesión u oficio*; el art. 1861 impone indemnización de perjuicios al contratante que haya debido conocer los mismos defectos atendida la misma característica; el art. 2000 en el arrendamiento para la ejecución de una obra material hace compartir el riesgo de pérdida de materiales en caso que el artífice *por su oficio* haya debido conocer el vicio de la materia suministrada por quien encargó la obra, en fin.

c) El carácter insuperable de la ambigüedad

El art. 1566 CCCh viene encabezado por una limitación a su operatividad: "No pudiendo aplicarse ninguna de las reglas precedentes de interpretación...", consagrando de manera expresa su carácter subsidiario. En el análisis comparado realizado parece haber acuerdo en esta característica, por mucho que no se presente en los términos explícitos de la codificación chilena. El caso paradigmático es Francia, en que pese a disponer el *Code*, primero en el art. 1162 y luego en el art. 1190 que su aplicación será *"Dans le doute..."* además de estar ubicada como séptima regla de nueve y tercera de cinco, respectivamente, la doctri-

---

[1385] BANFI DEL RÍO (2020) pp. 214-216.

na ha insistido en su carácter subsidiario, pese a algunas voces que han abogado por la necesidad de su aplicación directa para proteger a una de las partes, sobre todo a la luz de la legislación especial de consumo[1386]. En Alemania sucede otro tanto, pues el 305c párr. 2 BGB únicamente indica la necesidad de "dudas" (*Zweifel*) en la interpretación, pero ha sido entendido incluso por el BGH en forma constante que la norma se aplica si tras agotar todos los métodos posibles de interpretación subsiste una duda irremediable y al menos dos posibles interpretaciones son jurídicamente justificables[1387]. En Inglaterra, como se vio, el *case law* habla de la necesidad de "una ambigüedad o duda que no puede ser resuelta por las reglas y principios ordinarios de interpretación"[1388] o de una "ambigüedad real"[1389], resultante del procedimiento interpretativo, a la luz de los criterios modernos de interpretación que consideran los antecedentes y, cuando corresponda, el propósito mercantil del acuerdo[1390].

Puede argumentarse en este sentido, tanto por el tenor literal del precepto, que no deja lugar a dudas acerca de su carácter subsidiario, como por los antecedentes histórico-dogmáticos

---

[1386] *supra,* Cap. 2, III, 4 y Cap. 2, III, 5.2 b.

[1387] BGH 19/12/2018, VIII ZR 254/17, nm. 19, refiriendo variadas sentencias en este sentido.

[1388] *Mount Cook Land Ltd v Joint London Holdings Ltd* [2005] EWCA Civ 1171, párr. 67. *Egan v Static Control Components (Europe) Ltd* [2004] EWCA Civ 392, párr. 37.

[1389] *Quest 4 Finance Limited v John Maxfield* [2007] EWHC 2313 (QB), párr. 35; *Natixis SA v Marex Financial* [2019] EWHC 2549, párr. 357; *Taberna Europe CDO II Plc v Selskabet AF* [2016] EWCA Civ 1262, párr. 23; no aplicando la regla porque "no hay ninguna ambigüedad en la frase considerada", *Du Plessis v Fontgary Leisure Parks Ltd* [2012] EWCA Civ 409, párr. 40; o bien señalando que "Hay una única y obvia interpretación: las palabras significan lo que dicen", por lo que la regla en la s. 69 CRA no aplica, *Higgins & Co Lawyers Ltd v Evans* [2019] EWHC 2809 (QB) párr. 67.

[1390] Lewison (2021) p. 447.

que dan cuenta del funcionamiento de la regla *contra proferentem*. Así, las fuentes romanas en la estipulación indicaban que la consecuencia *contra stipulatorem* era *Cum quaeritur...quid actum sit* (cuando se duda qué se ha hecho)[1391], y por tanto estaba sujeta a la previa determinación del *id quod actum est* (lo que se ha hecho), sobre lo cual nos hemos detenido[1392]. La situación sólo se volvió más clara en las fuentes posteriores, como ya se ha visto. Así, según las Partidas, si hay dudas en los juicios o posturas que los hombres ponen entre sí, "[...] *si alguna destas razones el judgador non pudiere catar, nin veer, estonce deue interpretar la dubda contra aquel que dixo la palabra* [...]"[1393]. También puede citarse el humanista Zasius, donde tempranamente aparece un sistema de interpretación con cinco reglas ordenadas en orden a determinar el sentido de la pactado: el tenor literal del contrato, la costumbre, la naturaleza del contrato, debe estarse a la menor obligación o *quod minus* y finalmente, *contra proferentem*[1394]. Estas ideas se replicaron en algunas codificaciones precedentes al CCCh de manera expresa, como en el Código prusiano, que dispone, según examinamos, en § 266: "Si un contrato no puede entenderse según las reglas anteriores [...]" o en § 268: "Si todas las demás reglas de interpretación no son aplicables [...]" y como consecuencia, estableciendo la regla *contra proferentem* y *quod minus*, respectivamente. Finalmente, el impulso final para la actual redacción del art. 1566 CCCh ex-

---

[1391] D. 34,5,26. D. 45,1,38,18.

[1392] *supra* Cap. 1, I. 1. Puede ser interesante volver a referir la opinión de Babusiaux (2006) p. 251, según la cual el *id quod actum est* servía al propósito de preparación del procedimiento técnico de la acción y la ponderación o prognosis de sus posibilidades, esto es, mirado desde un punto procesal, quien acciona sobre la base de determinada intención contractual está sujeto al riesgo procesal de que ello no resulte probado y en consecuencia la interpretación será contra él.

[1393] P. 7, tít. 33, L. 2.

[1394] Zasii (1590) fol. 259.

presando literalmente la subsidiariedad parece haber provenido del diccionario de Escriche en la voz "Interpretación de las
convenciones o contratos": "8° Si la duda no puede resolverse
por los medios indicados, debe decidirse contra el estipulante
y en favor del deudor […]"[1395].

En este mismo sentido se ha pronunciado la doctrina chilena desde antiguo, como se ilustra en las palabras de Claro Solar:
"Esta regla supone que la duda sobre el verdadero sentido de
las cláusulas o de una cláusula de un contrato no ha podido desaparecer con la aplicación de todas las demás reglas interpretativas que pudieran ser aplicadas y que resultan, por lo tanto,
inaplicables o insuficientes para solucionar la ambigüedad de
la cláusula"[1396]. Nadie ha dudado de este aspecto[1397]. Y como
bien señalan algunas de estas obras, la jurisprudencia ha sido
conteste en relevar este carácter subsidiario ante las frecuentes
alegaciones de litigantes en torno a la aplicación de este precepto. Así, en un recurso de queja contra sentencia arbitral la
Corte de Santiago indicó contundentemente:

> "De lo expuesto no se trata entonces de una obligación o de-
> ber de aplicar todas las reglas de interpretación, por algo el
> artículo 1566 dice 'No pudiendo aplicarse ninguna...' de lo
> que se colige que buscando la intención de las partes, el in-
> térprete, en este caso el juez, podrá hacer uso de una de ellas
> para esclarecer la voluntad de los contratantes, de manera que

---

[1395] Escriche (1847) p. 229.

[1396] Claro Solar (1939) p. 28.

[1397] Brain Rioja (1941) p. 120, López Santa María y Elorriaga de Bonis (2017) p. 517, Lyon Puelma (2017) p. 417, Prado López (2019)
pp. 523-524, Isler Soto (2019b) p. 42; Ramos Pazos (2023) p. 75;
Barcia Lehmann (2024) p. 617. Una excepción a ello puede encontrarse en la reciente obra de Bustos Díaz (2023) p. 46, quien indica
que el art. 1566 inc. 2° tendría aplicación general y se desmarcaría del
carácter subsidiario del inciso primero. No se indican razones para dicho aserto más allá de reproducir el fundamento de esta disposición.

no puede incurrir en una falta o abuso grave si precisamente en búsqueda de esa voluntad utilizó o prefirió una o más de las reglas que la legislación prevé y descartó otras"[1398].

Las sentencias en el mismo sentido son constantes[1399]. Con todo, como se ha visto, sin decirlo, sobre todo en el caso de contratos de adhesión, como seguros, en materia laboral o contratos administrativos, las sentencias no son prolijas en despejar previamente la ambigüedad mediante el recurso a las demás reglas de interpretación contractual. Este es un defecto frecuente.

d) La aplicación de las demás reglas de interpretación para superar la ambigüedad

El carácter insuperable de la ambigüedad se traduce en la imposibilidad de conocer con claridad los alcances del acuerdo que vincula a las partes con recurso a los demás dispositivos interpretativos que consagra el título XIII del libro IV del CCCh[1400].

La determinación del contenido de un contrato es una tarea compleja que supone varias operaciones concurrentes. La dogmática ha caracterizado esta labor de diversas maneras, siendo inabarcable la cantidad de literatura sobre el particular, pues cada ordenamiento cuenta con sus propias consideracio-

---

[1398] *Agrícola Nuevo Estero Ltda. con Rabat* (2021) 12°.

[1399] Desde antiguo, por ej. en *Wessel, Duval y Cía. con Saelzer y Schwarzenberg* (1947), cons. 26. En el mismo sentido, *Repuestos, Equipos y Maquinarias Comercial Limitada con Finning Chile S.A* (2008) cons. 5°; *Sociedad Concesionaria Bas S.A. con Miembros de la Comisión Arbitral* (2013) cons. 6°; *Empresa Agrícola Frutos del Maipo Limitada con Watt s S.A.* (2019) cons. 6°; *Ibáñez con Santos* (2019) cons. 13°; *Gavilán con Escalona* (2020) cons. 13°; *Fisco de Chile con Empresa Nacional de Electricidad* (2021) cons. 24°, entre otras.

[1400] En adelante, las reglas del título XIII.

nes que la jurisprudencia judicial y doctrinaria ha vertido al respecto, sobre todo a la luz de los dispositivos interpretativos consagrados expresamente por las codificaciones.

Es nuestro medio, es tradicional la definición de "interpretación de los contratos" como aquella operación que "[...] consiste en determinar el sentido y alcance de sus cláusulas, mediante la consideración de la intención de las partes contratantes"[1401].

Enseguida, la doctrina suele analizar cada una de las reglas del título XIII con más o menos profundidad[1402]. Con todo, en ocasiones, se enmarca la interpretación dentro de concepciones más complejas ligadas a la determinación del acuerdo en forma más amplia.

Ducci identifica un primer análisis para fijar el contenido del contrato vinculado al cumplimiento de los requisitos de validez del negocio jurídico de acuerdo con los arts. 1444 y 1445 CCCh, para luego relevar la importancia de atender a los "elementos naturales" fijados por la ley en los contratos nominados, además de todo lo que sea posible integrar mediante la buena fe de acuerdo con el art. 1546 CCCh. Todo ello formaría la denominada "ley del contrato" a que hace referencia el art. 1545 CCCh[1403].

De manera similar, Carvajal distingue la determinación de la así llamada "tipicidad de primer grado", confrontando

---

[1401] Brain Rioja (1941) p. 12; Meza Barros (1951) p. 62. Similarmente, López Santa María y Elorriaga de Bonis (2017) p. 467, sin perjuicio de sus explicaciones sobre calificación e integración; Barcia Lehmann (2007) p. 22.

[1402] Claro Solar (1939) p. 16 y ss, Barros Errázuriz (1917) p. 60; Abeliuk Manasevich (2014a) p. 132 y ss.; Baraona González (2008); González Castillo (2019).

[1403] Ducci Claro (1977) pp. 198-200, n° 136.

el contrato con el derecho objetivo referido a la existencia y validez del mismo, de una "tipicidad de segundo grado", realizando la misma operación para preguntarse si se trata de un contrato nominado o innominado para así definir la reglamentación general que emana del mismo. Por último, indica que es necesario indagar en la integración del contrato, que sería la determinación de su disciplina concreta o específica según el art. 1546 CCCh, agregando a los contenidos normativos de la relación contractual todo lo que emana precisamente de la naturaleza de la obligación[1404].

Por su parte, análogamente, Vidal distingue la "interpretación de la declaración de voluntad" de la "construcción de la regla contractual", siendo esta última un "[...] proceso de mayor complejidad que encierra la interpretación de la declaración de voluntad y los resultados alcanzados por ella; y, además, la integración reguladora por las fuentes dispositivas (ley y costumbre), que busca, preferentemente, la definitiva fijación de las consecuencias jurídicas de la reseñada declaración, a través de la prescripción de la norma dispositiva, en la medida que ésta no haya sido excluida, o modificada, por las partes (voluntad privada)"[1405].

Finalmente, de manera más reciente, Lyon distingue entre interpretación e integración del contrato. La primera operación consistiría en "determinar el sentido de las declaraciones de las partes o el sentido y alcance de sus comportamientos relevantes, cuando ellos son ininteligibles o pueden producir dos o más alternativas en cuanto a lo que se quiso decir o hacer",

---

[1404] CARVAJAL RAMÍREZ (2012) p. 441-442. Profundiza esto en un comentario histórico-dogmático al art. 1444, en CARVAJAL RAMÍREZ (2023a) pp. 115-116.

[1405] VIDAL OLIVARES (2000a) p. 210. En este sentido, ALCALDE SILVA (2006) pp. 550-552, utilizando los conceptos de "interpretación de la declaración de voluntad" y "construcción de la regla contractual".

señalando que para tales efectos se consagran las reglas del título xiii[1406], mientras que la integración supondría "completar los vacíos existentes en un acuerdo de voluntades mediante el expediente de recurrir al desarrollo lógico y coherente de la fórmula elaborada por las partes y de su estructura para iluminar aquel contenido implícito o marginal del negocio que no está expreso en él y que ha quedado en sombras para la conciencia de las partes"[1407]. Luego de concurrir ambos procedimientos, si no hay solución, debe aplicarse la regla del art. 1566 CCCh[1408].

De esta forma, siguiendo estos desarrollos dogmáticos, es posible distinguir lo que podríamos denominar "determinación global del acuerdo"[1409], de cada una de las operaciones que incidirán en la ejecución del contrato.

Una primera operación tiene que ver con determinar la validez y eficacia del contrato a la luz del cumplimiento de los requisitos propios del negocio jurídico (arts. 1444, de la esencia y 1445, de la declaración de voluntad). Ello será fundamental a la hora de determinar si existe consentimiento de las partes y si el contrato tiene un objeto y causa lícitos, pues de lo contrario nada habrá que interpretar o integrar.

Una segunda será la interpretación de la declaración de voluntad, en conformidad a las reglas del título xiii, máximas flexibles que actúan como "modelos de argumentación" o

---

[1406] Lyon Puelma (2017) p. 36.

[1407] Lyon Puelma (2017) p. 60. Como ha quedado dicho recientemente, integración, interpretación y calificación del contrato son actividades distintas, pero relacionadas. Peñailillo Arévalo (2023) p. 24.

[1408] Lyon Puelma (2017) p. 61.

[1409] Hablando de "sentido global atribuible al contrato" como resultado práctico, pero solo de la interpretación contractual, Díez-Picazo y Ponce de León (2007) p. 512.

"esquemas argumentativos", incluyendo un conjunto de criterios abstractos necesarios para que los argumentos funcionen, dando lugar al surgimiento de potenciales razonamientos en ciertas circunstancias, actuando como guías para el descubrimiento de la intención de las partes[1410].

Una tercera operación es la integración del contrato en conformidad al art. 1546, incorporándose a este todo lo que emane precisamente de la naturaleza de la obligación, como las cláusulas de uso común, de acuerdo con el art. 1563 inc. 2°[1411].

Debe tenerse presente que estos procedimientos no deben analizarse en forma aislada: todos contribuyen a la determinación global del acuerdo. Así, por ejemplo, solo en la medida que se conozca el verdadero tenor de las disposiciones de un contrato podrá determinarse si de él emana un objeto que sea determinado, lícito o bien si realmente existe consentimiento alguno para determinar su validez. Por lo demás, si la cláusula contractual consiste en una condición, aquella concebida en términos ininteligibles se considerará imposible —art. 1475 inc. final— y si es suspensiva se tendrá por fallida —art. 1480—, lo cual solo podrá descubrirse mediante la operación interpretativa[1412]. De la misma forma, la

---

[1410] En este sentido, CATTERWELL (2020) p. 67, quien, con todo, habla en el contexto del *Common Law*, en que estas máximas no son reglas vinculantes. Ello no obsta a que hable de "*objective intention*", como meta de la interpretación contractual.

[1411] Sobre la base de estas dos disposiciones legales se erige y construye la integración del contrato, señala DOMÍNGUEZ HIDALGO (2011) p. 252. Sin perjuicio de las labores de interpretación que desplegaría la buena fe *ex* art. 1546 CCCh, como indican algunos autores, según veremos de inmediato.

[1412] Señala LAZO GONZÁLEZ (2023) p. 197, que el art. 1480, al hablar de "enteramente ininteligibles", supone una "ininteligibilidad sin matices", que hace imposible la reconstrucción del sentido de la condición, lo cual se alejaría de la conservación del negocio a la cual

determinación de la naturaleza de la obligación es materia de interpretación, pues a partir de lo desarrollado por las partes en el acuerdo se podrá apreciar o no la pertenencia de este a determinado tipo contractual o se concluirá su atipicidad con las correspondientes conclusiones a que ello de lugar[1413]. Esto, por ejemplo, a la luz de la existencia de distintas reglas de interpretación propias de cada tipo contractual descrito en el CCCh. Baste ver aquellos casos en que expresamente se habla de "interpretación", como en el caso de las facultades del mandatario[1414], o la extensión de la obligación del fiador[1415]. Además, en materia de obligaciones en general, el CCCh contempla distintas reglas según la clase de vínculo de que se trate. De esta forma aparecen los artículos 1483 y 1484, sobre el modo de cumplirse las condiciones y su enig-

---

     propenden ciertas fuentes romanas, que razonan sobre la base de la ambigüedad —otro problema distinto del lenguaje —, como las fuentes de nuestro art. 1566.

[1413] Sobre los problemas de disciplina normativa del contrato atípico, por todos, Díez-Picazo (2007) p. 491-494. En nuestro medio ello es conocido como "calificación" del contrato, desde antiguo. Brain Rioja (1941) p. 30.

[1414] Art. 2148. "Las facultades concedidas al mandatario **se interpretarán con alguna más latitud**, cuando no está en situación de poder consultar al mandante".

[1415] Art. 2344. "El fiador no puede obligarse en términos más gravosos que el principal deudor, no sólo con respecto a la cuantía sino al tiempo, al lugar, a la condición o al modo del pago, o a la pena impuesta por la inejecución del contrato a que acceda la fianza; pero puede obligarse en términos menos gravosos.

Podrá, sin embargo, obligarse de un modo más eficaz, por ejemplo, con una hipoteca, aunque la obligación principal no la tenga.

La fianza que excede bajo cualquiera de los respectos indicados en el inciso 1.º, deberá reducirse a los términos de la obligación principal.

En caso de duda **se adoptará la interpretación** más favorable a la conformidad de las dos obligaciones principal y accesoria".

mática relación[1416] o el art. 1507, regla para determinar si la obligación es alternativa o facultativa: "En caso de duda sobre si la obligación es alternativa o facultativa, se tendrá por alternativa"[1417].

De esta manera, puede verse que la interpretación es gravitante para la adecuada concreción de las demás operaciones, que no deben perderse de vista. En lo que sigue, nos centraremos en la fase hermenéutica, prestando especial atención al funcionamiento de las reglas del título XIII, pues es ante su impotencia que podrá aplicarse la última de ellas.

i) El artículo 1560

Pensamos que este catálogo de *regulae* obedecen a un imperativo común que debe guiar este procedimiento: la determinación de la clara intención de los contratantes[1418]. Eso es

---

[1416] Art. 1483. "La condición debe ser cumplida del modo que las partes han probablemente entendido que lo fuese, y se presumirá que el modo más racional de cumplirla es el que han entendido las partes. Cuando, por ejemplo, la condición consiste en pagar una suma de dinero a una persona que está bajo tutela o curaduría, no se tendrá por cumplida la condición, si se entrega a la misma persona, y ésta lo disipa".
Art. 1484. "Las condiciones deben cumplirse literalmente, en la forma convenida".

[1417] Que pareciera ser una regla subsidiaria final de interpretación de ciertas condiciones. Ello, pues habla de que ello procede "en caso de duda", lo cual debe determinarse de cara a las reglas del título XIII, además de calificar la duda: debe tratarse de la imposibilidad de determinar no el sentido, sino si se trata de una obligación de un tipo u otro, lo cual también debe determinarse con ayuda de las señaladas reglas.

[1418] En este sentido, en nuestro medio, LÓPEZ SANTA MARÍA y ELORRIAGA DE BONIS (2017) p. 496: "Las reglas de interpretación son los principios y los moldes que sirven de base, de punto de partida, a

lo que aparece del art. 1560, criterio rector que encabeza la operación de interpretación. Ello proviene ya de las fuentes romanas, que, como hemos visto, daban importancia gravitante al *id quod actum est,* es decir, el reconocimiento de lo que se ha hecho por las partes, lo que se pretende mediante la celebración del contrato, o como señala Miquel, lo que resulta de establecer un punto intermedio entre considerar lo que las partes se representan al concluir un negocio y lo que éstas ponen objetivamente en existencia[1419].

Para inferir la intención de los contratantes deben considerarse un conjunto de "materiales interpretativos". El tribunal llegará a una respuesta probable del problema de interpretación evaluando los argumentos basados en el texto del contrato como un todo; los potenciales sentidos de las palabras, frases o numerales en el contrato; los hechos del contexto; la finalidad del contrato; las potenciales consecuencias de interpretaciones en competencia y estándares normativos como la razonabilidad o el sentido común comercial[1420]. Todos estos

---

los razonamientos del intérprete, y que le ayudan en la búsqueda de la intención común de los contratantes, **blanco fundamental de la interpretación subjetiva de las convenciones**". Destacado añadido.

[1419] Miquel (1981) p. 794.

[1420] Catterwell (2020) p. 53. En sentido similar, Lorenzetti (2018) pp. 566-572, distingue entre "fuentes" y "reglas", de interpretación, correspondiendo las primeras a: (1) el texto a interpretar, (2) el lenguaje utilizado en el contrato, (3) el comportamiento de las partes y (4), usos y costumbres. Los PLDC, art. 70, ordenan tener en cuenta "para determinar la común intención de las partes": "a) Las reglas de interpretación acordadas por las partes; b) La conducta de las partes durante las etapas de formación, perfeccionamiento y ejecución del contrato; c) Las conductas anteriores, concomitantes o posteriores de las mismas partes en otros contratos sobre el mismo objeto; d) La calificación, el objeto y la causa del contrato; e) Los usos del lugar de la celebración del contrato".

aspectos pueden ser deducidos e incorporados al análisis mediante las reglas del título XIII[1421].

Así, la intención podrá ser inferida del tenor literal del acuerdo, en cuyo caso no será necesario continuar con el procedimiento interpretativo: *in claris non fit interpretatio,* como ya era enunciado en D. 32, 25, 1, al tenor del cual, *cum in verbis nulla ambiguitas est non debet admitti voluntatis quaestio* (cuando en las palabras no hay ambigüedad, no debe admitirse la pregunta por la voluntad). Por tanto, el juez o el jurista no debe persistir en la búsqueda de una voluntad que está plenamente explicitada, constituyéndose como un límite a una interpretación semántica inútil, inoportuna o temeraria[1422]. Este es el sentido que últimamente se ha dado al 1560 CCCh[1423]. La Corte Suprema lo ha explicado claramente indicando que:

> "El prisma básico en la materia que se analiza será el considerar que lo expresado literalmente coincida con la voluntad interna o el propósito de las partes. Ese cariz desaparece si cada parte propugna puntos de vista discrepantes de los cuales como sucede en la especie derivan disímiles consecuencias jurídicas relativas al correcto cumplimiento de las obligaciones

---

[1421] En un sentido contrario, en *Duarte con Pino* (2011) se afirma que "…en la determinación de lo que ha sido la voluntad de las partes al acordar una convención, es preciso considerar, además de las **orientaciones que entrega el legislador**, aquéllas **circunstancias** demostrativas de la intención de las partes y que se desprenden de las circunstancias de la especie o que reflejan el **comportamiento contractual** de las mismas", oponiendo reglas a circunstancias de la especie, lo que no es procedente. Las reglas del título XIII están para considerar los materiales interpretativos.

[1422] Masuelli (2002) pp. 423-424.

[1423] Últimamente, Alcalde Rodríguez y Boetsch Gillet (2021) p. 779: "La primera —y natural vía— de conocer la intención es por medio del texto conocido por las partes". En el mismo sentido, Banfi del Río (2020) p. 207. Hemos expresado este punto de vista, aportando literatura coincidente, en Rubio Varas (2018) p. 558.

contractuales, situación ante la cual habrá de indagarse acerca
de la voluntad real de quienes han convenido"[1424].

Los demás materiales interpretativos para deducir la intención se encontrarán en los artículos 1561 a 1566. En este
sentido, ya Meza Barros indicaba que "Para conocer la intención de los que contratan, el Código ha señalado diversas
normas de interpretación"[1425], explicando a continuación las
siguientes disposiciones del título XIII. Análoga y recientemente, Alcalde y Boetsch, han indicado que "Las restantes
reglas de interpretación auxilian a desentrañar el sentido y
alcance del texto del contrato"[1426]. Sobre cada una de estas
reglas, que ameritarían un extenso tratamiento separado, in-
dicaremos solamente los aspectos más señeros, a efectos de
su incidencia en la interpretación del art. 1566.

ii) Los artículos 1561 a 1565

Enseguida, aparecen disposiciones que permiten fundar argumentos basados en el texto del contrato como un todo y los
potenciales sentidos de aquello explicitado en él. Se trata de
los artículos 1561 y 1565. Estos tratan de la interpretación res-

---

[1424] ALIMENTOS Y SERVICIOS FERBAS S.A. CON JUNTA NACIONAL DE AUXILIO ESCOLAR
Y BECAS (2020) 12°.

[1425] MEZA BARROS (1951) p. 64.

[1426] ALCALDE RODRÍGUEZ y BOETSCH GILLET (2021) p. 780, también
WARNIER READI (2018) p. 474. Discrepamos de COLOMA CORREA
(2016) p. 11, en cuanto critica a Meza Barros señalando que: "El
problema es que estos últimos artículos no constituyen mecanismos
para conocer intenciones, sino que señalan otros materiales a tener
en cuenta…". Sin embargo, precisamente estos materiales son insumos que colaboran con desentrañar la intención, objetivo de la
interpretación contractual. Sin perjuicio de ello, no se trata de una
intención psicológica o subjetiva, como hemos explicado en *supra*
II. 2.3, del presente capítulo.

trictiva y extensiva, respectivamente. Según el art. 1561: "Por generales que sean los términos de un contrato, solo se aplicarán a la materia sobre que se ha contratado", estableciendo con ello la necesidad de evaluar de modo crítico y eventualmente restrictivo los términos "generales" que aparecen en el texto de la declaración negocial[1427]. De esta forma, no es el tenor literal lo que limita la extensión de la interpretación, sino el objeto o materia del contrato, su naturaleza, según se explicará[1428].

Por otra parte, el art. 1565, como contracara del anterior, establece la posibilidad de realizar una interpretación extensiva o analógica de los términos del acuerdo cuando ello sea posible de acuerdo con la naturaleza del acuerdo[1429], pues como ya aparece en D. 50, 17, 81: "Lo que se inserta en los contratos con el fin de eliminar dudas no puede alterar el derecho común", debiendo analizarse cualquier digresión que se haga en el contrato con valor meramente explicativo, siendo tarea del intérprete determinar si las partes tienen la intención de "dilucidar" y no "delimitar" las cláusulas que los rigen[1430].

Debe analizarse también la concurrencia de otros estándares normativos de interpretación llamados por la doctrina "intrínsecos"[1431], como el principio de conservación del negocio jurídico, en el art. 1562 y el canon hermenéutico de la totalidad en el art. 1564 inc. 1°. Sobre el primero, la disposición anotada reza: "El sentido en que una cláusula pueda producir algún efecto, deberá preferirse a aquel en que no sea capaz de producir efecto alguno", por lo que ante dos significados posibles que se puedan extraer de su tenor literal, debe pre-

---

[1427] GANDOLFI (1966) p. 329.
[1428] Así resulta del análisis histórico-dogmático, en RUBIO VARAS (2023a) p. 451.
[1429] En el mismo sentido, RUBIO VARAS (2023a) p. 461.
[1430] GANDOLFI (1966) pp. 327-328.
[1431] LÓPEZ SANTA MARÍA y ELORRIAGA DE BONIS (2017) p. 500.

ferirse aquel que le proporcione utilidad a lo pactado por las partes. Esto es, un criterio para preferir una interpretación por sobre otra. Sobre el segundo, indica que: "Las cláusulas de un contrato se interpretarán unas por otras, dándose a cada una el sentido que mejor convenga al contrato en su totalidad". Respecto de esta disposición, es útil invocar lo dicho por Bello al explicar esta regla hermenéutica en sede de tratados internacionales, señalando que: "Las expresiones equívocas u oscuras deben interpretarse por medio de los términos claros y precisos que con relación a la materia de que se trata ha empleado el autor en otras partes del mismo escrito, o en otra ocasión semejante"[1432]. Cabe considerar que estas dos últimas reglas serán barreras importantes a la procedencia de la regla *contra proferentem* del art. 1566, en la medida que ninguna interpretación que se esgrima podrá conducir artificialmente a la inutilidad del acuerdo y que debe observarse el contrato en su totalidad para encontrar una respuesta, antes que desistir del esfuerzo interpretativo por encontrarse el intérprete ante una ambigüedad insuperable. Tienen una prioridad lógica de cara a la aplicación de la regla final subsidiaria.

Deben también considerarse como material interpretativo las conductas de las partes y el contexto de ejecución del contrato, según lo dispuesto en el art. 1564 incs. 2° y 3° según los cuales: "Podrán también interpretarse [las cláusulas de un contrato] por las de otro contrato entre las mismas partes y sobre la misma materia. / O por la aplicación práctica que hayan hecho de ellas ambas partes, o una de las partes con aprobación de la otra". Sobre todo en cuanto al último inciso se ha indicado desde antiguo que consagra una interpretación "auténtica" del contrato, esto es, la manera en que las partes han entendido y ejecutado el contrato[1433]. Como señala Coloma: "[...] la sola fi-

---

[1432] Bello (1981) p. 178.
[1433] Claro Solar (1939) p. 19.

jación del texto no clausura psicológicamente el proceso de formación de intenciones de las partes contratantes", por lo que "[…] a medida que vayan emergiendo dudas o francas dificultades en la fase de ejecución, cada parte irá reconstruyendo la posición que tuvo al momento firmar el contrato y la irá adaptando —tal vez, inadvertida— a las nuevas condiciones"[1434]. Con todo, no cualquier conducta de las partes constituirá material interpretativo, sino aquellas que revistan el carácter de inequívocas, relevantes y que hayan sido aceptadas en forma expresa o tácita por la contraparte[1435], coherente con el sistema de interpretación que consagran las reglas del título XIII, según veremos: no hay espacio para pretensiones individuales en torno al sentido del contrato que no sea conclusión que se desprenda de la claridad del texto contractual. Por eso, en parte, es que se castiga al redactor ante su falta de claridad.

Finalmente, de estas reglas, la contenida en el art. 1563 inc. 1° CCCh reviste una importancia cardinal. Según éste: "En aquellos casos en que no apareciera voluntad contraria deberá estarse a la interpretación que mejor cuadre con la naturaleza del contrato". Como ya hemos sostenido en otra oportunidad, la naturaleza del contrato es un concepto jurídico amplio y flexible que dice relación con la finalidad del contrato y que considera, a su vez las circunstancias concretas y contingentes en que las partes han manifestado su consentimiento, pero también los caracteres concretos del contrato que permiten cumplir dicha finalidad. Es decir, si bien la naturaleza del contrato puede determinarse mediante su objeto y su causa, los excede, ampliándose hacia factores objetivos que permiten

---

[1434] COLOMA CORREA (2016) pp. 26-27.
[1435] ELORRIAGA DE BONIS (2018) pp. 316-317. ALCALDE RODRÍGUEZ y BOETSCH GILLET (2021) p. 808: "…debe tratarse de una aplicación consciente del contrato, esto es, realizada con el fin preciso de darle aplicación a lo convenido".

calificar el contrato en una concreta estructura económico-social[1436]. De esta manera, se alza como un material interpretativo que constituye un estándar normativo que permite decidir entre argumentos en competencia sobre la interpretación del contrato en un litigio. Es, por lo demás, un límite a los razonamientos que pudieran intentarse en base a la extensión del texto, la coherencia del clausulado contractual, la producción de efectos y las conductas de las partes. Nada de ello podrá ser contrario a la naturaleza del contrato.

Por último, no pudiendo aplicarse ninguna de estas reglas, no siendo los razonamientos de las partes coherentes en orden a llegar a una solución cierta acerca del sentido del contrato mediante los dispositivos interpretativos recién explicados, se habrá cumplido con el requisito de la existencia de una ambigüedad insuperable. El juez debiera hacer el ejercicio de descartar una a una las disposiciones interpretativas de los artículos 1560 a 1565 antes de recurrir al 1566, para mayor transparencia de su *iter* hermenéutico, pues debe justificar aquel resultado al que arribó[1437].

[1436] Rubio Varas (2020) p. 676.

[1437] De manera ejemplar en tres sentencias de exacto tenor: Itaú Corpbanca S.A. con Ramos (2022); Itaú Corpbanca S.A. con Martínez (2022); Banco Estado de Chile con López (2022), en cons. 12° descartan la procedencia de las reglas del 1560 a 1565 y en cons. 13° aplican el art. 1566, para interpretar una cláusula de aceleración en un pagaré a favor del deudor de este. Sobre el mismo problema, en sentido análogo, Banco Falabella con Saure (2023) cons. 5°. Censurando una aplicación no debidamente fundamentada del art. 1566 por parte de un tribunal arbitral, Consejo Defensa del Estado con Zepeda (2012) cons. 15°, confirmada Corte Suprema, 6/12/2012. No se infringe el art. 1566 cuando en la sentencia impugnada se interpreta el contrato sobre la base de otras reglas y cuando la cláusula no es ambigua, resolvió la Excma. Corte en Rendic Hermanos S.A. con Riquelme (2015) 8°. En sentido análogo, el máximo tribunal estimó no aplicable nuestra regla en atención a que "...la declaración de

e) Sobre la así llamada "función interpretativa" de la buena fe para superar la ambigüedad

En nuestro medio se ha propugnado la así llamada "interpretación de buena fe", siguiendo los derroteros de ordenamientos extranjeros, como el español, que no contando con un texto expreso que así lo consagre —como el art. 1366 *Codice* y el § 157 BGB— han sostenido la vigencia de una regla adicional de interpretación por fuera del catálogo que consagra el propio código[1438]. Sin embargo, no es claro a qué se refiere la doctrina con este criterio interpretativo agregado.

Vodanovic sostiene que: "Las partes, en caso de duda, deben interpretar las cláusulas con un espíritu de recíproca lealtad", lo que "...obliga al juez a cautelar el justo equilibrio de los intereses de las partes"[1439]. Ducci ha defendido que "aunque nuestro Código no contiene una disposición interpretativa, correlativa al art. 1546, que establezca la interpretación de buena fe, es indudable que ésta forma parte del proceso interpretativo", explicando que "Hay una correlación tan estrecha entre interpretación, que fija el contenido y alcance del contrato, y cumplimiento, que está determinado por ese contenido y alcance, que es imposible configurar un cumplimiento de buena fe sin una interpretación en que ella haya sido

---

voluntad ha sido clara y no ambigua...". COOPERATIVA DE VIVIENDA Y SERVICIOS HABITACIONALES TOLMILLÁN LTDA CON BANCO SANTANDER CHILE (2007) cons. 9°.

[1438] Así, por todos, DÍEZ-PÍCAZO Y PONCE DE LEÓN (2007) pp. 500; CARRASCO PERERA (2021) pp. 552-553. Como señalan EYZAGUIRRE BAEZA y RODRÍGUEZ DÍEZ (2013) p. 188: "En los Códigos que no consagran expresamente la facultad interpretativa la doctrina no ha tenido grandes inconvenientes en promover una interpretación del contrato de acuerdo con las exigencias de la buena fe".

[1439] VODANOVIC HAKLICKA (1998) p. 516, n° 1780.

considerada"[1440]. Por su parte, Boetsch indica "[q]ue el juez, a
lo largo de su interpretación, se base en la buena fe, se traduce
en que toda aplicación de una norma contractual que conduzca a un resultado deshonesto debe ser rechazada" y que "En
esta intención [del art. 1560] siempre el hermeneuta deberá
buscar los elementos de cooperación, lealtad y rectitud que
encierra la buena fe contractual"[1441]. Baraona, respecto a los
contratos de consumo, según quien la interpretación de buena
fe: "...exige una lectura de los términos que sea razonable, leal,
honesta, no interesada y que respete los usos y prácticas del
comercio, bajo el criterio de que el proveedor tuvo que hablar
claro"[1442]. López y Elorriaga han indicado que: "La interpretación de los contratos debe tener lugar aplicándose el estándar
de la buena fe, y ésta tiene una función importante que jugar
en regímenes subjetivos de interpretación contractual"[1443], no
aclarando plenamente este rol. Corral observa que la buena fe
tiene utilidad en la superación de la escuela exegética tanto en
la interpretación de la ley como de las estipulaciones contractuales, contribuyendo "a entender que el sentido no depende
sólo del texto y que muchas veces hay que indagar cuál es el fin
o espíritu de la estipulación"[1444], pero no consta como ello no
pudiera conseguirse mediante el recurso a las demás reglas de
interpretación, que precisamente buscan desentrañar la intención común de los contratantes que a veces podrá desplazar a
la literalidad del acuerdo. Por último, recientemente, Bustos
opina que la buena fe como criterio de interpretación contractual permite "revelar las conductas exigibles implicadas lógi-

[1440]   Ducci Claro (1977) pp. 205-206, n° 140. En un sentido similar,
       Saavedra Galleguillos (1996) p. 368. Últimamente, Warnier Re-
       adi (2018) pp. 473-474.
[1441]   Boetsch Guillet (2011) pp. 132-133.
[1442]   Baraona González (2021) p. 425.
[1443]   López Santa María y Elorriaga de Bonis (2017) p. 458.
[1444]   Corral Talciani (2020) p. 111.

camente en la interpretación relevante", lo que tendría que ver con "la determinación de aquello que resulta exigible para cumplir la prestación"[1445], lo cual nos parece indistinguible de la integración del contrato según el art. 1546 CCCh.

La jurisprudencia también ha recorrido estos caminos[1446]. Así, para sostener que un contrato de prestación de servicios no había terminado por la fusión de dos empresas del mismo holding empresarial, indicó que el contrato debía interpretarse de buena fe, sin pronunciarse por la procedencia o improcedencia de las reglas del título XIII[1447]. De igual modo se procedió a interpretar las facultades de un mandatario para castigar una deuda de la empresa a que representaba, observándose las normas del mandato, la llamada "interpretación de buena fe" y las reglas de los gerentes de sociedades anónimas de la ley N° 18.046[1448]. Aparece como preocupante un caso en que, frente a un recurso de protección interpuesto contra un banco para evitar el cierre arbitrario de una cuenta corriente, el tribunal lo acogiera utilizando la "interpretación de buena fe" para ir contra la literalidad de una cláusula que indicaba claramente "el banco podrá cerrar o poner fin a la cuenta corriente en cualquier tiempo, a su arbitrio". Se señaló en efecto que "el principio de la buena fe, que es clave en la interpretación de los contratos, 'representa un instrumento morigerador de la autonomía de la voluntad en materia contractual, ya que permite, cuando corresponda, apartarse del tenor literal del contrato, ora ampliándolo, ora restringiéndolo, en virtud de las

---

[1445] Bustos Díaz (2023) p. 65.

[1446] Para los fallos de la Corte Suprema hasta 2007 es exhaustivo Corral Talciani (2007) pp. 160-163.

[1447] *Neira con S.A.C.I Falabella* (2004) 4°.

[1448] *Thyssen Aceros Especiales S.A. con Lange* (2003) 9°. La sentencia cita a López Santa María. En sentido similar, *No se consigna* (1995) 3° y 5°

circunstancias propias del caso que los tribunales son llamados a ponderar'"[1449].

Como se ve, el elenco de explicaciones de qué significa en concreto interpretar un contrato de buena fe es variopinto, respondiendo a valores como la lealtad, la honestidad, la rectitud, la cooperación o, en fin, la equivalencia de las prestaciones.

Sin embargo, nos parece que a la luz de las disposiciones del título XIII esta conclusión no es posible ni es necesaria. No es posible, porque "interpretar de buena fe" un contrato no atiende ni a un criterio lingüístico, ni sistemático ni lógico que permitan atribuirle un sentido preciso a la declaración de voluntad en base a cierto material interpretativo al que se le otorgue valor. Tampoco es necesario, porque los dispositivos del título XIII son lo suficientemente completos, pero a la vez flexibles para determinar una solución al problema de entendimiento del contrato. En este sentido, para interpretar un contrato de arrendamiento, cuya cláusula de vigencia disponía dos plazos contradictorios, el tribunal recurrió al art. 1566 CCCh, pero luego indicó a continuación:

> "En virtud del estándar de la buena fe, el intérprete debe aplicar en primer lugar, la voluntad común de las partes; en seguida, lo más frecuentemente, el intérprete debe aplicar los usos sociales en vigor y, a falta de éstos, en último término, la equidad"[1450].

Con ello, el tribunal inventa un sistema interpretativo paralelo al dispuesto en el Código Civil, particularmente regulado en el título XIII de su libro IV. Ello no era necesario, de cara a la aplicación de las demás reglas.

[1449] *FREDERICKSEN CON BANCO DE CHILE* (2003) 6°.

[1450] *AVILÉS CON SERCOEX LIMITADA* (2004) cons. 6°.

Debe tenerse presente, además, que, si las señaladas reglas fallan en su aplicación al caso concreto, debe acudirse a la regla *contra proferentem,* no a una búsqueda de interpretaciones basadas en un criterio valorativo tan amplio como la buena fe. El peligro que puede encerrar dicha consideración es privar de toda aplicación a nuestra regla, sobre todo cuando alguna doctrina propugna, por ejemplo, la existencia de una "regla subsidiaria de interpretación contractual" dada por la referencia a la costumbre *ex* art. 1546 y a la equidad, sin ahondar mucho más en su asiento normativo[1451]. La verdadera norma subsidiaria del sistema construido en el CCCh es su art. 1566.

En realidad, la buena fe cumple propiamente su rol en sede de integración del contrato, función tratada profusamente por la doctrina nacional más reciente[1452]. Como hemos afirmado en otra sede, debe considerarse la buena fe como un principio irradiador de las demás reglas del título XIII[1453]. En efecto, se trata de un principio general del derecho, por lo que puede considerarse como un criterio inspirador de la aplicación de las demás reglas del título XIII, ayudando a iluminar su contenido de frente a lo que las exigencias de lo bueno y lo justo[1454] impongan al caso concreto. Así aparece muy claramente en una sentencia que razonó aplicando el art. 1566 CCCh como barrera a una interpretación cuyo sentido perjudicaba al deudor haciendo más gravosa su obligación, mencionando luego, de manera separada y como criterio inspirador adicional de la decisión, a la buena fe:

> "Que en esa misma línea de argumentación, al analizar las cláusulas de ambos contratos, surge de manera paladina, que lo pedido por el apelante constituye una tentativa de exégesis

---

[1451] López Santa María y Elorriaga de Bonis (2017) p. 513.

[1452] Por todos, Campos Micin (2021), Schopf Olea (2022).

[1453] Rubio Varas (2021) p. 122.

[1454] Sobre este último concepto, Carvajal Ramírez (2023b) p. 224-225.

contraria al marco jurídico antes señalado respecto de la interpretación que se debe hacer sobre el cumplimiento de los contratos, puesto que lo que pretende el actor es que se de valor a las cláusulas -que del tenor de lo pactado resultan ambiguas-, en un sentido que perjudican al deudor y hacen más gravoso su cumplimiento, lo que contradice no sólo la naturaleza de lo convenido, sino que ,además, **transgrede el principio de buena fe**, de conformidad a lo que se ha expuesto en este fallo precedentemente"[1455].

Esta es la perspectiva de algunos autores nacionales. Desde antiguo Fueyo refería cautelosamente que "En las reglas de interpretación de los contratos, en nuestro sistema reglado y en el de otros códigos, encontramos normas que llevan una dirección paralela a la del cumplimiento de buena fe, y que confirman este principio y contribuyen a su reiteración"[1456], no apuntando con ello a una regla adicional de hermenéutica. Pese a su alegato por considerar la buena fe en materia interpretativa, Johow matiza señalando claramente que "...el ámbito de aplicación del artículo 1546 C.C. abarca, asimismo, la interpretación de las declaraciones de voluntad. En un sentido estricto, sin embargo, el artículo 1546 C.C. no es una regla de interpretación adicional, sino una cláusula general"[1457]. Por último, bien señala Lyon que "...la buena fe en materia contractual, no es un elemento de la interpretación de los contratos, sino que es la fuente inspiradora de todos los criterios de interpretación que hemos descrito y también el elemento corrector de todos ellos"[1458].

[1455] *Cheuquen con Gómez* (2013) cons. 10°. Ennegrecido añadido.

[1456] Fueyo Laneri (1990) p. 202.

[1457] Johow Santoro (2005) p. 220.

[1458] Lyon Puelma (2017) p. 41. En sentido análogo, Tapia Malis (2013) p. 51, pero siguiendo el dogma del "sistema de interpretación subjetivo" que consagraría nuestro código civil. Similarmente, Eyzaguirre Baeza y Rodríguez Díez (2013) p. 189, señalando que la interpretación de buena fe "...sólo podría morigerar el sistema

2.2 Situación de diseño unilateral. "...las cláusulas ambiguas que hayan sido extendidas o dictadas por una de las partes"

El art. 1566 CCCh habla de cláusulas extendidas o dictadas por una de las partes, no aclarando a qué se refiere con "extender" o "dictar", además de surgir la pregunta por el razonamiento sobre la base de "una de las partes" en un contrato bilateral. Dada la metodología de este análisis, es preciso volver sobre las conclusiones históricas y comparativas como insumos argumentativos para aclarar estos puntos oscuros de la regulación chilena.

Si bien la doctrina nacional no repara mayormente en qué implican en concreto estos dos verbos, asimilándolos sencillamente a la "redacción" del acuerdo[1459], lo cual no deja de ser correcto a partir de las fuentes, debe precisarse más.

a) Aspectos históricos del requisito

Según fue posible reflexionar en el primer capítulo, la regla *contra proferentem* nace de las particularidades de algunos negocios jurídicos celebrados por los romanos, como dan cuenta las fuentes, ya sea por la situación en que se encontraban las partes —en un voto a los dioses o diseñando en forma previa las condiciones de un contrato de venta o arrendamiento—, ya sea por las características propias de lo actuado, como en la

de interpretación vigente establecido por el legislador, y en ningún caso permitiría desconocer el texto legal vigente en la materia".

[1459] Así, LYON PUELMA (2017) p. 416. El único trabajo chileno dedicado exclusivamente a la regla, PRADO LÓPEZ (2019) p. 523, indica solamente que "[p]arece una obviedad, pero el primer requisito que permite aplicar el canon en comento es que la cláusula ambigua sea extendida o dictada por una de las partes del contrato".

estipulación, en que una de las partes predispone una promesa verbal que la otra acepta.

Estas particularidades presentes en pasajes dispersos fueron transformándose en reglas aplicables a todos los contratos, generando perplejidades como las que hasta este punto se han abordado. Con todo, la mayor de ellas pareciera ser en qué contratos es aplicable y luego, contra quien se debe realizar la interpretación.

Una de las fuentes romanas que fue glosada y comentada a través de la historia puede servir de insumo a lo que sigue. Se trata del pasaje celsino D. 45, 1, 99, que según concluimos indica:

> "Cualquier cosa que haga una obligación más gravosa, si no se expresa manifiestamente con las palabras se entiende como omitido y generalmente lo interpretamos a favor del que promete, porque el estipulante fue libre de emplear las palabras ampliamente. Pero, por el contrario, el promitente no prevalecerá, si en su interés se trataba de ciertos vasos o esclavos".

En este fragmento se contiene una solución que no es unívoca, a diferencia del fragmento tantas veces citado *Veteribus* (D. 2, 14, 39), que interpreta el acuerdo contra el vendedor y el arrendador porque estuvo en sus manos consignar la ley del contrato. En el pasaje recién reproducido hay una interpretación contra estipulante o contra promitente, dependiendo de quien no expresó con claridad su interés, pudiendo hacerlo.

Desaparecida la noción técnica de la estipulación romana, determinar contra quién debe interpretarse el contrato, como hemos visto, se vuelve problemático en el análisis de las fuentes hecho por glosadores y comentaristas. Así, ya desde Bassianus, quien deslinda el ámbito de aplicación de la regla al caso en que *si quis legem sibi dicere* (si alguno trata de dictarse la ley del contrato a sí mismo)[1460], pero especialmente a partir de la Magna Glosa, aparece el concepto que hará fortuna hasta nuestros días en la formulación de la regla mediante una glosa marginal: *Interpretantur pacta contra proferentem*[1461], utilizándose por primera vez el verbo *profero,* que remite a presentar, mostrar, pronunciar (palabras), expresar, producir (documentos)[1462]. La glosa ordinaria al *Corpus Iuris Canonici* de Johannes Andreae, en el *Liber Sextus* avanzó otro paso, indicando que debe tenerse en cuenta no quien pronunció las palabras, el *proferens,* sino en favor (*gratia*) de quien se establecieron: si a favor del vendedor, se interpreta contra él, si a favor del comprador, a este último le perjudicará la ambigüedad[1463]. Los comentaristas, por su parte, inician su análisis con Bartolo expresando que el pacto ambiguo se interpreta contra quien lo ha inducido (*induxit*)[1464]. Por su parte, Paulo de Castro es el primero, entendemos, en vincular la regla con el *onus probandi,* además de señalar que si no consta quien es el *proferens,* por ejemplo, por haber sido redactado el documento por un notario, debe identificarse aquel en cuyo favor fue puesto el pacto[1465]. En el humanismo, Dumoulin explica que, en la duda, debe interpretarse el documento contra quien se funda en las palabras del instrumento[1466].

[1460] Bassianus (1983) p. 48.

[1461] Accursius (1627c) col. 1705.

[1462] Glare (ed.) (2012) voz *profero.* En este sentido, las Partidas, P. 7.33.2, como hemos visto ordenan interpretar "*...la dubda contra **aquel que dixo** ... escuramente...*".

[1463] Andreae (1613) col. 836.

[1464] Bartoli a Saxoferrato (1603), en D. 2,14,39, *De pactis,* l. *veteribus* (XL), fol. 89

[1465] Pauli Castrensis (1582) en D. 2,14,39, *De pactis, l. Veteribus placet* (XL) fol. 68.

[1466] Molinaei (1681) fol. 889.

Ya en la escuela de la jurisprudencia elegante y en el humanismo, se pone el énfasis en la subjetividad del redactor, quien, si no redacta en forma suficiente, estaría actuando engañosamente contra la voluntad del otro contratante, incluso dolosamente[1467], lo cual es retomado también en el iusnaturalismo racionalista, por ejemplo, por Domat, para quien si la oscuridad o la ambigüedad u otro vicio de la expresión han sido fruto de la culpa o de la mala fe del que debía explicar su intención, la interpretación debe hacerse en su contra[1468]. Este último aspecto fue abandonado, sin embargo, por el codificador, como aparece de la historia de la redacción del precepto[1469].

¿Cómo influyeron estas consideraciones en la codificación nacional? Del estudio de las fuentes se llegó a la conclusión de que las más inmediatas parecen estar en el Código de Luisiana y Domat, sobre todo en cuanto a la noción de "falta de explicación"[1470]. No obstante, pareciera ser que Bello modeló la disposición en forma bastante original siguiendo fuentes romanas, sobre todo en cuanto a dos verbos utilizados que no se encuentran en las legislaciones que sirvieron de inspiración, como el Código de Luisiana: "extendidas o dictadas". Así, en D. 2, 14, 39, como fundamento de la interpretación *venditori et qui locavit nocere* (que perjudica al vendedor o arrendador) aparece *in quorum fuit potestate legem apertius conscribere*, frase que resalta al final del comentario de Bello a la regla, encontrado entre sus papeles, que decía: "En caso de duda, se tiene ménos consideración a aquel de los contratantes que pudo explicarse con mas claridad, i omitió hacerlo: *in cujus fuit potestate legem*

[1467] CUYACII (1837) t. 4, col. 710, *Commentarius in lib. V. quaest. Aemilii. Papiniani ad. L. XXXIX de Pactis.*

[1468] DOMAT (1697) t. 1, tit. I, sect. II, XIV, p. 74.

[1469] Cap. 1, VI 3.2 b).

[1470] Cap. 1, VI.

apertius conscribere"[1471]. "Extender" o "dictar", entonces, pareciera provenir directamente de *legem apertius conscribere,* lo cual ya habíamos traducido como consignar más claramente la ley del contrato. En efecto, "*conscribo*", lo habíamos indicado, se traduce en las fuentes latinas en este contexto como "componer, redactar, enmarcar, escribir"[1472], lo cual remite, por tanto, a cierta unilateralidad en la predisposición del contenido contractual como presupuesto esencial de aplicación.

El sentido natural y obvio de las palabras a la fecha de redacción también puede dar algunas luces. En el diccionario de la RAE de 1843, la voz "extender" se define en su cuarta acepción como: "Hablando de alguna escritura, auto, despacho etc., ponerle por escrito á lo largo y en la forma acostumbrada. *Rescripta, decreta in ordinem redacta scribere*"[1473]. Por otra parte, "dictar" se define en primera acepción como "Pronunciar poco á poco las palabras repitiéndolas para que otro tenga tiempo de irlas escribiendo. *Dictare*", pero en la segunda acepción indica también: "Inspirar, sugerir. *Suggerere*"[1474]. De ello podemos concluir que las cláusulas "extendidas o dictadas", no son solo aquellas puestas por escrito en el contrato por alguna de las partes,

---

[1471] Cap. 1, IV 2.2., según el manuscrito de BELLO (1845-1865) fol. 2. Subrayado en el original. Debemos destacar la referencia a este pasaje, sin bien citado por la Excma. corte desde el Repertorio de Legislación y Jurisprudencia chilenas del CCCh, donde también aparece, en la sentencia *DUARTE CON PINO* (2011) cons. 10°.

[1472] GLARE (ed.) (2012) voz *Conscribo,* acep. 4: "*to compose, frame, draw up, write*". Como hemos visto, ya en PLAUT. *Asin.* 600, aparece la palabra, pudiendo apreciarse la unilateralidad: "*Audin hunc opera ut largus est nocturna? nunc enim ese negotiosum interdius videlicet Solonem,* **leges ut conscribat,** *quibus se populus teneat*". "¿Oyes a este, qué generoso es con su trabajo nocturno? Se ve que este Solón de día está muy ocupado en **redactar las leyes** por las que ha de regirse el pueblo". Trad. ROMÁN BRAVO (2012).

[1473] REAL ACADEMIA ESPAÑOLA (1832) voz "extender".

[1474] REAL ACADEMIA ESPAÑOLA (1832) voz "dictar".

mediante un acto material de anotación o mecanografía, sino también tanto aquellas pronunciadas verbalmente por una de las partes a la otra para que queden en el negocio, como también aquellas sugeridas o inspiradas por ésta.

b) Aspectos comparativos del requisito

Sobre este tema, los ordenamientos jurídicos comparados estudiados adoptan enfoques diversos, como hemos visto. El BGB limita el ámbito de aplicación del § 305c párr. 2 a las condiciones generales de la contratación, es decir las cláusulas predispuestas para una pluralidad de contratos, que una parte contractual (predisponente) presenta a la otra parte contractual en la conclusión de un contrato[1475], además de aquellos casos en que su aplicación es general, en torno a una situación de predisposición de la cláusula por quien ostenta determinada situación de superioridad[1476]. En Francia, se cuenta el art. L 211-1 *C. cons.* que limita la aplicación de esta regla a "contratos propuestos por los profesionales a los consumidores" y el nuevo art. 1190 *Code,* a los "contratos de adhesión", es decir, aquel conjunto de cláusulas no negociables, determinadas de antemano por una de las partes[1477]. En Inglaterra la regla se aplica en todo tipo de contratos, con las prevenciones que hemos visto respecto de los *Commercial Contracts*[1478], sin perjuicio que se han identificado las dificultades que desde antiguo han existido en la determinación del "*proferens*", donde incluso en algu-

---

[1475] § 305 BGB.

[1476] *Supra* Cap. 2, II 5.2.1 a).

[1477] Art. 1110 *Code.* Sin perjuicio de que en los contratos libremente negociados (*de gré à gré*) el contrato se interpreta a favor del deudor y contra el acreedor, sin mayores matices, según lo dispone ahora el art. 1190 *Code.*

[1478] *Supra* Cap. 2, IV. 5.2 a).

nas sentencias recientes se califica la cuestión de "difícil"[1479], "abstrusa"[1480] o "desconcertante"[1481]. Según el influyente tratado inglés de Lewison, "*the one who puts forward the document*" puede significar: (i) la persona que elaboró el documento en su conjunto; (ii) la persona que elaboró una particular cláusula; o (iii) la persona en cuyo beneficio opera la cláusula[1482]. En materia de contratos con consumidores, según la s. 68 CRA el punto es claro, favoreciendo al consumidor cuando se dan las condiciones de aplicación de la norma, siendo *proferens* el profesional o proveedor.

Un esbozo de otras reglas extranjeras que pudiéramos añadir a las legislaciones ya estudiadas solamente a modo de ilustración ayuda a comprobar las diferencias que sobre este punto pueden apreciarse. Así, la regla italiana del *Codice* de 1942 aparece en el art. 1370:

> "*Le clausole inserite nelle condizioni generali di contratto o in moduli o formulari predisposti da uno dei contraenti s'interpretano, nel dubbio, a favore dell'altro*" [Las cláusulas incluidas en las condiciones generales o formularios predispuestos por una de las partes se interpretarán, en caso de duda, a favor de la otra].

Por su parte, el Código Civil español (CCE) en su art. 1288 dispone:

> "La interpretación de las cláusulas oscuras de un contrato no deberá favorecer a la parte que hubiese ocasionado la oscuridad"

[1479] *Bates v Post Office Ltd (No.3)* [2019] EWHC 606 (QB), párr. 635.
[1480] *K/S Victoria Street v House of Fraser* [2011] EWCA Civ 904, párr. 68.
[1481] *Oxonica Energy Ltd v Neuftec Ltd* [2008] EWHC 2127, párr. 89.
[1482] LEWISON (2021) p. 441, formulación citada en *Nobahar-Cookson v The Hut Group Ltd* [2016] EWCA Civ 128, párr. 14 (Lord Briggs).

En el caso italiano la regla se muestra aplicable, en forma similar al derecho alemán, únicamente a las condiciones generales predispuestas por una de las partes, lo cual ha hecho que la doctrina se pregunte si cabe su aplicación general en casos en que una de las partes, sin tratarse propiamente de condiciones generales o formularios predispuestos, lleva la iniciativa contractual[1483]. Por otra parte, la regla española enfatiza la sanción de quien "ocasiona la oscuridad", frecuentemente el "redactor o instigador de la cláusula oscura"[1484], aunque también la "ocasión" puede haberse dado por el simple empleo y propuesta de uso de una cláusula oscura redactada por tercero, siendo lo importante quien toma la iniciativa de su utilización[1485]. De forma más amplia, incluso, se ha dicho que "ocasionar la oscuridad hay que interpretarlo en el sentido de toda intervención que en relación de causa-efecto determine la oscuridad"[1486].

De ello, podemos concluir que el art. 1566 CCCh si bien contiene una síntesis de varios aspectos de la regla decantados a través del tiempo, tiene una cierta originalidad. Es una "*hybride Vorschrift*" (disposición híbrida) entre *favor debitoris* y *contra proferentem*, como señala el análisis alemán de Kosche[1487], pero

---

[1483]   Gentili (2015b) p. 604, indicando que los jueces han tendido a realizar una interpretación restrictiva de la regla, limitándola únicamente a cláusulas contractuales contenidas en condiciones generales de la contratación o en módulos o formularios, elaborados unilateralmente (y por tanto no negociados) con vistas a la estipulación con una masa indiferenciada de contratantes (y por lo tanto no a contratos o cláusulas elaboradas unilateralmente para un acuerdo único). La doctrina, empero, dice Gentili, se habría mostrado más receptiva a una interpretación más amplia.

[1484]   Jordano Barea (1988) p. 326.

[1485]   Carrasco Perera (2021) p. 507.

[1486]   López y López (2017) p. 98.

[1487]   Kosche (2011) p. 151, quien refiere las distintas reglas latinoamericanas, especialmente las inspiradas en el código chileno.

además contiene los elementos de la **predisposición del contenido** (cláusulas extendidas o dictadas) y de la **ambigüedad** presentes en otras codificaciones en diferente medida.

Así, para aplicar la regla debe estarse en posición de poder atribuirse la formulación del pacto a **una de las partes**. Ya sea que ésta la haya redactado o bien haya inducido su redacción para ser favorecido. De lo contrario, no será posible utilizar la regla. Ello sin perjuicio del cumplimiento de los demás requisitos, pues debe ser posible imputarle un incumplimiento de su carga de claridad a una de las partes, como analizaremos.

Por lo tanto, el ámbito de aplicación de esta regla se circunscribe a los casos en que una de las partes se encuentra en una situación en que tiene la facultad de predisponer en forma unilateral el contenido de la cláusula que luego resulta ser ambigua.

c) Situaciones de diseño unilateral del contenido contractual

i) Contratación estandarizada

Por su carácter de derecho común y supletorio, el art. 1566 tiene vocación de ser aplicable a toda clase de contratos. La unilateralidad en la redacción, que es su presupuesto esencial, será característica de la contratación de masas en que los términos del acuerdo estarán estandarizados a través de diversas técnicas, como los contratos tipo, el uso de condiciones generales de contratación o, en fin, los contratos de adhesión, como ya hemos esbozado[1488]. Si bien estas técnicas son conceptualmen-

---

[1488] *Supra* II. 3. La estandarización contractual se encuentra directamente ligada a criterios de racionalización y organización empresarial en orden a la reducción de costos en la celebración de

te diferentes, tienen en común precisamente la imposición del contenido de un contrato por una de las partes[1489], siendo perspectivas diversas de un mismo fenómeno[1490]. En la contratación por adhesión, empero, se producen grandes transformaciones con respecto a la contratación libremente negociada. Los presupuestos de igualdad y libertad plena de las partes, propios de la contratación tradicional no se cumplen, pues no existe negociación y al adherente solo le queda firmar el clausulado que la otra parte ha redactado previamente[1491].

El predisponente del clausulado detenta el poder de negociación (*Bargaining Power*), es decir, el poder de fijar las cláusulas del contrato, lo que incluye la posibilidad de elegir inteligentemente los resultados que se pretenden alcanzar mediante la celebración del contrato[1492] y lo ostenta en estos casos debido a las asimetrías informativas entre las partes, la irracionalidad de los consumidores y el aprovechamiento de esa irracionalidad por parte de los proveedores[1493]. Esto constituye un problema:

---

contratos con potenciales clientes, mediante la utilización de formularios o impresos, en que se les impone determinado un clausulado previamente redactado. Díez-Picazo (2007) p. 158. Sobre estas tipologías contractuales, López Santa María y Elorriaga de Bonis (2017) pp. 188-194. Respecto a las condiciones generales, cabe tener presente el debate en torno a la llamada "batalla de formularios" (*battle of forms*), es decir, "la colisión o conflicto entre las condiciones generales que intercambian los empresarios al contratar" Bermejo (2022) p. 91, que aborda este problema, sobre lo cual no podemos extendernos.

[1489] Carvajal Ramírez (2021) p. 504.

[1490] Tapia Rodríguez y Valdivia Olivares (2002) p. 25, Morales Ortiz (2018) p. 31. Señalando que esta la crítica a la noción de contrato de adhesión de la LPDC es más teórica que práctica, Pizarro Wilson y Pérez López (2013) p. 56.

[1491] Mato Pacín (2017) p. 38.

[1492] Slawson (1996) p. 23.

[1493] De la Maza Gazmuri (2019) p. 121.

si alguien no tiene poder de negociación, no existen garantías de que se tomarán en cuenta sus intereses de manera inteligente[1494]. De ahí que el legislador haya establecido un régimen de protección reforzado a los adherentes en todos los países que hemos examinado y que la interpretación de este tipo de contratos no pueda realizarse en los términos habituales, sobre lo cual profundizaremos[1495].

Hemos hablado de "protección de los adherentes", puesto que existe una conciencia cada vez más extendida de la necesidad de proteger no solo a los consumidores, sino a quienes se encuentran en una posición de negociación desmedrada, sobre todo por adherir a un contenido contractual que no han tenido la oportunidad de discutir. Es lo que la doctrina italiana, especialmente, ha denominado "contratos asimétricos", es decir, las "relaciones contractuales entre una empresa dominante y otro sujeto del mercado (sea o no un consumidor), que se encuentra en condiciones de desigualdad en cuanto a su poder contractual, en razón de su posición objetiva en el mercado"[1496]. La regla *contra proferentem,* por su parte, permite atender a estas situaciones sin hacer mayores distinciones en cuanto a los sujetos intervinientes en el contrato.

[1494] SLAWSON (1996) p. 23. Y de esta forma puede cumplirse lo que grafica RODRÍGUEZ GREZ (2015) p. 1: "Es cierto que los hábitos comerciales han contribuido a proyectar la imagen de un proveedor abusivo e inescrupuloso que, aprovechando su posición dominante, impone condiciones y comportamientos sin otro norte que la consecución de beneficios desproporcionados".

[1495] Véase el apartado IV en este capítulo.

[1496] ROPPO (2011) p. 178.

542   Francisco Rubio Varas

ii) *Contratación libremente negociada*

En la contratación libremente negociada, el paradigma del "contrato por negociación", como indica Díez-Picazo, incluye un "acuerdo de voluntades, al que, para coordinar intereses en conflicto, llegan libremente dos o más personas que se encuentran situadas en un plano de igualdad", que es "resultado de una serie de tratos preliminares, conversaciones, discusiones y forcejeos, que plasman finalmente en declaraciones concordes", modelo que se aviene con personas que solo contratan esporádicamente, con empresarios con un modo de producción artesanal que sólo operan sobre pedidos o cuando se trata de prestaciones sumamente diferenciadas y particularizadas[1497].

Si bien en este caso la posibilidad de que existan cláusulas "extendidas o dictadas" por una de las partes en una situación de diseño unilateral se ve reducida, sigue existiendo. Será el caso en que una de las partes proporciona el contenido del acuerdo sin que haya existido negociación de sus términos. Como indica Meyer, el punto de referencia para determinar la aplicación de la regla *contra proferentem* no es una inferioridad económica, ni siquiera intelectual, de la parte contratante, sino sólo organizativa: una de las partes no tiene influencia en la formulación del acuerdo, solo pudiendo aceptarlo junto con el contrato o retirarse de todo el mismo[1498]. Nuevamente, no existe poder de negociación para una de las partes o este se ve seriamente mermado.

Por otra parte, en los casos en que, habiendo negociación, una de las partes ha puesto por escrito el acuerdo, traicionando de algún modo aquello sobre lo cual se consintió, habrá un problema con la voluntad de los contratantes e incluso pueden existir vicios del consentimiento, antes que problemas de inter-

---

[1497] Díez-Picazo (2007) p. 157.
[1498] Meyer (2010) p. 123.

pretación. Con todo, podrá probarse en ese caso una intención que aparezca en forma clara de los materiales interpretativos *ex* arts. 1560 a 1565, en caso de dudas sobre el tenor literal del acuerdo y en ese supuesto podría llegar a aplicar el art. 1566, siempre de forma subsidiaria.

La jurisprudencia ha acogido el criterio de la falta de negociación. Así, para excluir la aplicación del art. 1566, cuya omisión era alegada por el recurrente de casación se señaló que:

> "[...] de acuerdo a los propios dichos de los actores, el contrato celebrado entre ellos y las demandadas no fue un contrato de adhesión sino **un contrato libremente discutido, en el que ambas partes intervinieron, donde las partes debatieron y estipularon el contenido de sus cláusulas**, siendo los contratos celebrados el resultado de la discusión de las partes de sus ofertas y contraofertas y no habiéndose acreditado que la falta de explicación o la ambigüedad haya sido imputable a la demandada, no se configura el supuesto para la aplicación de la norma de interpretación referida [el art. 1566]"[1499]

En sentido similar, pero para interpretar una cláusula arbitral "a favor del deudor" y no contra el redactor por presumirse que el contrato había sido libremente negociado, se señaló que:

> "teniendo en especial consideración que en el contrato acompañado por la recurrente a folio 50 de la carpeta de tramitación de primer grado, no consta que aquel haya sido redactado por alguna de las partes, lo que hace presumir su redacción de consuno"[1500].

En el mismo sentido se ha afirmado por la judicatura que "Cuando el contrato no ha sido redactado directamente por

---

[1499] *Rojas con Sociedad Agroindustrial Diaguitas* (2016) cons. 5°, destacado añadido.

[1500] *Inversiones Barox Chile SpA con Servicios Marítimos Integrales Limitada* (2022) cons. 6°.

una de las partes, la regla subsidiaria de interpretación señala que el contrato debe interpretarse a favor del deudor"[1501].

En una sentencia arbitral en que lo interpretado era un contrato de asesoría y prestación de servicios jurídicos, la redacción se comprobó mediante el recurso a prueba testimonial que así lo indicó, resolviéndose que:

> "...este Tribunal ha llegado a la convicción de que el proceso de génesis y redacción de los contratos provino directamente de ZZ, de manera que al encontrarnos frente a cláusulas ambiguas, al decir de la demandada, a saber, las cláusulas 6ª y 6ª A, necesariamente debemos interpretar dichas cláusulas en contra de ZZ, en su calidad de redactora de las referidas cláusulas"[1502].

Por lo demás, esta situación de diseño unilateral puede desprenderse del contexto de la estipulación. Así se aprecia en un contrato de prestación de servicios de guardias y seguridad entre la empresa Secri Ltda. y la Comunidad Edificio Greco II, cuya vigencia por renovación o vencimiento se debatió, atendido el tenor de una cláusula que extendía la vigencia hasta el día 31 de diciembre de 2015 con posibilidad de renovación por aviso expreso, pero luego señalando que por la omisión del aviso "se entenderá la continuidad tácita" del contrato. Ante esta ausencia de claridad, el tribunal razonó sobre quien habría redactado la cláusula para aplicar el art. 1566 CCCh señalando:

> "Si se lee la cláusula novena, se podrá apreciar que ésta dice que si las partes deseaban renovar el contrato, debían dirigir una carta certificada al domicilio de la empresa «SECRI LTDA.», es decir, al domicilio de una de las partes del contrato, a saber, aquella que se obligó a prestar el servicio de guardias y seguridad.

[1501] *Avilés con Sercoex Limitada (2004)* cons. 5°.
[1502] *Laudo del Centro de Arbitraje y Mediación de la Cámara de Comercio de Santiago* (2008) cons. 24.

> Ya nos preguntábamos en este mismo discurrir; Si quien hubiese querido renovar el contrato hubiese sido «Secri Ltda.», ¿debía entonces enviar una carta a su propio domicilio? Parece absurdo. Y, ciertamente, lo es.
>
> En opinión de estos sentenciadores, este detalle de redacción que lleva al absurdo recién anotado, revela que esa cláusula novena fue redactada por la parte de «Secri Ltda.» y fue incluida (casual o conscientemente) sólo para el caso en que la Comunidad Edificio Greco II hubiese querido renovar el contrato"[1503]

En este caso, por tanto, atendido que la estipulación que establecía el envío de una carta conteniendo la voluntad de renovar el contrato prescribía el envío al domicilio de una de las partes, puede presumirse fundadamente que ésta lo redactó.

Por lo tanto, de no existir esta situación de diseño unilateral o ella no puede probarse, existiendo una ambigüedad insuperable, podrá hacer su entrada la que hemos llamado excepción: la interpretación de la cláusula a favor del que por ella resulta obligado, principio llamado *quod minus* o *favor debitoris*. Por lo demás, de esta forma se entendió muy claramente en el proyecto de código civil español de García Goyena como señalaba el art. 1021, según se ha visto al momento de analizar la historia de nuestro precepto[1504]. Así lo constataremos.

[1503] Sociedad Hermanos Faúndez Limitada con Comunidad Edificio Greco II (2022) cons. 11°

[1504] *supra* Cap. 1, VI. 3.

2.3 Incumplimiento de la carga de claridad "...siempre que la ambigüedad provenga de la falta de una explicación que haya debido darse..."

a) Origen y desarrollo del requisito

Ya hemos expuesto[1505] que el fundamento de la regla *contra proferentem* se encuentra en el incumplimiento de una carga de claridad. El riesgo de la defectuosa expresión de quien quiera hacer valer cierto derecho contractual será de quien se encuentra en la mejor posición para evitar la ambigüedad de dicha pretensión. En este caso, aquel que ostenta la facultad de diseño unilateral del contrato. Como indica Pugliatti: "La elección del medio idóneo para manifestar la propia voluntad constituye un riesgo, que es puesto a cargo del sujeto agente[1506].

La ambigüedad, que ya hemos tratado, debe provenir de una "falta de explicación que haya debido darse". El sentido natural de la palabra "explicación" según la definición del diccionario de la época es: "Declaración o exposición de cualquiera materia, doctrina o texto por palabras claras o ejemplos para que se haga más perceptible. *Explicatio, expositio*"[1507]. Es decir, la debida explicación se relaciona con la claridad del texto contractual. Esto es compatible con el desarrollo histórico de la regla. Desde D. 2, 14, 39, la venta y el arrendamiento se interpretan contra aquel que ha podido *apertius conscribere*, es decir,

---

[1505]   *supra* III. 1.
[1506]   PUGLIATTI (1959) p. 456.
[1507]   REAL ACADEMIA ESPAÑOLA (1832) voz "explicación".

redactar de forma más "*apertus*", lo que se ha traducido como "claro, lúcido, sencillo"[1508].

El trasunto histórico llevaría a que una regla similar terminara en el art. 1602 *Code,* según hemos explicado, que viene encabezada por una carga de claridad del vendedor, disponiendo que *Le vendeur est tenu d'expliquer clairement ce à quoi il s'oblige* (el vendedor es obligado a explicar claramente a qué se obliga) y como consecuencia del incumplimiento de este deber, *Tout pacte obscur ou ambigu s'interprète contre le vendeur* (todo pacto oscuro o ambiguo se interpreta contra el vendedor). La doctrina de Vattel junto al art. 1091 del proyecto de código civil español de García Goyena, parecieran ser las fuentes más próximas de la redacción de esta norma, todas con un fundamento histórico común en la fuente romana recién citada y que tanto hemos referido.

Determinar qué implica la claridad del texto contractual a fin de establecer la posibilidad de aplicación de la regla es tarea de la interpretación. Ello, pues como indica Betti, aunque en materia de interpretación de la ley, la "claridad" es relativa, no siendo un dato preexistente y presupuesto, sino que se trata siempre de un resultado del proceso interpretativo. Solo cuando se ha profundizado el problema práctico de cuya solución se trata, se puede concluir que el sentido natural de las palabras adoptadas es congruente con la solución elegida

---

[1508] GLARE (ed.) (2012), voz *apertus,* acep. 12 (*of language or argument*) *Clear, lucid, straightforward.* Ejemplo en Varr., *l. lat.* 8,11: *Omnis oratio cum debeat dirigi ad utilitatem, ad quam tum denique pervenit, si est **aperta** et brevis, quae petimus, quod obscurus et longior orator est odio* [...] "Como todo enunciado debe encaminarse a la utilidad, a la que llega finalmente si es **claro** y breve (a lo que tendemos, porque un locutor oscuro y demasiado prolijo se considera un fastidio) [...]". Trad. HERNÁNDEZ MIGUEL (1998b).

o distinto[1509]. Del mismo modo, Wróblewsky indica que la *lex clara* aparece cuando no existen dudas acerca del sentido de una norma-formulación, satisfaciendo ésta las necesidades de quien utiliza la norma, teniendo el concepto de claridad un carácter pragmático y enlazado con situaciones concretas[1510]. Por eso, y para descartar la distinción entre cláusulas claras y oscuras —proveniente del Derecho francés según hemos visto—, López Santa María señala que no existe un criterio objetivo que permita distinguir las palabras claras y oscuras, siendo tarea de la interpretación esta definición, que procede ante una contienda entre las partes sobre el sentido del contrato[1511]. Por lo tanto, la claridad que se echa en falta por un defecto de expresión de una de las partes es cuestión que en cada caso deberá ser juzgada, de frente a la contienda que se genera entre partes por el sentido del contrato y su ejecución.

b) *Carga* de claridad y *deber* de información

Un punto que debe despejarse es que **carga** de claridad es distinto de **deber** de información, como parece entenderlo un autor a propósito de fundamentar el precepto en comento[1512], sin perjuicio de sus íntimas relaciones.

Primero, por la diferencia entre carga y deber. Como se ha explicado, siguiendo a San Martín, cuando se trata de un de-

---

[1509] Betti (2018) p. 324. Así ha quedado señalado por nuestro máximo tribunal: "[…] no es prerrequisito para la labor de interpretación la oscuridad del acto a esclarecer, pues es sabido que esta sola precisión lleva envuelta una interpretación" Carrasco y otros con Servicio de Salud Metropolitano Oriente (2012) cons. 3°; Danke de la Harpe y otros con The Conservation Land Trust y otros (2013) cons. 3°.

[1510] Wróblewsky (2013) p. 143.

[1511] López Santa María y Elorriaga de Bonis (2017) p. 492.

[1512] Alcalde Rodríguez (2018) pp. 347-348.

ber la norma jurídica mira al interés de un sujeto diverso de aquel a quien va dirigida; cuando se trata de una carga, la norma mira un interés del mismo sujeto, siendo éste quien, con base en una valoración económica de los diversos intereses en juego, decide si actúa o no[1513].

Segundo, de la mano con lo anterior, los deberes de información, sobre todo en sede precontractual, son medidas que tutelan la correcta formación de la voluntad, favoreciendo un consentimiento libre y reflexivo[1514]. Por ello es que el incumplimiento de estos deberes se incardina en regulaciones como la de la evicción, los vicios redhibitorios, los vicios de la voluntad y los llamados deberes de información atípicos, derivados de la buena fe[1515]. Gómez Calle señala que los deberes contractuales de información tienen un papel determinante "…para que cada parte pueda identificar y valorar sus propios intereses, posibilitando de esta manera la formación de una decisión libre, de cuyas consecuencias, por ello mismo, se le puede hacer responder a cada parte"[1516]. Distinto es el caso de la carga de claridad que fundamenta la regla *contra proferentem,* que no pretende garantizar la existencia de un consentimiento libre e informado entre las partes, sino distribuir el riesgo de inexacta explicación en la formulación del acuerdo, imputándoselo a quien se encontraba en mejor posición para evitar su ambigüedad, esto es, el predisponente.

[1513] SAN MARTÍN NEIRA (2012) p. 71. Véase *infra* III. 1.2.

[1514] DE LA MAZA GAZMURI (2010) pp. 54-55, previniendo, con todo, que estos intereses pueden colisionar con otros, como la autorresponsabilidad de que cada contratante se provea de su propia información.

[1515] DE LA MAZA GAZMURI (2010) p. 67 y 177. Sobre los deberes precontractuales de información atípicos derivados de la buena fe, también, BARRIENTOS ZAMORANO (2010) p. 73 y ss.; ALCALDE RODRÍGUEZ (2018) p. 341 y ss.

[1516] GÓMEZ CALLE (1994) p. 14. En el mismo sentido, BARRIENTOS ZAMORANO (2010) p. 74.

En efecto, las partes pueden informarse clara y fidedigna-
mente de todos los antecedentes necesarios para inducirlas
al compromiso, pero ello no significa que no puedan surgir
conflictos en la interpretación de ese acuerdo, pues el problema en esta sede es de claridad en la redacción contractual, lo
cual será materia de interpretación. Por ello no compartimos
lo que indica Alcalde, para quien "no podría aplicarse esta disposición cuando la otra parte, en razón de su profesión u oficio, conoce o debería conocer el sentido y alcance de una redacción ambigua o incompleta"[1517], pues como hemos dicho,
en este caso puede o no haber defecto en la información: lo
gravitante es como se ha extendido el contrato por quien se
encuentra en una situación de diseño unilateral.

Por cierto, como hemos adelantado, habrá ligámenes importantes entre deber de información y carga de claridad que
conviene destacar. En dos aspectos. En primer lugar, algunas
instituciones como el error, el dolo, la base del negocio y la
culpa *in contrahendo* se han explicado recurriendo a la noción
de "distribución del riesgo de información defectuosa" entre
los contratantes, lo que se acerca en gran medida a la fundamentación de la carga en comento. Se trata de quien soporta la
falsa representación de la realidad relacionada con el contrato
celebrado[1518]. Por su parte, la regla *contra proferentem* también
puede ser considerada como un mecanismo de distribución de
riesgos, como hemos señalado, en este caso, no de defectuosa
información, sino de imperfecta expresión.

En segundo lugar, en materia de protección de adherentes,
como ya se ha explicado, las que hemos denominado "disposiciones legislativas de protección", inspiradas en la regla *contra
proferentem,* razonan sobre la base del incumplimiento de un

[1517] ALCALDE RODRÍGUEZ (2018) p. 348.
[1518] MORALES MORENO y GREGORACI FERNÁNDEZ (2022) p.746.

deber de transparencia[1519]. Así aparece de manera paradigmática en el artículo 5 de la Directiva 93/13/CEE, como ya se ha visto. El matiz será que la transparencia constituye un auténtico deber jurídico del predisponente, incluso vigente en nuestro sistema, como veremos, establecido en protección de una de las partes y cuyo incumplimiento acarrea consecuencias más allá del gravamen interpretativo del art. 1566 CCCh, pues tendrá íntimas —y problemáticas— relaciones con el llamado control de contenido, como ya se pudo vislumbrar ocurre en derecho alemán[1520].

c) ¿Cuándo el predisponente debe explicar?

Queda abierta la pregunta de cuándo debe darse esta explicación para aclarar el contenido del contrato y evitar la ambigüedad. Una respuesta avanzada dice relación con la previsibilidad de la ambigüedad. Si para el redactor es previsible y por tanto evitable generar un defecto de expresión que haga difícil el entendimiento de su pretensión contractual, se le imputará incumplimiento de su carga de claridad. De lo contrario, no podrá aplicársele esta regla. En este sentido, se ha dicho en un reciente texto forense nacional, que "...la tarea del redactor del contrato es escribir correctamente en él la intención de las partes (reflejar el negocio subyacente) y no confiar en que, si surge un conflicto, se va a ser capaz de comprobar ante el juez cuál era esa *verdadera* intención al contratar"[1521]. Agregaríamos, no puede aprovecharse de una ambigüedad de la cual fue responsable.

De forma análoga lo describe Lyon:

[1519] En este sentido, las reglas descritas en II. 4.
[1520] Al respecto, *infra* IV 4.2.
[1521] ARAYA IBÁÑEZ (2023) p. 21.

> "El que dictó la norma debe tener el poder de elaborar más claramente sobre el contenido de la cláusula. Si carecía de ese poder, la cláusula no puede interpretarse en su contra, porque la concurrencia es una condición de aplicación de la norma. Y al respecto, se debe advertir que una persona puede carecer del poder de elaborar más claramente sobre el contenido de la cláusula por diversas razones. La principal falta de poder en este sentido es su preparación, pero no es la única. También lo es su falta de conocimiento del negocio, de cuestiones técnicas y del contenido de las instrucciones que se convinieron para su elaboración"[1522].

Es ilustrativa al respecto una sentencia que en primera instancia indicó que la calidad de abogado del redactor de un contrato de prestación de servicios le impone un deber mayor de diligencia en evitar la confusión de sus mandantes no letrados[1523].

Todas estas cuestiones incidirán en la determinación de la posibilidad del predisponente de prever razonablemente que se ocasionaría una ambigüedad con las palabras que este estaba empleando en el acuerdo. De todos modos, debe recordarse que ello redundará en su propio interés, pues no podrá hacer valer aquella pretensión ambiguamente descrita en el contrato.

Así, en un caso en que era dudoso lo expresado en unos finiquitos de contratos de trabajo, por no hacer referencia clara a qué derechos se estaban renunciando por parte de unos trabajadores, la Corte de Apelaciones de Copiapó indicó que:

> "Es manifiesto que los finiquitos son redactados por la parte empleadora, de modo que sus estipulaciones ambiguas deben interpretarse en contra suya, porque ellas provienen de la falta de explicaciones que debieron darse necesariamente, esto es, indicar cuáles otros derechos comprendían los finiquitos suscritos por los trabajadores y, en particular, si ello abarcaba o

---

[1522] LYON PUELMA (2017) p. 417.

[1523] *SALAS CON IMPORTADORA Y EXPORTADORA EUROMAXX LTDA* (2022) cons. 21°.

> no abarcaba posibles pretensiones derivadas de una enferme-
> dad profesional, pero de una que fuera conocida y reconocida
> como tal, en forma concreta, por ambas partes"[1524].

En consecuencia, utilizando el art. 1566, se interpretó el finiquito contractual contra del empleador, por no haber especificado los intereses que luego quería hacer valer.

d) Efectos de una ambigüedad deliberada

Todo contrato es esencialmente incompleto frente a los acontecimientos en cuyo marco desempeña sus efectos, dado que las partes, aun cuando tengan en cuenta todas las implicaciones derivadas de su contenido, no pueden prever todas las contingencias que surjan entre ellas, de lo que surge la necesidad de las herramientas hermenéuticas[1525]. Ello constituye el principio de futuros conflictos interpretativos. Con todo, puede que las partes deliberadamente prefieran dicha incompletitud, economizando en los costos de negociación y delegando a los tribunales la tarea de colmar las lagunas contractuales ante la materialización de una contingencia. Pueden surgir entonces ambigüedades deliberadas como condición para redactar el contrato: las partes pueden ser incapaces de llegar a un acuerdo en ciertos puntos y, sin embargo, contentarse con correr el riesgo de poder resolverlos, con o sin intervención judicial, en caso necesario[1526].

En esta hipótesis no es posible imputar la ambigüedad a "una de las partes", como reza a la letra el art. 1566 inc. 2° CCCh, debido a una falta de explicación que haya debido dar-

---

[1524] *Reinoso con Codelco Chile División Salvador* (2021) cons. 13°.

[1525] Díez García (2022) pp. 54-55.

[1526] Posner (2005) p. 1583, Díez García (2022) p. 57, Coloma Correa (2023) p. 238.

se: cuando el incumplimiento de la carga de claridad pueda atribuirse a todos los contratantes, la regla no puede recibir aplicación, pues ello sería contrario a su fundamento centrado en la autorresponsabilidad del declarante. De esta forma, ante la insuficiencia del material interpretativo para desentrañar el sentido del contrato, operará la regla de la última alternativa, descargando de sus obligaciones al que por la cláusula resulte obligado, *ex* art. 1566 inc. 1° CCCh.

3. Efectos de la aplicación de la regla "...se interpretarán contra ella" y "a favor del deudor".

Los efectos de la regla se despliegan en torno a las palabras "se interpretarán contra ella", del inciso segundo, es decir, contra la parte que ha extendido o dictado las cláusulas; y "a favor del deudor" como regla de la última alternativa. Examinaremos (i) el gravamen interpretativo que supone una interpretación "en contra" iluminado por las conclusiones históricas y comparativas ya examinadas, además de la jurisprudencia nacional; algunas situaciones particulares en que dicho efecto puede ser alterado, como en (ii) las convenciones modificatorias de responsabilidad; (iii) la procedencia de indemnización de perjuicios contra el redactor; (iv) si acaso puede excluirse voluntariamente la regla y finalmente, (v) el llamado *favor debitoris* del art. 1566 inc. 1°.

3.1 Gravamen interpretativo contra el incumplidor de la carga de claridad

Como se ha visto, tanto históricamente[1527] como en las legislaciones comparadas estudiadas[1528], la consecuencia de la apli-

---

[1527]   Cap. 1, VII.
[1528]   Cap. 2, VI, 6.

cación de la regla supone que, dentro del ejercicio interpretativo, el incumplidor de la carga de claridad sufra un gravamen interpretativo.

A esto se refieren las fuentes cuando ante el incumplimiento del supuesto de hecho de la norma ordenan interpretar *contra stipulatorem*[1529] o *secundum promissorem*[1530]; *venditori et qui locavit nocere*[1531]; *nocere potius debere venditori*[1532]; *contra venditorem*[1533], entre otras formulaciones, que ordenan interpretar "contra" y "a favor" o a preferir la interpretación "que perjudique" (*noceo*) a determinado contratante. La tradición histórica posterior no profundizó demasiado en estos conceptos, asumiendo que, de dos entendimientos en pugna, debe preferirse aquel que vaya en contra de los intereses del *proferens*. Así se expresa en derecho inglés, por ejemplo, al indicar que: "...al elegir entre las versiones competidoras (a) y (b), habría un argumento de principio para elegir la versión que menos favorezca al autor del documento"[1534].

En rigor, la determinación de los efectos de aplicación de la regla será cuestión que dependerá del caso concreto, tomando en consideración las pretensiones de los contratantes en torno al sentido del contrato alegado por cada una, no pudiendo aplicarse abstractamente a la mera literalidad del acuerdo. Esto atañe a la vertiente más procesal de la regla que ha sido invocada por algunos autores, desde el análisis de las fuentes romanas. Así, en caso de una ambigüedad en la estipulación, el demandante es en principio libre para elegir como dirige su

---

[1529] D. 45, 1, 38 ,18 y D. 34, 5, 26.

[1530] D. 45, 1, 99.

[1531] D. 2, 14, 39.

[1532] D. 18, 1, 21.

[1533] D. 50, 17, 172.

[1534] *KPMG LLP v Network Rail Infrastructure Ltd* [2007] EWCA Civ 363, párr. 66.

acción, pero la carga de la prueba del acuerdo reclamado con la fórmula recae en él y la estipulación, siendo ambigua, no es suficiente para satisfacer esa prueba, por lo que deberá probar el acuerdo por otros medios. De lo contrario, solo contará con la estipulación ambigua para acreditar su acción, que no será suficiente para sustentarla[1535].

Sin embargo, la variedad de situaciones que se pueden presentar en un contrato hace que se presenten dificultades en la aplicación de la regla[1536], sobre todo, porque como hemos referido, se trata de hipótesis de ambigüedad insuperable con recurso a otros materiales interpretativos que puedan incidir en la decisión.

a) Sentido disputado de la redacción

Esta será la hipótesis más frecuente de aplicación. Existe una o varias cláusulas con términos o conceptos que ambas partes entienden de manera diversa, lo que incide en la ejecución del contrato.

Vasta aplicación tendrá en materia de seguros, como se ha adelantado, donde la redacción propuesta por el asegurador en muchos casos colisionará con la pretensión del asegurado para ser indemnizado ante un siniestro, en la confianza de que para dicho efecto ha celebrado el contrato. Las exclusiones de las pólizas frecuentemente harán que esa expectativa se vuelva a lo menos dudosa, principiando los litigios.

En este sentido, una póliza aseguraba un conjunto de establecimientos educacionales contra incendio y daños ocasionados por "desórdenes populares", sin especificar el sentido de estos. Durante la vigencia de la póliza se produjeron diversos daños

---

[1535] Babusiaux (2006) pp. 91-92
[1536] Como indica el estudio de Prado López (2019) p. 525.

en los establecimientos provenientes de usurpaciones de los mismos por parte de estudiantes y terceros durante las movilizaciones del año 2011, los cuales, según la liquidadora, no se correspondían con el concepto descrito en la póliza. La Corte Suprema razonó que en los contratos de adhesión, como estos "[…] cobra especial relevancia para su interpretación la norma del inciso segundo del artículo 1566 del Código Civil", censurando la interpretación restrictiva realizada por la aseguradora para no indemnizar los siniestros[1537].

En sentido similar, para interpretar el verbo "requerir" en una condición para otorgar la cobertura del seguro que estipulaba que a cada empleado de la empresa asegurada se le debía requerir que tomara vacaciones de por lo menos dos semanas al año, a fin de determinar si el hecho de ofrecer estos descansos en el contrato de trabajo y en el reglamento de orden, higiene y seguridad permitía dar por cumplida dicha condición, la Corte indicó que no explicitar la forma y condiciones de tal requerimiento hacía que cláusula fuera ambigua y por tanto invocando el art. 1566, debía interpretarse contra la aseguradora[1538].

Análoga situación parece existir en un caso en que se duda de la forma y oportunidad de aplicar el deducible de un seguro al momento de liquidar la indemnización del siniestro,

---

[1537] Corporación de Estudios Capacitación y Empleo de la Cámara de Comercio de Concepción con Liberty Compañía de Seguros Generales S.A. (2022) cons. 10°, con breve nota de Alcalde Silva (2023) p. 32, señalando que ante la existencia de un seguro celebrado mediante condiciones generales de la contratación, "no existe autonomía plena de la voluntad, las cláusulas deben ser redactadas contra la parte que las redactó", citando el art. 1566 CCCh. Problema de autonomía privada o no, como hemos señalado, nos parece que el foco debe ponerse en la situación de diseño del contrato y el desigual poder de negociación de las partes.

[1538] Valores Security S.A. Corredores de Bolsa con Liberty Compañía de Seguros Generales S.A. (2016) cons. 8°.

existiendo disparidad de entendimientos, la Corte falló a favor de una empresa asegurada, por "no haber explicado suficientemente" la aseguradora en el contrato su pretensión[1539]. También en un seguro de transportes, ante el robo de un camión, se dudaba si la póliza cubría la indemnización por la pérdida de la mercadería transportada, resolviéndose a favor del asegurado[1540]. O en una "póliza de seguro de Todo Riesgo de Construcción", para dilucidar si el siniestro producido por fatiga de material estaba comprendido en la exclusión de "daño previsible", el tribunal le dio énfasis a la expresión "todo riesgo", descartando la interpretación de la aseguradora[1541].

Lo propio sucede en otros negocios jurídicos. En un contrato de corretaje de propiedades materializado en un mandato, se le confirió exclusividad a la mandataria para vender un inmueble. Sin embargo, la mandante lo vendió posteriormente por su cuenta, aplicándose entonces la cláusula del mandato que indicaba: "Si el comitente hiciere el negocio por su cuenta o por medio de otro corredor... pagará al corredor por concepto de multa e indemnización de perjuicios una comisión total de 4% más IVA". Se disputó en qué consistía la frase "más IVA", pudiendo significar tanto un recargo del 19%, resultando una multa equivalente al 4,76%, como en la obligación de pagar el impuesto al valor agregado con que pudiere estar gravada la pena. La Corte señaló:

[1539] *Chilevalores SA con Compañia de Seguros Generales Penta Security SA* (2014) cons. 2°.

[1540] *Transporte Travasa Limitada con HDI Seguros S.A.* (2018) cons. 17°, sin perjuicio de poder criticarse que para la resolución el tribunal atienda a los arts. 1562 y 1566 en forma conjunta, pues al ser subsidiario el segundo, dicha solución es incompatible.

[1541] *Captagua Ingeniería S.A. con Le Mans ISE Compañía de Seguros Generales S.A* (2006) cons. 14°.

"A favor de esta segunda interpretación inciden dos consideraciones. En primer lugar, si la voluntad de las partes hubiese sido la primera, no se comprende la razón de utilizar la fórmula '4% más IVA' en lugar de '4,76%', evitando así toda ambigüedad. Por otra parte, el contrato está suscrito en un formulario redactado por la demandante, de manera que de conformidad con lo dispuesto en el inciso segundo del artículo 1566 ella debe interpretarse contra dicha parte"[1542].

De este modo, se grafica que si una de las partes, en situación de diseño unilateral, quiere hacer valer determinada pretensión, debe haber cumplido con su carga de claridad, o bien ello le estará vedado, acudiéndose al sentido otorgado por la contraparte.

En forma similar, para interpretar la cláusula de una compraventa que facultaba a los vendedores a remover las "edificaciones de material ligero" situadas dentro del terreno vendido pero excluidas de la venta, no precisándose a qué se refería con dicha materialidad, pero siendo problemático porque el comprador estimaba que dos de las tres edificaciones no se encontraban comprendidas en la cláusula, el tribunal decidió contra el vendedor redactor, entendiendo "edificaciones de material ligero" como las que el comprador estimaba, pues:

"...si en el caso de autos se pretendió excluir las casas cuya restitución ahora se persigue, debió haberse individualizado las mismas en forma precisa y detallada...y no utilizando expresiones genéricas fuentes de ambigüedad o indeterminación que afectan el cumplimiento del contrato"[1543]

No compartimos el análisis de Prado, en el sentido de que en esta sentencia "no había ningún antecedente en el propio

---

[1542] Biggs con Chuaqui (2016) cons. 4° sent. reemp. Sin perjuicio de ello, de

[1543] Riveros con Venegas (2015) cons. 6°, confirmada en Riveros con Venegas (2016), retomando el argumento en cons. 3°.

contrato, ni tampoco en elementos externos al mismo, que permitiera interpretarlo en el sentido en que se hizo"[1544], por lo que se habría efectuado una revisión judicial del contrato o integración del mismo para el desarrollo de los efectos del art. 1566. Nos parece que debe analizarse el asunto desde el punto de vista de las pretensiones de las partes y la defensa que cada uno hace de sus intereses en base a las expresiones vertidas en el contrato. Si del tenor del mismo no es clara cierta pretensión avanzada por una de las partes, será la de la contraria, cumpliéndose los requisitos que hemos analizado, la que deberá predominar.

Análogamente, se entendió que la expresión "Camino a Pichilemu", para designar el lugar donde prestaría sus servicios un trabajador, era ambigua, lo que autorizaría a interpretarla a su favor, que en el caso tenía que ver con la determinación de la competencia para interponer una demanda laboral[1545], aunque sin reflexionar sobre la procedencia de las demás reglas.

Un caso interesante implicaba la disyuntiva en torno al sentido de las reglas de apuestas en una máquina tragamonedas, en que según la posición del jugador demandante el premio por la cuantiosa apuesta que realizó ascendía a \$225.000.000, mientras que, según el casino demandado, era solo de \$4.500.000. Independiente del esfuerzo del tribunal por explicar de forma

---

[1544] Prado López (2019) pp. 527-528.

[1545] Rivera con Industria Forestal Nacional S.A. (2006) cons. 4°. Pueden citarse casos como Palma con Sociedad CGE distribución, S.A. (2013) 7°, en que la cláusula de un convenio de pago que hablaba de "consumos de energía eléctrica insolutos registrados" en que no se definía si la expresión "registrados" excluía o no el tiempo en que no hubo lectura de medidor, lo que aumentaba o disminuía la deuda de electricidad de la recurrente. Se resolvió contra la empresa de electricidad por extender el convenio, pero sin invocar las demás reglas del título XIII.

clara las reglas de la máquina, señaló que "es pertinente recordar" la cita del art. 1566, para interpretar las reglas a favor del jugador, considerando además que se trataba de un contrato de adhesión[1546]. El efecto de aplicación de la regla será que se prefiere el entendimiento de las reglas del jugador, otorgándole un premio significativamente mayor.

Por otra parte, resulta matizable lo decidido en un caso en que lo disputado era el sentido de la cláusula de las bases de una beca doctoral que estipulaba el fin de los beneficios de ésta ante el incumplimiento de las obligaciones de la becaria, dentro de las cuales se encontraba "Mantener un desempeño académico de excelencia acorde a las exigencias impuestas por el programa de postgrado", no especificándose de manera alguna las condiciones y modalidades que determinarían dicho desempeño académico. La becaria reprobó una de las asignaturas dentro de los cuatro módulos necesarios para mantenerse en el programa de doctorado —que no la afectaba en el resultado final de los módulos—, frente a lo cual la institución estatal dispuso el término anticipado de la beca ordenando la restitución de los beneficios percibidos. De frente a dos interpretaciones de la cláusula de las bases que era a todas luces ambigua, una según la cual no existía incumplimiento de las obligaciones únicamente por haber reprobado una asignatura de un módulo y otra que atribuía a dicha reprobación falta de "excelencia académica" sin distinguir ni delimitar las exigencias propias del programa doctoral, pareciera ser que hay espacio para utilizar la regla en comento, interpretando las bases contra quien las redactó, es decir, la institución estatal que concedió la beca. No fue así, escalando el caso a la Corte Suprema, quien rechazó la casación por estimar que la recurrente soli-

---

[1546] *Gres con Campos del Norte S.A.* (2004) cons. 14°

citaba alterar los presupuestos fácticos ya asentados por el tribunal de instancia[1547], que en su sentencia únicamente indicó:

> "...es posible establecer que- como lo han reconocido además las partes en sus escritos de discusión- la demandada reprobó un ramo, lo que descarta a juicio de esta Sentenciadora un desempeño de excelencia..."[1548]

Y con ello, no refiriéndose a las exigencias del programa de postgrado ni a la procedencia o improcedencia de nuestra regla, alegada por la becaria demandada.

b) Cláusulas incompatibles

En ocasiones interpretar contra quien extiende o dicta una cláusula ambigua significará que frente a dos contenidos del contrato *prima facie* incompatibles entre sí, el tribunal decide darle valor para decidir el asunto a uno de ellos, considerando el otro como no escrito. Como indica Prado, "el problema se limita a verificar que, inserta en un contrato, una cláusula es desfavorable a los intereses de la parte que no los redactó, estipulación que se contradice con otra u otras, las que, por el contrario, lo benefician, por lo que el canon *contra proferentem* se reduce a hacer prevalecer esta o estas últimas"[1549]. Con todo, no nos parece, como dice la autora, que estos sean "casos simples", pues en este caso el juez se enfrenta generalmente a errores manifiestos en la literalidad de lo pactado y a una controversia en torno al significado del acuerdo, por lo que el análisis debiera ser más detenido.

De esta forma parece haberse procedido en un contrato de arrendamiento cuyo plazo era de 30 días renovables para el

---

[1547] Comisión Nacional de Investigación Científica con Benvin (2019) cons. 8°

[1548] Comisión Nacional de Investigación Científica con Benvin (2018) cons. 5°.

[1549] Prado López (2019) p. 527.

arrendador según una cláusula y de 1 año para la arrendataria, según otra, existiendo una evidente contradicción en el mismo contrato, el tribunal decidió a favor de esta última, señalando:

> "Que, frente a esta ambigüedad, nos parece que la cláusula debe interpretarse a favor de la arrendataria, conforme al artículo 1566 del Código Civil, máxime que debió redactarse o ser extendida por el actor, dada su calidad de egresado de derecho, razón por la cual entendemos que el plazo de vigencia del arrendamiento fue de un año, por serle más favorable a la demandada esta interpretación, y no de mes en mes"[1550].

Pese a ser censurable la falta de reflexión respecto de la concurrencia de las demás reglas del título XIII, identificada la procedencia de la regla *contra proferentem*, se interpreta contra el redactor, en este caso, egresado de Derecho que pudo razonablemente prever la ambigüedad en el plazo efectivo de extinción del contrato. Por ello, se prefiere la vigencia de una de las cláusulas para darle sentido al acuerdo.

En forma análoga, en un juicio ejecutivo, existiendo disparidad de valores en distintos negocios jurídicos que habrían tenido por objeto materializar la compraventa de un vehículo a plazos, el tribunal decide que la cláusula contenida en uno de dichos negocios es ambigua, por lo que aplicaría el art. 1566 CCCh para interpretar la convención "a favor del deudor", estableciendo como consecuencia que la única forma de favorecerlo es "no dándole valor alguno"[1551]. Mismo criterio parece encontrarse en un mutuo en que una de sus cláusulas declaraba que tenía plazo "indeterminado", lo que el tribunal termina interpretando a favor del deudor

---

[1550] Pinto con Mardones (2011) cons. 6°. Similarmente, en torno a la duda sobre la vigencia de un arrendamiento interpretada contra la arrendataria, persona jurídica, Avilés con Sercoex Limitada (2004) cons. 4°.

[1551] Colvilljones con Braughton (2010) cons. 9°.

demandado, rechazando la demanda en su contra[1552], sin perjuicio de no señalar el motivo de que esa cláusula (la determinación de un plazo) sería confusa o ambigua ni por qué no se recurre a los artículos 1560 a 1561.

Lo mismo sucedió en un caso en que cierta cláusula de un contrato de apertura de línea de crédito autorizaba al acreedor a cobrar "otros gastos para la operación del sistema de crédito" se contradecía con un convenio de pago celebrado entre las partes que solo admitía el cobro como único gasto, además de la respectiva cuota mensual del capital adeudado, la suma de $456 por gastos de facturación y operación, además de otras contradicciones, la Corte indicó que ello "...hacía perder claridad a lo expresado en el convenio de pago, [por lo que] tendría que hacerse aplicación del artículo 1566"[1553], haciendo primar únicamente la cláusula del convenio de pago que ordenaba un pago menor, favoreciendo al adherente deudor.

Puede señalarse que en estos casos hay una suerte de rectificación del tenor literal del acuerdo para materializar la consecuencia *contra proferentem*. Debe recordarse que las reglas del título XIII no se refieren únicamente a la semántica del contrato, pese a ser "lo literal de las palabras" el criterio inicial y preferente de resolución. Desde el art. 1560 que ordena preferir la intención cuando esta es claramente conocida o los principios de analogía y restricción de los arts. 1565 y 1561, respectivamente, además del art. 1564 inc. 3°, que otorga primacía a la aplicación práctica como material interpretativo, hay una serie de criterios que hacen que el tenor literal sea matizado en virtud de consideraciones que tienen que ver con una atribución de sentido más amplia para desentrañar la intención de los contratantes. Por tanto, como dice Alcalde, el juez tiene la más

---

[1552] *OYARCE CON FRANCO* (2009) cons. 5°.

[1553] *OCARANZA CON ADMINISTRADORA DE CRÉDITOS PRESTO LTDA.* (2006) cons. 2°.

amplia libertad para indagar la voluntad normativa de las partes y no está obligado a encerrarse exclusivamente en el texto del contrato, pero solo podrá desatender ese tenor literal cuando la intención ha sido claramente conocida[1554].

No es extraño, entonces, que en virtud de la consecuencia de nuestra regla se proceda de este modo.

3.2 Situación de las convenciones modificatorias de responsabilidad

Por ser una materia de interés práctico y desarrollos dogmáticos comparados que hemos estudiado, cabe mencionar la situación de la interpretación de las convenciones modificatorias de responsabilidad, sobre todo las cláusulas de limitación o exención de responsabilidad.

Dentro del ámbito de la autonomía privada, las partes pueden celebrar convenciones anticipadas, anteriores al cumplimiento e incumplimiento, que suprimen o modifican la responsabilidad del deudor, liberándolo de cumplir o indemnizar o alterando los efectos normales del incumplimiento señalados por la ley en forma supletoria[1555].

En nuestro medio, se ha dicho desde antiguo que este tipo de cláusulas, que alteran el régimen de responsabilidad contractual que regula la legislación civil, siempre requieren de una estipulación expresa, especial y explícita, por lo que en ningún caso podría establecerse de forma tácita o implícita, fundado en disposiciones legales como el art. 1547, que luego de establecer el grado de diligencia del deudor y a quien toca la prueba de la culpa, indica que ello es sin perjuicio de las

---

[1554] ALCALDE SILVA (2006) p. 567.
[1555] ABELIUK MANASEVICH (2014b) pp. 993-994.

"estipulaciones **expresas** de las partes"[1556]. Corolario de ello, se ha sostenido que este tipo de cláusulas deben ser interpretadas restrictivamente, por constituir una excepción al principio general de responsabilidad[1557]. Así se ha fallado, por ejemplo, en materia de seguros[1558].

No obstante, si bien es correcto que las convenciones modificatorias de responsabilidad deben estipularse de manera expresa y clara para surtir sus efectos, no parece persuadir la idea de que en todo caso deberán ser interpretadas de manera restrictiva, pues la interpretación de las cláusulas resultará de la aplicación de las reglas del título XIII y lo que de la naturaleza del contrato en particular aparezca, sobre todo porque los arts. 1562 y 1565 ordenan ampliar o extender el sentido del contrato en conformidad a lo que se ha pactado en cuanto a la materia del contrato o lo que naturalmente se extienda.

Un caso en que vale la pena detenerse es *Becerra con Constructora Malpo Limitada*. Constructora Malpo Limitada vendió a doña Amelia Becerra una vivienda dentro de un loteo habitacional. Sin embargo, el inmueble entregado fue distinto de aquel pactado en la escritura de venta, que se le entregó a una persona distinta, lo cual fue descubierto dos años después cuando se instaló la señalética correspondiente. Se demandó acción de cumplimiento de contrato y en subsidio resolución

---

[1556] Estableciendo el estado de la cuestión en esta materia, Boetsch Gillet (2021) pp. 480-481, a lo cual debe añadirse Ríos Labbé (2014) pp. 527-539.

[1557] Boetsch Gillet (2021) p. 487, González Castillo (2011) pp. 96-97, aludiendo a que ello lo opinaría "la generalidad de la doctrina" y señalando que el art. 1566 CCCh cobraría especial relevancia para la interpretación de estas cláusulas, por ser previa y unilateralmente redactadas por la parte a quien favorecen, en lo cual estamos de acuerdo, siempre que previamente se utilicen los arts. 1560 a 1565.

[1558] *Captagua Ingeniería S.A. con Le Mans ISE Compañía de Seguros Generales S.A* (2006) cons. 5°.

con indemnización de perjuicios. El tribunal rechazó la demanda de cumplimiento, pues la vivienda vendida se encontraba en propiedad de un tercero, y acogió la de resolución, lo cual fue confirmado en segunda instancia y rechazada la casación. Sin embargo, en el contrato de compraventa se había renunciado a la acción resolutoria, lo cual fue pasado por alto por el máximo tribunal, alegando que se habría tratado de un "contrato de adhesión". Así, haciendo suyas las consideraciones de instancias anteriores señaló que:

> "De este desigual poder de negociación surge uno de los principales problemas que pueden presentarse durante la fase de ejecución del contrato, y consiste en que el contratante más fuerte puede llegar a imponer cláusulas abusivas al adherente, haciendo de su voluntad unilateral la voluntad contractual. Ejemplo paradigmático de estas estipulaciones son aquellas que **exoneran o limitan la responsabilidad frente al incumplimiento, o restringen sustancialmente el uso de los remedios contractuales**. Es aquí que cobra especial relevancia para su interpretación la norma del inciso segundo del **artículo 1566 del Código Civil** en cuanto las cláusulas ambiguas que hayan sido extendidas o dictadas por una de las partes, sea acreedora o deudora, se interpretarán contra ella, siempre que la ambigüedad provenga de la falta de una explicación que haya debido darse por dicha parte"[1559].

Sin embargo, para acudir a la regla *contra proferentem* no se razona respecto de las demás reglas de interpretación ni tampoco se evidencia qué ambigüedad u oscuridad tendría la cláusula de renuncia a la acción resolutoria que hicieran tener que interpretarla contra la inmobiliaria redactora. Es cierto que había una hipótesis clara de incumplimiento en este caso, pero ello no autoriza a utilizar la regla en comento como mecanismo flexible de equidad. La utilización de la *contra proferentem* está

[1559] Becerra con Constructora Malpo Limitada (2020) cons. 6°. Destacado añadido.

sujeta a fuertes exigencias que no pueden encubrir un control de contenido sin siquiera desplegar un esfuerzo argumentativo en este sentido. En esta línea, Ramos Pazos, razonando sobre la regla, indica que "No puede el juez que ha comprobado la existencia de una obligación, o que tiene el medio de comprobarla, desconocerla so pretexto de equidad"[1560].

Por tanto, en materia de cláusulas de exención debe tenerse precaución en utilizar la regla *contra proferentem,* pero puede ser un importante aliado en el control de la conmutatividad de las prestaciones, como se vio en derecho inglés, en que su utilización en este ámbito la ha hecho prosperar[1561].

3.3 Sobre la procedencia de indemnización de perjuicios

Cabe reflexionar, como lo ha hecho Prado[1562], por la posibilidad de interponer una acción de indemnización de perjuicios en contra del redactor. La autora citada indica que la cuestión ha estado en la palestra en alguna causa, citando acá el fallo Rojas con Sociedad Agroindustrial Diaguitas[1563], en que los actores solicitan que se ordene la liquidación mensual del consumo de agua por cada uno de los predios de propiedad de los demandantes, basado en una cláusula que así lo habría ordenado. Sin embargo, en este caso más que indemnización de perjuicios por haberse generado una ambigüedad, pareciera que la pretensión estaba asilada en el incumplimiento contractual alegado, el cual se desestimó, debido a la vaguedad

---

[1560] Ramos Pazos (2023) p. 75.
[1561] McCunn (2019) p. 502.
[1562] Prado López (2019) pp. 539-546.
[1563] Rojas con Sociedad Agroindustrial Diaguitas (2016).

de la cláusula que no establecía la periodicidad en que debía realizarse la liquidación del consumo de agua[1564].

Con todo, debiera analizarse el factor de imputación del predisponente. Si ha generado la ambigüedad de manera dolosa, habrá que distinguir. Puede tratarse de una hipótesis de dolo incidental de acuerdo con el art. 1458 inc. 2°, que otorgará acción de indemnización de perjuicios contra el contratante redactor que lo ha fraguado y quienes se han aprovechado del dolo. Si además puede comprobarse el propósito de inducir a la contraparte a contratar mediante la ambigüedad creada y que sin esta redacción defectuosa no se hubiera contratado, podrá tratarse de un caso de dolo determinante *ex* art. 1458 CCCh inc. 1°, sancionable además con la nulidad relativa[1565], pudiéndose también solicitar la indemnización de perjuicios derivados de la nulidad, si ello fuera procedente, como se ha expuesto últimamente[1566]. Inspira esta solución el desarrollo

---

[1564] Se lee en la sentencia de primera instancia, Rojas con Sociedad Agro- industrial Diaguitas (2013) 10° que: "...si bien existe la obligación de liquidar los gastos de la parcelación, no existe antecedente alguno que permita establecer que esta liquidación total debe realizarse mensualmente, lo que unido a que del contrato de compraventa celebrado entre los actores y las demandadas ni siquiera consta la obligación de liquidar como ya se señaló, no procede sino rechazar lo solicitado...". Con todo, este caso parecía haber sido un candidato para la aplicación del art. 1546 CCCh en razón de la debida integración del contrato en base a la buena fe, pero no por la ambigüedad, sino por los vacíos que se aprecian en el acuerdo. Debe indicarse, además, que ningún esfuerzo hermenéutico previo se realizó en orden a despejar la oscuridad.

[1565] Así, Alcalde Silva (2006) p. 563, según quien, si el declarante se expresa erróneamente en forma deliberada, existe una maquinación fraudulenta destinada a obtener el consentimiento del otro para celebrar el negocio jurídico. También y en detalle, Prado López (2019) pp. 541-542.

[1566] Por todos, véase López Díaz (2018) pp. 76 y ss.

histórico de la regla, en su vertiente de proscripción del aprovechamiento de ambigüedades creadas. Recordemos que tempranamente en nuestro medio, ya Leopoldo Urrutia sostenía como fundamento de esta regla que "nadie puede aprovecharse de su propio dolo"[1567].

En caso de que la ambigüedad sea creada negligentemente, para analizar qué daños puede producir la conducta del predisponente, habrá que juzgar como esta situación puede encuadrarse dentro de la disciplina del error. Con todo, la apreciación del error en el negocio jurídico viene precedida por la interpretación del mismo, pues solo cuando se sabe lo que las partes han acordado se puede decidir si tenían la intención de celebrar un contrato de ese contenido o si se equivocaron sobre el mismo[1568].

En este sentido, serán de previa aplicación las reglas del título XIII, incluyendo la aplicación final de la regla *contra proferentem*. Luego de ello, pueden darse dos escenarios: i) el declarante se expresó de forma contraria a su voluntad, generando una ambigüedad que no deseaba; ii) el receptor de la declaración entendió erróneamente la declaración en uno de los sentidos posibles.

En el primer caso, puede juzgarse si existe un error en la declaración, es decir, aquel en que un "signo expresivo" emitido por un sujeto es susceptible de ser valorado como expresión de una determinada voluntad que no corresponde a la verdadera intención del sujeto emitente, sin que el mismo lo haya advertido[1569]. En este caso, cumplidos los presupuestos de operación de la regla *contra proferentem* este error no debiera tener la aptitud

---

[1567]   Urrutia Anguita (1901) pp. 118-119 y Alessandri Rodríguez (1936) p. 65.

[1568]   Schermaier (1998) p. 237.

[1569]   Morales Moreno (1988) p. 111.

de anular el contrato, pues existiendo una situación de diseño unilateral, la regla, como mecanismo de distribución de riesgos, desplaza el riesgo de las equivocaciones a quien estaba en mejor situación de evitar la defectuosa expresión. Ello, además, en virtud del requisito de que el error sea excusable, en que debe cuestionarse acerca de si el *errans* alcanzó o no el nivel de diligencia que, en abstracto, se le exige, y además, debiendo considerarse la incidencia que la conducta del destinatario de la declaración ha tenido sobre este resultado[1570]. En una situación de diseño unilateral, el destinatario no ha tenido incidencia en la equivocación de su contraparte en la formulación del acuerdo.

En el segundo caso, en tanto, de los dos sentidos posibles, prevalecerá el que alegue el receptor de la declaración, en cuanto debe protegerse su confianza en la misma. De esta forma se aplicará la consecuencia *contra proferentem*. Con todo, además, puede hacer valer el error en que ha incurrido si éste ha sido inexcusable, pudiéndose anular el negocio si este recae en alguna de las hipótesis de los arts. 1451 a 1455 CCCh y si dicha situación le ocasiona perjuicios, pudiera solicitar su indemnización. En este último sentido, ya Jhering indicaba que si producto de una equivocación del declarante, ambas partes entienden algo diferente, el contrato es nulo, pero "la parte que causó el malentendido por su falta de claridad es responsable de *culpa in contrahendo*"[1571].

[1570] DE LA MAZA GAZMURI (2018) p. 171.
[1571] JHERING (1861) p. 80.

3.4 Sobre la posibilidad de excluir la aplicación de esta regla de manera convencional

Otro tema de relevancia práctica que conviene desarrollar es la posibilidad de excluir por parte de los contratantes la aplicación de la regla *contra proferentem.*

Cabe reflexionar, en primer lugar, acerca de la imperatividad de las reglas de interpretación de los contratos del título XIII. Si bien parece ser un tema superado hoy en día, contrariamente a la tesis francesa de que las reglas constituyen "meros consejos", que ha recibido acogida por alguna doctrina en Chile[1572], o a los que sostienen la falta de obligatoriedad de alguna de estas disposiciones[1573], se ha dicho con claridad al respecto que: "[e]l legislador no cumple su misión dando consejos. No se aprecia fundamento alguno para que lo hiciera. Las leyes tienen por objeto obligar, siendo esencialmente coercitivas"[1574].

[1572] PAILLAS (2008) p. 85.

[1573] DUCCI CLARO (1977) p. 225; BRAIN RIOJA (1941) pp. 49-50, siendo el art. 1560 el obligatorio, los demás, "consejos para indicarle el camino más seguro en la determinación del exacto sentido y alcance de los contratos"; RIOSECO ENRÍQUEZ (2002) n° 205, p. 124, aprobando una sentencia según la cual los artículos 1561 y 1562 no serían obligatorios, pero sin dar mayores argumentos de esta distinción.

[1574] LÓPEZ SANTA MARÍA y ELORRIAGA DE BONIS (2017) p. 522. Ya CLARO SOLAR (1939) p. 16, señalando que el legislador al juez "...le ha fijado reglas que está obligado a observar y que, hallándose consignadas en preceptos legales, no pueden ser infringidas sin incurrir en una violación de ley que puede y debe ser corregida por la vía de la casación". En el mismo sentido, VODANOVIC HAKLICKA (2015) p. 517: "...hoy los autores modernos concuerdan en que se trata de verdaderos mandatos jurídicos obligatorios, dirigidos al juez, el cual debe, conforme a ellos, realizar su interpretación". ROMERO SEGUEL; AGUIRREZABAL GRÜNSTEIN y BARAONA GONZÁLEZ (2008) pp. 249-254 afirman que estas reglas "...imponen al intérprete, fundamentalmente al juez, una pauta de actuación obligatoria que

Nos parece que no existe motivo para negar el carácter de verdaderas reglas jurídicas a las del título XIII, y por tanto, cumplido el supuesto de hecho que habilita su aplicación, la consecuencia jurídica dispuesta debiera desplegarse sin reservas.

La doctrina nacional ha reflexionado respecto de la posibilidad de celebrar convenciones que regulen la forma en que el contrato deberá ser integrado e interpretado en caso de disputa entre las partes, estableciendo ciertos antecedentes o hechos que no podrán ser considerados para fijar el alcance de la convención; o estableciendo ciertas teorías o doctrinas jurídicas que no podrán aplicarse, sosteniendo que en virtud de la autonomía privada estas son procedentes[1575]. Distinto es el caso de las cláusulas en virtud de las cuales "no se admitirá interpretación", en que se ha estimado que ellas no constituyen óbice para realizar una labor interpretativa[1576]. En todos estos casos, deben tenerse en cuenta los límites que consagra el derecho imperativo de contratos, desde los límites de la renuncia de derechos del art. 12 CCCh, las normas sobre formación del consentimiento y los requisitos del negocio jurídico, especialmente el consentimiento exento de vicios y la prohibición de que se condone el dolo futuro mediante alguna de estas estipulaciones contractuales.

En cuanto a las estipulaciones por medio de las cuales se pretende evadir la aplicación de la regla *contra proferentem*, han surgido en el tráfico nacional cláusulas como la siguiente:

"Las partes manifiestan que el presente contrato fue redactado de común acuerdo entre ellas. Las partes igualmente manifiestan que, en el evento de existir algún error u omisión en la ela-

---

debe observar a la hora de resolver un conflicto de interpretación contractual".

[1575] CÁRDENAS VILLARREAL y REVECO URZÚA (2018) p. 184 y ss.
[1576] BOETSCH GILLET (2021) p. 493.

> boración del presente contrato, se considerará que dicho error
> u omisión ha sido responsabilidad de las partes [...]"

Podríamos aventurarnos a señalar que estas cláusulas provienen del entorno anglosajón, donde pueden hallarse varios
ejemplos de estipulaciones del estilo, incluso siendo encabezadas con las palabras *"No Contra Proferentem"* o *"Anti-Contra Proferentem"*, como la siguiente:

> *"This agreement has been fully reviewed and negotiated by
> the parties hereto and their respective counsel. Accordingly, in
> interpreting this agreement, no weight shall be placed upon
> which party hereto or its counsel drafted the provision being
> interpreted"*[1577]

¿Qué efectos producen estos pactos ante el art. 1566 CCCh?
Al respecto, nos parece sensata la distinción que realiza Juárez
para el derecho español, pero aplicable a nuestro medio. Si
bien puede razonablemente concluirse el carácter imperativo
de las reglas de interpretación, ello no significa que el declarante no pueda controlar el supuesto de hecho determinante de
la aplicación de la regla interpretativa. Así, es imposible que un
contratante pueda escapar de la aplicación del bloque normativo de reglas de interpretación, pero lo que sí puede es configurar el supuesto de hecho que implica su declaración para evitar
la aplicación de una norma interpretativa concreta[1578]. Y es que,
en cualquier caso, los contratantes son libres de determinar qué
sentido dan a sus manifestaciones[1579]. De esta forma, no puede
alterarse la consecuencia de interpretarse el contrato contra el
redactor —disponiendo, por ejemplo, que se interprete a favor
del mismo— o en favor del deudor —estableciendo que se in-

[1577] DiMatteo (2021) § 9.03. Un vasto catálogo de estas cláusulas puede
encontrarse en la web Law Insider (s/f).

[1578] Juárez Torrejón (2017) p. 192.

[1579] López y López (2017) p. 46.

terprete en su contra—, pero sí puede declararse por las partes que el contrato ha sido redactado por determinado contratante o por ambas partes de común acuerdo.

El efecto de ello será definir el supuesto de hecho de la regla preconstituyendo un medio probatorio, en este caso, de cómo operó la redacción del contrato en los hechos. Ello, sin embargo, admitirá prueba en contrario, en base a la situación propia del caso.

Si bien será frecuente que en contratos intensamente negociados entre partes sofisticadas[1580], las partes deseen introducir este tipo de cláusulas, cabe el supuesto de hecho de que las partes estén en una posición desigual. En este caso, si se trata de un contrato de adhesión, entrará a regir todo el estatuto protector de la LPDC, como el catálogo de cláusulas abusivas, donde una disposición contractual como aquella en examen podría ser declarada nula *ex* art. 16 g), o bien interpretada contra el proveedor de igual manera, de acuerdo con el nuevo art. 16 C, que examinaremos en la última sección de este trabajo.

3.5 Regla de la última alternativa: el llamado favor debitoris

Por último, frente a la imposibilidad de aplicar la regla *contra proferentem,* por no poder identificarse un predisponente en una situación de diseño unilateral que ha incumplido su carga de claridad y se trata de una ambigüedad insuperable con recurso a las demás reglas del título xiii, como reza el art. 1566 CCCh, "se interpretarán las cláusulas ambiguas a favor del deudor". En este sentido, López y Elorriaga denominan a esta la regla "de la última alternativa", como recurso final para dirimir la contienda relativa al alcance del contrato[1581].

[1580] MONTERO IGLESIS (2006) p. 118, sobre el concepto.
[1581] LÓPEZ SANTA MARÍA y ELORRIAGA DE BONIS (2017) p. 517.

Se ha indicado que el favorecimiento al deudor constituye un principio que el CCCh aplica en diversas materias. Así, Ramos cita como ejemplos el art. 1698, en materia de *onus probandi*; el art. 1597 en materia de imputación al pago; el art. 1500 inc. final y el 1507, en las obligaciones alternativas; en el art. 1588 respecto al lugar en que debe hacerse el pago, entre otros[1582]. Por su parte, Munita agrega otras tantas disposiciones en materia de modos de extinguir las obligaciones y en ciertos contratos, incluyendo, además, el art. 1566 CCCh, señalando que estas normas serían "expresiones formales de equidad contractual [...] sea fijando en el deudor la condición de sujeto titular de una especial protección, y representándolo como la parte más débil del vínculo", pero, inmediatamente reconociendo que el acreedor también puede ser la parte vulnerable[1583].

Con todo, no parece que estas disposiciones tengan por objeto la tutela de una de las partes considerada *a priori* como desmedrada en la relación obligacional[1584]. La interpretación que favorece al deudor puede considerarse como una lógica consecuencia del *onus probandi*[1585]. Si el acreedor de una obligación impuesta por determinada cláusula ambigua desea que

---

[1582] Ramos Pazos (2023) p. 76.

[1583] Munita Marambio (2021) p. 180.

[1584] Como señala Giuffrè (2002) p. 146, refiriéndose a este erróneo entendimiento de la regla, se trata de una representación "dickensiana", del deudor pobre y desdichado, cuando puede tratarse de un deudor que paga el precio a plazos, como también de un Berlusconi que adquiere su enésima villa en Cerdeña. En el mismo sentido, Rogel Vide (2010) p. 128. En nuestro medio parecía entenderlo de esta manera criticable Brain Rioja (1941) p. 121: "[...] un principio jurídico, equitativo y humanitario induce a favorecer al más débil: en este caso, el deudor".

[1585] En este sentido, también, Barros Errázuriz (1917) p. 66; Alessandri Rodríguez (1936) p. 65; Claro Solar (1939) p. 29; Ducci Claro (1977) p. 218; López Santa María y Elorriaga de Bonis (2017) p. 517; Ruz Lártiga (2011) p. 62; Ramos Pazos (2023) p. 76.

se reconozca la existencia de ésta así debe probarlo, aportando antecedentes que releven ello en forma clara, en los términos del art. 1698 del CCCh. De lo contrario, no podrá alegar su existencia. Ello tiene precedentes históricos que hemos examinado en la primera parte de este trabajo.

Esto es coherente con las últimas explicaciones que sobre la carga de la prueba se han vertido en nuestro entorno. Así, Erbetta indica que el riesgo por falta de prueba en sentido amplio "es la contingencia que se produce cuando la parte no despliega actividad probatoria respecto de un hecho que alega, o esta es insuficiente, con lo cual debe aceptar las consecuencias de una sentencia desfavorable en ese aspecto"[1586]. La regla de distribución del riesgo por falta de prueba establece un reparto del riesgo de la incertidumbre probatoria de los hechos entre las partes del litigio, instando a que ambas partes se vean constreñidas a suministrar la prueba[1587]. Como se ve, en términos de distribución de los riesgos derivados de una situación de incerteza, el *onus probandi* tiene varias similitudes con la regla *contra proferentem* y así parece haberlo entendido el legislador en el art. 1566 inc. 1°.

Por lo demás, el principio gravitante aquí es la excepcionalidad de la relación de obligación y la interpretación del contrato en conformidad a dicha idea. En efecto, la obligación constituye una situación excepcional entre los vinculados[1588]. Como bien indica Goldenberg, el carácter transitorio y excepcional de la obligación supone una suerte de *favor libertatis*, por lo que, bien observadas, las reglas del CCCh a las que se le imputa un *favor debitoris* sólo consagran medios para facilitar la extinción del vínculo, ahí donde se puede estimar la existencia de un pago o al

---

[1586] ERBETTA MATTIG (2021) p. 48.

[1587] ERBETTA MATTIG (2021) p. 50.

[1588] PEÑAILILLO ARÉVALO (2003) p. 77. En el mismo sentido, VIAL DEL RÍO (2007) pp. 25-26. Ambos citan el art. 1698 CCCh en este punto.

menos, la intención de su realización, refiriendo en esta parte, tanto la procedencia del pago por un tercero (1572 CCCh), las normas de imputación del pago (arts. 1595 a 1597) como también precisamente la regla del art. 1566 CCCh[1589].

Por otro lado, como el ser humano obra de forma entendida, solo en la medida en que el deudor haya comprendido el deber de prestación en su correcta extensión podrá cumplirlo al tenor de lo estipulado[1590], de lo contrario, no parece adecuado imputarle el incumplimiento de una obligación extendida en términos ambiguos o equívocos.

A mayor abundamiento, debe tenerse en cuenta como en el CCCh se establece una regla de interpretación de un negocio jurídico que efectivamente busca favorecer a una persona: se trata del art. 388, a propósito de la interpretación del inventario que deben realizar los guardadores, que dispone:

"Los pasajes obscuros o dudosos del inventario se interpretarán a favor del pupilo, a menos de prueba contraria".

En este caso, de acuerdo a la definición del art. 388 CCCh, las tutelas y curadurías buscan asegurar la protección debida de ciertas personas que no pueden dirigirse a sí mismas o administrar competentemente sus negocios. De esta forma, la ley contempla un dispositivo hermenéutico que busca precisamente proteger a estas personas, interpretando las partes dudosas en favor de estas, pero al igual que nuestra regla, de forma subsidiaria, pues puede llegar a probarse un sentido del inventario en contrario[1591]. Con todo, además de este interés

---

[1589] Goldenberg Serrano (2021) pp. 105-106

[1590] Alcalde Silva (2010) p. 66.

[1591] En este sentido, Ramos Pazos (2009) p. 572, fundamentando esta norma en que "El legislador cuida mucho los intereses del pupilo [...]".

de protección, como indica Claro Solar, esta regla tiene por fundamento fijar la propia responsabilidad del curador, pues la oscuridad o ambigüedad podría prestarse a abusos de parte de un guardador de mala fe[1592], no siendo, por tanto, tan distinta en su *ratio* de la disposición del art. 1566 CCCh.

Por último, para descartar un entendimiento que en general y en todo caso favorezca al deudor, debe pensarse en los contratos bilaterales, en que ambas partes se obligan recíprocamente (Art. 1439 CCCh), siendo acreedoras y deudoras en forma correlativa. En este caso no tendría sentido una regla que favoreciera en forma unilateral a una de las partes. Por ello, es necesario entender "a favor del deudor" como "a favor del que por la cláusula ambigua resulta obligado"[1593].

En este sentido parece haberse procedido en un caso en que lo interpretado era el anexo de un contrato de mandato de venta de predio, que contenía las comisiones que debía pagar el mandante al corredor en caso de cumplimiento del encargo. Siendo el mandato un contrato bilateral en que ambas partes contraen obligaciones, teniendo la calidad de acreedores y deudores recíprocos, cabe dilucidar quién sería el deudor favorecido, mandante o mandatario. En este caso, ante la ambigüedad de una cláusula que hablaba de "comisiones proporcionales" sin indicarse la forma de su cálculo, de "participación propia y de terceros" sin indicarse a qué se refería

---

[1592] CLARO SOLAR (2021) n° 2143, p. 277.

[1593] Así, ALCALDE RODRÍGUEZ y BOETSCH GILLET (2021) p. 815: "se entiende que es deudor aquella [parte] que tenga dicha calidad en base a una cláusula ambigua que le imponga una obligación". De forma similar parece entenderlo BARCIA LEHMANN (2007) p. 30, para quien debe interpretarse el contrato "de forma global", esto es, atendiendo a las distintas obligaciones de las partes y no de forma unilateral. Aunque ello parezca evidente, hemos visto que un erróneo entendimiento al respecto terminó fulminando la regla original del *Code* en Francia.

con lo último, y "6% del valor total transado a compensar" sin entenderse el sentido de esto, el tribunal interpreta a favor del que por la cláusula resulta obligado, es decir, el mandante, por el pago de las comisiones ambiguamente pactadas[1594]. Misma situación puede observarse en una cláusula del contrato celebrado para la confección de la red de alcantarillado de Reñaca, cuya clausula novena especificaba que la Empresa de Obras Sanitarias de Valparaíso "autorizará su incorporación al sistema general de alcantarillado de Viña del Mar", respecto a la cual se dudaba si ello implicaba la adquisición de las obras de alcantarillado por parte de la empresa. El tribunal resolvió que, en aplicación de la disposición en comento:

> "[...] la claúsula novena del convenio aludido, controvertida más que ambigua, debe ser interpretada favorablemente a la demandada, supuesta deudora de la obligación de adquirir a título oneroso la red de alcantarillado de Reñaca"[1595]

Y finalmente, en una sentencia arbitral, donde lo interpretado era un contrato de promesa de compraventa de pertenencias mineras, para inaplicar el art. 1566 CCCh inc. 1°, el tribunal correctamente reflexionó que:

> "...tratándose en la especie de una promesa bilateral, ambas partes eran recíprocamente acreedoras y deudoras una de otra, respecto de la obligación de hacer que consistía en otorgar las compraventas prometidas"[1596]

Por lo tanto, como en estos casos, debe interpretarse obligación por obligación, atendida la determinación de sentido

---

[1594] *Boris Solar y Compañía Limitada con Agrícola y Forestal Mastigane Ltda.* (2016) cons. 11°.

[1595] *Corporación de Adelanto y Desarrollo de Reñaca con ESVAL S.A.* (1996) cons. 13°

[1596] *Laudo del Centro de Arbitraje y Mediación de la Cámara de Comercio de Santiago* (2001) cons. 23.

de la cláusula ambigua concreta en análisis, para poder aplicar este inciso.

Como dice Giuffrè, en un análisis de instituciones romanas proyectadas en reglas modernas similares a las recién citadas, el *favor debitoris* no es tanto un principio general, sino más bien una hipóstasis de contenido vagamente ético y social, que se transmite acríticamente, fruto de generalizaciones apresuradas[1597].

En nuestra doctrina se ha avanzado en este entendimiento, aunque más bien reemplazando *favor debitoris* por la noción de *favor debilis*[1598], que, con todo, no nos parece que pueda desplegar una función interpretativa del negocio propiamente tal, sino, a lo sumo, constituirse como un principio que inspire y fundamente ciertas soluciones legislativas, como por ejemplo, el art. 2 ter de la LPDC, que establece la interpretación de dicho cuerpo normativo "siempre en favor de los consumidores".

Debe destacarse que la regla del art. 1566 inc. 1° es aún más excepcional que la anterior, pues supone una preferencia unilateral por una de las partes respecto a determinada obligación contenida en una particular cláusula y, por lo tanto, el recurso a esta debe ser restringido cuando no sea posible aplicar el inciso segundo ante la existencia de una situación de diseño unilateral. Pocas ocasiones de aplicación pareciera haber encontrado la jurisprudencia. Así, en uno de los casos que hemos citado en este acápite, la situación de ambigüedad insuperable, bien argumentada por el tribunal, se configuró tanto por la gran oscuridad de la cláusula en debate, como en parte porque

---

[1597] GIUFFRÈ (2002) p. 172.

[1598] ISLER SOTO (2019b) *passim;* LÓPEZ DÍAZ (2023) p. 129, Siguen, como varios, la obra de ROGEL VIDE (2010) p. 127, que propugna este cambio, sobre la base de su completo análisis del *favor debitoris* en el derecho español.

el demandado no contestó, no haciendo valer ninguna pretensión interpretativa ni probando una intención distinta[1599].

De hecho, puede constatarse como una aplicación irreflexiva de la regla puede generar decisiones problemáticas. Así, para interpretar una cláusula arbitral que vinculaba a dos partes, acreedores y deudoras recíprocas, el tribunal, para desentrañar el sentido de dicha estipulación en forma amplia a fin de rechazar una casación en la forma por incompetencia del tribunal señaló que aplicaba el art. 1566 inc. 1° CCCh identificando al deudor con "la demandada y recurrente de casación", no señalando el motivo de asimilar "deudor" a "demandado"[1600]. Más grave pareciera ser un caso en que para interpretar una cláusula que establecía el pago de indemnización por años de servicio en materia laboral, el tribunal, luego de citar el inciso primero indicó:

> "Ésta disposición legal unida con el principio protector que caracteriza al Derecho del Trabajo conduce a concluir que las partes quisieron beneficiar al trabajador que renunciaba a efectos de percibir una indemnización que, ordinariamente no percibiría"[1601]

Así, una cláusula en que el deudor precisamente es el empleador —de la obligación de pagar la indemnización— se interpreta contra él, "uniendo" a nuestra regla el principio *pro operario*. Pareciera que una mejor argumentación involucraba la invocación del art. 1566 inc. 2° CCCh, al ser el contrato de trabajo uno en que generalmente puede apreciarse una situación de diseño unilateral.

[1599] *Boris Solar y Compañía Limitada con Agrícola y Forestal Mastigane Ltda.* (2016) cons. 4°.

[1600] *South American Gaming con Marina del Sol S.A.* (2011) cons. 3°.

[1601] *Gálvez con Supermercados San Francisco Buin* (2010) cons. 8°.

Debido a esta confusión, surgió una tendencia, primero de ciertas codificaciones, luego de ciertas reformas, que restringen este favorecimiento del deudor a contratos unilaterales. Al parecer iniciada en el ABGB austriaco (1812), § 915[1602] y luego en España, con el art. 1289 CCE (1889) que dispone, ante dudas insuperables en un contrato unilateral, la menor transmisión de intereses, aparece también en el *Codice* de 1942 que ordena interpretar el contrato, en caso de dudas, *nel senso meno gravoso per l'obbligato, se è a titolo gratuito* y finalmente en Argentina, cuyo Código Civil y Comercial de 2015, en su art. 1068, es prácticamente una traducción del italiano, al indicar que "si el contrato es a título gratuito se debe interpretar en el sentido menos gravoso para el obligado".

En el derecho francés, en cambio, como hemos visto y de forma paradójica, sigue apareciendo esta regla en el art. 1190 *Code,* que en caso de duda en los contratos libremente negociados ordena la interpretación *"contre le créancier et en faveur du débiteur".*

En conclusión, la regla *contra proferentem* debe leerse en el mismo sentido ya indicado: como un mecanismo de distribución del riesgo por la falta de prueba de las obligaciones de un contrato. De esta manera, si el acreedor de una obligación contenida en cierta cláusula quiere hacerla valer, deberá aportar antecedentes suficientes para que ello aparezca claramente del contrato, de lo contrario, primará el entendimiento de la cláusula ambigua que el deudor defienda.

[1602] § 915. En el caso de los contratos unilateralmente vinculantes, se presume en caso de duda que el obligado quiso imponer la carga más ligera en lugar de la más pesada; en el caso de los contratos bilateralmente vinculantes, se declara una expresión poco clara en perjuicio de la parte que ha hecho uso de ella.

IV. LA REGLA EN DISPOSICIONES
LEGISLATIVAS DE PROTECCIÓN

Como se ha adelantado en su evolución, la regla se ha positivizado en un conjunto de disposiciones en materias particulares en atención a la protección del adherente. En el presente acápite trataremos estos sectores especiales teniendo en cuenta que en su *ratio* todas obedecen a la regla *contra proferentem,* por lo que el análisis del art. 1566 CCCh servirá para ilustrar su aplicación, teniendo en cuenta, por cierto, las particularidades de cada una. Por tanto, el análisis de estas especiales disciplinas se justifica únicamente en que todas contienen una versión legislada de la regla, respecto de las cuales, creemos, pueden aplicarse algunas conclusiones ya analizadas.

1. La regla en materia de seguros

1.1 Prevención sobre algunas particularidades de la regulación del contrato de seguro

a) La sofisticación del asegurado como potencial barrera de aplicación de la regla

El contrato de seguro se ha mostrado como terreno fértil para la aplicación de la regla *contra proferentem,* como ya ha podido vislumbrarse. En este ámbito, los ordenamientos jurídicos ya comparados parecen no ostentar grandes debates, situación apreciable también en la doctrina nacional, en que poco se ha dicho, pese a la abundancia de casos decididos en esta materia. No ocurre lo mismo, sin embargo, con el derecho estadounidense[1603], en que la regla recibe vasta aplicación. En éste, se ha llegado a afirmar que *"The ambiguity rule is probably the most important rule in insurance law"*[1604], que *"The first principle of insurance law is captured by the maxim* contra proferentem, *which directs that ambiguities in a contract be interpreted "against the drafter" who is almost always the insurer"*[1605] y, según explicaba el juez Learned Hand: *"Contra proferentem is more rigorously applied in insurance than in other contracts"*[1606]. Basta echar un vistazo a la literatura jurídica del señalado país para dar cuenta de varios artículos que tratan nuestra regla en materia de seguros, muchas veces criticando su aplicación indiscriminada[1607].

Al respecto, quisiéramos destacar una idea que puede ser relevante para el análisis que sigue y que aparece como coincidente con algunas conclusiones que hemos enunciado. Se trata de la llamada *"sophisticated insured exception"*, es decir, la

---

[1603] Donde la regla aparece de forma general en el RESTATEMENT (SECOND) OF CONTRACTS § 206. *Interpretation Against The Draftsman. In choosing among the reasonable meanings of a promise or agreement or a term thereof, that meaning is generally preferred which operates against the party who supplies the words or from whom a writing otherwise proceeds.*

[1604] RAPPAPORT (1995) p. 173.

[1605] ABRAHAM (1996) p. 531. En sentido análogo, BEH (2003) p. 85, comienza su artículo señalando: *"The canons of insurance contract construction traditionally have favored the insured. Chief among these rules are contra proferentem..."*

[1606] *Gaunt v. John Hancock Mut. Life Ins. Co.* (1947) 160 F.2d (2d Cir.) 599, 602.

[1607] Resumiendo críticas frecuentes en su entorno, STEMPEL (1993) pp. 824-827. Últimamente, por ejemplo, BOARDMAN (2019) *passim,* describe los imprevisibles efectos de la aplicación de esta regla en el mercado asegurador, señalando que los tribunales no pueden predecir con precisión si los aseguradores rediseñarán las cláusulas ambiguas interpretadas en su contra o cómo lo harán, lo cual puede terminar siendo contraproducente aun para los propios asegurados.

excepción del asegurado sofisticado, por la cual, dadas determinadas características de éste, la regla no tendría aplicación. Como señala Stempel, "*Contra proferentem becomes an untenable, unprincipled doctrine if it comes to mean the insurer always loses*", por lo que a la hora de su aplicación deben examinarse con cuidado los aspectos específicos del caso desde una perspectiva funcional, es decir, analizar qué es lo que realmente se hizo y por quién[1608]. Por ello, deben considerarse algunos aspectos que destacamos como útiles en el análisis de Stempel: el poder de negociación de las partes; si la redacción provino de una de ellas; si hubo asesoramiento de abogado o corredor que resultase determinante; si la póliza estaba redactada de antemano; si la cláusula en disputa es realmente ambigua; el entendimiento de ella según la conducta oral y escrita de las partes durante la negociación, finalización e implementación de la póliza; las expectativas razonables de las partes[1609].

Cada uno de esos aspectos pueden ser incorporados en la determinación global del acuerdo en torno a las reglas del título XIII, antes de aplicar, como recurso de *ultima ratio*, la *contra proferentem*. Como se ha señalado[1610], la sofisticación del contratante influirá en la aplicación de nuestro precepto interpretativo, que es subsidiario. Sobre todo de cara a que una negociación prolongada y una póliza personalizada constituyen importantes elementos de juicio para despejar la ambigüedad antes de proceder contra una de las partes, en este caso, el asegurador.

En este punto deben mencionarse los denominados "seguros de grandes riesgos"[1611], es decir, aquellos que el art. 542 inc. 2° CCom excluye de la imperatividad de las disposiciones que

---

[1608] Stempel (1993) p. 849.

[1609] Stempel (1993) pp. 849-853.

[1610] Cap. 3, III. 2.2 c) ii.

[1611] Un concepto que provenía del art. 3 letra e) del DFL 251 previo a la reforma del 2013, señala Ríos Ossa (2019) p. 199.

rigen el contrato de seguro: asegurado y beneficiario personas jurídicas, monto de la prima anual mayor a 200 unidades de fomento y los seguros de casco y transporte marítimo o aéreo. Como indica Contreras, en los seguros de grandes riesgos la protección al asegurado se flexibiliza cuando éste tiene fortalezas propias derivadas de su tamaño y recursos económicos, llegando incluso en ocasiones a ostentar un poder de negociación que excede al del asegurador y una sobrada capacidad de auto protegerse contractualmente[1612]. Con todo, como han apreciado algunos autores, no siempre el asegurado que cumple los criterios de determinación de grandes riesgos del art. 542 CCom se encuentra en la situación recién descrita: la inmensa mayoría de los contratantes de seguros de transporte son convenidos por pequeños transportistas que deberían estar amparados por la imperatividad ya que no se encuentran en igualdad de condiciones para negociar con las compañías aseguradoras[1613], lo mismo en el caso de pymes que contratan seguros por los montos de las primas indicados en el precepto legal y que carecen de esas fortalezas negociadoras[1614]. Por tanto, si bien esta categoría puede resultar útil para determinar que la regla *contra proferentem* no se aplique, habrá que analizar otros elementos, precisamente los contenidos en el art. 1566 CCCh, su *ratio,* de la mano de las disposiciones especiales que analizaremos a continuación.

b) El riesgo y la naturaleza del contrato de seguro como elemento interpretativo

El concepto de riesgo aparece como protagonista del contrato de seguro. Como dice Veiga "Quien contrata un seguro

---

[1612] Contreras Strauch (2020) p. 137.
[1613] Ruiz-Tagle Vial (2015) p. 82, Contreras Strauch (2020) p. 138.
[1614] Contreras Strauch (2020) p. 139.

en cierto modo anticipa y traslada la probabilidad de un evento dañoso, el riesgo, en base a una necesidad de garantía, de seguridad"[1615]. Esa necesidad de certeza se traduce en que la regulación del contrato de seguro contenga normas que favorezcan la cobertura del siniestro. En este sentido, el art. 531 inc. 1° CCom dispone que "El siniestro se presume ocurrido por un evento que hace responsable al asegurador". De esta forma, "se establece una presunción a favor del asegurado: se presume que el evento notificado al asegurador como siniestro, ha sido provocado por una causa de aquellas que se encuentran cubiertas en el contrato, es decir, queda dentro de la delimitación causal del riesgo según la póliza"[1616].

Así, podemos decir que la cobertura de una contingencia incierta perjudicial al asegurado se encuentra en la naturaleza misma del contrato de seguro, cuestión que en materia de interpretación del acuerdo puede incorporarse a la discusión a través del art. 1563 inc. 2°, debiendo preferirse la interpretación que mejor cuadre con la naturaleza del contrato. Todos estos elementos pueden otorgar una solución al conflicto interpretativo aun antes de la procedencia de la regla *contra proferentem* modelada para los seguros en las normas que analizaremos a continuación.

1.2 La regla en el contrato de seguro marítimo

Mediante la reforma de la ley N° 18.680 de 1988, que sustituyó el libro III del CCom, "Del Comercio Marítimo" por uno nuevo denominado "De la Navegación y el Comercio Marítimos", se estableció en el art. 1175 una versión de la regla en comento:

[1615]   VEIGA COPO (2016) parte 1ª, cap. 1, n° 1.2.
[1616]   LAGOS VILLARREAL (2015) pp. 371-372.

> "Art. 1175. Cuando el seguro se rija por cláusulas de formularios suministrados por el asegurador, o que el uso supone conocidas de las partes, bastará que la póliza haga una mención a ellas, para que esas cláusulas se entiendan incorporadas al contrato. Pero **si existiere duda sobre la interpretación que deba darse a las reglas específicas incorporadas, éstas se interpretarán en contra de quien haya emitido la póliza**"[1617].

La reforma del Boletín N° 705-07, tramitada en las sesiones del Poder Legislativo iniciadas por la Junta de Gobierno tras la entrada en vigencia de la Constitución Política de 1980, tenía como propósito modernizar y recodificar la legislación relativa al comercio marítimo chileno, para conciliarla con el ordenamiento jurídico internacional en la materia[1618]. A estos efectos, la Junta de Gobierno le encomendó a una comisión de académicos de varias universidades chilenas la elaboración de un Anteproyecto de reforma, grupo que sería presidido por Eugenio Cornejo Fuller. En su informe ante el Poder Legislativo, respecto a la sección de la reforma en materia de seguros, título

---

[1617] Ennegrecido añadido.

[1618] JUNTA DE GOBIERNO (1987a) p. 23. Señala SANDOVAL LÓPEZ (2018) p. 334, que en esta materia se advierte una gran influencia del comercio internacional y de los grandes centros aseguradores mundiales, como el sistema de seguros del Mercado de Londres, en permanente progreso, lo que determina la variación de los principios y reglas aplicables al seguro marítimo. Indica que las normas contenidas en el CCom de Ocampo sobre seguros marítimos estaban obsoletas y no contribuían al desarrollo de esta clase de seguros ni incorporaban los adelantos técnicos del transporte ni del seguro. En el mismo sentido, BAEZA PINTO (2001) p. 139, "Los seguros marítimos siguen con muy pequeñas variantes las líneas generales y las técnicas de cobertura que se utilizan en los principales mercados de seguros marítimos, especialmente las que provienen del Lloyd de Londres". Finalmente, como indica CONTRERAS STRAUCH (2020) p. 513, los modelos de pólizas de seguros marítimos utilizados en el derecho inglés se han estandarizado tanto, que se han convertido en condiciones generales internacionales del seguro.

vii, señaló que con ésta "se hacen algunos pequeños ajustes", lo cuales están relacionados con el "documento justificativo del seguro", resaltándose la necesidad de flexibilizar el perfeccionamiento del contrato, pues en materia marítima, se dijo, la póliza no suele extenderse sino únicamente la llamada "nota de cobertura", otorgándole la calidad de contrato de seguro "a aquel documento escrito que circula internamente dentro de las compañías, que contiene la aceptación del asegurador". Finalmente debe tenerse en cuenta lo indicado en cuanto a los usos de la industria en esta materia: "Cada compañía de seguros tiene su capricho o la manera de hacer las pólizas"[1619].

Al respecto, es destacable la conciencia del legislador respecto a la posibilidad del asegurador de redactar el contrato en forma unilateral mediante "formularios", lo que, como hemos visto, genera una posición de preeminencia respecto del asegurado que puede suponer una alteración de la equivalencia de las prestaciones.

La primera parte del artículo habilita a la posibilidad de no incorporar materialmente la póliza al formulario utilizado, provenga del asegurador o de los usos, como sucede con formularios de común utilización en el mercado, incorporándolos por medio de una referencia a los mismos, identificando la sigla y número que los identifica, tanto en Chile como en el extranjero[1620].

La segunda parte contiene una versión de la regla *contra proferentem*. En la obra sobre Derecho Marítimo del presidente de la comisión redactora, Eugenio Cornejo, éste señala que: "El Art. 1175 especifica una norma que el Código Civil ya había

---

[1619] Junta de Gobierno (1987b) p. 19.
[1620] Barroilhet Acevedo (2007) p. 97. Señalando que esta norma recoge "lo que constituye una práctica en los principales mercados aseguradores del mundo" Guzmán Salcedo (1988) p. 338.

entregado para la interpretación de los contratos […] Acotemos que en la práctica habitual, es el asegurador quien emite unilateralmente la póliza"[1621], refiriéndose evidentemente al art. 1566 CCCh. Es decir, no habría diferencia sustancial con la disposición del derecho común, sino simplemente especificación atendida la posición de predisponente de la cláusula por parte de los aseguradores. Se trataba de incorporar una norma que tenía una vasta tradición en materia de seguros marítimos en particular a la nueva legislación que se estaba incorporando. Así, tratados decimonónicos sobre este contrato indicaban la vigencia y aplicación de la regla *contra proferentem*[1622] o que "las cláusulas estipuladas por el asegurador deben, en caso de duda, interpretarse en su contra"[1623]. El criterio continúa vi-

---

[1621] CORNEJO FULLER (2003) 430-431. En el mismo sentido, señalando que ambas disposiciones son consistentes, pero hablando de la regla *"contra proferentum (sic)"*, BARROILHET ACEVEDO (2007) p. 97, BARROILHET ACEVEDO y ANGELBECK SILVA (2017) pp. 168-169, de disposiciones "similares" habla GUZMÁN SALCEDO (1988) p. 339. De *"contra preferentum o contra preferentem (sic)"* habla VÁSQUEZ PALMA (2019) pp. 197-198, resaltando la unidad entre el art. 1566 CCCh, art. 3° e) DFL N° 251y art. 1175 CCom. En el mismo sentido, pero hablando correctamente de *contra proferentem*, VÁSQUEZ PALMA (2021) pp. 117-118. Relacionando el art. 1566 inc. 2° CCCh con el art. 3° e) DFL N° 251, NASSER OLEA (2018) p. 256; En la jurisprudencia, *VALORES SECURITY S.A. CORREDORES DE BOLSA CON LIBERTY COMPAÑÍA DE SEGUROS GENERALES S.A.* (2016) cons. 14°.

[1622] PARSONS (1868) pp. 69-70, criticando, sin embargo, que la regla "… *has been, we think, pressed quite too far in favor of the insured"*, promoviendo una aplicación restringida "…*as when one party wrote from his own mind the whole contract, and the other party had nothing to do but receive or reject it"*.

[1623] CAUVET (1881) p. 555, citando la sentencia francesa C. Aix, 23 de abril de 1825, Dall. 25.2.285, según la cual *"En principe, les clauses stipulées par l'assureur doivent, en cas de doute, être interprétées contre cet assureur, parce que c' etait à lui à expliquer clairement son intention"*. Debe destacarse que esta antigua sentencia ya expresa la carga de claridad

gente en la práctica aseguradora marítima, como da cuenta
una obra reciente de derecho inglés, centro de seguros de relevancia internacional[1624].

1.3 La regla en la regulación de la actividad aseguradora, el art. 3° e) del DFL N° 251 de 1931

El DFL N° 251 de 1931 constituye una fuente relevante del
denominado "derecho de la actividad aseguradora o comercio
de seguros", que reglamenta las atribuciones y funciones de la
Superintendencia de Valores y Seguros, (SVS) hoy Comisión
para el Mercado Financiero (CMF), normas sobre el reaseguro
y diversas disposiciones que guardan relación con aspectos del
seguro propios del Derecho Público[1625]. Cabe destacar al respecto el art. 3° e), introducido en 2001, que dispone:

> "Art. 3°. Son atribuciones y obligaciones de la Superintenden-
> cia: [...] e) Mantener a disposición del público, los modelos
> de textos de condiciones generales de pólizas y cláusulas que
> se contraten en el mercado [...] Será responsabilidad de las
> compañías que las pólizas de seguros que contraten, estén re-
> dactadas en forma clara y entendible, que no sean inductivas
> a error y que no contengan cláusulas que se opongan a la ley.
> **En caso de duda sobre el sentido de una disposición en el mo-
> delo de condición general de póliza o cláusula, prevalecerá la
> interpretación más favorable para el contratante, asegurado o
> beneficiario del seguro, según sea el caso**"[1626].

Esta norma fue fruto de diversas modificaciones al sistema
de supervisión de seguros en nuestro país. En efecto, el DFL N°

---

que se le impone al asegurador producto de su poder de redacción
de la póliza.
[1624] Bennet (2005) pp. 284-286.
[1625] Contreras Strauch (2020) p. 49.
[1626] Destacado añadido.

251 de 1931 fue dictado bajo un contexto de fuerte proteccionismo estatal, en medio de las repercusiones ocasionadas por la Gran Depresión de 1929[1627]. En su texto original se establecía un control del contenido de las pólizas, sujetas a la aprobación del Superintendente[1628]. Será a partir del DL N° 3.057 de 1980 que dicha obligación será paulatinamente liberalizada, permitiéndose que cada compañía redactara sus propias pólizas, las que debían, sin embargo, cumplir con la normativa vigente e ir acompañadas de un informe de legalidad redactado por un abogado. Luego, se fue transitando a un sistema de "registro" de pólizas, otorgándose un plazo para que la SVS formulara observaciones[1629].

Finalmente, en el contexto de una serie de importantes reformas generales al mercado de capitales nacional, incluyendo algunos aspectos de la banca y de los seguros, denominados "plan MKB"[1630], se dictó la ley N° 19.769 de 2001 (MK1), cuyo objetivo en esta parte era "dar mayor agilidad al mercado"[1631]. Es así como se puso de cargo de las compañías de seguros la obligación de cumplir con determinadas obligaciones legales

---

[1627] Llorca Jaña (2011) p. 44 y ss.

[1628] Así lo disponía el antiguo art. 3° del DFL: "Son atribuciones y obligaciones de la Superintendencia: e) Aprobar las tarifas de primas que las Compañías confeccionen y los modelos de pólizas que se propongan poner en uso, no pudiendo regir las primeras ni emplearse las últimas sin la aprobación del Superintendente".

[1629] Describen esta evolución Morales Ortiz e Isler Soto (2018) pp. 90-91. El señalado DL hizo aplicable al mercado de seguros los principios de libre competencia y de apertura a la inversión extranjera, buscando la desregulación de la actividad, centrada ahora en la solvencia de las entidades aseguradoras. Achurra Larraín (2005) p. 148.

[1630] Mardones Osorio (2022) p. 278.

[1631] HL 19.769 p. 7.

en la redacción de las pólizas, sometidas a "depósito" en la actual Comisión para el Mercado Financiero (CMF).

Al igual que la norma de seguros recién analizada, se ha destacado su fundamento en la capacidad de predisponer el contenido contractual por parte de las compañías de seguros, en un fallo que señala:

> "[...] es notorio que contratos de seguros como el de la especie revisten el carácter de contratos de adhesión pues la compañía aseguradora elabora o redacta el texto teniendo participación preponderante en su clausulado, posición jurídicamente compensada por el denominado riesgo de la redacción que coloca de cargo del redactor, como correlato a su facultad de forjar el tenor, la responsabilidad por la oscuridad o ambigüedad de ese texto"[1632].

Si bien la disposición pareciera limitarse a las pólizas depositadas y sus condiciones generales, se ha señalado que la regla es aplicable a toda condición general de un contrato de seguro[1633]. Carvallo da cuenta de que algunos sostendrían lo contrario, sin decir quiénes, pero el autor opina que la disposición en análisis aplica tanto a las pólizas sujetas a depósito como a las de libre negociación, dado que en ambos tipos de contrato la ley utiliza la palabra "modelo" y cuando quiere restringir cierta disposición a pólizas no sujetas a depósito lo expresa claramente, además de lo dispuesto en la NCG N° 349 de 2013, que, en su cap. vi, se refiere sin distinciones a la "responsabilidad de la compañía en la contratación de pólizas"[1634].

[1632] *Valores Security S.A. Corredores de Bolsa con Liberty Compañía de Seguros Generales S.A.* (2016) cons. 14°. Hablando de "riesgo de redacción" para interpretar restrictivamente ciertas multas contractuales impuestas por una municipalidad, *Ingeniería Maquinarias y Construcción Limitada con I. Municipalidad de Cerrillos* (2002) cons. 8°.

[1633] Nasser Olea (2018) p. 256.

[1634] Carvallo Pardo (2022) p. 111.

Es relevante destacar como, al igual que varias otras ocasiones según hemos visto, en esta disposición legal se contempla un deber de transparencia seguido de la regla *contra proferentem*, que aparece como consecuencia a la vulneración de dicho deber[1635], lo que podemos ver comparado con la Directiva 93/13/CEE tantas veces citada:

Art. 5 Directiva 93/13	Art. 3° e) DFL N° 251
En los casos de contratos en que todas las cláusulas propuestas al consumidor o algunas de ellas consten por escrito, **estas cláusulas deberán estar redactadas siempre de forma clara y comprensible. En caso de duda sobre el sentido de una cláusula, prevalecerá la interpretación más favorable para el consumidor.** Esta norma de interpretación no será aplicable en el marco de los procedimientos que establece el apartado 2 del artículo 7 de la presente Directiva.	Son atribuciones y obligaciones de la Superintendencia: e) [...] Será responsabilidad de las compañías que las **pólizas de seguros que contraten, estén redactadas en forma clara y entendible,** que no sean inductivas a error y que no contengan cláusulas que se opongan a la ley. **En caso de duda sobre el sentido de una disposición en el modelo de condición general de póliza o cláusula, prevalecerá la interpretación más favorable para el contratante, asegurado o beneficiario** del seguro, según sea el caso"[1636]

En una dirección análoga se ha pronunciado Ruiz-Tagle, indicando que esta disposición sería una "aplicación del principio *in dubio contra proferentem*" en los contratos de seguro y resaltando la subsidiariedad que ostenta en la tarea interpretativa, señala que "la falta de claridad y la ambigüedad son requisitos *sine qua non* para poder plantear la regla del principio *contra preferentem* (*sic*)"[1637], lo cual compartimos.

[1635] NASSER OLEA (2018) p. 240 habla de "obligación de claridad".

[1636] Ennegrecidos añadidos.

[1637] RUIZ-TAGLE VIAL (2011) pp. 398-399. En similar sentido, SAPAG ÁLVAREZ (2023) p. 478, ha indicado correctamente que esta regla constituye "una aplicación estricta a una materia específica...del

La Norma de Carácter General (NCG) N° 349 de 2013 complementa e interpreta las disposiciones del DFL recién citado, señalando que:

> "La redacción será clara y entendible cuando ella permita la comprensión directa del texto, utilizando lenguaje adecuado y usual, empleando en su contratación textos tipográficos de tamaño adecuado.
>
> Se considerarán inductivas a error aquellas condiciones o estipulaciones ambiguas y carentes de claridad necesaria para determinar su sentido y alcance de los riesgos asegurados y los derechos y deberes de las partes"[1638]

La SVS —hoy CMF— ha aplicado esta última regla en forma constante en los dictámenes que resuelven los reclamos interpuestos por los asegurados contra las compañías bajo su supervisión[1639]. Así, en un caso en que la disposición del condiciona-

---

principio general de interpretación contractual '*contra proferentem*' establecido en el Artículo 1.566 inciso 2° del Código Civil...".

[1638] NCG N° 349, 26/07/2013, VI. En el mismo sentido, la NCG N° 420, 16/10/2017, indica que los textos de las pólizas y cláusulas adicionales que se comercialicen no deben ser inductivas a error a los asegurados (II. 1.2 d), además de proporcionar información precontractual que le permita al cliente "entender las características del producto que se le ofrece y cómo este satisface sus necesidades particulares" (II. 1.3 c).

[1639] En conformidad a la facultad otorgada en el art. 4 b) del DL N° 3538 de 1980, SVS: "Absolver las consultas y peticiones e investigar las denuncias o reclamos formulados por accionistas, inversionistas u otros legítimos interesados, en materia de su competencia, determinando los requisitos o condiciones previas que deban cumplir para entrar a conocer de ellas", facultad mantenida en la misma regulación reformada por la ley N° 21.000 de 2019 que crea la CMF, en su art. 5 N° 2: "2. Absolver las consultas y peticiones e investigar las denuncias o reclamos formulados por accionistas, inversionistas, **asegurados**, depositantes u otros legítimos interesados, en materias de su competencia, determinando los requisitos o condiciones predo general señalaba: "Dicho deducible será reducido a UF 50, si es que los gastos han sido reembolsados previamente en una Isapre, en Fonasa y en cualquier programa o seguro complementario de salud", se dudaba si la conjunción "y" era indicativa de requisitos copulativos, por lo que habría de reembolsarse los gastos médicos por el sistema de salud al que perteneciera el asegurado y además por algún programa o seguro de salud para reducir el deducible, o bien que dicha conjunción se utilizaba solo para fines de enumeración, la SVS resolvió que:

> "En los términos expuestos, cabe reiterar que la disposición del condicionado particular que motiva la presente reclamación, habría sido redactada por la compañía, en términos tales que si aquélla no estableció claramente que los gastos debían ser reembolsados tanto por la Isapre respectiva como por un seguro adicional al analizado, permitiendo la existencia de más de una interpretación, habría de acogerse el planteamiento más beneficioso para el asegurada (*sic*)"[1640].

En el mismo sentido, a propósito de un seguro de garantía para casos de cesantía, donde estaba en cuestión la interpretación de la relación de las condiciones generales y particulares de la póliza, se señaló que:

> "En los hechos, la interpretación descrita y reclamada por su cliente sería plausible a la luz de las disposiciones en análisis. A contrario sensu, entender las cláusulas previamente transcritas de acuerdo a la interpretación invocada por la compañía implicaría una aplicación restrictiva de las condiciones del contrato, significando en definitiva y para efectos prácticos la interpretación más perjudicial para el asegurado"[1641].

---

vias que deban cumplir para conocer de ellas [...]", que ahora incluye expresamente a los "asegurados", como destacamos.

[1640] SVS, OFORD N° 21.053, 10/08/2011.

[1641] SVS, OFORD N° 12.690, 13/05/2014, párr. 2. En igual sentido, interpretando una exclusión de un seguro de incapacidad temporal, SVS, OFORD N° 31.990, 05/12/2014, párr. 3.

En un reclamo por el reembolso de gastos médicos de hospitalización con cargo a un seguro colectivo complementario de salud, se debatió el sentido de la expresión "hospitalización" en cuanto a la permanencia del asegurado como paciente, que se definía por la póliza como "a lo menos, un día completo de servicio de habitación, alimentación y atención general de enfermería". Si bien el asegurado ingresó un día a las 15:12, retirándose al día siguiente a las 11:50, la aseguradora estimó que con ello no se cumplía con el requisito de permanencia de un día completo, entendiendo por ello 24 horas. La SVS, en un Oficio anterior, reproducido en el que se cita indicó:

> "Considerando lo anterior y no encontrándose definido en la póliza el concepto de 'día completo de servicio de habitación, alimentación y atención general de enfermería', cabe, para su interpretación, estarse a la regla contenida 1566 del Código Civil y reiterada en el párrafo 3° de la letra e) del artículo 3° del D.F.L. N° 251, de 1931, conforme a la cual, en caso de dudas sobre el sentido de una disposición, prevalecerá la interpretación más favorable al contratante, asegurado o beneficiario del seguro, según sea el caso"[1642].

Sin mencionar expresamente la disposición citada, la SVS ha decidido en el mismo sentido. Así, se indicó que: "[...] cabe hacer presente que la disposición del condicionado particular citada [...] habría sido redactada por la compañía, en términos tales que si aquélla no previó o previó incorrectamente los procedimientos o límites que habrían de aplicarse en caso que la prestación no fuere comprendida o íntegramente bonificada por el respectivo arancel, tal disposición habría de aplicarse restrictivamente, siendo discutible su invocación en perjuicio del asegurado"[1643], destacándose la necesidad de proceder a una interpretación restrictiva de una exclusión de cobertura

---

[1642] SVS, OFORD N° 14.214, 06/07/2015.
[1643] SVS, OFORD N° 14.483, 24/05/2011.

a falta de la debida claridad en la formulación de la póliza[1644]. Pero en otro caso, en un seguro de salud, donde se discutía la procedencia de la cobertura de una operación, fue necesario proceder a una interpretación extensiva, señalando la SVS que, de lo contrario, ello implicaría "[...] en definitiva y para efectos prácticos la interpretación más perjudicial para la asegurada", lo cual parece censurarse[1645].

Por otra parte, resaltando la imposibilidad de una interpretación unilateral por parte del redactor, se señaló que: "[...] la interpretación de la expresión 'primas reales' como 'lo que efectivamente se pagó' corresponde a una definición efectuada en forma unilateral y cuya aplicación resulta discutible en consideración a que [...] corresponde a la aseguradora la responsabilidad en la claridad e inteligencia de las pólizas que contraten, sus condiciones particulares y los documentos relativos a su contratación"[1646].

En otro caso, ante la discrepancia entre la condición particular en que se fundó el pago del siniestro y los términos de la propuesta, ésta última "[...] habría sido redactada por la compañía, en términos tales que si aquélla permite más de una interpretación habría de acogerse el planteamiento más beneficioso para el asegurado"[1647].

Por tanto, es posible concluir que esta disposición ha sido aplicada en forma constante para proteger al asegurado del poder unilateral de predisposición de las compañías de seguros, de frente a cláusulas que incumplen el deber de transparencia que la norma exige.

[1644] En ese sentido, SVS, OFORD N° 28.111, 23/10/2014, 3.
[1645] SVS, OFORD N° 17.732, 01/07/2014.
[1646] SVS, OFORD N° 17.728, 18/08/2015.
[1647] SVS, OFORD N° 24.417, 20/09/2011.

1.4 La regla ante la imperatividad del contrato de seguro

Por último, cabe mencionar el artículo 542 CCom, introducido por la ley N° 20.667 de 2013, que introdujo importantes modificaciones a la regulación del contrato de seguro en Chile, estableciendo un nuevo paradigma en relación con la protección del asegurado, considerándolo como sujeto más débil de la relación contractual[1648]. Dicha norma dispone:

> "Art. 542. Carácter imperativo de las normas. Las disposiciones que rigen al contrato de seguro son de carácter imperativo, a no ser que en éstas se disponga otra cosa. No obstante, se entenderán válidas las estipulaciones contractuales que sean más beneficiosas para el asegurado o el beneficiario [...]".

La imperatividad de las normas del contrato de seguro se alza como un "... criterio normativo tutelar que impide a los contratantes alterar el contenido normativo de la ley, todo con el fin de proteger al asegurado en posición de vulnerabilidad, tanto durante la formación del contrato como durante su ejecución"[1649]. Se trata de una norma de validez, no de interpretación del contrato de seguro, que establece, irrenunciablemente, una disposición de equilibrio, eficaz frente al redactor del contrato de seguro[1650]. Sin embargo, tal como indica el inciso segundo, en todos los casos en que existan uno o más pactos o cláusulas que mejoren las condiciones del asegurado frente el criterio *mínimum* considerado por el legislador, no hay vulneración a la imperatividad[1651].

En la determinación del carácter beneficioso para el asegurado o beneficiario será importante la regla *contra proferentem,* ya sea del art. 1566 CCCh o las reglas especiales en materia de

---

[1648] Rubio Varas (2019) p. 10.
[1649] Ríos Ossa (2019) p. 194.
[1650] Barrientos Zamorano (2016) pp. 110-111.
[1651] Ríos Ossa (2019) pp. 197-198.

seguros que acabamos de analizar. Como indica Barrientos, es esta regla la que introduce el punto de vista del adherente, cobrando su existencia descalificando el abuso[1652].

De esta forma, pese a que el art. 542 CCom no contiene una expresión de nuestra regla interpretativa, pareciera que están íntimamente relacionadas, por lo que cabe considerarla en el análisis.

Como conclusión de este apartado, podemos decir que la norma de los arts. 1175 CCom y 3° e) DFL N° 251 se fundamentan en la regla *contra proferentem,* que ha sido especialmente aplicada en materia de seguros, desde antiguo y en todos los ordenamientos estudiados, además de resaltarse por la unanimidad de la doctrina su relación con el art. 1566 CCCh. Para determinar su operatividad, entonces, parece sensato recurrir a los criterios que hemos enunciado para la disposición del derecho común, con la prevención de que, en esta materia, existe un deber de transparencia que debe cumplir el proveedor, atendida la tutela que el ordenamiento le provee al adherente a la póliza.

1.5 Excurso: la regla en la interpretación de contratos de salud celebrados con Isapres

Las Instituciones de Salud Previsional (Isapres) son entidades que tienen por objeto el otorgamiento de las prestaciones y beneficios de salud, ya sea directamente o a través del financiamiento de las mismas, con cargo al aporte de la cotización legal para salud a las personas indicadas en el artículo 5° de la ley N° 18.469[1653]. Se encuentran sometidas a la fiscalización de la Superintendencia de Salud (SdS).

[1652] BARRIENTOS ZAMORANO (2016) pp. 109-110, nota 29.
[1653] HUMERES NOGUER (2010) p. 93.

Para el otorgamiento de estas prestaciones de salud, los afiliados deben suscribir un "contrato de salud", y en él las partes pueden convenir libremente el otorgamiento, forma, modalidad y condiciones de dichas prestaciones[1654], sujeto empero a ciertas condiciones mínimas que deben cumplir[1655]. La naturaleza aleatoria de este contrato lo aproxima a un seguro, por lo que la regla *contra proferentem* sin duda tendrá cabida. Debe tenerse presente, sin embargo, las prevenciones que se han hecho a la utilización de las normas del derecho común en este tipo de contratos, pues se regulan prestaciones asociadas al ejercicio de derechos fundamentales: seguridad social y salud[1656]. En este sentido, la Corte Suprema ha señalado que:

> "...la interpretación de los pactos celebrados entre los cotizantes y las instituciones de salud previsional no puede regirse únicamente por los criterios que para ese fin dispone el derecho común, puesto que no se trata de una relación nacida de una plena autonomía privada. Para tales efectos debe considerarse, también, la vigencia de las facultades de ejercicio que han sido otorgadas a las Isapres conforme al criterio evolutivo

---

[1654] Humeres Noguer (2010) p. 96.

[1655] Como destaca Lanata Fuenzalida (2014) Cap. 5°, II, estas instituciones han transitado desde un enfoque esencialmente "contractualista" entendiendo que al producirse la incorporación del afiliado al sistema por medio de la celebración de un contrato primaba en éste la autonomía de las partes y sus consecuencias, hacia una mirada consciente de los perjuicios que dicha libertad podía significar para los adherentes de estos contratos, introduciéndose así diferentes modificaciones al sistema, tendientes a limitar en cierta medida las facultades de las instituciones a la hora de celebrar el contrato, imponiéndose normas generales que han venido a constituir verdaderos mínimos irrenunciables. En el desarrollo de la jurisprudencia judicial se ha venido haciendo una interpretación restrictiva de las facultades que tienen las Isapres para imponer sus decisiones a los afiliados.

[1656] Núñez Poblete (2011) p. 58, describiendo las tendencias sobre este asunto en materia constitucional.

de la legislación que regula la actividad de dichas instituciones a la luz de los señalados principios y parámetros contenidos en la Carta Fundamental"[1657]

Con todo, ello no ha impedido a la judicatura acudir a las reglas del título XIII para interpretar este tipo de contratos, sobre todo en sede de recursos de protección. Así, en congruencia con lo dicho por el máximo tribunal en la sentencia recién citada, se resolvió un recurso de protección interpuesto por un afiliado ante el término unilateral del contrato por parte de la Isapre por la contradicción entre dos cláusulas de dicho acuerdo. El tribunal resolvió que el art. 1566 CCCh:

"...en la situación de que se conoce, cobra mayor fuerza por tratarse de un contrato de salud previsional, regido por una ley dictada en resguardo del derecho de los individuos a acceder a una instancia privada de protección y recuperación de la salud, y a su rehabilitación, propendiendo a hacer efectivo el mandato constitucional contenido en el artículo 19 N° 9 de la Carta fundamental, por lo que se aparta de la real intención y espíritu de la ley citada, claramente manifestada en ella misma"[1658]

De manera similar, se resolvió:

"Que si bien es cierto el contrato de salud es un contrato de seguro privado, donde la relación es de carácter individual, éste también comparte la naturaleza jurídica de un contrato de adhesión... existiendo la necesidad de aplicar normas de interpretación, por no existir acuerdo respecto de las consecuencias producidas por el negocio jurídico, deberá preferirse aquella que es más favorable a la parte que adhiere, principalmente la regla de hermenéutica contenida en el artículo 1566 del inciso. 2° del Código Civil, que prefiere en contra del redactor de la cláusula"[1659].

[1657] *Ramos con Isapre Banmedica S.A.* (2011) cons. 4°.

[1658] *Tittarelli con Isapre Vida Tres S.A.* (2005) cons. 15°.

[1659] *Taito con Isapre Colmena Golden Cross S.A.* (2010) cons. 2°.

También puede apreciarse esta tendencia en la jurisprudencia constante de la Superintendencia de Salud, que, ante reclamos por negativa de cobertura de determinadas prestaciones
de salud debido a ambigüedades en el contrato del ramo, ha
invocado el art. 1566 CCCh en forma reiterada para proteger a
los afiliados a estas instituciones de seguridad social.

Así, en un contrato de salud que establecía que: "se cubri-
rán las cotizaciones mensuales del plan de salud previsional
del afiliado titular por un período máximo de 6 meses, en
caso de pérdida de la relación laboral de forma involuntaria",
ante lo cual se dudaba si el desahucio escrito del empleador
del caso se enmarcaba en "pérdida de la relación laboral de
forma involuntaria", frente a lo cual la SdS ordenó la activación del beneficio de cesantía, fundamentado la decisión,
entre otros, en el art. 1566 CCCh, al resolver que:

> "...la Isapre ha creado un Beneficio adicional de cesantía, es-
> tableciendo unilateralmente las cláusulas del mismo, al cual
> los afiliados titulares y sus cargas con contrato de salud vigen-
> te pueden adscribirse sin posibilidad alguna de modificar las
> cláusulas del Beneficio ...[que] inducen a un error para los
> afiliados contratantes, debido a su ambigüedad respecto de la
> condición de cesantía involuntaria"[1660]

En análogo sentido se ha pronunciado el órgano regulador,
ante la negativa de cobertura por unas atenciones psicológi-
cas, en atención a la vaguedad de la cláusula de un beneficio
adicional pactado con la Isapre[1661]; respecto de la cobertura
de ciertas prestaciones de una hospitalización, señalando que
la cláusula del Plan "resulta confusa", aplicando el art. 1566
CCCh[1662]; interpretando a favor del afiliado una cláusula de

---

[1660]　*No se consigna* (2018a). En similar sentido, por la activación de un
beneficio por cesantía, *No se consigna* (2018c).

[1661]　*No se consigna* (2018b).

[1662]　ORD. IF/ N° 8336 (19/12/2018), solicitud de revisión de cobertura.

cobertura reducida de "cirugías rinoplásticas" que no precisaba adecuadamente si estas correspondían a cirugías estéticas o con carácter reparador[1663]; en un beneficio adicional dental estableciendo que este operaba de forma más amplia que la alegada por la aseguradora[1664]; u ordenando la cobertura de hospitalización por ser las notas explicativas del plan de salud ambiguas[1665].

Como se ve, pese a constituir contratos con un carácter público, la naturaleza de adhesión que se les predica ha hecho que la regla *contra proferentem* tienda a operar con frecuencia para favorecer al afiliado adherente. Ello, sin perjuicio de que la ambigüedad que se evidencia en las cláusulas no se intenta despejar por medio de las demás reglas de interpretación, como sería procedente ante el tenor de la disposición comentada.

2. La regla en materia de protección del consumidor

2.1 Estado inicial: ausencia de una disposición especial que consagre la regla contra proferentem en materia de consumo

En el año 1997 se publicó la ley N° 19.496, que establece normas sobre protección de los derechos de los consumidores. En el Mensaje presidencial con que se inició la discusión del proyecto de ley, se explica que a los consumidores "se les debe proporcionar un marco legal que consagre expresamente sus derechos y la forma de ejercerlos con eficacia, así como mecanismos que faciliten su rol activo en una economía de mercado, de modo de impedir eventuales abusos

---

[1663] *No se consigna* (2018c).

[1664] *No se consigna* (2017a). En el mismo sentido, *No se consigna* (2019).

[1665] ORD. IF/ N° 7235 (30/08/2017), cobertura de prestaciones.

que se deriven de la carencia de un ordenamiento jurídico adecuado"[1666]. Consagrar un orden público de protección de los consumidores era la finalidad de esta normativa[1667].

En cuanto a nuestro tópico, el proyecto de ley fue estructurado sobre la base de la noción de "contrato de adhesión", definido inicialmente en el artículo 2° como "aquel cuyas cláusulas han sido propuestas unilateralmente por el proveedor sin que la contraparte, para celebrarlos, pueda discutir su contenido"[1668].

En relación con este tipo de contratación, se consagraba inicialmente un deber de transparencia, en el sentido de claridad en su redacción:

> "Artículo 11.- Las cláusulas de los contratos de adhesión deberán ser redactadas en idioma castellano, en caracteres legibles a simple vista y en términos claros y de fácil comprensión, sin remisiones a textos o documentos que, no siendo de conocimiento público, no se faciliten al consumidor previa o simultáneamente a la celebración del contrato"[1669].

En etapas posteriores de la tramitación, resulta relevante a nuestros efectos destacar la indicación de los diputados Schaulsohn, Chadwick, Yunge, Estévez y Caraball a dicha disposición, que en esta etapa era el artículo 13:

> "Los contratos deben ser redactados en idioma castellano en forma clara y precisa, fácilmente legibles y todas sus cláusulas escritas en letra del mismo tamaño y características destacándose todas por igual. Los que no cumplan con dichos requisitos son inoponibles a la parte cuyo cumplimiento perjudique.

[1666]   HL 19.496, p. 3.

[1667]   Isler Soto (2019a) p. 94-96.

[1668]   En la norma actual, Art. 1° N° 6 LPDC, cambia únicamente "la contraparte", por "el consumidor".

[1669]   HL 19.496, p. 7

> Sin perjuicio de lo dispuesto en este artículo, en los contratos impresos en formularios **prevalecen las cláusulas que se agreguen por sobre las del formulario cuando son incompatibles entre sí, aunque estas últimas no hayan sido canceladas.**
>
> **Las condiciones de un contrato que beneficien al contratante que las estableció deberán ser específicamente aprobadas por escrito por la otra parte.**
>
> **Se presume de derecho que las condiciones de un contrato celebrado entre una empresa y un particular son establecidas por la empresa cuando concurre alguna de las siguientes circunstancias:**
>
> a) La empresa dirige la oferta del contrato a persona indeterminada y además es múltiple;
>
> b) El objeto del contrato consiste en la prestación de un servicio privado de utilidad pública o de un servicio que por disposición de la ley o forzado por la necesidad se debe contratar, y
>
> c) La oferta y/o el contrato es redactado de manera uniforme"[1670]

Dicha enmienda se aprobó en la sala de la Cámara de Diputados en forma amplia[1671]. La disposición contemplaba algunas normas de interpretación: la regla de la prevalencia de las cláusulas manuscritas por sobre las del formulario, en el inciso segundo —que finalmente fue la única que quedó en la ley—, luego, un deber de información calificado de aquellas disposiciones contractuales que favorezcan al contratante que la incorpora, que aparece como una reformulación de la regla *contra proferentem*. En la explicación de su *ratio*, el diputado Schaulsohn indicó brevemente que: "Se trata de que la gente disponga de avisos sobre lo que hará, para que medite sobre las implicaciones de entrar en determinado contrato"[1672]. Es decir, una disposición cuyo objetivo es informar al consumidor.

[1670] HL 19.496, p. 201. Ennegrecido añadido.

[1671] HL 19.496, p. 201.

[1672] HL 19.496, p. 177.

Finalmente, establecía una presunción de derecho de que "las condiciones de un contrato celebrado entre una empresa y un particular son establecidas por la empresa" en ciertos casos, como en los contratos redactados de manera uniforme, pero no contemplaba una consecuencia, como parece haberse pensado en algún punto de la tramitación. En efecto, el mismo parlamentario explicaba al respecto: "En caso de duda interpretativa, cuando se presume de derecho que una cláusula está redactada por una de las partes, el juez tiene que interpretarla del modo que restablezca la equidad en la relación contractual" y que "La verdad es que ésta iba a ser una moción parlamentaria de modificación de las normas de interpretación del contrato"[1673], con lo que pareciera que la disposición iba a complementar el art. 1566 CCCh, de lo cual, sin embargo, no hay testimonio.

Con todo, esta indicación fue reformada prácticamente en su integridad en el Senado, según propuesta del primer informe de la Comisión de Economía, quedando paulatinamente de forma similar a la norma actual. De esta forma, el artículo 17 LPDC actualmente vigente ya no habla de un deber de claridad ni transparencia en forma general[1674], centrándose más bien en aspectos formales como el tamaño de la letra y el idioma del texto contractual, además de incorporar en el inciso

---

[1673] HL 19.496, pp. 177-178.

[1674] Lo que también se eliminó en el Senado, decidiendo "[…] suprimir la exigencia de que la redacción sea clara y precisa, tanto por considerarla superflua, como por las dificultades que podía producir en la práctica. La falta de claridad y precisión en la redacción, por consiguiente, generará simplemente un problema de interpretación del contrato, que dilucidará el juez en definitiva". Reenviando con ello el problema a sede de interpretación contractual. HL 19.496 p. 458. Retomaremos el análisis del requisito de transparencia en *infra* 2.2, c), iii).

segundo la regla de la prevalencia de las cláusulas manuscritas por sobre las del formulario.

En resumen, en esta etapa, si bien se vislumbró en algún momento la incorporación de nuestra regla, ello fue abandonado por consideraciones formalistas sobre el contrato, centrado en un paradigma de información del consumidor. De hecho, se aprecia una gran preocupación por la llamada "letra chica"[1675]. No sería extraña entonces, la decisión legislativa de imponer un cierto tamaño de letra.

Por su parte, será recién mediante la ley N° 21.398 de 2021, que establece medidas para incentivar la protección de los derechos de los consumidores, también denominada popularmente reforma "pro-consumidor", que se incorporaría un artículo 16 C en la LPDC, que incorpora la regla *contra proferentem* a la legislación de consumo.

[1675] Concepto que aparece reiteradamente en la historia de la ley, a lo menos en 18 ocasiones. HL 19.496, p. 142: "Ha habido debate público en las últimas semanas respecto de los efectos que tienen sobre los consumidores las cláusulas con **letra chica** de los contratos y que la gente no lee o que no comprende. Eso se ha traducido en problema (*sic*), dificultades, desfalcos, etcétera". HL 19.496, p. 176: "En el último tiempo hemos apreciado en los medios de comunicación por ejemplo, a personas que reclaman haber sido víctimas de estafas en la adquisición de automóviles por medio de sistemas cooperativos o de sorteo, y que en la **letra chica** descubren que no tienen derecho a recuperar el dinero o que, transcurrido cierto plazo, pierden una parte importante de él, deben pagar intereses, etcétera". HL 19.496, p. 509: "Durante la discusión nos hemos referido ya a "la **letra chica**" de los contratos en materia de seguros y otras, y ante lo cual también hemos buscado determinados elementos de resguardo para los contratantes, que se encuentran en posición más débil frente a quienes ofrecen el servicio". HL 19.496, p. 516: "Son conocidas las disposiciones de **letra chica** que establecen condiciones leoninas, de las cuales son principales víctimas los consumidores desinformados o con pocos conocimientos". Destacado añadido.

2.2 *El art. 16 C LPDC como expresión tardía de la regla contra proferentem*

La más reciente incorporación de la regla *contra proferentem* al ordenamiento jurídico nacional, como hemos visto, fue mediante la ley N° 21.398 de 2021, en el artículo 16 C, cuyo tenor vale la pena reiterar:

> "Artículo 16 C.- Las cláusulas ambiguas de los contratos de adhesión se interpretarán en favor del consumidor.
>
> Cuando existan cláusulas contradictorias entre sí, prevalecerá aquella cláusula o parte de ella que sea más favorable al consumidor"

a) Historia fidedigna del establecimiento de la regla

En la historia fidedigna de su establecimiento se aprecia que esta disposición no aparece en el Mensaje con que se inició su tramitación. Será en el Boletín de Indicaciones de 6 de enero de 2020, donde el Presidente de la República proponga su incorporación en la señalada reforma[1676]. En el Segundo Informe de la Comisión de Economía del Senado consta la discusión que se dio con respecto a la aprobación de esta indicación que resulta de interés para nuestros efectos. En ella, el senador Elizalde manifestó su aprensión "sobre que la interpretación pro consumidor que esta indicación plantea, sea solo comprehensiva de los contratos de adhesión, y no de cualquier tipo de contrato"[1677]. Por su importancia, cabe transcribir la respuesta del Director del Servicio Nacional del Consumidor (SERNAC), explicando el sentido y alcance de la indicación:

[1676] Segundo trámite constitucional, indicaciones formuladas durante la discusión en general, N° 8, en HL 21.398, p. 183.

[1677] HL 21.398, p. 327.

"El señor Director del SERNAC expuso que la indicación en comento viene a consagrar en la legislación del consumidor una disposición similar a la que ya recoge el Código Civil, en su **artículo 1566**, y que el derecho comparado del consumidor también contempla. Hizo presente que se circunscribe a los contratos de adhesión de consumo, añadió, **porque la gran mayoría de los contratos de consumo son, justamente, de adhesión**. A mayor abundamiento, agregó que diversos autores sostienen que el artículo 17 de la ley N° 19.496 ya establece un **deber de claridad** para los proveedores que predisponen contratos de adhesión. Por otra parte, afirmó que, en casos de contratos de consumo en que ambas partes predisponen y redactan libremente las condiciones contractuales, sin estar en posiciones asimétricas, que son muy excepcionales, **no se hace necesaria una cláusula específica pro consumidor**. Con todo, observó, para estos casos podría igualmente aplicarse supletoriamente el aludido artículo 1566 del Código Civil, en presencia de estipulaciones ambiguas. Connotó que existen otros casos aún más particulares, como los de ciertos **contratos cuyas cláusulas no son totalmente predispuestas por las empresas**. Es el caso, por ejemplo, de contratos de promesa de compraventa de inmuebles, en los que las inmobiliarias disponen ciertas condiciones, pero otras son discutidas con los consumidores. En relación con estos, se ha cuestionado en tribunales si corresponde o no calificarlos como contratos de adhesión. Al respecto, la jurisprudencia se ha inclinado por resolver que las cláusulas que son de adhesión deben entenderse parte de un contrato de esa índole, mas no así las cláusulas discutidas libremente"[1678]

Como aparece destacado en el texto, ante todo se reafirma la vinculación del art. 16 C LPDC con el art. 1566 CCCh en cuanto a unidad de *ratio*, al menos, indicando que ambas serían disposiciones "similares"[1679]. Luego, el ámbito de apli-

---

[1678] HL 21.398, p. 327. Ennegrecidos añadidos.

[1679] La relación con el art. 1566 CCCh consta también en Tercer Trámite Constitucional, Cámara de Diputados, Informe de la Comisión de Economía de 13 de abril de 2021, en HL 21.398, p. 505: "En todo caso, aquí se aborda una regla de interpretación contractual que ya

cación limitado a los contratos de adhesión sería estadístico, obedeciendo a que la mayoría de los contratos con consumidores serían de adhesión, lo cual no supone un argumento decisivo para tal solución normativa. Por ello, luego se resalta el carácter excepcional de esta regla de interpretación, pues la autoridad detecta condiciones contractuales en que habría algún espacio de libertad de negociación, casos en que sería procedente el art. 1566 CCCh. Planteado así el escenario no pareciera haber razones suficientemente persuasivas para la incorporación de esta nueva disposición. Debe destacarse, con todo, que la autoridad destaca el **deber de claridad** que contempla el art. 17 LPDC, ya examinado, como necesario correlato a la aplicación de esta norma.

b) Fundamento de la regla

Los antecedentes recién enunciados permiten destacar que el art. 16 C LPDC puede leerse a partir de sus relaciones con el art. 1566 CCCh, pues ambas son expresiones de la regla *contra proferentem*[1680]. Esto pudiera constatarse, además, por comparación, al observar la experiencia extranjera que hemos tratado: el § 305c párr. 2 BGB surge a la par de la consagración de una *Unklarheitenregel*, jurisprudencial primero y más tarde fundada en la buena fe *ex* § 157 BGB; más clara es la experiencia francesa, pudiendo encontrarse hoy la regla tanto en el art. 1110 *Code* —empero con restricciones— y en el art. L. 211-1 *C. cons.*; por su parte, la situación en derecho inglés —intuitivamente

---

se encuentra reconocida en el derecho común (por ejemplo artículo 1566 inciso 2º Código Civil), que tiene por objeto desentrañar el verdadero sentido y alcance de una disposición dudosa, en el sentido que la ambigüedad se interpreta contra el redactor, en este caso el proveedor".

[1680] En este sentido, correctamente, Ferrante (2024) p. 154, indica como concordancia al art. 16 C LPDC, el art. 1566 CCCh.

distanciada del derecho continental—, no difiere mucho, pues tenemos una regla *contra proferentem* general, hoy en día aplicable sobre todo a cláusulas de exención[1681] y la versión propia de la legislación de consumo en la s. 68 CRA.

Por tanto, las consideraciones ya vertidas sobre la regla del derecho común son de utilidad en el análisis de la disposición en comento. Sin embargo, ambas difieren en varios aspectos que conviene tener presentes, desde su fundamento hasta sus presupuestos de operación.

En efecto, la regla del art. 1566 CCCh tiene por objeto distribuir los riesgos de la defectuosa expresión de los contratantes, imputándoselo a quien ostenta la carga de claridad del contrato por encontrarse en una situación de diseño unilateral. En el art. 16 C LPDC, compartiendo dicho fundamento, su punto de gravedad se desplaza hacia la tutela de uno de los contratantes, *a priori* considerado más débil[1682]. Como ha sido destacado frecuentemente:

> "El supuesto de fondo que se suele invocar para explicar la estricta regulación de los actos sujetos a la ley del consumidor, dicen relación con un desequilibrio que se advierte entre proveedores de bienes y servicios y los consumidores, en términos de una fuerza económica superior o muy superior, dependiendo de los casos, de una falta de equilibrio o asimetría en materia de información y de la necesidad de evitar, por lo mismo, abusos en contra de los consumidores[1683].

En este sentido, una famosa sentencia de nuestro máximo tribunal explica:

[1681] Por ej. últimamente en *Nobahar-Cookson v The Hut Group Ltd* [2016] EWCA Civ 128, párr. 21.

[1682] Según la trilogía de KNÜTEL (1981) p. 224, podría hablarse preponderantemente de *Schütz.* (protección).

[1683] BARAONA GONZÁLEZ (2014) p. 388.

"Que la legislación introducida por la Ley de Protección a
los Derechos de los Consumidores N° 19.496 y sus modificaciones posteriores, especialmente la Ley 19.955, de 2004,
ha supuesto la moderación de ciertos principios recogidos en
los Códigos Civil y Comercial, respecto de los actos y convenciones sujetos a la ley, tanto en lo referido a la formación del
consentimiento, la libertad contractual -en su dimensión libertad de contratar por parte del proveedor como de la libre determinación del contenido de lo que las partes acuerden- como
de los bienes jurídicos protegidos, que superan la mera protección de la libertad e igualdad de los contratantes, y también de
las consecuencias que trae aparejado para el incumplidor una
determinada infracción contractual"[1684].

En este sentido, se establecen deberes de información, de
especial relieve durante todo el proceso de publicidad, de tratativas y hasta la formación del consentimiento, tendientes a
que "los consumidores puedan contratar sustancialmente del
modo más libre, a pesar de sus diferencias, conduciendo la relación negocial para garantizar jurídicamente una verdadera
autonomía contractual"[1685].

Esta regla especial no supone excepción a estos principios.
Al consumidor se lo favorece en la interpretación, no solo para
asignar los riesgos de falta de claridad al proveedor, sino en
virtud de una decisión política de protección, en orden a resta-
blecer el equilibrio contractual entre dos sujetos de la relación
con desigual poder de negociación reconocible. De esta forma,
por otra parte, se busca cumplir con el objetivo de incentivar
al redactor a expresar de manera clara y comprensible el contenido de la oferta que aparece desde los orígenes legislativos
más remotos de su formulación[1686].

[1684] SERVICIO NACIONAL DEL CONSUMIDOR CON CENCOSUD ADMINISTRADORA DE TARJE-
TAS S.A. (2013) cons. 1°
[1685] CARVAJAL RAMÍREZ (2021) p. 501.
[1686] Así, de la historia del art. 5 AGBG, como vimos, BT-Drucks. 7/3919,
p. 47. En este sentido, señalando que el objetivo de la regla *contra*

c) Presupuestos de operación del art. 16 C LPDC

i) Ambigüedad ¿insuperable?

Como hemos visto, el art. 1566 CCCh restringe de manera expresa el ámbito de operación de su consecuencia a las "cláusulas ambiguas", pero cuando no sea aplicable "ninguna de las demás reglas de interpretación". El artículo 16 C LPDC, por su parte, no contiene ninguna limitación a su aplicación en forma expresa.

A partir de ello, pareciera poder abogarse por una aplicación inmediata de la regla, resultando por ello más ventajosa para los consumidores, con respecto al respecto al art. 1566 CCCh. Así se ha señalado por alguna doctrina[1687]. Como hemos visto, este ha sido un criterio que ha tenido cierta aceptación en el equivalente del derecho francés sobre todo respecto al art. L. 211-1 *C. cons.*

Con todo, como ya criticamos, la determinación de la ambigüedad —que en otros ordenamientos es simplemente

---

proferentem de la ley española de condiciones generales de contratación (art. 10.2 II LCU) tiene como objetivo distribuir equitativamente los riesgos de la ambigüedad en la declaración y estimular al predisponente a expresarse claramente, ALFARO ÁGUILA-REAL (1991) p. 319.

[1687] HERNÁNDEZ PAULSEN y PONCE MÁRQUEZ (2024) p. 118, también QUIROZ VALENZUELA (2022) pp. 471-472, al negar, aparentemente, que la regla del 16 C sea residual. De forma más matizada, CAMPOS MICIN (s/f) s/p, señalando que sin perjuicio de no ser estrictamente necesaria la exigencia "el contenido de una cláusula no negociada pueda ser interpretado razonablemente en dos o más sentidos, lo que, en buena medida, presupone que se hayan observado las reglas de interpretación del Código Civil que, según el caso y respetando el espíritu de protección de la LPDC, resulten pertinentes".

"duda"—, como condición de posibilidad de aplicación de la norma supone una tarea interpretativa que debe estar mediada por el recurso a los demás materiales interpretativos disponibles, para lo cual la utilización de las reglas previas del título XIII será necesaria, en la medida de lo posible[1688]. Así se explica en derecho alemán e inglés, con disposiciones similares a la nuestra[1689]. No cabrá entonces construir ambigüedades ficticias, diseñadas para alterar lo pactado en el contrato de adhesión. Para ello existirá precisamente el control de contenido de las cláusulas abusivas en este tipo de contratos, al cual dedicaremos unas palabras[1690].

Sin perjuicio de ello, deben tomarse en cuenta las particularidades de la interpretación de los contratos de adhesión. Como ya hemos sostenido en otra ocasión[1691], debe tenerse cautela con la utilización de las reglas del título XIII, por cuanto la interpretación negocial en esta sede asume una naturaleza eminentemente objetiva, como vimos a propósito del caso alemán[1692]. En este sentido, los contratos sometidos a condiciones generales de la contratación deben interpretarse

---

[1688] Como hemos visto, es el criterio de CAMPOS MICIN (s/f) s/p. En este sentido también, señalando que ello es así por efecto del principio de especialidad del art. 4° CCCh y "por sentido común", para "determinar si una cláusula es o no ambigua", TAPIA RODRÍGUEZ (2023) p. 732 Reflexionando respecto de cada una de las reglas y su aplicabilidad en sede de consumo, BARAONA GONZÁLEZ (2021) pp. 423-424, quien estima que cabe su aplicación siempre que arrojen un resultado favorable al consumidor. En contra, sosteniendo que no resultan útiles, HERNÁNDEZ PAULSEN y PONCE MÁRQUEZ (2024) p. 115.

[1689] *supra* 2.1 a)

[1690] *infra* d), ii).

[1691] RUBIO VARAS (2021) pp. 259-268.

[1692] *Supra* Cap. 2, II, 5.2 b), i). Así lo entiende, por lo demás, CARVAJAL RAMÍREZ (2012) p. 443.

uniformemente según su contenido objetivo y su significado típico, tal como lo entienden las partes contratantes razonables y honestas, teniendo en cuenta los intereses del público normalmente implicado, para lo cual deben tomarse como base las posibilidades de comprensión de la parte contratante media[1693]. Ello pues, por su naturaleza, las condiciones generales son objetivadas por el empresario de antemano como un ordenamiento general de sus relaciones jurídicas con todos sus clientes[1694].

Por ello, como bien resalta Baraona, una referencia a la intención común de los contratantes *ex* art. 1560 CCCh no parece admisible en este tipo de contratos, pues supone desentenderse del formalismo que la LPDC impone a la celebración del acuerdo, en que existe una oferta reglada en sus principales elementos (términos, modalidades, condiciones generalmente por escrito), por lo que la mirada del intérprete es a esas condiciones, no para determinar una voluntad o intención común, sino para definir cuáles son esos materiales interpretativos. El consumidor nada agrega a la oferta y tiene derecho a que esta se respete por parte del proveedor, según reza el art. 12 LPDC[1695].

En este sentido, si se había concluido que en derecho alemán debe desplazarse el foco desde el § 133 BGB, que habla de la voluntad concreta de las partes, al § 157, que se basa en la buena fe, en nuestro ordenamiento debiera tenerse presente sobre todo el art. 1563, por la importancia que el concepto de naturaleza del contrato, eminentemente objetivo, puede jugar en la determinación del sentido del contrato de adhesión. Así, en los casos en que de las cláusulas esenciales de este no puede deducirse una intención común que otorgue sentido a todo

---

[1693] SCHORN (2010) p. 56.

[1694] RAISER (1961) p. 252

[1695] BARAONA GONZÁLEZ (2021) p. 422.

el contrato, pueden recurrirse a las expectativas del adherente, que descansan en la naturaleza del contrato, entendiendo esta como la distribución equilibrada entre los derechos, obligaciones, responsabilidades y riesgos de las partes[1696], lo cual debe relacionarse de inmediato con lo dispuesto en el art. 16 g) LPDC, sobre la buena fe, que prescribe un estándar de comportamiento consistente en resguardar el equilibrio de las prestaciones, atendido para ello a los derechos y obligaciones del contrato, según su finalidad y la disposiciones especiales o generales que lo rigen.

Análogamente, un caso en que se citó el art. 1563 CCCh consistió en la interpretación de la llamada "garantía extendida" de un producto, inserta dentro de un contrato de consumo, señalándose que ésta: "[...] no puede importar una disminución o exención de la responsabilidad del proveedor, por el contrario, dado que el cliente paga por ella debe interpretarse y aplicarse con algún sentido, de acuerdo a las normas de interpretación de los contratos, contempladas en el Código de Bello, en particular, los artículos 1562,1563 y 1566 [...] de manera tal que los efectos del contrato y la responsabilidad del comerciante se amplían por el plazo convenido, esto es, hasta el 19 de diciembre de 2009"[1697].

En algún otro caso incluso se operó basado en la regla del art. 1560 CCCh, al constatarse una expresión de voluntad "claramente manifestada" por parte del consumidor en torno a cierta disposición de un contrato de programa vacacional[1698]. Habíamos sostenido que acá también podía haber operado

---

[1696] TAPIA RODRÍGUEZ y VALDIVIA OLIVARES (2002) p. 137.

[1697] *GONZÁLEZ CON COMERCIALIZADORA S.A. O TIENDAS HITES S.A.* (2015) cons. 4°.

[1698] *LÓPEZ CON RESORT NETWORK CHILE S.A* (2009) cons. 1° y 5°. Se trataba de la discrepancia sobre las condiciones de un programa vacacional, cuyos términos ofrecidos no habrían correspondido a la realidad. El consumidor logró comprobar el ofrecimiento de la empresa y la

la regla de la prevalencia del art. 17 inc. 2 LPDC, que dispone: "Sin perjuicio de lo dispuesto en el inciso anterior, en los contratos impresos en formularios prevalecerán las cláusulas que se agreguen por sobre las del formulario cuando sean incompatibles entre sí", es decir, ordena la prevalencia de la "condición particular", entendida como "todo acuerdo, cualquiera sea su forma, que no constituya una condición general, esto es, que no haya sido predispuesta, sino prevista para el caso concreto"[1699], por sobre las condiciones generales. Así, cualquier convención entre las partes del contrato de adhesión, anexo a éste y que se le contraponga, prevalecerá por sobre él. De manera tal, que, siendo posible probar una estipulación en contrario a lo señalado en el contrato al cual se ha adherido, dicha estipulación deberá ser considerada con plenos efectos[1700].

El punto, entonces, es que para favorecer al consumidor no se requiere necesariamente el recurso a la regla *contra proferentem* de forma irreflexiva. La utilización de algunas de las reglas previas del título XIII o el art. 17 inc. 2 LPDC pueden ser de igual ayuda a desentrañar el sentido del contrato de forma honesta con su tenor, teniendo presente las particularidades de este estatuto contractual particular.

Frente a dos o más alternativas plausibles luego de dicho proceso interpretativo, la regla estará en condiciones de ser aplicable.

Corte estimó que ello era suficiente para constatar la intención de los contratantes.
[1699] Alfaro Águila-Real (1991) p. 299.
[1700] Rubio Varas (2021b) p. 263.

ii) Contrato de adhesión

El ámbito de aplicación de esta regla es doblemente excepcional: debe existir una relación de consumo, en los términos del art. 2° de la LPDC y, por otra parte, debe haberse celebrado un contrato de adhesión.

Respecto a lo último, el art. 16 C se desmarca de la tendencia de otras legislaciones comparadas estudiadas, como la alemana, en que el § 305 c párr. 2, es aplicable a las condiciones generales de la contratación, asimilándose, en cambio, al "contrato de consumo o advertencia de consumo" de la s. 68 CRA inglesa o mayormente al nuevo art. 1190 *Code* que contiene esa extraña distinción entre el *contrat de gré à gré*, interpretado a favor del deudor, y contra el proponente, en los *contrat d'adhésion*.

En la ley chilena se define "contrato de adhesión" como "aquel cuyas cláusulas han sido propuestas unilateralmente por el proveedor sin que el consumidor, para celebrarlo, pueda alterar su contenido"[1701]. Como puede apreciarse, lo que caracteriza al tipo contractual definido en esta ley es la ausencia de negociación de las partes acerca de su contenido[1702]. En este sentido puede asimilarse a las *clauses non negociables* del art. 1110 inc. 2° *Code*.

Como acertadamente se ha indicado:

> "El contrato por adhesión alude a una forma especial y característica de contratar en que las partes carecen de la posibili-

---

[1701] Art. 1° N° 6, LPDC.

[1702] Como indica Carvajal Ramírez (2021) p. 505, esta sería solo "una de las modalidades de contratación en que no se negocia". La ausencia de negociación es el "fenómeno jurídico determinante" de la posición de las partes en este contrato, dicen Tapia Rodríguez y Valdivia Olivares (2002) p. 25. También, Baraona González (2021) p. 414.

> dad de discutir el contenido contractual, que a su vez puede o
> no tener como base las condiciones generales, ya que puede
> tratarse de un contrato específico acordado por adhesión y no
> estar destinado a una pluralidad de actos jurídicos"[1703]

Distinto es, por tanto, la existencia de condiciones generales de contratación, o los llamados contratos tipo, es decir, aquellos en el que se estipulan condiciones generales que en contratos posteriores habrán de ser aceptadas por las partes, sirviendo de base a los contratos que más adelante se celebrarán[1704]. Las condiciones generales surgen cuando el predisponente las diseña en un momento anterior con el objeto de insertarlas en una serie de contratos; el contrato de adhesión nace luego, tras la aceptación de las condiciones generales, las que adquirirán fuerza al ser aceptadas como parte del contenido de un contrato[1705].

De esta forma, la operación del art. 16 C se ha limitado a este tipo de contratación no negociada, lo cual consta, además, de la historia fidedigna de su establecimiento, como hemos visto[1706]. Algunos autores han reconocido las limitaciones del concepto legal de contrato de adhesión, señalando que esta técnica de contratar no englobaría todas las figuras en que

---

[1703] PIZARRO WILSON y PÉREZ LÓPEZ (2013) p. 55. Como indica WAHL SILVA (2014) p. 297, esta amplia definición no incluye otros elementos con los que con frecuencia se tipifica el contrato de adhesión, como es la aspiración a una generalizada aplicación en muchos casos.

[1704] BAMBACH SALVATORE (1991) p. 53.

[1705] MORALES ORTIZ (2018) p. 31. BARAONA GONZÁLEZ (2021) pp. 414-415. En un sentido similar, SANDOVAL LÓPEZ (2016) p. 166, indica que el contenido del contrato de adhesión está formado por condiciones generales previamente redactadas y escrituradas por el predisponente a las cuales simplemente adhiere la contraparte. Pero no son lo mismo.

[1706] *supra* IV. 2.2 a).

pueden encontrarse cláusulas abusivas[1707], o que "en esta categoría contractual pueden existir espacios de negociación"[1708], ante lo cual se ha asimilado la noción de contrato de adhesión al de condiciones generales de la contratación, afirmando que en definitiva son "perspectivas diversas de un mismo fenómeno"[1709].

No obstante, como indica Carvajal, respecto a esta ampliación en sede de control de contenido, solo corresponde al legislador realizar esa analogía, lo que en Chile deliberadamente no se habría hecho, estimándose una aplicación restrictiva a este tipo de contratación[1710]. En materia de ámbito de aplicación de la regla *contra proferentem,* esto parece ser así también.

Dado este ámbito de aplicación restringido, cabe resaltar cómo la regla contenida en el art. 1566 CCCh tiene un ámbito mayor, ante su posibilidad aplicación a una multiplicidad de contratos, dentro de los cuales estarán los de adhesión, de consumo, sujetos a condiciones generales o libremente negociados, siempre que se cumpla con sus requisitos de procedencia.

[1707] Pizarro Wilson y Pérez López (2013) pp. 55-56, señalando luego que esta sería una crítica más teórica que práctica, constituyendo una discusión "*demodé*".

[1708] Barrientos Camus (2019) p. 94, trayendo a colación una sentencia en que se afirmó que "Quedan también incluidas en esta calificación aquellos contratos en que se permite al adherente introducir alteraciones menores si por su escasa significación persiste la desigualdad entre los contratantes". Servicio Nacional del Consumidor con Ticket Fácil S.A.(2018) cons. 9°.

[1709] Tapia Rodríguez y Valdivia Olivares (2002) p. 25. Morales Ortiz (2018) p. 31-32 relativiza la distinción, aunque luego afirma que en la distinción entre control preventivo y represivo sí tendría importancia.

[1710] Carvajal Ramírez (2021) pp. 509-510, en detalle.

iii) Incumplimiento del deber de transparencia

Como ya se ha reflexionado en las legislaciones comparadas, la aplicación de su versión de la regla *contra proferentem* especial en sede de condiciones generales o de consumo viene precedida por lo que se ha denominado "deber de transparencia". Así, desde la historia del § 5 AGBG, consagrándose en forma positiva en el art. 5 de la Directiva 93/13, el art. L. 211-1 *C. cons.* y la s. 68 CRA. Se trata de que las desventajas y las cargas económicas para el consumidor sean tan claras que no exista un margen de interpretación injustificado que el predisponente pueda utilizar en su propio beneficio[1711]. En este sentido, las cláusulas difícilmente comprensibles o que inducen a confusión del adherente sobre la situación legal, permiten al predisponente actuar estratégicamente en la vida extraprocesal del contrato en cuanto le otorga una mayor discrecionalidad en su aplicación frente a consumidores poco informados[1712]. De esta forma, el legislador impone un auténtico deber de protección del consumidor, que contiene consecuencias más allá de la aplicación de la regla *contra proferentem,* como veremos, en el llamado control de incorporación.

En la LPDC, este deber se ha entendido comprendido en el art. 17 inciso primero, que dispone: "Los contratos de adhesión relativos a las actividades regidas por la presente ley deberán estar escritos de modo claramente legible [...]", especificando a continuación el tamaño e idioma del texto. La expresión "claramente legible" daría cuenta de un nivel de protección que alcanzaría no solo la legibilidad, sino también la comprensibilidad del tenor del contrato por parte del con-

---

[1711] SCHORN (2010) p. 33.
[1712] ALFARO ÁGUILA-REAL (1991) p. 235.

sumidor[1713], o bien que este estándar supone que sea claro, concreto y preciso, así como que su presentación sea adecuada y que se destaquen las cláusulas más relevantes[1714].

En relación con el llamado "control de incorporación" (también llamado "control de inclusión", o "control de forma"[1715]), esto es, aquel que resguarda la cognoscibilidad, comprensibilidad y razonable previsibilidad del clausulado mediante la verificación de la concurrencia de ciertas cargas que debe cumplir quien utiliza cláusulas no negociadas individualmente para que formen parte de un contrato[1716], se ha entendido que puede colisionar con la aplicación de la regla *contra proferentem*. Como bien señala Campos, la aplicación de nuestra regla presupone que se hayan satisfecho todas las cargas de incorporación del art. 17 LPDC, por lo que, si la cláusula en análisis no exhibe sentido razonable alguno, debe reputarse no incorporada[1717], más que entenderse de manera favorable al consumidor, pues este significado sencillamente no podrá obtenerse. Así, en la ley de condiciones generales de contratación española se ha indicado que por lógica y la estructura de dicha norma, la tarea interpretativa es una labor a realizar una vez que las cláusulas han superado el control de inclusión y antes de analizar la posible abusividad del contenido de las mismas[1718].

Si bien se ha intentado ver una diferencia entre el art. 1566 CCCh y el art. 16 C LPDC en cuanto a que la aplicación de

---

[1713] Barrientos Camus (2018) pp. 1013-1014. Ya hablaban de "deber de claridad", Tapia Rodríguez y Valdivia Olivares (2002) p. 70. Así también en la historia de la ley que consagró el art. 16 C LPDC. HL 21.398, p. 327.

[1714] Hernández Paulsen y Campos Micin (2021) p. 61.

[1715] De esta última forma según Barrientos Camus (2019) p. 97.

[1716] Hernández Paulsen y Campos Micin (2021) p. 52.

[1717] Campos Micin (s/f) s/p.

[1718] Mato Pacín (2017) p. 82.

la primera requeriría "culpa" al establecer que la ambigüedad debe provenir "de la falta de explicación que haya debido darse", mientras que el segundo no requeriría dicho factor subjetivo[1719], debe reiterarse que la ambigüedad debe ser previsible, lo que supone un incumplimiento de la carga de claridad de quien se encuentra en una situación de diseño unilateral del acuerdo. En la regla del art. 16 C el análisis debe centrarse en el incumplimiento del deber de transparencia, lo cual exige de igual manera la verificación de un estándar aplicable al proveedor. La ambigüedad no surgirá espontáneamente, sino del incumplimiento de la obligación de claridad y comprensibilidad de las cláusulas del contrato de adhesión.

d) Efectos de la aplicación de la regla

i) *Favorecimiento del consumidor*

La técnica utilizada por la ley para establecer el efecto de la regla *contra proferentem* es la interpretación "en favor". Pese a esta forma distinta de hablar, la ley no hace otra cosa que imponer un gravamen interpretativo contra el redactor del contrato de adhesión que incumplió su deber de transparencia, transformándose la regla en una consecuencia de la infracción de dicho deber. De manera análoga a la regla del derecho común, acá también de dos entendimientos en pugna, habrá que preferir aquel que perjudique los intereses del *proferens,* que en este caso estará claro: será el proveedor predisponente del contrato de adhesión.

De esta forma, habrá que distinguirse según en qué estipulación se resuelve el favorecimiento al consumidor. Como in-

---

[1719] Campos Micin (s/f) s/p. Baraona González (2021) p. 425.

dica Tapia, si de la redacción de la cláusula surge incertidumbre en cuanto al nacimiento de derechos para el consumidor, debe entenderse que éstos nacen. Si se trata de obligaciones, que éstas no existen. De la misma forma, si por la cláusula se imponen gravámenes y cargas para el consumidor, éstas deben interpretarse de manera restrictiva. Y finalmente, en cuanto a las cláusulas eximentes o limitativas de responsabilidad ambiguas deberá otorgárseles el sentido más restrictivo posible, de forma de hacer responsable al proveedor[1720].

ii) Relación con el control de contenido

El control de contenido de las cláusulas de los contratos no negociados consiste en la forma en que el sistema legal interviene, sea directa o indirectamente sobre la justicia del contrato. De esta forma, en el control directo, se entrega a los tribunales la facultad de anular cláusulas consideradas como abusivas[1721]. En nuestro medio, la LPDC contiene un listado de cláusulas de este tenor en el artículo 16, disponiendo que éstas "No producirán efecto alguno en los contratos de adhesión…".

Debe inmediatamente deslindarse este control —cuyo objeto es la nulidad de cláusulas— de la interpretación del acuerdo, pese a que, como hemos visto, se haya utilizado la regla *contra proferentem* como un mecanismo análogo.

Al igual que en el caso alemán[1722], cabe reflexionar acerca de la relación entre estas dos instituciones. En este sentido, como según Campos, siguiendo los desarrollos comparados en la materia "la interpretación aparentemente más hostil al cliente, al no superar el control de contenido, termina convirtiéndo-

---

[1720] Tapia Rodríguez (2023) p. 733.
[1721] Morales Ortiz (2018) p. 72
[1722] *supra* Cap. 2, II, 5.2 a) iii.

se en la más favorable, pues la nulidad de la cláusula ambigua y su reemplazo por la regulación contemplada en el derecho dispositivo es lo que, por regla general, protege de manera más eficaz los intereses del adherente"[1723]. De esta forma, la consecuencia legal "en favor del consumidor", deberá leerse como la interpretación de la cláusula ambigua que más lo perjudica, pues este procedimiento producirá la nulidad de la cláusula y su consecuente expulsión del contrato de adhesión.

De esta forma, se producirá una diferencia con la aplicación del art. 1566 CCCh, en que uno de sus objetivos es preservar el contrato de la nulidad ante la disparidad de sentidos atribuidos por los contratantes.

iii) Contradicción de las cláusulas como efecto particular

El art. 16 C inciso segundo LPDC dispone que "Cuando existan cláusulas contradictorias entre sí, prevalecerá aquella cláusula o parte de ella que sea más favorable al consumidor". Si bien esta formulación parece ser una novedad ante las legislaciones comparadas, puesto que no aparece en los ordenamientos estudiados, pareciera poder compararse, por su similitud, con la disposición que consagra el art. 13 inciso segundo de la Ley N° 17.250 de 17/08/2000, de Relaciones de Consumo y Defensa del Consumidor de Uruguay, sobre todo respecto al criterio de la contradicción:

Artículo 16 C inc. 2° LPDC.	Artículo 13 inc. 2° Ley N° 17.250 (Uruguay).
Cuando existan cláusulas **contradictorias** entre sí, prevalecerá aquella cláusula o parte de ella que sea **más favorable al consumidor**.	Cuando en la oferta se dieran dos o más informaciones **contradictorias**, prevalecerá la **más favorable al consumidor**.

[1723] CAMPOS MICIN (s/f) s/p.

En este sentido, Benítez Caorsi indica que esta se trata de una "formulación del todo atípica" de la regla *contra proferentem* en derecho uruguayo, siendo la única referencia a la interpretación en materia de consumo[1724], señalando que el favorecimiento al consumidor que consagra implica una operación en virtud de la cual debe "...atenerse a la intensidad y magnitud de las obligaciones impuestas al contratante más débil y así saber cuál tiene mayor gravitación y peso en el sinalagma de la relación de consumo"[1725]. En tanto, Rodríguez Russo indica que la norma uruguaya no es sino una aplicación particular de un principio general no textualizado, el principio de protección del consumidor que se extraería de toda la filosofía de la Ley mencionada. Por lo tanto, en caso de ambigüedad siempre la interpretación que se imponga debe ser la que favorece al consumidor[1726].

Más allá de las similitudes o diferencias con otras versiones de la regla *contra proferentem*, lo cierto es que este inciso segundo no hace otra cosa que particularizar los efectos de la regla en un caso particular de oscuridad del contrato: la existencia de cláusulas contradictorias. Como vimos a propósito de la regla del derecho común, una de las situaciones en que los tribunales recurrían a nuestra regla era ante la eventualidad de cláusulas incompatibles entre sí, frente a las

---

[1724] Benítez Caorci (2002) p. 45.

[1725] Benítez Caorci (2002) p. 52.

[1726] Rodríguez Russo (2021) p. 387. Cabe decir que la vinculación que hace el autor entre el así llamado principio *pro consumatore* y la regla *contra proferentem* reafirmaría la influencia que tendría esta legislación en la reforma chilena, que en su art. 2 ter LPDC que positiviza el así llamado "principio pro consumidor": "Artículo 2 ter.- Las normas contenidas en esta ley se interpretarán siempre en favor de los consumidores, de acuerdo con el principio pro consumidor, y, de manera complementaria, según las reglas contenidas en el párrafo 4° del Título Preliminar del Código Civil".

cuales el art. 1566 CCCh impone preferir una de ellas por sobre la otra, para favorecer al adherente. En este caso esa consecuencia ha sido establecida de manera explícita por la legislación, pero no más que eso.

3. Conclusiones de las disposiciones legislativas de protección

De todas las disposiciones legislativas especiales analizadas, ninguna ha negado la vigencia del art. 1566 CCCh y el criterio que este contiene. Se ha tratado únicamente de especificaciones de la regla *contra proferentem* en diferentes materias en que, por estimarse un poder unívoco de predisponer el contenido contractual en manos de una de las partes, el fundamento protector de la contraparte ha impulsado al legislador a dictar estas normas particulares. Con todo, con ellas el ámbito de aplicación de cada regla resulta restringido a estas materias, a diferencia del alcance general de la disposición del derecho común.

4. Excurso: la regla en el Derecho del trabajo y el Derecho administrativo

Atendido el carácter de derecho común general de la codificación civil nacional, no es extraño que la regla *contra proferentem* haya sido invocada en diversas materias en que existe contratación, incluso en aquellas que involucran un fuerte orden público de protección, como el Derecho del Trabajo, o en Derecho Público, en particular Derecho Administrativo. En estas dos áreas se ha estimado que existe una posición preponderante de una de las partes que le otorga el poder de predisponer el contrato: el empleador en un caso, la Administración del Estado en el otro. Así se revisará de manera somera, en razón de la especialidad y lógicas particulares de estas disciplinas jurídicas.

4.1 La regla en el Derecho del Trabajo

En materia laboral, el art. 9° del Código del Trabajo dispone que el contrato de trabajo es consensual, sin perjuicio del deber del empleador de ponerlo por escrito y debiendo ser firmado por ambas partes de la relación laboral. Esta exigencia llevará a que en la mayoría de las ocasiones esta convención sea predispuesta por el empleador, imponiendo su redacción al trabajador.

Al respecto, suele resaltarse la naturaleza esencialmente tuitiva del Derecho del trabajo, que desde sus inicios establece exigencias de protección que han permitido justificar la autonomía de esta rama del ordenamiento jurídico y diferenciarla del derecho común[1727]. De ahí que se sostenga la existencia de un principio protector, que tiene varias manifestaciones, dentro de las cuales estaría la regla *in dubio pro operario*, en virtud de la cual, frente a varias interpretaciones posibles de una norma el juez debe seguir la más favorable al trabajador[1728]. Ello es importante, pues se ha señalado que el art. 1566 CCCh "puede tener una aplicación equivalente a la regla in dubio pro operario"[1729] para lograr la protección de los trabajadores.

No será extraña entonces la frecuente cita de nuestra regla en la interpretación de las cláusulas ambiguas de los contratos de trabajo. Así se ha sostenido en dictámenes de la Dirección del Trabajo (DT), que han hecho uso de la regla *contra*

[1727] Irureta Uriarte (2021) pp. 31-32.

[1728] Gamonal Contreras (2013) p. 431. Sin perjuicio de las críticas a este principio, a tal punto que se ha sostenido que "...el *in dubio pro operario* no se puede fundar en ninguna norma jurídica, por lo que es una herramienta interpretativa que no resulta válida en nuestro sistema legal..." y que "...también contradice reglas interpretativas que establece el sistema legal chileno". Lizama Castro (2021) pp. 74-75.

[1729] Sierra Herrero (2018) p. 35.

proferentem para resolver los asuntos sometidos a su conocimiento, interpretando cláusulas controvertidas en favor de los trabajadores.

En un caso, para dilucidar el cumplimiento de la obligación de una trabajadora de "participar en la selección del personal de Agente de Ventas", se estimó que:

> "[...] aparece evidente que el verbo rector de la obligación de la dependiente estampada en el contrato de trabajo -participar- por si solo, sin ninguna precisión adicional y sobre todo, desvinculado de una descripción general del proceso de selección de personal, conduce inequívocamente a una cláusula ambigua que omite describir con precisión la obligación que se pretende exigir".

Aplicando luego el art. 1566 a favor de la trabajadora, resolviendo que "...el incumplimiento por la dependiente de una cláusula ambigua del contrato de trabajo, no justifica el hecho de que su empleadora no le proporcione el trabajo convenido, ilegalidad esta última que debe enmendarse en un plazo breve y perentorio..."[1730].

Sin embargo, en otro caso la DT se excusó de la interpretación de una cláusula que fijaba ciertas comisiones, argumentando que ello se encontraba fuera de sus facultades, "toda vez que dicha materia compete privativamente a los Tribunales de Justicia"[1731].

En este sentido, dichos tribunales han hecho uso de sus competencias aplicando reiteradamente la regla, en ocasiones sin mayor desarrollo argumentativo de su procedencia. Tanto es así, que en una sentencia se señaló derechamente:

[1730]   Dictamen DT ORD. N° 2772/212, 22 de junio de 1998.
[1731]   Dictamen DT ORD. N° 4084/43, 18 de octubre de 2013.

> "[...] que las reglas de la **lógica y la experiencia** conducen a deducir la existencia de un contrato por obra o faena, atendida la **naturaleza de los servicios** a prestarse, al hecho de tratarse de labores relacionadas con un supuesto transitorio –poda y tala de árboles- y a que **la redacción ambigua ha de aclararse en favor del trabajador, conforme lo dispone el artículo 1566 del Código Civil**"[1732].

Como puede verse, se mezclan elementos propios del juicio laboral con una regla de interpretación civil, que requiere condiciones específicas para aplicarse. Así, no se reflexiona sobre quien es el redactor de la cláusula o por qué habría una ambigüedad que no puede resolverse con otros criterios de interpretación. En fin, pareciera que se utiliza la regla para reforzar los argumentos ya expresados[1733].

En algunos casos se razona sobre la base del deber del empleador de ser explícito en cuanto a sus pretensiones, de manera que, si del contrato estas no aparecen con claridad, la interpretación deberá hacerse contra él[1734].

Debe reflexionarse, sin embargo, que si bien puede ser aplicable el art. 1566 CCCh cuando se reúnen los requisitos de aplicación, deben considerarse las particularidades de esta rama del Derecho, que hacen ceder la normativa de derecho común ante ciertas normas contempladas por el Código del Trabajo[1735].

[1732] *Vente con Podatal Ltda* (2011) cons. 4°. En igual sentido, *Vega con Obrascon Huarte Lain S.A.* (2006) cons. 8°. Destacado añadido

[1733] En este último sentido, también, *Henríquez con Municipalidad de Santiago* (2022) cons. 5°.

[1734] *Alemparte y Compañía Limitada con Otarola* (2013) cons. 5°, haciendo suyos los razonamientos de primera instancia. *Reinoso con Codelco Chile División Salvador* (2021) cons. 13°

[1735] Así se falló en *Castañón con Universidad Católica de Temuco* (2017) cons. 10°.

4.2 La regla en Derecho Administrativo

Se ha entendido que ante el vacío de las leyes administrativas en cuanto a la forma como deben ser interpretados los contratos que celebra la Administración del Estado, debe acudirse a las disposiciones del Derecho Común para suplirlo[1736]. Pese a que existen remisiones expresas al Código Civil en normas administrativas en materia de contratación[1737], en otros casos el principio de especialidad del art. 4° CCCh debiera ser suficiente para argumentar esta supletoriedad.

Debe tenerse en cuenta, empero, la crítica a la aplicación estimada como excesiva de reglas civiles para atender asuntos regulados por el Derecho público, insistiéndose en la necesidad de que la dogmática realice un esfuerzo por dar soluciones ajustadas a las particularidades de los contratos administrativos[1738]. La contratación administrativa está marcada por la desigualdad entre Administración y contratista, lo que se traduce en la presencia de privilegios o facultades exorbitantes en manos de la primera[1739]. De esta forma, no es extraño que algunos órganos contratantes de la Administración incorporen frecuentemente disposiciones contractuales en virtud de las

---

[1736] MORAGA KLENNER (2019) p. 406. En el mismo sentido, *CONSTRUCTORA INMOBILIARIA AMULEN SPA CON SERVIU REGIÓN DEL MAULE* (2019) cons. 10°.

[1737] Señeramente, art. 1°, Ley N° 19.886 de 2003: "Los contratos que celebre la Administración del Estado, a título oneroso, para el suministro de bienes muebles, y de los servicios que se requieran para el desarrollo de sus funciones, se ajustarán a las normas y principios del presente cuerpo legal y de su reglamentación. Supletoriamente, se les aplicarán las normas de Derecho Público y, en defecto de aquéllas, las **normas del Derecho Privado**". Destacado añadido.

[1738] ASENJO ASENJO (2022) p. 27, que realiza una caracterización y tipología de los contratos administrativos.

[1739] BERMÚDEZ SOTO (2014) p. 274.

cuales se los dota de la facultad de interpretar unilateralmente las cláusulas del acuerdo[1740].

Pese a ello, la regla *contra proferentem* ha sido bastante utilizada en sede de contratos administrativos, lo cual puede apreciarse en distintas fuentes. De esta forma, alguna jurisprudencia de la Contraloría General de la República (CGR) se pronunció derechamente invocando la regla del art. 1566 CCCh. Así, en un contrato entre una empresa contratista y el Serviu de la xi región se establecía una cláusula según la cual: "las empresas deberán contratar obligatoriamente un crédito Serviu del 80% del monto contratado en tres cuotas mensuales y sucesivas, del 35% y 15% respectivamente a la firma del contrato", omitiéndose referencia a la cuota del 30% que faltaría. Ante la consulta de si se ajusta a derecho una resolución del organismo público que le otorgó una primera cuota inferior al 30%, el organismo contralor resolvió que la cláusula del contrato celebrado era "notoriamente incompleta", y, por lo tanto: "la referida cláusula es manifiestamente ambigua. Sobre este particular, el artículo 1566, inciso segundo, del Código Civil, dice que..."[1741], reproduciendo así nuestra regla para sostener que como la cláusula había sido redactada por la Administración, la primera cuota debía ser del 35%, salvo que la empresa contratista expresamente aceptara por escrito un monto inferior, interpretando la cláusula, por tanto, a su favor.

Similar es el caso de una empresa constructora, que requiere el pronunciamiento del organismo contralor para determinar el alcance de la expresión "acabados y revestimientos" en lo concerniente a los estucos de los muros en la construcción de una sede social, pues la empresa sostenía que ella no comprendía el estuco de los muros divisorios. Así, se resolvió, que

---

[1740]   Cotroneo Ormeño (2022) p. 48.
[1741]   Dictamen CGR N° 19.487 de 18 de julio de 1984.

dadas las dos alternativas que podían deducirse de las bases técnicas proporcionadas por la Administración:

> "[...] es dable hacer presente que el señalado aspecto debió necesariamente precisarse en los antecedentes de la propuesta y que al no haberse procedido de esa manera debe aplicarse la regla de interpretación de los contratos contenida en el artículo 1566 del Código Civil en cuanto previene que las cláusulas ambiguas se interpretarán a favor del deudor, máxime cuando, como en el presente caso, ellas han sido extendidas o dictadas por la Administración acreedora"[1742]

Más dudoso es un caso en que se duda respecto a la naturaleza jurídica de una boleta bancaria de garantía, señalando la Administración que corresponde a una sanción administrativa, mientras que la empresa tomadora de la boleta sostenía que se refería a una garantía ante el incumplimiento contractual. La Contraloría resolvió que según el art. 1566 CCCh, "las cláusulas ambiguas se interpretan a favor del deudor", atribuyéndole la naturaleza que sostenía el administrado[1743].

Más recientemente, sin embargo, el organismo de control ha sostenido en forma constante que carece de las competencias para interpretar los contratos celebrados con la Administración, siendo este un asunto de carácter litigioso que le corresponde conocer y resolver a los propios contratantes y, eventualmente, a los tribunales de justicia[1744].

Por su parte, los tribunales de justicia han sostenido dos posiciones. Señero es un caso en que ante la alegación del recu-

---

[1742] Dictamen CGR N° 18.567 de 2 de agosto de 1997.

[1743] Dictamen CGR N° 26.632 de 19 de agosto de 1997.

[1744] Dictamen CGR N° 24.756 de 29 de mayo de 2008. Dictamen CGR N° 53278 de 12 de noviembre de 2008. Dictamen CGR N° 34597 de 2 de julio de 2009. Dictamen CGR N° 44885 de 19 de junio de 2014, que cita jurisprudencia anterior.

rrente de casación de la infracción al art. 1566 CCCh, la Corte
Suprema indicó que:

"[...] la Administración cuenta con poderes exorbitantes en
materia de contratos de ejecución de obras públicas, entre
las que se cuenta la de interpretar unilateralmente el contrato [...], motivos que resultan suficientes para apreciar que la
causal que se analiza carece de fundamento legal y deberá
rechazarse"[1745]

Con todo, el mismo año nuestro máximo tribunal se pronunció en sentido contrario, haciendo plenamente aplicable la regla *contra proferentem* contra la Administración, señalando que:

"[...] ante la imposibilidad de aplicar las normas de interpretación previstas en los artículos 1560 a 1565 de Código Sustancial, resulta plenamente aplicable el artículo 1566 del mismo
texto, cuyo inciso segundo refiere que las cláusulas ambiguas
se interpretarán en contra de quien la ha extendido o redactado, en este caso, el Serviu Región del Maule"[1746].

De manera análoga se han pronunciado otros fallos, interpretando bases administrativas o contratos contra muni-
cipalidades[1747].

[1745] *Consorcio Hospital Rancagua con Servicio de Salud de O Higgins* (2019)
cons. 34° y 35°.

[1746] *Constructora Inmobiliaria Amulen SpA con Serviu Región del Maule*
(2019) cons. 10°.

[1747] *Servicios Sitrack Chile Limitada con Municipalidad de Santiago* (2020)
cons. 5°. *Demarco Sociedad Anónima con Alcalde de la Ilustre Municipalidad de San Pedro de la Paz Jaime Soto Figueroa* (1997) cons. 4°.

Conclusiones

El principio interpretativo conocido como *contra proferentem* tiene sus primeros antecedentes en Roma. Sus orígenes más remotos parecen poder encontrarse en dos órdenes de consideraciones. Un primer elemento, en la práctica religiosa del *votum*, lo que al menos permite una asociación con el régimen de la *stipulatio*, como promesa verbal formal formulada unilateralmente por una de las partes, limitándose la otra a aceptar. Un segundo elemento puede rastrearse en las *leges locationis* o *leges venditionis* como una suerte de formularios redactados en forma previa al contrato y frecuentemente utilizados en la vida negocial. De ello surge la idea de una cierta costumbre en la predisposición del contenido de la venta o el arrendamiento, por parte de quien se encuentra en posición de dictar los términos del acuerdo, sobre la cosa vendida o arrendada y las condiciones de la operación.

Es así como por lo menos, en forma documentada, desde el jurista Labeón, se intuye la solución de que quien tiene la facultad o poder de formulación del negocio se encuentra en la posición de expresarse de manera más clara, por lo que la determinación del contenido del acuerdo, en caso de ambigüedad, se hará contra él. Ello, no sin prevenciones respecto de la precedencia en la tarea interpretativa de otros elementos fundamentales en la casuística romana de interpretación negocial: el juzgar "lo que se ha hecho" (*id quod actum est*), será consideración primordial en esta etapa, constituyendo a la regla *contra proferentem* como un mecanismo subsidiario para cuando todo lo demás falla en el proceso interpretativo.

Una línea de razonamiento de los juristas romanos que se encuentra ligada a las ideas precedentes es la consideración de que, ante la duda respecto de la existencia y configuración de la obligación, debe estarse a la situación menos gravosa para el obligado, ya sea que no resulte obligado o disminuyendo a la suma menor. Es el principio *quod minus,* que considera como punto de partida la anormalidad de la relación obligatoria y la necesidad del acreedor de acreditar dicha situación. Esta vertiente de naturaleza procesal se encontrará ligada a la regla *contra proferentem* a lo largo de la historia, dando paso a diversas consideraciones.

Estas soluciones, que nacen de la casuística y las particularidades de los negocios recién descritos, desligadas de su contexto original, sobrevivientes en la compilación justineanea pasan a tener una segunda vida en el medioevo. Glosadas y comentadas para ser relacionadas entre sí a fin de salvar sus aparentes contradicciones, van forjando nuevas respuestas a preguntas forenses de su tiempo. Es en esta época que las reglas *contra stipulatorem, contra venditorem* y *contra locatorem,* además del principio *quod minus,* se fundirían en la nomenclatura de este dispositivo interpretativo que ha tenido mayor fortuna hasta la actualidad: *contra proferentem.* Este modo de hablar surge cuando, en las manos de los glosadores, los conceptos romanos de *lex contractus, emptor, venditor, stipulatorem,* dispersos en las fuentes romanas, se transforman, a veces, en quien extiende un pacto, en ocasiones en quien presenta, o declara, que puede denominarse el *proferens.*

A partir del fragmento papineaneo D. 2, 14, 39, denominado *veteribus* o *veteribus placet,* de singular importancia desde la tradición medieval en adelante, *sedes materiae* principal de la regla en estudio, se va cimentando la noción de autorresponsabilidad de quien podía hablar más claramente, como puede apreciarse en forma temprana en Baldo, quien ordena la interpretación del contrato "contra quien debió instruir a otro" (*quod debut alium instruere*).

Por último, llegará la introducción —y en cierto sentido confusión— del criterio *quod minus* como factor de explicación de las soluciones presentes en las fuentes romanas. Así puede verse poco a poco en Búlgaro, la glosa canónica de Bernardo de Pavía, Ambrosius o Juan Hispano de Compostela, como finalmente en Bartolo, que descubrirán una segunda veta en las fuentes, cuya importancia en la recepción posterior de la regla será dispar: la idea de que en la interpretación del contrato se debe favorecer al deudor o el principio denominado *favor debitoris*. En este sentido, el *contra stipulatorem* de las fuentes romanas, en ocasiones se vuelve *contra creditorem*. Si bien en el sistema romano esto puede tener coherencia, en el derecho actual genera ciertas incomprensiones.

Una idea de suma relevancia, que podemos recoger por lo menos desde Paulo de Castro y que puede rastrearse en diversas fuentes posteriores, no necesariamente conectadas entre sí, es la idea que reconoce en el *onus probandi* un aspecto explicativo del fundamento de la regla *contra proferentem*. Esto es, quien desea hacer valer determinado contenido contractual, así debe probarlo en forma clara, de lo contrario la interpretación se realizará contra él.

A partir del humanismo, se introducen consideraciones centradas en la conducta de los contratantes, ordenando la interpretación contra aquel en cuyo favor fue introducido el pacto, quien se apoya o confía en el mismo. Se va construyendo una carga de claridad especialmente en torno a las cláusulas contractuales propuestas por una de las partes y que van en su ventaja, sancionando una conducta que genere una ambigüedad debido a la mala fe o incluso el engaño de esa parte, con un gravamen interpretativo contrario a sus intereses. A la par de ello, se retoma la idea de favorecimiento del deudor, fundamentado en la falta de claridad de la obligación que, en la duda, se entiende no contraída. La neoescolástica española con los principios morales derivados de la teología parece confirmar estas ideas, con el análisis de la virtud de la veracidad y el principio *in dubiis melior est conditio possidentis*, interpretado desde el punto de vista de la preservación de la libertad del deudor.

Desde aquí en adelante, con precedentes en Zasius y muy claramente en Forster, se va construyendo y fortaleciendo un verdadero sistema de interpretación contractual, con reglas enumeradas que ordenan la prevalencia de otros elementos del acuerdo por sobre la regla *contra proferentem* y *favor debitoris*, que se alzan como elementos subsidiarios de decisión, pero que no dejan de aparecer en cada fuente analizada.

La opinión de Grocio en torno al deber de cada parte de precaver sus intereses parece ser un punto de inflexión respecto al entendimiento de esta regla: si bien al declarante se le puede imputar no expresarse más claramente, el destinatario del acuerdo con varios sentidos posibles tiene la posibilidad de entenderlo de la forma más útil a sus intereses, poniéndose énfasis en la bilateralidad de la relación jurídica como elemento relevante a considerar en la fundamentación de la *contra proferentem*.

En el iusnaturalismo racionalista, se parte de la base de que habría una interpretación objetivamente verdadera para el contrato, donde la naturaleza contractual hace las veces de la naturaleza de las cosas, lo que se descubre por medio de la recta razón natural. De esta forma, se resalta la autorresponsabilidad del declarante, pero indicándose que no debe permitirse al que ha aceptado una promesa interpretar las palabras de la misma como quiera. Con ello se sigue confirmando la subsidiariedad de la regla, aplicable únicamente ante la imposibilidad de determinar un sentido del contrato con arreglo a los demás criterios de interpretación que se van modelando.

Dentro de las fuentes inmediatamente precedentes a las codificaciones, se aprecian ideas que van consolidando la fundamentación de la regla *contra proferentem*, a partir de una tradición encontrada en las fuentes romanas y su comentario por las fuentes más cercanas a cada autor. Las obras de Glück, por el lado alemán, así como Domat y Pothier, por el francés, son señeras de esta tendencia. El primero, invocando la autoridad de la disertación de Böhmer sobre nuestro precepto interpretativo, así como los pasajes romanos acostumbrados; los dos últimos también refiriendo fragmentos del Digesto, sobre el cual incluso Pothier se dio el trabajo de reordenar según su criterio. Estas obras decantan la fundamentación de lo que luego se transformaría en preceptos legales en las codificaciones, mediante la sistematización de un número cada vez más reducido de reglas, la domesticación de la "jungla casuística", al decir de Zimmermann, que hasta este punto existe.

La responsabilidad por la falta de claridad, de quien pretende obtener una ventaja del contrato y que las oscuridades de las cláusulas que obligan se interpretan a favor del obligado, debiendo restringirse la obligación al sentido que la disminuya, se transforman en las dos ideas capitales que serán recepcionadas en las codificaciones de manera variable.

De esta forma, en las llamadas codificaciones del derecho natural, en el entorno alemán, se recogen las ideas que el iusnaturalismo racionalista y el *usus modernus* fraguaron en su momento, por primera vez a la manera de verdaderas reglas jurídicas. Así, el *Codex Maximilianeus Bavaricus Civilis* tendrá ocho reglas de interpretación, de las cuales solo en el comentario de su redactor puede vislumbrarse la nuestra. En Austria, primero en el *Codex Theresianus* (§ 179), luego en el ABGB (§ 915), se ordena una interpretación "contra aquella parte en cuyo poder estaba expresarse más inteligible y claramente" y en perjuicio de la parte "que ha hecho uso" de una expresión poco clara, respectivamente, recogiendo plenamente la idea *contra proferentem*. Por su parte, el Código prusiano, en su importante extensión con una veintena de reglas sobre el particular, incorpora con detalle las dos ideas que hemos mencionado. En § 266 ordena subsidiariamente interpretar el contrato "contra de la parte que, al expresar su voluntad, ha utilizado expresiones ambiguas", que "pretende ventajas inusuales que no se suelen conceder en contratos de este tipo" (§ 267), y por otra parte, siguiendo al *quod minus,* indica que "Si todas las demás reglas de interpretación no son aplicables, el pasaje dudoso debe entenderse de la manera menos inconveniente para el obligado" (§ 268).

Por su parte, el *Code civil* francés contiene un catálogo de interpretación contractual cuya influencia directa del *Traité des Obligations* de Pothier es apreciable sin mayor dificultad. Ocho reglas, de las cuales, la séptima (mismo orden que la del señalado autor) aparece imbuida de un cierto compromiso entre la fidelidad al *Traité des obligations* y por su intermedio a las fuentes romanas, al hablar de *celui qui a stipulé* (quien ha estipulado), pero también traicionando de algún modo su pensamiento al indicar inmediatamente *en faveur de celui qui a contracté l'obligation* (a favor del que ha contraído la obligación) y no como precisamente indicaba el francés: *à la décharge de celui qui a contracté l'obligation* (en descarga de quien ha contraído la obligación). Pequeño matiz, pero que generará una serie de incomprensiones en el entorno francés, que se exportarían incluso a nuestras tierras, al traducirse generalmente como "a favor del deudor", lo que se ha podido entender como una suerte de favorecimiento unilateral al obligado por encontrarse en determinada posición aparentemente desmedrada, lo que no guarda relación con la *ratio* que se perseguía con ello, nada menos que el principio *quod minus*. La recepción de la tradición histórica en esta codificación se manifestará también en sede de compraventa, donde luego de indicarse que "El vendedor está obligado a explicar claramente a qué está obligado", se ordena interpretar el pacto ambiguo contra el vendedor, es decir, utilizando directamente el principio *contra venditorem*.

Esta tradición pesará en las decisiones que se tomaron en la codificación chilena. Puede apreciarse con claridad que el artículo 1566 CCCh constituye una suerte de vía intermedia entre la idea *contra proferentem* y *quod minus,* que, fundidas en un artículo único, ordena interpretar el acuerdo contra quien ha faltado a su carga de claridad, no pudiendo dejar en claro el contenido de su pretensión. De las variadas fuentes analizadas, parece ser que las ideas de Bello al respecto ya se encontraban latentes en su pensamiento internacionalista, en la interpretación de tratados, influenciado por obras como la de Vattel. Con todo, al momento de redactar parece haber tenido a la mano, por cierto, el *Code civil*, lo que terminará pesando en el inciso primero que habla de "a favor del deudor", pero luego, en el segundo inciso, el *Proyecto* de García Goyena invirtiendo el orden del que fuere artículo 1021 español. Las fuentes más inmediatas de dicho *Proyecto* las declara el autor peninsular y no cabe sino compartirlo, son las Siete Partidas con su *dubda contra aquel que dixo la palabra ó el pleito obscuramente* y el Código de Luisiana hablando de la *faut de l'explication nécessaire que l'une des parties aurait du donner*, cuya relevancia queda confirmada también por los comentarios de Bello en sus papeles sobre interpretación, así como sus enmiendas a su ejemplar del Proyecto de 1853.

De este recorrido puede confirmarse una vez más que la regla del art. 1566 CCCh no fue ni una creación, ni una originalidad de Bello, sino que responde a diversas influencias y fuentes que son necesarias de analizar para darle contenido a su *ratio*. Ello será gravitante también para los demás ordenamientos estudiados.

El estudio comparativo de la situación en Alemania, Francia e Inglaterra nos llevó a concluir provisionalmente que la regla en comento se encuentra presente en los tres países estudiados, si bien en forma dispar, contando con semejanzas y diferencias, así como continuidades y discontinuidades históricas. Estos elementos aportaron luces acerca del posterior análisis del derecho chileno, determinando en qué aspectos debe fijarse el intérprete del artículo 1566, guiando la resolución de los principales problemas a la luz de las fuentes comparativas.

La recepción legislativa apreciada en el análisis comparativo fue variable, siendo pionero el caso francés con la codificación de 1804 en el art. 1162, posteriormente 1190 con la reforma de 2016. En Alemania, la codificación tardía de 1900 le asignó una importancia menor a las reglas de interpretación, incorporando solamente los § 133 y § 157, sin perjuicio del desarrollo doctrinal y jurisprudencial que tuvieron dichas disposiciones. La primera recepción explícita de la regla *contra proferentem* en ese país, no obstante, vendría en la AGBG de 1976. En forma similar, solo en 1994 se codificó la regla en Inglaterra en la UTCCR, pero no sin un fuerte desarrollo previo en sede de *case law* por lo menos desde el año 1382.

La imperatividad de la regla es cuestión que ha generado debate sobre todo en Francia, donde desde antiguo se han estimado las reglas de interpretación como "meros consejos", a la par que ciertas disposiciones que consagran una versión de nuestra regla, como el art. 1602 *Code* y el 211-1 *C. cons.* se han estimado obligatorios y controlables en sede de casación, en una incoherencia difícil de sustentar. Alemania e Inglaterra, por su parte, han considerado las reglas de interpretación como imperativas, abriendo la puerta a su control en instancias jurisdiccionales superiores, si bien en el caso de Inglaterra con cierta flexibilidad.

Del estudio del ámbito de aplicación de la regla en los ordenamientos comparados resultan varias ideas de interés. Si bien en todos los ordenamientos se contempla de manera expresa en la ley (Francia) o se desprende del desarrollo de la jurisprudencia (Alemania, Inglaterra) la existencia de una regla *contra proferentem* aplicable en forma general a todos los contratos, en todos los casos, derivado de los designios de la Directiva 93/13/CEE, se contiene también una regla aplicable a condiciones generales de la contratación o contratos de adhesión. Allí, sin embargo, el ámbito de aplicación de la regla estará restringido a dicha modalidad contractual, lo que rigidiza su aplicación.

Es en torno al fundamento de esta regla que se han dado variadas explicaciones en las jurisdicciones analizadas, que categorizamos, siguiendo a Knütel, con los factores "protección–compensación–prevención". En derecho alemán, parece destacar la idea de compensación, con el argumento de la "responsabilidad por la formulación" (*Formulierungs-verantwortlichkeit*), en razón de la cual quien ha ejercicio en su beneficio el poder de formulación unilateral del contrato debe soportar el gravamen por la ambigüedad que ha creado, lo que se traduce en una ventaja interpretativa para la parte que se sometió a la redacción establecida por la contraparte. Puede destacarse también el rol que se le ha asignado a la regla en torno a la prevención de la nulidad del contrato por disenso oculto de las partes, teniendo una función de preservación de la validez del negocio. Este último factor también parece ser compartido por el derecho inglés, que parece ostentar una evolución muy similar en torno a destacar los factores de compensación y prevención como fundamentos de la regla. Por su parte, el derecho francés, por lo menos desde inicios del siglo XX en adelante, parece haber centrado su análisis en el factor "protección", como fundamentación de la regla *contra proferentem,* lo que terminará permeando la regulación de la reforma del *Code* de 2016.

En materia de condiciones de aplicación de la regla pueden apreciarse ciertos acuerdos que hacen pensar en una equivalencia funcional. Salvo algunas posiciones, que con la pretensión de proteger al consumidor en Francia, plantean que la regla opera de inmediato en el proceso interpretativo, es unánime la exigencia de subsidiariedad en la aplicación del instituto en comento, demandado una ambigüedad insuperable mediante los demás criterios de interpretación de cada sistema. En Alemania, los §§ 133 y 157 BGB con su desarrollo dogmático, además de la interpretación objetiva que prima en los contratos sujetos a condiciones generales. En Francia, los arts. 1188 a 1192 *Code*. En Inglaterra, los "principios" de interpretación como han sido desarrollados por los tribunales, últimamente fijados en el caso *Investors* y su desarrollo posterior.

La determinación de la parte contractual contra la cual se aplica la regla ha traído problemas, como ya se ha repasado, desde antiguo. En Inglaterra esto se ha conceptualizado como la determinación del *proferens*, respuesta que es variable en los distintos ordenamientos estudiados: de quien procede la redacción de la cláusula, del contrato, el interés o el beneficio de ella. Salvo en materia de condiciones generales de la contratación, en que se sabe quien es el predisponente, en materia de contratación libremente negociada ello no está claro. En razón del fundamento de la responsabilidad por la formulación, que parece consolidar la tradición histórica anterior sobre la regla, parece posible decantarse por una aplicación de la regla contra aquel que tuvo en sus manos la formulación del acuerdo, ya sea en contratos sujetos a condiciones generales, como en contratos libremente negociados.

Como jurisdicción de una tradición distinta, el caso inglés sobre el particular nos revela que pese a su constante intento de huida de ciertos conceptos abstractos y reglas fijas en esta materia por la búsqueda de una supuesta "objetividad" en la interpretación o un "sentido común" emanado del mercado, las conclusiones sobre nuestra regla no variaron sustancialmente de lo dicho en la tradición alemana o francesa. La muestra más palmaria es que descartado el "antiguo bagaje intelectual" por Lord Hoffmann, no pasaría mucho tiempo antes que dichas ideas —encarnadas en la tradición— volvieran a ser reconstruidas. Varias limitaciones se le añaden, pero nada extremadamente distinto a lo que pasa en el derecho codificado.

La regla *contra proferentem* en el derecho chileno enfrenta dificultades interpretativas similares a las descritas en el derecho comparado, que es posible iluminar sobre la base de la identificación de la *ratio* del artículo 1566 CCCh a la luz de sus antecedentes históricos, iluminado por el contexto brindado por el estudio comparativo realizado. Como habíamos señalado, siguiendo a Husa, el análisis comparativo ayuda a entender el propio sistema legal, incrementando las posibilidades de desarrollarlo, aumentando su conocimiento, mediante una nueva luz o en un diferente espejo.

En nuestro país, la regla cuenta con tres sedes legislativas además del art. 1566 CCCh, núcleo de nuestro estudio: el art. 1175 CCom; el art. 3° e) inc. 3 del DFL 251 de 1931 y el art. 16 C de la ley N° 19.496. Como pudo constatarse, las tres disposiciones, con inspiraciones y redacciones que guardan ciertas discontinuidades entre sí, guardan unidad de *ratio,* por cuanto, al igual que las legislaciones comparadas analizadas, todas pueden ser reconducidas en su entendimiento a los requisitos de aplicación de la disposición del derecho común. Deben tenerse en cuenta las particularidades de cada ámbito, sobre todo en materia de seguros, pero bien analizados los requisitos del art. 1566 CCCh esto debiera ser así. Por lo demás, de esa forma consta en la intención del legislador claramente manifestada en la historia fidedigna de su establecimiento —las remisiones al art. 1566 CCCh son constantes en todos esos ámbitos— y lo ha corroborado la escasa doctrina que se ha pronunciado sobre estas otras disposiciones especiales.

No ha habido discusión en torno a la fundamentación de la norma en nuestro medio, en torno al trinomio compensación – protección – prevención. Parecen destacar posiciones que cifran su *ratio* en la compensación por ambigüedades creadas —como tempranamente parece haberlo afirmado Urrutia y luego Claro Solar— y la autorresponsabilidad de quien extiende o dicta determinado texto contractual, en un así denominado "deber" de claridad, ya sea en sede de derecho común, como en materia de seguros, como ha indicado alguna doctrina —escasa— que se ha pronunciado sobre el particular. Por lo demás, de manera análoga a los desarrollos comparados, desde la primera mitad del siglo XX aparecen obras que propugnan su utilización como instrumento de protección de los adherentes a contratos con condiciones generales, lo cual no tuvo la misma intensidad en nuestro medio que en otras latitudes.

Sobre esta última fundamentación, puede decirse que, en la jurisprudencia, al igual que en los ordenamientos comparados estudiados, no son infrecuentes las situaciones en que la regla se aplica de manera inmediata, sin considerar adecuadamente el requisito de que efectivamente no sea posible aplicar las reglas precedentes de interpretación del título xiii. Debe resaltarse su carácter de *ultima ratio,* revelado por el fundamento y función que hemos descubierto a través del análisis de las fuentes.

Al respecto, la intuición que aparecía a la luz del análisis de la tradición histórica del precepto iluminada por el análisis comparativo de la regla aparece confirmada: el **fundamento** del art. 1566 CCCh y con él las disposiciones legislativas especiales que reproducen su finalidad, es el establecimiento de una carga de claridad del contratante que se encuentra en una situación de diseño unilateral del contenido contractual ante una ambigüedad insuperable del tenor del acuerdo. Su **función**, ligada íntimamente al aspecto anterior, se centra en la distribución de riesgos: de las ambigüedades unilateralmente generadas por una de las partes, de la falta de prueba de las obligaciones, además de ostentar una función de conservación del negocio jurídico a fin de evitar que éste sucumba por una ambigüedad tal que no pueda identificarse en qué consintieron las partes. Estas funciones se desplegarán de manera que el incumplidor de la carga de claridad sufrirá un gravamen que se traducirá en una interpretación del contrato en su contra, cuestión que dependerá del caso concreto, tomando en consideración las pretensiones de los contratantes en torno al sentido del contrato alegado por cada una, no pudiendo aplicarse esta consecuencia de manera abstracta a la mera literalidad del acuerdo. Por último, si dichos requisitos no aparecen del análisis del contexto contractual, la obligación debe reducirse a su menor importe, que es lo que quiere decir el inciso primero, al hablar de la interpretación "a favor del deudor".

De esta manera, el art. 1566 CCCh reconoce un compromiso entre dos preceptos interpretativos de larga data, que han sido recepcionados de manera variable a través de la historia y en los distintos territorios donde es conocida: *quod minus* y *contra proferentem*. Andrés Bello, como en tantas otras materias, concilió dos ideas contenidas en la tradición.

Bibliografía citada

FUENTES HISTÓRICO-JURÍDICAS

ACCURSIUS (1627a): "Glossa in Digestum vetus", en FEHE, Ioannis (ed.), *Corpus Iuris Civilis Iustinianei. T. I, Digestum Vetus continent* (Lyon, Ex Officina Rouill. Sumptib. Andreae & Iacobi Prost).

ACCURSIUS (1627b): "Glossa in Digestum infortiatum", en FEHE, Ioannis (ed.), *Corpus Iuris Civilis Iustinianei. T. II, Digestum Infortiatum continent* (Lyon Ex Officina Rouill. Sumptib. Andreae & Iacobi Prost).

ACCURSIUS (1627c): "Glossa in Digestum novum", en FEHE, Ioannis (ed.), *Corpus Iuris Civilis Iustinianei. T. III, Digestum Novum continent* (Lyon, Ex Officina Rouill. Sumptib. Andreae & Iacobi Prost).

AQUINATIS, Thomae (1897): *Opera omnia iussu impensaque Leonis XIII P.M. edita.* Tomo IX, Secundae Secundae Summae Theologiae (Roma, Ex Typographia Polyglotta) = **T. DE AQ.** *S. Th.*

ANDREAE, Iohannes (1613): "Gl. *Contra eum*", en *Liber Sextus Decretalium* (Lyon, Sumptibus Ioannis Pillehotte) cols. 836-838.

ANGIOLO DA CHIVASSO (1594): *Della Somma angelica. Parte seconda* (Venecia, Libraria della Speranza).

ARISTÓTELES (2019): *Ética a Nicómaco* (trad., int., notas, José Luis Calvo, Madrid, Alianza Editorial) = **ARISTOT.** *Eth. Nic.*

BALDI UBALDI PERUSINI (1577a): *In primam Digesti Veteris Partem Commentaria* (Venecia, s/e)

BALDI UBALDI PERUSINI (1577b): *In Digestum Novum Commentaria* (Venecia, s/e)

BARBOSAE, Petri (1615): *Commentarii ad interpretationem tituli, ff. De Iudiciis* (Fráncfort, E Collegio Musarum novenarum Paltheniano).

BARTOLI A SAXOFERRATO (1596a): *Omnium Iuris Interpretum Antesignani Commentaria, Tomus secundus. In secundam Digesti Veteris Partem Commentaria* (Venecia, s/e)

BARTOLI A SAXOFERRATO (1596b): *Omnium Iuris Interpretum Antesignani Commentaria, Tomus sextus. In secundam Digesti Novi Partem Commentaria* (Venecia, s/e)

BARTOLI A SAXOFERRATO (1603): *Omnia quae extant opera, Tomus primus. In Primam Digesti Veteris Partem Commentaria* (Venecia, s/e, 7.ª edición)

BASSIANUS, Iohannes (1983): *De regulis iuris. A Severino Caprioli descriptus, a Ferdinando Treggiari recognitus* (Rímini, Maggioli editore)

BELLO, Andrés (1836): "Carta al Encargado de Negocios de los Estados Unidos de América, 5 de septiembre de 1836", en JAKSIĆ, Iván (2013): "Dos cartas inéditas de Andrés Bello", *Anales de Literatura Chilena*, Año 14, Nº 20: pp. 177-186.

BELLO, Andrés (1887): *Obras completas de don Andrés Bello*, Volumen XI, Proyectos de Código Civil (Santiago, Impreso por Pedro G. Ramírez)

BELLO, Andrés (1888): *Obras completas de don Andrés Bello*, Volumen XII, Proyecto de Código Civil (1853) (Santiago, Impreso por Pedro G. Ramírez)

BELLO, Andrés (1890): *Obras completas de don Andrés Bello*, Volumen XIII, Proyecto Inédito de Código Civil (Santiago, Impreso por Pedro G. Ramírez)

BELLO, Andrés (1845-1865): "Derecho Civil [recurso electrónico]: apuntes sobre reglas de interpretación". Disponible en: https://bibliotecadigital.uchile.cl/discovery/delivery/56UDC_ INST:56UDC_INST/12171957150003936?lang=es&viewerServiceCo de=AlmaViewer [Consultado el 03 de diciembre de 2022]

BELLO, Andrés (1832): *Principios de Derecho de Jentes* (Santiago, Imprenta de la Opinión)

BELLO, Andrés (1844): *Principios de Derecho Internacional* (Lima, Librería de Moreno y Cía., 2.ª ed. corregida y aumentada)

BELLO, Andrés (1981): *Principios de Derecho Internacional*, 3ª ed., en *Obras completas de Andrés Bello*, Tomo X (Caracas, La Casa de Bello)

BELLO, Andrés (1853): "Proyecto de Código Civil: [V.4]" [Con anotaciones de Andrés Bello]. Disponible en: http://libros.uchile.cl/690 [Consultado el 4 de agosto de 2021]

BELLO, Andrés (2022): *Obras completas de Andrés Bello*, Tomo I. Epistolario (Santiago, Ediciones Biblioteca Nacional).

BLACKSTONE, William (2016): *Commentaries on the Laws of England. Book I: Of the rights of persons* (ed. David Lemmings, Oxford, Oxford University Press)

BLACKSTONE, William (2016): *Commentaries on the Laws of England. Book II: Of the rights of things* (ed. Simon Stern, Oxford, Oxford University Press)

Böhling, Frank (2014): *Samuel Pufendorf. Gessammelte Werke, Band 4.3. De jure naturae et gentium (Materialen und Kommentar)* (Berlín, De Gruyter)

Böhmer, Iusto Henningo (1767): *Dissertatio Juridica de Interpretatione facienda contra eum qui clarius loqui debuisset, occasione l. veteribus, 39. ff. de pact.* (Halle, Typis Andreae Zeitllri, Acad. Typogr.)

Broom, Herbert (1845): *A Selection of Legal Maxims, classified and illustrated* (Londres, A. Maxwell & Son)

Bulgari (1856): *Ad digestorum titulum De diversis regulis iuris antiqui commentarius et Placentini ad eum additions sive exceptions* (ed. F.G.C. Beckhaus, Bonn, Apud Henry & Cohen).

Cauvet, Émile (1881): *Traité des assurances maritimes,* Tomo II (Paris, L. Larose Libraire-éditeur).

Chitty, Joseph (1834): *A practical treatise on the Law of Contracts, not under seal; and upon the usual defences to actions thereon* (Londres, S. Sweet, 2.ª ed.).

Chitty, Joseph (1904): *A treatise on the Law of Contracts* (J.M. Lely (ed.), Londres, Sweet & Maxwell, 14.ª ed.)

Coke, Edward (1817): *The first part of the Institutes of the Laws of England; or a commentary upon Littleton,* Volumen II (Londres, W. Clarke & sons; C. Hunter y S. Brooke)

Cuyacii, Jacobi (1837): *Opera ad parisiensem fabrotianam editionem,* Tomo IV (Praga, Ex Officina Fratr. Giachetti).

Demolombe, Charles (1869): *Cours de Code Napoléon,* Volumen XXV. *Traité des contrats ou des obligations conventionnelles en général,* Tomo II (Paris, Imprimerie Générale).

Domat, Jean (1697): *Les loix civiles dans leur ordre naturel,* Tomo I (Paris, Chez Quay des Augustins a l'Ecu de France, 2.ª ed.).

Donelli, Hugonis (1833): *Opera Omnia. Tomus Undecimus. Commentariorum in selectos quosdam titulos Digestorum, vol. II* (Macerata, Ex Officina Benedicti q. Antonii Cortesi).

Duranton, Alexandre (1821): *Traité des contrats et des obligations en général,* Tomo I (París, Ant. Bavoux Libraire)

Escriche, Joaquín (1847): *Diccionario razonado de legislación y jurisprudencia,* Tomo II (Madrid/Lima, Librería de la señora viuda e hijos de D. Antonio Calleja/Casa de los señores Calleja, Ojea y compañía).

Evans, William David (1826): "Appendix to Pothier on Obligations No. V. Of the Interpretation of Agreements", en Pothier, Robert Joseph

(1826): *Treatise on the Law of Obligations, or contracts*, Vol. II (trad. William David Evans, Filadelfia, Robert H. Small).

Fabres, José Clemente (1912): *Obras completas de don José Clemente Fabres. Instituciones de Derecho Civil chileno*, Tomo X (Santiago, Imprenta Litografía y Encuadernación "La Ilustración").

Forsteri, Valentini Guilelmi (1613): *Interpres sive De interpretatione juris, libri duo* (Wittenberg, Sumtibus Clementis Bergeri).

Fenet, Pierre-Antoine (1836a): *Recueil complet des travaux préparatoires du Code civil*, Tomo II (Paris, Videcoq Libraire).

Fenet, Pierre-Antoine (1836b): *Recueil complet des travaux préparatoires du Code civil*, Tomo XIII (Paris, Videcoq Libraire)

Fulgosi, Raphaelis (1554): *In primam Pandectarum partem Commentariorum* (Lyon, s/e).

García Goyena, Florencio (1852): *Concordancias, motivos y comentarios del Código Civil español*, Tomo III (Madrid, Imprenta de la Sociedad Tipográfica Editorial a cargo de F. Arienzo).

Glück, Christian Friedrich von (1797): *Ausführliche Erläuterung der Pandekten nach Hellfeld. Ein commentar für meine Zuhörer* (Erlangen, Verlegt bei Johann Jacob Palm).

Gonzalez de Clavijo, Ruy (1782): *Vida y hazañas del gran Tamorlan con la descripcion de las tierras de su imperio y señorio* (Madrid, En la Imprenta de don Antonio de Sancha).

Grenier, Jean (1804): "Discours prononcé au Corps législatif par le citoyen Grenier, orateur du Tribunat, sur la loi relative à la Vente, qui doit former le titre XI du livre III du Code civil", en *Recueil des lois composant le Code civil avec les Discours des Orateurs du Gouvernement, les Rapports de la commission du Tribunat, et les Opinions émises pendant le cours de la discussion , tant au Tribunat qu'au Corps législatif, et dont on a ordonné l'impression.*, Vol. VII (Paris, Chez Rondonneau) pp. 94-124.

Grotii, Hugonis (1939): *De iure belli ac pacis libri tres (ed. B.J.A. de Kanter-van Hettinga Tromp)* (Leiden, E.J. Brill). Grocio, Hugo (1925): *Del Derecho de la Guerra y de la Paz.* Tomo IV (trad. Jaime Torrubiano, Madrid, Editorial Reus).

Kreittmayr, Wiguläus Xaverius Aloysius von (1765): *Anmerkungen über den Codicem Maximilianeum Bavaricum Civilem*, Parte cuarta (Múnich, Gedruckt und zu finden bey Joh. Jacob Bötter).

Laurent, François (1875): *Principes de Droit civil*, Tomo XVI (Bruselas/ París, Bruylant-Cristophe & comp./A. Durand & Pedone Lauriel).

LASTARRIA, José Victorino (1864): *Instituta del Derecho Civil chileno* (Gante, Imprenta de Eug. Vanderhaeghen, 2.ª ed.)

LESSIUS, Leonardo (1608): *De Iustitia et Iure caeterisque virtutibus cardinalibus Libri Quattuor ad secundam secundae d. Thomae* (Venecia, Apud Bernardum Iuntam, Io. Bapt. Ciott. et Socios).

LÓPEZ, Gregorio (1844): "Glosa", en *Las Siete Partidas del Sabio Rey D. Alonso el IX,* Tomo IV (trad. Ignacio Sanponts y Barba y otros, Barcelona, Imprenta de Antonio Bergnes).

MANTICA, Francesco (1680): *Vaticanae lucubrationes de tacitis et ambiguis conventionibus in libros XXVII dispertitae,* Tomo I (Génova, Sumptibus Leonardi Chouer).

MOLINAE, Ludovici (1733): *De Iustitia et Iure opera omnia, tractatibus quinqe, tomisque totidem comprehensa,* Tomo II (Colonia Allobrogum, Sumptibus Marci Michaelis Bousquet, et Soc. Bibliop. Et Typograph.). FRAGA IRIBARNE, Manuel (trad.) (1942): *Luis de Molina. Los seis libros de la justicia y el Derecho,* Tomo II, Vol. I (Madrid, Imprenta de José Luis Cosano).

MOLINAEI, Caroli (1681): *Omnia quae extant opera,* T. II (Paris, Sumptibus Joannis Baptistae Coignard Regis Typographi).

MORÁN FLECHA, Manuel (trad.) (1994): *Santo Tomás de Aquino. Suma de teología,* IV, Parte II-II (b) (Madrid, Biblioteca de autores cristianos).

MARTRESIUS, Petrus (1753): "Ad L. Veteribus. De pactis. D. Commentarius", en MEERMAN, Gerard (ed.), *Novus Thesaurus Juris civilis et canonici,* Tomo VI (La Haya, Apud Petrum de Hondt) pp. 706-723.

MUXELLANI, Dyni (1568): *Commentarius in Regulas Iuris Pontificii* (Lyon, Apud haeredes Iacobi Iunctae).

OLEARIUS, Adam (1696): *Des Welt-berühmten Adami Olearii colligirte und viel vermehrte Reise-Beschreibungen* (Hamburgo, In Verlegung Zacharias Herteln und Thomas von Wiering)

PAULI CASTRENSIS (1582): *In Primam Digesti Veteris partem Commentaria* (Venecia, s/e).

PALEY, William (1785): *The principles of moral and political philosophy* (Londres, Printed for R. Faulder, New Bond Street).

PAPIENSIS, Bernardi (1860): *Summa decretalium* (ed. Ernst A. T. Laspeyres, Ratisbona, Apud G. Iosephum Manz).

PARSONS, Theophilus (1868): *A treatise on the Law of Marine Insurance and General Average,* Vol. I (Boston, Little, Brown and Company)

Perkins, John (1827): *A profitable book, treating of the Laws of England; principally as they relate to conveyancing* (trad. Richard Greening, Londres, J. & W. T. Clarke).

Plowden, Edmund (1792): *Reports of Edmund Plowden, of the Middle-Temple esq., an apprentice of the Common Law,* I (Dublin, Printed for H. Watts, Law-Bookseller) = **Plow.**

Pollock, Frederick (1889): *Principles of Contract: a treatise on the general principles concerning the validity of agreements in the Law of England* (Londres, Stevens and Sons Limited Law Publishers and Booksellers).

Pothier, Robert Joseph (1764): *Traité des obligations, selon les regles tant du for de la conscience, que du for extérieur,* Tomo I (Paris/Orleans, Chez Debure l'aîné/ Chez J. Rouzeau Montaut, 2.ª ed.).

Pothier, Roberto-Josepho (1818): *Pandectae Justinianeae in novum ordinem digestae,* Tomo I (Paris, Apud Belin-Leprieur, 4.ª ed.).

Pothier, Roberto-Josepho (1821): *Pandectae Justinianeae in novum ordinem digestae,* Tomo III (Paris, Apud Belin-Leprieur, 4.ª ed.).

Puchta, Georg Friedrich (1877): *Lehrbuch der Pandekten* (Leipzig, Verlag von Johann Ambrosius Barth, 12.ª ed.).

Pufendorfii, Samuelis (1698): *De jure naturae et gentium libri octo. Editio ultima, auctior multo, et emendatior* (Amsterdam, Apud Joannem Wolters)

Sánchez, Thomae (1623): *Opus morale in praecepta decalogi* (Lyon, Sumpt. Iacobi Cardon et Petri Cavellat).

Sanponts y Barba, Ignacio; Marti de Eixala, Ramón y Ferrer y Subirana, José (1844): *Las Siete Partidas del sabio rey D. Alonso el IX con las variantes de más interés y con la glosa del Lic. Gregorio López vertida al castellano,* Tomo IV (Barcelona, Imprenta de Antonio Bergnes).

Savigny, Friedrich Karl von (1814): *Vom Beruf unsrer Zeit für Gesetzgebung und Rechtswissenschaft* (Heidelberg, bey Mohr und Zimmer). Savigny, Friedrich Karl von (2017): *De la vocación de nuestro tiempo para la legislación y la ciencia del Derecho* (trad. Juan Antonio Gómez García, Valencia, Tirant humanidades).

Savigny, Friedrich Karl von (1840): *System des heutigen Römischen Rechts,* Tomo III (Berlín, bei Veit und Comp.) Savigny, Friedrich Karl von (2005): *Sistema del derecho romano actual* (trad. Ch. Guenoux – Jacinto Mesía y Manuel Poley, Granada, Editorial Comares).

Savigny, Friedrich Carl von (1853): *Das Obligationenrecht als Theil des heutigen Römischen Rechts,* Tomo II (Berlín, bei Veit und Comp.).

SCHIURPFF, Hieronymi (1545): *Consiliorum seu responsorum Iuris* (Fráncfort, Apud Christianum Eigenolphum Hadamarium).

SOTO, Domingo de (1968): *De la Justicia y el Derecho,* Volumen IV (trad. Marcelino González, Madrid, Instituto de Estudios Políticos).

STRYK, Samuelis (1750): *Tractatus de Jure sensum, in quo quae in utroque Jure de Sensibus disposita, diluoide explicantur* (Fránkfort, Jeremiae Schren Haeredum et J.C. Hartmann, quinta edición).

SUAREZ, Francisci (1610): *De virtute et statu Religionis.* Tomo II (Maguncia, Sumptibus Hermanni Mylii).

SUAREZ, Francisci (1613): *Tractatus de legibus ac Deo legislatore in decem libros distributus* (Lyon, Sumptibus Horatti Cardon).

THIBAUT, Anton Friedrich Justus (1834): *System des Pandektenrechts,* Tomo I (Jena, Druck und Verlag von Friedrich Maule, 8.ª ed.).

THOMASIUS, Christian (1691): *Außübung Der Vernunfft-Lehre* (Halle, Gedruckt bey Christoph Salfelden/Chur-Fürstl. Brandenb. Hoff- und Regierungs Buch-drucker im Hertzogthume Magdeburg).

TOULLIER, Charles Bonaventure Marie (1814): *Le Droit civil francais suivant l'ordre du Code,* Volumen VI (Rennes, Chez Cousin-Danelle Imprimeur-Libraire).

UPTON, Wheelock y JENNINGS, Needler (1838): *Civil Code of the state of Louisiana* (New Orleans, E. Johns & Co. Stationers Hall)

VERA, Robustiano (1896): *Código Civil de la República de Chile. Comentado i esplicado,* Tomo V (Santiago, Imprenta de "El Correo").

VIVIANUS (1627): "*Veteribus. Casus*", en FEHE, Ioannis (ed.), *Corpus Iuris Civilis Iustinianei. Tomus primus Digestum Vetus continent* (Lyon, Barlet)

VOET, Johannis (1725): *Commentarius ad Pandectas.* Tomo I (La Haya, Apud Petrum de Hondt, 5.ª ed.).

WÄCHTER, Carl Georg von (1880): *Pandekten. Allgemeiner Theil,* Tomo I (Leipzig, Druck und Verlag von Breitkopf und Härtel).

WENING-INGENHEIM, Johann (1837): *Lehrbuch des Gemeinen Civilrechtes,* Tomo I (Múnich, Bei Ernst August Fleischmann, 5.ª ed.).

WINDSCHEID, Bernhard (1891): *Lehrbuch des Pandektenrechts,* Tomo I (Fráncfort del Meno, Literarische Anhalt Gütten & Goening, 7.ª ed.).

WOLFF, Christian von (1754): *Grundsätze des Natur- und Völckerrechts worinn alle Verbindlichkeiten und alle Rechte aus der Natur des Menschen in einem beständigen Zusammenhange hergeleitet werden* (Halle, der Regnerischen Buchhandlung)

ZASII, Uldarici (1590): *Operum Omnium.* Tomo I (Frankfurt am Main, impens. Haered. Sigis. Feyerab.)

ZEILLER, Franz Edlen von (1812): *Commentar über das allgemeine bürgerliche Gesetzbuch für die gesammten Deutschen Erbländer des Oesterreichischen Monarchie,* Tomo III (Viena y Trieste, In Geistingers Verlagshandlung)

TEXTOS LEGALES HISTÓRICOS

BEHRENDS, Okko; KNÜTEL, Rolf; KUPISCH, Berthold y SEILER, Hans Hermann (1999): *Corpus Iuris Civilis. Text und Übersetzung,* Tomo III, Digesten 11-20 (Heidelberg, C. F. Müller Verlag).

D'ORS, A.; FERNÁNDEZ-TEJERO, F.; FUENTESECA, P.; GARCÍA-GARRIDO, M. y BURILLO, J. (1968): *El Digesto de Justiniano,* Tomo I. Constituciones preliminares y libros 1-19 (Pamplona, Editorial Aranzadi).

D'ORS, A.; FERNÁNDEZ-TEJERO, F.; FUENTESECA, P.; GARCÍA-GARRIDO, M. y BURILLO, J. (1972): *El Digesto de Justiniano,* Tomo II. Libros 20-36 (Pamplona, Editorial Aranzadi).

D'ORS, A.; FERNÁNDEZ-TEJERO, F.; FUENTESECA, P.; GARCÍA-GARRIDO, M. y BURILLO, J. (1975): *El Digesto de Justiniano,* Tomo III. Libros 37-50 (Pamplona, Editorial Aranzadi).

GARCÍA DEL CORRAL, Ildefonso (1889): *Cuerpo del Derecho Civil romano á doble texto, traducido al castellano del latino publicado por los hermanos Kriegel, Hermann y Osenbrüggen con las variantes de las principales ediciones antiguas y modernas y con notas de referencias,* Instituta-Digesto. Tomo I (Barcelona, Jaime Molinas editor).

GARCÍA DEL CORRAL, Ildefonso (1892): *Cuerpo del Derecho Civil romano á doble texto, traducido al castellano del latino publicado por los hermanos Kriegel, Hermann y Osenbrüggen con las variantes de las principales ediciones antiguas y modernas y notas de referencias,* Digesto. Tomo II (Barcelona, Jaime Molinas editor).

GARCÍA DEL CORRAL, Ildefonso (1897): *Cuerpo del Derecho Civil romano á doble texto, traducido al castellano del latino publicado por los hermanos Kriegel, Hermann y Osenbrüggen con las variantes de las principales ediciones antiguas y modernas y con notas de referencias,* Digesto. Tomo III (Barcelona, Jaime Molinas editor).

LENEL, Otto (1889): *Palingenesia iuris civilis,* Vol. I y II (Leipzig, Ex Officina Bernhardt Tauchnitz) = **Lenel.**

SAMPER POLO, Francisco (trad.) (2017): *Las Instituciones jurídicas de Gayo* (Santiago, Ediciones UC, 2.ª ed.) = **Gai.**

SCHIPANI, Sandro (ed.) y otros (2007): *Iustiniani Augusti Digesta seu Pandectae. Testo e traduzione,* Vol. III (Milán, Dott. A. Giuffrè editore).

WATSON, Alan (1985): *The Digest of Justinian. English-language translation by Alan Watson,* Vol. 4 (Filadelfia, University of Pennsylvania Press).

FUENTES LITERARIAS

BALASCH, Manuel (intr., trad., notas) (2008): *Juvenal. Persio. Sátiras* (Madrid, Editorial Gredos). = **Iuv.,** *Saturae.*

CASTRESANA, Amelia (intr., trad., notas) (2009): *Marco Porcio Catón. De agri cultura* (Madrid, Tecnos) = **Cat.** *De agr.*

CORNELL, T. J (ed.) (2013): *The fragments of the roman historians,* Vol. 2, Texts and translations (Oxford, Oxford University Press).

ISO, José Javier (int., trad. y notas) (2002): *Cicerón. Sobre el orador* (Madrid, Editorial Gredos) = **Cic.** *De orat.*

HERNÁNDEZ MIGUEL, Luis Alfonso (int., trad., notas) (1998a): *Varrón. La lengua latina. Libros V-VI* (Madrid, Editorial Gredos) = **Varr.** *l. lat.*

HERNÁNDEZ MIGUEL, Luis Alfonso (int., trad., notas) (1998b): *Varrón. La lengua latina. Libros VII-X y fragmentos* (Madrid, Editorial Gredos) = **Varr.** *l. lat.*

LINDSAY, Wallace M. (ed.) (1997): *Sextus Pompeius Festus, De verborum significatu quae supersunt. Cum Pauli epitome. Thewrewkianis copiis usus ed. Wallace M. Lindsay* (Teubner, Stuttgart y Leipzig, Thomas Müntzer) = **Fest.**

MARCOS CASQUERO, Manuel-Antonio y DOMÍNGUEZ GARCÍA, Avelino (trad.) (2006): *Aulo Gelio. Noches áticas, II, Libros 11-20* (León, Secretariado de Publicaciones Universidad de León). = **Gell.,** *Noct. Att.*

ORTEGA VILLARO, Begoña (1998): "Las tablas de Heraclea: traducción y notas", *Habis,* N° 29: pp. 51-66. = *Tab. Her.* (EDR169205, *Epigraphic Database Roma*)

PÉREZ JIMÉNEZ, Aurelio (trad.) (1985): *Plutarco. Vidas Paralelas,* Tomo I. Teseo-Rómulo-Licurgo-Numa (Madrid, Gredos) = **Plut.** *Thes.*

CANO CUENCA, Jorge y otros (trad.) (2007): *Plutarco. Vidas Paralelas,* Tomo V. Lisandro-Sila-Cimón-Lúculo-Nicias-Craso (Madrid, Gredos) = **Plut.** *Sull.*

QUINTILIANO, Marco Fabio (1999): *Institutionis oratoriae. Sobre la formación del orador.* Parte tercera, libros VII-IX, Tomo III (Salamanca, Publicaciones Universidad Pontificia Salamanca, trad. y comentarios Alfonso Ortega) = **Quint. *Inst. orat.***

ROMÁN BRAVO, José (trad.) (2012): *Comedia latina. Obras completas de Plauto y Terencio* (Madrid, Cátedra) = **Plaut. *Asin.***

THILO, Georgius (ed.) (1881): *Maurus Servius Honoratus. In Vergilii carmina comentarii. Servii Grammatici qui feruntur in Vergilii carmina commentarii; recensuerunt Georgius Thilo et Hermannus Hagen* (Leipzig. B. G. Teubner). Disponible en: http://www.perseus.tufts.edu/hopper/text?doc=Perseus%3Atext%3A1999.02.0053. Fecha de consulta: 08 de marzo de 2021. = **Serv. *Aen.***

VELÁSQUEZ, Óscar (trad.) (1999): *Horacio. Arte poética. 'Epístola a los Pisones'* (Santiago, Ediciones Universidad Católica de Chile). = **Hor. *ars.***

VILLAR VIDAL, José Antonio (trad. y notas) (1993): *Tito Livio. Historia de Roma desde su fundación. Libros XXXI-XXXV* (Madrid, Editorial Gredos) = **Liv.**

REFERENCIA

ACADÉMIE FRANÇAISE (2019): "Dictionnaire de l'Académie française, 9e édition". Disponible en: https://www.dictionnaire-academie.fr/article/A9G1712. Fecha de consulta: 18 de abril de 2022.

BERGER, Adolf (1953): *Encyclopedic Dictionary of Roman Law* (Filadelfia, The American Philosophical Society).

GARNER, Bryan (ed.), *Black's Law Dictionary* (St. Paul, West Thomson Reuters, 9.ª ed.).

GLARE, P.G.W. (ed.) (2012): *Oxford Latin Dictionary* (Oxford, Oxford University Press, 2.ª ed.).

LAW INSIDER (s/f): "*No contra Proferentem* Sample". Disponible en: https://www.lawinsider.com/clause/no-contra-proferentem. Fecha de consulta: 14 de noviembre de 2023.

REAL ACADEMIA ESPAÑOLA (1832): *Diccionario de la lengua castellana* (Madrid, Imprenta Real, 7.ª ed.).

REAL ACADEMIA ESPAÑOLA (2022): *Diccionario de la lengua española* [online, versión 23.6] Disponible en: https://dle.rae.es/. Fecha de consulta: 05 de julio de 2023.

REAL ACADEMIA ESPAÑOLA (2023): *Diccionario panhispánico del español jurídico (DPEJ)* [online] Disponible en: https://dpej.rae.es/. Fecha de consulta: 26 de julio de 2022. = **DPEJ.**

DOCTRINA

ABELIUK MANASEVICH, René (1970): *Las obligaciones* (Santiago, Editores López-Viancos).

ABELIUK MANASEVICH, René (2014a): *Las obligaciones,* Tomo I (Santiago, Thomson Reuters, 6.ª ed.).

ABELIUK MANASEVICH, René (2014b): *Las obligaciones,* Tomo II (Santiago, Thomson Reuters, 6.ª ed.).

ABRAHAM, Kenneth S. (1996): "A theory of Insurance Policy Interpretation", *Michigan Law Review,* Volume 95, N° 3: pp. 531-569.

ACHURRA LARRAÍN, Juan (2005): "El mercado de seguros en la comunidad iberoamericana. Situación de Chile", en ALTUZARRA, Jimena y otros (eds.), *Derecho de seguros. Escritos de Juan Achurra Larraín,* Tomo I (Santiago, Universidad de los Andes) pp. 147-171.

AEDO BARRENA, Cristián (2014): "El concepto normativo de la culpa como criterio de distribución de riesgos. Un análisis jurisprudencial", *Revista Chilena de Derecho,* vol. 41, N° 2: pp. 705-728.

AEDO BARRENA, Cristián (2018a): "El derecho romano en el pensamiento jurídico y en el método de Jean Domat, con especial referencia a la responsabilidad civil y a la 'faute'", en GUZMÁN BRITO, Alejandro (ed.), *Libro de amigos dedicado al profesor Carlos Salinas* (Santiago, Thomson Reuters) pp. 4-39.

AEDO BARRENA, Cristián (2018b): "La naturaleza jurídica de las conductas exigidas al asegurado a la luz de la Ley N° 20.667", *Revista Ius et Praxis,* Año 24, N° 2: pp. 51-96.

ALBANESE, Bernardo (1973): "Tre studi celsini", *Annali del Seminario Giuridico della Università di Palermo,* Vol. XXXIV: pp. 77-265.

ALCALDE RODRÍGUEZ, Enrique (2018): *La responsabilidad contractual. Causa y efectos de los contratos y sus obligaciones* (Santiago, Ediciones UC).

ALCALDE RODRÍGUEZ, Enrique y BOETSCH GILLET, Cristián (2021): *Teoría general del contrato. Doctrina y jurisprudencia,* Tomo II (Santiago, Editorial Jurídica de Chile).

ALCALDE SILVA, Jaime (2006): "Una nueva lectura de las normas de interpretación de los contratos", en CORRAL TALCIANI, Hernán y RODRÍGUEZ PINTO, María Sara (coords.), *Estudios de Derecho Civil II* (Santiago, LexisNexis) pp. 549-570.

ALCALDE SILVA, Jaime (2010): *Las cartas de patrocinio. Criterios dogmáticos para su aplicación en Chile* (Santiago, Abeledo Perrot/ Legal Publishing).

ALCALDE SILVA, Jaime y GOLDENBERG SERRANO, Juan Luis (2020): "El control de precios y la intervención externa de los contratos en el derecho chileno", *Revista de Ciencias Sociales,* N° 77: pp. 13-53.

ALCALDE SILVA, Jaime (2023): "1. Introducción. Derecho civil en la Jurisprudencia", en VALENZUELA QUIROZ, Felipe (ed.), *Criterios jurisprudenciales de los tribunales superiores de justicia,* Volumen I (Santiago, Thomson Reuters) pp. 21-39.

ALESSANDRI RODRÍGUEZ, Arturo (1936): *Derecho Civil (segundo año). De los contratos. Versiones taquigráficas de la cátedra de Derecho Civil del señor Arturo Alessandri Rodríguez. Con anotaciones del señor Onias León Gaete* (Santiago, Editorial Zamorano y Caperán).

ALESSANDRI RODRÍGUEZ, Arturo (1941): "El contrato dirigido", *Revista de Derecho, Jurisprudencia y Ciencias Sociales,* Tomo XXXVIII: pp. 5-13.

ALESSANDRI RODRÍGUEZ, Arturo (2004): *De los contratos* (Santiago, Editorial Jurídica de Chile).

ALFARO ÁGUILA-REAL, Jesús (1991): *Las condiciones generales de la contratación. Estudio de las disposiciones generales* (Madrid, Editorial Civitas).

ÁLVAREZ CORA, Enrique (2019): "La fórmula «in dubio» en la jurisprudencia hispana moderna", *Ivs Fvgit,* N° 22: pp. 139-165.

ÁLVAREZ, Mirta (2015): "El favor debitoris. Origen romanístico del principio de la protección al más débil", en ABERASTURY, Pedro y VIGEVANO, Marta (coord.) *Principios generales del Derecho* (Buenos Aires, Abeledo Perrot) pp. 3-23.

ÁLVAREZ NORAMBUENA, Vicente (2019): *La Culpa Propia en la Formación y Cumplimiento de Contratos* (Santiago, Thomson Reuters, 2.ª ed.)

ÁLVAREZ SEURA, Gonzalo (2019): "Breves notas acerca de la noción de la relación obligatoria moderna y su sistemática", en MORENO BOBADILLA, Ángela y SCHIELE MANZOR, Carolina (eds.), *Pensamiento Jurídico Central,* Volumen 2 (Valencia, Tirant lo Blanch) pp. 47-64.

AMUNÁTEGUI PERELLÓ, Carlos (2016a): *Teoría y Fuentes del Derecho. Boni et Aequi* (Santiago, Ediciones UC).

Amunátegui Perelló, Carlos (2016b): "La Doctrina Jurídica en Chile. Un breve estudio acerca del surgimiento de la figura del jurista en Chile y la educación universitaria", *Revista de Derecho (Valdivia)*, vol. XXIX, N° 1: pp. 9-28.

Amunátegui Perelló, Carlos (2019): *Código Civil de Chile. Edición anotada, concordada y con fuentes* (Valencia, Tirant lo Blanch).

Andrés Santos, Francisco Javier (2004): "Edward Coke (1552-1634)", en Domingo, Rafael (ed.), *Juristas universales. Vol. II. Juristas modernos* (Madrid/Barcelona, Marcial Pons) pp. 292-298.

Andrews, Neil (2017): "Interpretation of Contracts and 'Commercial Common Sense': Do not overplay this useful criterion", *Cambridge Law Journal*, Vol. 76, N° 1: pp. 36-62.

Araya Ibáñez, Álvaro (2023): *Contratos inteligentes. Las cinco reglas de oro para redactar contratos eficientes* (Santiago, Rubicón).

Argent, Pierre d' (2018): "*Contra proferentem*", en Klingler, Joseph y otros (eds.), *Between the Lines of the Vienna Convention? Canons and Other Principles of Interpretation in Public International Law* (Alphen aan den Rijn, Kluwer Law International) pp. 241-258.

Armbrüster, Christian (2014): "BGB § 155", en Westermann, Harm Peter y otros (coords.), *Erman Bürgerliches Gesetzbuch. I* (Colonia, Verlag Dr. Otto Schmidt).

Arvind, TT (2019): *Contract Law* (Oxford, Oxford University Press, 2.ª ed.).

Asenjo Asenjo, Karen (2022): "Contratos administrativos en sentido estricto y contratos privados de la administración. Criterios para su delimitación", *Revista de Derecho Administrativo Económico*, N° 35: pp. 5-34.

Astuti, Guido (1961): "Contratto (Diritto intermedio)", en *Enciclopedia del Diritto*, Vol. IX (Varese, Dott. A. Giuffrè editore) pp. 759-783.

Avena-Robardet, Valérie (2003): "Le doute profite toujours au consommateur. Cour de cassation, 1re civ. 21 janv. 2003", *Recueil Dalloz*, 2003 N° 10: pp. 693-694.

Ayres, Ian y Gertner, Robert (2003): "Cubriendo vacíos en contratos incompletos: una teoría económica sobre reglas supletorias", *Themis. Revista de Derecho*, N° 47: pp. 195-222.

Ayres, Ian (2006): "Ya-Huh: There Are and Should Be Penalty Defaults", *Florida State University Law Review*. Vol. 33, N° 3: pp. 589-618.

Baaij, Jaap; Cabrelli, David y Macgregor, Laura (2020a): "Introduction", en Baaij y otros (eds.), *Interpretation of Commercial Contracts in*

European Private Law (Cambridge/Antwerpe/Chicago, Intersentia) pp. 3-15.

BAAIJ, Jaap; CABRELLI, David y MACGREGOR, Laura (2020b): "Conclusions", en BAAIJ y otros (eds.), *Interpretation of Commercial Contracts in European Private Law* (Cambridge/Antwerpe/Chicago, Intersentia) pp. 405-412.

BABUSIAUX, Ulrike (2006): *Id quod actum est. Zur Ermittlung des Parteiwillens im klassischen römischen Zivilprozeß* (Múnich, C.H. Beck München)

BABUSIAUX, Ulrike (2009): "L'*editio stipulationis*. Une explication de D. 2,13,1,4 (Ulp. 4 *ad ed.*)", *Tijdschrift voor Rechtsgeschiedenis,* Vol. 77, N° 1-2: pp. 23-41.

BABUSIAUX, Ulrike (2011): *Papinians* Quaestionis. *Zur rhetorischen Methode eines spätklassischen Juristen* (Múnich, C.H. Beck München).

BABUSIAUX, Ulrike y WITZ, Claude (2017): "Das neue französische Vertragsrecht – Zur Reform des Code civil", *Juristen Zeitung,* Vol. 72: pp. 496-507.

BACKHAUS, Ralph (1983): "In maiore minus inest", *Zeitschrift der Savigny-Stiftung für Rechtsgeschichte: Romanistische Abteilung,* Vol. 113: pp. 136-184.

BAEZA PINTO, Sergio (2001): *El seguro* (Santiago, Editorial Jurídica de Chile, 4.ª ed. act. por Juan Achurra y Juan José Vives).

BAKER, John (2003): *The Oxford History of the Laws of England,* Vol. VI. 1483-1558 (Oxford, Oxford University Press).

BAKER, John (2019): *An Introduction to English Legal History* (Oxford, Oxford University Press, 5.ª ed.)

BAKER, John (2004): "Perkins, John (Legal writer)", en MATTHEW, H.C.G y BARRISON, Brian (eds.), *Oxford Dictionary of National Biography* (Oxford, Oxford University Press) pp. 775-776.

BALDUS, Christian (1998): *Regelhafte Vertragsauslegung nach Parteirollen im klassischen römischen Recht und in der modernen Völkerrechtswissenschaft,* Tomo II (Frankfurt del Meno, Peter Lang).

BALDUS, Christian (2019a): "Geschichte der Rechtsmethode – Methode der Rechtsgeschichte. Der Entscheidungsspielraum als Angelpunk rechtsgeschichtlichen Methodendenkens", *Juristen Zeitung,* Vol. 74, N° 13: pp. 633-688.

BALDUS, Christian (2019b): "*Fluctuat nec mergitur.* Per un doppio ancoraggio del Diritto comparato", *Rivista di Diritto civile,* Vol. 65, N° 5: pp. 1106-1118.

BALMACEDA HOYOS, Jorge (2018): *La venta internacional de mercaderías. El sistema continental de Common Law y los movimientos de armonización entre ambos* (Santiago, Thomson Reuters).

BAMBACH SALVATORE, María Victoria (1991): "Las cláusulas abusivas", en BARROS BOURIE, Enrique (coord.), *Contratos* (Santiago, Editorial Jurídica de Chile) pp. 47-80.

BANFI DEL RÍO, Cristián (2020): "Riesgos en la interpretación de un contrato entre partes sofisticadas", en BARRÍA DÍAZ, Rodrigo; FERRANTE, Alfredo y SAN MARTÍN NEIRA, LILIAN (eds.), *Presente y futuro del Derecho contractual* (Santiago, Thomson Reuters) pp. 205-219.

BARCIA LEHMANN, Rodrigo (2007): *Lecciones de Derecho Civil chileno*, Tomo II. De las fuentes de las obligaciones (Santiago, Editorial Jurídica de Chile).

BARCIA LEHMANN, Rodrigo (2013): "Incidencia de la teoría en la aplicación de la ley y la interpretación e integración del contrato", en DOMÍNGUEZ HIDALGO, Carmen y otros (coords.), *Estudios de Derecho Civil VIII* (Santiago, Thomson Reuters) pp. 209-232.

BARCIA LEHMANN, Rodrigo (2024): *Actos jurídicos, negocio jurídico y teoría general del contrato* (Valencia, Tirant lo Blanch).

BARAONA GONZÁLEZ, Jorge (2008): "Panorama doctrinal de la interpretación de los contratos", en GUZMÁN BRITO, Alejandro (ed.) *Colección de estudios de Derecho Civil en homenaje a la profesora Inés Pardo de Carvallo* (Valparaíso, Ediciones Universitarias de Valparaíso) pp. 455-469.

BARAONA GONZÁLEZ, Jorge (2014): "La regulación contenida en la Ley 19.496 sobre protección de los derechos de los consumidores y las reglas del Código Civil y Comercial sobre contratos: un marco comparativo", *Revista Chilena de Derecho,* vol. 41 N° 2: pp. 381-408.

BARAONA GONZÁLEZ, Jorge (2016): "La interpretación contractual: una insistencia en su giro objetivo", en DEPARTAMENTO DE DERECHO PRIVADO UNIVERSIDAD DE CONCEPCIÓN (ed.) y BARRÍA PAREDES, Manuel (coord.), *Estudios de Derecho Civil XI* (Santiago, Thomson Reuters) pp. 439-449.

BARAONA GONZÁLEZ, Jorge (2021): "La interpretación de los contratos de consumo sujetos a la Ley N° 19.496", en CORREA BASCUÑÁN, Mario; CARVAJAL RAMÍREZ, Patricio y WIDOW LIRA, Felipe (eds.), *Las razones del Derecho. Estudios en honor de José Joaquín Ugarte Godoy* (Santiago, Thomson Reuters) pp. 409-451.

BARRIENTOS CAMUS, Francisca (2018): "Repensando el control de forma de los contratos por adhesión: una mirada a su aplicación actual y la introducción de la transparencia", en BAHAMONDES OYARZÚN, Claudia y otros (eds.), *Estudios de Derecho Civil XIII* (Santiago, Thomson Reuters) pp. 1001-1018.

BARRIENTOS CAMUS, Francisca (2019): *Lecciones de Derecho del consumidor* (Santiago, Thomson Reuters).

BARRIENTOS GRANDON, Javier (2004): "Matthaeus Wesenbeck (Wesenbecius) (1531-1586)", en DOMINGO, Rafael (ed.) *Juristas Universales. Vol. II. Juristas modernos* (Madrid/Barcelona, Marcial Pons) pp. 246-248.

BARRIENTOS GRANDON, Javier (2016): *El Código Civil. Su jurisprudencia e historia,* Tomo II (Santiago, Thomson Reuters).

BARRIENTOS GRANDON, Javier (2019): "Blackstone y su uso por Bello en la formación del Código Civil de Chile. Un ejemplo en sede de nulidad del matrimonio", *Revista de Estudios Histórico-Jurídicos,* Vol. XLI: pp. 305-315.

BARRIENTOS ZAMORANO, Marcelo (2010): *Daños y deberes en las tratativas preliminares de un contrato* (Santiago, LegalPublishing)

BARRIENTOS ZAMORANO, Marcelo (2016): "La unilateral imperatividad de los requisitos esenciales del contrato de seguro en el Código de Comercio chileno", *Revista boliviana de Derecho,* N° 22: pp. 98-119.

BARRIENTOS ZAMORANO, Marcelo (2023): "Título XII. Del efecto de las obligaciones", en AMUNÁTEGUI PERELLÓ, Carlos (ed.), *Comentario histórico-dogmático al libro IV del Código Civil de Chile,* Tomo I (Valencia, Tirant lo Blanch) pp. 321-441.

BARROILHET ACEVEDO, Claudio (2007): *Derecho del Seguro Marítimo* (Santiago, Librotecnia).

BARROILHET ACEVEDO, Claudio y ANGELBECK SILVA, Robert (2017): *Derecho de Seguros. Parte general* (Santiago, Librotecnia).

BARROS BOURIE, Enrique (2006): "La diferencia entre '*estar obligado*' y '*ser responsable*' en el Derecho de los contratos", en CORRAL TALCIANI, Hernán y RODRÍGUEZ PINTO, María Sara (eds.), *Estudios de Derecho Civil II* (Santiago, LegalPublishing) pp. 721-752.

BARROS BOURIE, Enrique (2008): "Finalidad y alcance de las acciones y los remedios contractuales", en GUZMÁN BRITO, Alejandro (ed.), *Estudios de Derecho Civil III* (Santiago, LegalPublishing) pp. 403-428.

BARROS ERRÁZURIZ, Alfredo (1917): *Curso de Derecho Civil. Segundo año. Segunda parte* (Santiago, Imprenta y Encuadernación Claret).

BASCUÑÁN RODRÍGUEZ, Antonio (2014): "El mito de Domat", en GREZ HIDALGO, Pablo y otros (eds.), *Una vida en la Universidad de Chile: Celebrando al profesor Antonio Bascuñán Valdés* (Santiago, Thomson Reuters) pp. 263-349.

BASEDOW, Jürgen (2019): "BGB §305c. Überraschende und mehrdeutige Klauseln", en KRÜGER, Walter (ed.), *Münchener Kommentar zum BGB*, Tomo II (Múnich, C.H. Beck, 8.ª ed.)

BAUDRY-LACANTINERIE, Gabriel y BARDE, Louis-Joseph (1906): *Traité théorique et pratique de Droit civil. Des obligations*, Volumen I (Paris, Libraire de la Société du recueil J.-B. Sirey et du Journal du Palais)

BEAL, Peter (2008): *A dictionary of English manuscript terminology. 1450-2000* (Oxford, Oxford University Press).

BEALE, Hugh (2021): *Chitty on Contracts* (Londres, Sweet & Maxwell, 34.ª ed.)

BEATSON, Jack; BURROWS, Andrew y CARTWRIGHT, John (2020): *Anson's Law of Contract* (Oxford, Oxford University Press, 31.ª ed.)

BEDOS-REZAK, Brigitte (2010): "Cutting Edge. The Economy of Mediality in Twelfth-Century Chirographic Writing", *Das Mittelalter*, N° 15: pp. 134-161.

BEH, Hazel Glenn (2003): "Reassessing the Sophisticated Insured Exception", *Tort Trial & Insurance Practice Law Journal*, Vol. 39, N° 1: pp. 85-120.

BEHRENDS, Okko (2005): "Die Unklarheitenregel des römischen Rechts– Rechtspilosophischer Ursprung und juristische Ausarbeitung eines erfolgreichen Auslegungsprinzips", en BAUMANN, Wolfgang; DICKHUTH-HARRACH, Hans-Jürgen von y MAROTZKE, Wolfgang (eds.), *Gesetz, Recht, Rechtsgeschichte. Fetschrift fur Gerhard Otte zum 70. Geburtstag* (Múnich, Sellier European Law Publishers) pp. 457-480.

BELDA MERCADO, Javier (2004): "La obligación de garantía por evicción del comprador en el Derecho Romano clásico", *Anuario da Facultade de Dereito da Universidade da Coruña*, N° 8: pp. 119-140.

BELLOCCI, Nicla (2002): "Ius sacrum e sollemnes nuncupationes in Roma antica", *Diritto@storia. Rivista Internazionale di Scienze Giuridiche e Tradizione Romana*, N° 1. Disponible en: http://www.dirittoestoria.it/tradizione/Bellocci-%20Ius%20sacrum%20e%20sollemnes%20nuncupationes.htm. Fecha de consulta: 08 de marzo de 2021.

BENNET, Howard (2005): *Law of Marine Insurance* (Oxford, Oxford University Press).

BENÍTEZ CAORCI, Juan J. (2002): *La interpretación en los contratos con cláusulas predispuestas* (Bogotá, Editorial Temis).

BERGER, Adolf (1951): "In Dubiis Benigniora (Dig. 50.17.56)", *Seminar. Annual Extraordinary Number of The Jurist*, Vol. 9, N° 1: pp. 8-23.

BERGFELD, Christoph (2000): "Entscheidungen des Reichsoberhandelsgerichts und des Reichsgerichts zur Auslegung von Rechtsgeschäften", en FALK, Ulrich y MOHNHAUPT, Heinz (eds.), *Das Bürgerliche Gesetzbuch und seine Richter. Zur Reaktion der Rechtsprechung auf die Kodifikation des deutschen Privatrechts (1896-1914)* (Fráncfort del Meno, Vittorio Klostermann) pp. 625-649.

BERLIOZ, Georges (1976): *Le contrat d'adhesion* (París, Libraire Generale de Droit et Jurisprudence, 2.ª ed.).

BERMEJO, Nuria (2022): "La batalla de formularios", en MORALES MORENO, Antonio (dir.) y BLANCO MARTÍNEZ, Emilio (coord.), *Estudios de Derecho de Contratos*, Vol. 1 (Madrid, Agencia Estatal Boletín Oficial del Estado) pp. 92-111.

BERMÚDEZ SOTO, Jorge (2014): *Derecho Administrativo general* (Santiago, Thomson Reuters, 3.ª ed.).

BERNAL GÓMEZ, Beatriz (2010): *Historia del derecho* (México D.F., Nostra Ediciones).

BESELER, Gerhard von (1930): "Romanistische Studien", *Tijdschrift voor Rechtsgeschiedenis*, Vol. 10, N° 1: pp. 161-240.

BETTI, Emilio (1954): "Zur Grundlegung einer allgemeinen Auslegungslehre", en KUNKEL, Wolfgang (ed.), *Festschrift für Ernst Rabel*, Vol. II (Tubinga, Mohr Siebeck) pp. 79-168.

BETTI, Emilio (1962): "Interpretazione dei negozi giuridici (Diritto romano)", en AZARA, Antonio y EULA, Ernesto (eds.) *Novissimo digesto italiano, VIII* (Turín, Unione tipografico-editrice torinense) pp. 902-903.

BETTI, Emilio (2018): *Interpretación de la ley y de los actos jurídicos* (trad. José Luis de los Mozos, Santiago, Olejnik, reimp. 2.ª ed.).

BIGOT, Jean y otros (2014): *Traité de droit des assurances. Tome 3. Le contrat d'assurance* (Issy-les-Moulineaux, LGDJ/Lextenso, 2.ª ed.).

BIONDI, Biondo (1938): *La categoria romana delle 'servitutes'* (Milán, Societa' editrice 'Vita e Pensiero').

BIONDI, Biondo (1953): *Contratto e stipulatio* (Milán, Dott. Antonino Giuffrè editore)

BIONDI, Biondo (1954): *Il Diritto romano cristiano,* Tomo III (Milán, Dott. A. Giuffrè editore)

BISCOTTI, Barbara (2002): *Dal Pacere al Pacta Conventa. Aspetti sostanziali e tutela del fenómeno pattizio dall'epoca arcaica all'editto giulianeo* (Milán, Giuffrè editore).

BOARDMAN, Michelle E. (2019): "The Unpredictability of Insurance Interpretation", *Law and Contemporary Problems,* vol. 82, N° 4: pp. 27-45.

BOETSCH GILLET, Cristián (2011): *La buena fe contractual* (Santiago, Editorial Jurídica de Chile).

BOETSCH GILLET, Cristián (2021): "Interpretación de las cláusulas especiales sobre responsabilidad contractual", en CORREA BASCUÑÁN, Mario; CARVAJAL RAMÍREZ, Patricio y WIDOW LIRA, Felipe (eds.), *Las razones del Derecho. Estudios en honor de José Joaquín Ugarte Godoy* (Santiago, Thomson Reuters) pp. 479-500.

BONIN, Birger (2021): "BGB § 305c Überraschende und mehrdeutige Klauseln", en GSELL, Beate y otros (eds.), *Beck-online Grosskommentar BGB.* Disponible en: https://beck-online.beck.de/Dokument?vpath =bibdata%2Fkomm%2Fbeckogk_38_bandbgb%2Fcont%2Fbeckogk. bgb.htm&anchor=Y-400-W-BECKOGK-B-BGB. Fecha de consulta: 1 de marzo de 2021.

BORÉ, Jacques (1972): "Un centenaire: le controle par la Cour de Cassation de la dénaturation des actes", *Revue trimestrielle de Droit civil,* Vol. 70: pp. 249-306.

BOUABDALLAH, Safia (2019): "La réception réciproque de la jurisprudence et de la doctrine dans les systèmes belge, français et luxembourgeois", *Les Cahiers de droit,* vol. 60, N° 1: pp. 95-137.

BRAIN RIOJA, Héctor (1938): "La interpretación de los contratos a través de la Jurisprudencia Chilena", *Revista de Derecho Universidad de Concepción,* N° 25-26, año VI: pp. 1983-2037.

BRAIN RIOJA, Héctor (1941): *La Interpretación de los Contratos ante la Doctrina y la Jurisprudencia.* Memoria de prueba para optar al Grado de Licenciado en la Facultad de Ciencias Jurídicas y Sociales de la Universidad de Chile.

BRANTT ZUMARÁN, María Graciela (2009): "La exigencia de exterioridad en el caso fortuito: su construcción a partir de la distribución de los riesgos del contrato", *Revista de Derecho de la Pontificia Universidad Católica de Valparaíso,* N° 33: pp. 39-102.

BRAVO LIRA, Bernardino (1985): "Vigencia de las Partidas en Chile", *Revista de estudios histórico-jurídicos*, Vol. 10: pp. 43-105.

BRESSLER, Steffen (2004): "Ulrico Zasio (Uldaricus Zasius; Huldricus Zasius; Ulrich Zäsy)", en DOMINGO, Rafael (coord.) *Juristas Universales. Vol. II. Juristas modernos* (Madrid/Barcelona, Marcial Pons) pp. 89-92.

BRIDGE, Michael (2020): *Benjamin's Sale of Goods* (Londres, Sweet & Maxwell, 11.ª ed.).

BRINKMANN, Moritz (2020): "§157 BGB", en PRÜTING, Hanns; WEGEN, Gerhard y WEINREICH, Gerd (eds.), *Prüting Wegen Weinrich BGB Kommentar* (Colonia, Luchterhand).

BRUNDAGE, James (1995): *Medieval Canon Law* (Londres y Nueva York, Routledge).

BRUSCHI, Marc (2003): "Information des consommateurs et formation des contrats. Cass. civ. 1re, 21 janv. 2003, n° 00-19001", *Revue des contrats*, N° 2003-1: pp. 91-91.

BRUTTI, Massimo (2017): *Interpretare i contratti. La tradizione, le regole* (Turín, G. Giappichelli Editore).

BUCHER, Eugen (2006): "La diversidad de significados de *Schuldverhältnis* (relación obligatoria) en el Código Civil alemán y las tradicionales fuentes extralegales de las obligaciones", *InDret. Revista para el análisis del Derecho*, Vol. 4/2006.

BUCKLAND, William Warwick (1938): "Superficies et lex contractus", *Revue historique de Droit français et étranger*, Vol. 17: pp. 666-671.

BURDESE, Alberto (1993): "Interpretazione nel Diritto romano", en SACCO, Rodolfo (ed.), *Digesto delle discipline privatistiche. Sezione civile*, Tomo IV (Turín, UTET) pp. 1-13.

BURDESE, Alberto (2006): "Sul concetto di contratto e i contratti innominati in Labeone", en BURDESE, Alberto (ed.), *Le dottrine del contratto nella giurisprudenza romana* (Padua, Casa Editrice Dott. Antonio Milani).

BURROWS, Andrew (2020): *A Restatement of the English Law of Contract* (Oxford, Oxford University Press, 2.ª ed.).

BÜRGE, Alfons (1995): "Zum Edikt De edendo. Ein Beitrag zur Struktur des römischen Zivilprozesses", *Zeitschrift der Savigny-Stiftung für Rechtsgeschichte: Romanistische Abteilung*, vol. 112: pp. 1-50.

BUSCHE, Jan (2018): "BGB § 133. Auslegung einer Willenserklärung", en SCHUBERT, Claudia (ed.), *Münchener Kommentar zum BGB*, Tomo I (Múnich, C. H. Beck, 8.ª ed.).

BUSTOS DÍAZ, María Magdalena (2023): *Interpretación de contratos. Y la buena fe como criterio de interpretación e integración contractual* (Valencia, Tirant lo Blanch).

BUTT, Peter (2013): *Modern Legal Drafting. A Guide to Using Clearer Language* (Cambridge, Cambridge University Press, 3.ª ed.).

BUY, Frédéric (2023): *Droit des contrats d'affaires* (París, LGDJ/Lextenso).

CABANILLAS SÁNCHEZ, Antonio (1988): *Las cargas del acreedor en el Derecho civil y en el mercantil* (Madrid, Editorial Montecorvo).

CALAIS-AULOY, Jean y STEINMETZ, Frank (2003): *Droit de la consommation* (París, Dalloz, 6.ª ed.).

CALBOLI MONTEFUSCO, Lucia (1986): *La dottrina degli 'status' nella retorica greca e romana* (Hildesheim/Zúrich/Nueva York, Olms-Weidmann)

CALDERAI, Valentina (2008): *Interpretazione dei contratti e argomentazione giuridica* (Turín, G. Giappichelli editore).

CALNAN, Richard (2017): *Principles of Contractual Interpretation* (Oxford, Oxford University Press, 2.ª ed.).

CALVO, Roberto (2021): *Interpretazione del contratto. Art. 1362-1371,* en DE NOVA, Giorgio (ed.), *Commentario del Codice Civile e codici collegati Scialoja-Branca-Galgano* (Bolonia, Zanichelli editore).

CAMACHO DE LOS RÍOS, Fermín (1998): "El *favor debitoris* en la interpretación de los contratos. Aproximación a un proceso de recepción del Derecho común", en ASOCIACIÓN IBEROAMERICANA DE DERECHO ROMANO (coord.), *Actas del II Congreso Iberoamericano de Derecho Romano* (Murcia, Servicio de Publicaciones Universidad de Murcia) pp. 449-459.

CAMERLYNCK, G.H.; LYON-CAEN, Gérard y PÉLISSIER, Jean (1984): *Droit du travail* (París, Dalloz, 12.ª ed.).

CAMPOS MICIN, Sebastián (2019): *Control de contenido y régimen de ineficacia de las cláusulas abusivas* (Santiago, Thomson Reuters).

CAMPOS MICIN, Sebastián (2021): "Función suplementaria de la buena fe contractual y deberes de conducta derivados. Un análisis a la luz del moderno derecho de contratos", *Revista Chilena de Derecho Privado,* N° 37: pp. 105-159.

CAMPOS MICIN, Sebastián (s/f): "La regla de interpretación *contra proferentem* y los controles de incorporación y de contenido. Criterios de preferencia y delimitación", en *Estudios de Derecho de consumo* (manuscrito, en prensas).

CANARIS, Claus-Wilhelm y GRIGOLEIT, Hans Cristoph (2011): "Interpretation of Contracts", en HARTKAMP, Arthur y otros (eds.), *Towards a European Civil Code* (Alphen aan den Rijn, Kluwer Law International, 4.ª ed.) pp. 587-618.

CANNATA, Carlo Augusto (1991): "La comprevendita consensuale romana: significato di una struttura", en VACCA, Letizia (ed.), *Vendita e transferimento della proprietà nella prospettiva storico-comparatistica,* Tomo II (Milán, Giuffrè editore)

CANNATA, Carlo Augusto (1996): *Historia de la ciencia jurídica europea* (trad. Laura Gutiérrez-Masson, Madrid, Tecnos).

CAPITANT, Henri; TERRÉ, François; LEQUETTE, Yves y CHÉNEDÉ, François (2015): *Les grands arrêts de la jurisprudence civile,* Tomo II (París, Dalloz, 13.ª ed.)

CARBONE, Mariateresa (2017): *L'emersione dell' «emptio» consensuale e le «leges venditionis» di Catone* (Milán, Edizioni Universitarie di Lettere Economia Diritto)

CARBONNIER, Jean (1969): *Droit civil,* Tomo IV (París, Presses universitaires de France, 6.ª ed.).

CARBONNIER, Jean (1971): *Derecho civil,* Tomo II, vol. II (trad. Manuel Zorrilla, Barcelona, Bosch).

CARCATERRA, Antonio (1972): *Semantica degli enunciati normativo-giuridici romani. Interpretatio iuris* (Bari, Cacucci editore)

CARCATERRA, Antonio (1986): "Le operazioni dell''avvocato'. Euristica e logica a fronte della 'narratio' dell'interessato", *Studia et Documenta Historiae et Iuris,* N° 52: pp. 73-104.

CÁRDENAS VILLARREAL, Hugo y REVECO URZÚA, Ricardo (2018): *Remedios contractuales. Cláusulas, acciones y otros mecanismos de tutela del crédito* (Santiago, Thomson Reuters).

CARO ROLDÁN, José Maria (2000): "Una aproximación a la naturaleza del uer sacrum", *Gerión,* N° 18: pp. 159-190.

CARRARA, Francisco (1960): *La simulación de los negocios jurídicos* (trad. Rafael Atard y Juan A. de la Fuente, Madrid, Editorial Revista de Derecho Privado).

CARTER, J.W. (2013): *The Construction of Commercial Contracts* (Oxford y Portland, Hart Publishing).

CARTWRIGHT, John (2018): "«Commercial» Contracts: Do they exist in English Law?", en CARVAJAL ARENAS, Lorena y TOSO MILOS, Ángela (eds.), *Estudios de Derecho Comercial. Octavas Jornadas chilenas de Derecho Comercial* (Santiago, Thomson Reuters) pp. 25-39.

CARTWRIGHT, John (2019): *Introducción al Derecho inglés de los contratos* (trad. Juan Pablo Murga, Navarra, Thomson Reuters Aranzadi).

CARVALLO PARDO, Manuel (2022): "El contrato de seguro", en SANDOVAL, Luis Javier (dir.), *GPS Seguros. Guía profesional* (Valencia, Tirant lo Blanch).

CARVAJAL RAMÍREZ, Patricio-Ignacio (2012a): "Non liquet! Facilidad probatoria en el proyecto de un nuevo Código Procesal Civil", *Revista Chilena de Derecho*, Vol. 39, N° 3: pp. 565-604.

CARVAJAL RAMÍREZ, Patricio-Ignacio (2012b): "Tipicidad contractual y derecho de los consumidores. Artículo 16, letra g), de la Ley N° 19.496", en ELORRIAGA DE BONIS, Fabián (coord.), *Estudios de Derecho Civil VII* (Santiago, Thomson Reuters) pp. 441-448.

CARVAJAL RAMÍREZ, Patricio-Ignacio (2014a): "Celso, D. 6,1,38. Una interpretación desde la retórica", en HALLEBECK, Jan; SCHERMAIER, Martin; FIORI, Roberto; METZGER, Ernest y CORIAT, Jean-Pierre (eds.), *Inter cives necnon peregrinos. Essays in honour of Boudewijn Sirks* (Gotinga, V&R Unipress) pp. 115-132.

CARVAJAL RAMÍREZ, Patricio-Ignacio (2014b): "*Onus probandi:* La formación del artículo 1698 del Código Civil de Chile", *Fundamina (Pretoria)*, vol. 20, N° 1: pp. 125-133.

CARVAJAL RAMÍREZ, Patricio-Ignacio (2021): "El contrato de adhesión como ámbito de aplicación de las normas sobre cláusulas abusivas en el derecho de consumo", en CORREA BASCUÑÁN, Mario; CARVAJAL RAMÍREZ, Patricio y WIDOW LIRA, Felipe (eds.), *Las razones del Derecho. Estudios en honor de José Joaquín Ugarte Godoy* (Santiago, Thomson Reuters) pp. 501-518.

CARVAJAL RAMÍREZ, Patricio-Ignacio (2023a): "Título I. Definiciones", en AMUNÁTEGUI PERELLÓ, Carlos (ed.), *Comentario histórico-dogmático al libro IV del Código Civil de Chile*, Tomo I (Valencia, Tirant lo Blanch) pp. 21-123.

CARVAJAL RAMÍREZ, Patricio-Ignacio (2023b): "[recensión a] Balmaceda Hoyos, Jorge y Peña Neira, Sergio (2022): Buena Fe. Su rol en el Derecho chileno contemporáneo (Santiago, Thomson Reuters) 131 pp.", *Revista Chilena de Derecho*, vol. 50, N° 1: pp. 223-232.

CARRASCO PERERA, Ángel (2021): *Derecho de contratos* (Navarra, Thomson Reuters Aranzadi, 3.ª ed.).

Cascione, Cosimo (2003): *Consensus. Problemi di origine, tutela processuale, prospettive sistematiche* (Nápoles, Editoriale Scientifica).

Cascione, Cosimo (2016): "Celso teorizzatore di di criteri ermeneutici: un collaboratore 'malgré soi' della 'legum permutatio' giustinianea", en Garofalo, Luigi (ed.), *Celso teorico del Diritto* (Nápoles, Jovene editore) pp. 153-166.

Castán Vásquez, José María (1961): "El 'favor debitoris' en el derecho español", *Anuario de Derecho Civil,* N° 4: pp. 835-850.

Castresana, Amelia (1991): Fides, bona fides: *un concepto para la creación del Derecho* (Madrid, Editorial Tecnos).

Castresana, Amelia (2007): *Actos de palabra y Derecho* (Salamanca, Ratio Legis).

Castresana, Amelia (2009): "Estudio preliminar", en Catón, Marco Porcio, *De agri cultura. Estudio preliminar, traducción y notas de Amelia Castresana* (Madrid, Tecnos) pp. XV-CXLVII.

Catala, Pierre (dir.) (2005): "Avant-Projet de reforme du droit des obligations (Articles 1101 à 1386 du Code civil) et du droit de la prescription (Articles 2234 à 2281 du Code civil). Rapport à Monsieur Pascal Clément Garde des Sceaux, Ministre de la Justice". Disponible en: http://www.justice.gouv.fr/art_pix/RAPPORTCATALASEPTEM-BRE2005.pdf [Fecha de consulta: 4/04/2022].

Catala, Pierre (2008): "Interprétation et qualification dans l'avant-projet de réforme des obligations", en Fabre-Magnan, Muriel y otros (eds.), Études offertes à Geneviève Viney (París, Lextenso/LGDJ) pp. 243-257.

Catterwell, Ryan (2020): *A Unified Approach to Contract Interpretation* (Oxford, Hart Publishing)

Causin, Eric (1978): "L'interpretation des contrats en droit belge", en van de Kerchove, Michel (dir.), *L'interpretation en droit. Approche pluridisciplinaire* (Bruselas, Publications des facultés universitaires Saint-Louis) pp. 281-347.

Céspedes Proto, Rodrigo (2012): "La división del Derecho en público y privado en la jurisprudencia judicial y administrativa chilena", *Revista de Derecho Administrativo,* N° 7: pp. 79-130.

Chagny, Muriel y Perdrix, Louis (2018): *Droit des assurances* (Issy-les-Moulineaux, LGDJ/Lextenso, 4.ª ed.).

CHANTEPIE, Gaël y LATINA, Mathias (2018): *Le noveau droit des obligations. Commentaire théorique et pratique dans l'ordre du Code civil* (París, Dalloz, 2.ª ed.).

CHASSAGNARD-PINET, Sandrine (2020): "La protection de la partie faible dans le nouveau droit des contrats français", en CHANTEPIE, Gaël y otros (eds.), *Le renoveau du droit des obligations. Perspectives franco-japonaises* (París, L'Harmattan, *e-book*).

CHÉNEDÉ, François (2012a): "Raymond Saleilles, Le contrat d'adhésion (1re partie)", *Revue des contrats*, 2012, N° 1: p. 241 y ss.

CHÉNEDÉ, François (2012b): "Raymond Saleilles, Le contrat d'adhésion (2e partie)", *Revue des contrats*, 2012, N° 3: p. 1017 y ss.

CHÉNEDÉ, François (2018): *Le noveau droit des contrats et des obligations. Modifications et interprétations de l'ordonnance du 10 février 2016* (París, Dalloz, 2.ª ed., *e-book*).

CHEN-WISHART, Mindy (2009): "Objectivity and Mistake: The Oxymoron of Smith v. Hughes", en NEYERS, Jason y otros (eds.), *Exploring Contract Law* (Oxford y Portland, Hart Publishing) pp. 341-377.

CHEN-WISHART, Mindy (2018): *Contract Law* (Oxford, Oxford University Press, 6.ª ed.)

CHIODI, Giovanni (1997): *L'interpretazione del testamento nel pensiero dei glossatori* (Milán, Dott. A. Giuffrè editore).

CHIODI, Giovanni (2019): "Interpretazione dei contratti e poteri dei giudice: riletture del codice civile in Francia e in Italia tra Otto e Novecento", en PENNASILICO, Mauro (ed.), *L'interpretazione tra legge e contratto. Dialogando con Aurelio Gentili. Atti del convengo Bari, 29-30 settembre 2016* (Nápoles, ESI) pp. 51-86.

CHONÉ-GRIMALDI, Anne-Sophie (2018): "Art. 1110", en en DOUVILLE, Thibault (dir.), *La réforme du droit des contrats, du régime géneral et de la preuve des obligations. Commentaire article par article* (París, Gualino/ Lextenso, 2.ª ed.).

CLARO SOLAR, Luis (1939): *Explicaciones de Derecho Civil chileno y comparado,* Tomo XII, De las Obligaciones III (Santiago, Imprenta Nascimento).

CLARO SOLAR, Luis (2021): *Explicaciones de Derecho Civil chileno y comparado,* Tomo IV, De las personas. De las pruebas del estado civil (Santiago, Editorial Jurídica de Chile, reimpresión).

CLARK, Jessica H. (2014): "Roman optimism before Cannae: The Vow of the *ver sacrum* (Livy 22.10)", *Mnemosyne,* N° 67: pp. 405-422.

CLEMENTE FERNÁNDEZ, Ana Isabel (2007): "Algunas observaciones en torno a D.1.21 en perspectiva histórica", *Revista Internacional de Derecho Romano*, Octubre 2008: pp. 48–77.

CLEMENTE FERNÁNDEZ, Ana Isabel (2009): "Bases romanas comunes a la regla sobre la interpretación de los contratos «*contra proferentem*» en la armonización internacional", *Revista General de Derecho Romano*, Vol. 13: pp. 1-34.

COCH ROURA, Núria (2017): *La forma estipulatoria. Una aproximación al estudio del lenguaje directo en el Digesto* (Madrid, Dykinson).

COENDET, Thomas (2012): *Rechtsvergleichende Argumentation. Phänomenologie der Veranderung im rechtlichen Diskurs* (Tubinga, Mohr Siebeck).

COENDET, Thomas (2016): "Legal Reasoning: Arguments from Comparison", *Archiv für Rechts- und Sozialphilosophie*, Vol. 102: pp. 476-507.

COING, Helmut (1985): *Derecho privado europeo*. Tomo I. Derecho común más antiguo (1500-1800) (trad. Antonio Pérez-Martín, Madrid, Fundación Cultural del Notariado).

COLOMA CORREA, Rodrigo (2016): "Interpretación de contratos: entre literalidad e intención", *Revista Chilena de Derecho Privado*, N° 26: pp. 9-47.

COLOMA CORREA, Rodrigo (2023): "Trasfondos de interpretación contractual. Una propuesta de superación de la distinción entre interpretación objetiva y subjetiva", *Revista Ius et Praxis*, Año 29, N° 1: pp. 232-249.

COLOMBO CAMPBELL, Juan (1997): *Los actos procesales* (Santiago, Editorial Jurídica de Chile)

CONTRERAS STRAUCH, Osvaldo (1998): *Jurisprudencia sobre seguros. Recopilación y análisis*, Tomo III (Santiago, Editorial Jurídica de Chile)

CONTRERAS STRAUCH, Osvaldo (2020): *Derecho de seguros. Análisis sistemático sobre la nueva ley chilena sobre el contrato de seguro* (Santiago, Thomson Reuters, 4.ª ed.).

CONWAY, Lorraine (2021): "Brexit: UK consumer protection law", *House of Commons Library. Briefing Paper N° 9126*. Disponible en: https://commonslibrary.parliament.uk/research-briefings/cbp-9126/#:~:text=In%20effect%2C%20consumer%20protection%20law,as%20they%20did%20before%20Brexit. Fecha de consulta: 27 de mayo de 2023.

CORBINO, Alessandro (2006): *Il formalismo negoziale nell'esperienza romana* (Turín, G. Giappichelli editore, 2.ª ed.).

CORNEJO FULLER, Eugenio (2003): *Derecho Marítimo Chileno. Explicaciones sobre el Libro III del Código de Comercio: De la navegación y el Comercio Marítimos* (Valparaíso, Ediciones Universitarias de Valparaíso).

CORNU, Gérard (2005): "Introduction libre troisieme – titre III", en CATALA, Pierre (dir.), "Avant-Projet de reforme du droit des obligations (Articles 1101 à 1386 du Code civil) et du droit de la prescription (Articles 2234 à 2281 du Code civil). Rapport à Monsieur Pascal Clément Garde des Sceaux, Ministre de la Justice". Disponible en: http://www.justice.gouv.fr/art_pix/RAPPORTCATALASEPTEMBRE2005.pdf [Fecha de consulta: 4/04/2022].

CORRAL TALCIANI, Hernán (2004): "Luis Claro Solar (1857-1945)", en DOMINGO, Rafael (ed.), *Juristas universales. Vol. III. Juristas del siglo XIX* (Madrid/Barcelona, Marcial Pons) pp. 686-690.

CORRAL TALCIANI, Hernán (2007): "La aplicación jurisprudencial de la buena fe objetiva en el ordenamiento civil chileno", *Revista de Derecho Privado (Universidad Externado de Colombia)*, N° 12-13: pp. 143-177.

CORRAL TALCIANI, Hernán (2020): "El principio de buena fe en el Derecho Civil. Riquezas y miserias", en ARANCIBIA MATTAR, Jaime (ed.), *La buena fe en el Derecho. Estudios en homenaje a los treinta años de la Facultad de Derecho de la Universidad de los Andes (Chile) 1990-2020* (Valencia, Tirant lo Blanch) pp. 107-124.

CORRAL TALCIANI, Hernán (2023): *Curso de Derecho Civil. Obligaciones* (Santiago, Thomson Reuters).

CORTESE, Ennio (1995): *Il Diritto nella storia Medievale*, Tomo II. *Il Basso Medioevo* (Roma, Il Cigno Galileo Galilei).

COSSA, Giovanni (2012): "I giuristi e la retorica", en BALDUS, Christian; MIGLIETTA, Massimo; SANTUCCI, Gianni y STOLFI, Emanuele (eds.), *Dogmengeschichte und historische Individualität der römischen Juristen. Atti del Seminario internazionale (Montepulciano 14-17 giugno 2011)* (Trento, Università degli Studi di Trento) pp. 299-363.

COTRONEO ORMEÑO, Carola Paz (2022): *Contratación administrativa e igualdad de los oferentes en Chile* (Santiago, Editorial Ius Civile)

CURSI, Maria Floriana (1999): *Modus Servitutis. Il ruolo dell'autonomia private nella costruzione del sistema típico delle servitù prediali* (Nápoles, Jovene editore)

CURSI, Maria Floriana (2014): "La *mancipatio* decemvirale e il nuovo diritto dei plebei", en HALLEBECK, Jan; SCHERMAIER, Martin; FIORI, Roberto; METZGER Ernest y CORIAT, Jean-Pierre (eds.), *Inter cives nec-*

non peregrinos. Essays in honour of Boudewijn Sirks (Gotinga, V&R uni-press) pp. 145-160.

CRAWFORD, Michael (2016): "Lex (1), categories of Roman law", en *Oxford Classical Dictionary.* Disponible en: https://doi.org/10.1093/acrefore/9780199381135.013.3670. Fecha de consulta: 4 de febrero de 2021.

CROME, Carl (1900): *System des deutschen bürgerlichen Rechts,* Tomo I (Tub-inga/Leipzig, Verlag von Mohr).

CSERNE, Peter (2012): *Freedom of contract and paternalism. Prospects and Limits of an Economic Approach* (Nueva York, Palgrave Macmillan).

CZARNEKI, Mark Andre (2016): *Vetragsausegung und Vertragsverhandlun-gen. Eine rechtsvergleichende Untersuchung* (Tubinga, Mohr Siebeck).

DAJCZAK, Wojciech (2017): "Rechtserfahrung als Quelle von Normen?– Eine Studie zur Unklarheitenregel", en STELMACH, Jerzy; SCHMIDT, Reiner; HELLWEGE, Phillip y SONIEWICKA, Marta (eds.), *Krakau-er-augsburger Rechtsstudien. Normschaffung* (Varsovia, Wolters Kluwer Polska) pp. 39-55.

DALLA MASSARA, Tommaso (2018): "Sulla comparazione diacronica: brevi appunti di lavoro e un'esemplificazione", en BRUTTI, Massimo y SOMMA, Alessandro (eds.), *Diritto: storia e comparazione. Nuovi proposi-ti per un binomio antico* (Frankfurt del Meno, Max Planck Institute for European Legal History) pp. 111-147.

DANNENBERG, Lutz (1997): "Die Auslegungslehre des Christian Thoma-sius in der Tradition von Logik und Hermeneutik", en VOLLHARDT, Friedrich (ed.), *Christian Thomasius (1655-1728). Neue Forschungen im Kontext der Frühaufklärung* (Tubinga, De Gruyter) pp. 253-316.

DANZ, Erich (1955): *La interpretación de los negocios jurídicos* (Trad. Fran-cisco Bonet, Madrid, Editorial Revista de Derecho Privado, 3.ª ed.).

DAVID, René y JAUFFRET-SPINOSI, Camille (2010): *Los grandes sistemas ju-rídicos contemporáneos* (trad. Jorge Sánchez, México D.F., Universidad Nacional Autónoma de México).

DAVIES, Paul (2015): "The Meaning of Commercial Contracts", en DA-VIES, Paul y PILA, Justine (eds.), *The Jurisprudence of Lord Hoffmann. A Festschrift in Honour of Lord Leonard Hoffmann* (Londres, Hart Publish-ing) pp. 215-240.

DAZA MARTÍNEZ, Jesús (1988): "Aequitas et humanitas", en ROSET ES-TEVE, Jaime e IGLESIAS SANTOS, Juan (eds.), *Estudios en homenaje al profesor Juan Iglesias,* vol. III (Madrid, Seminario de Derecho Romano "Ursicino Álvarez" de la Universidad Complutense) pp. 1211-1232.

DE CASTRO Y BRAVO, Federico (1985): *El negocio jurídico* (Madrid, Editorial Civitas)

DECOCK, Wim (2013): *Theologians and Contract Law. The Moral Transformation of the* Ius Commune (ca. 1500-1650) (Leiden y Boston, Martinus Nijhoff Publishers).

DE LA MAZA GAZMURI, Íñigo; PIZARRO WILSON, Carlos y VIDAL OLIVARES, Álvaro (eds.) (2017): *Los Principios Latinoamericanos de Derecho de los Contratos* (Madrid, Agencia Estatal Boletín Oficial del Estado).

DE LA MAZA GAZMURI, Íñigo y VIDAL OLIVARES, Álvaro (2020): *Hacia un Derecho latinoamericano de los contratos. Los principios latinoamericanos de Derecho de los contratos* (Valencia, Tirant lo Blanch).

DE LA MAZA GAZMURI, Íñigo (2010): *Los límites del deber precontractual de información* (Navarra, Civitas/Thomson Reuters).

DE LA MAZA GAZMURI, Íñigo (2018): "La distribución del riesgo de las equivocaciones a través de la disciplina del error", en VIDAL OLIVARES, Álvaro (dir.) y SEVERIN FUSTER, Gonzalo (ed.), *Estudios de Derecho de contratos en homenaje a Antonio Manuel Morales Moreno* (Santiago, Thomson Reuters) pp. 151-176.

DE LA MAZA GAZMURI, Íñigo (2019): "Quien dice justo dice contractual", en PEREIRA FREDES, Esteban (ed.), *Fundamentos filosóficos del Derecho Civil chileno* (Santiago, Rubicón) pp. 213-235.

DE LA VEGA PARRA, Rodrigo (2018): *Los orígenes del contrato aleatorio y su recepción en el Código Civil.* Tesis para optar al grado de Doctor en Derecho, Pontificia Universidad Católica de Chile.

DE LOS MOZOS, José Javier (2005): "Búlgaro (Bulgaro; Bulgarus) (*ante* 1100-1166)", en DOMINGO, Rafael (ed.), *Juristas Universales. Vol. I, Juristas antiguos* (Madrid/Barcelona, Marcial Pons) pp. 323-325.

DEREUX, Georges (1905): *De l'interprétation des actes juridiques privés* (París, Librairie nouvelle de Droit et de jurisprudence Arthur Rousseau, éditeur).

DEREUX, Georges (1910): "De la naturaleza jurídica de los contratos de adhesión", *Revista de Derecho, Jurisprudencia y Ciencias Sociales,* Año VII: pp. 165-189.

DESCAMPS, Olivier (2019): "Robert-Joseph Pothier (1699–1772)", en DESCAMPS, Olivier y DOMINGO, Rafael (eds.), *Great Christian Jurists in French History* (Cambridge, Cambridge University Press) pp. 245-258.

Descaudin, Cristophe (2019): *Étude comparative du rôle du juge dans l'interpretation des contrats* (Issy-les-Moulineaux, Defrénois).

Deshayes, Olivier (2014): "Les directives d'interprétation du Code civil: la cohérence des textes", *Revue des contrats*, 2015, N° 1: pp. 159-165.

Deshayes, Olivier (2015): "Observations et propositions de modifications. L'interprétation des contrats", *La semaine juridique. Edition générale*, 2015, N° 21: pp. 39-42.

Deshayes, Olivier; Genicon, Thomas y Laithier, Yves-Marie (2016): *Réforme du droit des contrats, du régime général et de la preuve des obligations. Commentaire article par article* (Paris, LexisNexis).

Diesselhorst, Malte (1959): *Die Lehre des Hugo Grotius vom Versprechen* (Colonia y Graz, Böhlau Verlag).

DiMatteo, Larry (2021): *International Contracting. Law and Practice* (Alphen aan den Rijn, Wolters Kluwer, 5.ª ed.)

Díez García, Helena (2022): *Contratos incompletos y acuerdos suficientes* (Navarra, Thomson Reuters Aranzadi).

Díez-Picazo y Ponce de León, Luis (1964): "El contenido de la relación obligatoria", *Anuario de Derecho civil*, vol. 17, N° 2: pp. 349-366.

Díez-Picazo y Ponce de León, Luis (2007): *Fundamentos del Derecho Civil patrimonial*, Tomo I. Introducción. Teoría del contrato (Cizur Menor, Thomson Civitas, 6.ª ed.).

Díez-Picazo y Ponce de León, Luis; Roca Trías, Encarna y Morales Moreno, Antonio Manuel (eds.) (2002): *Los principios del Derecho Europeo de Contratos* (Madrid, Civitas).

Dobbertin, Malte (1987): *Zur Auslegung der Stipulation im klassischen Römischen Recht* (Zúrich, Schulthess Polygraphischer Verlag).

Dollat, Jacques (1905): *Les contrats d'adhesion*. Thèse pour le doctorat (París, Librarie de la Société du recueil J.-B. Sirey et du Journal du Palais).

Domingo, Rafael (2005): "Samuel Stryk (1640-1710)", en Domingo, Rafael (ed.), *Juristas Universales. Vol. II, Juristas modernos* (Madrid/Barcelona, Marcial Pons) pp. 446-449.

Domínguez Águila, Ramón (2005): "La influencia de la doctrina francesa en el Derecho chileno", en Pizarro Wilson, Carlos y Tapia Rodríguez, Mauricio (eds.), *De la codificación a la descodificación. Code Civil (1804-2004). Código de Bello (1855-2005)* (Santiago, Ediciones Universidad Diego Portales) pp. 61-80.

DOMÍNGUEZ BENAVENTE, Ramón y DOMÍNGUEZ ÁGUILA, Ramón (2011): *Derecho Sucesorio,* Tomo I (Santiago, Editorial Jurídica de Chile, 3.ª ed.)

DOMÍNGUEZ HIDALGO, Carmen (2011): "Aspectos de la integración del contrato", en FIGUEROA YÁÑEZ, Gonzalo y otros (coords.), *Estudios de Derecho Civil VI* (Santiago, AbeledoPerrot/LegalPublishing Chile) pp. 251-262.

DORAL, José Antonio y NÚÑEZ IGLESIAS, Álvaro (2004): "Marcel-Fernand Planiol (1853-1931)", en DOMINGO, Rafael (ed.), *Juristas Universales. Vol. III. Juristas del s. XIX* (Madrid/Barcelona, Marcial Pons) pp. 637-639.

DORN, Franz (2007): "§241. Begriff des Schuldverhältnisses und Pflichten aus dem Schuldverhältnis", en SCHMOECKEL, Mathias; RÜCKERT, Joachim y ZIMMERMANN, Reinhard (eds.), *Historisch-kritischer Kommentar zum BGB. Band II Schuldrecht: Allgemeiner Teil. 1. Teilband §§241-304* (Tubinga, Mohr Siebeck) pp. 137-247.

DUCCI CLARO, Carlos (1977): *Interpretación jurídica. En general y en la dogmática chilena* (Santiago, Editorial Jurídica de Chile, 3.ª ed.).

DUPICHOT, Jacques (1979): "Pour un retour aux textes: défense et illustration du 'petit guide-âne´ des articles 1156 a 1164 du Code Civil", en *Études offertes a Jacques Flour* (París, Répertoire du notariat Defrénois).

DU PLESSIS, Paul J. (2006): "The Roman Concept of Lex Contractus", *Roman Legal Tradition,* Vol. 3: pp. 79-94.

DU PLESSIS, Paul J. (2015): "Article 3.2.7", en VOGENAUER, Stefan (ed.) *Commentary on the UNIDROIT Principles of International Commercial Contracts (PICC)* (Oxford, Oxford University Press, 2.ª ed.) pp. 511-518.

DURANTAYE, Katharina de la (2020): *Erklärung und Wille* (Tubinga, Mohr Siebeck).

DWORKIN, Gerald (1967): *Odgers' Construction of Deeds and Statutes* (Londres, Sweet & Maxwell, 5.ª ed.).

EDMUNDS, Christian (2005): *Solvendo quisque pro alio liberat eum. Studien zur befreienden Drittleistung im klassischen römischen Recht* (Berlín, Duncker & Humblot).

ELORRIAGA DE BONIS, Fabián (2018): "Las reglas sobre interpretación de los contratos en los códigos civiles de Chile y España", en VIDAL OLIVARES, Álvaro (dir.) y SEVERIN FUSTER, Gonzalo (ed.), *Estudios de Derecho de contratos en homenaje a Antonio Manuel Morales Moreno* (Santiago, Thomson Reuters) pp. 407-444.

Epstein, Aude-Solveig (2018): "Art. 1190", en Douville, Thibault (dir.), *La réforme du droit des contrats, du régime géneral et de la preuve des obligations. Commentaire article par article* (París, Gualino/Lextenso, 2.ª ed.).

Erbetta Mattig, Andrés (2021): *La carga de la prueba del incumplimiento contractual en el Código Civil chileno* (Santiago, DER Ediciones).

Esborraz, David Fabio (2020): *Vicisitudes del contrato en la tradición jurídica romanística. Sus proyecciones en el Derecho latinoamericano* (Bogotá, Universidad Externado de Colombia).

Etienney-de Saint Marie, Anne (2019): "L'interprétation du contrat d'adhésion", *Revue des contrats,* Vol. 2019, N° 2: p. 146 y ss.

Eyzaguirre Baeza, Cristóbal y Rodríguez Díez, Javier (2013): "Expansión y límites de la buena fe objetiva – A propósito del 'proyecto de principios latinoamericanos de derecho de los contratos'", *Revista Chilena de Derecho Privado,* N° 21: pp. 137-216.

Fagues, Bertrand (2021): *Droit des obligations* (París, LGDJ/Lextenso).

Fauvarque-Cosson, Bénédicte y Mazeaud, Denis (2006): "L'avant-projet français de réforme du droit des obligations et du droit de la prescription", *Uniform Law Review,* N° 11: pp. 103-134.

Fauvarque-Cosson, Bénédicte (2017): "Les nouvelles règles du Code civil relatives à l'interprétation des contrats: perspective comparatiste et internationale", *Revue des contrats,* Vol. 2017, N° 2: p. 363 y ss.

Feci, Simona (2013): "Mantica, Francesco Maria", en Birocchi, Italo y otros (dirs.), *Dizionario biografico dei giuristi italiani (XII-XX secolo)* Vol. II (Bolonia, Società Editrice Il Mulino) 1259-1261.

Fernández Barreiro, Alejandrino (1969): *La previa información del adversario en el proceso privado romano* (Pamplona, Ediciones de la Universidad de Navarra).

Fernández de Buján, Antonio (2000): "Conceptos y dicotomías del IUS", *Revista Jurídica Universidad Autónoma De Madrid,* N° 3: pp. 9-43.

Ferrante, Alfredo (2024): *Ley sobre protección de los derechos de los consumidores. Edición anotada, concordada, índice analítico y nota preliminar. Con tablas y cuadros sinópticos* (Valencia, Tirant lo Blanch, 3ª ed.).

Ferrié, Scarlett-May (2016): "L'ensemble contractuel, nouvelle dé de l'interprétation du contrat", *Recueil Dalloz,* 2016, N° 3: pp. 187-191.

Figueroa Yáñez, Gonzalo (2011): *Curso de Derecho Civil. Tomo III. Las Fuentes de las Obligaciones, la Declaración Unilateral de la Voluntad, la Teoría General del Contrato* (Santiago, Editorial Jurídica de Chile).

Fiori, Roberto (1999): *La definizione della 'locatio conductio'. Giurisprudenza romana e tradizione romanística* (Nápoles, Jovene editore).

Fischer, Robert (1963): "[recensión a] Baumbach-Duden, Handelsgesetzbuch. 14. Auflage. Beck'sche Kurzkommentare Bd. 9. C. H. Beck'sche Verlagsbuchhandlung, München und Berlin. 1961. XVI, 891 S.", *Zeitschrift für das Gesamte Handelsrecht und Wirtschaftsrecht*, Vol. 125: pp. 202-211.

Flume, Werner (1998): *El negocio jurídico. Parte general del Derecho civil*, Tomo II (trad. José María Miquel y Esther Gómez, Madrid, Fundación cultural del notariado).

Flour, Jacques; Aubert, Jean-Luc y Savaux, Éric (2002): *Droit civil. Les obligations. 1. L'acte juridique* (París, Armand Colin/Dalloz, 10° ed.).

Fornasier, Matteo (2022): "BGB § 305c Überraschende und mehrdeutige Klauseln", en Krüger, Wolfgang (ed.), *Münchener Kommentar zum BGB*, Tomo II (Múnich, C.H. Beck, 9.ª ed.).

Fuchs, Andreas (2016): "§ 307. Inhaltskontrolle", en Bider, Marcus y otros (eds.), *Ulmer/Brandner/Hensen AGB-Recht Kommentar zu den §§ 305–310 BGB und zum UKlaG* (Colonia, Otto Schmidt, 12° ed.).

Fueyo Laneri, Fernando (1990): *Instituciones de derecho civil moderno* (Santiago, Editorial Jurídica de Chile).

Fueyo Laneri, Fernando (2004): *Cumplimiento e incumplimiento de las obligaciones* (Santiago, Editorial Jurídica de Chile, 3.ª ed. act. por Gonzalo Figueroa Yáñez).

Fuhrmann, Manfred (1970): "Interpretatio. Notizen zur Wortgeschichte", en Liebs, Detlef (ed.), *Sympotica Franz Wieacker. Sexagenario sasbachwaldeni a suis libata* (Gotinga, Vandenhoeclc & Ruprecht) pp. 80-110.

Furfaro, Federica (2011): ""Il più minuto, il più completo ed il più pratico di tutti i libri giuridici italiani": la versione italiana del Commentario alle Pandette di Christian Friedrich von Glück", *Rivista di storia del diritto italiano*, Vol. LXXXIV: pp. 417-442.

Friedmann, Daniel (2003): "The objective principle and mistake and involuntariness in contract and restitution", *Law Quarterly Review*, Vol. 119: pp. 68-93.

Gamonal Contreras, Sergio (2013): "El principio de protección del trabajador en la Constitución chilena", *Estudios Constitucionales*, Año 11, N° 1: pp. 425-458.

Gandolfi, Giuseppe (1962): *Lezioni sull'interpretazione dei negozi giuridici. Corso di esegesi delle fonti del diritto romano* (Milán, La Goliardica).

Gandolfi, Giuseppe (1966): *Sull'Interpretazione degli atti negoziali in Diritto Romano* (Milán, A. Giuffré Editore)

Gandolfi, Giuseppe (1972): "Criteri sussidiari e fine primario dell'ermeneutica negoziale", en Varios autores (ed.) *Studi in onore di Gaetano Scherillo,* Tomo I (Milán, Istituto Editoriale Cisalpino) pp. 29-40.

Gandolfi, Giuseppe (ed.) (2004): *Code europeen des contrats. Avant-projet, Livre premier* (Milán, Giuffrè editore).

García-Gayo, Alfonso (1951-1952): "El 'Libro de las leyes' de Alfonso el sabio'. Del espéculo a las Partidas", *Anuario de Historia del Derecho español,* N° 21-22, pp. 345-528

García y García, Antonio y Andrés, Francisco Javier (2004): "Segunda parte: juristas medievales. Introducción", en Domingo, Rafael (ed.), *Juristas Universales. Vol. I, Juristas antiguos* (Madrid/Barcelona, Marcial Pons) pp. 241-301.

Garofalo, Luigi (2005): "L'*humanitas* nel pensiero della giurisprudenza classica", *Diritto@storia, Rivista Internazionale di Scienze Giuridiche e Tradizione Romana,* N° 4. Disponible en: https://www.dirittoestoria.it/4/Tradizione-Romana/Garofalo-Humanitas.htm#_ftn22. Fecha de consulta: 7 de agosto de 2021.

Garrido Martín, Joaquín (2021): *Derecho romano y dogmática en la modernidad jurídica alemana. Estudios sobre Ciencia pandectística* (Granada, Editorial Comares).

Gaudemet, Eugène (2000, pero 1974): *Teoría general de las obligaciones* (trad. Pablo Macedo, México D.F., Editorial Porrúa).

Gelot, Bertrand (2003): *Finalités et méthodes objectives d'interprétation des actes juridiques. Aspects théoriques et pratiques* (París, L.G.D.J).

Gentili, Aurelio (2015a): *Senso e consenso. Storia, teoria e tecnica dell'interpretazione dei contratti,* Vol. 1. Storia e teoria (Turín, G. Giappichelli editore).

Gentili, Aurelio (2015b): *Senso e consenso. Storia, teoria e tecnica dell'interpretazione dei contratti,* Vol. 2. Tecnica (Turín, G. Giappichelli editore).

Ghestin, Jacques; Jamin, Cristophe y Billiau, Marc (2001): *Traité de droit civil. Les effets du contrat* (París, L.G.D.J, 3° ed.).

GILIKER, Paula (2017): "The Consumer Rights Act 2015 — A Bastion of European Consumer Rights?", *Legal Studies*, Vol. 37, N° 1: pp. 78-102.

GILLES, David (2009): "Les *Lois civiles* de Jean Domat, prémices à la Codification. Du Code Napoléon au *Code civil du Bas Canada*", *Revue juridique Thémis*, Vol. 43, N° 514: pp. 1-49.

GIUFFRÈ, Vincenzo (1999): *Studi sul debito. Tra esperienza romana e ordinamenti moderni* (Nápoles, Jovene editore, 2.ª ed.).

GIUFFRÈ, Vincenzo (2002): *Il diritto dei privati nell'esperienza romana. I principali gangli* (Nápoles, Jovene Editore, tercera edición)

GOLDENBERG SERRANO, Juan Luis (2020): *El sobreendeudamiento del consumidor. Un análisis desde la prevención hasta la solución concursal* (Santiago, Thomson Reuters).

GÓMEZ CALLE, Esther (1994): *Los deberes precontractuales de información* (Madrid, La Ley).

GONZÁLEZ CASTILLO, Joel (2011): "Las cláusulas limitativas, exonerativas o agravantes de responsabilidad en materia contractual. Validez y límites", *Revista Chilena de Derecho*, vol. 38, N° 1: pp. 89-100.

GONZÁLEZ CASTILLO, Joel (2019): "Las reglas de interpretación de los contratos de los artículos 1561 a 1566", en BARRÍA PAREDES, Manuel y otros (eds.), *Estudios de Derecho privado en homenaje al profesor Daniel Peñailillo Arévalo* (Santiago, Thomson Reuters) pp. 403-422.

GORDLEY, James (1991): *The Philosophical Origins of Modern Contract Doctrine* (Oxford, Clarendon Press).

GORDLEY, James (2019): "Comparative Law and Legal History", en REIMANN, Mathias y ZIMMERMANN, Reinhard (eds.), *The Oxford Handbook of Comparative Law* (Oxford, Oxford University Press, 2.ª ed.) pp. 755-771.

GOTTSCHALK, Eckart (2006): "Das Transparenzgebot und allgemeine Geschäftsbedingungen", *Archiv für die civilistische Praxis*, N° 206, N° 4: pp. 493-533.

GRABAU, Fritz-René (1993): *Über die Normen zur Gesetzes- und Vertragsinterpretation* (Berlin, Duncker und Humblot).

GREINER, Stefan (2017): "Die Auslegung empfangsbedürftiger Willenserklärungen zwischen 'Normativität' und subjektivem Empfängerhorizont", *Archiv für die civilistische Praxis* N° 217: pp. 493-533.

GRIMALDI, Cyril (2008): "Paradoxes autour de l'interprétation des contrats", *Revue des contrats*, N° 2008-2: pp. 207 y ss.

Grosso, Giuseppe (1963): *Il sistema romano dei contratti* (Turín, G. Giappichelli editore).

Grüneberg, Christian (2019): "§ 305c", en Brudermüller, Gerd y otros (eds.), *Palandt Bürgerliches Gesetzbuch* (Múnich, C.H. Beck).

Guarino, Antonio (1962): "«Id quod actum est»", *Labeo,* Vol. 8, N° 3: pp. 415-418.

Guzmán Brito, Alejandro (1976): "Dos notas en tema de tutela romana", *Revista de Estudios Histórico-Jurídicos,* N° 1: pp. 43-58.

Guzmán Brito, Alejandro (1977): *La fijación del Derecho. Contribución al estudio de su concepto y de sus clases y condiciones* (Valparaíso, Ediciones Universitarias de Valparaíso)

Guzmán Brito, Alejandro (1978): "«Mos italicus» y «mos gallicus»", *Revista de Derecho (Valparaíso),* N° 2: pp. 11-40.

Guzmán Brito, Alejandro (1981): *Ratio scripta* (Fráncfort del Meno, Vittorio Klostermann)

Guzmán Brito, Alejandro (1982): *Andrés Bello codificador,* Tomo I (Santiago, Ediciones de la Universidad de Chile)

Guzmán Brito, Alejandro (1992a): "La historia dogmática de las normas sobre interpretación recibidas por el Código Civil de Chile", en Universidad de Chile y Universidad Adolfo Ibáñez (eds.), *Interpretación, integración y razonamiento jurídicos* (Santiago, Editorial Jurídica de Chile) pp. 41-78.

Guzmán Brito, Alejandro (1992b): "El Código Civil de Chile y sus primeros intérpretes", *Revista Chilena de Derecho,* Vol. 19, N° 1: pp. 81-88.

Guzmán Brito, Alejandro (2003): "La sistemática del Derecho privado en el 'De iure belli ac pacis' de Hugo Grotius", *Revista de Estudios Histórico-Jurídicos,* Vol. XXVI: pp. 157-186.

Guzmán Brito, Alejandro (2004): "Tercera parte. Juristas de los siglos xvi y xvii (De Zasio a Montesquieu). Introducción", en Domingo, Rafael (ed.), *Juristas Universales, Vol. II. Juristas modernos* (Madrid/Barcelona, Marcial Pons) pp. 23-87.

Guzmán Brito, Alejandro (2006): "De la *stipulatio* romana a la doctrina general de las obligaciones en los modernos códigos civiles", *Roma e America. Diritto Romano commune,* N° 22: pp. 43-65.

Guzmán Brito, Alejandro (2011a): *Historia de la interpretación de las normas en el Derecho romano* (México D.F., Suprema Corte de Justicia de la Nación, 2.ª ed.).

GUZMÁN BRITO, Alejandro (2011b): *Codificación del Derecho civil e interpretación de las leyes. Las normas sobre interpretación de las leyes en los principales Códigos civiles europeo-occidentales y americanos emitidos hasta fines del siglo XIX* (Madrid, Iustel).

GUZMÁN BRITO, Alejandro (2014): *El origen y la expansión de la idea de Principio del Derecho* (Santiago, Thomson Reuters).

GUZMÁN BRITO, Alejandro (2019): *Vida y obra de Andrés Bello* (Bogotá, Grupo Editorial Ibáñez, 3.ª ed.).

GUZMÁN SALCEDO, José T. (1988): "Innovaciones sobre seguro marítimo contenidas en el nuevo libro III del Código de Comercio, 'De la navegación y el comercio marítimo'", *Revista de Derecho de la Pontificia Universidad Católica de Valparaíso,* N° 12: pp. 329-343.

HÄHNCHEN, Susanne (2010): *Obliegenheiten und Nebenpflichten. Eine Untersuchung dieser besonderen Verhaltensanforderungen im Privatversicherungsrecht und im allgemeinen Zivilrecht unter besonderer Berücksichtigung der Dogmengeschichte* (Tubinga, Mohr Siebeck)

HARKE, Jan Dirk (2010): *Allgemeines Schuldrecht* (Berlín/Heidelberg, Springer Verlag).

HARKE, Jan Dirk (2012): *Argumenta Iuventiana–Argumenta Salviana. Entscheidungsbegründungen bei Celsus und Julian* (Berlín, Duncker & Humblot)

HARKE, Jan Dirk (2021): "Juristenmethode in Rom", en RIESENHUBER, Karl (ed.), *Europäische Methodenlehre* (Berlín y Boston, De Gruyter, 4.ª ed.)

HAUSMANINGER, Herbert (1992): "Id quod actum est als Argumentationsfigur bei Celsus", en KLINGENBERG, Georg; RAINER, Michael y STIEGLER, Herwig (eds.) *Festschrift für Gunter Wesener zum 60. Geburtstag am 3. Juni 1992* (Graz, Leykam Verlag) pp. 159-176.

HAUSMANINGER, Herbert (1981): "Benevolent and Humane Opinions of Classical Roman Jurists", *Boston University Law Review,* Vol. 65, N° 5: pp. 1139-1156.

HELLWEGE, Phillip (2010): *Allgemeine Geschäftsbedingungen, einseitig gestellte Vertragsbedingungen und die allgemeine Rechtsgeschäftslehre* (Tubinga, Mohr Siebeck).

HERMALIN, Benjamin E.; KATZ, Avery W. y CRASWELL, Richard (2007): "Contract Law", en POLINSKY, A. Mitchell y SHAVELL, Steven (eds.), *Handbook of Law and Economics,* Vol. I (Amsterdam, Elsevier) pp. 3-137.

Hernández Paulsen, Gabriel y Campos Micin, Sebastián (2021): "Funciones y alcance del control de incorporación, con especial referencia a la contratación de productos y servicios financieros", *Revista de Derecho (Valdivia)*, Vol. 34, N° 1: pp. 51-70.

Hernández Paulsen, Gabriel y Ponce Márquez, Matías (2024): "Artículo 16 C", en Barrientos Camus, Francisca y otros (eds.), *La protección de los derechos de los consumidores. Comentarios a la ley de protección a los derechos de los consumidores*, Tomo II (Santiago, Thomson Reuters, 2.ª ed.) pp. 112-121.

Hernanz Pilar, Javier (2004) "Dino del Mugello", en Domingo, Rafael (ed.) *Juristas Universales. Vol. I. Juristas antiguos* (Madrid/Barcelona, Marcial Pons) pp. 488-499.

Herzog, Tamar (2018): *Una breve historia del Derecho europeo. Los últimos 2500 años* (trad. Miguel Ángel Coll, Madrid, Alianza editorial).

Himmelschein, J. (1931): "Studien zu der antiken Hermeneutica iuris", en *Symbolae Friburgenses in honorem Ottonis Lenel* (Leipzig, Verlag von Bernhard Tauchnitz).

Hoffmann, Lord [Leonard] (1997): "The Intolerable Wrestle with Words and Meanings", *South African Law Journal*, N° 114: pp. 656-674.

Hoffmann, Leonard (2018): "Language and lawyers", *Law Quarterly Review*, Vol. 134: pp. 553-573.

Hofstetter, Josef (1989): "Favor Negotii", en Dessemontet, Francois y Piotet, Paul (eds.), *Mélanges Pierre Engel. Recueil de travaux offerts à M. Pierre Engel, Professeur à l'Université de Lausanne* (Lausana, Faculté de Droit de l'Université de Lausanne)

Honsell, Heinrich (1986): "Ambiguitas contra stipulatorem", en Benöhr, Hans-Peter; Hackl, Karl; Knütel, Rolf y Wacke, Andreas (eds.) *Iuris Professio. Festgabe für Max Kaser zum 80. Geburtstag* (Viena/Colonia/Graz, Hermann Böhlaus Nachf.) pp. 73-88.

Horak, Franz (1992): "Wer waren die 'veteres'?", en Klingenberg, Georg; Rainer, Michael y Stiegler, Herwig (eds.), *Vestigia iuris romani. Festschrift für Gunter Wesener zum 60. Geburtstag am 3. Juni 1992* (Graz, Leykam Verlag) pp. 201-236.

Horler, Sally (2012): *Die Entwicklung der Rechtsprechung zum Recht der Allgemeinen Geschäftsbedingungen. Ein Vergleich des englischen und deutschen Rechts* (Berlín, Duncker & Humblot).

Husa, Jaakko (2015): *A New Introduction to Comparative Law* (Oxford, Bloomsbury/Hart Publishing).

IBBETSON, David (1999): *A Historical Introduction to the Law of Obligations* (Oxford, Oxford University Press).

INOSTROZA ADASME, Sonia (2020): "La previsibilidad en la culpa aquiliana. ¿Evolución o involución?: una revisión doctrinaria y jurisprudencial", *Revista de derecho (Coquimbo)*, vol. 27. Disponible en: https://doi.org/10.22199/issn.0718-9753-2020-0011. Fecha de consulta: 10 de enero de 2023.

IRURETA URIARTE, Pedro (2021): "Reglas y principios en el Derecho del Trabajo. Una mirada desde el Derecho del Trabajo chileno", *Revista Latinoamericana de Derecho Social*, N° 32: pp. 23-50.

ISLER SOTO, Erika (2019a): *Derecho del consumo. Nociones fundamentales* (Valencia, Tirant lo Blanch).

ISLER SOTO, Erika (2019b): "Del *favor debilis* al *favor consumatore*: consideraciones históricas", *Derecho PUCP*, N° 82: pp. 35-59.

ITHURRIA, María (2021): "Principios Latinoamericanos de Derecho de los Contratos: ¿Dónde está lo latinoamericano?", *Latin American Legal Studies*, Vol. 9: pp. 295-299.

IVAINER, Théodore (1976): "L'ambigüité dans les contrats", *Recueil Dalloz Sirey*, Vol. 1976, N° 24: pp. 153-158.

JACQUES, Philippe (2005): *Regards sur l'article 1135 du Code civil* (París, Dalloz).

JANSEN, Niels y ZIMMERMANN, Reinhard (2018): "General Introduction. European Contract Laws. Foundation, Commentaries, Synthesis", en JANSEN, Niels y ZIMMERMANN, Reinhard (eds.), *Commentaries on European Contract Laws* (Oxford, Oxford University Press) pp. 1-18.

JEREZ DELGADO, Carmen (ed.) (2015): *Principios, definiciones y reglas de un Derecho civil europeo: el Marco Común de Referencia (DCFR)* (Madrid, Agencia Boletín Oficial del Estado).

JESTAZ, Philippe y JAMIN, Cristophe (2018): *La doctrina* (trad. Pascale Dufeu y otros, Santiago, Rubicón editores).

JHERING, Rudolf von (1861): "Culpa in contrahendo oder Schadensersatz bei nichtigen oder nicht zur Perfection gelangten Verträgen", *Jahrbücher für die Dogmatik des heutigen römischen und deutschen Privatrechts*, N° 4: pp. 1-112.

JOHOW SANTORO, Christian (2002): "Para una nueva lectura de los artículos 1560 y siguientes del Código Civil. El método de la interpretación del contrato en el derecho alemán", en CORRAL TALCIANI, Hernán y ACUÑA SBOCCIA, Guillermo (eds.), *Derecho de los contratos. Estudios sobre temas de actualidad. Cuadernos de extensión jurídica N°6* (Santiago, Ediciones Universidad de los Andes) pp. 99-129.

Johow Santoro, Christian (2005): "La interpretación del contrato y la buena fe", en Varas Braun, Juan Andrés y Turner Saelzer, Susan (coords.), *Estudios de Derecho Civil* (Santiago, LegalPublishing) pp. 213-233.

Jordano Barea, Juan (1988): "La interpretación de los contratos", en Consejo General del Notariado (ed.), *Homenaje a Juan Berchmans Vallet de Goytisolo*, Tomo I (Madrid, Consejo General del Notariado) pp. 309-336.

Joserrand, Louis (1950): *Derecho Civil. Revisado y completado por André Brun. Tomo II. Vol. I. Teoría general de las obligaciones* (trad. Santiago Cunchillos y Manterola, Buenos Aires, Ediciones Jurídicas Europa-América).

Juárez Torrejón, Ángel (2017): "Las reglas de interpretación de los contratos como reglas distribuidoras de la responsabilidad por las declaraciones", en Aranda Rodríguez, Remedios (coord.), *La interpretación del negocio jurídico en la historia* (Madrid, Universidad Carlos III de Madrid. Instituto Universitario Lucio Anneo Seneca) pp. 190-201.

Julien, Jérôme (2019): *Droit de la consommation* (Issy-les-Moulineaux, LGDJ/Lextenso, 3.ª ed.).

Kacprzak, Agnieszka (2016): "Rhetoric and Roman Law", en Du Plessis, Paul; Ando, Clifford y Tuori, Kaius (eds.), *The Oxford Handbook of Roman Law and Society* (Oxford, Oxford University Press).

Kaehler, Lorenz (2014): "Policy Interventions via Contract Interpretation", *European Review of Private Law*, Vol. 5-2014: pp. 641-662.

Kaser, Max (1954): "Beweislast und Vermutung im römischen Formularprozeß", *Zeitschrift der Savigny-Stiftung für Rechtsgeschichte: Romanistische Abteilung*, Vol. 71: pp. 221-241.

Kaser, Max (1971): *Das römische Privatrecht. Erster Abschnitt. Das altrömische, das vorklassische und klassische Recht* (Munich, C.H. Beck'sche Verlagsbuchhandlung, 2.ª ed.).

Kaser, Max (1975): *Das römische Privatrecht. Zweiter Abschnitt. Die Nachklassischen Entwicklungen* (Munich, C.H. Beck'sche Verlagsbuchhandlung, 2.ª ed.).

Kaser, Max (2013): *En torno al método de los juristas romanos* (trad. Juan Miquel, México D.F., Ediciones Coyoacán)

KASER, Max; KNÜTEL, Rolf y LOHSSE, Sebastian (2021): *Römisches Privatrecht. Ein Studienbuch* (Munich, C.H. Beck, 22.ª ed.).

KAYE, John M. (2009): *Medieval English Conveyances* (Cambridge, Cambridge University Press).

KELLER-KEMMERER, Nina (2017): *Die Mimikry des Völkerrechts. Andrés Bellos „Principios de Derecho Internacional"* (Baden-Baden, Nomos).

KERN, Cristoph (2017): "In der Zange der Zahlen: Rechtsvergleichung und wissenschaftlicher Zeitgeist", *Zeitschrift für Vergleichende Rechtswissenschaft*, Vol. 116, N° 29: pp. 419-437.

KESSLER, Friedrich (1943): "Contracts of Adhesion. Some Thoughts about Freedom of Contract", *Columbia Law Review*, Vol. 43, N° 5: pp. 629-642.

KNÜTEL, Rolf (1981): "Zur duplex interpretatio von Allgemeinen Geschäftsbedingungen", *Juristische Rundschau*, N° 6: pp. 221-225.

KNÜTEL, Rolf (2006): "L´interpretazione del contratto dalla stipulatio al Codici Civili moderni", *Roma e America. Diritto Romano commune*, N° 22: pp. 27-42.

KOMAROV, Alexander (2017): "Contract interpretation and gap filling from the prospect of the UNIDROIT Principles", *Uniform Law Review*, Vol. 22, N° 1: pp. 29-46.

KÖTZ, Hein (2019): "Comparative Contract Law", en REIMANN, Mathias y ZIMMERMANN, Reinhard (eds.), *The Oxford Handbook of Comparative Law* (Oxford, Oxford University Press, 2° ed.) pp. 903-931.

KOSCHE, Kevin (2011): *Contra proferentem und das Transparenzgebot im Common Law und Civil Law. Eine rechtsvergleichende, rechtshistorische und rechtsökonomische Analyse* (Tubinga, Mohr Siebeck).

KRAMPE, Christoph (1983a): "Die ambiguitas-Regel: Interpretatio contra stipulatorem, venditorem, locatorem", *Zeitschrift der Savigny-Stiftung für Rechtsgeschichte: Romanistische Abteilung*, Vol. 100: pp. 185-228.

KRAMPE, Christoph (1983b): *Die Unklarheitenregel: bürgerliches und römisches Recht* (Berlín, Duncker & Humblot)

KRAMPE, Cristoph (1999): "Die Celsinische Auslegungsregel. 'Ambiguitas contra stipulatorem est'", en PIRO, Isabella (ed.) *Règle et pratique du Droit dans les réalités juridiques de l'antiquité. SIHDA. Atti della 51° Sessione (Crotone-Messina, 16-20 settembre 1997)* (Catanzaro, Rubbetino) pp. 389-396.

LACHIÈZE, Christophe (2020): *Droit des contrats* (París, Ellipses, 5.ª ed.).

Lagos Villarreal, Osvaldo (2015): "El siniestro. Presunción de cobertura y excepciones", en Ríos Ossa, Roberto (dir.) y Schiele Manzor, Carolina (ed.), *El contrato de Seguro. Comentarios al título VIII, Libro II del Código de Comercio* (Santiago, Thomson Reuters) pp. 368-373.

Lando, Ole y Beale, Hugh (eds.) (2000): *Principles of European Contract Law. Parts I and II. Combined and Revised* (La Haya/Londres/Boston, Kluwer Law International).

Lamberterie, Isabelle de; Rieg, Alfred y Tallon, Denis (1982): "Rapport général", *Revue internationale de Droit comparé*, Vol. 34, N° 3: pp. 1059-1106.

Lamoureaux, Marie (2006): "L'interprétation des contrats de consommation", *Recueil Dalloz*, N° 41: pp. 2848-2854.

Lange, Hermann (1997): *Römisches Recht im Mittelalter. Band I. Die Glossatoren* (Múnich, C.H. Beck'sche Verlagsbuchhandlung).

Lange, Hermann y Kriechbaum, Maximiliane (2007): *Römisches Recht im Mittelalter. Band II. Die Kommentatoren* (Múnich, C.H. Beck'sche Verlagsbuchhandlung).

Larenz, Karl (1966) [pero 1930]: *Die Methode der Auslegung des Rechtsgeschäfts. Zugleich ein Beitrag zur Theorie der Willenserklärung* (Fráncfort del Meno/Berlín, Alfred Metzner Verlag).

Larenz, Karl (1958): *Derecho de obligaciones*, Tomo I (trad. Jaime Santos Briz, Madrid, Editorial Revista de Derecho Privado).

Larenz, Karl y Wolf, Manfred (2004): *Allgemeiner Teil des Bürgerlichen Rechts* (Múnich, C.H. Beck, 9.ª ed.).

Larroumet, Christian y Bros, Sarah (2021): *Traité de Droit civil. Tome 3. Les obligations. Le contrat* (París, Economica, 10.ª ed.).

Lazo González, Patricio (2023): "Art. 1480", en Amunátegui Perelló, Carlos (ed.), Comentario histórico-dogmático al libro IV del Código Civil de Chile, Tomo I (Valencia, Tirant lo Blanch) pp. 194-199.

Legner, Sarah. (2021): "Die Unklarheitenregel bei AGB mit Drittwirkung", *Monatsschrift für Deutsches Recht*, Vol. 75, N° 4: pp. 208-213.

Leonhard, Franz (1922): "Die Auslegung der Rechtsgeschäfte", *Archiv für die civilistische Praxis*, Vol. 120, N° 1: pp. 14-151.

Le Tourneau, Phillippe (2004): *Dalloz action. Droit de la responsabilité et des contrats* (París, Dalloz).

Lewison, Kim (2021): *The Interpretation of Contracts* (Londres, Sweet & Maxwell, 7.ª ed.).

LINDACHER, Walter y SCHMIDT, Hubert (2009): "§305 c Überraschende und mehrdeutige Klauseln", en WOLF, Manfred; LINDACHER, Walter y PFEIFFER, Thomas (eds.), *Wolf/Lindacher/Pfeiffer AGB-Recht Kommentar* (Múnich, Verlag C. H. Beck) pp. 191-256.

LIRA URQUIETA, Pedro (1944): *El Código Civil y el nuevo Derecho* (Santiago, Imprenta Nascimento).

LIZAMA CASTRO, Diego (2021): "Una aproximación crítica a la aplicación de la regla *in dubio pro operario* en Chile", *Revista Jurídica Digital UANDES*, N° 5/2: pp. 61-82.

LLEWELYN, Karl (1939): "[recensión a] The Standardization of Commercial Contracts in English and Continental Law. By O. Prausnitz. London: Sweet & Maxwell. 1937. Pp. xix, 155.", *Harvard Law Review*, Vol. 52: pp. 700-705.

LLUELLES, Didier (2003): "Les règles de lecture forcée «*contra proferentem*» et «contra stipulatorem»: du rêve à la réalité", *Revue juridique Thémis*, Vol. 37, N° 3: 235-263.

LLORCA JAÑA, Manuel (2011): *La Historia del Seguro en Chile, 1810-2010* (Madrid, Fundación Mapfre).

LOBBAN, Michael (2018): "The law of obligations. The anglo-american perspective", en PIHLAJAMÄKI, Heikki y otros (eds.), *The Oxford Handbook of European Legal History* (Oxford, Oxford University Press) pp. 1025-1051.

LÖHNIG, Martin (2014): "Comparative Law and Legal History: A Few Words about Comparative Legal History", en ADAMS, Maurice y HEIRBAUT, Dirk (eds), *The Method and Culture of Comparative Law. Essays in Honour of Mark Van Hoecke* (Oxford y Portland, Hart Publishing) pp. 113-120.

LOOSCHELDERS, Dirk (2016): "§ 133. Auslegung einer Willenserklärung", en HEIDEL, Thomas y otros (ed.), *Nomos Kommentar. BGB Allgemeiner Teil*, Tomo I (Baden-Baden, Nomos, 3.ª ed.)

LOOSCHELDERS, Dirk (2021): *Derecho de obligaciones. Parte general* (trad. Esther Gómez, Madrid, Agencia Estatal Boletín Oficial del Estado, 17.ª ed.)

LÓPEZ DÍAZ, Patricia (2019): *La tutela precontractual del acreedor. Una aproximación desde el Código Civil chileno y su interrelación con la tutela contractual* (Santiago, Thomson Reuters).

López Díaz, Patricia (2023): "El débil jurídico en el derecho privado chileno: noción, configuración y tipología", *Revista Ius et Praxis,* Año 29, N° 1: pp. 124-144.

López Santa María, Jorge (1966): *Interpretación y calificación de los contratos frente al recurso de casación en el fondo en materia civil* (Santiago, Editorial Jurídica de Chile)

López Santa María, Jorge (1971): *Sistemas de Interpretación de los Contratos* (Valparaíso, Ediciones Universitarias de Valparaíso)

López Santa María, Jorge (1996): "Cláusulas contractuales abusivas y derecho del consumidor", en Varios autores (eds.), *Instituciones modernas de Derecho Civil. Homenaje al profesor Fernando Fueyo Laneri* (Santiago, Editorial Jurídica Conosur) pp. 424-443.

López Santa María, Jorge y Elorriaga de Bonis, Fabián (2017): *Los contratos. Parte general* (Santiago, Thomson Reuters, 6.ª ed.).

López y López, Ángel Manuel (2017): *La interpretación de los contratos* (Valencia, Tirant lo Blanch)

Lorenzetti, Ricardo Luis (2018): *Tratado de los contratos. Parte general* (Buenos Aires, Rubinzal-Culzoni editores, 3.ª ed.).

Lüderitz, Alexander (1966): *Auslegung von Rechtgeschäften. Vergleichende Untersuchung anglo-amerikanischen und deutschen Rechts* (Karlsruhe, Verlag C.F. Müller).

Luig, Klaus (2001): "Die Auslegung von Willenserklärungen im Naturrecht von Grotius bis Wolff", en Schröder, Jan (ed.), *Theorie der Interpretation vom Humanismus bis zur Romantik–Rechtswissenschaft, Philosophie, Theologie* (Stuttgart, Franz Steiner Verlag Stuttgart).

Lyon Puelma, Alberto (2009): "Integración e interpretación del contrato", en Alcalde Rodríguez, Enrique y Fábrega Vega, Hugo (coords.), *Estudios jurídicos en homenaje al profesor Pablo Rodríguez Grez* (Santiago, Ediciones Universidad del Desarrollo)

Lyon Puelma, Alberto (2017): *Integración, Interpretación y Cumplimiento de Contratos* (Santiago, Ediciones UC).

Macdonald, Elizabeth y Atkins, Ruth (2018): *Koffman & Macdonald's Law of Contract* (Oxford, Oxford University Press, 9.ª ed.).

Malaurie, Philippe; Aynès, Laurent y Stoffel-Munck, Philippe (2020): *Droit des obligations* (París, LGDJ/Lextenso).

Maleville, Marie-Hèléne (1991): *Pratique de l'interpretation des contrats. Etude jurisprudentielle* (Ruan, Publications de l'Université de Rouen).

MALINVAUD, Philippe; MEKKI, Mustapha y SEUBE, Jean-Baptiste (2021): *Droit des obligations* (París, LexisNexis, 16.ª ed.).

MANZO, Silvia (2014): "Certainty, laws and facts in Francis Bacon's jurisprudence", *Intellectual History Review*, vol. 24, N° 4: pp. 457-478.

MARGADANT, Guillermo (1986): *La segunda vida del Derecho romano* (México D.F, Miguel Ángel Porrúa).

MARTIAL-BRAZ, Nathalie (2015): "L'objectivation des méthodes d'interprétation: la référence à la «personne raisonnable» et l'interprétation *in favorem*", *Revue des contrats*, 2015, N° 2: pp. 193 y ss.

MARTÍN AVEDILLO, José A. (1968): "La 'Summa super titulis decretalium' del canonista Ambrosius", en *Zeitschrift der Savigny-Stiftung für Rechtsgeschichte: Kanonistische Abteilung*, Vol. 54: pp. 57-94.

MARTÍNEZ DHIER, Alejandro (2018): "Juan Hispano de Compostela", en REAL ACADEMIA DE LA HISTORIA, *Diccionario Biográfico electrónico*. Disponible en: https://dbe.rah.es/biografias/26999/juan-hispano-de-compostela. Fecha de consulta: 6 de agosto de 2021.

MÄSCH, Gerald (2019): "BGB § 305c", en MÄSCH, Gerald y otros (eds.), *Staudinger BGB. Buch 2: Recht der Schuldverhältnisse: §§ 305-310; UKlaG (AGB-Recht 1 und Unterlassungsklagengesetz)* (Berlín, Otto Schmidt/de Gruyter).

MASSIRONI, Andrea (2012): *Nell'officina dell'interprete. La qualificazione del contratto nel Diritto comune (secoli XIV-XVI)* (Milán, Giuffrè Editore).

MARDONES OSORIO, Marcelo (2022): *Lecciones de derecho económico. Regulación económica de los mercados*, Vol. II (Valencia, Tirant lo Blanch).

MASUELLI, Saverio (2002): "«In claris non fit interpretatio». Alle origini del brocardo", *Rivista di Diritto Romano* [ledonline.it], Vol. II-2002: pp. 401-424.

MASUELLI, Saverio (2008): "Interpretazione, chiarezza e oscurità in diritto romano e nella tradizione romanística. I. Interpretazione: tratti di un percorso concettuale", *Rivista di Diritto Romano* [ledonline.it], Vol. VIII: pp. 1-62.

MASUELLI, Saverio (2015): "Regole per l' interpretazione nel diritto romano e nella tradizione romanistica. II. Regole per l'interpretazione in presenza di «oscurità»", *Rivista di Diritto Romano* [ledonline.it], Vol. XV: pp. 1-15.

MATEO, Antonio (1999): *Manceps, redemptor, publicanus. Contribución al estudio de los contratistas públicos en Roma* (Santander, Servicio de Publicaciones de la Universidad de Cantabria)

Mato Pacín, María Natalia (2017): *Cláusulas abusivas y empresario adherente* (Madrid, Agencia Estatal Boletín Oficial del Estado)

Mayer-Maly, Theo (1966): "[Recensión a] Giuseppe Gandolfi, Studi sull'interpretazione degli atti negoziau in diritto romano. Giuffre, Milano 1966. XII + 437 S. L. 3.600", *Tijdschrift voor Rechtsgeschiedenis,* Vol. 83: pp. 590-597.

Mazeaud, Henri; Mazeaud, Jean; Mazeaud, Léon y Chabas, François (1997): *Derecho civil. Obligaciones,* Tomo I (trad. Luis Andorno, Buenos Aires, Zavalia editor).

McCunn, Joanna (2018): "Revolutions in Contractual Interpretation: A Historical Perspective", en Worthington, Sarah; Robertson, Andrew y Virgo, Graham (eds.), *Revolution and Evolution in Private Law* (Oxford y Portland, Bloombsbury)

McCunn, Joanna (2019): "The *contra proferentem* rule: Contract law's great survivor", *Oxford Journal of Legal Studies,* Vol. 39, N° 3: pp. 483-506.

McMeel, Gerard (2017a): "Foucault's Pendulum: Text, Context and Good Faith in Contract Law", *Current Legal Problems,* Vol. 70, N° 1: 365-397.

McMeel, Gerard (2017b): *McMeel on the Construction of Contracts. Interpretation, Implication, and Rectification* (Oxford, Oxford University Press, 3.ª ed.).

McKendrick, Ewan (2020a): *Goode and McKendrick on Commercial Law* (Londres, LexisNexis, 6.ª ed.).

McKendrick, Ewan (2020b): *Contract Law: Text, Cases, and Materials* (Oxford, Oxford University Press, 9.ª ed.).

Meder, Stephan (2017): *Rechtsgeschichte* (Colonia/Weimar/Viena, Böhlau Verlag, 6.ª ed.).

Medicus, Dieter (1965): "Grenzen der Haftung für culpa in contrahendo", *Juristische Schulung,* Vol. 5, N° 6: 209-218.

Medicus, Dieter y Petersen, Jens (2016): *Allgemeiner Teil des BGB* (Heidelberg, C.F. Müller, 11.ª ed.).

Mejías Alonzo, Claudia (2018): *Resolución por incumplimiento: su procedencia y efectos* (Santiago, DER Ediciones).

Menzinger, Sara (2013): "Viviano Tosco (*Vivianus domini Useppi*)", en Birocchi, Italo y otros (dirs.), *Dizionario biografico dei giuristi italiani (XII-XX secolo),* Vol. II (Bolonia, Società Editrice Il Mulino) pp. 2062-2062.

MESTRE, Jacques y FAGUES, Bertrand (2003): "Le doute profite au consommateur (Civ. 1re, 23 janv. 2003, D. 2003.693, obs. V. Avena-Robardet)", *Revue trimestrielle de droit civil*, Abril/Junio 2003: pp. 292-294.

MEYER, Olaf (2010): "*Contra Proferentem?* Klares und weniger Klares zur Unklarheitenregel", *Zeitschrift für das gesamte Handelsrecht und Wirtschaftsrecht*, Vol. 174: pp. 108-143.

MEZA BARROS, Ramón (1951): *Manual de Derecho Civil. De las fuentes de las obligaciones*, Tomo I (Santiago, Editorial Jurídica de Chile).

MICHAELS, Ralf (2019): "The Functional Method of Comparative Law", en REIMANN, Mathias y ZIMMERMANN, Reinhard (eds.), *The Oxford Handbook of Comparative Law* (Oxford, Oxford University Press 2.ª ed.) pp. 345-389.

MILLET, Florence (2020): "Le sort du principe de l'interprétation dans le sens le plus favorable au consommateur", *Recueil Dalloz*, N° 22, 2020: pp. 1280-1283.

MIQUEL, Juan (1981): "La interpretación de los contratos: vinculación entre teoría y práctica", *Revista Jurídica de Cataluña. Serie doctrinal*, Vol. 80, N° 3: pp. 789-803.

MITCHELL, Catherine (2019): *Interpretation of Contracts* (Londres y Nueva York, Routledge, 2.ª ed.).

MOHINO MANRIQUE, Ana (2006): *Pactos en el contrato de compraventa en interés del vendedor* (Madrid, Dykinson)

MOLLO, Francesca (2020): *Regole finali di interpretazione del contratto* (Milán, Wolters Kluwer/Cedam).

MÖLLER, Cosima (2010): *Die Servituten. Entwicklungsgeschichte, Funktion und Struktur der grundstückvermittelten Privatrechtsverhältnisse im römischen Recht* (Gotinga, Wallstein Verlag).

MOMBERG, Rodrigo (2015): "La reforma al derecho de obligaciones y contratos en Francia. Un análisis preliminar", *Revista Chilena de Derecho Privado*, N° 24: pp. 121-142.

MONTERO IGLESIS, Marcelo (2006): "Notas sobre el impacto de la formación del consentimiento en la interpretación del contrato entre partes sofisticadas", en DE LA MAZA GAZMURI, Íñigo (ed.), *Temas de contratos. Cuadernos de Análisis Jurídico. Colección Derecho Privado III* (Santiago, Ediciones Universidad Diego Portales) pp. 115-129.

MORAGA KLENNER, Claudio (2016): *Contratación administrativa* (Santiago, Thomson Reuters, 2.ª ed.)

Morales Ortiz, María Elisa (2018): *Control preventivo de cláusulas abusivas* (Santiago, DER Ediciones)

Morales Ortiz, María Elisa e Isler Soto, Erika (2018): "Acerca del control de la Superintendencia de Valores y Seguros sobre las pólizas", en Carvajal Arenas, Lorena y Toso Milos, Ángela (eds.), *Estudios de Derecho Comercial. Octavas Jornadas chilenas de Derecho Comercial. 7 y 8 de septiembre de 2017* (Santiago, Thomson Reuters) pp. 87-106.

Morales Moreno, Antonio-Manuel (1988): *El error en los contratos* (Madrid, Editorial Ceura).

Morales Moreno, Antonio-Manuel y Gregoraci Fernández, Beatriz (2022): "El riesgo de defectuosa información contractual y su distribución entre los contratantes: figuras jurídicas y remedios", en Morales Moreno, Antonio-Manuel (dir.) y Blanco Martínez, Emilio (coord.), *Estudios de Derecho de Contratos,* Vol. 2 (Madrid, Agencia Estatal Boletín Oficial del Estado) pp. 745-766.

Moreira Alvez, José Carlos (2004): "O favor debitoris como princípio geral de direito", *Revista Brasileira de Direito Comparado*, N° 26: pp. 3-23.

Moosheimer, Thomas (2017): "Johannes Voet (1647-1713)", en Kleinheyer, Gerd y Schröder, Jan (eds.), *Deutsche und Europäische Juristen aus neun Jahrhunderten* (Tubinga, Mohr Siebeck, 6ta ed.) pp. 470-472.

Müller-Erzbach, Rudolf (1910): "Gefährdungshaftung und Gefahrtragung", *Archiv für die civilistische Praxis*, Vol. 106, N° 3: pp- 309-476.

Munita Marambio, Renzo (2021): "Sobre la equidad contractual y la obligatoriedad del vínculo: Una mirada a la luz de la protección jurídica del contratante débil", *Latin American Legal Studies*, vol. 8: pp. 174–206.

Naidoo, André (2021): *Complete Contract Law: Text, Cases, and Materials* (Oxford, Oxford University Press).

Nasser Olea, Marcelo (2018): *Los seguros de personas* (Santiago, Thomson Reuters).

Negri, Giovanni (1985): *Diritto minerario romano. Studi esegetici sul regime delle cave private nel pensiero dei giuristi classici*, Tomo I (Milán, Dott. A. Griuffrè editore)

Núñez Poblete, Manuel (2011): "La Constitución frente a la ley del contrato. Inconstitucionalidad e inaplicabilidades sobrevinientes en el caso Isapres", en Instituto Libertad y Desarrollo (ed.), *Sentencias destacadas 2010* (Santiago, Ediciones LYD) pp. 51-65.

OHADAC (s/f): Principios OHADAC sobre los contratos comerciales internacionales. Disponible en: https://www.ohadac.com/textes/2/principios-ohadac-sobre-los-contratos-comerciales-internacionales.html. Fecha de consulta: 06 de julio de 2023.

ONFRAY VIVANCO, Arturo Felipe (2022): *Derecho Procesal Civil. Parte segunda. Actos jurídicos procesales* (Valencia, Tirant lo Blanch, 2.ª ed.)

ORLIN, Eric (2002): *Temples, Religion, and Politics in the Roman Republic* (Boston/Leiden, Brill Academic Publishers).

O'SULLIVAN, Janet (2020): *O'Sullivan & Hilliard's The Law of Contract* (Oxford, Oxford University Press, 9.ª ed.).

PACHECO CABALLERO, Francisco Luis (2001): "Elaboración dogmática y depuración técnica: particiones sistemáticas, *departimientos* y definiciones en la obra de Alfonso X", en IGLESIA FERREIRÓS, Aquilino (ed.), *El Dret Comú I Catalunya. Actes de X Simposi Internacional. Barcelona, 2-3 de juny de 2000* (Barcelona, Associació Catalana d'Història del Dret Jaume de Montjuic) pp. 37-66.

PADOA-SCHIOPPA, Antonio (2017): *A History of Law in Europe. From the Early Middle Ages to the Twentieth Century* (trad. Caterina Fitzgerald, Cambridge, Cambridge University Press).

PADOVANI, Andrea (2013): "Dino Rossoni del Mugello" en BIROCCHI, Italo y otros (dirs.), *Dizionario biografico dei giuristi italiani (XII-XX secolo)*, Vol. I (Bolonia, Società Editrice Il Mulino) pp. 769-771.

PAHLMANN, Bernhard y SCHRÖDER, Jan (2017): "Ulrich Zasius (1461-1535)", en SCHRÖDER, Jan (eds.), *Deutsche und Europäische Juristen aus neun Jahrhunderten* (Tubinga, Mohr Siebeck, 6ta ed.) pp. 485-489.

PAILLAS, Enrique (2008): *El recurso de casación en materia civil. Derecho chileno y comparado* (Santiago, Editorial Jurídica de Chile).

PALMA, Antonio (1997): *Benignior Interpretatio. Benignitas nella giurisprudenza e nella normazione da Adriano ai Severi* (Turín, G. Giappichelli Editore)

PARICIO, Javier (2008): *Contrato. La formación de un concepto* (Cizur Menor, Thomson Civitas)

PARICIO, Javier (2010): "El legado jurídico de Roma", en EL MISMO (comp.) *El legado jurídico de Roma* (Madrid, Marcial Pons).

PARRA LUCÁN, María de los Ángeles (2003): "Interpretación del contrato", en CÁMARA LAPUENTE, Sergio (coord.) *Derecho Privado Europeo* (Madrid, Editorial Colex) pp. 465-478.

PARRA MARTÍN, María Dolores (2005): *La argumentación retorica en Juvencio Celso* (Madrid, Dykinson)

PASTORI, Franco (1994): *Il negozio verbale in Diritto romano* (Bolonia, Istituto Editoriale Universitario Cisalpino).

PEEL, Edwin (2007): "Whiter *Contra Proferentem?*", en BURROWS, Andrew y PEEL, Edwin (ed.), *Contract Terms* (Oxford, Oxford University Press) pp. 53-75.

PEEL, Edwin (2017): "*Contra proferentem* revisited", *Law Quarterly Review*, Vol. 133: pp. 6-11.

PEEL, Edwin (2020): *Treitel on the Law of Contracts* (Londres, Sweet & Maxwell/Thomson Reuters, 15.ª ed.).

PELLET, Sophie (2020): "L'encadrement des contrats de consommation. Règles communes à tous les contrats", en FENOUILLET, Dominique (dir.), *Dalloz action. Droit de la consommation* (París, Dalloz).

PELLIER, Jean-Denis (2018): "L'ordonnance portant réforme du droit des contrats, du régime général et de la preuve des obligations enfin ratifiée !", *Dalloz Actualité* (30/04/2018). Disponible en: https://www.dalloz-actualite.fr/flash/l-ordonnance-portant-reforme-du-droit-des-contrats-du-regime-general-et-de-preuve-des-obligati#.Y44VmXbMKM8. Fecha de consulta: 05 de diciembre de 2022.

PENNINGTON, Kenneth (2008): "The decretalists 1190-1234", en HARTMANN, Wilfried y PENNINGTON, Kenneth (eds.), *The History of Medieval Canon Law in the Classical Period, 1140-1234. From Gratian to the Decretals of Pope Gregory IX* (Washington D.C., The Catholic University of America Press) pp. 211-245.

PEÑAILILLO ARÉVALO, Daniel (2003): *Obligaciones. Teoría general y clasificaciones. La resolución por incumplimiento* (Santiago, Editorial Jurídica de Chile).

PEÑAILILLO ARÉVALO, Daniel (2023): "Ante los contratos tipificados. Una apreciación del conjunto", en MUNITA MARAMBIO, Renzo (dir.) y BANCALARI CHÁVEZ, Florencia (coord.), *Contratos. Parte especial* (Valencia, Tirant lo Blanch) pp. 17-40.

PETRUCCI, Aldo (2015): "Le condizioni generali di contratto e l'interpretazione contro l'autore della clausola fra passato e futuro", *Roma e America. Diritto Romano comune*, vol. 36: pp. 225-237.

PHILLIPS, John (2008): "*Smith v Hughes* (1871)", en MITCHELL, Charles y MITCHELL, Paul (eds.), *Landmark Cases in the Law of Contract* (Oxford y Portland, Hart Publishing) 205-222.

PIANO MORTARI, Vincenzo (1972): "Interpretazione (dir. interm.)", en VV.AA, *Enciclopedia del Diritto* (Milán, Giuffrè Editore).

PICARD, Maurice y BESSON, André (1964): *Les assurances terrestres en Droit français,* Tomo I (Paris, Libraire Générale de Droit et de jurisprudence, 2.ª ed.).

PILZ, Knut (2010): *Missverständliche AGB. Ein Beitrag zum Verhältnis von Auslegung und Transparenzkontrolle untersucht am Beispiel Allgemeiner Versicherungsbedingungen* (Karlsruhe, Verlag Versicherungswirtschaft).

PIZARRO WILSON, Carlos (1999): *La protección de los consumidores en materia contractual* (Santiago, Editorial Jurídica Conosur).

PIZARRO WILSON, Carlos y VIDAL OLIVARES, Álvaro (2013): "Informe Chile", en PIZARRO WILSON, Carlos (coord.), *El Derecho de los contratos en Latinoamérica (Bases para unos principios de derecho de los contratos)* (Santiago, Ediciones de la Fundación Fernando Fueyo Laneri) pp. 297-377.

PIZARRO WILSON, Carlos y PÉREZ LÓPEZ, Ignacio (2013): "Artículo 1° N° 6. Definición contrato de adhesión", en PIZARRO WILSON, Carlos; DE LA MAZA GAZMURI, Íñigo (dirs.) y BARRIENTOS CAMUS, Francisca (coord.), *La protección de los derechos de los consumidores. Comentarios a la ley de protección a los derechos de los consumidores* (Santiago, LegalPublishing/Thomson Reuters) pp.52-58.

PLANIOL, Marcel (1917): *Traité élémentaire de Droit civil,* Tomo II (Paris, Libraire générale de Droit & Jurisprudence, 7.ª ed.).

PLANIOL, Marcel y RIPERT, George (1946): *Tratado práctico de Derecho civil francés,* Tomo VI (trad. Mario Díaz y Eduardo Le Riverend, La Habana, Cultural S.A)

POLO ARÉVALO, Eva María (2015): "Una reflexión actual del principio de interpretación *In ambiguitas contra stipulationem*", *Revista Internacional de Derecho Romano,* Vol. Octubre-2015: pp. 186-222.

POLIGNANI, Giuseppe (1881): "Di un'antica regola di Dritto (interpretatio contra stipulatorem) riprodotta nel codice civile italiano", *Il Filangieri. Rivista periodica mensuale di scienze giuridiche e politico-amministrative,* Año vi, parte i: pp. 1-13.

POSNER, Richard (2005): "The Law and Economics of Contract Interpretation", *Texas Law Review,* vol. 83: pp. 1581-1614.

POSNER, Richard (2007): *El análisis económico del derecho* (trad. Eduardo L. Suárez, Ciudad de México, Fondo de Cultura Económica, 2.ª ed. en español).

PRAUSNITZ, Otto (1937): *The Standardization of Commercial Contracts in English and Continental Law* (Londres, Sweet & Maxwell).

PRADO LÓPEZ, Pamela (2019): "Notas sobre el alcance del artículo 1566 inciso segundo del Código Civil chileno", en BARRÍA PAREDES, Manuel y otros (eds.), *Estudios de Derecho privado en homenaje al profesor Daniel Peñailillo Arévalo* (Santiago, Thomson Reuters) pp. 515-546.

PRINGSHEIM, Fritz (1961): "Id quod actum est", *Zeitschrift der Savigny-Stiftung für Rechtsgeschichte: Romanistische Abteilung*, Vol. 78: pp. 1-91.

PRÜTTING, Hanns y WINTER, Thomas (2021) "§ 546. Begriff der Rechtsverletzung", en WIECZOREK, Bernhard y otros (eds.), *Wieczorek/Schütze Zivilprozessordnung und Nebengesetze*, Tomo 7 (Berlín, De Gruyter) pp. 624-643.

PUGLIATTI, Salvatore (1959): "Autoresponsabilità", en CALASSO, Francesco (ed.), *Enciclopedia del Diritto,* Vol. IV (Milán, Giuffrè editore) pp. 452-465.

QUINTANA BRAVO, Fernando (2006): *Interpretación y argumentación jurídica* (Santiago, Editorial Jurídica de Chile).

QUIROZ VALENZUELA, Hernán (2022): *Asociaciones de Consumidores y Litigación Colectiva* (Santiago, Thomson Reuters).

RAISER, Ludwig (1961): *Das Recht der Allgemeinen Geschäftsbedingungen* (Bad Homburg vor der Höhe, Hermann Gentner Verlag).

RAMOS PAZOS, René (2009): *Derecho de Familia,* Tomo II (Santiago, Editorial Jurídica de Chile, 6.ª ed.).

RAMOS PAZOS, René (2023): *De los contratos. Teoría general* (Santiago, Thomson Reuters).

RAPPAPORT, Michael B. (1995): "The Ambiguity Rule and Insurance Law: Why Insurance Contracts Should Not Be Construed against the Drafter", *Georgia Law Review,* Vol. 30, N° 1: pp. 171-258.

RAVEL D'ESCLAPON, Thibault (2011): "Protection du consommateur: interprétation d'un contrat d'assurance", *Recueil Dalloz,* Vol. 2011, N° 24: p. 1612.

RENAULT-BRAHINSKY, Corinne (2019): *Droit des obligations* (París, Gualino/Lextenso).

REVET, Thierry (2015): "L'uniformisation de l'interprétation: contrats types et contrats d'adhésion", *Revue des contrats,* 2015, N° 3: p. 199 y ss.

RICCOBONO, Salvatore (1893) "Studi critici sui libri XVIII di Paulus ad Plautium", *Bullettino dell'Istituto di Diritto Romano Vittorio Scialoja,* Anno VI: pp. 119-171.

RIEFA, Christine y WILLET, Chris (2018): "Enforcement and Effectiveness of Consumer Law in the UK", en MICKLITZ, Hans-W y SAUMIER, Geneviève (eds.), *Enforcement and Effectiveness of Consumer Law* (Cham, Springer) pp. 673-695.

RIEG, Alfred (1961): *Le role de la volonté dans l'acte juridique en droit civil français et allemand* (Paris, Libraire générale de droit et de jurisprudence).

RIPERT, Georges (1935): *La règle morale dans les obligations civiles* (París, Libraire genérale de Droit & de jurisprudence).

RÍOS LABBÉ, Sebastián (2014): "Cláusulas limitativas y exoneratorias de responsabilidad. Un balance", en TAPIA RODRÍGUEZ, Mauricio; GATICA RODRÍGUEZ, María Paz y VERDUGO TORO, Javiera (coords.), *Estudios de Derecho Civil en homenaje a Gonzalo Figueroa Yáñez* (Santiago, Thomson Reuters) pp. 527-539.

RÍOS OSSA, Roberto (2014): *El deber precontractual de declaración del riesgo en el seguro de daños* (Santiago, Thomson Reuters).

RÍOS OSSA, Roberto (2019): "La imperatividad en la regulación del contrato de seguro: ¿régimen de excepción o regla general? Una propuesta de interpretación a propósito del artículo 542 del Código de Comercio chileno", *Revista Española de Seguros,* N° 178: pp. 185-205.

RIOSECO ENRÍQUEZ, Emilio (2002): *La prueba ante la jurisprudencia. Derecho civil y procesal civil,* Tomo I (Santiago, Editorial Jurídica de Chile, 4.ª ed.).

RIVERA RESTREPO, José Maximiliano (2020): *Tratado de Derecho Civil. Derecho sucesorio,* Tomo II (Santiago, Thomson Reuters).

ROCHFELD, Judith (1999): *Cause et type de contrat* (París, LGDJ).

RODRÍGUEZ GREZ, Pablo (2015): *Derecho del consumidor. Estudio crítico* (Santiago, Thomson Reuters).

RODRÍGUEZ MOLINA, José (1996): "Monedas que se registran en los documentos medievales del Alto Guadalquivir", *Boletín del Instituto de Estudios Giennenses,* N° 162 (2): pp. 925-954.

RODRÍGUEZ PINTO, María Sara (2017): "Cargas de colaboración y distribución de riesgos en el contrato de construcción", en CORRAL TALCIANI, Hernán y MANTEROLA DOMÍNGUEZ, Pablo (eds.), *Estudios de Derecho Civil XII* (Santiago, Thomson Reuters) pp. 321-340.

Rodríguez Olmos, Javier (2013): "Algunas observaciones sobre el *id quod actum est* en la experiencia negocial romana", en Basso, Maristela y otros (eds.), *Sistema jurídico romanista y subsistema jurídico latinoamericano. Liber discipulorum para el profesor Sandro Schipani* (Bogotá, Universidad Externado de Colombia) pp. 466-499.

Rodríguez Olmos, Javier (2016): "Contexto y construcción de la regla '*interpretatio contra proferentem*' en la tradición romanista. Aspectos histórico-comparativos de un principio de interpretación contractual [2.ª ed.]", en Rodríguez Olmos, Javier (ed.), *Obligaciones y contratos. Un estudio de Derecho civil y comparado* (Lima/Santiago, ARA Editores/Ediciones Olejnik) pp. 11-67.

Rodríguez Russo, Jorge (2021): *La interpretación del contrato* (Montevideo, Fundación de Cultura Universitaria, 3.ª ed.).

Rogel Vide, Carlos (2010): Favor debitoris -*análisis crítico*- (Madrid, Editorial Reus).

Roloff, Stefanie (2014): "§305c. Überraschende und mehrdeutige Klauseln", en Westermann, Harm Peter y otros (coords.), *Erman Bürgerliches Gesetzbuch. I* (Colonia, Verlag Dr. Otto Schmidt).

Rojas Blanco, Carlos (1962): *Estudio crítico de la jurisprudencia del artículo 1560 del Código Civil.* Memoria de Prueba para optar al Grado de Licenciado en Ciencias Jurídicas y Sociales de la Universidad de Chile.

Roppo, Vincenzo (2011): "Del contrato con el consumidor a los contratos asimétricos: perspectivas del derecho contractual", *Revista de Derecho Privado (Universidad Externado de Colombia),* N° 20: pp. 177–223.

Rosende Álvarez, Hugo (1986): "Algunas consideraciones sobre la interpretación del contrato", *Revista de Derecho y jurisprudencia y Gaceta de los tribunales,* Tomo LXXXIII, N° 3: pp. 97-121.

Roth, Hans-Jörg (1999): *Alfeni Digesta. Eine spätrepublikanische Juristenschrift* (Berlín, Duncker & Humblot).

Rowan, Solène (2022): *The New French Law of Contract* (Oxford, Oxford University Press).

Royo Martínez, Miguel (1949): "Contratos de adhesión", *Anuario de derecho civil,* Vol. 2, N° 1: pp. 54-70.

Rüpke, Jörg (2018): *Pantheon. A new History of roman religion* (trad. David Richardson, Princeton/Oxford, Princeton University Press)

Rubio Varas, Francisco (2018): "Notas histórico-dogmáticas sobre la interpretación de los contratos en el Código Civil chileno", *Revista Chilena de Derecho,* vol. 45, N° 2: pp. 553-563.

Rubio Varas, Francisco (2019): "Elementos para la armonización de la legislación de seguros y de consumo en la protección del consumidor de seguros", *Revista de Derecho y Consumo,* N° 3: pp. 9-49.

Rubio Varas, Francisco (2020): "Una aproximación histórico-dogmática al artículo 1563, inciso primero. La naturaleza del contrato como elemento de interpretación en el Código Civil chileno", en Elorriaga de Bonis, Fabián (ed.), *Estudios de Derecho Civil XV. XVII Jornadas Nacionales de Derecho Civil* (Santiago, Thomson Reuters) pp. 665-683.

Rubio Varas, Francisco (2021a): "Notas acerca de la interpretación del contrato en el contexto del Covid-19", en Isler Soto, Erika y Morales Ortiz, María Elisa (eds.), *Retos del Derecho Privado en un contexto de crisis* (Valencia, Tirant lo Blanch) pp. 117-135.

Rubio Varas, Francisco (2021b): "Algunos aspectos sobre la interpretación de los contratos de adhesión en Chile", en De la Maza Gazmuri, Íñigo y Contardo González, Juan Ignacio (dirs.), *Estudios de Derecho del consumidor II* (Santiago, Rubicón) pp. 259-270.

Rubio Varas, Francisco (2023a): "Título XIII. De la interpretación de los contratos", en Amunátegui Perelló, Carlos (ed.), *Comentario histórico-dogmático al libro IV del Código Civil de Chile,* Tomo I (Valencia, Tirant lo Blanch) pp. 443-469.

Rubio Varas, Francisco (2023b): "Contra el dogma de la 'desnaturalización' en la interpretación contractual", en Pinochet Olave, Ruperto (dir.), *Estudios de Derecho Civil XVI. XVIII Jornadas Nacionales de Derecho Civil* (Santiago, Thomson Reuters) pp. 585-596.

Ruiz-Tagle Vial, Carlos (2011): *La buena fe en el contrato de seguro de vida* (Santiago, Editorial Jurídica de Chile).

Ruiz-Tagle Vial, Carlos (2015): "La imperatividad como nuevo desafío de la institucionalidad del seguro chilena", *Revista Chilena de Derecho de Seguros,* N° 24: pp. 67-84.

Ruz Lártiga, Gonzalo (2011): *Explicaciones de Derecho Civil. Contratos y responsabilidad extracontractual,* Tomo IV (Santiago, Abeledo Perrot/ LegalPublishing Chile).

Renzo Villata, Maria Gigliola di (2009): "Per una storia del notariato nell'Italia centro-settentrionale", en Schmoeckel, Mathias y Schubert, Werner (eds.), *Handbuch zur Geschichte des Notariats der europäischen Traditionen* (Baden-Baden, Nomos) pp. 15-64.

Romero Seguel, Alejandro; Aguirrezabal Grünstein, Maite y Baraona González (2008): "Revisión crítica de la causal fundante del recurso de casación en el fondo en materia civil", *Revista Ius et Praxis,* Año 14, N° 1: pp. 225-259.

Rossi, Giovanni (2011): "Il giurista al banco di lavoro: l' interpretazione dei negozi giuridici privati nelle «Vaticanae lucubrationes de tacitis et ambiguis conventionibus» di Francesco Mantica", en Cavina, Marco (ed.), *Francesco Mantica (1534-1614) Vicende umane e vicende culturali di un giurista della controriforma* (Bolonia, Pàtron editore) pp. 73-101.

Rzepecki, Nathalie (2002): *Droit de la consommation et théorie générale du contrat* (Aix-en-Provence, Presses universitaires d'Aix-Marseille).

Saavedra Galleguillos, Francisco Javier (1994): *Teoría del consentimiento* (Santiago, Editorial Jurídica Conosur).

Saavedra Galleguillos, Francisco Javier (1996): "El principio general de la buena fe", en Varios autores (ed.), *Instituciones modernas de Derecho Civil. Homenaje al profesor Fernando Fueyo Laneri* (Santiago, Editorial Jurídica Conosur).

Sacconi, Giuseppina (1989): *Ricerche sulla stipulatio* (Nápoles, Jovene Editore).

Salanitro, Ugo A. (2021): "Rischio contrattuale", en D'Amico, G. (dir.), *Enciclopedia del Diritto. I tematici. Contratto* (Milán, Giuffrè Francis Lefebvre) pp. 1050-1076.

Saleilles, Raymond (1901): *De la déclaration de volonté. Contribution a l'étude de l'acte juridique dans le Code Civil allemand (Art. 116 á 144)* (París, Librairie Cotillon F. Pichon successeur éditeur).

Sambuc, Thomas (1981): "Unklarheitenregel und enge Auslegung von AGB", *Neue Juristische Wochenschrift,* 1981, N° 7: pp. 313-316.

Sánchez-Collado, Elena (2015): "El principio *in ambiguis contra stipulatorem* en la tradición romanista y en el derecho comparado", *Revista General de Derecho Romano,* N° 25.

Sánchez Lorenzo, Sixto (2016): "El derecho contractual inglés", en Sánchez Lorenzo, Sixto (ed.), *Derecho contractual comparado. Una perspectiva europea y transnacional,* Tomo I (Navarra, Civitas/Thomson Reuters) pp. 169-242.

Sandoval López, Ricardo (2016): *Derecho Comercial,* Tomo V. Derecho del Consumidor. Protección del Consumidor en el Derecho Nacional y en la Legislación Comparada (Santiago, Editorial Jurídica de Chile)

Sandoval López, Ricardo (2018): *Derecho Comercial,* Tomo IX. Derecho de seguros. Análisis de la normativa nacional y derecho comparado (Santiago, Editorial Jurídica de Chile)

San Martín Neira, Lilian (2011): "Sobre la naturaleza jurídica de la 'cooperación' del acreedor al cumplimiento de la obligación. La posición dinámica del acreedor en la relación obligatoria, como sujeto no sólo de derechos, sino también de cargas y deberes", *Revista de Derecho Privado (Universidad Externado de Colombia)*, N° 21: pp. 273-325.

San Martín Neira, Lilian (2012): *La carga del perjudicado de evitar o mitigar el daño. Estudio histórico-comparado* (Bogotá, Universidad Externado de Colombia)

San Martín Neira, Lilian (2020): "Cargas y deberes del acreedor como mecanismos de equilibrio contractual", en Barría Díaz, Rodrigo; Ferrante, Alfredo y San Martín Neira, Lilian (eds.), *Presente y futuro del Derecho contractual* (Santiago, Thomson Reuters) pp. 245-266.

Santa Cruz Teijeiro, José (1957-58): "Influencia de algunas disciplinas no jurídicas en el Derecho romano", *Anuario de Historia del Derecho Español*, N° 27-28: pp. 343-398.

Sapag Álvarez, Rodrigo (2023): *La ley del seguro. Regulación del mercado y del contrato de seguro en Chile* (Valencia, Tirant lo Blanch, 2.ª ed.).

Sauphanor-Brouillaud, Natacha (2013): *Traité de droit civil. Les contrats de consommation. Règles comunes* (París, LGDJ).

Schäfer, Hans-Bernd y Ott, Claus (2022): *The Economic Analysis of Civil Law* (Cheltenham/Northampton, Edward Elgar Publishing, 2.ª ed.).

Scheid, John (2006): "Oral tradition and written tradition in the formation of sacred law in Rome", en Ando, Clifford y Rüpke, Jörg (eds.), *Religion and Law in Classical and Christian Rome* (Stuttgart, Franz Steiner Verlag) pp. 14-33.

Schermaier, Martin Josef (1998): "Auslegung und Konsensbestimmung: Sachmängelhaftung, Irrtum und anfängliche Unmöglichkeit nach römischem Kaufrecht", *Zeitschrift der Savigny-Stiftung für Rechtsgeschichte: Romanistische Abteilung*, Vol. 115: pp. 235-288.

Schermaier, Martin Josef (2003): "Vor § 104. Das Rechtsgeschäft", en Schmoeckel, Mathias; Rückert, Joachim y Zimmermann, Reinhard (eds.), *Historisch-kritischer Kommentar zum BGB*, Tomo I, Allgemeiner Teil (Tubinga, Mohr Siebeck) pp. 354-364.

Schlechtriem, Peter (1998): "Die sogenannte Unklarheitenregel des § 5 AGBG", en Heldrich, Andreas y otros (eds.), *Recht im Spannungsfeld von Theorie und Praxis. Festschrift für Helmut Heinrichs zum 70. Geburtstag* (Múnich, C.H. Beck'sche Verlagsbuchhandlung).

Schmidt-Salzer, Joachim (1966): "Geltungsgrund und Anwendungsbereich der sogenannten Unklarheitenregel", *Versicherungsrecht,* N° 17: pp. 910-914.

Schopf Olea, Adrián (2017): "Modelos de atribución de responsabilidad en el derecho de contratos", en Corral Talciani, Hernán y Manterola Domínguez, Pablo (eds.), *Estudios de Derecho Civil XII* (Santiago, Thomson Reuters) pp. 435-452.

Schopf Olea, Adrián (2022): "El desarrollo y la concreción de la buena fe en la integración de los contratos", *Revista Chilena de Derecho Privado,* N° 38: pp. 131-171.

Schorn, Wolfgang (2010): *Die Unklarheitenregel des § 305c Abs. 2 BGB– insbesondere im Arbeitsrecht. Zum Verständnis der Norm im Zivil- und Arbeitsrecht, insbesondere bei der Auslegung arbeitsvertraglicher Bezugnahmeklauseln* (Fráncfort del Meno, Peter Lang).

Schröder, Jan (2020): *Recht als Wissenschaft. Geschichte der juristischen Methodenlehre in der Neuzeit (1500-1990),* Tomo I (1500-1933) (Múnich, C.H.Beck, 3.ª ed.).

Schulz, Fritz (2000): *Principios del Derecho romano* (trad. Manuel Abellán, Madrid, Civitas, 2ª edición)

Schüssler, Rudolf (2006): "Moral Self-Ownership and *Ius Possessionis* in Scholastics", en Mäkinen, Virpi y Korkman, Petter (eds.), *Transformations in Medieval and Early-Modern Rights Discourse* (Dordrecht, Springer) pp. 149-172.

Sierra Herrero, Alfredo (2018): "Indemnizaciones convencionales por término de contrato de trabajo. Problemas suscitados a raíz del tope de UF 90", *Revista Ius et Praxis,* Año 24, N° 2: pp. 21-50.

Simpson, A.W.B (1975): "Innovation in Nineteenth Century Contract Law", *The Law Quarterly Review,* Vol. 91: pp. 247-278.

Singer, Reinhard (2017): "BGB § 133", en Habermann, Norbert y otros (eds.), *Staudinger BGB. Buch 1: Allgemeiner Teil: §§ 90-124; §§ 130-133* (Berlín, Otto Schmidt/de Gruyter).

Slawson, David (1996): *Binding Promises. The late 20th-Century Reformation of Contract Law* (Princeton, Princeton University Press).

Smith, Stephen (2005): *Atiyah's introduction to the Law of Contract* (Oxford, Clarendon Press, 6.ª ed.).

Smits, Jan M. (2021): *Contract Law. A Comparative Introduction* (Cheltenham, Edward Elgar Publishing, 3.ª ed.).

SOLIDORO MARUOTTI, Laura (2011): *La tradizione romanistica nel Diritto europeo. I. Dal crollo dell'Impero romano d'Occidente alla formazione dello ius commune* (Turín, G. Giappichelli Editore, segunda ed.).

STAGL, Jakob (2021): "*Utilitas publica, ius naturale* y protección de la *natura*", en STAGL, Jakob (ed.), *Camino desde la servidumbre. Escritos sobre la servidumbre en la Antigüedad, su derrota y la amenaza de su retorno* (Madrid, Dykinson) pp. 83-102.

STAGL, Jakob Fortunat (2020): "El 'favor libertatis': una 'institución particular'. A propósito de Marcell. D. 28,4,3 pr.-1", *Revista General de Derecho Romano*, N° 34: pp. 1-31.

STAGL, Jakob Fortunat (2021): "Malestar y bienestar en la codificación: el comentario jurídico en América Latina", en ÉL MISMO (ed.), *La vida de los hombres mismos vista desde un lado particular. Ensayos de derecho civil chileno y comparado* (Valencia, Tirant lo blanch) pp. 101-130.

STEIN, Peter (1966): *Regulae iuris. From juristic rules to legal maxims* (Edimburgo, Edinburgh University Press)

STELLA MARANCA, Filippo (1930): "Intorno alla regola *interpretatio contra stipulatorem*", *Annali del Seminario giuridico-economico dell'Università di Bari*, N° 2: pp. 20-97.

STOFFELS, Markus (2015): *AGB-Recht* (Múnich, C. H. Beck, 3.ª ed.)

STOLFI, Emanuele (2004): *'Bonae fidei interpretatio'. Richerche sull'interpretazione di buona fede fra esperienza romana e tradizione romanística* (Nápoles, Casa editrice Jovene).

STAPELFELDT, Karin y SCHRÖDER, Jan (2017): "Hugo Donellus (1527-1591)", en KLEINHEYER, Gerd y SCHRÖDER, Jan (eds.), *Deutsche und Europäische Juristen aus neun Jahrhunderten* (Tubinga, Mohr Siebeck, 6.ª ed.) pp. 118-121.

STEMPEL, Jeffrey W. (1993): "Reassessing The Sophisticated Policyholder Defense in Insurance Coverage Litigation", *Drake Law Review*, Vol. 42: pp. 807-857.

SUMPTION, Lord [Jonathan] (2017): "A question of taste: the Supreme Court and the Interpretation of Contracts", *Oxford University Commonwealth Law Journal*, Vol. 17, N° 2: pp. 301-314.

SWAIN, Warren (2015): *The Law of Contract. 1670-1870* (Cambridge, Cambridge University Press).

TAFARO, Sebastiano (1994): *Il giurista e l' 'ambiguitá'. Ambigere, Ambiguitas, Ambiguus* (Bari, Cacucci editore).

Tapia Malis, Liat Sharon (2013): *Del ámbito de la buena fe y de la buena fe contractual*. Memoria de prueba para optar al grado de licenciado en ciencias jurídicas y sociales de la Universidad de Chile.

Tapia Rodríguez, Mauricio y Valdivia Olivares, José Miguel (2002): *Contrato por adhesión. Ley N° 19.496* (Santiago, Editorial Jurídica de Chile).

Tapia Rodríguez, Mauricio (2023): "Interpretación legal y contractual en favor del consumidor. Reforma de la Ley N° 21.398 y el principio proconsumidor", en Pinochet Olave, Ruperto (dir.), *Estudios de Derecho Civil XVI* (Santiago, Thomson Reuters) pp. 713-737.

Terré, François (2009): "L'interprétation", en Terré, François (dir.), *Por une réforme du droit des contrats. Réflexions et propositions d'un groupe de travail sous la direction de François Terré* (París, Dalloz) pp. 301-303.

Terré, François; Simler, Philippe y Lequette, Yves (2005): *Droit civil. Les obligations* (París, Dalloz, 9.ª ed.).

Terré, François; Simler, Philippe; Lequette, Yves y Chénedé, François (2019): *Droit civil. Les obligations* (París, Dalloz, 12.ª ed.).

Tikkanen, Karin W. (2017): "On the Building of a Narrative. The Ver Sacrum Ritual", *Mnemosyne*, Vol. 70, N° 6: pp. 958-976.

Titze, Heinrich (1910): *Die Lehre vom Missverstandnis* (Berlín, Guttentag Verlagsbuchhandlung).

Tofaris, Stelios (2019): "Commercial Construction of Exemption Clauses", *Lloyd's Maritime and Commercial Law Quarterly*, Vol. 2019, N° 2: pp. 270-296.

Tomasello Hart, Leslie (1984): *La contratación. Contratación tipo, de adhesión y dirigida. Autocontratación y Subcontratación* (Valparaíso, Edeval).

Torrent Ruiz, Armando (2014): "Anulación por el senado de 'locationes censoriae de vectigalia y ultro tributa' en el 184 a.C. (LIV. 39.44.7-8)", *Teoria e storia del diritto privato*, N° 7: pp. 1-42.

Trisciuoglio, Andrea (2000): "Sull'*interpretatio* alfeniana *pro locatore* in D.19.2.29", *Archivio Giuridico Filippo Serafini*, Vol. 220, N°4:pp. 581-610

Troje, Hans Erich (1961): "Ambiguitas contra stipulatorem", *Studia et Documenta Historiae et Iuris*, N° 27: pp. 93-185.

Troncoso Larronde, Hernán y Álvarez Cid, Carlos (2014): *Contratos* (Santiago, Thomson Reuters, 6.ª ed.)

Trofimoff, Hervé (1994) "Les sources doctrinales de l'ordre de présentation des articles 1156 à 1164 du Code Civil sur l'interprétation des contrats", *Revue Historique de Droit Français et Étranger*, Vol. 72, N° 2: pp. 203-233.

ULMER, Peter y SCHÄFER, Carsten (2016): "§ 305c BGB", en BIDER, Marcus y otros (eds.), *Ulmer/Brandner/Hensen AGB-Recht Kommentar zu den §§ 305–310 BGB und zum UKlaG* (Colonia, Otto Schmidt, 12.ª ed.)

URRUTIA ANGUITA, Leopoldo (1901): *Apuntes de Código Civil. Tercer año. Clase de don Leopoldo Urrutia. Por Óscar Dávila y Rafael Cañas* (Santiago, Imprenta L.V. Caldera).

VACCA, Letizia (2017): *Diritto giurisprudenziale romano e scienza giuridica europea. (A cura di Giulietta Rossetti)* (Turín, G. Giappichelli editore).

VALVERDE Y VALVERDE, Calixto (1926): *Tratado de Derecho Civil español*, Tomo III (Valladolid, Talleres Tipográficos "Cuesta").

VAN HOECKE, Mark (2017): "Which comparative Law for the EU 2020?", *Zeitschrift für das Privatrecht der Europäischen Union*, Vol. 14, N° 6: pp. 294-295.

VARELA, Esteban (2004): "Jacques Cujas (Jacobus Cuiacius; Cuyacio) (1522-1590)", en DOMINGO, Rafael (ed.), *Juristas Universales. Tomo II. Juristas modernos* (Madrid/Barcelona, Marcial Pons) pp. 221-225.

VÁSQUEZ PALMA, María Fernanda (2019): *Contrato de seguro. Doctrina y jurisprudencia* (Valencia, Tirant lo Blanch)

VÁSQUEZ PALMA, María Fernanda (2021): "Revisión de la tutela jurídica del asegurado en el derecho chileno: un análisis crítico al marco jurídico aplicable", *Revista de Derecho Universidad de Concepción*, Vol. 249: pp. 87-127.

VATTIER FUENZALIDA, Carlos (2003): "Interpretación del contrato", en VATTIER FUENZALIDA, Carlos; DE LA CUESTA, José María y CABALLERO, José María (dirs.) *Código Europeo de Contratos. Academia de iusprivatistas europeos (Pavía)*, Tomo I (Madrid, Dykinson) pp. 249-273.

VÁZQUEZ GARCÍA PEÑUELA, José María (2004): "Paulo de Castro (Paolo di Castro; Paulus de Castro)", en DOMINGO, Rafael (ed.), *Juristas Universales. Vol. I. Juristas antiguos* (Madrid/Barcelona, Marcial Pons) pp. 539-542.

VEIGA COPO, Abel B. (2016): *Tratado del Contrato de Seguro*, Tomo I (Madrid, Civitas/Thomson Reuters, 4ª ed., *e-book*).

VERGARA BLANCO, Alejandro (2022): *Andrés Bello. Escritos sobre fuentes del Derecho: Constitución, costumbre y jurisprudencia* (Santiago, Editorial Jurídica de Chile).

Versnel, H.S. (1976): "Two types of roman *devotio*", *Mnemosyne*, Vol. 29 (4): pp. 365-410.

Vial del Río, Víctor y Lyon Puelma, Alberto (1985): *Derecho Civil. Teoría general de los actos jurídicos y de las personas* (Santiago, Ediciones UC)

Vial del Río, Víctor (2003): *Teoría general del acto jurídico* (Santiago, Editorial Jurídica de Chile, 5.ª ed.).

Vial del Río, Víctor (2007): *Manual de las Obligaciones en el Código Civil chileno* (Santiago, Editorial Biblioteca Americana, 2.ª ed.).

Vidal Olivares, Álvaro (2000a): "La construcción de la regla contractual en el derecho civil de los contratos", *Revista de Derecho de la Universidad Católica de Valparaíso*, Vol. xxi: pp. 209-227.

Vidal Olivares, Álvaro (2000b): "Contratación y consumo. El contrato de consumo en la ley N° 19.496 sobre protección a los derechos de los consumidores", *Revista de Derecho de la Universidad Católica de Valparaíso*, Vol. xxi: pp. 229-255.

Viney, Geneviève (1994): "L'interprétation et l'aplication du contrat d'assurance par le juge", *Recueil Dalloz*, 1994, N° 36: pp. 301-307.

Voci, Pasquale (1985): "Note sull'interpretazione del negozio giuridico in Diritto romano", en Voci, Pasquale (ed.), *Studi di Diritto romano. Pubblicati a cura della Facoltà di giurisprudenza dell'Università di Padova* (Padua, Cedam) pp. 570-622.

Vodanovic Haklicka, Antonio (1942): *Curso de Derecho Civil basado en las explicaciones de los profesores de la Universidad de Chile Arturo Alessandri Rodríguez y Manuel Somarriva Undurraga*. Tomo IV, Fuentes de las obligaciones (Santiago, Editorial Nascimento).

Vodanovic Haklicka, Antonio (2015): *Tratado de Derecho Civil. Partes preliminar y general. Explicaciones basadas en las versiones de clases de los profesores de la Universidad de Chile Arturo Alessandri R. y Manuel Somarriva U.*, Tomo II (Santiago, Ediciones Jurídicas de Santiago).

Vodanovic Haklicka, Antonio (2016): *Tratado de las obligaciones. Basado en las explicaciones de clases de los profesores de la Universidad de Chile Arturo Alessandri R. y Manuel Somarriva U.*, Vol. I (Santiago, Ediciones Jurídicas de Santiago, 3° ed.)

Vodanovic Haklicka, Antonio (2019): *Tratado de Derecho Civil. Basado en las explicaciones de los profesores de la Universidad de Chile Arturo Alessandri Rodríguez y Manuel Somarriva Undurraga. Fuentes de las obligaciones. Tomo I. Parte general* (Santiago, Ediciones Jurídicas de Santiago, 6.ª ed. act. por Carolina Riveros, Gonzalo Ruz y Luis Vargas)

VOGENAUER, Stefan (2003): "§§ 133, 157. Auslegung", en SCHMOECKEL, Mathias; RÜCKERT, Joachim y ZIMMERMANN, Reinhard (eds.), *Historisch-kritischer Kommentar zum BGB*, Tomo I, Allgemeiner Teil (Tubinga, Mohr Siebeck) pp. 562-653.

VOGENAUER, Stefan (2007a): "§§305-310. Gestaltung rechtsgeschäftlicher Schuldverhältnisse durch Allgemeine Geschäftsbedingungen. Teil III: Auslegung und Umgehungsverbot", en SCHMOECKEL, Mathias; RÜCKERT, Joachim y ZIMMERMANN, Reinhard (eds.), *Historisch-kritischer Kommentar zum BGB*, Tomo 2, segunda parte (Tubinga, Mohr Siebeck)

VOGENAUER, Stefan (2007b): "Interpretation of Contracts: Concluding Comparative Observations", en BURROWS, Andrews y PEEL, Edwin (eds.), *Contract terms* (Oxford, Oxford University Press) pp. 123-150.

VOGENAUER, Stefan (2018): "Art 5:103: *Contra Proferentem* Rule", en JANSEN, Nils y ZIMMERMANN, Reinhard (eds.), *Commentaries on European Contract Laws* (Oxford, Oxford University Press) pp. 772-774.

VON BAR, Christian y CLIVE, Eric (eds.) (2009): *Principles Definitions and Model Rules of European Private Law. Draft Common Frame of Reference (DCFR) Full edition* (Múnich, Sellier European Law Publishers).

VONGLIS, Bernard (1968): *La lettre et l'sprit de la loi dans la jurisprudence classique et la rhétorique* (Paris, Sirey)

VOLANTE, Raffaele (2001): *Il sistema contrattuale del Diritto comune classico. Struttura dei patti e individuazione dei tipo. Glossatori e Ultramontani* (Milán, Giuffrè Editore).

WACKE, Andreas (1981): "Ambiguitas contra stipulatorem", *Juristische Arbeitsblätter*, 1981: pp. 666-668.

WADDAMS, Stephen (2019): *Sanctity of contracts in a secular age: equity, fairness and enrichment* (Cambridge, Cambridge University Press).

WAHL SILVA, Jorge (2014): "Los contratos de adhesión: normas de equidad en las estipulaciones y en el cumplimiento", en FACULTAD DE DERECHO UNIVERSIDAD DE LOS ANDES (ed.), *Cuadernos de extensión jurídica. Recopilación temática de textos 1996-2013. Volumen II. Derecho de consumo* (Santiago, Thomson Reuters) pp. 297-124.

WALKER SILVA, Nathalie (2019): *Rescisión por lesión en el Código Civil chileno. Historia, regulación y vínculos con las nulidades* (Valencia, Tirant lo Blanch)

WARNIER READI, María Isabel (2018): "Acerca del *pacta sunt servanda*, la buena fe, la interpretación contractual y su relación con la teoría de los actos propios", *Actualidad Jurídica (UDD)*, N° 37: pp. 471-485.

WATSON, Alan (1992): *The State, Law and Religion. Pagan Rome* (Atenas y Londres, The University of Georgia Press).

WIEACKER, Franz (1965): "[Recensión a] Giuseppe Gandolfi, Sulla interpretazione degli atti negoziali nel diritto romano. Università di Milano, Pubblicazioni della Facoltà di Giurisprudenza, Serie II (Studi di diritto romano), Nr. 2. Giuffrè, Milano 1965. XII, 437 S.", *Zeitschrift der Savigny-Stiftung für Rechtsgeschichte: Romanistische Abteilung*, Vol. 83: pp. 436-450.

WIEACKER, Franz (2000): *Historia del Derecho Privado de la edad moderna* (trad. Francisco Fernández, Granada, Editorial Comares).

WILLETT, Chris (1997): "The Directive on Unfair Terms in Consumer Contracts and its implementation in the United Kingdom", *European Review of Private Law*, Vol. 5, N° 2: pp. 223-236

WISSOWA, Georg (1902): *Religion und Kultus der Römer* (Munich, C.H. Beck'sche Verlagsbuchhandlung).

WITT, Alexander (2016): "Kommentierung der AGB-rechtlichen Vorschriften des Unterlassungsklagengesetzes (UKlaG)", en BIDER, Marcus y otros (eds.), *Ulmer/Brandner/Hensen AGB-Recht Kommentar zu den §§ 305–310 BGB und zum UKlaG* (Colonia, Otto Schmidt, 12.ª ed.).

WITZ, Claude (2015): "L'interprétation du contrat dans le projet de réforme du droit des contrats", *Recueil Dalloz*, Vol. 2015, N° 35: pp. 2020-2021.

WOLF, Joseph Georg (1961): *Error im römischen Vertragsrecht* (Colonia/Graz, Böhlau Verlag)

WRÓBLEWSKY, Jerzy (2013): "Lenguaje jurídico e interpretación jurídica", en EL MISMO (ed.), *Sentido y hecho en el derecho* (trad. Juan Igartua y Francisco Ezquiaga, Lima, Grijley)

WUBBE, Felix (1972): "Benigna interpretatio als Entscheidungskriterium", en HORAK, Franz y WALDSTEIN, Wolfgang (eds.), *Festgabe für Arnold Herdlitczka zu seinem 75. Geburtstag dargebracht von seinen Schülern und Freunden* (Múnich/Salzburgo, Wilhelm Fink) pp. 295-314.

WUNNER, Sven Erik (1964): *Contractus. Sein Wortgebrauch und Willensgehalt im klassischen römischen Recht* (Colonia y Graz, Böhlau Verlag)

WEGMANN STOCKEBRAND, Adolfo (2017): "En torno a la noción de sistema jurídico y a la construcción de una categoría general del contrato en el derecho romano", *Revista Chilena de Derecho*, Vol. 44, N° 2: pp. 323-346.

WEGMANN STOCKEBRAND, Adolfo (2019): "*Contrahere obligationem* en el derecho romano clásico", *Revista de derecho (Valdivia)*, Vol. 32, N° 1: pp. 9-27.

ZIMMERMANN, Reinhard (1996): *The law of Obligations. Roman Foundations of the civilian tradition* (Oxford, Oxford University Press).

ZIMMERMANN, Reinhard (2010): "Die Auslegung von Verträgen: Textstufen transnationaler Modellregelungen", en LOBINGER, Thomas (ed.), *Festschrift für Eduard Picker zum 70. Geburtstag* (Tubinga, Mohr Siebeck) pp. 1353-1373.

ZULOAGA, Isabel (2019): *Reliance in the Breaking-Off of Contractual Negotiations. Trust and Expectation in a Comparative Perspective* (Cambridge, Intersentia).

ZWEIGERT, Konrad y KÖTZ, Hein (1998): *An Introduction to Comparative Law* (trad. Tony Weir, Oxford, Oxford University Press, 3.ª ed.).

Jurisprudencia citada

JUDICIAL

CHILE

Sociedad Grace y Compañía con Cía. de Seguros La Alemana (1928): Superintendencia de Valores y Seguros, 19 de diciembre de 1928, en Contreras Strauch (1998) Fallo N° 292, pp. 989-992.

Moya viuda de Treceño con Compañía de seguros "El Sol de Canadá" (1932): Corte Suprema, 6 de agosto de 1932, *Gaceta de los Tribunales,* Año 1932, 2° sem. pp. 60-63.

Mancilla de Quintino con Cía. de Seguros El Sol de Canadá (1942): Superintendencia de Valores y Seguros, 10 de junio de 1942, en Contreras Strauch (1998) Fallo N° 203, pp. 757-759.

Wessel, Duval y Cía. con Saelzer y Schwarzenberg (1947): Corte Suprema, 11 de enero de 1947, *Gaceta de los Tribunales,* Año 1947, 1° sem. pp. 73-90.

No se consigna (1995): Corte de Apelaciones de Valparaíso, 6 de enero de 1995, Rol 669-94, WL CL/JUR/935/1995.

Corporación de Adelanto y Desarrollo de Reñaca con ESVAL S.A. (1996): 2° Juzgado Civil de Valparaíso, 26 de junio de 1996, Rol C-26629-1995.

Demarco Sociedad Anónima con Alcalde de la Ilustre Municipalidad de San Pedro de la Paz Jaime Soto Figueroa (1997): Corte de Apelaciones de Concepción, 15 de diciembre de 1997, Rol 317-1997, WL CL/JUR/1786/1997.

Laudo del Centro de Arbitraje y Mediación de la Cámara de Comercio de Santiago (2001): Sentencia del árbitro mixto Manuel Vargas Vargas, 20 de junio de 2001, Rol 212. Disponible en: https://www.camsantiago.cl/wp-content/uploads/2020/05/212-01.pdf.

Ingeniería Maquinarias y Construcción Limitada con I. Municipalidad de Cerrillos (2002): Corte de Apelaciones de Santiago, 11 de noviembre de 2002, Rol 947-2000, BPJUD https://juris.pjud.cl/busqueda/u?btm0c.

Thyssen Aceros Especiales S.A. con Lange (2003): Corte de Apelaciones de Santiago, 29 de abril de 2003, Rol 3134-1998, WL CL/JUR/1773/2003.

Fredericksen con Banco de Chile (2003): Corte de Apelaciones de Santiago, 11 de noviembre de 2003, Rol 5316-2003, WL CL/JUR/4971/2003.

Neira con S.A.C.I Falabella (2004): Corte de Apelaciones de Concepción, 27 de agosto de 2004, Rol 2714-2001, WL CL/JUR/1954/2004.

Avilés con Sercoex Limitada (2004): Corte de Apelaciones de Concepción, 1 de junio de 2004, Rol 3783-2002, BPJUD https://juris.pjud.cl/busqueda/u?btmz8.

Torres con Aseguradora magallanes S.A. (2004): Corte de Apelaciones de Concepción, 29 de julio de 2004, Rol 1734-2004, BPJUD https://juris.pjud.cl/busqueda/u?ugbx.

Gres con Campos del Norte S.A. (2004): Corte de Apelaciones de La Serena, 6 de julio de 2004, Rol 309-2004, BPJUD https://juris.pjud.cl/busqueda/u?btmz7.

Banco de A. Edwards con Comercial Multiagro Ltda. (2005): Corte de Apelaciones de Talca, 4 de enero de 2005, Rol 59980-2001, BPJUD https://juris.pjud.cl/busqueda/u?0ew6.

Tittarelli con Isapre Vida Tres S.A. (2005): Corte Suprema, 26 de octubre de 2005, Rol 4321-2005, WL CL/JUR/2711/2005.

Ocaranza con Administradora de Créditos Presto Ltda. (2006): Corte de Apelaciones de La Serena, 22 de mayo de 2006, Rol 57-2006, BPJUD https://juris.pjud.cl/busqueda/u?btmz5.

Vega con Obrascon Huarte Lain S.A. (2006): Corte Suprema, 20 de diciembre de 2006, Rol 346-2006, WL CL/JUR/8390/2006.

Captagua Ingeniería S.A. con Le Mans ISE Compañía de Seguros Generales S.A (2006): Corte de Apelaciones de Santiago, 17 de mayo de 2006, Rol 712-2001, BPJUD https://juris.pjud.cl/busqueda/u?bdakv.

Rivera con Industria Forestal Nacional S.A. (2006): Corte de Apelaciones de Rancagua, 17 de febrero de 2006, Rol 223-2005, BPJUD https://juris.pjud.cl/busqueda/u?btmz6.

Urzúa con Rojas y otros (2007): Corte Suprema, 31 de octubre de 2007, Rol 4792-2006, WL CL/JUR/6289/2007.

Cooperativa de Vivienda y Servicios Habitacionales Tolmillán Ltda con Banco Santander Chile (2007): Corte Suprema, 25 de enero de 2007, Rol 3846-2004, WL CL/JUR/348/2007.

Repuestos, Equipos y Maquinarias Comercial Limitada con Finning Chile S.A (2008): Corte Suprema, 30 de junio de 2008, Rol 581-2008, WL CL/JUR/5/2008.

Laudo del Centro de Arbitraje y Mediación de la Cámara de Comercio de Santiago (2008): Sentencia del árbitro arbitrador Luis Aróstegui Puerta de Vera, 21 de enero de 2008, Rol 625. Disponible en: https://www.camsantiago.cl/wp-content/uploads/2020/05/625.pdf.

ACE Seguros S.A con FCAB. Ingeniería y Servicios Ltda. (2008): Corte Suprema, 10 de diciembre de 2008, Rol 1771-2007, BPJUD https://juris.pjud.cl/busqueda/u?rcti.

Oyarce con Franco (2009): Corte de Apelaciones de Chillán, 11 de mayo de 2010, Rol 518-2009. BPJUD https://juris.pjud.cl/busqueda/u?2q4t.

Colvilljones con Braughton (2010): Corte de Apelaciones de Rancagua, 9 de julio de 2010, Rol 243-2010. BPJUD https://juris.pjud.cl/busqueda/u?84z1.

Breiding con Sociedad Inmobiliaria Alba Ltda. (2010): Corte Suprema, 15 de noviembre de 2010, Rol 3696-2009, BPJUD https://juris.pjud.cl/busqueda/u?wkp9.

Gálvez con Supermercados San Francisco Buin (2010): Juzgado de Letras del Trabajo de San Bernardo, 2 de febrero de 2010, Rol O-98-2009, sin interposición de recursos.

Sociedad Legal Minera San Miguel Uno de Sierra Valenzuela contra Compañía Minera Doña Isabel Limitada (2010): Corte Suprema, 19 de mayo de 2010, Rol 7789-2009, WL CL/JUR/5773/2010

Consorcio de Trasportes Trancura Limtada contra Tocale (2010): Corte Suprema, 19 de enero de 2010, Rol 1908-2008, WL CL/JUR/815/2010.

Taito con Isapre Colmena Golden Cross S.A. (2010): Corte de Apelaciones, 14 de octubre de 2010, Rol 4983-2010, BPJUD https://juris.pjud.cl/busqueda/u?btkhg.

Duarte con Pino (2011): Corte Suprema, 1 de agosto de 2011, Rol 936-2010, BPJUD https://juris.pjud.cl/busqueda/u?njk7.

Servicios Financieros Progreso S.A con Ormeño (2011): Corte de Apelaciones de Santiago, 2 de noviembre de 2011, Rol 5126-2010, BPJUD https://juris.pjud.cl/busqueda/u?btkg9.

Pinto con Mardones (2011): Corte de Apelaciones de Concepción, 21 de enero de 2011, Rol 1322-2010, BPJUD https://juris.pjud.cl/busqueda/u?bcnek.

Vente con Podatal Ltda (2011): Corte de Apelaciones de Santiago, 12 de abril de 2011, Rol 1563-2010, BPJUD https://juris.pjud.cl/busqueda/u?btkhb.

South American Gaming con Marina del Sol S.A. (2011): Corte de Apelaciones de Santiago, 28 de marzo de 2011, Rol 1892-2009, PJUD.

Ramos con Isapre Banmedica S.A. (2011): Corte Suprema, 17 de febrero de 2011, Rol 566-2011, PJUD.

Consejo de Defensa del Estado con Zepeda (2012): Corte de Apelaciones de Santiago, 15 de noviembre de 2012, Rol 3756-2012, BPJUD https://juris.pjud.cl/busqueda/u?c5ac. Confirmada Corte Suprema, 6/12/2012, Rol 8639-2012.

Carrasco y otros con Servicio de Salud Metropolitano Oriente (2012): Corte Suprema, 15 de mayo de 2012, Rol 9145-2009, WL CL/JUR/907/2012

Fisco de Chile con Sociedad de Servicios Integrales de Reparación y Mantención Sercabus Limitada (2012): Corte Suprema, 15 de junio de 2012, Rol 9618-2009, WL CL/JUR/1117/2012

Sociedad Concesionaria Bas S.A. con Miembros de la Comisión Arbitral (2013): Corte de Apelaciones de Santiago, 17 de mayo de 2013, Rol 9156-2012, MJ MJJ35396.

Banco de Credito e Inversiones con Villegas (2013): Corte de Apelaciones de Santiago, 16 de abril de 2013, Rol 8497-2011, BPJUD https://juris.pjud.cl/busqueda/u?btj1s.

Rojas con Sociedad Agroindustrial Diaguitas (2013): 3° Juzgado de Letras de Coquimbo, 5 de diciembre de 2013, Rol C-80-2010, vLex 566110242.

Cheuquen con Gómez (2013): Corte de Apelaciones de San Miguel, 28 de marzo de 2013, Rol 45-2013, vLex 488392786.

Palma con Sociedad CGE distribución S.A. (2013): Corte de Apelaciones de Concepción, 15 de febrero de 2013, Rol 2042-2012, BPJUD https://juris.pjud.cl/busqueda/u?btj1x. Revocada, Corte Suprema, 29/04/2013, Rol 1312-2013.

Servicio Nacional del Consumidor con Cencosud Administradora de Tarjetas S.A. (2013): Corte Suprema, 24 de abril de 2013, Rol 12355-2011 (reemplazo), BPJUD https://juris.pjud.cl/busqueda/u?dl9q

Comunidad de Copropietarios de Golf Lomas de la Dehesa con Inversiones Lomas de La Dehesa Limitada (2013): Corte de Apelaciones de Santiago, 9 de agosto de 2013, Rol 272-2011, WL CL/JUR/1784/2013.

ALEMPARTE Y COMPAÑÍA LIMITADA CON OTAROLA (2013): Corte de Apelaciones de Santiago, 30 de agosto de 2013, Rol 653-2013, WL CL/JUR/1943/2013.

DANKE DE LA HARPE Y OTROS CON THE CONSERVATION LAND TRUST Y OTROS (2013): Corte Suprema, 12 de junio de 2013, Rol 2448-2010, WL CL/JUR/1239/2013.

CHILEVALORES SA CON COMPAÑIA DE SEGUROS GENERALES PENTA SECURITY SA (2014): Corte de Apelaciones de Santiago, 18 de junio de 2014, Rol 2541-2013, WL CL/JUR/3518/2014.

ORTÚZAR CON AUTOMOTORES GILDEMEISTER S.A. (2014): Corte Suprema, 24 de septiembre de 2014, Rol 1620-2014, WL CL/JUR/6720/2014

RIVEROS CON VENEGAS (2015): 3° Juzgado de Letras de Arica, 14 de octubre de 2015, Rol C-966-2014, PJUD.

GONZÁLEZ CON COMERCIALIZADORA S.A. O TIENDAS HITES S.A. (2015): Corte de Apelaciones de Santiago, 2 de octubre de 2014, Rol 2447-2014, WL CL/JUR/7054/2014.

RENDIC HERMANOS S.A. CON RIQUELME (2015): Corte Suprema, 12 de mayo de 2015, Rol 14326-2014, BPJUD https://juris.pjud.cl/busqueda/u?h37f.

BIGGS CON CHUAQUI (2016): Corte Suprema, 19 de enero de 2016, Rol 32102-2014, WL CL/JUR/626/2016.

RIVEROS CON VENEGAS (2016): Corte Suprema, 30 de noviembre de 2016, Rol 47601-2016, WL CL/JUR/8771/2016.

ROJAS CON SOCIEDAD AGROINDUSTRIAL DIAGUITAS (2016): Corte Suprema, 23 de marzo de 2016, Rol 21189-2015, WL CL/JUR/1831/2016.

BORIS SOLAR Y COMPAÑÍA LIMITADA CON AGRÍCOLA Y FORESTAL MASTIGANE LTDA. (2016): Corte de Apelaciones de Concepción, 17 de agosto de 2016, Rol 624-2016, PJUD. Casación en el fondo inadmisible, Corte Suprema, 6/03/2017, Rol 89651-2016.

VALORES SECURITY S.A. CORREDORES DE BOLSA CON LIBERTY COMPAÑÍA DE SEGUROS GENERALES S.A. (2016): Corte Suprema, 20 de octubre de 2016, Rol 28638-2016, WL CL/JUR/7170/2016.

SAN FRANCISCO INVESTMENT S.A. CON SERVICIO DE IMPUESTOS INTERNOS (2016): Corte Suprema, 29 de marzo de 2016, Rol 26366-2014, WL CL/JUR/2083/2016.

CASTAÑÓN CON UNIVERSIDAD CATÓLICA DE TEMUCO (2017): Corte de Apelaciones de Temuco, 06 de octubre de 2017, Rol 261-2017, WL CL/JUR/6472/2017.

HOTEL PALACIO ASTORECA LIMITADA CON CONSTRUCTORA DIMAR LIMITADA (2017): Corte Suprema, 17 de mayo de 2017, Rol 16933-2016, WL CL/JUR/3175/2017.

SERVICIO NACIONAL DEL CONSUMIDOR CON TICKET FÁCIL S.A. (2018): Corte Suprema, 7 de marzo de 2018, Rol 79123-2016, BPJUD https://juris.pjud.cl/busqueda/u?c7kw.

COMISIÓN NACIONAL DE INVESTIGACIÓN CIENTÍFICA CON BENVIN (2018): 6° Juzgado Civil de Santiago, 23 de enero de 2018, Rol C-25999-2016, PJUD.

EMPRESA AGRÍCOLA FRUTOS DEL MAIPO LIMITADA CON WATT'S S.A. (2019): Corte de Apelaciones de Santiago, 11 de febrero de 2019, Rol 1307-2018, WL CL/JUR/680/2019.

CONSORCIO HOSPITAL RANCAGUA CON SERVICIO DE SALUD DE O'HIGGINS (2019): Corte Suprema, 23 de mayo de 2019, Rol 23393-2018, WL CL/JUR/2883/2019.

CRESPILLO CON G4S SECURITY SERVICES REGIONES S.A (2019): Corte de Apelaciones de Antofagasta, 24 de mayo de 2019, Rol 64-2019, WL CL/JUR/3207/2019.

IBÁÑEZ CON SANTOS (2019): Corte de Apelaciones de Valparaíso, 28 de octubre de 2019, Rol 1749-2019, WL CL/JUR/6785/2019.

CONSTRUCTORA INMOBILIARIA AMULEN SPA CON SERVIU REGIÓN DEL MAULE (2019): Corte Suprema, 22 de abril de 2019, Rol 28353-2018, BPJUD https://juris.pjud.cl/busqueda/u?jyxw.

GAVILÁN CON ESCALONA (2020): Corte Suprema, 30 de noviembre de 2020, Rol 4541-2019, WL CL/JUR/148360/2020.

SERVICIOS SITRACK CHILE LIMITADA CON MUNICIPALIDAD DE SANTIAGO (2020): Corte Suprema, 23 de julio de 2020, Rol 24212-2019, WL CL/JUR/164160/2020.

ALIMENTOS Y SERVICIOS FERBAS S.A. CON JUNTA NACIONAL DE AUXILIO ESCOLAR Y BECAS (2020): Corte Suprema, 21 de diciembre de 2020, Rol 21351-2019, WL CL/JUR/175640/2020.

BECERRA CON CONSTRUCTORA MALPO LIMITADA (2020): Corte Suprema, 3 de julio de 2020, Rol 13141-2018, WL CL/JUR/139791/2020.

GANDHI CON SALVADORES (2020): Corte Suprema, 13 de abril de 2020, Rol 733-2017, BPJUD https://juris.pjud.cl/busqueda/u?kj3j.

RIQUELME CON LLANOS (2020): Corte de Apelaciones de Concepción, 04 de febrero de 2020, Rol 1446-2019, WL CL/JUR/10019/2020.

AGRÍCOLA NUEVO ESTERO LTDA. CON RABAT (2021): Corte de Apelaciones de Santiago, 6 de enero de 2021, Rol 1603-2020, WL CL/JUR/25654/2021.

FISCO DE CHILE CON EMPRESA NACIONAL DE ELECTRICIDAD (2021): Corte Suprema, 15 de marzo de 2021, Rol 13920-2019, BPJUD https://juris.pjud.cl/busqueda/u?jrsm.

COMISIÓN NACIONAL DE INVESTIGACIÓN CIENTÍFICA CON BENVIN (2019): Corte Suprema, 16 de octubre de 2019, Rol 14904-2019, BPJUD https://juris.pjud.cl/busqueda/u?n7du.

REINOSO CON CODELCO CHILE DIVISIÓN SALVADOR (2021): Corte de Apelaciones de Copiapó, 22 de diciembre de 2021, Rol 136-2021, WL CL/JUR/89066/2021.

VICTORIANO CON CODELCO CHILE (2021): Corte de Apelaciones de Antofagasta, 21 de julio de 2021, Rol 127-2021, BPJUD https://juris.pjud.cl/busqueda/u?gu7k.

INVERSIONES BAROX CHILE SPA CON SERVICIOS MARÍTIMOS INTEGRALES LIMITADA (2022): Corte de Apelaciones de Puerto Montt, 11 de noviembre de 2022, Rol 620-2022, BPJUD https://juris.pjud.cl/busqueda/u?8dyh.

ITAÚ CORPBANCA S.A. CON RAMOS (2022): Corte de Apelaciones de Talca, 29 de agosto de dos mil veintidós, Rol 316-2022, BPJUD https://juris.pjud.cl/busqueda/u?tuvp.

ITAÚ CORPBANCA S.A. CON MARTÍNEZ (2022): Corte de Apelaciones de Talca, 29 de agosto 2022, Rol 315-2022, BPJUD https://juris.pjud.cl/busqueda/u?tuvq.

SALAS CON IMPORTADORA Y EXPORTADORA EUROMAXX LTDA (2022): 3° Juzgado de Letras de Iquique, Rol C-32-2021, PJUD.

CORPORACIÓN DE ESTUDIOS CAPACITACIÓN Y EMPLEO DE LA CÁMARA DE COMERCIO DE CONCEPCIÓN CON LIBERTY COMPAÑÍA DE SEGUROS GENERALES S.A. (2022): Corte Suprema, 4 de marzo de 2022, Rol 34104-2019, WL CL/JUR/7654/2022.

HENRÍQUEZ CON MUNICIPALIDAD DE SANTIAGO (2022): Corte de Apelaciones de Santiago, 04 de mayo de 2022, Rol 1903-2021, WL CL/JUR/16274/2022.

SOCIEDAD HERMANOS FAÚNDEZ LIMITADA CON COMUNIDAD EDIFICIO GRECO II (2022): Corte de Apelaciones de Santiago, 02 de febrero de 2022, Rol 6571-2019, WL CL/JUR/2611/2022 (casación en el fondo pendiente).

KOMATSU FINANCE CHILE S.A. CON PAMPA CAMARONES S.A. (2023): Corte Suprema, 14 de julio de 2023, Rol 78693-2021, CL/JUR/28451/2023.

Banco Falabella con Saure (2023): Corte Suprema, 4 de diciembre de 2023, Rol 3265-2023, vLex 980813452.

ALEMANIA

ROHGE 4, 60 (21/11/1871).

ROHGE 5, 120 (13/02/1872).

ROHGE 6, 153 (14/05/1872).

ROHGE 9, 379 (11/03/1873).

ROHGE 17, 366, 371 (26/04/1875).

RGZ 10, 158.

RGZ 131, 343.

RGZ 171, 43.

BGHZ 5, 111, 113.

BGH 17/01/1989, XI ZR 54/88.

BGH 23/04/2008, XII ZR 62/06.

BGH 19/01/2016, XI ZR 388/14.

BGH 20/01/2016, VIII ZR 152/15

BGH 10/06/2020, VIII ZR 289/19.

BGH NJW-RR, 113, 114.

BGH 20/06/2023, XI ZR 576/21.

OLGZ 1973, 229, 232.

FRANCIA

Cass. civ, 18 de marzo de 1807, S. 241.

C. Aix, 23 de abril de 1825, Dall. 25.2.285

Cass., sect. réun., 2 de febrero de 1808, GAJC N° 160.

Cass. Req., 13 de febrero de 1883, S. 83. 1. 466.

Cass. civ., 15 de abril de 1872, GAJC N° 161

Cass, civ., 22 de julio de 1872, Dall. 73. 1. 112.

C. París, 5 de mayo de 1896, Dall. 96. 2. 415.

C. Limoges, 25 de junio de 1971.

Cass. soc., 20 de febrero de 1975, Lég.

Cass. civ., 13 de octubre de 1993, Lég.

Cass. civ., 21 de enero de 2003, Dall. 2003, 693, obs. Avena-Robardet.

Cass. civ., 11 de marzo de 2010, 09-12535, LEDC mayo 2010 n° 5, p. 4, obs. Sauphanor-Brouillaud.

Cass. civ., 5 de diciembre de 2012, Lég.

Cass. civ., 13 de diciembre de 2012, 11-27.631, Lég.

Cass. civ., 26 de febrero de 2020, Dall. 1280, obs. Millet.

Cass. civ., 31 de marzo de 2022, 19-22.994, Lég.

INGLATERRA

YB (1382) Mich. 6 Ric. II pl. 17, Seipp N° 1382.055am

YB (1429) Trin. 7 Hen. VI pl. 21, Seipp N° 1429.074

YB (1430) Mich. 9 Hen. VI pl. 31, Seipp. N° 1430.077

YB (1494) Hil. 9 Hen. VII pl 11, Seipp N° 1494.011

YB (1480) Mich. 20 Edw. IV pl. 2 Seipp. N° 1480.048[1748]

Browning v. Beston [1555] I Plow. 131, 138

Routledge v Burrel [1789] 126 ER 148

Borradaile v Hunter [1843] 134 ER 715

Anderson v Fitzgerald [1853] 10 ER 551

Macdonald v Longbottom [1859] 120 ER 1177

Fowkes v. Manchester and London Assurance [1863] 122 ER 343

Smith v Hughes [1871] LR 6 QB 597

River Wear Commissioners v Adamson [1877] 2 App Cas 743

Taylor v Corporation of St. Helens [1877] 6 Ch D 264

Cornish v Accident Insurance Co Ltd [1889] 23 QBD 453

Elderslie Steamship Co. v Borthwick [1905] AC 93

[1748] SEIPP, David J. (ed.): *An Index and Paraphrase of Printed Year Book Reports, 1268–1535*. Disponible en: https://www.bu.edu/phpbin/lawyearbooks/search.php. Fecha de consulta: 09 de agosto de 2021.

Etherington and the Lancashire and Yorkshire Accident Insurance Company [1909] 1 KB 591

Szymonowski & Co. v Beck & Co. [1923] 1 KB 457

Lake v Simmons [1927] AC 487

Beaumont-Thomas v Blue Star Line Ltd [1939] 1 All ER 174

English v Western [1940] 2 KB 156

Adams and Others v Richardson & Starling Ltd. [1969] 1 WLR 1645

Prenn v Simmonds [1971] 1 WLR 1381

Gillespie Brothers & Co. Ltd. v Roy Bowles Transport Ltd. [1973] QB 400

Reardon Smith Line Ltd. v Yngvar Hansen-Tangen [1976] 1 WLR 989

Photo Production Ltd v Securicor Transport Ltd [1980] AC 827

Ailsa Craig Fishing Co. Ltd. v Malvern Fishing Co. Ltd. and Another [1983] 1 WLR 964

George Mitchell (Chesterhall) Ltd v Finney Lock Seeds Ltd [1983] 1 All ER 108

Pera Shipping Corp. v Petroship SA [1984] 2 Lloyd's Rep 363

Youell v Bland Welch & Co Ltd [1992] 2 Lloyd's Rep 127

Deutsche Genossenschaftsbank v Burnhope [1995] 1 WLR 1580

Tam Wing Chuen v Bank of Credit & Commerce Hong Kong Ltd. [1996] BCC 388

Investors Compensation Scheme Ltd v West Bromwich Building Society [1998] 1 All ER 98

BOC Group plc v Centeon LLC [1999] 1 All ER (Comm) 970

Association of British Travel Agents Ltd v British Airways plc [2000] 2 All ER (Comm) 204

MSC Mediterranean Shipping Company SA v The Owners of the Ship 'Tychy' (No 2) [2001] EWCA Civ 1198

Bank of Credit and Commerce International SA v Ali [2002] 1 AC 251

Direct Travel Insurance v McGeown [2003] EWCA Civ 1606

Homburg Houtimport BV v Agrosin Private Ltd (The Starsin) [2003] UKHL 12

Egan v Static Control Components (Europe) Ltd [2004] EWCA Civ 392

Dairy Containers Limited v Tasman Orient Line CV [2004] UKPC 22

Mark Taylor v Rive Droite Music Ltd [2005] EWCA Civ 1300

Mount Cook Land Ltd v Joint London Holdings Ltd [2005] EWCA Civ 1171

KPMG LLP v Network Rail Infrastructure Ltd [2007] EWCA Civ 363

Quest 4 Finance Limited v John Maxfield [2007] EWHC 2313 (QB)

Peabody Trust Governors v Reeve [2008] EWHC 1432 (Ch)

Whitecap Leisure Ltd v John H Rundle Ltd [2008] EWCA Civ 429

Landlord Protect Ltd. v St Anselm Development Company Ltd [2008] EWHC 1582

Oxonica Energy Ltd v Neuftec Ltd [2008] EWHC 2127

CDV Software Entertainment AG v Gamecock Media Europe Ltd [2009] EWHC 2965

Office of Fair Trading v Foxtons Ltd [2009] EWHC 1681 (Ch)

Kingsway Hall Hotel Ltd. v Red Sky IT (Hounslow) Ltd [2010] EWHC 965 (TCC)

Seadrill Management Services Ltd v OAO Gazprom [2010] EWCA Civ 691

William Hare Limited v Shepherd Construction Limited [2010] EWCA Civ 283

K/S Victoria Street v House of Fraser [2011] EWCA Civ 904

WS Tankship II BV v The Kwangju Bank Ltd & Anor [2011] EWHC 3103 (Comm)

Du Plessis v Fontgary Leisure Parks Ltd [2012] EWCA Civ 409

ED & F Man Sugar Ltd v Unicargo Transportgesellschaft mbH [2012] EWHC 2879 (Comm)

AJ Building and Plastering Limited v Samantha Turner [2013] EWHC 484 (QB)

SAS Institute Inc v World Programming Ltd [2013] EWCA Civ 148

The Financial Services Authority v Asset LI Inc [2013] EWHC 178 (Ch)

Arnold v Britton [2015] UKSC 36

Hin-Pro International Logistics Ltd v Compania Sud Americana De Vapores SA [2015] EWCA Civ 401

NRAM Plc v McAdam & Anor [2015] EWCA Civ 751

BNY Mellon Corporate Trustee Services Ltd v LBG Capital No 1 Plc [2016] UKSC 29

Nobahar-Cookson v The Hut Group Ltd [2016] EWCA Civ 128

Taberna Europe CDO II Plc v Selskabet AF [2016] EWCA Civ 1262

Transocean Drilling UK Ltd v Providence Resources Plc [2016] EWCA Civ 372

Persimmon Homes Ltd v Ove Arup & Partners Ltd [2017] EWCA Civ 373

Wood v Capita Insurance Services Ltd [2017] UKSC 24

Bates v Post Office Ltd (No.3) [2019] EWHC 606 (QB)

Higgins & Co Lawyers Ltd v Evans [2019] EWHC 2809 (QB)

Manchikalapati v Zurich Insurance Plc [2019] EWCA Civ 2163

Natixis SA v Marex Financial [2019] EWHC 2549

R & S Pilling v UK Insurance Ltd [2019] UKSC 16

The Federal Republic of Nigeria v JP Morgan Chase Bank [2019] EWHC 347

Ang v Reliantco Investments Ltd [2020] EWHC 3242 (Comm)

CC Construction Limited v Mincione [2021] EWHC 2502 (TCC)

Triple Point Technology, Inc v PTT Public Company Ltd [2021] UKSC 29

Longley v PPB Entertainment Limited [2022] EWHC 977 (QB)

Alebrahim v BM Design London Ltd [2022] EWCA Civ 183

IRLANDA

ICDL GCC Foundation FZ-LLC v European Computer Driving Licence Foundation Ltd [2012] IESC 55

CANADÁ

Co-operators Life Insurance Co v Gibbens [2009] 3 SCR 605

AUSTRALIA

North v Marina [2003] NSWSC 64.

ESTADOS UNIDOS

Hotchkiss v National Bank of New York (1911) 200 F 287

Utica City National Bank v Gunn (1918) 222 NY 204

Gaunt v. John Hancock Mut. Life Ins. Co. (1947) 160 F.2d (2d Cir.) 599

Carolina Care Plan v. Mckenzie (2006) 467 F.3d (4th Cir.) 383

TRIBUNAL DE JUSTICIA DE LA UNIÓN EUROPEA

COMISIÓN DE LAS COMUNIDADES EUROPEAS CONTRA REINO DE LOS PAÍSES BAJOS (2001): Tribunal de Justicia de la Unión Europea, C-144/99, 10 de mayo.

COMISIÓN DE LAS COMUNIDADES EUROPEAS CONTRA REINO DE ESPAÑA (2004): Tribunal de Justicia de la Unión Europea, N° C-70/03, 9 de septiembre.

TRIBUNALES ARBITRALES QUE INVOCAN LOS PICC[1749]

Tribunal arbitral ad-hoc de Buenos Aires (10/12/1997). Disponible en: https://www.unilex.info/principles/case/646.

Tribunal de Apelación de Arbitraje del Noveno Circuito de la Federación de Rusia (23/06/2016). Disponible en: https://www.unilex.info/principles/case/2211.

Corte Internacional de Arbitraje (s/f) n° 11869. Disponible en: https://www.unilex.info/principles/case/1659.

Tribunal de Comercio de la Región de Moscú (28/12/2017). Disponible en: https://www.unilex.info/principles/case/2155.

Tribunal de Arbitraje de la Cámara de Comercio e Industria de Lausana (17/05/2002). Disponible en: https://www.unilex.info/principles/case/861.

Tribunal arbitral ad-hoc de Uruguay (30/12/1998). Disponible en: https://www.unilex.info/principles/case/1187.

Tribunal arbitral del deporte (TAS/CAS) (06/07/2004). Disponible en: https://www.unilex.info/principles/case/1213.

Tribunal alemán de Arbitraje Deportivo (17/12/2009). Disponible en: https://www.unilex.info/principles/case/1676.

JURISPRUDENCIA ADMINISTRATIVA

DICTÁMENES CGR

Dictamen CGR N° 19.487 de 18 de julio de 1984

Dictamen CGR N° 18.567 de 2 de agosto de 1997

Dictamen CGR N° 26.632 de 19 de agosto de 1997

[1749] Sentencias disponibles en la web de UNILEX: https://www.unilex.info/instrument/principles.

Dictamen CGR N° 24.756 de 29 de mayo de 2008

Dictamen CGR N° 53278 de 12 de noviembre de 2008

Dictamen CGR N° 34597 de 2 de julio de 2009

Dictamen CGR N° 44885 de 19 de junio de 2014

DICTÁMENES DIRECCIÓN DEL TRABAJO

Dictamen DT ORD. N° 2772/212, 22 de junio de 1998

Dictamen DT ORD. N° 4084/43, 18 de octubre de 2013

SUPERINTENDENCIA DE SALUD[1750]

No se consigna (2017): Superintendencia de Salud (jueza árbitro Nydia Contardo Guerra) 31 de octubre de 2017, Rol y carátula censurados.

No se consigna (2018a): Superintendencia de Salud (juez árbitro Manuel Rivera Sepúlveda) 20 de diciembre de 2018, Rol y carátula censurados.

No se consigna (2018b): Superintendencia de Salud (juez árbitro Manuel Rivera Sepúlveda) 28 de diciembre de 2018, Rol y carátula censurados.

No se consigna (2018c): Superintendencia de Salud (juez árbitro Manuel Rivera Sepúlveda) 30 de noviembre de 2018, Rol y carátula censurados.

No se consigna (2018c): Superintendencia de Salud (juez árbitro Manuel Rivera Sepúlveda) 19 de diciembre de 2018, Rol y carátula censurados.

No se consigna (2019): Superintendencia de Salud (juez árbitro Manuel Rivera Sepúlveda) 08 de febrero de 2019, Rol y carátula censurados.

ORD. IF/ N° 8336 (19/12/2018)

ORD. IF/ N° 7235 (30/08/2017)

[1750] Obtenidos mediante solicitud de amparo por denegación de acceso a la información en autos Rol C1832-19, entregados en ORD N° 1255 de 14 de mayo de 2019, Superintendencia de Salud.

DICTÁMENES SVS[1751]

SVS, OFORD N° 21.053, 10/08/2011
SVS, OFORD N° 12.690, 13/05/2014
SVS, OFORD N° 14.214, 06/07/2015
SVS, OFORD N° 14.483, 24/05/2011
SVS, OFORD N° 28.111, 23/10/2014
SVS, OFORD N° 17.732, 01/07/2014
SVS, OFORD N° 17.728, 18/08/2015
SVS, OFORD N° 24.417, 20/09/2011

NORMAS DE CARÁCTER GENERAL

NCG N° 349, 26/07/2013
NCG N° 420, 16/10/2017

INGLATERRA

COMPETITION & MARKETS AUTHORITY (2015): "Unfair contract terms guidance. Guidance on the unfair terms provisions in the Consumer Rights Act 2015". Disponible en: https://www.gov.uk/government/publications/unfair-contract-terms-cma37. Fecha de consulta: 11 de julio de 2022.

DEPARTMENT FOR BUSINESS, INNOVATION AND SKILLS (2015): "Explanatory Notes. Consumer Rights Act 2015". Disponible en: https://www.legislation.gov.uk/ukpga/2015/15/pdfs/ukpgaen_20150015_en.pdf. Fecha de consulta: 07 de julio de 2022.

[1751] Disponibles en: https://www.cmfchile.cl/institucional/inc/dictamenes.php

Legislación citada

LEGISLACIÓN HISTÓRICA

BAVIERA, Codex Maximilianeus Bavaricus Civilis (1756). **Versión**: *Codex Maximilianeus Bavaricus, Civilis. Oder Neu Verbessert- und Ergänzt-Chur-Bayrisches Landrecht* (Múnich, gedruckt von Johan Jacob Vötter, 1756)

AUSTRIA, Codex Theresianus (1766). **Versión**: HARRASOWSKY, Philipp Harras Ritter von (1883-1886): *Der Codex Theresianus und seine Umarbeitungen*, vols. I-IV (Viena). Disponible en: http://repertorium.at/ns/codex_theresianus_inhalt.html. Fecha de consulta: 7 de agosto de 2021.

PRUSIA, Allgemeine Landrecht für die Preußischen Staaten (1794). Disponible en: https://opinioiuris.de/quelle/1622. Fecha de consulta: 09 de agosto de 2021.

AUSTRIA, Allgemeine bürgerliches Gesetzbuch (1811). **Versión**: *Allgemeines bürgerliches Gesetzbuch für die gesammten Deutschen Erbländer der Oesterreichischen Monarchie*, Tomo II (Viena, Aus der k.k. hof und Staats Druckeren, 1811)

FRANCIA, *Code civil des Français* (1804). Disponible en: https://www.legifrance.gouv.fr/codes/texte_lc/LEGITEXT000006070721/1804-03-29. Fecha de consulta: 09 de agosto de 2021.

DOCUMENTOS DE TRAMITACIÓN LEGISLATIVA

CHILE

JUNTA DE GOBIERNO (1987a): "Acta N° 1/87 E, 17 de marzo de 1987".

JUNTA DE GOBIERNO (1987b): "Acta N° 17/87, 16 de junio de 1987".

HL 19.769

HL 19.496

HL 21.398

ALEMANIA

Deutscher Bundestag (1975): "Gesetzentwurf der Bundesregierung. Entwurf eines Gesetze zur Regelung des Rechts der Allgemeinen Geschäftsbedingungen (AGB-Gesetz)", *Deutscher Bundestag Drucksache*, 7/3919.

Deutscher Bundestag (1975): "Gesetzentwurf der Abgeordneten Vogel (Ennepetal), Thürk, Frau Will-Feld, Dr. Wittmann (München), Erhard (Bad Schwalbach), Picard, Frau Schleicher und der Fraktion der CDU/CSU", *Deutscher Bundestag Drucksache*, 7/3200.

Deutscher Bundestag (1976): "Bericht des Rechtsausschusses (6. Ausschuß) zu dem von den Abgeordneten Vogel (Ennepetal), Thürk, Frau Will-Feld, Dr. Wittmann (München), Erhard (Bad Schwalbach), Picard, Frau Schleicher und der Fraktion der CDU/CSU eingebrachten Entwurf eines Gesetzes über Allgemeine Geschäftsbedingungen (GAGB) und zu dem von der Bundesregierung eingebrachten Entwurf eines Gesetzes über die Regelung des Rechts der Allgemeinen Geschäftsbedingungen (AGB-Gesetz)", *Deutscher Bundestag Drucksache*, 7/5422.

Mugdan, Benno (ed.) (1899): *Die gesammten Materialen zum Bürgerlichen Gesetzbuch für das Deutsche Reich*, Tomo I (Berlín, R.V. Decker's Verlag).

FRANCIA

Ministère de la Justice (2015): "Projet d'ordonnance n° [ ] (*sic*) du portant réforme du droit des contrats, du régime général et de la preuve des obligations". Disponible en: https://www.justice.gouv.fr/publication/j21_projet_ord_reforme_contrats_2015.pdf. Fecha de consulta: 18 de abril de 2022.

Ministère de la Justice (2016): "Rapport au Président de la République relatif à l'ordonnance n° 2016-131 du 10 février 2016 portant réforme du droit des contrats, du régime général et de la preuve des obligations". Disponible en: https://www.legifrance.gouv.fr/jorf/id/JORFTEXT000032004539/. Fecha de consulta: 18 de abril de 2022.

Sénat (1994a): "Projet de loi concernant les clauses abusives, la présentation des contrats, le démarchage, les activités ambulantes, le marquage communautaire des produits et les marchés de travaux privés". Disponible en: http://www.senat.fr/leg/1994-1995/i1994_1995_0028.pdf. Fecha de consulta: 18 de abril de 2022.

Sénat (1994b): "Rapport fait au nom de la commission des Affaires économiques et du Plan (I) sur le projet de loi concernant les clauses abusives, la présentation des contrats, le démarchage, les activités ambulantes, le marquage communautaire des produits et les marchés de travaux privés". Disponible en: http://www.senat.fr/rap/1994-1995/i1994_1995_0064.pdf. Fecha de consulta: 18 de abril de 2022.

INGLATERRA

Law Commissions (1969): *Exemption clauses in contracts. First report: Amendments to the Sale of Goods Act 1893 Law Com. No. 24, Scot. Law Com. No. 12)* (Londres, Her Majesty's Stationery Office)

Law Commissions (1975): *Exemption clauses. Second report (Law Com. No. 69, Scot. Law Com. No. 39)* (Londres, Her Majesty's Stationery Office)

Law Commissions (2002): "Unfair Terms in Contracts. A Joint Consultation Paper". Disponible en: https://www.lawcom.gov.uk/app/uploads/2015/03/cp166_Unfair_Terms_In_Contracts_Consultation.pdf. Fecha de consulta: 11 de julio de 2022.

Law Commissions (2013): "Unfair Terms in Contracts: Advice to the Department for Business, Innovation and Skills". Disponble en: https://www.lawcom.gov.uk/project/unfair-terms-in-consumer-contracts/#relatedf. Fecha de consulta: 11 de julio de 2022.

LEGISLACIÓN MODERNA CITADA

Chile, DFL N° 1 (16/05/2000) Fija texto refundido, coordinado y sistematizado del Código Civil; de la ley N° 4.808, sobre registro civil; de la ley N° 17.344, que autoriza cambio de nombres y apellidos; de la ley N° 16.618, ley de menores; de la ley N° 14.908, sobre abandono de familia y pago de pensiones alimenticias, y de la ley N° 16.271, de impuesto a las herencias, asignaciones y donaciones.

Chile, DFL N° 251 (22/05/1931) Compañías de seguros, sociedades anónimas y bolsas de comercio.

Chile, DL N° 3057 (10/01/1980) Modifica disposiciones sobre seguros del Decreto con Fuerza de Ley N° 251, de 1931, y normas relativas a productores de seguros.

Chile, Ley N° 18.680 (11/01/1988) Sustituye libro III, "Del comercio marítimo", del Código de Comercio; modifica el D.L. N° 2.222, de 1978; los códigos de Comercio y de Procedimiento Civil; y deroga la ley N° 3.500.

Chile, Ley N° 19.886 (30/07/2003), Ley de Bases sobre Contratos Administrativos de Suministro y Prestación de Servicios.

Chile, DFL N° 3 (31/05/2021) Fija texto refundido, coordinado y sistematizado de la ley N° 19.496, que establece normas sobre protección de los derechos de los consumidores.

Chile, Ley N° 21.398 (24/12/2021) Establece medidas para incentivar la protección de los derechos de los consumidores.

Alemania, *Bürgerliches Gesetzbuch*. **Traducción:** Lamarca Marquès, Albert (2013): "Traducción §§ 241-432 BGB", en Lamarca Marquès, Albert (dir.), *Código Civil alemán y ley de introducción al Código Civil* (Madrid, Marcial Pons).

Alemania, *Gesetz zur Regelung des Rechts der Allgemeinen Geschäftsbedingungen (AGB-Gesetz), Bundesgesetzblatt* (9/12/1976), s. 3317.

Uruguay, Ley N° 16.603 (21/11/1994), Código Civil.

Uruguay, Ley N° 17.250 (17/08/2000), de Relaciones de Consumo y Defensa del Consumidor de Uruguay.

Francia, *Code civil*.

Francia, *Code de la consommation*.

Francia, Ordonnance n° 2016-131 (10/02/2016), portant réforme du droit des contrats, du régime général et de la preuve des obligations. **Traducción**: Cortés Moncayo, Edgar; Herrera Moreno, Jorge y Riaño Saad, Anabel (2020): "Anexo. Traducción de la *Ordonnance n° 2016-131 du fevrier 2016 portant réforme du droit des contrats, du régime général et de la preuve des obligations*", en Riaño Saad, Anabel y Fortich, Silvana (eds.), *La reforma francesa del derecho de los contratos y de las obligaciones ¿fuente de inspiración para una futura reforma del derecho colombiano?* (Bogotá, Universidad Externado de Colombia) pp. 671-764.

Francia, Loi n° 2018-287 (20/04/2018), ratifiant l'ordonnance n° 2016-131 du 10 février 2016 portant réforme du droit des contrats, du régime général et de la preuve des obligations.

Inglaterra, *Supply of Goods (Implied Terms) Act* 1973.

Inglaterra, *Unfair Contract Terms Act* 1977.

INGLATERRA, *Unfair Terms in Consumer Contracts Regulations* 1994, SI 1994/3159.

INGLATERRA, *Unfair Terms in Consumer Contracts Regulations* 1999, SI 1999/2083.

INGLATERRA, *Consumer Rights Act* 2015.

INGLATERRA, *The Consumer Protection (Amendment etc.) (EU Exit) Regulations* 2018, No. 1326.

Índice detallado

750